U0138013

中华文史名著精选精译精注

章培恒 安平秋 马樟根 ——— 主编

二十四史

（附清史稿）

09

元金辽
史史史

凤凰出版社

目　录

辽史

金史

元史

辽史

曾枣庄　审阅

吴洪泽　译注

郭　齐

导　言

　　《辽史》是元朝官修三史之一，与《宋史》《金史》一并列入"二十四史"。《辽史》主要记载了辽朝二百多年（907—1125）的历史，同时也记载了辽以前的契丹族及辽灭亡后由耶律大石所建西辽的历史，是研究辽、西辽的重要典籍。

　　契丹族是我国古老的少数民族之一，他们自称是轩辕氏的后裔，而据史书记载，契丹一名始见于北魏时期，在此之前，或号东胡，或称鲜卑，自汉代以上就难以考索了。契丹族以游牧生活为主，主要活动在潢河（西拉木伦河）和土河（老哈河）之间。在北魏、北齐时期，他们还很弱小，经常受到外族的打击。隋、唐时，他们结成部落联盟，选举联盟长，势力有所发展，唐太宗在他们的活动区域设置松漠都督府予以统治。唐玄宗时，契丹贵族内部发生纷争，遥辇氏部落取代大贺氏担任部落联盟长，号称可汗，联盟的军事首领夷离堇则由迭剌部选任。在这一时期，契丹族还受到突厥贵族和回鹘贵族的控制，力量还不强大。到九世纪中期，回鹘汗国灭亡，唐王朝日渐衰弱，契丹部落获得有利的发展条件，不断向外扩张，掳掠邻近的奚族、乌古以及汉人充当奴隶。公元901年，迭剌部贵族耶律阿保机当选为夷离堇，他利用中原战乱的时机，开始大规模侵袭唐朝的河东、幽州等地区，俘获大量汉人。公元907年，耶律阿保机取代遥辇氏充任联盟长可汗。此后，他镇压了契丹贵族的反抗，统一了契丹各部，于公元916年正式建国称帝，年号神册，契丹成为北方地区最强大的一支力量。

　　辽太祖耶律阿保机建国后，继续推行扩张政策，他亲征突厥、党项等部落,攻占代北至阴山大片土地,并于公元 926 年消灭渤海国。随着统治区域的扩展,俘掠外族奴隶的增多,契丹原有的氏族部落组织已无法继续进行管理,为了统治所辖区域内的各族人民,辽太祖采用胡汉分治的方法,即所谓"以国制治契丹,以汉制待汉人",对以上京为中心的原契丹和其他游牧民族居住地,实行奴隶制统治,将掳来的游牧部落人众分编为隶属于契丹八部的新八部,由八部贵族分别统治,契丹贵族拥有土地、军队和奴隶等;对南部汉人居住区域和东部汉化程度较高的渤海地区,则实行封建制,设立州县加强管理。并且相应地设置了两套统治机构,由北面官(契丹原有的职官)统治契丹和其他游牧民族人,由南面官(中原传统职官)统治汉人。此外,在辽太祖时,还修建了皇都,制定了法律,确定了皇权世袭制,立长子耶律倍为太子,并参照汉字和回鹘文创造了契丹文字。

辽太祖去世后,向往封建文明的皇太子耶律倍未能继承皇位,而崇尚奴隶制的耶律德光却在述律太后的支持下成了皇帝。当时契丹已经平定东边和西北各部落,而中原割据政权纷争四起,不断有人请求契丹支援。后唐河东节度使石敬瑭反唐自立,向契丹求援,契丹于是派兵助灭后唐,扶立后晋,石敬瑭向辽太宗自称"儿皇帝",并割让燕云十六州。后来石敬瑭的儿子石重贵(晋出帝)继承皇位,不向契丹称臣,辽太宗领兵长驱直入汴京(河南开封),一举灭掉后晋,并将后晋的宫女、百工,连同图册、礼器等掳回上京。扶晋和灭晋充分显示了契丹的强大,但辽太宗并没有在中原地区建立统治,而是按照老传统,纵兵四出抢劫,致使各地人民奋起还击,辽兵损失惨重。

辽太宗在撤军途中,于河北栾城杀胡林病逝,随军臣僚拥立耶律倍之子耶律阮为帝,而述律皇太后却想让小儿子耶律李胡继承大统,双方陈兵潢河,大战一触即发,揭开了皇室间争权夺利的序幕。后来虽经耶律屋质等人的斡旋而避免了内战,但争夺皇位的斗争并没有因此停止。

几年之后，辽贵族耶律察割等就在南下攻打后周的途中谋杀了辽世宗。辽穆宗继位后，"朝政不视，而嗜杀不已"，不理朝政，辽贵族间的内讧和边疆各部落的反抗不断发生。应历十九年（969），穆宗在外出打猎时又被近侍杀死。辽贵族间不断发生的内乱使契丹无暇他顾，这期间北宋夺取后周政权，采用对北防御契丹、对南逐个消灭割据政权的策略，先后灭掉了荆南、后蜀、南汉、南唐，挥师北汉。辽国除几次兵援北汉，没有对宋展开攻势。宋灭北汉后，乘胜移师河北，兵围幽州，辽景宗重用韩德让、耶律休哥等人，不仅解了幽州之围，而且在高梁河反击获胜，开始了宋辽之间的对峙。

　　景宗病逝后，年仅十二岁的耶律隆绪继承皇位，承天皇太后执政，众将领同心协力，打败了宋朝的三路进攻，活捉号称"无敌"的大将杨继业，挥师南下，与宋军在澶渊对垒，最后达成了"澶渊之盟"，宋辽之间从此再无大的战争。辽朝得以调转兵力对付鞑靼、回鹘，东侵高丽，远征喀什噶尔，声威远播于中亚。同时，在政治经济等方面也采取了一些有力的措施，重用汉人士大夫，改革弊政，轻徭薄赋，尽量减轻平民百姓的负担，设科取士，选拔人才，民族矛盾和阶级矛盾均有所缓和；重新修订法律，规定契丹人犯十恶者依汉律论处，契丹人与汉人斗殴，同等治罪；解放了一部分官私奴隶，让他们分隶各部，严禁主人擅杀奴婢；学习汉人统治方法，振兴文治，一时诗赋之风大盛，涌现出不少诗人、画家；注重发展农业和手工业，生产出著名的镔铁和马鞍。这些措施使契丹原有的奴隶制大大削弱，向封建文明迈进了一大步，辽朝由此进入全盛时期。

　　到辽兴宗时，天下承平日久，贵族崇尚侈靡，耽于游乐，赏赐、用人不依法度，更兼推崇佛教，大兴土木，出师征讨西夏，劳民伤财，国力已大不如圣宗时期。道宗在位四十五年，昏庸无道，皇室贵族互相倾轧，爆发了耶律重元之乱；耶律乙辛、萧革等人专权，滥杀无辜，皇后含恨而死,太子蒙冤被害,辽朝已进入衰乱时期。

到天祚帝统治时期,辽政权已处于风雨飘摇之中。各族人民不堪辽王朝的压榨,奋起反抗,先后有渤海古欲、汉人李弘、董宠儿、安生儿等揭竿而起,人数多达二十万。这些起义虽然都被镇压了,但辽朝的国力已严重受损。而且天祚帝宠信萧奉先,以致骨肉相残,部下离心,耶律余睹等被迫降金。加上女真族已很强大,多次打败辽军。辽军节节败退,天祚帝于保大五年(1125)被金兵俘虏,辽朝灭亡。

在辽朝行将灭亡时,辽皇族耶律大石等人拥立耶律淳称帝,号为"北辽"。后来耶律淳病死,耶律大石率众北走,在楚河流域重建辽国,自称天祐皇帝,史称西辽。由他建立的这个政权,凭借地域的偏远,延续了八十多年,直到公元1211年才被乃蛮部的屈出律篡夺王位,到1218年最终被蒙古灭亡。

在辽朝统治的二百多年间,多数时间处在战争和内乱之中,民族矛盾也十分尖锐。为缓和矛盾,巩固政权,辽统治者很注重引进和推广儒家文化。在太祖时就已兴建孔子庙,命皇太子春秋奉祀;道宗时下诏设学养士,继续在各州修建孔庙,颁赐五经诸家传疏。同时,大力推广佛教,兴修庙宇,太祖时就建有开教寺、天雄寺等名刹,到圣宗以后,佛寺遍布各地,并且拥有达官贵族施舍的大量土地和民户,形成五台山、南京等佛教中心。兴宗、道宗时,雕刻石经二千七百三十块,刊印佛经总集《大藏经》,对后世影响很大。由于统治者的大力倡导,佛教文化在辽代特别繁荣。辽僧希麟所著《续一切经音义》和行均所著《龙龛手鉴》流传至今,是两部具有较高学术价值的著作。辽代的佛塔建筑也别具特色,保存至今的北京天宁寺砖塔、山西应县木塔,八角层檐,造型独特,前所未有。山西大同下华严寺所藏辽刻菩萨塑像,造型生动,世称精品。

随着汉文化的传播,辽贵族之间吟诗作赋的风气逐渐兴盛。圣宗十岁能诗,时常和臣僚唱酬,一生作诗五百余首。不少皇室贵族都有诗文集，如平王耶律隆先《阆苑集》、道宗《清宁集》、耶律良《庆会集》等等，可惜都已失传。此外，义宗耶律倍不仅能诗，而且善画，宋朝秘府中收有他的十五幅作品；世宗、圣宗、兴宗也擅长绘画，兴宗曾以所画鹅、雁赠予宋朝。流传至今的胡瓌所画《卓歇图》，生动逼真，是中国绘画史上的杰作。二十世纪以来，出土了一些用契丹大、小字书写的碑志、题记等资料，是研究我国北方民族史和语言的重要依据，已引起国内外学者的重视。

辽朝和历代封建王朝一样，十分重视史书的编纂。在太宗会同四年（941），就曾下令编撰《始祖奇首可汗事迹》。此后，辽曾四次撰修实录。第一次是在圣宗时，枢密使、监修国史室昉和翰林学士承旨邢抱朴同修《实录》二十卷，于统和九年（991）修成。第二次在兴宗重熙十三年（1044），下诏让南院大王耶律谷欲、翰林都林牙耶律庶成、翰林都林牙兼修国史萧韩家奴编集先世事迹及诸帝实录，共成二十卷进上。第三次是在道宗大安元年（1085），史臣进呈太祖以下七帝《实录》，这次撰修应当是在前次的基础上编修审订而成。第四次是在天祚帝乾统三年（1103），监修国史耶律俨编修《皇朝实录》七十卷。这些实录成为后人编修《辽史》的主要依据。

金灭辽后，曾两次纂修《辽史》。第一次在金熙宗皇统八年（1148）完成，由广宁尹耶律固编修，萧永祺续成，共有纪三十卷，志五卷、传四十卷。第二次在金章宗泰和七年（1207）完成，主要由耶律履、党怀英等编修，参照辽时实录及民间进献的碑铭墓志及诸家文集等，由陈大任最后完成，后人称之为陈大任《辽史》。这两部《辽史》都因为所谓"义例"，即金朝继承哪一朝的"帝统"问题没有解决，未能刊行。

元代在中统二年（1261）和至元元年（1264）先后两次议修辽、金二史。灭南宋后，又议修辽、金、宋三史，都因为"义例"正统等问题难以确定，争论不休，拖延了很久。直到至正三年（1343）才由脱脱任纂修三史

都总裁,决定辽、金、宋三史"各与正统,各系其年号",由廉惠山海牙、王
沂、徐昺、陈绎曾四人编修《辽史》。这次编修是在耶律俨《实录》、陈大
任《辽史》的基础上,兼采《资治通鉴》《契丹国志》及前朝各史中的契丹
传修订而成,这就是我们今天看到的《辽史》,含本纪三十二卷,表八卷,
列传四十五卷,《国语解》一卷。

　　这次编修《辽史》,从至正三年(1343)四月开始,到四年(1344)三月
全部完成,前后仅用了十一个月的时间,便仓促成编,只是酌取耶律俨、
陈大任二史,没有认真进行材料的搜集和考订。加上成于众手,材料来
源又不相同,定稿时对纪、志、表、传之间的相互检对也不精细,以致前
后矛盾,错误百出。甚至将一件事误为两件事,将一人误成两人甚至三
人,如刘晟与刘慎行实为一人,萧得里底即萧奉先,《辽史》均误以为二
人,以致后人讥刺《辽史》编纂为"纵横舞剑"。《辽史》的混乱在"二十四
史"中是十分突出的,此外,《辽史》记事过于疏漏,也屡遭后人指责。如
《东都事略》记辽太宗建国号大辽,圣宗改为大契丹,道宗又改为大辽。
对改国号这样的大事,《辽史》都没有记载,也可见《辽史》编纂的粗略草
率了。因此,自《辽史》问世后,一些学者针对它的不足,作了一些补正
工作,其中清人厉鹗《辽史拾遗》二十四卷,引书三百多种,加以考订甄
别,纠正了《辽史》的不少错误。此外清人杨复吉《辽史拾遗补》、近人陈
汉章《辽史索隐》等也是研究辽史的重要参考资料。

　　当然,《辽史》编纂也有成功之处,其中占了大量篇幅的表、志便颇
得后人好评。清人赵翼称赞《辽史》"立表最善",他认为其他史书中皇
子、皇族、外戚之传占去大量篇幅,而《辽史》分别列表,历官功罪都在其
中,"实足以省无限笔墨";对各部族、属国朝贡等事也列于表中,一目了
然,所以说:"《辽史》列传虽少,而一代之事迹亦略备。"《辽史·营卫志》
是"二十四史"中独有的篇目,记载了契丹部落的建置、分布,以及游牧
民族的生活习惯等材料。《百官志》记载了辽代的职官,《仪卫志》记载

了车服仪仗等,都分契丹传统的和沿用中原的两部分,也颇具特色,反映了当时的实际情况。

由于耶律俨《皇朝实录》和陈大任《辽史》等在今天都已失传,元修《辽史》成了唯一较为系统、全面地记载辽朝历史的文献,尽管存在许多不足之处,但它的价值是不言而喻的。

《辽史》最早的刻本是在至元五年(1345)与《金史》一同刊板印行的,已经失传。商务印书馆影印百衲本《辽史》,是用几种元本拼成的,1976年中华书局出版的标点本就用百衲本作为底本,参校他本并吸取了前人的研究成果,2016年又推出了修订本,是目前比较好的版本。

《辽史》迄今没有注本,学术界对《辽史》的研究也很不够,不少读者对《辽史》都比较陌生。我们这次选译,就是为了让读者了解《辽史》,了解辽朝重大的历史事件、重要人物。由于《辽史》列传一般较为简略,有些甚至不如本纪详细,所以在本纪部分多选了一些,以便于读者了解辽朝兴盛衰亡的历史进程。我们在选译过程中,深感《辽史》研究的基础薄弱,一些很重要的地名和人物竟然难以考释清楚,所以我们对选文中出现的地名、人名以及职官等,尽可能简明地加以注释,对个别地名则只能注明大致方位,对某些人物的事迹仅见于选文中者,则不加注释。对前后互见的条目,一般只在首见处作注。由于可资借鉴的资料不多,加上水平有限,疏误难免,还望专家学者及广大读者不吝赐教。

郭　齐　吴洪泽

太祖本纪

导读

辽太祖耶律阿保机是辽的开国君主，他一生戎马倥偬，是在征战中度过的。从二十几岁起到建国以后，阿保机曾数十次亲自带兵作战，先后战胜或征服了东面的女真、渤海，南边的唐、后梁、后唐和奚，西部的突厥、吐浑、党项、小蕃、沙陀，北方的室韦、乌古等，使辽的势力范围扩张到东起大海，西至新疆、甘肃和中亚细亚地区，南到河北、山西，北到大漠的广大地区，奠定了辽成为北方强国的基础。

在辽建国初期，国内出现过一次大的动乱，那就是皇弟剌葛等人发动的叛乱。这次叛乱牵连皇族、宰相以下数百人，叛军甚至攻入行宫，烧杀抢掠。阿保机举重若轻，很快就平定了这次叛乱，巩固了新生的辽政权。

在对外征战和对内平叛之余，阿保机也进行了一些草创时期的建设，如修建皇都城，设迭剌部南、北二院，置惕隐管理族属，制定法律礼仪，整顿官爵，创制契丹大字，等等。这样，辽国的雏形就具备了。

阿保机一生，对外征战从未失败，展示了他的军事才能；平息叛乱决策得当，宽严适宜，也显示了他的治国方略。虽然他还无暇着手建设新兴的国家，但他在辽国历史上无疑是一位具有雄才大略的君主。（选自卷一）

原文

太祖大圣大明神烈天皇帝，姓耶律氏，讳亿，字阿

翻译

太祖大圣大明神烈天皇帝，姓耶律氏，名亿，字阿保机，小字啜里只，契丹

保机,小字啜里只,契丹迭剌部霞濒益石烈乡耶律弥里人①。德祖皇帝长子②,母曰宣简皇后萧氏③。唐咸通十三年生。虽龆龀,言必及世务。时伯父当国,疑辄咨焉。既长,身长九尺,丰上锐下,目光射人,关弓三百斤。为挞马狨沙里④。时小黄室韦不附⑤,太祖以计降之。伐越兀及乌古、六奚、比沙狨诸部⑥,克之。国人号阿主沙里⑦。

迭剌部霞濒益石烈乡耶律弥里人。他是德祖皇帝的长子,母亲是宣简皇后萧氏,唐咸通十三年(872)生。他虽然年幼,但开口必定涉及时事。当时他的伯父执掌国家大权,太祖有疑难,便向伯父请教。长大成人,身高九尺,额头很宽,两颊瘦削,目光射人,能拉弓三百斤。担任挞马狨沙里。当时小黄室韦不依附,太祖用计使其归降。讨伐越兀和乌古、六奚、比沙狨各部,战胜了他们。国内的人称他为阿主沙里。

注释 ① 契丹:族名,起源很早。南北朝以来,活动于潢河(今西拉木伦河)一带,隋唐时形成部落联盟,公元916年由辽太祖建立国家。迭剌部:契丹遥辇氏族八部之一。霞濒益:迭剌部下属六个石烈之一。石烈为辽行政区划名,相当于县的建置。耶律:乡名。弥里:辽行政区划名,相当于乡。 ② 德祖:即耶律撒剌的,迭剌部人,辽玄祖匀德实第四子。他曾带领契丹人炼铁,征讨奚族,立下战功。死后追尊宣简皇帝,庙号德祖。 ③ 宣简皇后萧氏(?—933):小字岩母斤,遥辇氏宰相剔剌的女儿,死后追尊为宣简皇后。 ④ 挞马狨沙里:辽官名。 ⑤ 小黄室韦:部落名,黄皮室韦二部之一,与大黄室韦相邻。分布在今克鲁伦河中游以东广阔地带,以大兴安岭为活动中心。 ⑥ 乌古:即于厥,族名。以游牧、捕猎为业,活动于今海拉尔河南北,为北方大族,对辽叛服不常。六奚:奚,族名,活跃于唐、五代,与契丹为近族。后以锡伯河为根据地,分为东西二部,分别迁至今辽宁建昌、河北怀来附近。奚族包括遥里、伯德等六个部分,故称六奚。 ⑦ 阿主:对父祖辈的称谓。沙里:辽官名。

原文

唐天复元年,岁辛酉,痕德堇可汗立①,以太祖为本部夷离堇②,专征讨,连破室韦、于厥及奚帅辖剌哥③,俘获甚众。冬十月,授大迭烈府夷离堇④。

翻译

唐天复元年(901),辛酉年,痕德堇可汗立,以太祖任本部夷离堇,专门负责征讨,接连攻破室韦、于厥和奚族将帅辖剌哥,俘获极多。冬十月,授官大迭烈府夷离堇。

注释 ① 痕德堇(?—906):契丹遥辇氏族第九代即最后一代可汗,死于唐哀帝天祐三年(906),在位六年。可汗:突厥语,意为"皇帝""君主"。 ② 夷离堇:辽官名,主要职责是带兵作战,为契丹军事首领。后南、北院、乙室三部夷离堇升为大王。 ③ 室韦:族名。北魏以来分布在嫩江、黑龙江流域,西邻突厥,南接契丹。至唐,分为二十余部,其后一部分并入辽。 ④ 大迭烈府:即迭剌部所组成的府一级行政单位。

原文

明年秋七月,以兵四十万伐河东代北①,攻下九郡,获生口九万五千,驼、马、牛、羊不可胜纪。九月,城龙化州于潢河之南②,始建开教寺。

明年春,伐女直③,下之,获其户三百。九月,复攻下河东怀远等军④。冬十月,引军略至蓟北⑤,俘获以

翻译

次年秋七月,用四十万兵力讨伐河东、代北,攻克九郡,俘获九万五千人,骆驼、马、牛、羊不计其数。九月,在潢河南面修筑龙化州城,初建开教寺。

第二年春天,讨伐女真,获胜,俘获三百户人口。九月,又攻克河东怀远等军。冬十月,带着军队攻取到蓟北,有所俘获然后返回。在这之前,德祖俘虏了奚七千户人,把他们迁移到饶乐的清河,至此创立奚迭剌部,分为十三个县。于是拜太祖为于越、总知军国事。

还。先是，德祖俘奚七千
户，徙饶乐之清河⑥，至是创
为奚迭剌部，分十三县。遂
拜太祖于越、总知军国事⑦。

注释　①河东：地区名，指今山西北部一带地区。代北：地区名，指今山西代县以
北及河北西部部分地区。　②龙化州：辽州名，在今西拉木伦河南岸，内蒙古通辽
西。　③女直：即女真，族名。女真族在辽初分布在黑龙江、松花江流域，被辽征
服。后逐渐强大，其完颜部首领阿骨打于1115年建立国家，国号金，最终灭掉了
辽。　④怀远：当在今山西北部。军：行政区划名，一般在驻扎军队的军事重地设
置。有的有一定的疆域，有的附设于州，管辖本州军事。　⑤蓟(jì)北：指蓟州以北
地区，即今天津蓟州及河北三河、玉田、丰润、遵化等地。　⑥饶乐：唐羁縻都督府
名，治所在今内蒙古宁城西，辖今内蒙古老哈河上游及河北滦河中上游一带地区。
⑦于越：辽贵官称号，一般只授予大功臣，位在百官之上。授于越者往往还同时担
任要职。总知军国事：辽官名，即总管军队和国家政事。

原文

　　明年，岁甲子，三月，广
龙化州之东城。九月，讨黑
车子室韦①，唐卢龙军节度
使刘仁恭发兵数万②，遣养
子赵霸来拒。霸至武州③，
太祖谍知之，伏劲兵桃山
下④。遣室韦人牟里诈称其
酋长所遣，约霸兵会平原。
既至，四面伏发，擒霸，歼其
众，乘胜大破室韦。

翻译

　　第二年，甲子年，扩建龙化州的东
城。九月，讨伐黑车子室韦，唐卢龙军
节度使刘仁恭出兵数万，派养子赵霸前
来抵御。赵霸到武州，太祖派探子获
知，在桃山下埋伏强劲的军队。派室韦
人牟里谎称是他的酋长派来的，约赵霸
的军队在平原上会合。到了指定的地
方，四面埋伏的军队出动，生擒赵霸，歼
灭了他的军队，乘胜大破室韦。

注释 ① 黑车子室韦:室韦的一支,分布在今呼伦湖东南一带。 ② 卢龙军:唐方镇名,治所在幽州(今北京大兴),辖今河北北部部分地区。节度使:唐代带使持节的都督,总揽一道或数州军政大权,后形成地方割据。刘仁恭:唐深州乐寿(今河北献县)人,行伍出身,有智勇,人称"刘窟头"。先后为李匡威、李克用、朱温等人部将,任卢龙军节度使,盘踞燕地,拥兵自重。后被其子刘守光囚禁,为李存勖所杀。 ③ 武州:唐置,治所在文德(今河北宣化),辖今河北张家口等地。 ④ 桃山:在今河北万全西北外长城内侧。

原文

明年七月,复讨黑车子室韦。唐河东节度使李克用遣通事康令德乞盟①。冬十月,太祖以骑兵七万会克用于云州②,宴酣,克用借兵以报刘仁恭木瓜涧之役③,太祖许之。易袍马,约为兄弟。及进兵击仁恭,拔数州,尽徙其民以归。

翻译

第二年七月,又讨伐黑车子室韦。唐河东节度使李克用派通事康令德请求结盟。冬十月,太祖带七万骑兵和李克用在云州相会,宴饮尽兴,李克用向太祖借兵,来报刘仁恭木瓜涧战役之仇,太祖答应了。又和李克用互换战袍坐骑,结为兄弟。李克用进兵攻击刘仁恭,打下几个州,全部迁走那里的百姓返回。

注释 ① 李克用(856—908):唐西突厥沙陀族人,骁勇善战,号"李鸦儿""独眼龙"。曾带兵镇压黄巢起义,进逼长安,封晋王。后割据一方,与朱温长期混战。其子李存勖建立后唐,尊李克用为太祖。 ② 云州:唐置,治所在定襄(今山西大同),辖今山西长城以南、桑干河以北部分地区。 ③ 木瓜涧:在今河北涞源西四十里。唐乾宁中,李克用带兵讨伐刘仁恭,在木瓜涧战败,伤亡过半。

原文

明年二月,复击刘仁恭,还,袭山北奚①,破之。汴州朱全忠遣人浮海奉书币、衣带、珍玩来聘②。十一月,遣偏师讨奚、霫诸部及东北女直之未附者③,悉破降之。十二月,痕德堇可汗殂,群臣奉遗命请立太祖。曷鲁等劝进④,太祖三让,从之。

翻译

第二年二月,再次进攻刘仁恭。返回,袭击山北奚,击破了敌人。汴州朱全忠派人渡海,带着书信、礼品、衣带、珍奇玩物来访。十一月,派遣偏师讨伐奚、霫各部以及东北女直中没有归附的,全部击破并使其归降。十二月,痕德堇可汗去世,臣子们按照遗命请求立太祖为帝。耶律曷鲁等人劝说太祖即位,太祖多次辞让,最后同意了。

注释 ① 山北:山指北太行山、军都山、燕山一线山脉,山北即以上山脉以北的今河北北部一带。辽初西部奚分布在今河北张家口、怀来、涿鹿一带,称山北奚。② 汴州:北周置,治所在开封(今河南开封),辖今河南开封、封丘、尉氏、杞县、兰考等地。朱全忠:即朱温(852—912),唐末宋州砀山(今安徽砀山)人。曾参加黄巢起义军,叛入唐,封梁王。后杀死唐昭宗,立太子李祝,又于天祐四年(907)自立,建国号梁。乾化二年(912)被其子朱友珪所杀,追尊太祖。③ 偏师:在主力军侧翼协同作战的部队。霫(xí):族名,隋唐时居潢水以北,以射猎为生,后迁到水南,与奚合并。东北女直:女真的一部,因其居住在东北地区而得名。④ 曷鲁:即耶律曷鲁(872—918),字控温,一字洪隐,迭剌部人。幼时与太祖结交,后协助太祖建国称帝,任本部夷离堇,拜于越,为佐命功臣之一。

原文

元年春正月庚寅,命有司设坛于如迂王集会埚①,燔柴告天②,即皇帝位。尊母萧氏为皇太后,立皇后萧

翻译

太祖元年(907)春正月庚寅,命令官府在如迂王集会埚设立祭坛,举行燔柴礼,告祭上天,登皇帝位。尊封母亲萧氏为皇太后,立萧氏为皇后。北宰相

氏③。北宰相萧辖剌、南宰相耶律欧里思率群臣上尊号曰天皇帝④，后曰地皇后。……

萧辖剌、南宰相耶律欧里思率领臣子们为太祖加尊号为天皇帝，把皇后称作地皇后。……

注释 ①如迁王集会埚：地名，当在今内蒙古巴林左旗境。 ②燔（fán）柴：古代祭天的仪式，把牲畜等祭品放在柴堆上焚烧。 ③萧氏：即述律氏（879—953），名平，契丹名月理朵。曾亲自领兵击败室韦。太祖死，称制，尊为皇太后。太宗死，立少子李胡，与世宗争位，被贬到祖州。死谥贞烈，追谥淳钦皇后。 ④北宰相：即北府宰相，辽官名。遥辇氏八部分为"北府""南府"两个集团，北府包括迭剌等五部，南府包括乙室等三部，分别设宰相进行管理。

原文

（二年春正月）辛巳，始置惕隐①，典族属，以皇弟撒剌为之②。……

冬十月己亥朔，建明王楼③。筑长城于镇东海口④。……

翻译

（太祖二年［908］春正月）辛巳，首次设置惕隐，掌管皇族亲属，由皇弟耶律撒剌担任。……

冬十月己亥朔，修建明王楼。在医巫闾山东面海口修筑长城。……

注释 ①惕隐：辽官名，职掌皇族部属的政教等事，分为大内惕隐、二部惕隐、皇太子惕隐等。 ②撒剌：即耶律剌葛，字率懒，太祖弟。曾多次为首叛乱，失败被擒，改名暴里。后南逃至幽州。 ③明王楼：在辽上京。 ④镇：即镇山，一方的主山。这里当指医巫闾山。

原文

四年秋七月戊子朔，以后兄萧敌鲁为北府宰相①。后族为相自此始。……

翻译

四年（910）秋七月戊子朔，用皇后的哥哥萧敌鲁担任北府宰相。皇后家族担任宰相从此开始。……

（五年春正月）丙申,上亲征西部奚。奚阻险,叛服不常,数招谕弗听。是役所向辄下,遂分兵讨东部奚,亦平之。于是尽有奚、霫之地。东际海,南暨白檀②,西逾松漠③,北抵潢水,凡五部,咸入版籍。……

（五年[911]春正月）丙申,太祖亲征西部奚。奚地形险要,叛变降服没有一定,多次招抚劝说不听。这次战役所到之处都战胜了敌人,于是分兵讨伐东部奚,也平定了。这样,就全部据有了奚、霫的地域。东边与海相接,南边到达白檀,西边超过松漠,北边直达潢水,总共五部,全部纳入版图。……

注释　① 萧敌鲁(? —919):太祖淳钦皇后弟。辽建国前,随太祖征战有功。太祖七年,又领兵平息耶律剌葛叛乱,多次攻打西南各部族,屡建战功。　② 白檀:古地名,在今北京密云东北。　③ 松漠:地区名,指今西拉木伦河上游一带。"松"指平地松林(今河北围场及内蒙古克什克腾旗一带),"漠"指内蒙古中部的沙漠地带。

原文

　　五月,皇弟剌葛、迭剌、寅底石、安端谋反①。安端妻粘睦姑知之,以告,得实。上不忍加诛,乃与诸弟登山刑牲,告天地为誓而赦其罪。出剌葛为迭剌部夷离堇,封粘睦姑为晋国夫人。……

　　冬十月戊午,置铁冶。……

　　（六年）二月戊午,亲征刘守光②。……

翻译

　　五月,皇弟耶律剌葛、耶律迭剌、耶律寅底石、耶律安端谋反。安端的妻子粘睦姑知道了,把这件事上报,朝廷得知实情。皇上不忍心加以诛杀,便和几个弟弟登上山,杀牲口告祭天地,立下誓言,赦免了他们的罪行。把剌葛调出朝廷,任迭剌部夷离堇,封粘睦姑为晋国夫人。……

　　冬十月戊午,设置炼铁机构。……

　　（六年[912]）二月戊午,亲征刘守光。……

秋七月丙午,亲征术不姑③,降之,俘获以数万计。……

秋七月丙午,亲征术不姑,使其归降,俘获以数万计。……

注释 ① 迭剌:即耶律迭剌(? —926),字云独昆,太祖弟。曾多次谋反,太祖仍赦免其罪,任命为东丹国左大相,天显元年(926)死。寅底石:字阿辛,太祖弟。曾参与剌葛叛乱,带兵焚烧行宫。被擒,自杀未遂。太祖免其罪,命令前往辅佐东丹王,在途中被淳钦皇后派人杀死。后封许国王。安端:字猥隐,太祖弟。曾参与剌葛叛乱,被擒免罪。后多有战功,世宗命为东丹国王,赐号明王。穆宗时因罪放归田里。 ② 刘守光:五代后梁深州乐寿(今河北献县)人。太祖元年(907),囚禁父亲刘仁恭,自称幽州卢龙军节度使。五年(911),自称燕国皇帝,改年号应天。后被晋周德威捉获,在太原斩首。 ③ 术不姑:辽北方部族名。

原文

冬十月戊寅,剌葛破平州①,还,复与迭剌、寅底石、安端等反。壬辰,还次北阿鲁山,闻诸弟以兵阻道,引军南趋十七泺。翼日,次七渡河②,诸弟各遣人谢罪。上犹矜怜,许以自新。……

(七年春正月)甲寅,王师次赤水城,弟剌葛等乞降。上素服,乘赭白马,以将军耶律乐姑、辖剌仅阿钵为御,解兵器、肃侍卫以受之,因加慰谕。剌葛等引

翻译

冬十月戊寅,耶律剌葛攻破平州,返回,又和迭剌、寅底石、安端等人反叛。壬辰,太祖回师驻扎在北阿鲁山,得知几个弟弟率兵拦路,便领着军队往南奔赴十七泺。第二天,驻扎在七渡河,几个弟弟各自派人认罪。皇上仍然怜悯他们,允许他们改过自新。……

(七年[913]春正月)甲寅,朝廷的军队驻扎在赤水城,皇弟剌葛等请求投降。皇上身着日常服装,骑着赭白色的马,用将军耶律乐姑、辖剌仅阿钵担任护卫,解下武器,整齐威严地排列着侍卫人员,来接受投降,又对弟弟们加以抚慰和开导。剌葛等人相继退下,皇上

退，上复数遣使抚慰。……

三月癸丑，次芦水，弟迭剌哥图为奚王，与安端拥千余骑而至，绐称入觐。上怒曰："尔曹始谋逆乱，朕特恕之，使改过自新，尚尔反覆，将不利于朕！"遂拘之，以所部分隶诸军。而剌葛引其众至乙室堇淀，具天子旗鼓，将自立。皇太后阴遣人谕令避去。会弭姑乃、怀里阳言车驾且至，其众惊溃，掠居民北走，上以兵追之。剌葛遣其党寅底石引兵径趋行宫③，焚其辎重、庐帐，纵兵大杀。皇后急遣曷古鲁救之，仅得天子旗鼓而已。其党神速姑复劫西楼④，焚明王楼。上至土河⑤，秣马休兵，若不为意。诸将请急追之，上曰："俟其远遁，人各怀土。怀土既切，其心必离，我军乘之，破之必矣！"尽以先所获资畜分赐将士，留夷离毕直里姑总政务⑥。

又多次派使者安抚慰问。……

三月癸丑，驻扎在芦水，皇弟耶律迭剌哥想当奚王，和安端簇拥着骑兵一千余人前来，谎称入朝觐见。皇上发怒道："你们当初图谋造反叛乱，我特地饶恕了你们，让你们改过自新，还这样反复无常，想要危害我！"于是拘禁了他们，把他们所管辖的部队分别隶属各军。而剌葛领着他的部下到达乙室董淀，置办皇帝的旗鼓，准备自立为帝。皇太后秘密地派人通报，叫他们躲开。恰恰遇到弭姑乃、怀里假称皇帝的车驾将要到来，剌葛的部下惊慌溃散，劫掠百姓向北逃奔，皇上用兵追击。剌葛派他的同党寅底石领兵直奔行宫，焚烧了那里的物资、帐篷，驱使兵士大肆杀戮。皇后急忙派曷古鲁救援，仅仅得到皇帝的旗鼓而已。剌葛的党羽神速姑又劫掠西楼，焚烧明王楼。皇上到土河，喂养马匹，休养士兵，好像不在意。各将领请求急速追击敌人，皇上说："等他们远远地逃去，人人各自就会怀念故土。怀念故土急切，人心必定离散，我军乘此时机，击破他们是肯定的了！"把先前缴获的物资牲畜全部分别赏赐给将士，留下夷离毕直里姑总管政事。

注释 ① 平州:北魏置,治所在卢龙(今河北卢龙),辖今河北陡河流域以东、长城以南地区。 ② 七渡河:在今北京市境内。 ③ 行宫:除京城以外的供帝王出行时居住的宫室。 ④ 西楼:在祖州(今巴林左旗西南石房子村)。 ⑤ 土河:即老哈河。 ⑥ 夷离毕:辽官名,略等于汉族的参知政事。后设夷离毕院,掌管刑法。

原文

夏四月戊寅,北追剌葛。……

(五月)甲寅,奏擒剌葛、涅里衮阿钵于榆河①,前北宰相萧实鲁、寅底石自到不殊。……

六月辛巳,至榆岭,以辖赖县人扫古非法残民,磔之。闻狱官涅离擅造大校,人不堪其苦,有至死者,命诛之。壬辰,次狼河②,获逆党雅里、弥里,生埋之铜河南轨下③。庚子,次阿敦泺,以养子涅里思附诸弟叛,以鬼箭射杀之。其余党六千,各以轻重论刑。以夷离堇涅里衮附诸弟为叛,不忍显戮,命自投崖而死。

翻译

夏四月戊寅,向北追击剌葛。……

(五月)甲寅,下面报告在榆河捉到剌葛、涅里衮阿钵,前北宰相萧实鲁、寅底石自杀未遂。……

六月辛巳,到达榆岭,因为辖赖县人扫古非法残害百姓,把他裂身处死。听说狱官涅离擅自制造大枷,犯人不能忍受那样的痛苦,有因此而死去的人,太祖命令把狱官杀掉。壬辰,驻扎在狼河,捉到叛党雅里、弥里,把他们活埋在铜河南面道路之下。庚子,驻扎在阿敦泺,因为养子耶律涅里思跟着几个弟弟叛乱,用鬼箭将他射死。余党六千人,各按罪行轻重论刑。因为夷离堇涅里衮跟着几个弟弟作乱,不忍公开处决,命令他自己跳崖而死。

注释 ① 涅里衮阿钵:即耶律辖底,字涅里衮。早年自立为迭剌部夷离堇,太祖时拜于越。后唆使剌葛等叛乱,被俘处死。 ② 狼河:在今内蒙古西拉木伦河以北。 ③ 铜河:当在狼河附近。

原文

秋八月己卯,幸龙眉宫①,辇逆党二十九人,以其妻女赐有功将校。所掠珍宝、孳畜还主;亡其本物者,命责偿其家;不能偿者,赐以其部曲。……

(冬十月)癸未,乙室府人迪里古、迷骨离部人特里以从逆诛②。诏群臣分决滞讼。……

(十一月)还次昭乌山③,省风俗,见高年,议朝政,定吉凶仪。……

翻译

秋八月己卯,到龙眉宫,车裂叛党二十九人,把他们的妻子女儿赏赐给有功的将校。所掠夺的珍宝、牲畜归还原主;失掉原物的,命令向掠取者家里索取赔偿;不能赔偿的,用掠取者的家奴赏赐给原主。……

(冬十月)癸未,乙室府人迪里古、迷骨离部人特里因为随从叛乱被处决。诏令臣子们分别断决积压的诉讼案件。……

(十一月)返回,驻扎在昭乌山,考察风俗,召见老人,商议朝廷政事,制定吉凶礼仪。……

注释 ① 龙眉宫:太祖据有天梯、蒙国、别鲁三山一带地域,射金龊箭作为标记,把这个地方叫作龙眉宫。故址在今内蒙古巴林左旗南。 ② 乙室府:由乙室部组成的府级行政单位。乙室部为遥辇氏八部之一。迷骨离:当即乌古。 ③ 昭乌山:当在今西拉木伦河、老哈河一带。

原文

(八年春正月甲辰)于骨里部人特离敏执逆党怖

翻译

(八年[914]春正月甲辰)于骨里部人特离敏押着叛党怖胡、亚里只等十七

胡、亚里只等十七人来献①，上亲鞠之。辞多连宗室，及有协从者，乃杖杀首恶怖胡，余并原释。于越率懒之子化哥屡蓄奸谋，上每优容之，而反覆不悛，召父老群臣正其罪，并其子戮之，分其财以给卫士。有司所鞠逆党三百余人，狱既具，上以人命至重，死不复生，赐宴一日，随其平生之好，使为之。酒酣，或歌、或舞、或戏射②、角觝，各极其意。明日，乃以轻重论刑。首恶刺葛，其次迭刺哥，上犹弟之，不忍置法，杖而释之。以寅底石、安端性本庸弱，为刺葛所使，皆释其罪。前于越赫底里子解里、刺葛妻辖刺己实预逆谋，命皆绞杀之。寅底石妻涅离胁从，安端妻粘睦姑尝有忠告，并免。因谓左右曰："诸弟性虽敏黠，而蓄奸稔恶，尝自矜有出人之智，安忍凶狠，溪壑可塞

人来献，皇上亲自审问他们。供词多涉及宗室，并有胁从的人，便用棍棒处决了首恶怖胡，其余的人都饶恕并释放了。于越率懒的儿子化哥屡次心怀奸计，皇上总是宽容他，他却反复无常，不肯悔改。皇上召集父老和臣子们论定他们的罪行，连同他的儿子一起杀掉，把他们的财产分给卫士。官府审讯的叛党有三百多人，罪案已经齐备，皇上因为人命至关重大，人死不能复生，赏赐宴席一天，让他们根据自己的爱好，想干什么就干什么。饮酒尽兴，有的唱歌，有的跳舞，有的玩射戏，有的摔跤，各自尽兴。第二天，才按罪行轻重判刑。首恶是刺葛，其次是迭刺哥，皇上还把他们当作弟弟对待，不忍心加以刑法，用棍子打了一顿之后放了他们。因为寅底石、安端性情本来平庸软弱，是被刺葛所指使，都赦免了他们的罪行。前于越赫底里的儿子解里、刺葛的妻子辖刺己实际上参与了反叛的策划，命令把他们都绞死。寅底石的妻子涅离属于胁从，安端的妻子粘睦姑曾经有忠实的报告，都免于论罪。于是皇上对左右的人说："弟弟们天性虽然机敏狡黠，却久怀奸心，一贯行恶，曾经自恃有超过别人的智慧，残忍凶狠，山谷可以填平，

而贪黩无厌。求人之失，虽小而可恕，谓重如泰山；身行不义，虽入大恶，谓轻于鸿毛。昵比群小，谋及妇人，同恶相济，以危国祚。虽欲不败，其可得乎？北宰相实鲁妻余卢睹姑于国至亲，一旦负朕，从于叛逆，未置之法而病死，此天诛也。解里自幼与朕常同寝食，眷遇之厚，冠于宗属，亦与其父背大恩而从不轨，兹可恕乎？"

他们的贪婪之心却没有满足。挑剔别人的过失，即使很小可以宽恕的，却认为重如泰山；自己做不道义的事，即使已经算是大恶，却认为比鸿毛还轻。亲近比附那些小人，和妇人一起商量，共同作恶，危害国家。就是想要不失败，又能办到吗？北宰相萧实鲁的妻子余卢睹姑对皇室来讲关系极亲近，一旦背叛我，跟随叛逆，还没有受到法律制裁就病死了，这是上天的诛杀。解里从小和我经常同吃同住，眷顾待遇之优厚，超过所有宗属，也和他的父亲一起背负大恩而跟从不法的人，这难道可以宽恕吗？"

注释 ①于骨里：即乌古。 ②戏射：即射覆，古代的一种猜物游戏。

原文

秋七月丙申朔，有司上诸帐族与谋逆者三百余人罪状①，皆弃市。上叹曰："致人于死，岂朕所欲！若止负朕躬，尚可容贷。此曹恣行不道，残害忠良，涂炭生民，剽掠财产，民间昔有万马，今皆徒步，有国以来所未尝有。实不

翻译

秋七月丙申朔，官府上报各帐族参与谋反的三百多人的罪状，都把他们暴尸示众。皇上叹道："致人于死地，哪里是我所愿意的！如果只是背叛我本人，还可以宽容饶恕。这些人肆无忌惮地干不道义的事，残害忠良，涂炭人民，抢掠财产，民间原来有上万匹马，现在都只能步行，这是建国以来从来没有过的。实在是不得已才杀掉他们。"……

得已而诛之。"……

（神册元年三月）立子倍为皇太子②。……

秋七月壬申，亲征突厥、吐浑、党项、小蕃、沙陀诸部③，皆平之，俘其酋长及其户万五千六百，铠甲、兵仗、器服九十余万，宝货、驼马、牛羊不可胜算。

（神册元年[916]三月），册立儿子耶律倍为皇太子。……

秋七月壬申，亲征突厥、吐浑、党项、小蕃、沙陀各部，都平定了他们，俘虏了他们的首长和一万五千六百户人，缴获铠甲、兵器、器用服饰九十余万件，珍宝财货、骆驼、马、牛、羊不可胜数。

注释 ① 帐族：古代北方及西北少数民族划分部属的单位。 ② 倍：即耶律倍（909—946），契丹名图欲，太祖长子。太祖以渤海地建东丹国，封耶律倍为东丹王，称人皇王。太宗时逃奔后唐，赐名慕华、李赞华。会同九年（946），被李从珂杀死，谥让国皇帝，庙号义宗。 ③ 突厥：族名。六世纪初兴起于阿尔泰山，属游牧部落。后建立突厥汗国，逐渐强大。其疆域一度东起辽水，西抵里海，北越贝加尔湖，南到阿姆河南，有自己的文字、官制、刑法、税法。隋开皇二年（582），分裂为东西二部，逐渐衰落。吐浑：族名。原属鲜卑慕容部的一支，西晋末沿阴山西迁至今甘肃、青海之间，初建政权。六世纪时建国，有文字，修城池、宫殿，信佛教，势力渐强。唐以后逐步衰落，部族分散。党项：族名。原分布在今青海河曲和四川松潘以西山谷地带，唐时迁到今甘肃、宁夏及陕北地区。1038年，李元昊在兴庆府（今宁夏银川）建国，即西夏。后被蒙古所灭。小蕃：辽时西部族名。沙陀：族名，西突厥别部。唐时先后归附吐蕃和唐，迁徙往来于新疆、甘肃、陕西等境。五代时，族人李存勖、石敬瑭、刘知远先后建立后唐、后晋和北汉，号为沙陀三族。

原文

八月，拔朔州①，擒节度使李嗣本②。勒石纪功于青

翻译

八月，打下朔州，生擒节度使李嗣本。在青冢南面刻石纪功。

冢南③。

冬十月癸未朔,乘胜而东。

十一月,攻蔚、新、武、妫、儒五州④,斩首万四千七百余级。自代北至河曲⑤,逾阴山⑥,尽有其地。遂改武州为归化州,妫州为可汗州,置西南面招讨司⑦,选有功者领之。……

十二月,收山北八军⑧。……

冬十月癸未朔,乘胜东进。

十一月,进攻蔚、新、武、妫、儒五州,杀敌一万四千七百多人。从代北到河曲,越过阴山,全部据有这些地区。于是改武州为归化州,妫州为可汗州,设置西南面招讨司,选派有功的人掌管。……

十二月,取得了山北八军。……

注释 ① 朔州:北齐置。治所在善阳(今山西朔州),辖朔州一带。 ② 李嗣本:后唐雁门(今属山西)人。本姓张,乾宁中因功赐姓名。屡立战功,历任要职,官终振武节度使。 ③ 青冢:汉王昭君墓,在今内蒙古呼和浩特市南黑河北岸。 ④ 蔚:州名,唐置。治所在灵仙(今河北蔚县),辖今山西及河北北部部分地区。新:州名,唐置。治所在永兴(今河北涿鹿),辖今河北北部地区。辽改为奉圣州。武:州名,唐置。治所在文德(今河北宣化),辖今河北张家口。妫(guī):州名,唐置。治所在怀来(今河北怀来东南),辖今河北北部地区。儒:州名,唐置。治所在缙山(今北京延庆),辖今河北北部地区。 ⑤ 河曲:地区名,指今山西、内蒙古交界地黄河折流处。 ⑥ 阴山:在内蒙古自治区中部,东西走向,长约一千二百公里,海拔一千五百至两千米。 ⑦ 西南面招讨司:又称西南路招讨司,辽西南边防军事机构,掌管西南数州军的军务,负责控制西夏及西南各部族。其行政机构设在富民(今内蒙古呼和浩特市东)。 ⑧ 山北八军:五代刘仁恭据有卢龙,在今河北境内太行山北端、军都山迤北地区设置八个军,来防备契丹,称为山北八军,又称山后八军。

原文

（二年）三月辛亥，攻幽州①，节度使周德威以幽、并、镇、定、魏五州之兵拒于居庸关之西②，合战于新州东，大破之，斩首三万余级，杀李嗣恩之子武八③。……

翻译

（二年[917]）三月辛亥，进攻幽州，节度使周德威用幽、并、镇、定、魏五州的兵力在居庸关西面进行抵御。两军在新州东面会战，大破敌军，杀敌三万多人，杀死李嗣恩的儿子李武八。……

注释 ① 幽州：汉置。治所在蓟县（今北京西南），唐辖境相当于今北京、天津一带。辽建为南京析津府。 ② 周德威：字镇远，小字阳五，五代后唐马邑（今属山西）人。有勇而多谋，曾为后晋将领，大败后梁军。击破刘守光，拜卢龙军节度使。后与后梁军作战时战死。并(bīng)：州名，汉置。唐辖境相当于今山西阳曲以南、文水以北的汾水中游地区，治所在太原（今太原南）。镇：州名，唐置。治所在真定（今河北正定），辖今河北石家庄一带。定：州名，北魏置。治所在安喜（今河北定州），辖今河北中部地区。魏：州名，北周置。治所在贵乡（今河北大名东北），辖今河北、河南、山东部分地区。居庸关：在今北京昌平西北，形势险要，为长城要口之一。 ③ 李嗣恩：本姓骆，后唐时吐谷浑人。善于骑射，屡立战功，赐姓名。官终振武节度使。

原文

（三年二月）癸亥，城皇都①。……

夏四月乙巳，皇弟迭烈哥谋叛②，事觉，知有罪当诛，预为营圹，而诸戚请免。上素恶其弟寅底石妻涅里

翻译

（三年[918]二月）癸亥，修筑皇都城。……

夏四月乙巳，皇弟耶律迭烈哥谋反，事情败露，知道自己有罪当杀，预先给自己准备好了墓穴，但亲戚们请求赦免他。皇上历来讨厌他弟弟寅底石的妻子涅里衮，便说："涅里衮能代

衮^③,乃曰:"涅里衮能代其死,则从。"涅里衮自缢圹中,并以奴女古、叛人曷鲁只生瘗其中,遂赦迭烈哥。

五月乙亥,诏建孔子庙、佛寺、道观。……

替他死,就依从你们。"涅里衮自己吊死在墓穴中,又把奴仆女古、叛变的人曷鲁只活埋在其中,于是赦免了迭烈哥。

五月乙亥,诏令修建孔子庙、佛寺、道观。……

注释 ① 皇都:辽太祖都城,会同元年(938)改名上京。故址在今内蒙古巴林左旗东南波罗城。 ② 迭烈哥:即耶律迭剌。 ③ 涅里衮:即涅离。

原文

(四年)九月,征乌古部,道闻皇太后不豫,一日驰六百里还,侍太后。病间,复还军中。

冬十月丙午,次乌古部,天大风雪,兵不能进。上祷于天,俄顷而霁。命皇太子将先锋军进击,破之,俘获生口万四千二百,牛马、车乘、庐帐、器物二十余万。自是举部来附。

五年春正月乙丑,始制契丹大字^①。……

翻译

(四年[919])九月,征伐乌古部,在途中听说皇太后身体不适,一天之内奔驰六百里,回到宫中,服侍太后。太后病稍好,又回到军中。

冬十月丙午,驻扎在马古部,天上刮起大风,下起大雪,大军不能前进。皇上向上天作祈祷,不一会儿风雪就停止了。命令皇太子率领先锋军进攻,击破敌人,俘获一万四千二百人,牛马、车辆、帐篷、器物二十多万件。至此,整个部落前来归附。

五年(920)春正月乙丑,首次制作契丹大字。……

注释 ① 契丹大字:契丹文字的一种,与契丹小字并行。大字为独立的方块字,形体与汉字相近。小字为太祖弟耶律迭剌所制,性质近于拼音文字。

原文

秋八月己未朔,党项诸部叛。辛未,上亲征。……

冬十月辛未,攻天德①。丙子,拔其城,擒宋瑶,俘其家属,徙其民于阴山南。……

六年春正月丙午,以皇弟苏为南府宰相②,宗室为南府宰相自此始。

翻译

秋八月己未朔,党项各部叛乱。辛未,皇上亲征。……

冬十月辛未,进攻天德。丙子,打下这座城池,生擒宋瑶,俘虏了他的家属,把那里的百姓迁到阴山以南。……

六年(921)春正月丙午,用皇弟耶律苏任南府宰相,宗室任南府宰相从此开始。

注释 ① 天德:军名,唐置。在今内蒙古包头市以西,治所在今乌梁素海边。② 苏:即耶律苏(?—926),字云独昆,有战功,为太祖二十功臣之一。天显元年(926),随太祖攻渤海,返回后死去。

原文

夏五月丙戌朔,诏定法律,正班爵。丙申,诏画前代直臣像为《招谏图》,及诏长吏四孟月询民利病。……

(冬十月)丙子,上率大军入居庸关。

十一月癸卯,下古北口①。丁未,分兵略檀、顺、安远、三河、良乡、望都、潞、满城、遂城等十余城②,俘其民徙内地。……

翻译

夏五月丙戌朔,诏令制定法律,理顺班次爵位。丙申,诏令画前代忠直臣子的画像作为《招谏图》,又诏令负责官员在四季的第一个月访问民间利弊。……

(冬十月)丙子,皇上率领大军进入居庸关。

十一月癸卯,打下古北口。丁未,分兵攻取檀、顺、安远、三河、良乡、望都、潞、满城、遂城等十余座城市,俘虏了那里的居民,把他们迁移到内地。……

（十二月）癸亥，围涿州③，有白兔缘垒而上，是日破其郛。癸酉，刺史李嗣弼以城降④。……

（十二月）癸亥，包围涿州，有一只白兔缘着壁垒爬上去，当天攻破涿州外城。癸酉，刺史李嗣弼献城投降。……

注释 ① 古北口：在北京密云东北部，地形极为险要，为长城要口之一。 ② 檀：州名，在密云（今北京密云）。顺：州名，在怀柔（今北京顺义）。安远：城名，当在今北京大兴附近。三河：县名，在今河北三河。良乡：县名，在今北京房山东。望都：县名，位于今河北望都。潞：县名，在今北京通州。满城：县名，在今河北满城西。遂城：县名，在今河北徐水西。 ③ 涿（zhuō）州：州名，唐置。治所在范阳（今河北涿州），辖今河北涿州、雄县、固安。 ④ 刺史：掌管一州军政大权的官员。李嗣弼：后唐李克修长子，有战功，历任州军刺史、节度使。

原文

（天赞元年）夏四月甲寅，攻蓟州。戊午，拔之，擒刺史胡琼。……

（冬十月）分迭剌部为二院①。诏分北大浓兀为二部②，立两节度使以统之。……

（二年）二月，如平州。甲子，以平州为卢龙军，置节度使。

三月戊寅，军于箭笴山③，讨叛奚胡损，获之，射

翻译

（天赞元年[922]）夏四月甲寅，进攻蓟州。戊午，攻克州城，生擒刺史胡琼。……

（冬十月），分迭剌部为两院。诏令分北大浓兀为两部，设立两名节度使来统领它。……

（二年[923]）二月，进入平州。甲子，以平州作卢龙军，设置节度使。

三月戊寅，屯军在箭笴山，讨伐叛变的奚人胡损，捉到他，用鬼箭射死。杀死他的党羽三百人，把他们沉到狗河里。设置奚堕瑰部，用勃鲁恩暂时负责那里的事务。……

以鬼箭。诛其党三百人,沉之狗河④。置奚堕瑰部,以勃鲁恩权总其事⑤。……

注释 ① 二院:即五院、六院。五院也称北院,六院也称南院。 ② 北大浓兀:辽属部名。 ③ 箭笴(gǎn)山:在今河北秦皇岛山海关西北七十里。 ④ 狗河:在今辽宁省西部,流经建昌县境。 ⑤ 勃鲁恩:奚族首领,曾随太祖征渤海,有战功。

原文

(三年)六月乙酉,召皇后、皇太子、大元帅及二宰相、诸部头等诏曰①:"上天降监,惠及烝民。圣主明王,万载一遇。朕既上承天命,下统群生,每有征行,皆奉天意,是以机谋在己,取舍如神,国令既行,人情大附,舛讹归正,遐迩无愆,可谓大含溟海,安纳泰山矣!自我国之经营,为群方之父母,宪章斯在,胤嗣何忧?升降有期,去来在我。良筹圣会,自有契于天人;众国群王,岂可化其凡骨②?三年之后,岁在丙戌,时值初秋,必有归处。然未终两事③,岂负亲

翻译

(三年[924])六月乙酉,召集皇后、皇太子、大元帅以及南北宰相、各部头领等下诏说:"老天有眼,把恩惠给予万民。圣明的君王,一万年才能遇到一次。我既然上奉天命,下管众生,每次出征,都奉行上天的旨意,因此智谋出于自身,取舍如神,国家的命令一经颁行,人们纷纷拥护,错误的归于正途,远近无所失误,可以说是广阔可以包含大海,安稳可以称作泰山!我国从创建以来,就成为四方的父母,典章制度在这里,子孙后代还有什么可忧虑的?或升或降,自有一定的时期,或去或来,全在于我自己。筹划完美,领悟透彻,自然在天和人之间达到契合;各国的君主,又怎能改变他们平庸的资质?三年之后,即丙戌年,正当初秋的时候,我必定有归宿的地方。但没有完成两件大事,

诚？日月非遥，戒严是速。"闻诏者皆惊惧，莫识其意。是日，大举征吐浑、党项、阻卜等部④。诏皇太子监国，大元帅尧骨从行⑤。……

怎么能辜负亲人的真切期望？日子不多了，要赶快备战。"听诏的人都惊慌恐惧，没有谁懂得皇上的意思。当天，大举征伐吐浑、党项、阻卜等部。诏令皇太子监理国事，大元帅尧骨随行。……

注释 ① 大元帅：即天下兵马大元帅，为辽代皇帝以下的最高尊称。历朝继承帝位者多加此称号。 ②"升降"以下数句：大意是说自己资质不凡，自身的命运与上天的旨意紧密契合，这是各国平庸的君主所不能比拟的。 ③ 两事：当指祭祀和征战。 ④ 阻卜：即鞑靼（达旦），辽北边部族名。唐中叶为突厥统治下的部落，辽代除达旦本部（塔塔儿）以外，蒙古高原各游牧部落，也称阻卜。 ⑤ 尧骨：即辽太宗耶律德光（902—947），契丹名尧骨，字德谨，太祖次子。天显元年（926）即位，在位二十二年，继续对外征战，扩张领土。曾扶植后晋石敬瑭为帝，获得燕云十六州。于大同元年（947）建国号大辽，同年病死。

原文

（九月）破胡母思山诸蕃部①。……

（冬十月）丁卯，军于霸离思山。遣兵逾流沙②，拔浮图城，尽取西鄙诸部。……

（四年）夏四月甲子，南攻小蕃，下之。……

十二月乙亥，诏曰："所谓两事，一事已毕，惟渤海

翻译

（九月）击破胡母思山各蕃部。……

（冬十月）丁卯，屯军在霸离思山。派兵越过流沙，打下浮图城，全部取得西部边远地区各部。……

（四年[925]）夏四月甲子，向南进攻小蕃，攻克了它。……

十二月乙亥，下诏说："所说的两件大事，一件事已经完成，只有与渤海的世代仇怨没有报，怎么可以安然地按兵不动！"于是起兵亲征渤海大諲撰。皇

世仇未雪③，岂宜安驻!"乃举兵亲征渤海大諲譔④。皇后、皇太子、大元帅尧骨皆从。……

后、皇太子、大元帅尧骨都随行。……

注释 ① 蕃:又作"番",泛指中国古代西部各少数民族。 ② 流沙:指今玉门关以西的新疆和中亚细亚等古西域地区的沙漠地带。 ③ 渤海:唐代由靺鞨粟末族为主体建立的政权,都城在上京龙泉府(今黑龙江宁安)。其政治、经济、军事、文化制度一仿唐制,使用汉字,最盛时辖五京、十五府、六十二州、一百三十多个县,与汉族关系极为密切。 ④ 大諲譔(yīn zhuàn):渤海国王,后赐名乌鲁古。

原文

天显元年春正月己未①,白气贯日。庚申,拔扶余城②,诛其守将。己巳,諲譔请降。庚午,驻军于忽汗城南③。辛未,諲譔素服,稿索牵羊,率僚属三百余人出降。上优礼而释之。丁丑,諲譔复叛,攻其城,破之。……

(二月)丙午,改渤海国为东丹,忽汗城为天福。册皇太子倍为人皇王以主之。……

(秋七月)甲戌,次扶余

翻译

天显元年(926)春正月己未,有白气穿过太阳。庚申,打下扶余城,杀掉了那里的守将。己巳,諲譔请求投降。庚午,在忽汗城南面驻扎军队。辛未,諲譔身着日常服装,用草绳绑住自己,牵着羊,率领部下官吏三百多人出城投降。皇上给予优厚的礼遇,释放了他们。丁丑,諲譔又叛乱,大军攻打忽汗城,攻下了它。……

(二月)丙午,改渤海国为东丹,改忽汗城为天福。册封皇太子耶律倍为人皇王来统领东丹。……

(秋七月)甲戌,驻扎在扶余府,皇上身体不适。这天傍晚,有大星陨落在帐幕前。辛巳黎明,只见子城上有黄龙

府,上不豫。是夕,大星陨于幄前。辛巳平旦,子城上见黄龙缭绕④,可长一里,光耀夺目,入于行宫。有紫黑气蔽天,逾日乃散。是日,上崩,年五十五。天赞三年上所谓"丙戌秋初,必有归处",至是乃验。壬午,皇后称制⑤,权决军国事。……

缭绕,约有一里长,光耀夺目,进入行宫。又有紫黑色的气遮蔽天空,过了一整天才散去。这一天,皇上去世,享年五十五岁。天赞三年(924)皇上所说的"丙戌初秋,必定有归宿的地方",到现在便应验了。壬午,皇后称制,暂时主管军队和国家的事务。……

注释 ①天显:辽太祖、太宗年号,即公元926—937年。 ②扶余城:扶余府的府城,渤海置,故址在今吉林农安。辽灭渤海,改为黄龙府。 ③忽汗城:即渤海国都上京龙泉府。 ④子城:大城所附的小城。 ⑤称制:代行皇帝的职权。

原文

(八月)甲午,皇后奉梓宫西还。……

(九月)丁卯,梓宫至皇都,权殡于子城西北,己巳,上谥升天皇帝,庙号太祖。……

二年八月丁酉,葬太祖皇帝于祖陵①,置祖州天城军节度使以奉陵寝②。统和二十六年七月,进谥大圣大

翻译

(八月)甲午,皇后护送灵柩向西返回。……

(九月)丁卯,灵柩到达皇都,暂时停放在子城西北。己巳,上谥号叫升天皇帝,庙号太祖。……

二年八月丁酉,把太祖皇帝安葬在祖陵,设置祖州天城军节度使来护卫陵墓。统和二十六年(1008)七月,加谥大圣大明天皇帝。重熙二十一年(1052)九月,加谥大圣大明神烈天皇帝。太祖去世的行宫在扶余城西南西河之间,后

明天皇帝。重熙二十一年九月,加谥大圣大明神烈天皇帝。太祖所崩行宫在扶余城西南两河之间,后建升天殿于此,而以扶余为黄龙府云。

来在这里修建了升天殿,把扶余作为黄龙府。

注释 ① 祖陵:辽太祖墓名,在祖州。 ② 祖州天城军:治所在祖州(今内蒙古巴林左旗西南石房子村),辖今巴林左、右旗的一部分,是辽政治、经济、文化中心之一。

原文

赞曰①:辽之先,出自炎帝,世为审吉国,其可知者,盖自奇首云②。奇首生都庵山③,徙潢河之滨。传至雅里④,始立制度,置官属,刻木为契,穴地为牢。让阻午而不肯自立⑤。雅里生毗牒,毗牒生颏领,颏领生耨里思⑥,大度寡欲,令不严而人化,是为肃祖。肃祖生萨剌德⑦,尝与黄室韦挑战,矢贯数札,是为懿祖。懿祖生匀德实⑧,始教民稼穑,善畜牧,国以殷富,是为玄祖。

翻译

评语:辽的祖先,出自炎帝,世代为审吉国,其中可以知道的,大概从奇首开始。奇首生在都庵山,迁移到潢河之滨。传到耶律雅里,才开始建立制度,设置官属,刻木作为凭信,在地上打洞穴作为监牢。雅里把君位让给阻午,不肯自立。雅里生毗牒,毗牒生颏领,颏领生耶律耨里思,他豁达大度,清心寡欲,不需要严厉的命令,而人民自然被感化,这就是肃祖。肃祖生耶律萨剌德,他曾经向黄室韦挑战,箭头射穿好几层铠甲,这就是懿祖。懿祖生耶律匀德实,首次教人民耕种,善于畜牧,国家因此而殷实富足,这就是玄祖。玄祖生撒剌的,他对人民仁慈,爱惜物力,开始

玄祖生撒刺的，仁民爱物，始置铁冶，教民鼓铸，是为德祖，即太祖之父也。世为契丹遥辇氏之夷离堇^⑨，执其政柄。德祖之弟述澜^⑩，北征于厥、室韦，南略易、定、奚、霫^⑪，始兴板筑，置城邑，教民种桑麻，习织组，已有广土众民之志。而太祖受可汗之禅，遂建国，东征西讨，如折枯拉朽。东自海，西至于流沙，北绝大漠，信威万里，历年二百，岂一日之故哉！周公诛管、蔡^⑫，人未有能非之者。刺葛、安端之乱，太祖既贷其死而复用之，非人君之度乎？旧史扶余之变，亦异矣夫！

炼铁，教人民冶炼，这就是德祖，也就是太祖的父亲。德祖家世代作契丹遥辇氏的夷离堇，执掌着那里的政权。德祖的弟弟耶律述澜，北征于厥、室韦，南攻易、定州、奚、霫，率先兴起修筑土墙，置立城市，教人民种植桑麻，学习纺织，已经有扩大土地、增多百姓的志向。太祖接受可汗的禅让，于是建立国家，东征西讨，摧枯拉朽。东边从大海开始，西边到达流沙，北边穷尽大漠，扬威万里，经历两百年，哪里是一两天能做到的呢！周公杀管叔、蔡叔，世上没有谁能指责他。刺葛、安端之乱，太祖已经饶恕了他们的死罪，又进而使用他们，这不是君主的度量吗？旧史书称为扶余之变，也太不可思议了！

注释　① 赞：文体的一种。放在史书卷末，对人物事件加以评论褒贬的文字叫作史赞。　② 奇首：后魏时人，契丹始祖。生八子，后分为八部。　③ 都庵山：在今内蒙古克什克腾旗北二百余里。　④ 雅里：即耶律雅里，辽先祖。本为契丹迭刺部首领，隋唐之际，大贺氏衰落，雅里立迪辇俎里为阻午可汗，改号遥辇氏，契丹由此中兴。　⑤ 阻午：即阻午可汗，名迪辇俎里，契丹遥辇氏的第一个联盟长。本为契丹八部大师，天宝中降唐，拜松漠都督。曾大败安禄山，唐赐姓名叫李怀秀。　⑥ 耨(nòu)里思：即辽肃祖耶律耨里思，辽太祖之高祖。本为迭剌部夷离堇，辅佐阻午可汗,有战功。乾统三年(1103),追尊昭烈皇帝,庙号肃祖。 ⑦ 萨剌德:即懿祖耶律萨剌德,太祖之曾祖。乾统三年追尊庄敬皇帝,庙号懿祖。 ⑧ 匀德实:即玄祖耶律匀德实,太祖之祖父。曾任大迭烈府夷离堇,后被耶律狼德等害死。重熙二十一年(1052),追尊为简献皇帝,庙号玄祖。 ⑨ 遥辇氏:契丹氏族之一,与大贺氏、世里氏并号"三耶律"。从阻午可汗起,世代可汗都从遥辇氏中选任,共延续九代。⑩ 述澜:即耶律释鲁,又作率懒,玄祖第三子。痕德堇可汗时,授于越,征战有功。年五十七,被儿子耶律滑哥杀死。重熙二十一年(1052),追封隋国王。 ⑪ 易:州名,隋置,治所在易县(今河北易县),辖今河北中部部分地区。 ⑫ 周公:即周文王的儿子姬旦。他辅助周武王灭掉了商纣王,建立了周朝,又辅佐成王,平息叛乱。周代的礼乐制度相传也是他制定的。管:即管叔姬鲜,周武王的弟弟,周公的哥哥。蔡:即蔡叔姬度,周武王的弟弟。武王死后,成王年幼,管叔、蔡叔联合商纣王的儿子武庚发动叛乱。周公平叛,杀掉管叔、武庚,放逐蔡叔。

圣 宗 本 纪

导读

圣宗是辽朝的第六个皇帝。在他的前面,太祖、太宗忙于对外征战,开疆拓土;世宗在位仅仅五年,没有大的作为;穆宗沉湎于享乐,又是个暴君;景宗援助北汉,竭尽国力,得不偿失。安邦治国的任务,是由圣宗来完成的。

在军事上,圣宗取得了对宋作战的胜利,生擒名将杨继业,迫使宋与之订立了"澶渊之盟";东侵高丽,使其降服;西败鞑靼,使甘州、西州回鹘来贡。在政治上,圣宗先后处决了王太妃胡辇乱党,平定了耶律休哥之子和大延琳的叛乱;调整行政区划,修建中京;裁省冗员,考核官吏,选贤任能;平反冤狱,赦免罪人,做到信赏必罚;别贵贱,正风俗,严法纪,加强了对人民的统治;实行仁政,赈济灾民,释放奴隶,等等。经济上,圣宗十分重视农业生产,多次亲自视察苗情,鼓励农民垦荒、种树,平均赋税。文化方面,开贡举,设学校,改善办学条件。圣宗本人就通晓诗文,爱好艺术。

经过各个方面的建设和治理,辽朝终于达到它的全盛时期,出现了溪中燃起万鱼灯,六街灯火如昼,皇帝微服出行,与民同乐这样的升平气象。不可否认,圣宗是把辽国导向兴盛的核心人物。

当然,也应该看到,圣宗即位后的很长时间里,是由睿智皇后萧氏执政的。辽国能得到这样的发展,是和萧太后杰出的政治军事才能分不开的。另外,圣宗的穷兵黩武,也使他自食了侵高丽、伐甘州回鹘惨败的苦果。(选自卷一〇至卷一九)

原文

圣宗文武大孝宣皇帝，讳隆绪，小字文殊奴。景宗皇帝长子①，母曰睿智皇后萧氏②。帝幼喜书翰，十岁能诗。既长，精射法，晓音律，好绘画。乾亨二年，封梁王。

翻译

圣宗文武大孝宣皇帝，名隆绪，小字文殊奴。他是景宗皇帝的长子，母亲是睿智皇后萧氏。皇帝从小喜好书画，十岁就能作诗。长大成人后，精通箭法，通晓音律，爱好绘画。乾亨二年（980），封为梁王。

注释　①景宗皇帝：即耶律贤（948—982），字贤宁，小字明扆。应历十九年（969）即位，乾亨四年（982）病死，在位十三年。　②睿智皇后萧氏：即景宗皇后萧绰（？—1009），小字燕燕，北宰相萧思温之女。景宗死后，萧氏被尊为皇太后，摄国政。她熟知军政，澶渊战役，亲自指挥三军作战。在她的培养下，圣宗成为辽最有政绩的君主。萧氏先后被尊为承天皇太后、睿德神略应运启化承天皇太后。死谥圣神宣献皇后。

原文

四年秋九月壬子，景宗崩。癸丑，即皇帝位于枢前，时年十二。皇后奉遗诏摄政，诏谕诸道。

冬十月己未朔，帝始临朝。……

十一月甲午，置乾州①。……

（十二月）辛酉，南京留守

翻译

四年（982）秋九月壬子，景宗去世。癸丑，在灵柩前即皇帝位，当时只有十二岁。皇后按遗诏代理政事，命令通告各道。

冬十月己未朔，皇帝首次上朝。……

十一月甲午，设置乾州。……

（十二月）辛酉，南京留守荆王耶律道隐报告宋派使者进献犀角腰带求和，荆王道隐奏宋遣使献犀带请和②，诏以无书却之。庚辰，省置中台省官③。……

命令以没有正式的书信为理由拒绝对方。庚辰，裁省中台省官员。……

注释　① 乾州：专为护卫景宗乾陵而置。治所在奉陵（今辽宁北镇西南双台子），辖今辽宁北镇及义县南部地区。　② 南京：辽京城之一，在今北京市。后改称燕京。留守：辽官名。辽五京皆设留守，为当地行政首脑。道隐：即耶律道隐（？—983），字留隐，辽皇族。历任上京、南京留守等职，封蜀王、荆王，追封晋王。　③ 中台省：辽东丹国官署名，掌管本国政务。

原文

（统和元年）二月戊子朔，禁所在官吏军民不得无故聚众私语及冒禁夜行，违者坐之。……

（八月）甲午，上与斜轸于太后前易弓矢鞍马①，约以为友。以政事令孙祯无子②，诏国舅小翁帐郎君桃隈为之后③。……

九月癸丑朔，以东京、平州旱、蝗，诏振之。丙辰，南京留守奏，秋霖害稼，请权停关征，以通山西籴易④，从之。……

翻译

（统和元年[983]）二月戊子朔，规定皇帝所在地的官吏军民不准无故聚众闲谈以及违反禁令而夜晚外出，违反这一规定的人予以治罪。……

（八月）甲午，皇上和耶律斜轸在太后面前交换弓箭鞍马，结为朋友。因为政事令孙祯没有儿子，诏令国舅小翁帐郎君桃隈作他的后人。……

九月癸丑朔，因为东京、平州发生旱灾和蝗灾，命令进行赈济。丙辰，南京留守上奏，秋雨损害庄稼，请求暂停征收关税，以便使山西的粮食贸易得以畅通，朝廷同意了。……

注释　① 斜轸(zhěn)：即耶律斜轸(？—999)，历任南院大王、北枢密使、诸路兵马都统等要职。曾先后在高梁河大败宋军，擒宋将杨继业。后南下攻宋，死于军中。　② 政事令：辽南面最高行政官署政事省的长官。政事省后改为中书省。③ 国舅小翁帐：乙室巳国舅二帐族之一。国舅指皇帝的母舅和妻舅，他们的族属称国舅帐。郎君：辽小官名。　④ 山西：指北太行山、军都山、燕山以西地区。

原文

（十一月）庚辰，上与皇太后祭乾陵①，下诏谕三京左右相、左右平章事、副留守、判官、诸道节度使、判官、诸军事判官、录事参军等②，当执公方，毋得阿顺。诸县令佐如遇州官及朝使非理征求，毋或畏徇。恒加采听，以为殿最③。民间有父母在，别籍异居者，听邻里觉察，坐之。有孝于父母，三世同居者，旌其门闾。……

（十二月）甲辰，敕诸刑辟已结正决遣而有冤者，听诣台诉。是夕，然万鱼灯于双溪。……

翻译

（十一月）庚辰，皇上和皇太后祭乾陵，下诏指示上京、东京、南京的左右相，左右平章事，副留守及判官、各道节度使及判官、各军事判官，录事参军等，应当做到公正，不得阿谀顺从。各县令及辅佐官员如果遇到州官和朝廷使者无理索求，不要有所畏惧屈从。长期收集了解各级官吏的情况，以此作为确定殿最等级的依据。民间有父母健在，另立户口分居的人，允许邻居举报，予以治罪。有孝敬父母，三代同居的人，在他的门前题额挂匾，以示表彰。……

（十二月）甲辰，下令各类案件已经结案执行而有冤屈的人，允许到御史台上诉。这天晚上，在双溪燃起万鱼灯。……

注释　① 乾陵:辽景宗陵墓,在今辽宁北镇西南双台子。　② 左右相:辽官名,三京宰相府的正副长官。左右平章事:三京宰相府官名,地位次于左右相。副留守:留守的副手。判官:属官名,职责是协助本部门首脑处理政务。辽五京留守及州军节度使下属都有判官。道:辽地方行政区划名。辽将全国分为上京、中京、东京、南京、西京五道,每道各辖府、州、军若干。录事参军:辅佐官吏名,职掌文簿符印签署及弹劾违法行为等事。　③ 殿最:官吏政绩考核等级名。最优的为最,最劣的为殿。

原文

（二年）三月乙卯,划离部请今后详稳止从本部选授为宜①,上曰:“诸部官惟在得人,岂得定以所部为限?”不允。……

（三年）三月乙巳朔,枢密奏契丹诸役户多困乏②,请以富户代之。上因阅诸部籍,涅剌、乌隈二部户少而役重③,并量免之。……

（八月）戊子,故南院大王谐领已里婉妻萧氏奏夫死不能葬④,诏有司助之。……

翻译

（二年[984]）三月乙卯,划离部请求今后详稳只从本部选拔授予为宜,皇上说:“各部官员只在于得到合适的人选,怎么能一定要以本部为限?”不允许。……

（三年[985]）三月乙巳朔,枢密院上奏契丹各服役户大多很贫困,请求用富裕户代替他们服役。皇上于是查阅各部名册,涅剌、乌隈两部户数少,劳役重,都酌情给予免除。……

（八月）戊子,已故南院大王谐领已里婉的妻子萧氏上奏丈夫死去无力埋葬,诏令官府资助她。……

注释　① 划离部:辽属部名。详稳:辽官名,来自汉语“将军”的转译。辽监、局官、北面帐官、军官、部族官都设有详稳之职。　② 枢密:即枢密院,辽朝廷军政官署,其长官为枢密使。　③ 涅剌、乌隈二部:都是遥辇氏八部之一,二部为兄弟部落。 ④ 南院大王：迭剌部六院统领兵马官。初称夷离堇，太宗时升为大王。

原文

（闰九月）己亥，速撒奏术不姑诸部至近淀①，夷离堇易鲁姑请行俘掠，上曰："诸部于国无恶，何故俘掠？徒生事耳。"不允。……

（冬十一月）癸巳，禁行在市易布帛不中尺度者。丙申，东征女直。……

（四年）三月甲戌，于越休哥奏宋遣曹彬、崔彦进、米信由雄州道②，田重进飞狐道③，潘美、杨继业雁门道来侵④，岐沟、涿州、固安、新城皆陷⑤。诏宣徽使蒲领驰赴燕南⑥，与休哥议军事，分遣使者征诸部兵益休哥以击之。复遣东京留守耶律抹只以大军继进⑦，赐剑专杀。乙亥，以亲征告陵庙、山川。辛巳，宋兵入涿州。时上与皇太后驻兵驼罗口，诏趣东征兵马以为应援。

翻译

（闰九月）己亥，耶律速撒上奏术不姑各部来到淀边，夷离堇易鲁姑请求进行掳掠，皇上说："各部族对国家没有恶意，为什么要去掳掠？这只不过是惹事罢了。"不允许。……

（冬十一月）癸巳，禁止在行在买卖不合规定尺度的布帛。丙申，东征女直。……

（四年［986］）三月甲戌，于越耶律休哥上奏宋派曹彬、崔彦进、米信从雄州一路，田重进从飞狐一路，潘美、杨继业从雁门一路前来侵略，岐沟、涿州、固安、新城都已陷落。命令宣徽使耶律蒲领奔赴燕南，和休哥商议军事，分派使者征发各部兵马增援休哥，打击敌人。又派东京留守耶律抹只率领大军跟进，赐予宝剑，使他有生杀大权。乙亥，把亲征的决定祭告陵庙、山川。辛巳，宋兵进入涿州。当时皇上和皇太后驻兵在驼罗口，诏令催促东征兵马作为应援。壬午，诏令林牙萧勤德用兵把守平州海岸，防备宋军。……

壬午,诏林牙勤德以兵守平
州之海岸以备宋⑧。……

注释 ① 速撒:即耶律速撒,字阿敏,历任节度使、各州都总管、都详稳,有战功。镇守西边达二十年,深得萧太后信任。 ② 休哥:即耶律休哥(? —998),字逊宁,历任惕隐、北院大王、南京留守等职,封宋国王。他骁勇善战,曾多次大败宋军。曹彬(931—999):字国华,宋真宗灵寿(今属河北)人。多次出征契丹、北汉、后蜀、南唐,屡立战功,历任要职,仕至同平章事、枢密使。崔彦进(922—988):宋大名(治今河北大名东)人。多次征战有功,官至保静军节度使。米信:原名海进,本奚族人,擅长射箭。曾在新城打败契丹军,官至彰武军节度使。年六十七死。雄州:北周置。治所在归信(今河北雄县),辖今河北雄县、容城地。 ③ 田重进(929—997):宋幽州(治今北京)人。屡次从征契丹,以战功累官京兆尹、永兴军节度使。飞狐:即今河北涞源。 ④ 潘美(925—991):字仲询,宋大名人。屡经战阵,以功历任要职。雍熙二年(986),任云、应、朔等州都部署,指挥宋军大举攻辽,失败后削官。后加同平章事,死谥武惠。杨继业(? —986):即杨业,宋麟州(今陕西神木北)人。本名重贵,世为麟州土豪。他善于骑射,骁勇善战,号"无敌"。历任要职,握重兵。雍熙三年(986)北征,在陈家谷重伤被擒,不食三日而死。雁门:即今山西代县。 ⑤ 岐沟:关名,在今河北新城西北。固安:县名,即今河北固安。新城:县名,在今河北新城东南。 ⑥ 燕南:指今河北南部地区。 ⑦ 东京:辽京城之一,即今辽宁辽阳。耶律抹只:字留隐,历任枢密副使、节度使,封漆水郡王、奚王。统和末年死。 ⑧ 林牙:辽官名,掌管笔墨文字等事。勤德:即萧恒德(? —996),字逊宁,辽后族、驸马。曾领兵侵高丽,后被承天太后处死。

原文

(夏四月)辛丑,宋潘美陷云州①。宋将曹彬、米信北渡拒马河②,与于越休哥

翻译

(夏四月)辛丑,宋潘美攻陷云州。宋将领曹彬、米信北渡拒马河,和于越耶律休哥对垒,宋军前来挑战,南北排

对垒,挑战,南北列营长六七里。时上次涿州东五十里。甲寅,诏于越休哥、奚王筹宁、宣徽使蒲领、南、北二王等严备水道③,无使敌兵得潜至涿州。丙辰,复涿州。壬戌,围固安城,统军使颇德先登④,城遂破,大纵俘获。……

列阵营长达六七里。当时皇上驻扎在涿州东五十里。甲寅,命令于越耶律休哥、奚王筹宁、宣徽使耶律蒲领、南、北二王等严密防备水路,不要让敌兵得以偷越到涿州。丙辰,收复涿州。壬戌,包围固安城,统军使耶律颇德率先登城,城被攻破,放纵士兵大肆掳掠。……

注释 ① 云州:治所在云中(今山西大同),辖今山西长城以南、桑干河以北地区。② 拒马河:大清河支流,在河北省西部。 ③ 筹宁:即奚和朔奴,字筹宁,历任奚六部首领、南面行军副部署等职,有战功。宣徽使:掌管朝会、宴享、礼仪、祭祀以及侍候皇帝等事的官员。蒲领:即耶律阿没里,字蒲领,曾多次带兵侵犯宋和高丽,有战功。 ④ 统军使:统军司长官。统军司为统领各道军事的机构,南京统军司统领南京汉军。颇德:即耶律颇德,历任南京统军使等职,因功加检校太师。

原文

五月庚午,辽师与曹彬、米信战于岐沟关,大败之,追至拒马河,溺死者不可胜纪。余众奔高阳①,又为辽师冲击,死者数万,弃戈甲若丘陵。挽漕数万人匿岐沟空城中,围之。壬申,以皇太后生辰,纵还。癸酉,班师,还次

翻译

五月庚午,辽军和曹彬、米信在岐沟关作战,大败敌人,追到拒马河,淹死的人不计其数。其余众人逃奔高阳,又被辽军冲击,死的人有好几万,丢弃的兵器铠甲堆积如山。负责运输的几万人藏在岐沟空城中,辽军把他们包围起来。壬申,因是皇太后的生日,把他们放回去了。癸酉,回师,回到新城。耶

新城。斜轸遣判官蒲姑奏复蔚州,斩首二万余级,乘胜攻下灵丘、飞狐。……

（六月）丁未,度居庸关。壬子,南京留守奏百姓岁输三司盐铁钱②,折绢不如直,诏增之。甲寅,斜轸奏复寰州③。……

律斜轸派判官蒲姑上奏收复蔚州,杀敌两万多人,乘胜攻克灵丘、飞狐。……

（六月）丁未,越过居庸关。壬子,南京留守上奏百姓每年输送到三司的盐铁钱,折合成绢后不足原价,命令增加。甲寅,耶律斜轸上奏收复寰州。……

注释 ① 高阳:宋顺安军治所,在今河北高阳东。 ② 三司:本为唐度支司、户部司、盐铁司的合称,五代时合三司为一独立机构,专理财计。其长官为三司使。盐铁钱:盐铁税。 ③ 寰州:故治在今山西朔州东。

原文

（秋七月）辛卯,斜轸奏:大军至蔚州,营于州左。得谍报,敌兵且至,乃设伏以待。敌至,纵兵逆击,追奔逐北,至飞狐口。遂乘胜鼓行而西,入寰州,杀守城吏卒千余人。宋将杨继业初以骁勇自负,号杨无敌,北据云、朔数州。至是,引兵南出朔州三十里,至狼牙村,恶其名,不进。左右固请,乃行。遇斜轸,伏四起,

翻译

（秋七月）辛卯,耶律斜轸上奏:大军到达蔚州,在州城左面扎营。得到侦察人员报告,敌兵将要到来,便设下埋伏,等待敌人。敌军到来,挥兵迎击,追杀残兵败将,到了飞狐口。于是乘胜击鼓向西行进,进入寰州,杀死守城官兵一千多人。宋将领杨继业当初以骁勇自负,号称杨无敌,在北边占据云、朔等几个州。至此,领兵南出朔州三十里,到了狼牙村,忌讳这个村名,停止不前。左右的人坚决请求,才继续前进。遇到耶律斜轸,伏兵四起,杨继业中了流箭,落马被捉。箭伤发作,不进饮食,三天

中流矢，堕马被擒。疮发不食，三日死。遂函其首以献。诏详稳辖麦室传其首于越休哥，以示诸军，仍以朔州之捷宣谕南京、平州将吏。自是，宋守云、应诸州者，闻继业死，皆弃城遁。

（八月）乙巳，韩德让奏宋兵所掠州郡①，其逃民禾稼，宜募人收获，以其半给收者，从之。……己未，用室昉、韩德让言②，复山西今年租赋。……

以后死去。于是用匣子装着他的头来进献。命令详稳辖麦室把杨继业的头传给于越耶律休哥，向各军展示，又把朔州的捷报向南京、平州将吏宣布。从此，宋守云、应各州的人，得知杨继业已死，都弃城逃跑。

（八月）乙巳，韩德让上奏，宋兵所劫掠的州郡，那些逃离百姓的庄稼，应该招募人去收割，用其中的一半给予收割者，同意了。……己未，采用室昉、韩德让的意见，免去山西今年租赋。……

注释 ① 韩德让(941—1011)：辽蓟州玉田(今属河北)人。曾败宋军于高梁河，历任上京、南京留守、南北院枢密使、政事令、北府宰相等要职，封楚王、晋王，称大丞相，位在亲王之上。先后赐名德昌、隆运，赐姓耶律，死后建文忠王府。 ② 室昉(约920—994)：字梦哥，辽南京人，进士。历任知制诰、翰林学士、南院枢密使，加同政事门下平章事，监修国史，为统和初辅政大臣之一。后致仕，封郑国公，授南京留守。

原文

（冬十月）政事令室昉奏，山西四州自宋兵后，人民转徙，盗贼充斥，乞下有司禁止。命新州节度使蒲打里选人分道巡检。北大

翻译

（冬十月）政事令室昉上奏，山西四州自从宋兴兵以后，人民迁徙流移，盗贼充斥，请求责成官府禁止。于是命令新州节度使蒲打里选人分道巡察。北大王帐郎君曷葛只里上述本府大王耶

048 | 辽 史

王帐郎君曷葛只里言本府王蒲奴宁十七罪[1]，诏横帐太保核国底鞠之[2]。蒲奴宁伏其罪十一，笞二十释之。曷葛只里亦伏诬告六事，命详酌罪之。知事勤德连坐[3]，杖一百，免官。……

律蒲奴宁十七条罪状，命令横帐太保核国底审问他。蒲奴宁认罪十一条，鞭打二十下，释放了他。曷葛只里也承认诬告六条，命令仔细斟酌，治他的罪。知事勤德牵连治罪，杖打一百下，罢官。……

注释 ① 北大王帐：即北院大王的帐族。蒲奴宁：即耶律蒲奴宁，有战功。圣宗统和四年(986)，以北大王为山后五州都管。 ② 横帐：辽宗室宫帐名。太祖父亲及二伯父后裔合称三父房，三房族属的宫帐称横帐，为皇族显贵。太保：官名，地位在横帐常衮、太师之下。 ③ 知事：即知北院大王事，地位仅次于北院大王。

原文

（十一月）壬申，以古北、松亭、榆关征税不法[1]，致阻商旅，遣使鞠之。丙子，南伐。诏驸马都尉萧继远、林牙谋鲁姑、太尉林八等固守封疆[2]，毋漏间谍。军中无故不得驰马，及纵诸军残南境桑果。……

（十二月）上率大军与宋将刘廷让、李敬源战于莫州[3]，败之。乙巳，擒宋将贺令图、杨重进等[4]。……丙

翻译

（十一月）壬申，因为古北、松亭、榆关征税不法，以致阻塞商业贸易，派使者审理这件事。丙子，南征。命令驸马都尉萧继远、林牙耶律谋鲁姑、太尉林八等固守疆界，不要放过间谍。军中无故不得骑马奔驰，以及放纵各军糟蹋南边境内的桑树果木。……

（十二月）皇上率领大军和宋军将领刘廷让、李敬源在莫州作战，打败了敌人。乙巳，生擒宋军将领贺令图、杨重进等人。……丙辰，邢州投降。丁巳，打下深州。……

辰,邢州降⑤。丁巳,拔深州⑥。……

注释 ① 松亭:关名,在泽州(今河北平泉南)南。榆关:即山海关。 ② 驸马都尉:即驸马,都尉为虚衔。萧继远:即萧继先,字杨隐,小字留只哥。善战,出征从未失利。官至北府宰相,上京留守。太尉:辽三公府官,实为一种荣誉头衔。 ③ 刘廷让(929—987):原名光义,宋涿州范阳(今河北涿县)人。先后为后周、宋部将,历任节度使、兵马都部署等职。莫州:治所在任丘(今河北任丘),辖今任丘及周围地区。 ④ 贺令图(948—?):宋开封陈留(今河南开封东南)人,宋太祖贺皇后侄儿。历任知州等职。杨重进:宋太原(治今山西太原)人。初为后周太祖卫士,入宋,历任防御使、都部署等职。 ⑤ 邢州:治所在龙冈(今河北邢台),辖今河北南部地区。 ⑥ 深州:治所在静安(今河北深州南),辖今河北南部地区。

原文

　　五年春正月乙丑,破束城县①,纵兵大掠。丁卯,次文安②,遣人谕降,不听,遂击破之,尽杀其丁壮,俘其老幼。戊寅,上还南京。……

　　(六年)二月丁未,奚王筹宁杀无罪人李浩,所司议贵,请贷其罪,令出钱赡浩家,从之。……

　　闰(五)月丙戌朔,奉圣州言太祖所建金铃阁坏,乞加修缮。诏以南征,恐重劳

翻译

　　五年(987)春正月乙丑,攻破束城县,挥兵大肆掳掠。丁卯,驻扎在文安,派人劝降,不听从,随即攻破城池,把那里的壮年人全部杀死,俘虏了城中的老人和小孩。戊寅,皇上回到南京。……

　　(六年[988])二月丁未,奚王筹宁杀死无罪的人李浩,有关机构论其地位尊贵,请求宽恕他的罪行,叫筹宁出钱赡养李浩的家属,同意了。……

　　闰(五)月丙戌朔,奉圣州报告太祖修建的金铃阁损坏,请求加以修缮。下诏指示因为南征,恐怕百姓过于劳累,等大军返回再修理。……甲寅,乌隈于

原文

百姓,待军还治之。……甲寅,乌隈于厥部以岁贡貂鼠、青鼠皮非土产③,皆于他处贸易以献,乞改贡。诏自今止进牛马。……

翻译

厥部因为每年进贡的貂鼠、青鼠皮不是土产,都是在其他地方买来进献的,请求改献其他物品。命令从今以后只进贡牛马。……

注释 ① 束城县:在今河北河间东北六十里。 ② 文安:即今河北文安。 ③ 乌隈于厥部:辽属部名,分布在小兴安岭以东黑龙江、松花江流域。

原文

秋七月丙戌,观市。……

(八月)大同军节度使耶律抹只奏①,今岁霜旱乏食,乞增价折粟,以利贫民,诏从之。……

(九月)庚戌,次涿州,射帛书谕城中降,不听。

冬十月乙卯,纵兵四面攻之,城破乃降,因抚谕其众。驸马萧勤德、太师阆览皆中流矢②,勤德载帝车中以归。……

翻译

秋七月丙戌,在市上观看行刑。……

(八月)大同军节度使耶律抹只上奏,今年因为打霜和旱灾导致缺食,请求提高粮食折价,以便利贫民,下诏同意这个请求。……

(九月)庚戌,驻扎在涿州,把写在帛上的书信射到城中,劝守城军队投降,对方不听从。

冬十月乙卯,挥兵四面攻城,城被攻破,守城部队才投降,于是安抚城中众人。驸马萧勤德、太师萧阆览都中了流箭,用皇帝的车载回勤德。……

注释 ① 大同军:治所在大同,辖今山西北部及河北部分地区。后为辽西京。 ② 太师:辽三师府官,实为荣誉头衔。阆览:即萧挞凛(? —1004),字驼宁,辽后族。多次侵宋、西夏、阻卜,有战功。历任都监、统军使等职,封兰陵郡王。

原文

（十一月）庚寅，驻长城口①，督大军四面进攻。士溃围，委城遁，斜轸招之，不降，上与韩德让邀击之，杀获殆尽。……辛卯，攻满城，围之。甲午，拔其城，军士开北门遁，上使谕其将领，乃率众降。戊戌，攻下祁州②，纵兵大掠。己亥，拔新乐③。庚子，破小狼山寨④。……

（十二月）横帐郎君达打里劫掠，命杖之。……是月，大军驻宋境。

是岁，诏开贡举，放高举一人及第。……

翻译

（十一月）庚寅，驻扎在长城口，督促大军四面进攻。守城士兵突围，弃城逃跑，耶律斜轸招降，拒绝投降，皇上和韩德让便拦击他们，把他们全部杀死或俘虏。……辛卯，进攻满城，包围了它。甲午，打下这座城，守城军士打开北门逃跑，皇上派人前去劝说守城将领，于是守城将领率领众人投降。戊戌，攻克祁州，挥兵大肆掳掠。己亥，打下新乐。庚子，攻破小狼山寨。……

（十二月）横帐郎君达打里进行劫掠，命令用棍棒处罚他。……这月，大军驻扎在宋境内。

这一年，下诏指示进行科举考试，通过科举一人及第。……

注释 ① 长城口：在今河北徐水西北。 ② 祁州：治所在蒲阴（今河北安国），辖今河北安国、深泽、晋州等地。 ③ 新乐：县名，在今河北新乐东北。 ④ 小狼山寨：当在新乐附近。

原文

（七年春正月）三卒出营劫掠，笞以徇众，以所获物分赐左右。……甲辰，大

翻译

（七年[989]春正月）三名士兵出营劫掠，将他们鞭打示众，把抢到的东西分别赐给左右的人。……甲辰，大军同

军齐进,破易州①,降刺史刘墀。守陴士卒南遁,上帅师邀之,无敢出者。……辛亥,还次南京,六军解严。……

(二月)甲子,诏南征所俘有亲属分隶诸帐者,给官钱赎之,使相从。……丙寅,禁举人匿名飞书,谤讪朝廷。……

(夏四月)甲子,谏议大夫马得臣以上好击球②,上疏切谏。……疏奏,大嘉纳之。……

六月庚戌朔,以太师枯母迎合,挝之二十。辛酉,诏燕乐、密云二县荒地许民耕种③,免赋役十年。……

时进发,攻破易州,迫使刺史刘墀投降。宋城士兵南逃,皇上率领军队拦击,没有人敢出城。……辛亥,回师驻扎在南京,大军解除战时状态。……

(二月)甲子,下诏指示南征所俘虏的人有亲属分别隶属于各帐的,用公家的钱把他们赎出来,让他们居住在一起。……丙寅,禁止举报者匿名投寄书信,诽谤讥讽朝廷。……

(夏四月)甲子,谏议大夫马得臣因为皇上爱好打马球,上疏恳切劝阻。……奏疏上呈,皇上大大称许,接受了他的意见。……

六月庚戌朔,因为太师枯母迎合自己,打了他二十下。辛酉,下诏指示燕乐,密云两县的荒地允许百姓耕种,免除赋役十年。……

注释 ①易州:治所在易县,辖今河北中部地区。 ②谏议大夫:辽左右谏院的长官,掌规劝纠弹等事。马得臣:辽南京人,善作文。历任政事舍人、翰林学士、副留守等职,官终知宣徽院事。 ③燕乐:县名,在今北京密云东北七十里。密云:即今北京密云。

原文

（八年三月）辛丑，置宜州[1]。……

（秋七月）诏东京路诸宫分提辖司[2]，分置定霸，保和、宣化三县[3]，白川州置洪理[4]，仪坤州置广义[5]，辽西州置长庆[6]，乾州置安德各一县。省遂、妫、松、饶、宁、海、瑞、玉、铁里、奉德等十州[7]，及玉田、辽丰、松山、弘远、怀清、云龙、平泽、平山等八县[8]，以其民分隶他郡。……

翻译

（八年[990]三月）辛丑，设置宜州。……

（秋七月）下诏指示东京路各宫分提辖司，分别设置定霸、保和、宣化三县，白川州设置洪理，仪坤州设置广义，辽西州设置长庆，乾州设置安德各一县。废除遂、妫、松、饶、宁、海、瑞、玉、铁里、奉德等十州，以及玉田、辽丰、松山、弘远、怀清、云龙、平泽、平山等八县，把那里的居民分别归属其他郡。……

注释 ①宜州：治所在宏政（今辽宁义县东北），辖今义县地。 ②宫分：宫帐，辽皇帝、执政皇后私有的建制。包括直属的军民、奴隶和州县。提辖司：官帐管理机构之一。 ③定霸：当在今内蒙古巴林左旗西。保和：在今巴林左旗东南。宣化：在今巴林左、右旗之间。 ④白川州：即川州，治所在咸康（今辽宁朝阳东北），辖今辽宁朝阳、义县北部。洪理：在今辽宁北镇西北。 ⑤仪坤：在今内蒙古翁牛特旗境西拉木伦河中游以南，治所即广义（今翁牛特旗西北）。 ⑥辽西州：在今辽宁锦州东北，治所即长庆（今辽宁凌海东北）。 ⑦遂：州名，在今辽宁彰武北与内蒙古交界处。松：州名，即松山州，在今内蒙古赤峰市西南。饶：州名，在今内蒙古巴林右旗西南。宁：州名，在今巴林左旗东北。海：州名，在今辽宁海城。瑞：州名，即来州，故治在今辽宁绥中西南。铁里：州名，故治在今沈阳西南七十里。奉德：州名，当在今辽宁抚顺附近。 ⑧玉田：即今河北玉田。松山：在今赤峰市西南。

原文

（九年秋七月）乙巳，诏诸道举才行、察贪酷、抚高年、禁奢僭、有殁于王事者官其子孙。……

十年春正月丁酉，禁丧葬礼杀马，及藏甲胄、金银、器玩。……

八月癸亥，观稼，仍遣使分阅苗稼。……

（十二年秋七月）戊辰，观获。庚午，诏契丹人犯十恶者依汉律[①]。……

翻译

（九年[991]秋七月）乙巳，下诏指示各道推荐有才德的人，检察贪官酷吏，安抚老年人，禁止奢侈僭越，有死于国事的人，授予他们的子孙官职。……

十年（992）春正月丁酉，禁止举行丧葬礼仪时杀马，以及收藏甲胄、金银、器物玩好。……

八月癸亥，视察庄稼，又派使者分别视察各地庄稼状况。……

（十二年[994]秋七月）戊辰，观看收割。庚午，下诏指示契丹人犯十恶罪的人按汉人法律处置。……

注释 ① 十恶：封建时代刑律所指的十种大罪。

原文

（八月）乙酉，宋遣使求和，不许。……乙未，下诏戒谕中外官吏。丁酉，录囚，杂犯死罪以下释之。……

（九月）辛酉，宋复遣使求和，不许。……

（冬十月）乙巳，诏定均

翻译

（八月）乙酉，宋派使者求和，不允许。……乙未，下诏告诫内外官吏。丁酉，审查登记囚徒罪状，各种犯罪案件中，死刑以下罪给予赦免。……

（九月）辛酉，宋又派使者求和，不允许。……

（冬十月）乙巳，下诏指示制定均税法。丁未，大理寺设置少卿和寺正。……

税法。丁未，大理寺置少卿及正①。……

（十一月）诏诸部所俘宋人有官吏儒生抱器能者，诸道军有勇健者，具以名闻。庚戌，诏郡邑贡明经、茂材异等②。……

（十二月）戊子，高丽进妓乐③，却之。庚寅，禁游食民。……

（十一月）下诏指示各部所俘虏的宋人中有具有才能的官吏和读书人，各道军中有勇猛强健的人，都把他们的名字上报朝廷。庚戌，指示郡县选拔推荐明经和茂材异等的人。……

（十二月）戊子，高丽进献歌舞女艺人，拒绝接受。庚寅，禁止百姓四处流移求食。……

注释 ① 大理寺：中央最高审判机关。少卿：为本寺副长官。正：为寺中官员。 ② 明经、茂材异等：都是科举名目。 ③ 高丽：古国名，即今朝鲜。

原文

（十三年春三月）戊辰，武清县百余人入宋境剽掠①，命诛之，还其所获人畜财物。……

（夏四月）丙戌，诏诸道民户应历以来胁从为部曲者，仍籍州县。……

（五月）乙亥，北、南、乙室三府请括富民马以备军需，不许，给以官马。……

翻译

（十三年[995]春三月）戊辰，武清县一百多人进入宋境内劫掠，命令杀掉他们，归还抢到的人畜财物。……

（夏四月）丙戌，下诏指示各道民户从辽穆宗应历以来被胁从做奴婢的人，恢复其州县民户的身份。……

（五月）乙亥，北、南、乙室三府请求征用富民的马以备军事需要，不允许，拨给公家的马。……

九月戊午，因为南京太学生人员渐渐增多，特地赐给水磨庄一处。……

九月戊午,以南京太学生员浸多②,特赐水硙庄一区。……

冬十月乙亥,置义仓③。……

(十四年夏四月)改诸部令稳为节度使④。……

十一月甲戌,诏诸军官毋非时畋猎妨农。……

十二月甲寅,以南京道新定税法太重,减之。……

(十五年春正月)庚辰,诏诸道劝民种树。……

(二月)戊戌,劝品部富民出钱以赡贫民⑤。……

(三月)戊辰,募民耕滦州荒地⑥,免其租赋十年。……庚寅,兀惹乌昭度以地远⑦,乞岁时免进鹰、马、貂皮,诏以生辰,正旦贡如旧⑧,余免。……

冬十月乙亥,设置义仓。……

(十四年[996]夏四月)改各部令稳为节度使。……

十一月甲戌,下诏指示各军官不要在非打猎季节打猎,妨害农事。……

十二月甲寅,因为南京道新定税法太重,适当减轻。……

(十五年[997]春正月)庚辰,指示各道鼓励百姓种树。……

(二月)戊戌,劝品部富民出钱赡济贫民。……

(三月)戊辰,招募百姓耕种滦州荒地,免收租税十年。……庚寅,兀惹乌昭度因为地远,请求每年免予进贡鹰、马、貂皮,诏令在生辰、正旦节照例进贡,其余时间免予进贡。……

注释 ①武清县:在今河北武清西北。 ②太学:国家兴办的高等学校之一。 ③义仓:由百姓交纳一定的粮食作为储备,用于救荒的粮仓。 ④令稳:辽初小部落的军事统领官。 ⑤品部:契丹遥辇氏八部之一。 ⑥滦州:治所在义丰(今河北滦州),辖今滦县、滦南、乐亭等地。 ⑦兀(wù)惹:部族名,分布在今黑龙江境内广大地区。辽初曾建定安国,后附辽。乌昭度:兀惹首领。 ⑧ 正(zhēng)旦:节名,农历正月初一。

原文

夏四月乙未朔,罢奚五部岁贡麋。戊戌,录囚。壬寅,发义仓粟振南京诸县民。……

(冬十月)乙未,赐宿卫时服。丁酉,禁诸山寺毋滥度僧尼。戊戌,弛东京道鱼泺之禁。戊申,以上京狱讼繁冗,诘其主者。……

(十六年夏四月)丁未,罢民输官俸,给自内帑。己酉,祈雨。……

(十七年九月)己亥,南伐。……

(冬十月)次瀛州①,与宋军战,擒其将康昭裔、宋顺②,获兵仗、器甲无算。进攻乐寿县③,拔之。次遂城,敌众临水以拒,纵骑兵突之,杀戮殆尽。……

翻译

夏四月乙未朔,取消奚五部每年进贡獐子。戊戌,审查记录囚徒罪状。壬寅,拿出义仓粮食赈济南京各县百姓。……

(冬十月)乙未,赏赐警卫人员时令服装。丁酉,规定各山寺庙不得随便招人作僧人尼姑。戊戌,解除东京道湖泊不准打渔的禁令。戊申,因为上京诉讼案件繁多,质问当地主管人。……

(十六年[998]夏四月)丁未,免除百姓输纳官员俸禄,由国库支给。己酉,求雨。……

(十七年[999]九月)己亥,南征。……

(冬十月)驻扎在瀛州,和宋军作战,生擒敌军将领康昭裔、宋顺,缴获兵器铠甲不计其数。又进攻乐寿县,打下了它。大军驻扎在遂城,敌军临水抵抗,指挥骑兵前去冲击,几乎将敌军全部杀死。……

注释 ① 瀛州：治所在河间(今河北河间)，辖今河北中部地区。 ② 康昭裔：宋瀛州守将，后被俘降辽，任节度使。 ③ 乐寿县：即今河北献县。

原文

（十九年闰十一月）己未，减关市税。……

（二十一年夏六月）修可敦城①。……

十一月壬辰，故于越耶律休哥之子道士奴、高九等谋叛，伏诛。……

十二月癸未，罢三京诸道贡。……

（二十二年）六月戊午，以可敦城为镇州，军曰建安。……

（闰九月）己未，南伐。……

（冬十月）甲午，下祁州。……

（十一月）丁卯，南院大王善补奏宋遣人遗王继忠弓矢②，密请求和。诏继忠与使会，许和。庚午，攻破德清军③。壬申，次澶渊④。

翻译

（十九年[1001]闰十一月）己未，减轻关市的税收。……

（二十一年[1003]夏六月）修可敦城。……

十一月壬辰，已故于越耶律休哥的儿子耶律道士奴、耶律高九等人谋反，伏法。……

十二月癸未，免除上京、东京、南京各道的进贡。……

（二十二年[1004]）六月戊午，以可敦城为镇州，军叫作建安。……

（闰九月）己未，南征。……

（冬十月）甲午，攻克祁州。……

（十一月）丁卯，南院大王耶律善补上奏宋朝派人送来王继忠的弓箭，暗地里请求议和。命令王继忠和使者会面，准许讲和。庚午，攻破德清军。壬申，驻扎在澶渊。萧挞凛中了伏兵弩箭而死。乙亥，攻破通利军。丁丑，宋派崇仪副使曹利用求和，于是派飞龙使韩杞带着书信回访。……

萧挞凛中伏弩死。乙亥,攻破通利军⑤。丁丑,宋遣崇仪副使曹利用请和⑥,即遣飞龙使韩杞持书报聘⑦。……

注释 ① 可敦城:回鹘古城,在今蒙古国布尔根省南。 ② 善补:即耶律善补,字瑶升,性情懦弱,作战常失利。历任惕隐,南府宰相等职。王继忠(?—1023):宋开封(今开封市)人。历官观察使、副都部署,被俘降辽,奉命与宋议和,历任要职,封瑯玡郡王,楚王,赐姓名耶律显忠、宗信。 ③ 德清军:宋军名,故城在今河南清丰。 ④ 澶(chán)渊:即澶州,宋州名。治所在濮阳(今河南濮阳南),辖今河南北部地区,为南北交通咽喉。 ⑤ 通利军:即安利军,宋军名。治所在黎阳(今河南浚县西北),辖今河南浚县、滑县、淇县等地。 ⑥ 崇仪副使:宋官名,属西班诸司使,位次于崇仪使,为武官升迁之阶。曹利用(971—1029):字用之,宋赵州宁晋(今河北宁晋)人。历任要职,曾从宋真宗亲征澶渊,出使辽,参与制定和议。官至枢密使、同平章事。加左仆射兼侍中。 ⑦ 飞龙使:掌管皇帝御马的负责官员。韩杞:辽人,历任引进使等职,曾出使宋、高丽。

原文

(十二月)癸未,宋复遣曹利用来,以无还地之意,遣监门卫大将军姚东之持书往报①。戊子,宋遣李继昌请和②,以太后为叔母,愿岁输银十万两,绢二十万匹。许之,即遣阁门使丁振持书报聘③。己丑,诏诸军解严。是月,班师。……

翻译

(十二月)癸未,宋又派曹利用来,因为对方没有归还土地的诚意,派监门卫大将军姚东之带着书信前去答复。戊子,宋派李继昌求和,把太后当作叔母,愿意每年输纳银子十万两,绢二十万匹。朝廷同意了对方的请求,便派阁门使丁振带着书信回访。己丑,诏令各军解除战时状态。这个月,回师。……

注释 ① 监门卫大将军:辽禁军将领,掌管宫门禁卫等事。 ② 李继昌(948—1019):字世长,宋潞州上党(今山西长治)人。历官巡检使、知州、兵马钤辖,官至左神武大将军、刺史。 ③ 阁门使:辽官名,阁门司的长官,掌朝廷礼仪等事。丁振:辽人,仕至武信军节度使,封兰陵郡王。

原文

(二十三年五月)乙卯,以金帛赐阵亡将士家。……

(二十四年夏五月)幽皇太妃胡辇于怀州①,囚夫人夷懒于南京,余党皆生瘗之。……

二十五年春正月,建中京②。……

六月,赐皇太妃胡辇死于幽所。……

(二十七年十二月)辛卯,皇太后崩于行宫。……

(二十八年秋八月)丁卯,自将伐高丽。……

(冬十月)王询遣使奉表乞罢师③,不许。

翻译

(二十三年[1005]五月)乙卯,用金钱布帛赐给阵亡将士的家属。……

(二十四年[1006]夏五月)把皇太妃胡辇囚禁在怀州,把夫人夷懒囚禁在南京,把她们的余党全部活埋。……

二十五年(1007)春正月,修建中京。……

六月,命令皇太妃胡辇在囚禁地自杀。……

(二十七年[1009]十二月)辛卯,皇太后在行宫去世。……

(二十八年[1010]秋八月)丁卯,亲自带兵讨伐高丽。……

(冬十月)王询派使者上表文请求罢兵,不准许。

注释 ① 皇太妃:帝王父、祖辈的妃子。这里的胡辇实为景宗时齐王耶律罨撒葛的妃子。胡辇:景宗皇后的姐姐,下嫁耶律罨撒葛。齐王死,称齐妃,领兵屯驴朐河,防御鞑靼。后图谋逃奔北阻卜,结兵篡位,被圣宗囚禁并处死。怀州:辽世宗为

护卫太宗怀陵而置。治所在扶余（今内蒙古巴林左旗西）下辖二县。 ② 中京：辽京城之一，即今内蒙古宁城西大明城。 ③ 王询：高丽国王。

原文

十一月乙酉，大军渡鸭渌江①，康肇拒战②，败之，退保铜州③。丙戌，肇复出，右皮室详稳耶律敌鲁擒肇及副将李立④，追杀数十里，获所弃粮饷、铠仗。戊子，铜、霍、贵、宁等州皆降。排押至奴古达岭⑤，遇敌兵，战败之。辛卯，王询遣使上表请朝，许之。禁军士俘掠。以政事舍人马保佑为开京留守⑥，安州团练使王八为副留守⑦，遣太子太师乙凛将骑兵一千⑧，送保佑等赴京。壬辰，守将卓思正杀辽使者韩喜孙等十人，领兵出拒，保佑等还。遣乙凛领兵击之，思正遂奔西京⑨。围之五日不克，驻跸城西。高丽礼部郎中渤海陀失来降⑩。庚子，遣排押、盆奴等

翻译

十一月乙酉，大军渡过鸭渌江，康肇前来抵御，发生战斗，击败了敌人，康肇退守铜州。丙戌，康肇又出战，右皮室详稳耶律敌鲁生擒康肇和副将李立，追杀几十里，缴获了敌人丢弃的粮饷和铠甲兵器。戊子，铜、霍、贵、宁等州都投降了。萧排押到达奴古达岭，遇到敌兵，打败了他们。辛卯，王询派使者上表文请求朝见，同意了。同时下令禁止士兵掳掠。用政事舍人马保佑任开京留守，安州团练使王八任副留守，派太子太师乙凛率领骑兵一千人，护送马保佑等人赴任。壬辰，开京守城将领卓思正杀死辽国使者韩喜孙等十人，领兵出城抵御，马保佑等人只得返回。于是派乙凛带兵攻击敌人，卓思正便逃奔到西京。大军包围了西京，五天没能打下，暂驻城西。高丽礼部郎中渤海陀失前来投降。庚子，派萧排押、耶律盆奴等人攻打开京，遇到高丽军队，击败了敌人。王询弃城逃跑，于是烧掉开京，到达清江，然后返回。

攻开京^⑪,遇高丽兵,败之。
王询弃城遁去,遂焚开京,
至清江,还。

注释　①鸭渌江:即鸭绿江。　②康肇:高丽西京留守,后在铜州被俘。　③铜州:在今朝鲜境内。下文霍、贵、宁等州及奴古达岭、清江、南峻岭谷,也都在该国境内。　④右皮室:辽精锐亲军皮室军五部之一。耶律敌鲁:字耶宁,熟知军事。历任北院大王、乌古敌烈部都详稳等职,年七十二死。李立:又作李云蕴。　⑤排押:即萧排押(？—1023),字韩隐。辽后族,驸马。有战功,历任详稳、北府宰相、都招讨等职,封兰陵郡王、东平郡王、齐王。　⑥政事舍人:政事省属官,后随省改称中书舍人。职责是草拟、签署诏令制诰、各种文表,及处理本省部分事务。开京:高丽都城,即今朝鲜开城。　⑦安州:在今辽宁铁岭东北。团练使:辽南面地方官名,置于不设节度使的地区,掌管本区或本州军事。　⑧太子太师:辽东宫官名,太子六傅之一。职责是辅导皇太子。　⑨西京:即今朝鲜平壤。　⑩礼部郎中:礼部属官。礼部为尚书省下属六部之一,职掌礼仪、乐制、学校、贡举等事。　⑪盆奴:即耶律盆奴,字胡独堇。初为乌古部详稳,迁马群太保。征高丽有功,终官北院大王。

原文

　　二十九年春正月乙亥朔,班师,所降诸城复叛。至贵州南峻岭谷,大雨连日,马驼皆疲,甲仗多遗弃^①,霁乃得渡。己丑,次鸭渌江。……

　　(五月)又诏帐族有罪,黥墨依诸部人例^②。……

　　六月庚戌,升蔚州、利

翻译

　　二十九年(1011)春正月乙亥朔,回师,已投降的各城又叛乱了。到了贵州南峻岭谷,连日大雨,马、骆驼都疲惫不堪,武器装备大量被丢弃,直到天晴才得以渡过。己丑,驻扎在鸭渌江。……

　　(五月)又下诏指示帐族中的人如果有罪,应当处以黥墨刑法的,依照各部人的条例。……

　　六月庚戌,升蔚州、利州为观察使州。……设置阻卜各部节度使。……

州为观察使③。……置阻卜诸部节度使。……

（十二月）癸丑，以知南院枢密使事邢抱质年老④，诏乘小车入朝。是月，置归、宁二州⑤。……

（十二月）癸丑，因为知南院枢密使事邢抱质年老，诏令他乘小车上朝。这月，设置归、宁二州。……

注释　①甲仗：亦作"甲杖"，泛指武器。　②黥（qíng）墨：古代刑罚名，在犯人脸上刺成记号或文字，并涂上墨。　③利州：即今辽宁喀喇沁左翼蒙古族自治县。观察使：辽地方官名。在不设节度使的州设观察使司，其长官观察使为本州行政首脑。　④知南院枢密使事：契丹南枢密院属官，地位仅次于枢密使。南枢密院主要掌管契丹人的文官选拔、部族、赋役等军事以外的事务。邢抱质：辽应州（今山西应县）人。少时从事儒学，以此入仕。历任南府宰相、大同军节度使等职，加开府仪同三司、守司空兼侍中。　⑤归：州名，在今辽宁盖州西南海边。宁：州名，在今辽宁瓦房店西北海边。

原文

（开泰元年秋七月）进士康文昭、张素臣、郎玄达坐论知贡举裴玄感、邢祥私曲①，秘书省正字李万上书②，辞涉怨讪，皆杖而徒之，万役陷河冶③。……

（八月）那沙乞赐佛像、儒书④，诏赐《护国仁王佛像》一，《易》《诗》《书》《春

翻译

（开泰元年［1012］秋七月），进士康文昭、张素臣、郎玄达因为议论知贡举裴玄感、邢祥的隐私，秘书省正字李万上书，言辞有怨恨讥讽的意思，都用棍棒加以处罚，然后判处徒刑，李万被发配到陷河冶服役。……

（八月）那沙请求赐与佛像、儒家典籍，命令赐给《护国仁王佛像》一幅，《周易》《诗经》《尚书》《春秋》《礼记》各一部。……

秋》《礼记》各一部。……

① 知贡举：朝廷在举行礼部试时特设的主管官员，可以决定举人的取舍，并核定其名次。裴玄感：辽人，开泰中官翰林承旨。邢祥：辽人，统和二十年（1002）进士，历任给事中等职。 ② 秘书省正字：秘书省属官，掌校勘典籍，刊正文字。秘书省是掌管经籍图书，国史实录，天文历数等事的机构，辽称秘书监。 ③ 陷河冶：采炼银矿机构，在泽州。 ④ 那沙：铁骊族人。

原文

（十一月）改幽都府为析津府①，蓟北县为析津县，幽都县为宛平县。……

（十二月）癸未，刘晨言殿中高可垣、中京留守推官李可举治狱明允②，诏超迁之。甲申，诏诸道水灾饥民质男女者，起来年正月，日计佣钱十文，价折佣尽，遣还其家。归州言其居民本新罗所迁③，未习文字，请设学以教之，诏允所请。……

翻译

（十一月）改幽都府为析津府，蓟北县为析津县，幽都县为宛平县。……

（十二月）癸未，刘晨说殿中高可垣、中京留守推官李可举办案清明公允，下诏破格晋升他们。甲申，下诏指示各道遭受水灾的饥民有典当儿女的，从明年正月开始，每天折算工钱十文，身价折合成工钱无余，放回本家。归州上奏当地居民本是从新罗迁来的，不认识文字，请求设立学校进行教育，下诏同意了他们的请求。……

注释 ① 析津府：治所在析津、宛平县（今北京西南），辖今北京、天津、河北部分地区，为辽南京所在地。 ② 殿中：辽殿中司长官。殿中司是掌管供奉及朝廷礼仪的机构。留守推官：留守司属官，掌推勘刑狱诉讼等事。李可举：历任顺义军节度使等职。 ③ 新罗：朝鲜古国名。

原文

（二年）二月丙子，诏以麦务川为象雷县①，女河川为神水县②，罗家军为闾山县③，山子川为富庶县④，习家寨为龙山县⑤，阿览峪为劝农县⑥，松山川为松山县，金甸子为金原县⑦。……

翻译

（二年[1013]）二月丙子，下诏决定以麦务川为象雷县，女河川为神水县，罗家军为闾山县，山子川为富庶县，习家寨为龙山县，阿览峪为劝农县，松山川为松山县，金甸子为金原县。……

注释　①象雷县：在辽宁西部，属兴中府（治今辽宁朝阳）。　②神水县：在辽宁西部小凌河上游，属中京大定府。　③闾山县：在辽宁西部，属兴中府。　④富庶县：在今辽宁建平东。　⑤龙山县：在今辽宁建昌西北。　⑥劝农县：在今辽宁凌源西北。　⑦金原县：即金源县，在今辽宁朝阳西北。

原文

（夏四月）诏从上京请，以韩斌所括赡国、挞鲁河、奉、豪等州户二万五千四百有奇①，置长霸、兴仁、保和等十县②。……

（秋七月）戊申，诏以敦睦宫子钱振贫民③。……

翻译

（夏四月）下诏同意上京的请求，用韩斌所登记入册的赡国、挞鲁河、奉、豪等州人口二万五千四百多户，设置长霸、兴仁、保和等十县。……

（秋七月）戊申，下诏用敦睦宫利钱赈济贫民。……

注释　①挞鲁河：即今洮儿河。赡国、奉、豪等州当在今内蒙古、吉林交界地区。　②长霸：在今内蒙古巴林左旗西南。兴仁：在今巴林左旗附近。　③敦睦宫：辽道宗耶律洪基宫帐。

原文

（三年春）二月戊午，诏增枢密使以下月俸。……

三月庚子，遣耶律世良城招州①。戊申，南京、奉圣、平、蔚、云、应、朔等州置转运使。

夏四月戊午，诏南京管内毋淹刑狱，以妨农务。……

六月乙亥，合拔里、乙室二国舅为一帐②，以乙室夷离毕萧敌烈为详稳以总之③。……

翻译

（三年[1014]春）二月戊午，下诏增加枢密使以下官员的月薪。……

三月庚子，派耶律世良修招州城。戊申，南京、奉圣、平、蔚、云、应、朔等州设置转运使。

夏四月戊午，下诏指示南京管内不要让诉讼案件积压，妨碍农事。……

六月乙亥，把拔里、乙室两个国舅帐合二为一，用乙室夷离毕萧敌烈任详稳，来统领他们。……

注释 ① 耶律世良（？—1016）：小字幹。曾多次讨伐阻卜、乌古、敌烈等部及侵高丽。有战功。历任北院大王、北院枢密使等职，封岐王。后死在军中。招州：在今蒙古国乌兰巴托以西。 ② 拔里：辽国舅帐族之一，又分为大父、少父二帐。乙室：国舅帐之下，下分大翁、小翁二帐。 ③ 萧敌烈：字涅鲁衮，辽后族。历任同政事门下平章事、上京、中京留守等要职。

原文

（秋七月）壬辰，诏政事省、枢密院，酒间授官释罪，毋即奉行，明日覆奏。……

（四年六月）以麻都骨世勋，易衣马为好。……

翻译

（秋七月）壬辰，下诏指示政事省、枢密院，自己酒醉时授予官职，赦免罪人，不要立即奉行，等到第二天重新上奏。……

（四年[1015]六月）因为麻都骨是世代功臣的后代，和他互换衣服坐骑，互结

（八月）丁卯，与夷离毕、兵部尚书萧荣宁定为交契，以重君臣之好。……

（六年）二月甲戌，以公主赛哥杀无罪婢①，驸马萧图玉不能齐家②，降公主为县主③，削图玉同平章事④。……

友好。……

（八月）丁卯，和夷离毕、兵部尚书萧荣宁互结友好，来加强君臣之间的友谊。……

（六年[1007]）二月甲戌，因为公主耶得赛哥杀死无罪的奴婢，驸马萧图玉不能管好自己的家，把公主降为县主，撤掉萧图玉同平章事的职务。……

注释　①赛哥：圣宗第十三女。　②萧图玉：字兀衍，辽后族。有战功，历任节度使、招讨使、同政事门下平章事等职。　③县主：公主或诸王之女封地为一县者称县主。　④同平章事：其他大臣兼任宰相职权时所加的头衔。

原文

（夏四月）壬辰，禁命妇再醮。……

冬十月丁卯，南京路饥，挽云、应、朔、弘等州粟振之①。……

翻译

（夏四月）壬辰，禁止有封号的妇女再嫁。……

冬十月丁卯，南京路发生饥荒，运送云、应、朔、弘等州的粮食前往赈济。……

注释　①弘：州名，治所在永宁（今河北阳原），辖今河北北部地区。

原文

（七年夏四月）辛未，振中京贫乏。癸酉，禁匿名书。……

翻译

（七年[1018]夏四月）辛未，赈济中京的贫困百姓。癸酉，禁止投寄匿名信。……

秋七月甲子,诏翰林待诏陈升写《南征得胜图》于上京五鸾殿①。……

秋七月甲子,命令翰林待诏陈升在上京五鸾殿画《南征得胜图》。……

注释 ① 翰林待诏:辽翰林画院官名,掌供奉图画等事。五鸾殿:辽上京三大宫殿之一。

原文

(九月)戊辰,诏内外官,因事受赇,事觉而称子孙仆从者,禁之。……

(十一月)庚辰,禁服用明金、缕金、贴金。……

(十二月)萧排押等与高丽战于茶、陀二河①,辽军失利,天云、右皮室二军没溺者众②,遥辇帐详稳阿果达、客省使酌古、渤海详稳高清明、天云军详稳海里等皆死之③。……

翻译

(九月)戊辰,下诏规定内外官员,因事受贿,事情被察觉,便谎称子孙仆人所为的人,一律禁止。……

(十一月)庚辰,禁止穿戴明金、缕金、贴金。……

(十二月)萧排押等人和高丽在茶、陀二河作战,辽军失利,天云、右皮室两军被淹死的人很多,遥辇帐详稳阿果达、客省使酌古、渤海详稳高清明、天云军详稳海里等人都死于战事。……

注释 ① 茶、陀二河:当在今朝鲜境。 ② 天云:辽北面正规军之一。 ③ 客省使:辽客省副长官,掌接待外国使者等事。

原文

(八年)六月戊子,录征

翻译

(八年[1019])六月戊子,录用征伐

高丽战殁将校子弟。……癸卯,弛大摆山猿岭采木之禁。……

秋七月己未,征高丽战殁诸将,诏益封其妻。……戊辰,观稼。……庚午,观市,曲赦市中系囚。……

(冬十月)癸巳,诏横帐三房不得与卑小帐族为婚,凡嫁娶,必奏而后行。……

(九年五月)王询表请称藩纳贡,归所留王人只剌里[1]。……辛未,遣使释王询罪,并允其请。……

(冬十月)郎君老使沙州还[2],诏释宿累。国家旧使远国,多用犯徒罪而有才略者,使还,即除其罪。戊子,西南招讨奏党项部有宋犀族输贡不时,常有他意,宜以时遣使督之。诏曰:"边鄙小族,岁有常贡。边臣骄纵,征敛无度,彼怀惧不能自达耳。第遣清慎官将,示以恩信,无或侵渔,自然效顺。"……

高丽战死将校的子弟。……癸卯,解除大摆山猿岭采伐林木的禁令。……

秋七月己未,下令加封征伐高丽战死各将领的妻子。……戊辰,视察庄稼。……庚午,在市上观看行刑,特别赦免市中拘押的囚犯。……

(冬十月)癸巳,下令横帐三房不得和卑微的帐族通婚,凡是出嫁娶妻,必须先上奏然后再举行。……

(九年[1020]五月)王询上表文请求作附属国,交纳贡品,并放回所扣留的使者耶律只剌里。……辛未,派使者赦免了王询的罪行,完全答应了他的请求。……

(冬十月)郎君老出使沙州返回,下令勾销旧罪。国家以前出使远方国家,常用犯罪当判以徒刑,而又有才略的人作使者,出使回来,便赦免他的罪行。戊子,西南招讨司上奏党项部有一个宋犀部族不按时输纳贡品,经常心怀二心,应该定期派使者前往督促。下诏说:"边远小部族,每年有一定的进贡额。边界官吏骄横放肆,搜括没有止境,边远部族心怀畏惧,不能自己将贡品送到朝廷。只要派清廉稳重的官员将领,向他们表明朝廷的恩德和信用,不要侵夺他们,他们自然会效力顺从。"……

十二月丁亥,禁僧然身炼指③。……

十二月丁亥,禁止僧人燃身炼指。……

注释 ①只剌里:即耶律资忠,字沃衍,又字札剌,工于词章。出使高丽被扣留六年,后历任林牙、知惕隐事、节度使。 ②沙州:治所在敦煌(今敦煌西),辖今敦煌一带。 ③然身:将油灯用铁钩挂在皮肤上燃烧。炼指:把香捆在手指上燃烧。这些都是僧徒修炼方法。

原文

(太平元年十一月)甲申,册皇子梁王宗真为皇太子①。……

(四年二月)诏改鸭子河曰混同江②,挞鲁河曰长春河。……

翻译

(太平元年[1021]冬十一月)甲申,册立皇子梁王耶律宗真为皇太子。……

(四年[1024]二月)下诏改鸭子河为混同江,挞鲁河为长春河。……

注释 ①宗真:即辽兴宗耶律宗真(1014—1055),字夷不堇,契丹名只骨,圣宗长子。太平十一年(1031)即位,在内废黜皇太后耨斤,对外出兵攻打宋和西夏,取得胜利。重熙二十四年(1055)病死。 ②鸭子河:即松花江。

原文

(五年)二月戊午,禁天下服用明金及金线绮,国亲当服者,奏而后用。……

十一月庚子,幸内果园宴,京民聚观。……

翻译

(五年[1025])二月戊午,禁止天下人穿戴明金和金线绮罗,皇亲国戚该穿戴的人,先上奏然后穿用。……

十一月庚子,到内果园举行宴会,京城百姓聚集观看。……

是岁，燕民以年谷丰熟，车驾临幸，争以土物来献。上礼高年，惠鳏寡，赐酺饮。至夕，六街灯火如昼，士庶嬉游，上亦微行观之。丁丑，禁工匠不得销毁金银器。……

（六年）八月，萧惠攻甘州不克①，师还。自是阻卜诸部皆叛，辽军与战，皆为所败，监军涅里姑、国舅帐太保曷不吕死之②。……

（十二月）辛巳，诏北南诸部廉察州县及石烈、弥里之官，不治者罢之。诏大小职官有贪暴残民者，立罢之，终身不录。其不廉直，虽处重任，即代之。能清勤自持者，在卑位亦当荐拔。其内族受赂，事发，与常人所犯同科。……

（七年五月）西南路招讨司奏阴山中产金银，请置冶，从之。复遣使循辽河源求产金银之矿③。……

这年，燕京百姓因为当年谷物丰收，皇帝的车驾光临，争着来献土产。皇上礼待老年人，给予鳏夫寡妇恩惠，赏赐人们酒肉。到了晚上，六条街上灯火通明，像白天一样，士人百姓嬉戏游玩，皇上也便装出行，前去观看。丁丑，规定工匠不得销毁金银器物。……

（六年[1026]）八月，萧惠进攻甘州，没能打下，部队返回。从此阻卜各部都叛乱了，辽军和他们作战，都被打败，监军耶律涅里姑、国舅帐太保曷不吕死于战事。……

（十二月）辛巳，下令北南各部检察州县和石烈、弥里的官员，如不会治理百姓均罢官。命令大小官吏有贪污残暴，危害百姓的人，立刻罢黜，终身不再使用。那些不廉洁、不正直的人，即使身居要职，也要马上替换。能够做到清廉勤勉，持身严谨的人，就是处在低位也应当推荐提拔。皇族受贿，事情被查清后，和普通人所犯罪行同样论处。……

（七年[1027]五月）西南路招讨司上奏阴山中出产金银，请求设置冶炼机构，同意了。又派使臣沿着辽河源头寻找金银矿。……

秋七月己亥朔,诏更定法令。……乙巳,诏辇路所经④,旁三十步内不得耕种者,不在诉讼之限。……

冬十月丁卯朔,诏诸帐院庶孽,并从其母论贵贱。……

秋七月己亥朔,下令改定法令。……乙巳,下诏规定辇路经过的地方,西旁三十步内不得耕种这条法规,不在诉讼范围内。……

冬十月丁卯朔,下诏规定各帐、院非正妻所生的子女,都随他们的母亲论定贵贱。……

注释 ① 萧惠(983—1056):字伯仁,契丹名脑古思,辽后族,驸马。历仕圣宗、兴宗两朝,任招讨使、枢密使等职,封郑、韩、魏王。多次带兵攻回鹘、阻卜、西夏等,两次大败而回。甘州:即今甘肃张掖。 ② 监军:即都监,辽行军监察官。曷不吕:即阿不吕(？—1026),曾任太保等职,多次从征阻卜等部。 ③ 辽河:我国东北地区南部大河,其东西两源称东、西辽河。 ④ 辇(niǎn)路:皇帝车驾经由的道路。

原文

(八年冬十月)枢密使、魏王耶律斜轸孙妇阿聒指斥乘舆,其孙骨欲为之隐,事觉,乃并坐之,仍籍其家。……

(十二月)丁丑,诏庶孽虽已为良,不得预世选。……诏两国舅及南、北王府乃国之贵族,贱庶不得任本部官。……

翻译

(八年[1028]冬十月)枢密使、魏王耶律斜轸的孙媳妇阿聒指责皇上,斜轸的孙子耶得骨欲为她隐瞒,事情被察觉,便把他们一起治罪,并抄没了他们的家产。……

(十二月)丁丑,下诏规定非正妻所生的子女即使已经成为良民,也不得参与爵位继承人的挑选。……诏令两国舅帐和南北王府是国家的贵族,出身低贱的平民百姓不得担任这几部的官职。……

（九年）八月己丑，东京舍利军详稳大延琳囚留守、驸马都尉萧孝先及南阳公主①，杀户部使韩绍勋、副使王嘉、四捷军都指挥使萧颇得②，延琳遂僭位，号其国为兴辽，年为天庆。……

（九年[1029]）八月己丑，东京舍利军详稳大延琳囚禁留守、驸马都尉萧孝先和南阳公主，杀死户部使韩绍勋、副使王嘉、四捷军都指挥使萧颇得，大延琳于是非法冒居帝位，把他的国家命名为兴辽，年号叫天庆。……

注释 ① 舍利军：由皇族或部族官子弟组成的军队。大延琳（？—1030）：辽东京人，渤海大氏。起义反辽，失败后被俘。萧孝先（？—1037）：字延宁，小字海里，辽后族。历任详稳、统军使、都部署等职。兴宗时，助钦哀皇后废齐天后，历任节度使、政事令、枢密使等，封楚王，晋王。南阳公主：即耶律崔八，圣宗第四女。下嫁萧孝先，死于大延琳之乱。 ② 户部使：三司下属户部的长官，掌天下户口、税赋名籍、专卖、匠作、储备等事，以给国用。其副手为户部副使。四捷军都指挥使：辽南面正规军四捷军的统帅。

原文

（十年）秋七月壬午，诏来岁行贡举法。

八月丙午，东京贼将杨详世密送款，夜开南门纳辽军，擒延琳，渤海平。……

（十一年）三月，上不豫。……

（六月）己卯，帝崩于行宫，年六十一，在位四十九

翻译

（十年[1030]）秋七月壬午，下令明年实行贡举法。

八月丙午，东京贼寇将领杨详世秘密表示归顺，夜晚打开南门接纳辽军，于是生擒大延琳，渤海平定了。……

（十一年[1031]）三月，皇上身体不适。……

（六月）己卯，皇帝在行宫去世，享年六十一岁，在位四十九年。景福元年（1031）闰十月壬申，加尊谥为文武大孝

年。景福元年闰十月壬申，上尊谥曰文武大孝宣皇帝，庙号圣宗。

赞曰：圣宗幼冲嗣位，政出慈闱①。及宋人二道来攻，亲御甲胄，一举而复燕、云，破信、彬，再举而躏河朔②，不亦伟欤！既而佹心一启，佳兵不祥③，东有茶、陀之败，西有甘州之丧，此狃于常胜之过也。然其践阼四十九年，理冤滞，举才行，察贪残，抑奢僭，录死事之子孙，振诸部之贫乏，责迎合不忠之罪，却高丽女乐之归，辽之诸帝，在位长久，令名无穷，其唯圣宗乎！

宣皇帝，庙号圣宗。

评语：圣宗幼年继承帝位，由太后执掌国家大权。到宋人两路来攻，便亲自披甲出征，一举收复燕京、云州，击败米信、曹彬，再次出兵又踏破河朔，不是很伟大吗！接着奢侈之心一动，用兵不祥，东边有茶河、陀河的失败，西边有甘州的损失，这是习惯于常胜的过失。但他在位四十九年，治理冤案、处置积压案件，起用有才德的人，警觉贪官酷吏，抑制奢侈僭越的风气，录用死于国事的人的子孙，赈济各部的贫困户，斥责迎合不忠的罪过，拒绝接受高丽歌舞妓的馈赠，辽国的各位帝王，在位时间长，美名永远被传颂的，恐怕只有圣宗吧！

注释 ① 慈闱(wéi)：指皇太后。 ② 河朔：泛指黄河以北地区。 ③ 佳兵不祥：语出《老子》。后世称坚甲利兵或好用兵为佳兵。

天祚皇帝本纪

导读

天祚皇帝在位二十四年,即位之初,尚能平反冤狱、访民疾苦、修撰实录、每年取进士百人,但他任用奸臣萧奉先,杀文妃、晋王,迫使驸马余睹降金,赏罚不明,致使人心涣散,士无斗志,这就从根本上动摇了辽的统治。当女真起兵之后,首先祸起萧墙,高永昌、耶律淳、张撒八、回离保、耶律雅里先后称帝,叛降、起义此起彼伏。加上水、雹、霜、虫灾害连年,民不聊生,国家很快就到了不可收拾的地步。在对女真的策略上,也一再失当。开始重视不够,以致没有采取必要的措施。后来又一怒之下,倾巢出动,想要一举消灭女真。在遭受重大损失之后,被迫屈辱议和。然而这时女真已经羽翼丰满,锐不可当,辽欲求和而不能了。在狼狈西逃入夹山后,天祚帝仍然对形势缺乏清醒的估计,拒不接受耶律大石的建议,选择率兵出战,这当然无异于以卵击石。这样,天祚帝终于成了阶下囚,以亡国之君的形象被载入了史册。(选自卷二七至三〇)

原文

天祚皇帝,讳延禧,字延宁,小字阿果。道宗之孙①,父顺宗大孝顺圣皇帝②,母贞顺皇后萧氏③。大康元年生,六岁封梁王,加守太尉④兼中书令⑤。后

翻译

天祚皇帝,名延禧,字延宁,小字阿果。他是道宗的孙子,父亲是顺宗大孝顺圣皇帝,母亲是贞顺皇后萧氏。他在辽道宗大康元年(1075)出生,六岁封为梁王,加授守太尉兼中书令。三年之后,进封为燕国王。大安七年(1091),总管北南院枢密使事,加授尚书令,任

三年,进封燕国王。大安七年,总北南院枢密使事,加尚书令⑥,为天下兵马大元帅。

天下兵马大元帅。

注释 ① 道宗:即辽道宗耶律洪基(1032—1101),字涅邻,契丹名查剌,兴宗长子。重熙二十四年(1055)即位,在位四十五年。 ② 顺宗:即道宗长子耶律濬,小字耶鲁斡,八岁时立为皇太子。二十岁时被耶律乙辛陷害,废为平民。后被害死,谥昭怀太子,追尊为皇帝。 ③ 萧氏:顺宗妃子,被耶律乙辛所害。 ④ 守:级别较高的官员充任低级职务叫守。 ⑤ 中书令:中书省长官,辽实为加官。 ⑥ 尚书令:尚书省长官,辽实为加官。

原文

寿隆七年正月甲戌,道宗崩,奉遗诏即皇帝位于枢前。群臣上尊号曰天祚皇帝。……

(乾统二年)夏四月辛亥,诏诛乙辛党①,徙其子孙于边;发乙辛、得里特之墓②,剖棺,戮尸;以其家属分赐被杀之家。……

翻译

寿隆七年(1101)正月甲戌,辽道宗去世,按遗诏的安排太子在道宗灵柩前即皇帝位。臣子们为他加尊号称作天祚皇帝。……

(乾统二年[1102])夏四月辛亥,诏令诛杀耶律乙辛的同党,把他的子孙迁到边远地区;挖开耶律乙辛、得里特的墓,砍开棺材,刀劈尸体;把他们的家属分别赏赐给被杀害的人的家。……

注释 ① 乙辛:即耶律乙辛(?—1083),字胡睹衮,历任要职,封赵王、魏王。咸雍(1065—1074)中,独揽朝政,先后诬陷宣懿皇后、皇太子至死。太康九年(1083)被处死。 ② 得里特:即萧得里特,阿附乙辛,历任要职。曾参与谋害皇太子,后伏法。

原文

（三年）十一月丙申，文武百官加上尊号曰惠文智武圣孝天祚皇帝。……召监修国史耶律俨纂太祖诸帝实录①。……

翻译

（三年[1103]）十一月丙申，文武官员们为皇上加尊号称作惠文智武圣孝天祚皇帝。……叫来监修国史耶律俨，让他编纂太祖以来各位帝王的实录。……

注释　① 监修国史：辽国史院长官，主持修史工作。耶律俨（？—1113）：本姓李，字若思，辽析津（今北京）人。善作诗，登咸雍进士第。历任要职，封国公、郡王。受道宗遗命，辅佐天祚帝。实录：编年史的一种体裁，专记某一皇帝统治时期的大事。

原文

（天庆二年）二月丁酉，如春州①，幸混同江钩鱼，界外生女直酋长在千里内者②，以故事皆来朝。适遇"头鱼宴"③，酒半酣，上临轩，命诸酋次第起舞，独阿骨打辞以不能④。谕之再三，终不从。他日，上密谓枢密使萧奉先曰⑤："前日之燕，阿骨打意气雄豪，顾视不常，可托以边事诛之。否则，必贻后患。"奉先曰："粗人不知礼义，无大过而杀

翻译

（天庆二年[1112]）二月丁酉，进入长春州，到混同江钩鱼，境外生女真酋长在一千里以内的人，都按旧例前来朝见。恰恰碰上举办"头鱼宴"，饮酒到兴致来时，皇上来到殿前平台，叫各位酋长一个接一个地起舞，只有阿骨打推说不会。再三让他跳舞，始终不听从。一天，皇上秘密地告诉枢密使萧奉先说："前次宴会，阿骨打气势雄豪傲慢，神态不同寻常，可以借口边境上的事杀掉他。否则，必定留下后患。"萧奉先说："粗人不懂礼义，没有大的过失，把他杀掉，恐怕会伤害天下人向往归顺的心。就是他有二心，又能怎么样？"阿骨打的弟弟吴乞买、粘罕、胡舍等人曾

之,恐伤向化之心。假有异志,又何能为?"其弟吴乞买、粘罕、胡舍等尝从猎⑥,能呼鹿,刺虎,搏熊。上喜,辄加官爵。……

经跟随皇上打猎,能够呼唤鹿,刺杀老虎,搏击熊。皇上一高兴,就给他们加官晋爵。……

注释 ① 春州:辽皇帝春天外出渔猎之州,指长春州(今吉林白城市东)。 ② 生女直:辽统治区以外的女真人。 ③ 头鱼宴:春天第一条出水的鱼由辽皇帝亲自捕取,和群臣欢宴,称头鱼宴。 ④ 阿骨打:即金太祖完颜阿骨打(1068—1123),汉名旻,女真完颜部人。初为都部长,连败辽军。天庆五年(1115)称帝,建立金国。后西追天祚帝,病死途中。 ⑤ 萧奉先(? —1122):辽后族。历任要职,揽大权,先后献策杀文妃、萧昱、晋王。后被赐死。 ⑥ 吴乞买:即金太宗完颜晟(1075—1135),曾辅佐阿骨打建国及执政。天辅七年(1123)即帝位,先后灭辽、北宋,俘虏辽天祚帝、宋徽宗、钦宗。在国内,对政治、军事、经济等制度多所更革。在位十三年。粘罕:即完颜宗翰(1080—1137),阿骨打侄。早年曾参与拥立阿骨打及对辽、宋战争,历任要职,为金开国功臣之一。胡舍:即完颜希尹(? —1140),阿骨打侄。曾参与拥立阿骨打及对辽、宋战争,又制女真大字。仕至宰相,被金熙宗所杀。

原文

　四年春正月,如春州。初,女直起兵,以纥石烈部人阿疏不从①,遣其部撒改讨之。阿疏弟狄故保来告,诏谕使勿讨,不听,阿疏来奔。至是,女直遣使来索,不发。……

翻译

　四年(1114)春正月,进入长春州。当初,女直起兵,因纥石烈部人阿疏不服从,派部下撒改讨伐他。阿疏的弟弟狄故保来报告,于是诏令叫女真不要讨伐阿疏,女直不听,阿疏前来投奔。到现在,女直派使者来索取阿疏,没有把他交出去。……

　秋七月,女真又派使者来索取阿

秋七月，女直复遣使取阿疏，不发，乃遣侍御阿息保问境上多建城堡之故②。女直以慢语答曰："若还阿疏，朝贡如故；不然，城未能已。"遂发浑河北诸军③，益东北路统军司④。阿骨打乃与弟粘罕、胡舍等谋，以银术割、移烈、娄室、阇母等为帅⑤，集女直诸部兵，擒辽障鹰官⑥，及攻宁江州⑦，东北路统军司以闻。时上在庆州射鹿⑧，闻之略不介意，遣海州刺史高仙寿统渤海军应援⑨。萧挞不也遇女直⑩，战于宁江东，败绩。

疏，不同意交出，又派侍御耶律阿息保质问女真在边境上修建许多城堡的原因。女真用傲慢的语言答道："如果交出阿疏，就像原来一样进贡；不然的话，不能停止修筑城堡。"于是调集浑河以北各军，加强东北路统军司。阿骨打便和弟弟粘罕、胡舍等商议，用银术割、移烈、娄室、阇母等人作统帅，集合女真各部兵力，拘捕了辽的障鹰官，又进攻宁江州，东北路统军司把这件事报告朝廷。当时皇上在庆州射鹿，听到这个消息，一点也不在意，派海州刺史高仙寿统领渤海军队前去支援。萧挞不也遇到女真军队，在宁江东面展开战斗，被打败了。

注释 ① 纥（hé）石烈部：女真部落之一，分布在今黑龙江、吉林一带。阿疏：纥石烈部首领。 ② 侍御：契丹南、北枢密院属官。阿息保：字特里典，契丹五院部人。历任都巡捕使及部族官，后被天祚帝所杀。 ③ 浑河：在辽宁省东部，全长四百多公里。 ④ 东北路统军司：辽东北边防军事机构，统领东北各州军及部族军事。 ⑤ 银术割：即完颜银术可（1072—1140），金宗室。有战功，历任留守、节度使、中书令等职。娄室：即完颜娄室（1077—1130），字斡里衍，屡建战功。历任都统、右副元帅等职。阇（shé）母：即完颜阇母（？—1129），阿骨打异母弟。从征宋、辽，屡建战功，历任兵马都统等职。以上都是金开国功臣。 ⑥ 障鹰官：辽负责捕鹰的官员。 ⑦ 宁江州：治所在混同（今吉林扶余东），辖今黑龙江拉林河南部分地区。 ⑧ 庆州:治所在玄德(今内蒙古巴林左旗西北),辖今巴林左、右旗部分地区。　⑨ 海州:治所在临溟(今辽宁海城),辖今辽河下游三角洲地区。　⑩ 萧挞不也:即萧兀纳(1049—1118),字特免,契丹六院部人。受命辅佐天祚帝,历任北府宰相、节度使、统军使、留守、都部署、副元帅等职。

原文

十月壬寅,以守司空萧嗣先为东北路都统①,静江军节度使萧挞不也为副,发契丹奚军三千人,中京禁兵及土豪二千人②,别选诸路武勇二千余人,以虞候崔公义为都押官③,控鹤指挥邢颖为副④,引军屯出河店⑤。两军对垒,女直军潜渡混同江,掩击辽众。萧嗣先军溃,崔公义、邢颖、耶律佛留、萧葛十等死之,其获免者十有七人。萧奉先惧其弟嗣先获罪,辄奏东征溃军所至劫掠,若不肆赦,恐聚为患。上从之,嗣先但免官而已。诸军相谓曰:"战则有死而无功,退则有生而无罪。"故士无斗志,望风奔溃。……

翻译

十月壬寅,用守司空萧嗣先任东北路都统,静江军节度使萧挞不也担任他的副手,出动契丹、奚军三千人,中京禁兵和地方武装两千人,另选各路勇士两千多人,用虞候崔公义做都押官,控鹤军指挥邢颖做他的副手,带领大军屯驻在出河店。两军对垒,女真军队秘密地渡过混同江,偷袭辽军。萧嗣先的部队溃散,崔公义、邢颖、耶律佛留、萧葛十等人死于战事,幸免的只有十七人。萧奉先怕他的弟弟萧嗣先被定罪,便上奏说,东征溃败的军队所到之处便大肆劫掠,如果不进行大赦,恐怕会聚集起来成为祸患。皇上听从了他的意见,萧嗣先仅仅罢官而已。各军相告说:"和敌人打仗只有死,没有功,败退却得以活命,也没有罪。"因此士兵没有斗志,望风奔逃溃散。……

注释 ① 司空：辽三公府官名，地位显贵，但无实权。萧嗣先：即萧敌里，奉先弟。都统：辽北面行军官名，为军营的军事统帅。 ② 禁兵：保卫京城或宫廷的军队。③ 虞候：辽军中执法官。都押官：辽行军都押司长官。 ④ 控鹤指挥：控鹤都指挥使司长官，掌管禁军。 ⑤ 出河店：在今黑龙江肇源境。

原文

五年春正月，下诏亲征，遣僧家奴持书约和，斥阿骨打名。阿骨打遣赛剌复书，若归叛人阿疏，迁黄龙府于别地，然后议之。……

（八月）丙寅，以围场使阿不为中军都统①，耶律张家奴为都监②，率番、汉兵十万；萧奉先充御营都统③，诸行营都部署耶律章奴为副④，以精兵二万为先锋。余分五部为正军⑤，贵族子弟千人为硬军⑥，扈从百司为护卫军，北出骆驼口⑦；以都点检萧胡睹姑为都统⑧，枢密直学士柴谊为副⑨，将汉步骑三万，南出宁江州。自长春州分道而进，发数月粮，期必灭女直。

翻译

五年（1115）春正月，下诏亲征，派僧家奴拿着书信前去讲和，指名斥责阿骨打。阿骨打派赛剌回信，如果归还叛变的人阿疏，把黄龙府迁到其他地方，然后才可以议和。……

（八月）丙寅，用围场使阿不任中路军都统，耶律张家奴任都监，率领番、汉军队十万人；萧奉先充任御营都统，诸行营都部署耶律章奴做他的副手，用精兵两万作先锋。其余人马，分五个部族为正军，贵族子弟一千人为硬军，侍从及各官府为护卫军，北出骆驼口；用都点检萧胡睹姑任都统，枢密直学士柴谊任他的副手，统领汉人步、骑兵三万人，南出宁江州。从长春州分路进发，发运几个月的粮食，约定一定要灭掉女真。

注释　① 围场使：辽掌管皇帝围猎等事的官员。　② 耶律张家奴（？—1115）：字特末衍，辽皇族，历任东北路统军副使等职。谋立耶律淳为帝未遂，起兵叛乱，北逃降金，被俘处死。　③ 御营都统：辽掌管皇帝行营宿卫官名。　④ 诸行营都部署：统领各行营事务的官员。耶律章奴：即耶律张家奴，此与上文纪事重复。　⑤ 正军：直接作战的正规部队。　⑥ 硬军：由宗室贵族子弟组成的军队。　⑦ 骆驼口：当在今黑龙江境。　⑧ 都点检：即殿前都点检，辽南面官，掌禁军及统率各军防御、出征等事。　⑨ 枢密直学士：辽汉人枢密院属官。

原文

九月丁卯朔，女直军陷黄龙府。……上亲征。粘罕、兀术等以书来上①，阳为卑哀之辞，实欲求战。书上，上怒，下诏有"女直作过，大军剿除"之语。……乙巳，耶律章奴反，奔上京，谋迎立魏国王淳②。……章奴知魏国王不听，率麾下掠庆、饶、怀、祖等州，结渤海群盗，众至数万，趋广平淀犯行宫③。……

翻译

九月丁卯朔，女真军队攻陷黄龙府。……皇上亲征。粘罕、兀术等上书，假装写一些谦卑哀伤的话，实际上是想求战。书信呈递上来，皇上发怒，下诏有"女直作过，大军剿除"的话。……乙巳，耶律章奴反叛，直奔上京，想要迎接魏国王耶律淳，立他为皇帝。……章奴知道魏国王不听从，率领部下劫掠庆、饶、怀、祖等州，勾结渤海众多强盗，人数达到几万，直扑广平淀侵犯行宫。……

注释　① 兀术（wù zhú）：即完颜宗弼（？—1148），阿骨打第四子。征辽、宋，有战功，逼宋帝入海。历任要职，曾一度总揽军政大权于一身。　② 淳：即耶律淳（1063—1122），契丹名涅里，辽兴宗孙。历任要职，累封秦晋国王。后在南京称帝，世称北辽，庙号宣宗。　③ 广平淀：辽皇帝冬天渔猎所在地，在辽永州（今内蒙古翁牛特旗东）东南。

原文

六年春正月丙寅朔,东京夜有恶少年十余人,乘酒执刃,逾垣入留守府,问留守萧保先所在[1]:"今军变,请为备。"萧保先出,刺杀之。户部使大公鼎闻乱[2],即摄留守事,与副留守高清明集奚、汉兵千人[3],尽捕其众,斩之,抚定其民。东京故渤海地,太祖力战二十余年乃得之。而萧保先严酷,渤海苦之,故有是变。其裨将渤海高永昌僭号,称隆基元年。……

(五月)女直军攻下沈州[4],复陷东京,擒高永昌。……

(七年)二月,涞水县贼董庞儿聚众万余[5]。……

翻译

六年(1116)春正月丙寅朔,东京有恶少十余人,在晚上带着酒意,拿着刀,翻墙进入留守府,问留守萧保先在什么地方,说:"现在兵变了,请做好防备。"萧保先出来,这些人就将他刺死。户部使大公鼎得知事变,便代理留守事,和副留守高清明集合奚、汉军队一千人,将肇事的人全部捕获,斩首,安定当地百姓。东京是以前渤海的地盘,太祖力战二十余年才得到。而萧保先严厉残酷,渤海人不堪忍受这种痛苦,因此有这次事变。他的偏将渤海人高永昌非法冒称帝号,称隆基元年。……

(五月)女真军队攻克沈州,又攻陷东京,活捉高永昌。……

(七年[1117])二月,涞水县贼寇董庞儿聚集一万余人。……

注释 ① 萧保先(?—1116):萧奉先之弟。 ② 大公鼎(1043—1121):辽中京大定(今内蒙古宁城西)人,渤海族,进士。历任节度使、大理卿、留守等职。 ③ 高清明:即高清臣。 ④ 沈州:即今沈阳。 ⑤ 涞水县:即今河北涞水。

原文

（八年春正月）丁亥,遣耶律奴哥等使金议和。……东路诸州盗贼蜂起,掠民自随以充食。

二月,耶律奴哥还自金,金主复书曰:"能以兄事朕,归我上、中京、兴中府三路州县[1],以亲王、公主、驸马、大臣子孙为质[2],还我行人及元给信符,并宋、夏、高丽往复书诏、表牒,则可以如约。"……

（五月）戊戌,复遣奴哥使金,要以酌中之议。……贼安生儿、张高儿聚众二十万。……

六月丁卯,遣奴哥等赍宋、夏、高丽书诏、表牒至金。……

（十二月）山前诸路大饥,乾、显、宜、锦、兴中等路[3],斗粟直数缣,民削榆皮食之,既而人相食。……

翻译

（八年[1118]春正月）丁亥,派耶律奴哥等人出使金议和。……东路各州盗贼蜂起,掳掠百姓跟随自己,以此充当他们的粮食。

二月,耶律奴哥从金返回,金国君主回信说:"如果能够把我当作兄长事奉,每年进贡土产,归还我上京、中京、兴中府三路州县,用亲王、公主、驸马、大臣的子孙作人质,归还我国的使者以及原来所给的信符,还有和宋、夏、高丽往来的书信诏令、表文牒文,就可以如约。"……

（五月）戊戌,又派耶律奴哥出使金,要求订立一个适中的和约。……贼寇安生儿、张高儿聚集了二十万人。……

六月丁卯,派耶律奴哥等人带着和宋、夏、高丽往复的书信诏令,表文牒文去金。……

（十二月）山前各路出现大饥荒,乾、显、宜、锦州、兴中府等路,一斗粟价值好几匹细绢,百姓剥榆树皮来吃,不久人吃人。……

注释 ① 兴中府：治所在兴中（今辽宁朝阳），辖今朝阳小凌河上游一带。 ② 亲王：皇帝亲属中封王的人。 ③ 显：州名，治所在奉先（今辽宁北镇西南），辖今北镇及东南地区。锦：州名，即今辽宁锦州。

原文

（九年二月）贼张撒八诱中京射粮军①，僭号。……

三月丁未朔，遣知右夷离毕事萧习泥烈等册金主为东怀国皇帝②。……

翻译

（九年[1119]二月）贼寇张撒八诱使中京的射粮军，非法冒称帝号。……

三月丁未朔，派知右夷离毕事萧习泥烈等人册立金国君主为东怀国皇帝。……

注释 ① 射粮军：各路招募的兼充杂役的士兵。 ② 知右夷离毕事：辽夷离毕院属官，协助掌管刑狱等事。

原文

（十年三月）庚申，以金人所定"大圣"二字与先世称号同，复遣习泥烈往议。金主怒，遂绝之。……

五月，金主亲攻上京，克外郭，留守挞不也率众出降。……

翻译

（十年[1120]三月）庚申，因金人所定的"大圣"两个字和先世的称号相同，又派萧习泥烈前去商议。金国君主发怒，于是拒绝议和。……

五月，金国君主亲自进攻上京，攻克外城，留守挞不也率领众人出城投降。……

原文

（保大元年春正月）初，

翻译

（保大元年[1121]春正月）当初，金

金人兴兵,郡县所失几半。上有四子:长赵王①,母赵昭容;次晋王②,母文妃③;次秦王、许王④,皆元妃生⑤。国人知晋王之贤,深所属望。元妃之兄枢密使萧奉先恐秦王不得立,潜图之。……奉先讽人诬驸马萧昱及余睹等谋立晋王⑥。事觉,昱、挞葛里等伏诛⑦,文妃亦赐死,独晋王未忍加罪。余睹在军中,闻之大惧,即率千余骑叛入金。……

人起兵,郡县丢失的差不多达到半数。皇上有四个儿子:长子赵王,母亲是赵昭容;次子晋王,母亲是文妃;第三子、第四子是秦王、许王,都是元妃生的。国内的人都知道晋王贤明,对他寄予了很大期望。元妃的哥哥枢密使萧奉先怕秦王不能得到册立,便暗地里图谋这件事。……奉先唆使人诬蔑驸马萧昱和余睹等人阴谋拥立晋王。事情被发觉,萧昱、耶律挞葛里等人伏法,文妃也被赐死,只有没忍心治晋王的罪。余睹在军中,听到这件事,极为恐惧,便率领一千多骑兵叛变到金国。……

注释 ① 赵王:即耶律习泥烈,历任留守、惕隐,后在白水泺被金人俘虏。 ② 晋王:即耶律敖卢斡(? —1122),性宽厚,深得人心。下属曾两次图谋立其为帝,未遂,被赐死。 ③ 文妃(? —1121):姓萧氏,小字瑟瑟,乾统三年(1103)立。后被萧奉先告发谋立太子,赐死。 ④ 秦王:即耶律定。耶律淳死,遗命迎立为帝。后在青冢泺被金人俘虏。许王:即耶律宁,在青冢泺被俘。 ⑤ 元妃:姓萧氏,小字贵哥,年十七册立。为人宽厚,后随天祚帝狩猎,病死。 ⑥ 余睹:即耶律余睹(? —1132),辽皇族,妻子为文妃之妹。历任都统等职,降金,任元帅右都监、大监军。谋反金,出奔西夏、达旦,被达旦所杀。 ⑦ 挞葛里:即耶律挞葛里,妻子为文妃之姐。

原文

二年春正月乙亥,金克中京,进下泽州①。上出居

翻译

二年(1122)春正月乙亥,金人攻克中京,进而攻下泽州。皇上出居庸关,

庸关，至鸳鸯泺②。闻余睹引金人娄室孛堇奄至③，萧奉先曰："余睹乃王子班之苗裔④，此来欲立甥晋王耳。若为社稷计，不惜一子，明其罪诛之，可不战而余睹自回矣。"上遂赐晋王死，素服三日，耶律撒八等皆伏诛。王素有人望，诸军闻其死，无不流涕，由是人心解体。余睹引金人逼行宫，上率卫兵五千余骑幸云中，遗传国玺于桑干河⑤。……

到达鸳鸯泺。听说余睹领着金人完颜娄室孛堇突然到来，萧奉先说："余睹是王子班的后代，这次来是想拥立外甥晋王。如果为国家着想，不吝惜一个儿子，论定他的罪行，把他杀掉，就可以不用打仗，余睹自己就会返回了。"皇上于是让晋王死，穿丧服三天，耶律撒八等人也都伏法。晋王历来有声望，各军得知他死了，没有不流泪的，从此人心就涣散了。余睹领着金人逼近行宫，皇上率领卫兵五千多骑前往云中，把传国玺失落在桑干河里。……

注释 ① 泽州：治所在神山（今河北平泉西南），辖今河北北部地区。 ② 鸳鸯泺：即安固里淖，在今内蒙古集宁东南。 ③ 孛堇（bó jǐn）：原为女真部落首领称号，金建国后成为军事首领称号或荣誉爵位。 ④ 王子班：指王子院官员。 ⑤ 传国玺（xǐ）：帝王相传的印。桑干河：在河北西部、山西北部，为永定河上游。

原文

三月辛酉，上闻金师将出岭西①，遂趋白水泺②。……丙寅，上至女古底仓③。闻金兵将近，计不知所出，乘轻骑入夹山④，方悟奉先之不忠。怒曰："汝父子误

翻译

三月辛酉，皇上听说金军将从岭西出击，便赶往白水泺。……丙寅，皇上到达女古底仓。听说金兵即将迫近，不知怎么办才好，驾着轻骑进入夹山，这时才醒悟萧奉先的不忠。皇上发怒道："你们父子误了我的大事，到了这个地

我至此，今欲诛汝，何益于事！恐军心忿怨尔曹避敌苟安，祸必及我，其勿从行！"奉先下马，哭拜而去。……（耶律淳）自称天锡皇帝，改元建福，降封天祚为湘阴王。遂据有燕、云、平及上京、辽西六路⑤。天祚所有，沙漠已北，西南、西北路两都招讨府、诸蕃部族而已⑥。……

步，现在就是杀了你们，又有什么用！我怕军队怨恨你们这些人而躲避敌人苟且偷安，必定给我招来祸患，不要跟着我走！"萧奉先下马，哭着下拜，然后离去。……（耶律淳）自称天锡皇帝，改年号建福，降封天祚皇帝为湘阴王。于是据有燕京、云州、平州以及上京、辽西六路。天祚皇帝所拥有的，仅仅是沙漠以北，西南、西北路两个都招讨府、各蕃部族而已。……

注释 ① 岭：当指今河北北部长城一带山岭。 ② 白水泺：即黄旗海，在今内蒙古察哈尔右翼前旗北。 ③ 女古底仓：地名，当在今呼和浩特附近。 ④ 夹山：在呼和浩特市西北。 ⑤ 辽西：指辽宁西部地区。 ⑥ 西南、西北路两都招讨府：辽西南、西北边境总边防军事机构。

原文

（夏四月）阿疏为金兵所擒。金已取西京，沙漠以南部族皆降。上遂遁于讹莎烈①。……

八月戊戌，亲遇金军，战于石辇驿②，败绩，都统萧特末及其侄撒古被执③。辛丑，会军于欢挞新查剌④，金兵追

翻译

（夏四月）阿疏被金兵捉获。金已经取得了西京，沙漠以南的部族都投降了。皇上于是逃到讹莎烈。……

八月戊戌，皇上遭遇金军，在石辇驿作战，被打败，都统萧特末和他的侄儿萧撒古被俘。辛丑，在欢挞新查剌会合军队，金兵追赶很急，天祚帝丢弃物资然后逃走。……

之急,弃辎重以遁。……

十一月乙丑,闻金兵至奉圣州,遂率卫兵屯于落昆髓。……

十二月,知金主抚定南京,上遂由扫里关出居四部族详稳之家⑤。

十一月乙丑,听说金兵到了奉圣州,天祚帝便带着卫兵屯驻在落昆髓。……

十二月,知道金国君主安抚平定了南京,皇上便从扫里关出去,居住在四部族详稳的家里。

注释　① 讹莎烈:地名,当在今内蒙古中部阴山一带。　② 石辇驿:又作石辇铎,地名,当在内蒙古呼和浩特东南。　③ 萧特末:辽后族,驸马。历任宣徽使、汉人行官都部署等职。　④ 欢拽新查剌:地名,当在内蒙古中部。下文落昆髓、扫里关也当在附近。　⑤ 四部族:辽属部之一。

原文

三年春正月丁巳,奚王回离保僭号①,称天复元年。……

(二月)丙戌,诛萧德妃②,降淳为庶人,尽释其党。……

(夏四月)丙申,金兵至居庸关,擒耶律大石。戊戌,金兵围辎重于青冢,硬寨太保特母哥窃梁王雅里以遁③,秦王、许王、诸妃、公主、从臣皆陷没。庚子,梁

翻译

三年(1123)春正月丁巳,奚王回离保非法冒称帝号,称天复元年。……

(二月)丙戌,诛杀萧德妃,把耶律淳降为平民,全部赦免了他的党羽。……

(夏四月)丙申,金兵到达居庸关,活捉耶律大石。戊戌,金兵在青冢包围了运送军用物品的队伍,硬寨太保特母哥暗地里带着梁王耶律雅里逃跑,秦王、许王、诸位妃子、公主、随从官员都被俘。庚子,梁宋大长公主耶律特里逃回。壬寅,金派人来招降。癸卯,回话请求讲和。丙午,天祚帝得知金兵送皇族物资东行,便派兵在白水泺挑战,赵

宋大长公主特里亡归④。壬寅,金遣人来招。癸卯,答书请和。丙午,金兵送族属辎重东行,乃遣兵邀战于白水泺,赵王习泥烈、萧道宁皆被执。上遣牌印郎君谋卢瓦送兔纽金印伪降⑤,遂西遁云内⑥。壬子,金帅书来,不许请和。……

王习泥烈、萧道宁都被俘虏。皇上派牌印郎君谋卢瓦送兔纽金印假装投降,便向西逃往云内州。壬子,金国元帅写信来,不许求和。……

注释 ① 回离保(? —1123):一名翰,字授懒。历任都部署、统军等职,曾拥立耶律淳称帝,任都统。后自立,为部下所杀。 ② 萧德妃(? —1122):名普贤女,耶律淳妻。耶律淳死后,向金人请求立天祚帝次子为帝,不许,投奔天祚帝,被处死。 ③ 硬寨太保:辽侍卫机构硬寨司的长官,主管皇帝出猎时各种事务。特母哥:曾拥立耶律雅里为帝,任枢密使。后降金。雅里:即耶律雅里(1094—1123),字撒鸾,天祚帝第二子。保大三年(1123)五月被拥立为帝,十月病死。 ④ 特里:道宗第三女。下嫁萧酬斡,后改嫁萧特末。 ⑤ 牌印郎君:辽牌印局负责官员,统领贵族犯罪被籍没的家属为皇室服役。 ⑥ 云内:州名,治所在柔服(今内蒙古土默特左旗东南),辖今内蒙古固阳、土默特左、右旗一带。

原文

五月乙卯,夏国王李乾顺遣使请临其国①。庚申,军将耶律敌烈等夜劫梁王雅里奔西北部,立以为帝,改元神历。……

六月,遣使册李乾顺为

翻译

五月乙卯,夏国王李乾顺派使者请皇上到他的国家去。庚申,军中将领耶律敌烈等人在夜晚劫持梁王雅里奔往西北部,立他为帝,改年号为神历。……

六月,派使者册立李乾顺为夏国皇帝。

夏国皇帝。

秋九月，耶律大石自金来归。

冬十月，复渡河东还，居突吕不部②。……

秋九月，耶律大石从金国归来。

冬十月，又渡黄河向东返回，居住在突吕不部。……

原文

四年春正月，上趋都统马哥军①。金人来攻，弃营北遁，马哥被执。……

（秋七月）天祚既得林牙耶律大石兵归，又得阴山室韦谟葛失兵②，自谓得天助，再谋出兵，复收燕、云。大石林牙力谏曰："自金人初陷长春、辽阳③，则车驾不幸广平淀，而都中京；及陷上京，则都燕山④；及陷中京，则幸云中；自云中而播迁夹山。向以全师不谋战备，使举国汉地皆为金有，国势至此，而方求战，非计

翻译

四年（1124）春正月，皇上赶往都统耶律马哥军中。金人来进攻，放弃营地向北逃去，马哥被俘。……

（秋七月）天祚皇帝既得到林牙耶律大石的兵马归来，又得到阴山室韦谟葛失的兵马，自认为得到上天的帮助，再度谋划出兵，收复燕、云州。大石林牙极力劝阻说："自从金人最初攻陷长春州、辽阳府，皇上的车驾就不去广平淀，而定都中京；等到上京被攻陷，又定都燕山；到中京被攻陷，又前往云中；从云中又流落到夹山。以往拥有完整的军队时却不筹划备战，致使全国汉地都被金所据有，国家情势到了这种地步，却才来求战，不是好主意。应当休养兵力，等待时机再行动，不可轻举妄动。"皇上不听从。耶律大石于是杀掉乙薛

也。当养兵待时而动,不可轻举。"不从。大石遂杀乙薛及坡里括⑤,置北、南面官属⑥,自立为王,率所部西去。上遂率诸军出夹山,下渔阳岭⑦,取天德、东胜、宁边、云内等州⑧。南下武州,遇金人,战于奄遏下水⑨,复溃,直趋山阴⑩。……

和坡里括,设置北、南面官吏,自立为王,率领部下往西去了。皇上于是率领各军出夹山,攻下渔阳岭,夺取天德、东胜、宁边、云内等州。南下武州,遇到金人,在奄遏下水作战,又被击溃,直奔山阴。……

注释 ① 马哥:历任林牙、知北院大王、北院枢密使事等职。 ② 谟葛失:室韦首领,其部落分布在今内蒙古苏尼特右旗北部地区。因援助天祚帝,封神于越王。 ③ 辽阳:府名。辖今辽宁辽河下游以东、太子河以南及阜新、彰武、新民等地。 ④ 燕山:在河北平原北侧,东西走向。多临口,为南北交通通道。 ⑤ 乙薛:即萧乙薛(? —1124),字特免,辽后族。历任要职,有战功。随天祚帝西逃入夹山,任知北院枢密使事。 ⑥ 北、南面:辽官制,将各级官吏分为北面、南面两大类,北面官以契丹故有官制为基础,称"国制",主管宫帐、部族、属国政事;南面官仿唐制而有所变通,称"汉制",主要治理州县,掌管财赋和统领汉人军队等。 ⑦ 渔阳岭:在内蒙古呼和浩特北。 ⑧ 东胜:州名,治所在榆林(今内蒙古托克托),辖今托克托及准格尔旗东北部。宁边:州名,在今准格尔旗东南。 ⑨ 奄遏下水:即今内蒙古境内岱海。 ⑩ 山阴:即河阴,在今山西山阴东南。

原文

五年春正月辛巳,党项小斛禄遣人请临其地①。戊子,趋天德,过沙漠,金兵忽至。上徒步出走,近侍进珠

翻译

五年(1125)春正月辛巳,党项小斛禄派人请皇上到他的领地去。戊子,天祚帝赶往天德,经过沙漠,金兵忽然到来。皇上徒步出走,亲近侍从递上珠

帽,却之,乘张仁贵马得脱,至天德。己丑,遇雪,无御寒具,术者以貂裘帽进[2]。途次绝粮,术者进麨与枣。欲憩,术者即跪坐,倚之假寐。术者辈惟啮冰雪以济饥。过天德,至夜,将宿民家,绐曰侦骑,其家知之,乃叩马首,跪而大恸,潜宿其家。居数日,嘉其忠,遥授以节度使[3],遂趋党项。

帽,拒绝佩戴,乘坐张仁贵的马得以逃脱,到达天德。己丑,遇到下雪,没有御寒的器具,术者献上貂皮帽。途中断粮,术者进献炒面和枣子。想要休息,术者便跪坐,让皇上靠着他打盹。术者等人只好嚼冰雪来充饥。经过天德,到了晚上,准备歇宿在百姓家中,假称是侦察骑兵,这家人知道了真情,便在马前叩头,下跪大哭,于是秘密地歇宿在这户百姓家里。过了几天,赞赏这家百姓的忠诚,遥授节度使,然后赶往党项。

注释 ① 小斛禄:党项首领,天祚帝授予西南面招讨使,总知军事。 ② 术者:天祚帝侍卫,保大中官至北护卫太保。 ③ 遥授:授予职名,但被授予者不到本地任职。

原文

二月,至应州新城东六十里[1],为金人完颜娄室等所获。

八月癸卯,至金。丙午,降封海滨王。以疾终,年五十有四,在位二十四年。金皇统元年二月,改封豫王。五年,葬于广宁府闾阳县乾陵旁[2]。

翻译

二月,到了应州新城东面六十里,被金人完颜娄室等俘虏。

八月癸卯,到了金国。丙午,被降封为海滨王。因病去世,享年五十四,在位二十四年。金熙宗皇统元年(1141)二月,改封为豫王。五年,被埋葬在广宁府闾阳县乾陵旁。

注释 ① 新城：当为金城，辽应州治所，即今山西应县。 ② 广宁府：治所在广宁（今辽宁北镇），辖今辽宁辽河以西、阜新市、彰武以南、医巫闾山以东地区。闾阳县：在今辽宁北镇西南。

耶律大石附纪

导读

耶律大石（1094—1143）当过金人的俘虏，拥立过耶律淳、萧德妃，当辽的江山危在旦夕的时候，又领兵西逃，但他并无回天之力，不可能挽狂澜于既倒。康国年间的所谓东征，也只不过是一种徒劳的挣扎。但他建立的西辽，凭借地域的偏远，苟延残喘，竟然延续了近九十年。这个政权虽无可称述，但它毕竟构成了辽亡国之音的最后一章。（选自卷三〇）

原文

耶律大石者，世号为西辽。大石字重德，太祖八代孙也。通辽、汉字，善骑射，登天庆五年进士第，擢翰林应奉①，寻升承旨②。辽以翰林为林牙，故称大石林牙。历泰、祥二州刺史③，辽兴军节度使④。

翻译

耶律大石政权，世称西辽。大石字重德，是太祖的八世孙。他懂得辽、汉文字，善于骑马射箭，考上天庆五年（1115）进士，被提拔为翰林应奉，随即升任承旨。辽用翰林院官员作林牙，所以称大石林牙。历任泰、祥二州刺史，辽兴军节度使。

注释

① 翰林应奉：辽南面朝官名，掌管批答奏疏、应和文章等事。　② 承旨：即翰林学士承旨，辽翰林院长官，掌草拟内降诏旨、顾问应对等事。　③ 泰：州名，治所在乐康（今吉林洮南东），辖今洮儿河上游地区。祥：州名，在今吉林境，治所在今吉林农安东北。　④ 辽兴军：即平州所置之军。

原文

保大二年，金兵日逼，天祚播越，与诸大臣立秦晋王淳为帝。淳死，立其妻萧德妃为太后，以守燕。及金兵至，萧德妃归天祚。天祚怒诛德妃而责大石曰："我在，汝何敢立淳？"对曰："陛下以全国之势，不能一拒敌，弃国远遁，使黎民涂炭。即立十淳，皆太祖子孙，岂不胜乞命于他人耶？"上无以答，赐酒食，赦其罪。

大石不自安，遂杀萧乙薛、坡里括，自立为王，率铁骑二百宵遁。北行三日，过黑水①，见白达达详稳床古儿②。床古儿献马四百，驼二十，羊若干。西至可敦城，驻北庭都护府③，会威武、崇德、会蕃、新、大林、紫河、驼等七州及大黄室韦、敌剌、王纪剌、茶赤剌、也喜、鼻古德、尼剌、达剌乖、达密里、密儿纪、合主、乌古

翻译

保大二年（1122），金兵日益逼近，天祚皇帝流落在外，耶律大石便和大臣们拥立秦晋王耶律淳为皇帝。耶律淳死后，立他的妻子萧德妃为太后，来守燕地。等到金兵到来，萧德妃投奔天祚皇帝。天祚皇帝愤怒，杀掉萧德妃，又责备大石说："我还在，你怎么敢立耶律淳？"大石答道："陛下凭借全国的力量，却不能抵挡一下敌人，丢下国家逃得远远的，让人民遭受苦难。就是立十个耶律淳，还不都是太祖的子孙，难道不比听命于他人强吗？"皇上无言对答，便赏赐大石酒食，赦免了他的罪过。

大石自己觉得不安，便杀死萧乙薛、坡里括，自立为王，率领两百名精锐骑兵连夜逃去。向北走了三天，经过黑水，见到白达达详稳床古儿。床古儿献马四百匹，骆驼二十头，羊若干只。向西到达可敦城，驻扎在北庭都护府，会集威武、崇德、会蕃、新、大林、紫河、驼等七州以及大黄室韦、敌剌、王纪剌、茶赤剌、也喜、鼻古德、尼剌、达剌乖、达密里、密儿纪、合主、乌古里、阻卜、普速完、唐古、忽母思、奚的、纠而毕十八部王众人，对他们说："我国祖宗艰难创业，相传九位君主，经历了两百年。金

里、阻卜、普速完、唐古、忽母思、奚的、纠而毕十八部王众④，谕曰："我祖宗艰难创业，历世九主，历年二百。金以臣属，逼我国家，残我黎庶，屠翦我州邑，使我天祚皇帝蒙尘于外，日夜痛心疾首。我今仗义而西，欲借力诸蕃，翦我仇敌，复我疆宇。惟尔众亦有轸我国家，忧我社稷，思共救君父，济生民于难者乎?"遂得精兵万余，置官吏，立排甲⑤，具器仗。

以臣子的地位，逼迫我们的国家，残害我们的人民，屠灭我们的州县，使我们的天祚皇帝在外蒙受苦难，我日夜痛心疾首。我现在出于道义，向西行进，打算借助各蕃部族的力量，铲除我们的仇敌，恢复我们的疆土。我想你们众人中也有对我国的命运感到悲痛，对我们的社稷感到忧虑，愿意共同拯救皇上，把人民从苦难中解救出来的人吧?"于是得到精兵一万余人，设置官吏，建立排甲，配备武器装备。

注释 ① 黑水:即今内蒙古白云鄂博东北艾不盖河。 ② 白达达:即白达旦(白阻卜),指大漠以南的鞑靼部落。 ③ 北庭都护府:唐时设置的边地军政机构,故治在庭州(今新疆吉木萨尔北破城子)。 ④ 敌剌:即敌烈。王纪剌:或作广吉剌、宏吉剌。茶赤剌:即茶札剌,蒙古部的一支。鼻古德:即鳖古部,分布在黑龙江流域。密儿纪:即梅里急,分布在今蒙古国乌兰巴托以北。纠而毕:又作纪儿毕。 ⑤ 排甲:古代居民基层组织。

原文

明年二月甲午，以青牛白马祭天地、祖宗，整旅而西。先遗书回鹘王毕勒哥

翻译

第二年二月甲午，用青牛白马祭天地、祖宗，整顿军队向西进发。先送信给回鹘王毕勒哥说："过去我们太祖皇

曰①："昔我太祖皇帝北征，过卜古罕城②，即遣使至甘州，诏尔祖乌母主曰：'汝思故国耶，朕即为汝复之；汝不能返耶，朕则有之。在朕，犹在尔也。'尔祖即表谢，以为迁国于此，十有余世，军民皆安土重迁，不能复返矣。是与尔国非一日之好也。今我将西至大食③，假道尔国，其勿致疑。"毕勒哥得书，即迎至邸，大宴三日。临行，献马六百，驼百，羊三千，愿质子孙为附庸，送至境外。所过，敌者胜之，降者安之。兵行万里，归者数国，获驼、马、牛、羊、财物不可胜计。军势日盛，锐气日倍。

帝北征，经过卜古罕城，便派使者到甘州，告诉你的祖先乌母主说：'你要是思念故国呢，我就帮你恢复；你要是不能返回呢，我就占有它。在我手里，也就像在你的手里一样。'你的祖先便上表文致谢，认为把国家迁到这里，已经十多代人了，军民都安居此地，不愿轻易迁移，不可能再返回故国了。可见我国和你的国家不是一两天的友好关系。现在我将要向西到大食国去，向你的国家借路，你不要有什么怀疑。"毕勒哥得到信，便把大石迎接到官邸，大宴三天。临行。献马六百匹，骆驼一百头，羊三千只，愿意以子孙做人质，充当附庸国，把大石送到境外。经过的地方，为敌的就战胜它，投降的就安抚它。大军行进一万里，归附的有好几个国家，得到骆驼、马、牛、羊、财物不计其数。军队声势日益壮大，锐气一天天高涨。

注释 ① 回鹘(hú)：原作"回纥"，部族名。北魏时游牧于鄂尔浑河、色楞格河流域，隋代建立部落联盟，唐以后分裂为甘州回鹘、西州回鹘和黑汗王朝三部分。② 卜古罕城：一说即古回鹘城。 ③ 大食：古国名，即阿拉伯帝国。大食于七世纪崛起于阿拉伯半岛，后一度成为横跨亚、非、欧三洲的大帝国。

原文

至寻思干①,西域诸国举兵十万②,号忽儿珊,来拒战,两军相望二里许。谕将士曰:"彼军虽多而无谋,攻之,则首尾不救,我师必胜。"遣六院司大王萧斡里剌、招讨副使耶律松山等将兵二千五百攻其右③,枢密副使萧剌阿不、招讨使耶律术薛等将兵二千五百攻其左④,自以众攻其中。三军俱进,忽儿珊大败,僵尸数十里。驻军寻思干凡九十日,回回国王来降⑤,贡方物。

翻译

到达寻思干,西域各国起兵十万,号称忽儿珊,前来抗拒交战,两军相隔两里路左右。大石对将士说:"敌军虽然人多,却没有计谋,前去进攻,就会首尾不能相救,我军必胜。"派六院司大王萧斡里剌、招讨副使耶律松山等率领二千五百名士兵进攻敌军右翼,枢密副使萧剌阿不、招讨使耶律术薛等领兵二千五百人进攻敌军左翼,自己带领众人进攻敌军中路。三军同时前进,忽儿珊大败,僵尸绵延数十里。在寻思干驻军共九十天,回回国王前来投降,进贡土产。

注释　① 寻思干:即今乌兹别克斯坦撒马尔罕。　② 西域:古地区名,指玉门关以西的新疆和中亚细亚地区。　③ 六院司大王:辽六院司长官。六院司为控制奚族的边防机构。招讨副使:招讨司的次官。招讨司是统治边境地区的军事行政机构,长官为招讨使。　④ 枢密副使:辽枢密院官,位在知枢密院事之下。　⑤ 回回:泛指古代葱岭东西信仰伊斯兰教的民族或国家。

原文

又西至起儿漫①,文武百官册立大石为帝,以甲辰

翻译

又向西到达起儿漫,文武官员们册立大石为皇帝,于甲辰年二月五日登

岁二月五日即位②,年三十八,号葛儿罕。复上汉尊号曰天祐皇帝,改元延庆。追谥祖父为嗣元皇帝,祖母为宣义皇后,册元妃萧氏为昭德皇后③。因谓百官曰:"朕与卿等行三万里,跋涉沙漠,夙夜艰勤。赖祖宗之福,卿等之力,冒登大位。尔祖尔父宜加恤典,共享尊荣。"自萧斡里剌等四十九人祖父,封爵有差。

位,三十八岁,号称葛儿罕。又加上汉人的尊号叫天祐皇帝,改年号为延庆。追谥祖父为嗣元皇帝,祖母为宣义皇后,册封元妃萧氏为昭德皇后。于是对文武官员们说:"我和你们走了三万里,跋涉沙漠,日夜艰难辛劳。托祖宗的福,靠你们大家的力量,冒昧地登上了皇帝的大位。你们的祖父、父亲应该给予封赠,共同享受尊贵荣耀。"从萧斡里剌等四十九人的祖父、父亲起,封赠官爵不等。

注释 ①起儿漫:地名,在撒马尔罕西北,布哈拉东北。 ②甲辰岁:任大四年(1124)。 ③元妃:诸王的元配夫人。

原文

延庆三年,班师东归,马行二十日,得善地,遂建都城,号虎思斡耳朵①,改延庆为康国元年②。三月,以六院司大王萧斡里剌为兵马都元帅③,敌剌部前同知枢密院事萧查剌阿不副之④,茶赤剌部秃鲁耶律燕

翻译

延庆三年(1126),回师向东返回,骑马行走二十天。找到一块好的土地,于是建立都城,号称虎思斡耳朵,改延庆为康国元年。三月,用六院司大王萧斡里剌任兵马都元帅,敌剌部前同知枢密院事萧查剌阿不做他的副手,茶赤剌部秃鲁耶律燕山任都部署,护卫耶律铁哥任都监,率领七万骑兵东征。用青牛白马祭天,树起旗帜誓师,对众人说:

山为都部署⑤，护卫耶律铁哥为都监⑥，率七万骑东征。以青牛白马祭天，树旗以誓于众曰："我大辽自太祖、太宗艰难而成帝业，其后嗣君耽乐无厌，不恤国政，盗贼蜂起，天下土崩。朕率尔众，远至朔漠，期复大业，以光中兴。此非朕与尔世居之地。"申命元帅斡里剌曰："今汝其往，信赏必罚，与士卒同甘苦，择善水草以立营，量敌而进，毋自取祸败也。"行万余里无所得，牛马多死，勒兵而还。大石曰："皇天弗顺，数也！"康国十年殁，在位二十年，庙号德宗。

"我们大辽自从太祖、太宗艰难奋斗，成就帝王业绩，后来继位的君主沉湎于享乐，无休无止，不理国事，盗贼蜂起，天下土崩瓦解。我率领你们大家，远到北方大漠，期望复兴帝王大业，来为中兴国家增光。这里不是我和你们世代居住的地方。"又向元帅斡里剌申述命令说："你这次前去，赏罚必须付诸实施，要和士兵同甘共苦，选择水草好的地方扎营，估量敌人的力量决定进退，不要自取祸患和失败。"大军行进一万余里，一无所得，牛马大量死去，只得收兵返回。大石说："皇天不顺应，这是天数！"康国十年（1143）去世，在位二十年，庙号德宗。

注释 ① 虎思斡耳朵：义为强大的官帐。故城即今吉尔吉斯斯坦托克玛克东南的布拉纳古城废墟。 ② 康国：公元 1134—1143 年。 ③ 兵马都元帅：辽都元帅府长官，总管军事。 ④ 同知枢密院事：辽枢密院属官。 ⑤ 秃鲁：辽北面官名。都部署：辽行军统帅官，征战时任命。 ⑥ 护卫：辽侍卫机构护卫府属官。

原文

　　子夷列年幼，遗命皇后权国。后名塔不烟，号感天

翻译

　　大石的儿子耶律夷列年幼，留下遗命，由皇后暂时管理国事。皇后名叫塔

皇后,称制,改元咸清①,在位七年。子夷列即位,改元绍兴②。籍民十八岁以上,得八万四千五百户。在位十三年殁,庙号仁宗。

子幼,遗诏以妹普速完权国,称制,改元崇福③,号承天太后。后与驸马萧朵鲁不弟朴古只沙里通,出驸马为东平王,罗织杀之。驸马父斡里剌以兵围其宫,射杀普速完及朴古只沙里。普速完在位十四年。

仁宗次子直鲁古即位,改元天禧④,在位三十四年。时秋出猎,乃蛮王屈出律以伏兵八千擒之⑤,而据其位。遂袭辽衣冠,尊直鲁古为太上皇,皇后为皇太后,朝夕问起居,以侍终焉。直鲁古死,辽绝。

不烟,号感天皇后,称制,改年号为咸清,在位七年。大石的儿子夷列登位,改年号为绍兴。登记十八岁以上的居民,共得八万四千五百户。在位十三年去世,庙号仁宗。

仁宗的儿子年幼,留下遗诏,由妹妹普速完暂时管理国家,普速完称制,改年号为崇福,号承天太后。太后后来和驸马萧朵鲁不的弟弟萧朴古只沙里私通,把驸马调出去,做东平王,编造罪名,把他杀掉了。驸马的父亲萧斡里剌用兵包围皇宫,射死普速完和朴古只沙里。普速完在位十四年。

仁宗的第二个儿子耶律直鲁古登位,改年号为天禧,在位三十四年。时值秋季,外出打猎,乃蛮王屈出律用伏兵八千人捉到直鲁古,占据了他的皇位。于是沿袭辽的衣冠,尊封直鲁古为太上皇,皇后为皇太后,早晚问候起居,这样侍候他们到死。直鲁古死后,辽就灭亡了。

注释 ①咸清:公元1144—1150年。 ②绍兴:公元1151—1163年。 ③崇福:公元1164—1177年。 ④天禧:公元1178—1211年。 ⑤乃蛮:突厥语族的一部,辽、金时游牧于阿尔泰山一带。屈出律:乃蛮君主太阳罕之子。

义 宗 倍 传

导读

耶律倍(899—936)，即辽让国皇帝义宗倍，太祖的长子。他聪明好学，多才多艺，是辽皇室中第一个深受汉文化熏陶的人。他通晓辽、汉文字，精通音乐，擅长医术，能诗善画，所作《乐田园诗》成为契丹族留给后世的第一首诗，所画《射骑》等十五幅画为宋朝秘藏，历代视为珍品。他崇尚孔子，仰慕吴泰伯，促进了汉文化在契丹族中的传播。也许正因为这一点，身为皇太子的他得不到太后的喜爱而让出了皇位，最后，秉承契丹族传统、崇尚武勇的辽太宗因皇太后的喜爱而继承了帝位。辽太宗即位后，他反而受到怀疑和监视，于是浮海逃到后唐，身死异国，成为权力纷争的牺牲品。（选自卷七二）

原文

义宗，名倍，小字图欲，太祖长子，母淳钦皇后萧氏。幼聪敏好学，外宽内挚。神册元年春，立为皇太子。

时太祖问侍臣曰："受命之君，当事天敬神。有大功德者，朕欲祀之，何先？"皆以佛对。太祖曰："佛非

翻译

义宗，名倍，小字图欲，太祖的长子，母亲是淳钦皇后萧氏。他从小聪明好学，表面宽容，其实凶猛。神册元年(916)春天，被立为皇太子。

当时太祖问侍臣说："受命于天的君主，应当尊天敬神。对有大功德的圣人，我打算祭祀他，先祭祀谁呢？"大家都说佛祖。太祖说："佛教不是中国的宗教。"耶律倍说："孔子是大圣人，受到万世尊崇，应当为先。"太祖非常高兴，

中国教。"倍曰:"孔子大圣,万世所尊,宜先。"太祖大悦,即建孔子庙,诏皇太子春秋释奠。

尝从征乌古、党项,为先锋都统。及经略燕地,太祖西征,留倍守京师,因陈取渤海计。天显元年,从征渤海。拔扶余城,上欲括户口,倍谏曰:"今始得地而料民,民必不安。若乘破竹之势,径造忽汗城,克之必矣。"太祖从之。倍与大元帅德光为前锋[1],夜围忽汗城,大諲譔穷蹙,请降。寻复叛,太祖破之。改其国曰东丹,名其城曰天福,以倍为人皇王主之。仍赐天子冠服,建元甘露[2],称制,置左右大次四相及百官,一用汉法。岁贡布十五万端,马千匹。上谕曰:"此地濒海,非可久居,留汝抚治,以见朕爱民之心。"驾将还,倍作歌以献。陛辞,太祖曰:"得

于是建造孔子庙,下诏让皇太子分春秋两季致礼祭奠。

耶律倍曾经参与征讨乌古、党项,担任先锋都统。等到攻打燕京地区,太祖西征,留耶律倍镇守京城,他趁机陈述了攻取渤海的谋略。天显元年(926),参与征讨渤海。攻占扶余城后,太祖打算搜括户口,倍劝阻说:"现在刚刚得到城池就清理户籍,百姓必定不得安宁。如果乘破竹之势,直抵忽汗城,一定会攻克。"太祖采纳了他的建议。耶律倍和大元帅耶律德光为前锋,在晚上包围忽汗城,大諲譔走投无路,请求投降。不久又反叛,太祖打败了他,将他的国名改为东丹,城名改为天福,以耶律倍为人皇王主持国事。同时赐给他天子的冠冕服饰,以甘露作为年号,行使皇帝职权,设置左右大次四名宰相及众多官员,全部采用汉人的制度。每年上贡布十五万端,马一千匹。皇上告谕他说:"这个地方濒临大海,不可长久居住,之所以留你安抚治理,是为了体现我爱护百姓的用心。"太祖即将还朝,耶律倍作诗呈献。拜见太祖辞行,太祖说:"有你治理东方,我还有什么可忧虑的呢?"耶律倍放声大哭着退出,于是太祖往仪坤州而去。

汝治东土，吾复何忧。"倍号
泣而出。遂如仪坤州。

注释　① 德光：即辽太宗耶律德光（902—947）。天赞元年（922）为天下兵马大元
帅，天显二年（927）即皇帝位。　② 甘露：辽东丹国王耶律倍年号，凡十一年（926—
936）。

原文

　　未几，诸部多叛，大元
帅讨平之。太祖讣至，倍即
日奔赴山陵。倍知皇太后
意欲立德光①，乃谓公卿曰：
"大元帅功德及人神，中外
攸属，宜主社稷。"乃与群臣
请于太后而让位焉。于是
大元帅即皇帝位，是为
太宗。

　　太宗既立，见疑，以东
平为南京，徙倍居之，尽迁
其民，又置卫士阴伺动静。
倍既归国，命王继远撰《建
南京碑》，起书楼于西宫，作
《乐田园诗》。唐明宗闻
之②，遣人跨海持书密召倍。
倍因畋海上。使再至，倍谓

翻译

　　不久，各部族大多叛乱，大元
帅讨伐平定了他们。太祖的讣告传来，耶律
倍当天就启程奔丧。耶律
倍知道皇太
后有意要立耶律德光，就对公卿大臣们
说："大元帅的功德遍及人神，朝廷内外
一致注目，应当成为国家的君主。"于是
同臣僚们一起向太后请求，从而让出了
皇位。于是大元帅即皇帝位，这就是
太宗。

　　太宗即位后，耶律倍受到怀疑，于
是把东平作为南京，将耶律倍迁到那里
居住，并且将那里的百姓全部迁走，又
设置卫士暗中窥视他的动静。耶律倍
到南京后，命令王继远撰写《建南京
碑》，在西宫建造藏书楼，作《乐田园
诗》。唐明宗听说这些事后，派遣使者
拿着书信渡海秘密召见耶律倍。耶律
倍乘机到海边耕种。使者第二次来，耶
律倍对左右侍从说："我把天下让给了

左右曰："我以天下让主上，今反见疑，不如适他国，以成吴太伯之名③。"立木海上，刻诗曰："小山压大山，大山全无力。羞见故乡人，从此投外国。"携高美人，载书浮海而去。

皇上，现在反而受到怀疑，还不如到国外去，借以获取吴太伯那样的名声。"于是在海上树立木牌，刻诗说："小山压大山，大山全无力。羞见故乡人，从此投外国。"携带高美人，载着书籍，渡海离去。

注释 ① 皇太后：即辽太祖淳钦皇后述律平(878—935)。 ② 唐明宗：即后唐明宗李嗣源(867—933)。沙陀部人，李克用养子。同光四年(926)，庄宗李存勖被杀，他进入洛阳，称帝，改名亶，在位七年。 ③ 吴太伯：一作泰伯，周太王长子。太王欲立幼子季历，他与弟仲雍避到江南，成为吴国的始祖。

原文

唐以天子仪卫迎倍，倍坐船殿，众官陪列上寿。至汴，见明宗。明宗以庄宗后夏氏妻之①，赐姓东丹，名之曰慕华。改瑞州为怀化军，拜怀化军节度使、瑞慎等州观察使②。复赐姓李，名赞华。移镇滑州③，遥领虔州节度使④。倍虽在异国，常思其亲，问安之使不绝。

翻译

后唐用天子仪仗迎接耶律倍，耶律倍坐在船尾，官员们陪席祝寿。到了汴京，拜见明宗。明宗把庄宗的妃子夏氏嫁给他为妻，赐他姓东丹，为他取名叫慕华。改瑞州为怀化军，任命他为怀化军节度使、瑞慎等州观察使。又赐姓李，名叫赞华。调任镇守滑州，挂衔虔州节度使。耶律倍虽然身在异国，却常常思念他的亲人，派遣回去问安的使者从不间断。

注释 ① 庄宗：即后唐庄宗李存勖(885—926)，五代唐王朝的建立者，李克用子。

公元 923 年称帝,建都洛阳,因兵变被杀。夏氏:为后唐庄宗后宫,封號国夫人,后嫁耶律倍。此处误作唐庄宗皇后。 ② 慎:唐置羁縻州,治所在今河北涿州西北。③ 滑州:州名。治白马,即今河南滑县。 ④ 虔州:州名,治赣县,即今江西赣州。

原文

后明宗养子从珂弑其君自立[1],倍密报太宗曰:"从珂弑君,盍讨之?"及太宗立石敬瑭为晋主[2],加兵于洛。从珂欲自焚,召倍与俱,倍不从,遣壮士李彦绅害之,时年三十八。有一僧为收瘗之。敬瑭入洛,丧服临哭,以王礼权厝。后太宗改葬于医巫闾山[3],谥曰文武元皇王。世宗即位,谥让国皇帝,陵曰显陵。统和中,更谥文献。重熙二十年,增谥文献钦义皇帝,庙号义宗,及谥二后曰端顺,曰柔贞。

倍初市书至万卷,藏于医巫闾绝顶之望海堂。通阴阳,知音律,精医药、砭焫之术。工辽、汉文章,尝译

翻译

后来明宗的养子李从珂杀害他的君主自立为帝,耶律倍秘密报告太宗说:"从珂逆杀君主,何不讨伐他呢?"等到太宗立石敬瑭为后晋皇帝,派兵攻打洛阳。从珂打算自焚,召耶律倍同他一道自焚,耶律倍不答应,从珂派遣壮士李彦绅杀害了他,时年三十八岁。有一位僧人收殓掩埋了他。石敬瑭进入洛阳,身穿丧服哀哭前来,按帝王的礼仪暂时安葬。后来太宗将他改葬在医巫闾山,谥号为文武元皇王。世宗即位,谥为让国皇帝,陵墓叫显陵。统和年间,改谥号为文献。重熙二十年(1051),增谥为文献钦义皇帝,庙号为义宗,并谥他的两个皇后为端顺、柔贞。

耶律倍当初买书达一万卷,藏在医巫闾山绝顶上的望海堂中。他通晓阴阳,懂得音乐声律,精通医药、针灸术。擅长用辽、汉文字写文章,曾经翻译《阴符经》。善于画本国人物,如《射骑》《猎雪骑》《千鹿图》,都被收入宋朝秘府中。

《阴符经》。善画本国人物，如《射骑》《猎雪骑》《千鹿图》，皆入宋秘府。然性刻急好杀，婢妾微过，常加划灼。夏氏惧而求削发为尼。……

然而他生性刻薄急躁，喜好杀人，婢女侍妾稍有过错，常常加以剐割灼烧。夏氏因为害怕而请求削发为尼姑。……

注释 ①从珂：即后唐末帝李从珂(885—936)。本姓王，明宗收为养子。应顺元年(934)杀闵帝而自立，在位二年。 ②石敬瑭：即后晋高祖(892—942)。沙陀部人。后唐河东节度使，镇守太原，勾结契丹灭后唐，建立后晋，割让燕云十六州，父事契丹，在位六年(936—942)。 ③医巫闾山：在今辽宁北镇东，为阴山山脉的分支。

原文

论曰：自古新造之国，一传而太子让，岂易得哉？辽之义宗，可谓盛矣！然让而见疑，岂不兆于建元称制之际乎？斯则一时君臣昧于礼制之过也。束书浮海，寄迹他国，思亲不忘，问安不绝，其心甚有足谅者焉。观其始慕泰伯之贤而为远适之谋，终疾陈恒之恶而有请讨之举①，志趣之卓，盖已见于早岁先祀孔子之言欤。善不令终，天道难诘，得非

翻译

评语：自古以来新建立的国家，传到第一代太子就让位，难道容易得到这样的人吗？辽朝的义宗，可以说很突出了！但是让出帝位却受到怀疑，难道不是在建立年号行使皇帝权力的时候就有兆头了吗？这就是君主和臣子一时违背礼制的过错啊。捆扎书籍，漂洋过海，移居他国，不忘亲人，不断地问候起居，他的用心是很值得谅解的啊。看他当初因为仰慕吴泰伯的贤德从而有远走他乡的打算，最后又因为痛恨陈恒的罪恶从而有请求征讨的举动，志趣的卓越，大约已经表现在早年首先祭祀孔子的言语中了。有善行却不得善终，天道

性卞嗜杀之所致也！虽然，终辽之代，贤圣继统，皆其子孙。至德之报，昭然在兹矣。

责难他，能说不是性急好杀所招致的吗！尽管如此，在整个辽代，明君贤主继承大统，都是他的子子孙孙。对高尚德行的回报，显然在这里了。

注释 ① 陈恒：即田常，春秋时齐国的大臣。杀简公而立平公，齐国从此由陈氏专权。卒谥成子。

耶律曷鲁传

导读

　　辽太祖耶律阿保机能够统一契丹各部，建立强大的辽国，除他自己的非凡才干，还得力于他的一大批谋臣勇士，即所谓"二十一功臣"。耶律曷鲁(872—918)就是一位卓越的功臣。他从小和太祖一起长大，忠心耿耿，以卫护太祖为己任；他智勇双全，东征西讨，屡建奇功，并带领群臣敦促太祖即皇帝位。太祖即位后，曷鲁总掌军国大事，平定内乱，安抚百姓，征讨乌古，为辽政权的巩固作出了突出的贡献。病危之际，他仍关心国家大事，可谓鞠躬尽瘁，死而后已。(选自卷七三)

原文

　　耶律曷鲁，字控温，一字洪隐，迭剌部人。祖匣马葛，简宪皇帝兄。父偶思，遥辇时为本部夷离堇，曷鲁其长子也。

　　性质厚。在髫龀，与太祖游，从父释鲁奇之曰："兴我家者，必二儿也。"太祖既长，相与易裘马为好，然曷鲁事太祖弥谨。会滑哥弑其父释鲁[①]，太祖顾曷鲁曰：

翻译

　　耶律曷鲁，字控温，一字洪隐，迭剌部人。祖父叫匣马葛，是简宪皇帝的兄长。父亲叫偶思，遥辇时担任本部夷离堇，耶律曷鲁是他的长子。

　　耶律曷鲁天性质朴厚道。童年时，和太祖一道游玩，叔父耶律释鲁觉得他不一般，说："振兴我们家族的，必定是这两个孩子。"太祖长大后，两人互相交换裘衣马匹定交，而曷鲁侍奉太祖更加恭谨。正碰上耶律滑哥杀害了他的父亲释鲁，太祖看着曷鲁说："滑哥杀害父亲，他知道我必定不会放过他，以后会

"滑哥弑父，料我必不能容，将反噬我。今彼归罪台哂为解②，我姑与之。是贼吾不忘也！"自是。曷鲁常佩刀从太祖，以备不虞。

反咬我。现在他嫁祸给萧台哂作为解脱，我姑且答应他。这个贼子我不会忘记的！"从此，耶律曷鲁经常佩刀跟随太祖，以防不测。

注释　①滑哥：即耶律滑哥，字斯懒，与父妾私通，惧怕事败，于是谋害其父，诬罪萧台哂。太祖即位，滑哥为惕隐，因参与叛乱，被处死。　②台哂：即萧台哂，六院部人。曾任克，与耶律滑哥谋害释鲁，被处死，族属没籍为奴。

原文

居久之，曷鲁父偶思病，召曷鲁曰："阿保机神略天授，汝率诸弟赤心事之。"已而太祖来问疾，偶思执其手曰："尔命世奇才。吾儿曷鲁者，他日可委以事，吾以谕之矣。"既而以诸子属之。

太祖为挞马狘沙里，参预部族事，曷鲁领数骑召小黄室韦来附。太祖素有大志，而知曷鲁贤，军国事非曷鲁议不行。会讨越兀与乌古部，曷鲁为前锋，战有功。

翻译

过了很久，耶律曷鲁的父亲偶思病重，召见曷鲁说："阿保机神奇的谋略是上天授予的，你带领弟弟们忠心辅佐他。"不久太祖来探问病情，偶思拉着他的手说："你是闻名当世的奇才。我的儿子曷鲁，将来可以委托他办事，我已经吩咐他了。"一会儿又把其他儿子嘱托给太祖。

太祖担任挞马狘沙里，参与部族的事务，耶律曷鲁率领几名骑兵召集小黄室韦前来归附。太祖素来就有大志，又了解曷鲁的贤才，军国事务不经曷鲁商议不予施行。正赶上讨伐越兀和乌古部，曷鲁为前锋，作战有功。

及太祖为迭剌部夷离堇，讨奚部，其长术里逼险而垒，攻莫能下，命曷鲁持一笴往谕之。既入，为所执，乃说奚曰："契丹与奚言语相通，实一国也。我夷离堇于奚岂有轹轹之心哉？汉人杀我祖奚首，夷离堇怨次骨，日夜思报汉人。顾力单弱，使我求援于奚，传矢以示信耳。夷离堇受命于天，抚下以德，故能有此众也。今奚杀我，违天背德，不祥莫大焉。且兵连祸结，当自此始，岂尔国之利乎？"术里感其言，乃降。

太祖为于越，秉国政，欲命曷鲁为迭剌部夷离堇。辞曰："贼在君侧，未敢远去。"太祖讨黑车子室韦，幽州刘仁恭遣养子赵霸率众来救。曷鲁伏兵桃山，俟霸众过半而要之，与太祖合击，斩获甚众，遂降室韦。太祖会李克用于云州，时曷鲁侍，克用顾

等到太祖担任迭剌部夷离堇，讨伐奚部，他们的酋长术里靠近天险建造堡垒，无法攻克，就派遣曷鲁拿着一支箭杆去劝告他。曷鲁进去后，被拘捕，就劝奚人说："契丹与奚言语相通，实际上是同一个国家。我们的夷离堇对奚族哪里有倾轧之心呢？汉人杀死我们的祖先奚首，夷离堇愤怒入骨，日夜思念报复汉人。只是力量孤单弱小，所以派我向奚族求援，送上箭矢用来表示信用。夷离堇接受天命，用恩德抚慰下属，因此能够拥有这么多的人。现在奚族杀死我，违背上天的德意，没有比这更不吉利的了。而且兵连祸结，就会从此开始，难道是你们国家的好事吗？"术里被他的话感动，就投降了。

太祖担任于越，执掌国家政事，打算任命曷鲁为迭剌部夷离堇。曷鲁推辞说："贼子在您身旁，我不敢远离。"太祖讨伐黑车子室韦，幽州刘仁恭派遣养子赵霸率众兵来救援。曷鲁伏兵在桃山，等赵霸的队伍过去一半后拦腰截断他们，同太祖合兵夹击，斩杀俘获很多人，于是迫使室韦投降。太祖在云州会见李克用，当时曷鲁陪侍，李克用回头看见觉得他很雄壮，问："这个伟男子是谁？"太祖说："我的同族曷鲁。"

而壮之曰："伟男子为谁？"太祖曰："吾族曷鲁也。"

会遥辇痕德堇可汗殁，群臣奉遗命请立太祖。太祖辞曰："昔吾祖夷离堇雅里尝以不当立而辞，今若等复为是言，何欤？"曷鲁进曰："曩吾祖之辞，遗命弗及，符瑞未见，第为国人所推戴耳。今先君言犹在耳，天人所与，若合符契。天不可逆，人不可拂，而君命不可违也。"太祖曰："遗命固然，汝焉知天道？"曷鲁曰："闻于越之生也，神光属天，异香盈幄，梦受神诲，龙锡金佩。天道无私，必应有德。我国削弱，崎龁于邻部日久，以故生圣人以兴起之。可汗知天意，故有是命。且遥辇九营棋布，非无可立者；小大臣民属心于越，天也。昔者于越伯父释鲁尝曰：'吾犹蛇，儿犹龙也。'天时人事，几不可失。"

正巧遥辇痕德堇可汗去世，臣子们遵从遗命请立太祖。太祖推辞说："过去我的祖先夷离堇雅里曾经因为不应当即位而辞让，现在你们又说这种话，为什么呢？"曷鲁进言说："从前我们祖先的辞让，是因为遗命没有提到，符命祥瑞没有出现，只是受到众人推戴罢了。现在已故君主的遗命好像还在耳边，上天和众人的赞许，与符命相合。天意不可以拒绝，人心不可以违背，君主的命令不可以不听。"太祖说："遗命的确如此，你怎么知晓天道呢？"曷鲁说："听说于越出生时，神奇的光彩与天相连，奇异的香味充满篷帐，梦中受到天神教诲，龙神赐予金佩。天道没有私心，必定报应有道德的人。我们国家势力衰弱，长期被相邻部落毁伤，因此诞生圣人以期振兴国家。可汗知道天意，因此有这个命令。况且遥辇九营像棋子一样分布，不是没有可以即位的人；大小臣僚和百姓归心于越，就是天意啊。过去于越伯父释鲁曾经说过：'我好比蛇，儿子好比龙。'天时人事，机不可失。"太祖还是不答应。当天晚上，单独召见曷鲁责备说："众人拿遗命逼迫我，你不明白我的心意，竟然也要俯首追随他们吗？"曷鲁说："在过去夷离堇

太祖犹未许。是夜,独召曷鲁责曰:"众以遗命迫我,汝不明吾心,而亦俯随耶?"曷鲁曰:"在昔夷离菫雅里虽推戴者众,辞之,而立阻午为可汗。相传十余世,君臣之分乱,纪纲之统隳。委质他国,若缀旒然。羽檄蜂午,民疲奔命。兴王之运,实在今日。应天顺人,以答顾命,不可失也。"太祖乃许。明日,即皇帝位,命曷鲁总军国事。

时制度未讲,国用未充,扈从未备,而诸弟剌葛等往往觊非望。太祖宫行营始置腹心部,选诸部豪健二千余充之,以曷鲁及萧敌鲁总焉。已而诸弟之乱作,太祖命曷鲁总领军事,讨平之,以功为迭剌部夷离菫,时民更兵焚剽,日以彫敝,曷鲁抚辑有方,畜牧益滋,民用富庶。乃讨乌古部,破之。自是震慑,不敢复叛。

雅里虽然拥戴的人多,也不答应即位,却立阻午为可汗。相传十余代,君臣的名分紊乱,纪纲的体统毁坏。委身臣服别的国家,好比赘旒一样被人摆布。羽书如同群蜂飞舞,百姓疲于奔命。振兴王业的气数,确实在今天。顺应天意人心,服从遗命,不可以放弃啊。"太祖方才同意。第二天,即皇帝位,任命曷鲁统管军国事务。

当时礼俗法令没有建立,国家的开支不够充实,侍从还没有具备,而且族弟耶律剌葛等人常常觊觎帝位。太祖的宫行营中开始设置腹心部,挑选各部族中豪强健壮的人二千多名充实进去,派遣曷鲁和萧敌鲁统管他们。不久同族兄弟们发动叛乱了,太祖任命曷鲁统领军事,讨伐平定了他们,因功升任迭剌部夷离菫。当时百姓历经士兵的烧杀抢掠,日渐凋敝,曷鲁安抚整治有方,畜牧业更加兴旺,百姓因而富裕。于是讨伐乌古部,打败了他们。他们从此震慑,不敢再叛乱。于是请求制定朝廷礼仪,建立年号,率领官吏们奉上尊名号。太祖完成礼仪接受册封后,任命曷鲁为阿鲁敦于越。"阿鲁敦",辽语就是盛名的意思。

乃请制朝仪、建元，率百官上尊号。太祖既备礼受册，拜曷鲁为阿鲁敦于越。"阿鲁敦"者，辽言盛名也。

　　后太祖伐西南诸夷，数为前锋。神册二年，从逼幽州，与唐节度使周德威拒战可汗州西①，败其军，遂围幽州，未下。太祖以时暑班师，留曷鲁与卢国用守之②。俄而救兵继至，曷鲁等以军少无援，退。

后来太祖讨伐西南各少数民族，曷鲁多次担任前锋。神册二年（917），跟随太祖迫近幽州，同后唐节度使周德威在可汗州西面交战，打败了他的军队，于是包围了幽州，没有攻克。太祖因为当时天热撤军，留下曷鲁和卢国用监视他们。不久后唐的救兵相继到来，曷鲁等人因为军队少没有援兵，撤退了。

注释　① 可汗州：辽置，治所在怀来（今河北怀来东南）。　② 卢国用：即卢文进，字国用，一作大用，范阳（今北京西南）人。初为刘守光骑将，投降后唐，拜寿州刺史。又杀李存矩投契丹。天显元年（926）复归唐明宗。石敬瑭即位，投奔李昪，死于金陵（今江苏南京）。

原文

　　三年七月，皇都既成，燕群臣以落之。曷鲁是日得疾薨，年四十七。既葬，赐名其阡宴答，山曰于越峪，诏立石纪功。清宁间，命立祠上京。

　　初，曷鲁病革，太祖临

翻译

　　三年（918）七月，皇都建成后，宴请众官僚庆贺皇都落成。这天曷鲁患病去世，享年四十七岁。埋葬曷鲁后，把他的坟墓命名为宴答，山为于越峪，下诏建立石碑记述功绩。清宁年间，命令在上京建立祠堂。

　　当初，曷鲁病危，太祖亲自来探病，

视,问所欲言。曷鲁曰:"陛下圣德宽仁,群生咸遂,帝业隆兴。臣既蒙宠遇,虽瞑目无憾。惟析迭剌部议未决,愿亟行之。"及薨,太祖流涕曰:"斯人若登三五载,吾谋蔑不济矣!"

后太祖二十一功臣,各有所拟,以曷鲁为心云。子惕剌、撒剌,俱不仕。

论曰:曷鲁以肺腑之亲,任帷幄之寄,言如蓍龟,谋成战胜,可谓算无遗策矣。其君臣相得之诚,庶吴汉之于光武欤[1]?夫信其所可信,智也,太祖有焉。故曰,惟圣知圣,惟贤知贤,斯近之矣。

问他想说什么。曷鲁说:"陛下的圣德宽厚仁慈,一切生灵是顺心如意,帝王的事业兴隆。我已经承蒙宠爱,即使闭上眼睛也没有遗憾。只是分散迭剌部的意见还没有决定,希望尽快办好这件事。"等到去世时,太祖流着眼泪说:"这个人如果再活三五年,我的计划没有不成功的了!"

后来太祖对二十一位功臣,都作了比拟,把曷鲁比作自己的心。曷鲁的儿子惕剌、撒剌,都没有做官。

评语:曷鲁以心腹近亲,担负运筹帷幄的重任,言语像卜筮一样灵验,谋划成功,作战胜利,可以说是算无遗策了。他们君臣之间相互信赖的真诚,或许正如吴汉同东汉的光武帝一样?信任那些可以信任的人,是明智的,太祖做到了这一点。所以说,只有圣人才了解圣人,只有贤人才了解贤人,太祖对曷鲁差不多就是这样的了。

注释　[1] 吴汉:字子颜,东汉时大将。他以质朴勇敢深得刘秀信任,在帮助刘秀称帝以及巩固政权方面功劳卓著,官至大司马,封广平侯。

韩 延 徽 传

导读

　　韩延徽也是辽太祖的佐命功臣之一。他自幼超群出众,深得唐末军阀刘仁恭的赏识。后来出使契丹,不卑不亢,太祖一怒而扣留了他,又因述律皇后的规劝而被召用,成为太祖的主要谋臣。在安抚汉人及征讨党项、室韦的过程中,功劳卓著。由于思念家乡,韩延徽逃到后唐;又因为和王缄有矛盾,再次回到契丹,令太祖大喜过望。从这一事件可以看出,契丹对中原地区之所以能战胜攻取,这同他们善于利用汉人降臣是分不开的。同时,这些汉人为契丹设计城池,建造宫殿,制定法度,为辽政权的巩固作出了贡献。(选自卷七四)

原文

　　韩延徽,字藏明,幽州安次人①。父梦殷,累官蓟、儒、顺三州刺史。

　　延徽少英,燕帅刘仁恭奇之,召为幽都府文学、平州录事参军②,同冯道祗候院③,授幽州观察度支使④。后守光为帅,延徽来聘,太祖怒其不屈,留之。述律后谏曰:"彼秉节弗挠,贤者

翻译

　　韩延徽,字藏明,幽州安次人。父亲韩梦殷,相继担任蓟州、儒州、顺州刺史。

　　延徽小时候就很出众,燕地的统帅刘仁恭认为他是奇才,召他任幽都府文学、平州录事参军,同冯道一起在祗候院,授任幽州观察度支使。后来刘守光出任统帅,派延徽来访,太祖恼怒他不屈服,扣留了他。述律皇后劝阻说:"他坚持使节而不屈服,是个贤德的人啊,怎能羞辱他呢?"于是太祖召他来同他

也,奈何困辱之?"太祖召与语,合上意,立命参军事。攻党项、室韦,服诸部落,延徽之筹居多。乃请树城郭,分市里,以居汉人之降者。又为定配偶,教垦艺,以生养之,以故逃亡者少。

交谈,很合自己的心意,当即委任他参决军事。在攻打党项、室韦,征服各部落的过程中,延徽的谋划居多。于是请求兴建城镇,划分市井乡里,以便安置降服的汉人。又为他们指定配偶,教他们开荒种地,让他们休养生息,因此逃跑的人很少。

注释 ① 安次:县名,治所在今河北廊坊。 ② 幽都府:辽置,治所在幽都县(今北京西南)。文学:官名。为州郡佐使。录事参军:官名。掌州院杂务,纠察诸曹过失。 ③ 冯道:字可道,历事后唐、后晋、契丹、后汉、后周,在相位二十余年,自号长乐老。卒年七十三,谥文懿。祗候院:掌管宴会礼仪等事的官署。 ④ 观察度支使:官名。为观察使属官。

原文

居久之,慨然怀其乡里,赋诗见意,遂亡归唐。已而与他将王缄有隙①,惧及难,乃省亲幽州,匿故人王德明舍。德明问所适,延徽曰:"吾将复走契丹。"德明不以为然。延徽笑曰:"彼失我,如失左右手,其见我必喜。"既至,太祖问故,延徽曰:"忘亲非孝,弃君非忠。臣虽挺身逃,臣心在陛

翻译

过了很久,延徽万分感慨地怀念自己的故乡,赋诗表达情怀,于是逃回了后唐。不久,他和另一位将领王缄产生矛盾,害怕招来祸患,于是就到幽州探亲,躲进老朋友王德明家中。德明问他要到哪里去,延徽说:"我打算再到契丹去。"德明认为这样做不妥当,延徽笑着说:"他们失去我,就如同失去左右手,所以他们见了我必定高兴。"回来后,太祖询问原因,延徽说:"忘记亲人是不孝,背弃君主是不忠。臣下虽然脱身逃跑了,但臣下的心忠于陛下,所以臣下

下。臣是以复来。"上大悦，赐名曰匣列。"匣列"，辽言复来也。即命为守政事令、崇文馆大学士②，中外事悉令参决。

天赞四年，从征渤海，大諲譔乞降。既而复叛，与诸将破其城，以功拜左仆射③。又与康默记攻长岭府④，拔之。师还，太祖崩，哀动左右。

又回来了。"太祖非常高兴，赐名叫匣列。"匣列"，辽语就是重新回来的意思。当即任命他为守政事令、崇文馆大学士，宫廷内外的事都让他参与决策。

天赞四年（925），韩延徽参与征讨渤海，大諲譔请求投降。不久又反叛，延徽同其他将领一起攻破他的城池，因功拜任左仆射。又和康默记一起攻打长岭府，占领了这座城池。军队返回后，太祖去世，延徽的悲哀使左右随员都为之感动。

注释　① 王缄：初为刘仁恭故吏，出使太原，被晋王石敬瑭留任掌书记。历任魏博节度副使，随唐庄宗征讨刘仁恭。后来死于乱兵。　② 崇文馆大学士：官名。主管学校及文史的长官，多以首相、次相兼领。　③ 左仆射：官名。尚书省副长官，位在尚书令下。　④ 长岭府：治瑕州（今吉林梅河口）。

原文

　　太宗朝，封鲁国公，仍为政事令。使晋还，改南京三司使。

　　世宗朝，迁南府宰相，建政事省①，设张理具，称尽力吏。天禄五年六月，河东使请行册礼，帝诏延徽定其制，延徽奏一遵太宗册晋帝

翻译

　　太宗时，韩延徽被封为鲁国公，依旧担任政事令。出使后晋返回，改任南京三司使。

　　世宗时，韩延徽升任南府宰相，建立政事省，从设立到治理，可以说是尽心尽力的官吏。天禄五年（951）六月，河东刘崇派来使者请求举行册封大礼，皇帝下诏让延徽拟定礼节仪式，延徽奏

礼,从之。

应历中,致仕。子德枢镇东平②,诏许每岁东归省。九年卒,年七十八。上闻震悼,赠尚书令,葬幽州之鲁郭,世为崇文令公。

请全部遵照太宗册封后晋皇帝石敬瑭的礼仪,皇上听从了他的建议。

应历年间,韩延徽退休。他的儿子韩德枢镇守东平,下诏准许德枢每年东归探亲。应历九年(959),韩延徽去世,享年七十八岁。皇上听到这个消息后十分悲痛,赠官为尚书令,将他埋葬在幽州的鲁郭,永世为崇文令公。

注释　①政事省:辽南面最高行政机构,后改称中书省。　②德枢:即韩德枢(? —969),延徽子。历任特进太尉、辽兴军节度使,入朝任南院宣徽使,加开府仪同三司、行侍中,封赵国公。保宁元年(969)去世。

原文

　　初,延徽南奔,太祖梦白鹤自帐中出;比还,复入帐中。诘旦,谓侍臣曰:"延徽至矣。"已而果然。太祖初元,庶事草创,凡营都邑,建宫殿,正君臣,定名分,法度井井,延徽力也。子德枢。

翻译

　　当初,韩延徽逃回南边,太祖梦见一只白鹤从帐幕中飞出;等到他回来,又梦见白鹤飞回帐幕中。第二天早晨,太祖对侍臣说:"延徽回来了。"不久,韩延徽果然回来了。太祖初期,许多事情都刚刚创立,不管是营建都城,建造宫殿,还是理顺君主和臣子的关系,审定地位和身份,使法度井井有条,都是韩延徽的功劳。他的儿子叫韩德枢。

高 模 翰 传

导读

公元 936 年，后唐河东节度使石敬瑭反唐自立，向契丹求援。契丹出兵灭掉后唐，扶立后晋，辽太宗与石敬瑭约为父子，"儿皇帝"石敬瑭割让燕云十六州。公元 942 年，石敬瑭的儿子重贵（晋出帝）继位，不向契丹称臣，辽太宗出动大军讨伐后晋，长驱直入汴京，后晋灭亡。契丹将后晋的方技百工、图册历书、石经礼器等席卷归国，促使契丹向封建文明迈进了一步，对辽政权的巩固具有重要意义。扶晋和灭晋，是辽太宗时期的两件大事，高模翰（？—959）正是这两件事的直接参与者。他战败张敬达，迫降杜重威，智勇双全，号称良将，深得太宗的赞赏。（选自卷七六）

原文

高模翰，一名松，渤海人。有膂力，善骑射，好谈兵。初，太祖平渤海，模翰避地高丽，王妻以女。因罪亡归。坐使酒杀人下狱，太祖知其才，贳之。

天显十一年七月，唐遣张敬达、杨光远帅师五十万攻太原①，势锐甚。石敬瑭

翻译

高模翰，一名松，渤海人。有体力，长于骑马射箭，喜好谈论兵法。当初，太祖平定渤海，模翰逃避到高丽，高丽王把女儿嫁给了他。他因为犯罪逃了回来。又因为酗酒后杀人进了监狱，太祖知道他有才能，赦免了他。

天显十一年（936）七月，后唐派张敬达、杨光远率领五十万大军进攻太原，气焰很嚣张。石敬瑭派人来求救，太宗答应了他。九月，招集部队开出雁

遣人求救，太宗许之。九月，征兵出雁门，模翰与敬达军接战，败之，太原围解。敬瑭夜出谒帝，约为父子。帝召模翰等赐以酒馔，亲飨士卒，士气益振。翌日，复战，又败之。敬达鼠窜晋安寨，模翰献俘于帝。会敬瑭自立为晋帝，光远斩敬达以降，诸州悉下。上谕模翰曰："朕自起兵，百余战，卿功第一，虽古名将无以加。"乃授上将军。会同元年，册礼告成，宴百官及诸国使于二仪殿。帝指模翰曰："此国之勇将，朕统一天下，斯人之力也。"群臣皆称万岁。

门，模翰和敬达军交战，击败了他，解了太原的围。敬瑭连夜出城拜见皇帝，相约为父子。皇帝召见模翰等人赏赐酒菜，亲自犒赏士兵，士气更加振奋。第二天，再次交战，又打败了敬达。张敬达逃窜到晋安寨，模翰把俘虏献给皇帝。恰逢石敬瑭自立为后晋皇帝，杨光远杀掉张敬达来投降，各州城都攻克了，皇上告谕模翰说："我起兵以来，打了一百多仗，你的功劳第一，即使古代的名将也无法超过你。"于是授任上将军。会同元年（938），册封大礼完成后，在二仪殿宴请众官和各国使者。皇帝指着模翰说："这是我国的勇将，我统一天下，就是这个人出的力啊。"各臣僚都欢呼万岁。

注释 ① 张敬达（？—936）：字志通，小字生铁，后唐代州（今山西代县）人。历任大同军节度使、太原四面招讨使，领兵讨石敬瑭，被杨光远杀害。杨光远：字德明，沙陀部人。清泰三年（936）杀张敬达降契丹，契丹以归后晋，为节度使。晋出帝时，他引契丹入侵，被处死。太原：即今山西太原。

原文

及晋叛盟，出师南伐。模翰为统军副使，与僧遏前

翻译

等到后晋背叛盟约，皇上出师南伐。模翰任统军副使，和僧遏一起向前

驱,拔赤城①,破德、贝诸寨。是冬,兼总左右铁鹞子军②,下关南城邑数十。三月,敕虎官杨覃赴乾宁军③,为沧州节度使田武名所围④,模翰与赵延寿聚议往救⑤。俄有光自模翰目中出,萦绕旗矛,焰焰如流星久之。模翰喜曰:"此天赞之祥!"遂进兵,杀获甚众。以功加侍中⑥。略地盐山⑦,破饶安⑧,晋人震怖,不敢接战。加太傅⑨。

挺进,攻克赤城,打下德、贝等寨。这年冬天,模翰兼总左右铁鹞子军,攻下瓦桥关以南城市几十座。三月,命虎官杨覃奔赴乾宁军,却被沧州节度使田武名围困,模翰和赵延寿一起商量前去救援。一会儿有光芒从模翰的眼睛中射出,萦绕旗帜枪矛间,光焰如同流星,持续了好长时间。模翰高兴地说:"这是上天帮助我的好兆头啊!"于是进兵,消灭俘获了许多敌人,因功加官为侍中。攻占盐山,打下饶安,后晋的人恐惧不安,不敢同他作战。加官为太傅。

注释 ① 赤城:县名,在今河北赤城西北。 ② 铁鹞子军:辽北面正规军。 ③ 乾宁军:治所在今河北青县。 ④ 沧州:治所在今河北沧州东南。 ⑤ 赵延寿(?—948):后唐恒山(今河北正定)人。本姓刘,赵德钧收为养子。在唐任枢密使,后降契丹,封为燕王,两次从辽太宗攻后晋。后晋灭亡,他求为皇太子,太宗不许。授任大丞相、中京留守。 ⑥ 侍中:辽南面朝官名,门下省的长官。 ⑦ 盐山:县名,治所在今河北盐山东北。 ⑧ 饶安:县名,治所在今河北孟村回族自治县。 ⑨ 太傅:辽南面朝官名。三师之一,多以他官兼领。

原文

晋以魏府节度使杜重威领兵三十万来拒①,模翰谓左右曰:"军法在正不在

翻译

后晋派魏府节度使杜重威带领三十万部队来抵抗,模翰对身旁的部将说:"用兵的方法在于正义而不在于人

多。以多陵少，不义必败。其晋之谓乎！"诘旦，以麾下三百人逆战，杀其先锋梁汉璋②，余兵败走。手诏褒美，比汉之李陵③。顷之，杜重威等复至滹沱河④，帝召模翰问计。上善其言曰："诸将莫及此。"乃令模翰守中渡桥⑤。及战，复败之，上曰："朕凭高观两军之势，顾卿英锐无敌，如鹰逐雉兔。当图形麟阁⑥，爵毗后裔。"已而杜重威等降。车驾入汴，加特进检校太师⑦，封恝郡开国公，赐玺书、剑器⑧。为汴州巡检使，平泛水诸山土贼⑨，迁镇中京。

多。以多压少，如果不是正义的就必定失败。或许说的就是后晋吧！"第二天早晨，率部下三百人迎战，杀掉敌方先锋梁汉璋，其余敌兵败逃。皇帝手诏嘉奖，把他比作汉朝的李陵。不久，杜重威等人又来到滹沱河，皇帝召见模翰询问计策。皇帝夸奖他的计策说："众将领的计策都比不上你这一计。"于是命令模翰守卫中渡桥。等到交战时，又打败了敌人，皇上说："我站在高处观看双方军队的气势，只见你英勇无敌，好比老鹰追逐小兔。应当在麟阁为你画像，爵位由你的后代继承。"不久杜重威等人就投降了。皇帝进入汴京，模翰加官特进检校太师，封为恝郡开国公，赏赐玺书、剑器。任汴州巡检使，平定泛水周围山上的盗贼后，调他去镇守中京。

注释　① 魏府：治魏州，即今河北大名。杜重威(？—948)：后晋朔州(今山西朔州)人。历任成德军节度使，在滹沱河战败降辽，倒戈攻晋。后归降后汉，官至中书令，为诸将所杀。　② 梁汉璋(885—943)：字国宝，应州(今山西应县)人，后晋大将。历任永清军兵马留后、北面马军都排阵使，战死。　③ 李陵(？—前74)：字少卿，西汉名将。汉武帝时为骑都尉，率兵出击匈奴贵族，战败投降，后病死于匈奴。　④ 滹沱河：子牙河北源，在河北省西部。　⑤ 中渡桥：在滹沱河上。　⑥ 麟阁：即麒麟阁，汉代阁名。汉宣帝曾绘霍光等功臣像于阁上，以颂扬其功绩。这里借以称赞模翰功勋卓著。　⑦ 特进：文散官名，官阶极高，此为加官。检校太师：加官名，无实职。　⑧ 玺(xǐ)书：古代以印信封记的文书。　⑨ 汜(sì)水：古水名，在今河南中牟县，久湮。

原文

　　天禄二年，加开府仪同三司①，赐对衣、鞍勒、名马。应历初，召为中台省右相。至东京，父老欢迎曰："公起戎行，致身富贵，为乡里荣，相如、买臣辈不足过也②。"九年正月，迁左相，卒。

翻译

　　天禄二年（948），加官开府仪同三司，赏赐对衣、鞍勒、名马。应历初年，召他担任中台省右相。抵达东京后，父老欢迎他说："你出身行伍，致身富贵，是家乡的荣耀，即使是司马相如、朱买臣等人也比不过你啊。"应历九年（959）正月，模翰升任左相，去世。

注释　　① 开府仪同三司：文散官的最高一级。此为加官，无实职。　② 相如：即司马相如（前179—前118），字长卿，西汉文学家。家贫，以献赋得官，拜中郎将，乡人以为荣耀。买臣：即朱买臣（？—前115），字翁子，西汉人。他时常负薪高歌，妻子感到羞耻而离去。后来因人推荐得官，汉武帝命他为会稽太守，平定东越首领的叛乱后，衣锦还乡，故人为之惊叹，妻子羞惭自尽。

耶律屋质传

导读

契丹建国以来，皇室间争权夺利的斗争愈演愈烈。先是太祖平定了族弟耶律剌葛的叛乱，接着皇太子耶律倍又失去了本该继承的皇位，潜身外逃，客死他乡。太宗在栾城去世，群臣拥立耶律倍的长子永康王为帝，而偏爱耶律李胡的太后却有意让他即位，双方兵戎相见，大战一触即发。在这紧要关头，身为太后谋臣的耶律屋质（917—973）顾全大局，既指责太后的偏爱，也批评世宗的不谦恭，往返奔波，反复调停，终于化险为夷，促成了双方的和解。然而好景不长，仅仅过了四年，世宗就被谋杀，辽王朝又一次面临危机。耶律屋质冷静沉着，拥戴穆宗，终于平定了耶律察割的叛乱，再次立下汗马功劳。

这篇传记将耶律屋质平息内乱的经过细细道来，生动形象，这在《辽史》中是不多见的。（选自卷七七）

原文

耶律屋质，字敌辇，系出孟父房①。姿简静，有器识，重然诺。遇事造次，处之从容，人莫能测。博学，知天文。

会同间，为惕隐。太宗崩，诸大臣立世宗。太后闻

翻译

耶律屋质，字敌辇，族系出自太祖伯父一支。他天性纯朴沉静，有器度识见，重视信誉。遇到意外事情，能够从容地对待和处理，旁人不能揣测。他学问渊博，懂得天文。

会同年间，耶律屋质任惕隐。太宗去世，众大臣拥立世宗。太后听说后，特别生气，派皇子耶律李胡率兵迎击，

之，怒甚，遣皇子李胡以兵逆击，遇安端、刘哥等于泰德泉②，败归。李胡尽执世宗臣僚家属，谓守者曰："我战不克，先殪此曹！"人皆恟恟相谓曰："若果战，则是父子兄弟相夷矣！"军次潢河横渡，隔岸相拒。

在泰德泉遭遇耶律安端、耶律刘哥等人，大败而回。李胡拘捕了世宗所有臣僚的家属，告诉看守说："我打仗不能取胜，就先射死这些人！"大家都喧嚷不安地相互诉说："如果真打起来，就是父子兄弟互相残杀了！"大军驻扎在潢河横渡，隔岸相对抗。

注释　① 孟父房：即辽太祖伯父岩木的后裔。　② 刘哥：一作留哥，即耶律刘哥。因击败李胡功升任惕隐，后与耶律天德谋反，被流放乌古部，病死。泰德泉：当在今河北北部。

原文

　　时屋质从太后，世宗以屋质善筹，欲行间，乃设事奉书，以试太后。太后得书，以示屋质。屋质读竟，言曰："太后佐太祖定天下，故臣愿竭死力。若太后见疑，臣虽欲尽忠，得乎？为今之计，莫若以言和解，事必有成；否即宜速战，以决胜负。然人心一摇，国祸不浅，惟太后裁察。"太后曰：

翻译

　　当时耶律屋质跟随太后，世宗因为耶律屋质善于运筹，打算使用离间计，于是借故送上一封信，用来试探太后。太后得到信后，就给耶律屋质看。耶律屋质读完信，说道："太后协助太祖平定天下，所以臣下愿意竭力尽忠。如果太后怀疑臣下，臣下即使想竭力尽忠，办得到吗？为眼下着想，不如谈判和解，事情必定能够成功；如果不这样做就该尽快交战，以决胜负。但是人心一旦动摇，给国家带来的祸患不小，希望太后裁决审度。"太后说："我如果怀疑你，怎

"我若疑卿，安肯以书示汝？"屋质对曰："李胡、永康王皆太祖子孙，神器非移他族，何不可之有？太后宜思长策，与永康王和议。"太后曰："谁可遣者？"对曰："太后不疑臣，臣请往。万一永康王见听，庙社之福。"太后乃遣屋质授书于帝。

帝遣宣徽使耶律海思复书^①，辞多不逊。屋质谏曰："书意如此，国家之忧未艾也。能释怨以安社稷，则臣以为莫若和好。"帝曰："彼众乌合，安能敌我？"屋质曰："即不敌，奈骨肉何！况未知孰胜。借曰幸胜，诸臣之族执于李胡者无噍类矣。以此计之，惟和为善。"左右闻者失色。帝良久问曰："若何而和？"屋质对曰："与太后相见，各纾忿恚，和之不难；不然，决战非晚。"帝然之，遂遣海思诣太后约和。往返数日，议乃定。

么肯拿信给你看呢？"耶律屋质回答说："李胡、永康王都是太祖的子孙，皇位没有移交外族，有什么不可以的呢？太后应当考虑长远的策略，和永康王讲和。"太后说："可以派遣谁去呢？"耶律屋质回答说："太后不怀疑臣下的话，臣下请求前去。万一永康王听臣下劝解，就是国家的福分。"太后于是派屋质送信给皇帝。

皇帝让宣徽使耶律海思回信，词句大多不恭敬。耶律屋质劝阻说："信中有这样的意思，国家的忧患还没有终止啊。能够解除怨恨而使国家安定，那么臣下认为没有比和好更妥善的办法了。"皇帝说："他们是乌合之众，怎么能够打得过我？"耶律屋质说："就算打不过，对亲骨肉又能怎么样呢！何况还不清楚谁能取胜。假定说侥幸取胜，被耶律李胡拘禁的众臣僚的家属就不会有活人了。从这点考虑，只有和解是最好的。"旁边的臣僚听了都大惊失色。皇帝过了好久才问道："怎样和解？"耶律屋质回答说："和太后相见，各自消除怒气和怨恨，和解并不困难；如果不能和解，再决一死战也不迟。"皇帝同意这一看法，就派海思拜见太后商议和解。来回往返了好几天，协议才谈妥。

注释 ① 耶律海思(925—959)：字铎衮，辽皇族。历任宣徽使，从太宗攻晋。世宗时领太后诸局事。应历九年(959)参与谋反，死于狱中。

原文

始相见，怨言交让，殊无和意。太后谓屋质曰："汝当为我画之。"屋质进曰："太后与大王若能释怨，臣乃敢进说。"太后曰："汝第言之。"屋质借谒者筹执之，谓太后曰："昔人皇王在①，何故立嗣圣②？"太后曰："立嗣圣者，太祖遗旨。"又曰："大王何故擅立，不禀尊亲？"帝曰："人皇王当立而不立，所以去之。"屋质正色曰："人皇王舍父母之国而奔唐，子道当如是耶？大王见太后，不少逊谢，惟怨是寻；太后牵于偏爱，托先帝遗命，妄授神器。如此何敢望和，当速交战。"掷筹而退。太后泣曰："向太祖遭诸弟乱，天下荼毒，疮痍未复，庸可再乎！"乃索筹一。

翻译

双方刚相见时，互相埋怨指责，一点也没有和解的意思。太后对耶律屋质说："你应当替我筹划一下。"屋质进言说："太后和大王假使能够消除怨恨，臣下才敢陈述看法。"太后说："你只管说。"耶律屋质借来拜见者的筹具拿在手上，对太后说："从前人皇王健在，为什么要立嗣圣？"太后说："立嗣圣，这是太祖的遗命。"耶律屋质又问皇帝："大王为什么擅自即位，不禀告至尊的亲人？"皇帝说："人皇王该立却不得立，所以我就不禀告了。"耶律屋质严肃地说："人皇王舍弃父母之国而投奔后唐，做儿子的道理应当是这样的吗？大王见到太后，一点也不谦恭，一味寻找怨恨；太后出于偏爱，假托已故皇帝的遗命，随意传授帝位。像这样怎么还敢指望和解，应当立即开战。"扔下筹具就退出去了。太后哭着说："过去太祖遭逢同族兄弟的叛乱，天下受到残害，创伤尚未平复，难道可以再来一次内乱吗！"于是要来一支筹具。皇帝说："父亲不做而儿子想做，又是谁的罪过啊。"也取筹

帝曰："父不为而子为,又谁
咎也。"亦取筹而执。左右
感激,大恸。

具拿着。左右臣僚为之感动,放声
大哭。

原文

太后复谓屋质曰:"议
既定,神器竟谁归?"屋质
曰:"太后若授永康王,顺天
合人,复何疑?"李胡厉声
曰:"我在,兀欲安得立!"屋
质曰:"礼有世嫡,不传诸
弟。昔嗣圣之立,尚以为
非,况公暴戾残忍,人多怨
讟。万口一辞,愿立永康
王,不可夺也。"太后顾李胡
曰:"汝亦闻此言乎? 汝实
自为之!"乃许立永康。

帝谓屋质曰:"汝与朕属
尤近,何反助太后?"屋质对
曰:"臣以社稷至重,不可轻
付,故如是耳。"上喜其忠。

天禄二年,耶律天德、
萧翰谋反下狱①,惕隐刘哥

翻译

太后又对耶律屋质说:"协议既已
确定,帝位究竟归谁呢?"耶律屋质说:
"太后如果传授给永康王,顺天意合人
心,还有什么可犹豫的呢?"耶律李胡厉
声说:"有我在,兀欲怎能得立!"耶律屋
质说:"礼法规定,有嫡系子孙在,不传
帝位给庶出胞弟。过去嗣圣得立为帝,
尚且以为不对,何况你暴躁残酷,众人
大多怨恨谤讪。众口一辞,愿立永康
王,不可改变啊。"太后回头对耶律李胡
说:"你也听到这些话了吧? 这实在是
你自己造成的啊!"于是答应立永康王。

皇帝对耶律屋质说:"你和我的族
属最亲近,为什么反而辅助太后?"耶律
屋质回答说:"臣下认为国家最为重要,
不可轻率给人,所以这么做。"皇帝喜爱
他的忠诚。

天禄二年(948),耶律天德、萧翰谋
反被捕入狱,惕隐耶律刘哥和他的弟弟
盆都勾结天德等人作乱。耶律石剌秘

及其弟盆都结天德等为乱②。耶律石剌潜告屋质，屋质遽引入见，白其事。刘哥等不服，事遂寝。未几，刘哥邀驾观樗蒲，捧觞上寿，袖刃而进。帝觉，命执之，亲诘其事。刘哥自誓，帝复不问。屋质奏曰："当使刘哥与石剌对状，不可辄恕。"帝曰："卿为朕鞫之。"屋质率剑士往讯之，天德等伏罪。诛天德，杖翰，迁刘哥，以盆都使辖戛斯国。

密地告诉了耶律屋质，耶律屋质急忙带他进见皇帝，说明这件事。刘哥等人不服，这件事就搁置不提了。不久，刘哥邀请皇帝观看博戏，捧着酒杯为皇帝祝寿，衣袖中藏着刀，上前敬酒。皇上察觉了，下令拿下他，亲自审问这件案子。刘哥自己发誓，皇帝又不再追问。耶律屋质上奏说："应当让刘哥和石剌对质，不可总是宽恕。"皇帝说："你替我审问他们。"耶律屋质率领佩剑的士兵前去审讯他们，天德等服罪。于是斩杀天德，杖打萧翰，流放刘哥，让盆都出使辖戛斯国。

注释 ① 耶律天德(？—948)：字苾扇，辽太宗庶子。天禄元年(947)与李胡以兵拒世宗，战败。次年谋反，被杀。萧翰：一名敌烈，字寒真，历任宣武军节度使，拥立世宗，后来三次参与谋反，被处死。 ② 盆都：即耶律盆都(？—951)，历任皮室军详稳，与兄刘哥谋反，被罚出使辖戛斯国。天禄五年(951)，与耶律察割杀世宗，被处死。

原文

三年，表列泰宁王察割阴谋事，上不听。五年，为右皮室详稳。秋，上祭让国皇帝于行宫，与群臣皆醉，察割弑帝。屋质闻有言"衣

翻译

天禄三年(949)，耶律屋质上表列举泰宁王耶律察割搞阴谋的事，皇上不相信。五年(951)，屋质担任右皮室详稳。秋季，皇帝在行宫祭奠让国皇帝，和臣僚们都喝醉了，察割杀害了皇帝。

紫者不可失",乃易衣而出,亟遣人召诸王,及喻禁卫长皮室等同力讨贼。时寿安王归帐①,屋质遣弟冲迎之。王至,尚犹豫。屋质曰:"大王嗣圣子,贼若得之,必不容。群臣将谁事,社稷将谁赖?万一落贼手,悔将何及?"王始悟。诸将闻屋质出,相继而至。迟明整兵,出贼不意,围之,遂诛察割。

乱既平,穆宗即位,谓屋质曰:"朕之性命,实出卿手。"命知国事,以逆党财产尽赐之,屋质固辞。应历五年,为北院大王,总山西事。

保宁初,宋围太原。以屋质率兵往援,至白马岭②,遣劲卒夜出间道,疾驰驻太原西,鸣鼓举火。宋兵以为大军至,惧而宵遁。以功加于越。四年,汉刘继元遣使来贡③,致币于屋质,屋质以

屋质听到有人说"穿紫色衣服的不能放过",就换了衣服出来,急忙派人召集各王子,并且通知禁卫长皮室等同力讨伐叛贼。当时寿安王已回帷帐,屋质派遣弟弟耶律冲上前去迎接。寿安王到后,还犹豫不决。屋质说:"大王是嗣圣的儿子,叛贼如果得到您,必定不会放过。臣僚们将侍奉谁,国家将依靠谁呢?万一落入叛贼手中,后悔就来不及了。"寿安王才醒悟过来。众将领听说屋质已经出来,相继都跟着来了。黎明时调集军队,出乎叛贼的意外,包围了他们,于是斩杀了察割。

叛乱平定后,穆宗即位,告诉屋质说:"我的性命,实在是出于你一手相救。"命他主持国事,把叛贼党羽的财产全部赏赐给他,屋质坚决推辞。应历五年(955),屋质任北院大王,总管山西事务。

辽景宗保宁初年,宋军围困太原。屋质率军前去增援,到白马岭,派遣精兵抄近路,飞快地进驻太原西面,敲响战鼓高举火把,宋军以为大军已到,害怕得连夜逃跑了。屋质因功加官为于越。四年(972),北汉刘继元派使者来进贡,送礼物给屋质,屋质把此事报告了皇帝,皇帝命令他接受。五年(973)

闻,帝命受之。五年五月
薨,年五十七。帝痛悼,辍
朝三日。后道宗诏上京立
祠祭享,树碑以纪其功云。

五月去世,享年五十七岁。皇帝沉痛悼
念他,停止上朝三天。后来道宗下诏在
上京立庙祭祀,树立石碑来记载他的
功绩。

注释 ① 寿安王:即辽穆宗。 ② 白马岭:在今山西忻州西南。 ③ 刘继元:北汉
皇帝。本姓何,刘承钧养子。天会十二年(968)即位,在位十一年。公元 979 年降
宋,封彭城公。

张 俭 传

导读

　　在圣宗统治时期,辽朝进入全盛阶段,疆土拓广,贡使不断,境内安定,文化繁荣。然而由于贵族间崇尚华贵奢靡,相互倾轧,到兴宗时,辽朝已经开始走向衰败。张俭正是活动在这一时期的重要人物。他在统和十四年(996)考中进士,圣宗时历任左丞相,兴宗时为太师、中书令。他生性正直诚实,敢于犯颜直谏。本文记载了张俭生活中的几件事,突出刻画了他的俭朴,从侧面反映了辽王室的奢华,以及随意赏赐钱物官爵、草菅人命等现象,揭示了辽王朝由盛转衰的迹象。以小见大,不失为一篇好传记。(选自卷八〇)

原文

　　张俭,宛平人①。性端悫,不事外饰。统和十四年,举进士第一,调云州幕官②。故事,车驾经行,长吏当有所献。圣宗猎云中,节度使进曰:"臣境无他产,惟幕僚张俭,一代之宝,愿以为献。"先是,上梦四人侍侧,赐食,人二口,至闻俭名,始悟。召见,容止朴野;

翻译

　　张俭,宛平人。生性正直诚实,不追求外表的修饰。统和十四年(996),考中进士第一名,调任云州幕官。按照惯例,御驾经过之处,当地长官应当有所奉献。圣宗到云中打猎,节度使进言说:"臣下的境内没有别的土特产,只有幕僚张俭,他是一代之宝,情愿将他奉献。"在这之前,皇上梦见四个人侍奉在旁边,赏赐每人两口食物,等听到张俭的名字,才明白梦的意思(俭字的繁体是"儉",字形中包含四个人和两个口访及世务，占奏三十余事。由此顾遇特异，践历清华，号称明干。

开泰中，累迁同知枢密院事。太平五年，出为武定军节度使③，移镇大同。六年，入为南院枢密使④。帝方眷倚，参知政事吴叔达与俭不相能⑤，帝怒，出叔达为康州刺史⑥，拜俭左丞相，封韩王。帝不豫，受遗诏辅立太子，是为兴宗。赐贞亮弘靖保义守节耆德功臣，拜太师、中书令，加尚父⑦，徙王陈。

字）。召见张俭，见他容貌举止质朴无华，问到当世之务，张俭随口奏说了三十多件事。从此皇上对他的宠遇特别不同一般，历任清高显贵的官职，号称明练干达。

辽圣宗开泰年间，张俭积官升任同知枢密院事。太平五年（1025），出任武定军节度使，调任镇守大同。六年（1026），张俭入朝任南院枢密使。皇帝正宠爱倚重他，参知政事吴叔达和他不相投合，皇帝恼怒，贬叔达为康州刺史，拜任张俭为左丞相，封为韩王。皇帝生病，张俭接受遗诏辅立太子，这就是兴宗。兴宗赐张俭为贞亮弘靖保义守节耆德功臣，拜任太师、中书令，加封尚父，改封陈王。

注释 ① 宛平：县名，治所在今北京西南。 ② 幕官：即幕职官，为地方长官的僚属。 ③ 武定军：治洋州，即今陕西洋县。 ④ 南院枢密使：官名。辽南枢密院的长官，统领汉人军马。 ⑤ 参知政事：辽南面朝官名，属中书省，掌参议国政，为宰相以下的最高政务长官之一。吴叔达：辽圣宗时任翰林学士、参知政事，降为将作少监，出外任康州刺史。 ⑥ 康州：辽置，属显州（治所在今辽宁北镇西南）。 ⑦ 尚父：意为可尊尚的父辈，用为尊礼大臣的称号。

原文

重熙五年，帝幸礼部贡院及亲试进士①，皆俭发之。

翻译

重熙五年（1036），皇帝亲临礼部贡院并亲自考试进士，都是张俭提出的。

进见不名，赐诗褒美。俭衣唯绸帛，食不重味，月俸有余，賙给亲旧。方冬，奏事便殿，帝见衣袍弊恶，密令近侍以火夹穿孔记之，屡见不易。帝问其故，俭对曰："臣服此袍已三十年。"时尚奢靡，故以此微讽喻之。上怜其清贫，令恣取内府物，俭奉诏持布三端而出，益见奖重。俭弟五人，上欲俱赐进士第，固辞。有司获盗八人，既戮之，乃获正贼。家人诉冤，俭三乞申理。上勃然曰："卿欲朕偿命耶！"俭曰："八家老稚无告，少加存恤，使得收葬，足慰存没矣。"乃从之。俭在相位二十余年，裨益为多。

致政归第，会宋书辞不如礼，上将亲征。幸俭第，尚食先往具馔②，却之；进葵羹干饭，帝食之美。徐问以策，俭极陈利害，且曰："第遣一使问之，何必远劳车

进见时皇帝不直呼他的名字，赐诗予以赞美。张俭只穿粗绸衣服，吃饭没有第二种菜，月薪如有剩余，就周济给亲戚朋友。隆冬时节，张俭在便殿奏事，皇帝见他穿的袍子又旧又难看，秘密地命令近侍用火夹在他衣服上穿洞作为记号，结果多次看见他都没有更换衣服。皇帝问他原因，张俭回答说："我穿这件袍子已经三十年了。"当时崇尚奢侈靡丽，所以张俭用这种行动讽喻皇帝。皇上怜悯他的清苦贫寒，让他任意选取内府中的财物，张俭奉诏，只拿三端布就出来了，因此更加受到夸奖和器重。张俭有五个弟弟，皇上打算全部赐予进士及第，张俭坚决推辞。有关部门抓获八名强盗，杀掉他们后，才抓到真正的盗贼。他们的家属申诉冤枉，张俭三次请求为受冤者昭雪。皇上勃然作怒说："你想要我偿命吗！"张俭说："八家的老幼无处伸冤，稍稍加以抚恤，使他们能够收尸掩埋，就可以安慰生者和死者了。"于是皇上听从了他的意见。张俭担任宰相二十多年，对政事的补益很多。

张俭退休回家，正碰上宋朝的国书用词无礼，皇上打算亲征。他亲临张俭的府第，尚食先去准备饭菜，皇帝拒绝了；张俭进献葵菜汤和干饭，皇帝吃得津津有味。皇上慢慢地询问计策，张俭尽力陈说利害，并且说："只需派遣一名使

驾?"上悦而止。复即其第赐宴,器玩悉与之。二十二年薨,年九十一,敕葬宛平县。

者前去责问他们,何必远劳皇帝的车马呢?"皇上高兴地放弃了亲征。又在张俭的府第赏赐宴席,器具玩好都送给了他。重熙二十二年(1053)去世,享年九十一岁,皇帝下令将他埋葬在宛平县。

注释 ① 礼部贡院:礼部举行科举考试的场所。 ② 尚食:官名。掌管帝王的膳食。

原文

论曰:张俭名符帝梦,遂结主知。服弊袍不易,志敦薄俗。功著两朝,世称贤相,非过也。

翻译

评语:张俭的名字应了皇帝的梦,于是得到了皇帝的知遇。穿破旧袍子而不更换,用意在于敦戒浅薄的习俗。功业著称于世宗、兴宗两朝,当世号称为贤明宰相,并不过分。

耶律隆运传

导读

在唐末五代的割据局面中，契丹族迅速发展壮大，进而统一了北方。然而连年征战，导致国力虚耗，内乱频仍。到辽景宗时，南方的北宋王朝逐个清除割据政权，挥师北上，消灭了受辽朝支持的北汉，进而包围了辽的南京。危难之际，辽朝重用韩德让、耶律斜轸、耶律休哥等人，击退宋军，随即取得高梁河战役的胜利。辽景宗病逝后，年仅十二岁的耶律隆绪继位，承天皇太后执政，特别宠任韩德让等人，他们面对宋军的三路进攻，不急不躁，沉着应战，终于击溃了宋朝的西路军，收复失地，转危为安。接着又挥师南下，与宋朝达成澶渊之盟，为辽朝社会经济的稳定和发展奠定了基础。这一局面的开创，韩德让、耶律休哥、耶律斜轸等人都是功不可没的。

耶律隆运（942—1012），本名韩德让，因受承天皇太后宠爱而获得赐姓改名的殊荣，总掌南北二枢密使、南北二宰相府，把持朝政。他主张轻徭薄赋、加强法制等，为辽朝经济文化的繁荣作出了一定的贡献。（选自卷八二）

原文

耶律隆运，本姓韩，名德让，西南面招讨使匡嗣之子也①。统和十九年，赐名德昌；二十二年，赐姓耶律；

翻译

耶律隆运，本姓韩，名德让，西南面招讨使韩匡嗣的儿子。统和十九年（1001），赐名为德昌；二十二年（1004），赐姓耶律；二十八年（1010），又赐名为二十八年,复赐名隆运。重厚有智略,明治体,喜建功立事。

侍景宗,以谨饬闻,加东头承奉官②,补枢密院通事③,转上京皇城使④,遥授彰德军节度使⑤,代其父匡嗣为上京留守,权知京事,甚有声。寻复代父守南京,时人荣之。宋兵取河东,侵燕,五院纠详稳奚底、统军萧讨古等败归⑥,宋兵围城,招胁甚急,人怀二心。隆运登城,日夜守御。援军至,围解。及战高梁河⑦,宋兵败走,隆运邀击,又破之。以功拜辽兴军节度使,征为南院枢密使。

隆运。耶律隆运稳重厚道有智谋,明了治国的体要,喜好建功立业。

耶律隆运侍奉景宗,以谨慎细心闻名,加授头承奉官,补授枢密院通事,转调为上京皇城使,挂衔彰德军节度使,替代他的父亲匡嗣任上京留守,权知京事,很有声望。不久又代替父亲镇守南京,当时人认为他很荣耀。宋军夺取河东,侵略燕地,五院纠详稳奚底、统军萧讨古等战败后回城,宋军包围了城市,招降和胁迫很急,人人都怀有二心。耶律隆运登上城楼,日夜守御。援军到来,解除了包围。等到在高梁河交战,宋军败逃,耶律隆运在中途袭击,又打败了他们。因功拜辽兴军节度使,征召为南院枢密使。

注释 ①匡嗣:即韩匡嗣(?—982),辽玉田(今河北玉田)人。擅长医术,深得太祖及述律皇后喜爱。景宗时任南京留守,封燕王。伐宋败归,降为秦王。乾亨三年(981)任西南面招讨使。 ②东头承奉官:官名。皇帝的侍从官。 ③枢密院通事:官名。即枢密院的翻译官。 ④皇城使:官名。保卫皇城的长官。 ⑤彰德军:方镇名,治所在应州(今山西应县)。 ⑥五院纠详稳:官名,五院纠军的将军。《辽史》卷九、八三、八四、八五均作"北院大王奚底",与此不同。奚底:即耶律奚底,太祖孙。历任右夷离毕、北院大王。乾亨元年(979)与宋战失利,于是以耶律休哥取而代之。萧讨古(? —982):字括宁,历任南京统军使,与耶律奚底迎击宋军失利,降为南京侍卫亲军都指挥使。 ⑦ 高梁河:在今北京外城一带。

原文

景宗疾大渐,与耶律斜轸俱受顾命,立梁王为帝①,皇后为皇太后,称制,隆运总宿卫事,太后益宠任之。统和元年,加开府仪同三司,兼政事令。四年,宋遣曹彬、米信将十万众来侵,隆运从太后出师败之,加守司空②,封楚国公。师还,与北府宰相室昉共执国政。上言山西诸州数被兵,加以岁饥,宜轻税赋以来流民,从之。六年,太后观击鞠,胡里室突隆运坠马,命立斩之。诏率师伐宋,围沙堆③,敌乘夜来袭,隆运严军以待,败走之,封楚王。九年,复言燕人挟奸,苟免赋役,贵族因为囊橐,可遣北院宣徽使赵智戒谕,从之。

翻译

景宗病势加重,隆运和耶律斜轸一起接受遗诏,立梁王为帝,皇后为皇太后,代理国事,隆运总管值宿守卫的事务,太后更加宠爱和信任他。统和元年(983),加官为开府仪同三司,兼政事令。四年(986),宋朝派遣曹彬、米信率领十万大军入侵,隆运跟随太后出兵打败了他们,加官守司空,封为楚国公。军队返回,隆运和北府宰相室昉共同执掌国家政事。隆运上奏说燕山以西诸州多次遭受兵乱,加上年成歉收,应当减轻赋税招徕流民,朝廷听从了这一意见。六年(988),太后观看打马球,胡里室冲撞隆运落马,太后下令立刻杀掉他。下诏命隆运率领军队讨伐宋朝,包围了沙堆,敌人乘着夜色前来偷袭,隆运严阵以待,打跑了他们,封为楚王。九年(991),隆运又上奏说燕人藏奸,用不正当的手段请求免除赋税劳役,贵族乘机中饱私囊,可派北院宣徽使赵智前去警告他们,朝廷听从了这一意见。

注释 ① 梁王:即辽圣宗。乾亨三年(981)封为梁王,四年(982)即位,在位五十年。 ② 司空:官名。三公之一,无实职。 ③ 沙堆:当在今河北省中部。

原文

十一年,丁母忧,诏强起之。明年,室昉致政,以隆运代为北府宰相,仍领枢密使,监修国史,赐兴化功臣。十二年六月,奏三京诸鞫狱官吏①,多因请托,曲加宽贷,或妄行榜掠,乞行禁止。上可其奏。又表请任贤去邪,太后喜曰:"进贤辅政,真大臣之职。"优加赐赉。服阕,加守太保、兼政事令。会北院枢密使耶律斜轸薨,诏隆运兼之。久之,拜大丞相,进王齐,总二枢府事。以南京、平州岁不登,奏免百姓农器钱,及请平诸郡商贾价,并从之。

二十二年,从太后南征,及河,许宋成而还。徙王晋,赐姓,出宫籍,隶横帐季父房后②,乃改赐今名,位

翻译

统和十一年(993),隆运遭逢母亲的丧事,下诏让他节哀任职。第二年,室昉退休,让隆运代他任北府宰相,依旧领枢密使,监修国史,赐号兴化功臣。十二年(994)六月,上奏说三京地区那些审理案件的官吏,大多因为受人请托,曲解事实予以宽大,或者胡乱施行拷打,请求予以禁止。皇上批准了他的奏本。他又上表请求委任贤才去除奸邪,太后高兴地说:"引荐贤才辅佐政事,正是大臣的职责。"从优加以赏赐。服丧期满,加官守太保、兼政事令。恰遇北院枢密使耶律斜轸去世,命隆运兼任其职。很久后,拜任大丞相,进封齐王,总管南北二枢密院、南北二宰相府事务。因南京、平州歉收,隆运上奏请求免除百姓的农具钱,并请求平抑各郡商人贸易的价钱,朝廷都采纳了。

统和二十二年(1004),跟随太后南征,到了黄河,准许与宋朝和解而回。改封晋王,赐姓耶律,迁出他在宫帐的户籍,隶属于横帐季父房后,于是改赐现在的名字,地位在亲王之上,赐给田

亲王上,赐田宅及陪葬地。　｜｜　宅和陪葬地。

注释　① 三京:指辽上京、中京、东京。　② 季父房:即太祖父撒剌的后裔。

原文

从伐高丽还,得末疾,帝与后临视医药。薨,年七十一。赠尚书令,谥文忠,官给葬具,建庙乾陵侧。……

论曰:德让在统和间,位兼将相,其克敌制胜,进贤辅国,功业茂矣。至赐姓名,王齐、晋,抑有宠于太后而致然欤?

翻译

耶律隆运参与讨伐高丽回来,四肢得病,皇帝和皇后亲自前来看病问药。隆运去世,享年七十一岁。赠尚书令,谥号为文忠,官府给予安葬用具,在乾陵旁为他建庙。……

评语:韩德让在统和年间,职位兼任将相,他攻克敌人夺取胜利,引进贤才辅佐国家,功业盛大啊。至于赏赐姓名,封为齐王、晋王,难道是受宠于太后才取得的吗?

耶律休哥传

导读

　　耶律休哥(？—998)是辽代著名的将领。他先后在高梁河、瓦桥关击败宋军，追杀数十里，深得辽景宗赞赏。圣宗时，耶律休哥总领南面军务，恰值宋朝大军入侵，休哥以少数兵力牵制宋朝的东路大军，昼伏夜出，虚张声势，成功地运用了疲兵战术，使宋军自顾不暇，饮食艰辛，草木皆兵，一听说辽朝援军到来，便连夜冒雨逃跑了。休哥率军追击，大获全胜。这就是著名的岐沟关战役。后来他又率军击败刘廷让，使宋军从此不敢北犯。耶律休哥不仅是攻城破敌的勇将，而且善于外交，他在大胜之后还能镇静自若，戒饬部下不得侵扰宋境，使边境地区得以安宁，为辽朝经济的发展创造了条件。

　　这篇传记描写岐沟关战役中宋军的狼狈处境以及宋人制止小儿啼哭一则，颇为传神，从侧面刻画了耶律休哥的形象。（选自卷八三）

原文

　　耶律休哥，字逊宁。祖释鲁，隋国王。父绾思，南院夷离堇。休哥少有公辅器。初，乌古、室韦二部叛，休哥从北府宰相萧干讨之[①]。应历末，为惕隐。

翻译

　　耶律休哥，字逊宁。祖父耶律释鲁，为隋国王。父亲耶律绾思，为南院夷离堇。休哥少年时就有王公辅相的器识。当初，乌古、室韦两个部落叛乱，休哥跟随北府宰相萧干讨伐他们。应历末年，休哥担任惕隐。

注释 ① 萧干(? —986)：小字项烈，辽穆宗时讨乌古部获胜，升任北府宰相，改突吕不部节度使。景宗时从耶律沙败宋军于高粱河，加政事令。承天太后摄政，萧干多所奏陈。

原文

乾亨元年，宋侵燕，北院大王奚底、统军使萧讨古等败绩，南京被围。帝命休哥代奚底，将五院军往救。遇大敌于高梁河，与耶律斜轸分左右翼，击败之，追杀三十余里，斩首万余级，休哥被三创。明旦，宋主遁去，休哥以创不能骑，轻车追至涿州，不及而还。

是年冬，上命韩匡嗣、耶律沙伐宋①，以报围城之役。休哥率本部兵从匡嗣等战于满城②。翌日将复战，宋人请降，匡嗣信之。休哥曰："彼众整而锐，必不肯屈，乃诱我耳。宜严兵以待。"匡嗣不听。休哥引兵凭高而视，须臾南兵大至，鼓噪疾驰。匡嗣仓卒不知

翻译

乾亨元年(979)，宋军侵略燕地，北院大王耶律奚底、统军使萧讨古等战败，南京被包围。皇帝命令耶律休哥代替奚底，率领五院的军队前去援救。在高梁河与大批敌军遭遇，休哥和耶律斜轸分为左右两翼，打败敌军，追杀三十多里，杀敌一万多人，休哥负了三处伤。第二天早晨，宋朝皇帝逃走，休哥因伤不能骑马，就乘轻便小车追到涿州，不能追上才返回了。

这年冬天，皇上命令韩匡嗣、耶律沙讨伐宋朝，以报围困南京之仇。休哥率领本部士兵跟随匡嗣等在满城交战。第二天将要再战时，宋人请求投降，匡嗣信以为真。休哥说："他们的队伍整齐而又精锐，必定不肯降服，这是迷惑我们罢了。应当严阵以待。"匡嗣不听。休哥领兵登高瞭望，不一会儿南方军队大量涌来，叫嚷着迅速前进。匡嗣仓猝间不知怎么办，士兵扔掉旗帜、战鼓逃跑，于是战败。休哥整集军队上前冲击，敌人方才撤退。皇帝下诏让他总管

所为,士卒弃旗鼓而走,遂败绩。休哥整兵进击,敌乃却。诏总南面戍兵,为北院大王。

南面戍兵,担任北院大王。

注释 ① 耶律沙(? —988):字安隐,历任南府宰相,辽景宗时领兵援北汉,加官守太保。后与宋军战于白马岭、高梁河、满城,均遭失败,论罪当诛,得承天皇太后救解,免死。 ② 满城:县名,治所在今河北满城北。

原文

明年,车驾亲征,围瓦桥关①。宋兵来救,守将张师突围出。帝亲督战,休哥斩师,余众退走入城。宋阵于水南②。将战,帝以休哥马介独黄,虑为敌所识,乃赐玄甲、白马易之。休哥率精骑渡水,击败之,追至莫州。横尸满道,载矢俱罄,生获数将以献。帝悦,赐御马、金盂,劳之曰:"尔勇过于名,若人人如卿,何忧不克?"师还,拜于越。

翻译

第二年,皇帝亲征,包围了瓦桥关。宋军赶来援救,守城将领张师突围而出。皇帝亲自督战,休哥斩杀张师,其余敌人退回城中。宋军在易水南岸列阵。将要开战时,皇帝因为只有休哥的马匹、铠甲是黄色的,害怕被敌人认出,于是赐给黑甲、白马换掉。休哥率领精锐骑兵渡过易水,打败了宋军,追杀到莫州。宋军一路上丢满尸首,箭囊箭头全部抛弃,休哥抓获好多名敌将献上。皇帝十分高兴,赐给御马、金盂,慰劳他说:"你的勇猛胜过你的名声,如果人人都像你一样,何必担心不能取胜呢?"军队返回后,拜为于越。

注释 ① 瓦桥关:在今河北雄县南。 ② 水:即南易水,今为河北大清河的中支。

原文

圣宗即位，太后称制，令休哥总南面军务，以便宜从事。休哥均戍兵，立更休法，劝农桑，修武备，边境大治。统和四年，宋复来侵，其将范密、杨继业出云州；曹彬、米信出雄、易，取岐沟、涿州，陷固安，置屯。时北南院、奚部兵未至，休哥力寡，不敢出战。夜以轻骑出两军间，杀其单弱以胁余众；昼则以精锐张其势，使彼劳于防御，以疲其力。又设伏林莽，绝其粮道。曹彬等以粮运不继，退保白沟①。月余，复至。休哥以轻兵薄之，伺彼蓐食，击其离伍单出者，且战且却。由是南军自救不暇，结方阵，堑地两边而行。军渴乏井，漉淖而饮，凡四日始达于涿。闻太后军至，彬等冒雨而遁。太后益以锐卒，追及之。彼力穷，环粮车自卫，休哥围之。

翻译

圣宗登位，承天皇太后代理朝政，命休哥总掌南面军务，让他根据情况行事。休哥均衡戍边的士兵，创立轮休法，鼓励农桑，修治武备，边境大治。统和四年（986），宋军又来侵犯，宋将范密、杨继业兵出云州；曹彬、米信兵出雄州、易州，夺取岐沟、涿州，攻占固安，设置军屯。当时北院、南院、奚部的军队尚未抵达，休哥兵力单弱，不敢出战。夜间让轻骑出没在两军之间，袭击他们的单弱部分以便威慑其余的敌人；白天就用精兵虚张声势，使他们因防御而劳顿，以便削弱他们的战斗力。又在树林原野中设置伏兵，截断他们的运粮通道，曹彬等因为粮食接继不上，退守白沟。一个多月后，再次开来。休哥用轻兵迫近他们，等到他们睡觉吃饭时，袭击那些离开队伍单独外出的人，一边战斗一边往后撤退。因此南方军队自顾不暇，结成方阵，在阵地两边挖成战壕向前推进。军队渴了没有井水，就滤去烂泥聊解干渴，一共四天才到达涿州。听说太后大军来了，曹彬等人冒雨逃跑。太后增加精兵，追上了宋军。敌军精疲力尽，用粮车环绕着保卫自己，休哥包围了他们。到了夜晚，曹彬、米信

至夜，彬、信以数骑亡去，余众悉溃。追至易州东，闻宋师尚有数万，濒沙河而爨②，促兵往击之。宋师望尘奔窜，堕岸相蹂死者过半，沙河为之不流。太后旋斾，休哥收宋尸为京观。封宋国王。

领着数名骑兵逃走，其余部众都溃散了。休哥追到易州东面，听说宋军还有几万人，濒临沙河生火煮饭，于是催促士兵前去袭击他们。宋军望见人马扬起的尘土就赶忙逃窜，落到岸下相互践踏致死的人超过半数，沙河水为之不流。太后凯旋，休哥收集宋军的尸体建成了高大的坟墓。他被封为宋国王。

注释 ① 白沟：河名，泛指拒马河，故道自今河北雄县西白沟镇，东流经河北霸州，到今天津市。宋辽以此为界，又称界河。 ② 沙河：即今河北潴龙河支流大沙河。

原文

又上言，可乘宋弱，略地至河为界。书奏，不纳。及太后南征，休哥为先锋，败宋兵于望都①。时宋将刘廷让以数万骑并海而出，约与李敬源合兵，声言取燕。休哥闻之，先以兵扼其要地。会太后军至，接战，杀敬源，廷让走瀛州。七年，宋遣刘廷让等乘暑潦来攻易州，诸将惮之；独休哥率

翻译

休哥又上奏说，可以乘宋朝虚弱的时候，攻占土地到黄河为界。奏上后，没有采纳他的意见。等到太后南征时，休哥为先锋，在望都打败了宋军。当时宋将刘廷让以几万骑兵沿着海边出发，约定和李敬源会师，扬言夺取燕地。休哥听说后，预先派兵扼守要道。正好太后大军赶来，交战，杀了李敬源，刘廷让逃到瀛州。统和七年(989)，宋朝派遣刘廷让等乘暑热多水来攻易州，众将领都害怕迎战；唯独休哥率领精兵在沙河北面迎击，杀死杀伤数万敌人，获得的

锐卒逆击于沙河之北,杀伤数万,获辎重不可计,献于朝。太后嘉其功,诏免拜、不名。自是宋不敢北向。时宋人欲止儿啼,乃曰:"于越至矣!"

辎重不可胜计,献给朝廷。太后嘉奖他的功绩,下诏免除跪拜、不直呼他的名字。从此宋朝不敢向北进犯。当时宋人想要制止小儿啼哭,就说:"于越来了!"

注释 ① 望都:县名,治所即今河北望都。

原文

休哥以燕民疲弊,省赋役,恤孤寡,戒戍兵无犯宋境,虽马、牛逸于北者悉还之。远近向化,边鄙以安。十六年,薨。是夕,雨木冰。圣宗诏立祠南京。

休哥智略宏远,料敌如神。每战胜,让功诸将,故士卒乐为之用。身更百战,未尝杀一无辜。

论曰:宋乘下太原之锐,以师围燕,继遣曹彬、杨继业等分道来伐。是两役也,辽亦岌岌乎殆哉!休哥奋击于高梁,敌兵奔溃;斜

翻译

休哥因为燕地的百姓穷困,所以减省赋役,照顾孤寡,告诫戍边士兵不要侵犯宋朝的边疆,即使马、牛跑到北边来了也要退还他们。远方近处都受到感化,边境因此安宁。统和十六年(998),休哥去世。当天晚上,雨雪使树木凝结成冰。圣宗下诏在南京为他建立祠庙。

休哥的智略广博深远,料敌如神。每次作战获胜,都把功劳让给其他将领,因此士兵都乐于为他效力。休哥身经百战,从来没有杀过一名无辜的人。

评语:宋朝乘着攻克太原的锐气,让军队围困燕京,接着又派曹彬、杨继业等分几路来进攻。这两个战役,辽朝也岌岌可危啊!耶律休哥在高梁河奋

轸擒继业于朔州,旋复故地。宋自是不复深入,社稷固而边境宁,虽配古名将,无愧矣。

勇抗击,敌军崩溃;耶律斜轸在朔州活捉杨继业,很快收复失地。宋朝从此不再深入入侵,国家牢固,边境安宁,他们二人即使比配古代名将,也毫不逊色。

萧 挞 凛 传

导读

萧挞凛(? —1004)是辽圣宗时的大将。统和四年(986),他跟随耶律斜轸在朔州活捉杨继业,不久又跟随皇太妃平定西北地区,召任南京统军使。统和二十二年(1004),辽南伐宋,进军至澶渊。恰逢寇准敦促宋真宗亲征,宋军士气大振。萧挞凛前去视察地形,中伏弩而死,辽军士气受挫,萧太后母子被迫请和,于是达成了对宋辽关系有重大影响的"澶渊之盟"。宋真宗答应送给契丹岁币银十万两、绢二十万匹,契丹军撤走。此后两国各守旧界,不再有大战。澶渊之盟虽然是当时历史条件下的必然产物,但萧挞凛之死,在客观上却促成了这一事件的发生。(选自卷八五)

原文

萧挞凛,字驼宁,思温之再从侄①。父术鲁列,善相马,应历间为马群侍中。

挞凛幼敦厚,有才略,通天文。保宁初,为宿直官,累任艰剧。统和四年,宋杨继业率兵由代州来侵,攻陷城邑。挞凛以诸军副部署②,从枢密使耶律斜轸

翻译

萧挞凛,字驼宁,萧思温的侄子。父亲叫术鲁列,擅长相马,应历年间任马群侍中。

挞凛从小忠厚,有才能谋略,精通天文。保宁初年,任宿直官,多次承担重任。统和四年(986),宋将杨继业率领军队从代州入侵,攻占城镇。挞凛为诸军副部署,跟随枢密使耶律斜轸打败了他们,在朔州抓获了杨继业。六年秋(988),挞凛改任南院都监,跟随皇上南

败之，擒继业于朔州。六年秋，改南院都监，从驾南征，攻沙堆，力战被创，太后尝亲临视。明年，加右监门卫上将军、检校太师，遥授彰德军节度使。

十一年，与东京留守萧恒德伐高丽③，破之，高丽称臣奉贡。十二年，夏人梗边④，皇太妃受命总乌古及永兴宫分军讨之⑤，挞凛为阻卜都详稳，凡军中号令，太妃并委挞凛。师还，以功加兼侍中，封兰陵郡王。十五年，敌烈部人杀详稳而叛，遁于西北荒。挞凛将轻骑逐之，因讨阻卜之未服者，诸蕃岁贡方物充于国，自后往来若一家焉。上赐诗嘉奖，仍命林牙耶律昭作赋⑥，以述其功。挞凛以诸部叛服不常，上表乞建三城以绝边患，从之。俄召为南京统军使。

征，攻打沙堆，他奋力作战受伤，太后曾亲自前去探视。第二年，加官为右监门卫上将军、检校太师，挂衔彰德军节度使。

统和十一年（993），挞凛和东京留守萧恒德讨伐高丽，打败了他们，高丽称臣纳贡。十二年（994），夏人阻塞边界，皇太妃胡辇奉命总领乌古和永兴宫，分军讨伐他们，挞凛任阻卜都详稳，大凡军中发号施令，太妃全都委托给挞凛。军队回朝后，挞凛因功加官兼侍中，封为兰陵郡王。十五年（997），敌烈部人杀掉详稳叛乱，逃到西北边远的地方。挞凛率领轻骑追赶他们，趁机讨伐阻卜尚未臣服的部落，各蕃部每年上贡的土产充满京城，从此以后来来往往就像一家人一样。皇上赐诗嘉奖他，又命令林牙耶律昭作赋，用来记述他的功绩。挞凛因为各部落叛乱、归附反复无常，上表请求修建三座城池来杜绝边疆的祸患，皇上听从了这一意见。不久挞凛被召任南京统军使。

注释 ① 再从侄:侄儿。萧挞凛为萧思温的再从侄,即是承天皇太后的堂兄弟。
② 副部署:辽统军官名,位在都部署下。 ③ 萧恒德(? —996):字逊宁,辽后族。
娶越国公主,为林牙,历任东京留守,多次参与征讨。因与宫人私通,被处死。
④ 夏:即西夏。 ⑤ 永兴宫分:辽太宗私有的建制,拥有直属的军队、民户和州县。
⑥ 耶律昭:字述宁,辽皇族。统和中历任林牙,因兄长国留触怒太后被杀,他被流
放西北部,开泰中去世。

原文

　　二十年,复伐宋,擒其将王先知①,破其军于遂城,下祁州②,上手诏奖谕。进至澶渊,宋主军于城隍间,未接战,挞凛按视地形,取宋之羊观、盐堆、凫雁,中伏弩卒。明日,轊车至③,太后哭之恸,辍朝五日。子慆古,南京统军使。

翻译

　　统和十二年(994),再次讨伐宋朝,擒获他们的将领王先知,在遂城击溃他们的军队,攻占祁州,皇上亲手写诏书嘉奖勉励他。进军到澶渊,宋朝真宗皇帝驻军在城壕中,尚未交战,挞凛视察地形,夺取宋军的羊官、盐堆、凫雁,中伏弩而死。第二天,灵车到京,太后哭得很伤心,停止上朝五天。他的儿子慆古,为南京统军使。

注释 ① 王先知:即王继忠。 ② 祁州:治无极县,即今河北无极。 ③ 轊(wèi)车:运载灵柩的车子。

原文

　　论曰:辽在统和间,数举兵伐宋,诸将如耶律谐理、奴瓜、萧柳等俱有降城擒将之功①。最后,以萧挞凛为统军,直抵澶渊。将与

翻译

　　评语:辽朝在统和年间,多次起兵讨伐宋朝,众将领如耶律谐理、耶律奴瓜、萧柳等都有攻占城镇抓获敌将的功劳。最后,以萧挞凛任统军,径直抵达澶渊。即将和宋军决战时,挞凛中箭,

宋战,挞凛中弩,我兵失倚,和议始定。或者天厌其乱,使南北之民休息者耶!

我军失去依靠,和议才达成。或许是上天厌倦了战乱,所以让南北的百姓得到休养生息吧!

注释 ① 耶律谐理(?—1026):字乌古邻,突举部人。统和中伐宋有功,太平初年升任本部节度使。太平六年(1026)在可敦城西南阵亡。奴瓜:即耶律奴瓜,字延宁,辽皇族。历任诸卫小将军,伐宋有功,升任东京统军使,官至南府宰相,开泰初年去世。萧柳:字徒门,辽后族。统和中伐宋有功,历任四军兵马都指挥使、北女直详稳,升任东路统军使,退休。著有《岁寒集》。

萧 孝 穆 传

导读

萧孝穆（? —1043）是辽圣宗、辽兴宗时期的重要人物,当时人称他为"国宝臣"。读这篇传记,我们觉得他享有如此高的声誉,并不是偶然的。他生活在辽朝较为繁荣的时期,而辽圣宗时之所以经济文化繁荣,人民生活相对安定,这同辽宋之间和平共处是分不开的。因此萧孝穆十分看重辽宋之间的盟约,极力阻止辽兴宗伐宋,的确独具慧眼。此外,他先后平定了阻卜各部落和东京大延琳的叛乱,位兼将相;处理政事,善于体恤民情,所以深受人们爱戴。著有《宝老集》,今佚。（选自卷八七）

原文

萧孝穆,小字胡独堇,淳钦皇后弟阿古只五世孙。父陶瑰,为国舅详稳。

孝穆廉谨有礼法。统和二十八年,累迁西北路招讨都监①。开泰元年,遥授建雄军节度使②,加检校太保③。是年术烈等变,孝穆击走之。冬,进军可敦城。阻卜结五群牧长查剌、阿睹

翻译

萧孝穆,小字胡独堇,淳钦皇后的弟弟阿古只的五世孙。父亲叫陶瑰,为国舅详稳。

萧孝穆廉洁谨慎讲礼节法度。统和二十八年（1010）,他加官升任西北路招讨都监。开泰元年（1012）,挂衔建雄军节度使,加官检校太保。这一年术烈等叛乱,孝穆打跑了他们。冬季,进军可敦城。阻卜勾结五群牧长查剌、阿睹等人,企图里应外合,孝穆全部杀掉他们,于是严加防备以等待来犯的敌人,

等④，谋中外相应，孝穆悉诛之，乃严备御以待，余党遂溃。以功迁九水诸部安抚使⑤。寻拜北府宰相，赐忠穆熙霸功臣，检校太师，同政事门下平章事。八年，还京师。

他们余下的党羽也就溃散了。孝穆因功升任九水诸部安抚使。不久拜任南府宰相，赐号忠穆熙霸功臣，加官检校太师，同政事门下平章事。八年，返回京城。

注释 ① 西北路招讨都监：官名。辽时安抚西北边境部族的军事长官。 ② 建雄军：五代方镇名。治晋州（今山西临汾）。 ③ 检校太保：加官名，无实职。 ④ 群牧长：辽北面官名。掌马政与边政的长官。 ⑤ 九水：不详。《圣宗纪》作"西北路招讨使"，九水当在西北路，即今蒙古鄂尔浑河上游一带。

原文

太平二年，知枢密院事，充汉人行宫都部署①。三年，封燕王、南京留守、兵马都总管②。九年，大延琳以东京叛，孝穆为都统讨之，战于蒲水③。中军稍却，副部署萧匹敌、都监萧蒲奴以两翼夹击④，贼溃，追败之于手山北⑤。延琳走入城，深沟自卫。孝穆围之，筑重城，起楼橹，使内外不相通，城中撤屋以爨。其将杨详

翻译

太平二年（1022），萧孝穆知枢密院事，充汉人行宫都部署。三年（1023），封为燕王、南京留守、兵马都总管。九年（1029），大延琳占据东京反叛，孝穆任都统讨伐他，在蒲水交战。中军稍微后退，副部署萧匹敌、都监萧蒲奴从两翼夹击，叛贼溃散，追赶到手山北面，打败了他们。延琳逃进城，加深壕沟来保卫自己。孝穆包围了他，在城墙外再修城堡，架起楼橹，使城内城外互不相通，城中撤掉房屋来做饭。敌将杨详世等抓获延琳来投降，辽东全部平定。孝穆改任东京留守，赐号佐国功臣。他处理

世等擒延琳以降，辽东悉平⑥。改东京留守，赐佐国功臣。为政务宽简，抚纳流徙，其民安之。

政事务求宽松简明，注重安抚和招纳流民，治下的百姓得以安宁。

注释 ① 汉人行宫都部署：辽南面宫官名，总管行宫汉人事务。 ② 兵马都总管：辽武官名，掌南面军政及边事。 ③ 蒲水：即蒲河，在今辽宁辽阳。 ④ 副部署：辽北面行军官名，即行军副都统，掌征战讨伐，位在都统下。萧匹敌(? —1030)：一名昌裔，字苏隐，驸马。历任殿前都点检，讨大延琳有功，封兰陵郡王。后被诬陷致死。萧蒲奴：字留隐，历任奚六部大王、西南面招讨使等职，平定大延琳，征讨西夏，后退休。 ⑤ 手山：即驻跸山，在今辽宁辽阳西南。 ⑥ 辽东：郡名，辖今辽宁东南部辽河以东地区。

原文

兴宗即位，徙王秦，寻复为南京留守。重熙六年，进封吴国王，拜北院枢密使。八年，表请籍天下户口以均徭役，又陈诸部及舍利军利害。从之。由是政赋稍平，众悦。九年，徙王楚。时天下无事，户口蕃息，上富于春秋，每言及周取十县①，慨然有南伐之志。群臣多顺旨。孝穆谏曰："昔太祖南伐，终以无功。嗣圣

翻译

兴宗即位，孝穆改封秦王，不久再任南京留守。重熙六年(1037)，进封为吴国王，拜任北院枢密使。八年(1039)，上表请求登记全国户口以便均衡徭役，又陈述各部以及舍利军的利害，皇帝听从了他的建议。从此征收赋税稍稍平均，大家都很高兴。九年(1040)，改封楚王。当时天下太平无事，人口增长，皇上正年富力强，每每提到后周夺取十县，慷慨激昂，有南伐的意向。臣僚们大都迎合皇帝的旨意。孝穆规劝说："从前太祖南伐，以无功告终。嗣圣皇帝颠灭后唐扶立后晋，后来

原文

皇帝仆唐立晋,后以重贵叛②,长驱入汴;銮驭始旋,反来侵轶。自后连兵二十余年,仅得和好,蒸民乐业,南北相通。今国家比之曩日,虽曰富强,然勋臣、宿将往往物故。且宋人无罪,陛下不宜弃先帝盟约。"时上意已决,书奏不报。以年老乞骸骨,不许。十二年,复为北院枢密使,更王齐,薨。追赠大丞相、晋国王,谥曰贞。

因为石重贵反叛,长驱直入汴京。皇帝的车马刚刚凯旋,他们就反过来侵犯。从此以后连续交战二十多年,仅仅得以和好。百姓乐于本业,南北互相通好。现在的国家同过去相比,虽然称得上富强,但功臣、老将大多去世。况且宋人没有过错,陛下不应当毁弃先帝的盟约。"当时皇帝的主意已经打定,奏本交上去后没有回音。孝穆因年老请求退休还乡,皇帝不答应。十二年(1043),孝穆再任北院枢密使,改封齐王,薨。追赠大丞相、晋国王,谥号为贞。

注释　① 十县:指石敬瑭割让契丹的瓦桥关(今河北雄县)以南十县,公元959年,被周世宗柴荣率兵攻取。　② 重贵:即后晋出帝石重贵,历任太原、开封尹,天福七年(942)即皇帝位,不向契丹称臣,遭到契丹的大举进攻。公元947年,辽太宗领兵攻入开封,石重贵被俘,后晋灭亡。

原文

孝穆虽椒房亲,位高益畏。太后有赐,辄辞不受。妻子无骄色。与人交,始终如一。所荐拔皆忠直士。尝语人曰:"枢密选贤而用,何事不济? 若自亲烦碎,则

翻译

孝穆虽然是皇后的近亲,但地位越高越加小心。太后有所赏赐,孝穆总是推辞而不接受。妻子儿女都没有骄矜的神色。和人交往,始终如一。他所推荐的都是忠诚正直的人士。曾经告诉别人说:"枢密使选择贤才而录用,什么

大事凝滞矣。"自萧合卓以吏才进^①，其后转效，不知大体。叹曰："不能移风易俗，偷安爵位，臣子之道若是乎！"时称为"国宝臣"^②，目所著文曰《宝老集》。

事情办不成？如果亲自处理烦琐小事，那么大事就会积压了。"自从萧合卓凭着才干晋升，此后转相仿效，不识大体。孝穆感慨说："不能移风易俗，只顾安守爵位，做臣子的道理是这样的吗！"当时称他为"国宝臣"，将他所著的文集取名为《宝老集》。

注释 ① 萧合卓(？—1025)：字合鲁隐，辽契丹突吕不部人。历任左夷离毕，开泰五年(1016)为北院枢密使。次年领兵侵高丽，败还。太平五年(1025)病逝。② 国宝臣：意为国家的杰出人才。

原文

论曰：不有君子，其能国乎？方其擒延琳，定辽东，一时诸将之功伟矣。宜其抚剑抵掌，贾余勇以威天下也。萧孝穆之谏南侵，其意防何其弘远欤，是岂瞋目语难者所能知哉！至论移风俗为治之本，亲烦碎为失大臣体，又何其深切著明也。为"国宝臣"，宜矣。

翻译

评语：没有君子，难道还能治理国家吗？当辽朝捕获大延琳，平定辽东时，一时间众将领的功绩伟大啊。怪不得他们要弹剑拍手，借余勇以威临天下了。萧孝穆劝阻攻打南朝，他的防患意识多么深远啊，这哪里是睁大眼睛叫嚷发难的人所能懂得的啊！至于论述移风易俗是治国的纲领，亲自处理琐碎小事是有失大臣的体统，又是多么深刻而明白啊。称他为"国宝臣"，是很恰当的。

耶律仁先传

导读

　　耶律仁先(1013—1072)是辽兴宗、辽道宗时期的重要人物。他直言无讳,刚正不阿,先后两次受到奸臣的排挤,仍然忠心报国,尽心职守,这种作风是值得称赞的。他奉命出使宋朝,不辱使命;多次补救时政缺失,并制止兴宗进攻西夏;在平定耶律重元的叛乱中,功居第一。对这样的大臣,在道宗朝竟然两度受谗被贬,也足以说明道宗的昏庸了。(选自卷九六)

原文

　　耶律仁先,字纠邻,小字查剌,孟父房之后。父瑰引,南府宰相,封燕王。

　　仁先魁伟爽秀,有智略。重熙三年,补护卫。帝与论政,才之。仁先以不世遇,言无所隐。授宿直将军①,累迁殿前副点检②,改鹤剌唐古部节度使③,俄召为北面林牙。

翻译

　　耶律仁先,字纠邻,小字查剌,孟父房的后代。父亲瑰引,为南府宰相,封为燕王。

　　仁先魁伟清秀,有智谋。重熙三年(1034),补授护卫。皇帝和他讨论政事,觉得他有才干。仁先趁此难得的机会,毫不隐讳地进言。被任命为宿直将军,加官升任殿前副点检,改任鹤剌唐古部节度使,不久召任北面林牙。

注释　①宿直将军:辽北面宿直司官名,位在宿直详稳、都监下,掌值宿守卫之

事。 ②殿前副点检:辽南面官名,位在都点检下,掌禁军。 ③鹤剌唐古部:辽北
边部族名。

原文

　　十一年,升北院枢密副使①。时宋请增岁币银绢以偿十县地产,仁先与刘六符使宋②,仍议书"贡"。宋难之。仁先曰:"曩者石晋报德本朝③,割地以献,周人攘而取之,是非利害,灼然可见。"宋无辞以对。乃定议增银、绢十万两、匹,仍称"贡"。既还,同知南京留守事④。

翻译

　　十一年(1042),仁先升任北院枢密副使。当时宋朝请求增加岁币银绢来补偿十县的土地物产,仁先和刘六符出使宋朝,仍然商议国书称"贡",宋朝为此犯难。仁先说:"过去石晋报答本朝的恩德,割地奉献,后周侵犯并夺取了这些地方,是非利害,灼然可见。"宋人无话可对。于是商定增加银十万两、绢十万匹,依旧称"贡"。回国后,任同知南京留守事。

注释 ①北院枢密副使:辽北面朝官名,位在知枢密院事下,佐掌军政。 ②刘六符(?—1055):辽河间(今河北河间)人。历任翰林学士、参知政事,前后两次出使宋朝索要瓦桥关南十县土地,还朝后任汉人行宫都部署。 ③石晋:指石敬瑭建立的后晋王朝。 ④同知南京留守事:辽南面京官名,为南京留守属官。

原文

　　十三年,伐夏,留仁先镇边。未几,召为契丹行宫都部署,奏复王子班郎君及诸宫杂役。十六年,迁北院

翻译

　　十三年(1044),讨伐西夏,留仁先镇守边疆。不久,应召担任契丹行宫都部署,奏请恢复王子班郎君和各宫杂役。十六年(1047),擢升北院大王,上

大王，奏今两院户口殷庶，乞免他部助役，从之。十八年，再举伐夏，仁先与皇太弟重元为前锋。萧惠失利于河南，帝犹欲进兵，仁先力谏，乃止。后知北院枢密使，迁东京留守。女直恃险，侵掠不止，仁先乞开山通道以控制之，边民安业，封吴王。

清宁初，为南院枢密使，以耶律化哥谮①，出为南京兵马副元帅，守太尉，更王隋。六年，复为北院大王，民欢迎数百里，如见父兄。时北、南院枢密官涅鲁古、萧胡睹等忌之②，请以仁先为西北路招讨使。耶律乙辛奏曰："仁先旧臣，德冠一时，不宜补外。"复拜南院枢密使，更王许。

奏说现在南北两院户口繁盛，请求免除其他部落的助役，朝廷听从了他的意见。十八年(1049)，再次讨伐西夏，仁先和皇太弟耶律重元为前锋。萧惠在黄河南面失利，皇帝还想进军，仁先竭力劝阻，方才停止。后来为知北院枢密使，擢升东京留守。女真倚仗险阻，不停地入侵，仁先请求开山疏通道路来控制他们，边疆百姓安居乐业。封为吴王。

清宁初年，耶律仁先任南院枢密使，因耶律化哥的诋毁，出任南京兵马副元帅，守太尉，改封隋王。六年(1060)，再任北院大王，百姓到几百里外欢迎他，如同见到父亲和兄长。当时北院、南院枢密官耶律涅鲁古、萧胡睹等人忌恨他，请求以仁先为西北路招讨使。耶律乙辛上奏说："耶律仁先是前朝大臣，品德冠绝一时，不应当补授外任。"再次拜任南院枢密使，改封许王。

注释　①耶律化哥：字弘隐，辽皇族。历任北院林牙、上京留守、北院枢密使等要职，封齿王，有战功。后以罪削爵。　②涅鲁古：即耶律涅鲁古(？—1063)，字耶鲁绾，重元子。历官惕隐、知南院枢密使事，策动其父谋反，被杀。萧胡睹(？—1063)：字乙辛，辽驸马。历任北、南院枢密副使、西北路招讨使，陷害族兄。累官同知北院枢密事，又与耶律涅鲁古谋反，战败，投水自杀。

原文

九年七月，上猎太子山①，耶律良奏重元谋逆②，帝召仁先语之。仁先曰："此曹凶狠，臣固疑之久矣。"帝趣仁先捕之。仁先出，且曰："陛下宜谨为之备。"未及介马，重元犯帷宫。帝欲幸北、南院，仁先曰："陛下若舍扈从而行，贼必蹑其后；且南、北大王心未可知。"仁先子挞不也③："圣意岂可违乎？"仁先怒，击其首。帝悟，悉委仁先以讨贼事。乃环车为营，拆行马作兵仗，率官属近侍三十余骑阵柢梧外④。及交战，贼众多降。涅鲁古中矢堕马，擒之，重元被伤而退。仁先以五院部萧塔剌所居最近⑤，亟召之，分遣人集诸军。黎明，重元率奚人二千犯行宫，萧塔剌兵适至。仁

翻译

九年(1063)七月，皇上在太子山打猎，耶律良奏告耶律重元谋反，皇帝召见耶律仁先告诉他这件事。耶律仁先说："这个人凶狠，臣下本来早就怀疑他了。"皇帝催促仁先逮捕他。耶律仁先告辞，并说："陛下应当谨慎地作好准备！"还没有来得及替战马披甲，重元就侵犯帷宫了。皇帝打算到北院、南院，仁先说："陛下如果舍弃侍卫出走，反贼必定紧随在后；何况南院、北院大王的心思还不可测度。"仁先的儿子挞不也说："圣旨怎么能违背呢？"仁先恼怒，打他的头。皇帝醒悟，把讨伐叛贼的事情全部委托给仁先。于是环绕战车作为军营，拆掉行马当作武器，率领属下官吏和近侍三十多骑在行马外面列阵。及至交战，贼众大多投降。耶律涅鲁古中箭落马，被抓获，重元受伤败退。仁先因五院部萧塔剌的住所最近，急忙召见他，分别派人召集各军。黎明，重元带领二千奚人侵犯行宫，萧塔剌的军队恰好赶到。仁先预料贼势不能持久，想等他们士气低落时再进攻。于是背靠军营列阵，乘机奋勇出击，贼众逃散，追

先料贼势不能久,俟其气沮攻之。乃背营而阵,乘便奋击,贼众奔溃,追杀二十余里,重元与数骑遁去。帝执仁先手曰:"平乱皆卿之功也。"加尚父,进封宋王,为北院枢密使,亲制文以褒之,诏画《滦河战图》以旌其功。

杀二十多里,重元和几名骑兵逃离。皇帝握着仁先的手说:"平定叛乱都是你的功劳啊。"加号尚父,进封宋王,担任北院枢密使,皇帝亲自撰文来褒奖他,降诏画《滦河战图》来表彰他的功绩。

注释 ① 太子山:当在滦河上游一带。 ② 耶律良(?—1070):一作耶律白,字习撚,小字苏,历任知制诰、敦睦官使,密告耶律重元谋反,因功升任汉人行官都部署。官至中京留守,病逝,追封辽西郡王。 ③ 挞不也:耶律仁先子,字胡独堇,历任永兴官使,以平乱功,升任同知点检司事,官终西北路招讨使,被磨古斯杀害。 ④ 柢枑(dǐ hù):即槌枑,用木条交叉制成栅栏,设在官门前以阻挡人马。又叫行马。 ⑤ 五院部:契丹部落名,辽太祖析迭剌部置。

原文

咸雍元年,加于越,改封辽王,与耶律乙辛共知北院枢密事。乙辛恃宠不法,仁先抑之,由是见忌,出为南京留守,改王晋。恤孤茕,禁奸慝,宋闻风震服。议者以为自于越休哥之后,惟仁先一人而已。

翻译

咸雍元年(1065),耶律仁先加官于越,改封为辽王,和耶律乙辛共同掌管北院枢密事。乙辛依恃宠爱不守法纪,仁先阻止他,因此受到忌恨,出任南京留守,改封晋王。仁先抚恤孤苦伶仃的人,禁止奸诈邪恶之事,宋朝闻风震慑。评论的人认为自从于越耶律休哥以来,只有耶律仁先一个人能这样做。

阻卜塔里干叛命,仁先为西北路招讨使,赐鹰纽印及剑,上谕曰:"卿去朝廷远,每俟奏行,恐失机会,可便宜从事。"仁先严斥候,扼敌冲,怀柔服从,庶事整饬。塔里干复来寇,仁先逆击,追杀八十余里。大军继至,又败之。别部把里斯、秃没等来救,见其屡挫,不敢战而降。北边遂安。

八年卒,年六十,遗命家人薄葬。……

论曰:滦河之变,重元拥兵行幄,微仁先等,道宗其危乎!当其止幸北、南院,召塔剌兵以靖大难,功宜居首。……仁先齐名休哥,勋德兼备,此其一节欤!

阻卜塔里干背叛,仁先任西北路招讨使,赏赐鹰纽印和剑,皇上告谕说:"你远离朝廷,每件事都等到禀告后施行,恐怕失去机会,可以根据情况行事。"仁先加强放哨,扼守敌人的要道,笼络并使敌人归服,凡事都有条有理。塔里干再次入侵,仁先迎击,追杀八十多里。大军接着赶到,又打败了他们。另一部落的把里斯、秃没等前去救援,看见塔里干多次受挫,不敢交战而投降了。北部边疆于是安定了。

咸雍八年(1072),仁先去世,享年六十岁,留下遗言让家人从简安葬。……

评语:滦河事变中,耶律重元率兵侵犯行宫,要是没有耶律仁先等人,道宗大概就危险了!当他阻止道宗去北院、南院,召集萧塔剌军来平息叛乱的时候,功劳应居首位。……仁先和耶律休哥齐名,他的功勋和品德兼备,这大概是很重要的一个方面吧!

耶 律 俨 传

导读

耶律俨(? —1113),字若思,本姓李,咸雍六年(1070),其父仲禧被赐姓耶律。耶律俨聪明好学,咸雍年间中进士,历任大理卿、知枢密院事等要职,封越国公、漆水郡王,荣宠有加。他所修《皇朝实录》七十卷,成为后世编辽史的重要依据。耶律俨为官清廉,处理案件也还公平,但他为了巩固荣华,竟然不顾廉耻,教妻子"勿失上意",不免遭人非议。从传中所记辽道宗以掷骰子赌采授官来看,也可见辽道宗的荒唐可笑、误国误民。耶律俨不知劝诫,反而因得胜采而为高官,他的为人也就可想而知了。(选自卷九八)

原文

耶律俨,字若思,析津人。本姓李氏。父仲禧,重熙中始仕。清宁初,同知南院宣徽使事①。四年,城鸭子、混同二水间②,拜北院宣徽使③。咸雍初,坐误奏事,出为榆州刺史④。俄诏复旧职,迁汉人行宫都部署。六年,赐国姓,封韩国公,改南院枢密使。时枢臣乙辛等

翻译

耶律俨,字若思,析津人。本来姓李。父亲叫仲禧,重熙年间开始做官。清宁初年,任同知南院宣徽使事。四年(1058),在鸭子、混同两水间修建城池,拜任北院宣徽使。咸雍初年,仲禧因为奏事有误差,出外任榆州刺史。不久,下诏让他官复原职,擢升汉人行宫都部署。六年(1060),赐姓耶律,封为韩国公,改任南院枢密使。当时要臣耶律乙辛等诬陷皇太子,下诏让仲禧和乙辛审查此案,牵连无辜,仲禧从未加以改正。

诬陷皇太子,诏仲禧偕乙辛鞫之,蔓引无辜,未尝雪正。乙辛荐仲禧可任,拜广德军节度使⑤,复为南院枢密使,卒,谥钦惠。

乙辛推荐仲禧可以重用,拜任广德军节度使,再任南院枢密使,去世,谥号为钦惠。

注释 ① 同知南院宣徽使事:辽北面朝官名,位在南院宣徽副使下。 ② 鸭子、混同:河名,即今松花江。此处同时并举,当指松花江上游支流和主干道。 ③ 北院宣徽使:辽宣徽北院长官,掌朝会礼仪等事。 ④ 榆州:辽置,治和众(今辽宁凌源西)。 ⑤ 广德军:即乾州,辽置,治奉陵(今辽宁北镇西南)。

原文

俨仪观秀整,好学,有诗名。登咸雍进士第,守著作佐郎①,补中书省令史②,以勤敏称。大康初,历都部署判官、将作少监③。后两府奏事,论群臣优劣,唯称俨才俊。改少府少监④,知大理正⑤,赐紫⑥。六年,迁大理少卿,奏谳详平。明年,升大理卿。丁父忧,夺服,同签部署司事。

翻译

耶律俨外表俊秀整洁,好学,有诗名。咸雍年间考中进士,守著作佐郎,补授中书省令史,以勤恳敏捷著称。辽道宗大康初年,历任都部署判官、将作少监。后来枢密、宰相两府奏事,评论众官僚的优劣,唯独称赞耶律俨才能卓越。改任少府少监,知大理正,赐紫。六年(1080),擢升大理少卿,议定罪名周密公正。第二年,升任大理卿。为父亲守丧,服完丧后,任同签部署司事。

注释 ① 著作佐郎:史官名,隶秘书监,为著作郎的佐官。 ② 令史:官名,掌文书案牍。 ③ 都部署判官:辽南面官官名,佐掌行官汉人事务,位在同签部署司事下。将作少监：官名，掌土木建筑等事，位在将作监下。　④ 少府少监：官名，少府监副长官，掌百工制作。　⑤ 大理正：官名。大理寺为掌管刑狱的官署，大理正、大理少卿均为大理属官，可参决狱事。辽时还置有提点大理寺。　⑥ 赐紫：赐予三品以上官员的服色。

原文

大安初，为景州刺史①，绳胥徒，禁豪猾，抚老恤贫，未数月，善政流播，郡人刻石颂德。二年，改御史中丞②，诏案上京滞狱，多所平反。同知宣徽院事③，提点大理寺。六年冬，改山西路都转运使④，刮剔垢弊，奏定课额，益州县俸给，事皆施行。寿隆初，授枢密直学士。以母忧去官，寻召复旧职。宋攻夏，李乾顺遣使求和解，帝命俨如宋平之，拜参知政事。六年，驾幸鸳鸯泺，召至内殿，访以政事。

翻译

大安初年，耶律俨担任景州刺史，约束官府衙役，控制豪强奸人，安抚老人，救济贫民，没有几个月，善政美名远扬，郡人刻石记颂他的恩德。二年（1086），改任御史中丞，奉诏审查上京长期不决的积案，平反了很多冤案。升任同知宣徽院事，提点大理寺。大安六年（1090）冬天，耶律俨调任山西路都转运使，铲除弊端，奏请确定课额，增加州县官吏的俸禄，这些建议都被采纳实施了。寿隆初年，授任枢密直学士。因母亲去世而离职，不久应召起复原职。宋朝进攻西夏，李乾顺派遣使者来请求和解，皇帝命令耶律俨前往宋朝平息此事；拜任参知政事。寿隆六年（1100），皇帝临幸鸳鸯泺，召耶律俨到内殿，以政事相问。

注释　① 景州：辽置，治所即今河北遵化。　② 御史中丞：官名。御史大夫的主要属官，掌监察。　③ 同知宣徽院事：辽南面朝官名，宣徽使属官。　④ 都转运使：辽南面财赋官名，山西路都转运司长官，掌财赋。

原文

帝晚年倦勤，用人不能自择，令各掷骰子，以采胜者官之。俨尝得胜采，上曰："上相之征也！"迁知枢密院事①，赐经邦佐运功臣，封越国公。修《皇朝实录》七十卷。

帝大渐，俨与北院枢密使阿思同受顾命②。乾统三年，徙封秦国。六年，封漆水郡王。天庆中，以疾，命乘小车入朝。疾甚，遣太医视之。薨，赠尚父，谥曰忠懿。

翻译

皇帝晚年懒于从政，用人不能自己选择，却让他们各自掷骰子，给得到彩头多的人加官。耶律俨曾经得到胜采，皇上说："上相的征兆啊！"升任知枢密院事，赐号经邦佐运功臣，封为越国公。耶律俨编修《皇朝实录》七十卷。

皇帝病危，耶律俨和北院枢密使耶律阿思一起接受遗诏。乾统三年（1103），改封秦国公。六年（1106），封为漆水郡王。天庆年间，因为耶律俨有病，让他乘坐小车上朝。病情加重后，又派遣太医为他诊治。耶律俨去世，赠为尚父，谥号为忠懿。

注释 ① 知枢密院事：辽南枢密院属官，位在枢密使、知枢密使事下，佐掌军事。② 阿思：即耶律阿思，字撒班，辽皇族。历任契丹行宫都部署，封漆水郡王。寿昌元年（1095）为北院枢密使。辅立天祚，加于越，封赵王，卒年八十。

原文

俨素廉洁，一芥不取于人。经籍一览成诵。又善伺人主意。妻邢氏有美色，尝出入禁中，俨教之曰："慎

翻译

耶律俨向来廉洁，丝毫不取于人。书籍看一遍就能记诵。又善于窥视人主的心意。他的妻子邢氏漂亮有姿色，曾经进出宫廷，耶律俨教导她说："小

勿失上意!"由是权宠益固。三子:处贞,太常少卿①;处廉,同知中京留守事;处能,少府少监。

心,不要让皇上不满意!"因此权势和宠爱更加牢固。他有三个儿子:处贞,为太常少卿;处廉,为同知中京留守事;处能,为少府少监。

注释　① 太常少卿:官名。掌礼乐郊祀等事,位在太常卿下。

刘 伸 传

导读

刘伸(? —1086)是辽道宗时的名臣,与耶律玦齐名。《辽史》在好几个地方都称赞耶律玦、刘伸"忠直",但《耶律玦传》中关于耶律玦事迹的记载却特别疏略,不免有重大遗漏。从《刘伸传》来看,他不畏皇帝,犯颜直谏,不怕宰相,出言顶撞,的确称得上"忠直"。至于他断案公平、为政清简、善于理财等,也不失为一员能干的官吏。但当时辽王朝已走向衰败,道宗花天酒地,百姓忍饥挨饿,刘伸纵然有小小的补救,也无济于事。(选自卷九八)

原文

刘伸,字济时,宛平人。少颖悟,长以辞翰闻。重熙五年,登进士第,历彰武军节度使掌书记、大理正①。因奏狱,上适与近臣语,不顾,伸进曰:"臣闻自古帝王必重民命,愿陛下省臣之奏。"上大惊异,擢枢密都承旨②,权中京副留守。

诏徙富民以实春、泰二州,伸以为不可,奏罢之。

翻译

刘伸,字济时,宛平人。他从小就聪明,长大后以文采闻名。重熙五年(1036),考中进士,历任彰武军节度使掌书记、大理正。他因上奏陈述罪案,皇上正在和近臣说话,没有回头,刘伸进言说:"臣下听说从古以来帝王都必定重视人命,希望陛下察看臣下的奏章。"皇上非常惊讶,提升他为枢密都承旨,暂代中京副留守。

皇帝下诏迁移富人去充实春州、泰州,刘伸认为不行,上奏阻止了这件事。升任大理少卿,人们因他没有被冤枉

迁大理少卿，人以不冤。升大理卿，改西京副留守。以父忧，终制，为三司副使，加谏议大夫，提点大理寺。以伸明法而恕，案冤狱全活者众，徙南京副留守。俄改崇义军节度使③，政务简静，民用不扰，致乌、鹊同巢之异，优诏褒之。改户部使，岁入羡余钱三十万缗，拜南院枢密副使。

擢升大理卿，改任西京副留守。他因父亲去世而离职，守丧期满后，担任三司副使，加官谏议大夫，提点大理寺。因为刘伸明了法律而又宽容，所以审查冤案保全性命的人很多，调任南京副留守。不久改任崇义军节度使，处理政事务求简明安静，百姓因此不受骚扰，以致有乌鸦和喜鹊同巢的奇事，皇帝特意下诏褒奖他。改任户部使，一年多收税钱三十万缗，拜任南院枢密副使。

注释　①彰武军：即兴中府，辽置，治兴中县（今辽宁朝阳）。掌书记：节度使属官，位在判官下。　②枢密都承旨：辽汉人枢密院属官，佐掌军政。　③崇义军：即宜州，辽置，治弘政县（今辽宁义县）。

原文

道宗尝谓大臣曰："今之忠直，耶律玦、刘伸而已①！"宰相杨绩贺其得人②。拜参知政事，上谕之曰："卿勿惮宰相。"时北院枢密使乙辛势焰方炽，伸奏曰："臣于乙辛尚不畏，何宰相之畏！"乙辛衔之，相与排诋，出为保静军节度使③。

翻译

道宗曾经告诉大臣说："当今忠诚正直的人，只有耶律玦、刘伸罢了！"宰相杨绩恭贺皇上获得人才。拜任参知政事，皇上告谕他说："你不要怕宰相。"当时北院枢密使耶律乙辛气焰嚣张，刘伸上奏说："臣下连乙辛都不怕，为什么怕宰相呢！"乙辛对他怀恨在心，共同排挤诋毁，刘伸被贬为保静军节度使。君上终究想要重用他，加官守太子太保，升任上京留守。乙辛借故将他调去镇

上终欲大用,加守太子太保④,迁上京留守。乙辛以事徙镇雄武⑤,复以崇义军节度使致仕。

守雄武军,刘伸又以崇义军节度使退休。

注释　①耶律珙:字吾展,遥辇鲜质可汗的后裔。历任枢密副使、孟父房敞稳,以忠诚正直著称。　②杨绩:辽良乡(今北京西南良乡)人。历任知涿州、南府宰相,清宁中领兵勤王,官至南院枢密使,封赵王、辽西郡王。　③保静军:即建州,辽置,治永霸县(在今辽宁朝阳西南)。　④太子太保:辽东宫官名,掌辅导太子。　⑤雄武:即归化州,辽置,治文德县(今河北宣化)。

原文

　　适燕、蓟民饥,伸与致政赵徽、韩造日济以糜粥①,所活不胜算。大安二年卒,上震悼,赙赠加等。

翻译

　　恰逢燕、蓟地区的百姓饥荒,刘伸和退休的赵徽、韩造每天用粥赈济,救活的人不可胜数。大安二年(1086),刘伸去世,皇上沉痛哀悼他,赏赐的安葬费用加倍。

注释　①赵徽:辽南京(今北京)人。历任翰林学士承旨、参知政事,官至同知枢密院事兼南府宰相,退休。

原文

　　论曰:俨以俊才莅政,所至有能誉;纂述辽史,具一代治乱,亦云勤矣。但其固宠,不能以礼正家,惜哉。刘伸三为大理,民无冤抑;

翻译

　　评语:耶律俨以才能卓越到官任事,所到之处都有能干的名声;他编纂辽史,详细记录一代的治乱兴衰,也算勤恳了。但他固守宠爱,不能依礼法整顿家风,可惜啊。刘伸三次在大理寺任

一登户部，上下兼裕，至与
耶律玦并称忠直，不亦
宜乎！

官，民间没有冤案；一次在户部供职，朝
廷和百姓全都富裕，以至于和耶律玦并
称忠诚正直，不也很恰当吗！

萧韩家奴传

导读

　　本篇选自《辽史·文学传》。从《文学传序》可以看出，契丹民族以游牧生活为主，骑马射箭是他们的优势，而舞文弄墨却非所长。契丹建国以来，尽管已经接受汉文化的影响，但依然崇尚武略，忽视文治。因此深受汉文化熏陶的东丹王不能继承大位，而以武功见长的耶律德光却可以顺利登上宝座。到圣宗时，经济文化相对繁荣，吟诗作画之风油然而生，上至圣宗、兴宗，下至群臣幕僚，都不乏诗画妙手。《辽史·文学传》中所录人物，大多生活在这一时期，萧韩家奴无疑就是其中的代表人物。他博览经史典籍，精通辽汉文字，是兴宗皇帝的诗友。传中所载他对策一文，洋洋洒洒数百言，论述了当时民生凋敝的原因，在于戍边的劳役太重太远，请求将戍所稍稍移近内地；又论述了百姓沦为"盗贼"的根源，请求轻徭薄赋，使百姓衣食丰足。行文流畅，言之成理。疏文上奏后，他被提升为翰林都林牙，兼修国史。他秉笔直书，毫无忌讳。又奉命和耶律庶成辑录遥辇可汗至重熙以来事迹。翻译《通历》《贞观政要》《五代史》等，自著有《六义集》十二卷。（选自卷一〇三）

原文

　　辽起松漠，太祖以兵经略方内，礼文之事固所未遑。及太宗入汴，取晋图书、礼器而北，然而制度渐

翻译

　　辽朝兴起在松漠地区，太祖以兵开创天下，礼节仪式自然无暇顾及。等到太宗进入汴京，夺取后晋的图书、礼器回到北方，然后典章制度才逐渐讲究起

以修举。至景、圣间，则科目聿兴，士有由下僚擢升侍从，骎骎崇儒之美。但其风气刚劲，三面邻敌，岁时以搜狝为务，而典章文物视古犹阙。然二百年之业，非数君子为之综理，则后世恶所考述哉。作《文学传》。

萧韩家奴，字休坚，涅剌部人，中书令安抟之孙。少好学，弱冠入南山读书，博览经史，通辽、汉文字。统和十四年始仕。家有一牛，不任驱策，其奴得善价鬻之。韩家奴曰："利己误人，非吾所欲。"乃归直取牛。二十八年，为右通进[①]，典南京栗园。

重熙初，同知三司使事[②]。四年，迁天成军节度使[③]，徙彰愍宫使[④]。帝与语，才之，命为诗友。尝从容问曰："卿居外有异闻乎？"韩家奴对曰："臣惟知炒栗：小者熟，则大者必生；

来。到景宗、圣宗时，则科举兴隆，儒士有从下僚擢升侍从的，可见急于推崇儒术的美意。只是契丹风气刚劲，三面和敌国接壤，一年四季以打猎为急务，因而典章文物比起古代来还嫌阙略。但是二百年的事业，如果没有这几位君子的综合整理，那么后世从哪里考订评述呢。作《文学传》。

萧韩家奴，字休坚，涅剌部人，中书令安抟的孙子。他从小好学，二十岁时到南山读书，博览经史，通晓辽、汉文字。统和十四年(996)开始做官。家中有一头牛，不听驱使，他的奴仆得到好价钱把牛卖了。韩家奴说："利己害人，不是我的愿望。"于是还钱取牛。二十八年(1010)，任右通进，主管南京栗园。

重熙初年，韩家奴同知三司使事。四年(1035)，升任天成军节度使，调任彰愍宫使。皇帝和他交谈，觉得他是人才，命为诗友。皇帝曾经从容地问他说："你在外做官，有奇异见闻吗？"韩家奴回答说："臣下只知道炒栗子：小的熟了，大的必定还生；大的熟了，小的必定焦糊。使大小都熟，才算完美。不知道别的。"原来他曾掌管栗园，所以借栗子委婉进谏。皇帝大笑。奉诏作《四时逸乐赋》，皇帝称好。

大者熟,则小者必焦。使大小均熟,始为尽美。不知其他。"盖尝掌栗园,故托栗以讽谏。帝大笑。诏作《四时逸乐赋》,帝称善。

注释　① 右通进:辽南面朝官名,掌进呈、发布臣僚奏疏。　② 同知三司使事:辽南面京官名,三司使属官。　③ 天成军:即祖州,辽置,治所在长坝县(今内蒙古巴林左旗西南石房子村)。　④ 彰愍官:辽景宗耶律贤的官帐。

原文

　　时诏天下言治道之要,制问:"徭役不加于旧,征伐亦不常有,年谷既登,帑廪既实,而民重困,岂为吏者慢、为民者惰欤? 今之徭役何者最重? 何者尤苦? 何所蠲省则为便益? 补役之法何可以复? 盗贼之害何可以止?"韩家奴对曰:

　　"臣伏见比年以来,高丽未宾,阻卜犹强,战守之备,诚不容已。乃者,选富民防边,自备粮糗。道路修阻,动淹岁月;比至屯所,费

翻译

　　当时降诏全国议论治理天下的要务,制书问:"徭役比过去没有增加,征战讨伐也不常有,年谷既已丰收,钱粮亦已满库,但是百姓极端贫困,难道是官吏的怠慢、百姓的懒惰吗? 当今的徭役哪项最重? 哪项最苦? 怎样裁减才能便利? 补役之法哪些可以免去? 盗贼之害怎样可以消除?"韩家奴应对说:

　　"臣下听说近年以来,高丽尚未臣服,阻卜还很强横,征战和戍守的准备,确实不容停止。从前,选取富人戍边,自带干粮。道路漫长难行,常常逗留很久;等到了屯驻地点时,费用已消耗过半;一头牛一辆车,都很少有返回的。那些没有丁壮的人家,用加倍的钱雇人替代,人们害怕劳苦,半路逃跑,因此戍

已过半;只牛单毂,鲜有还者。其无丁之家,倍直佣僦,人惮其劳,半途亡窜,故戍卒之食多不能给。求假于人,则十倍其息,至有鬻子割田,不能偿者。或逋役不归,在军物故,则复补以少壮。其鸭渌江之东,戍役大率如此。况渤海、女真、高丽合从连衡,不时征讨。富者从军,贫者侦候。加之水旱,菽粟不登,民以日困。盖势使之然也。

边士兵的粮食多不能满足。求借于人,则要十倍的利息,以致有人卖儿卖女,割让田地,都不能偿还。如果有人逃避戍役不回来,或者在军中死了,就重新补进青壮年。从鸭渌江以东,戍役大抵如此。况且渤海、女真、高丽合纵连横,常常征战讨伐。富人从军,穷人侦察。加上水旱,粮食歉收,百姓日益贫困。这些都是形势促成的啊。

原文

"方今最重之役,无过西戍。如无西戍,虽遇凶年,困弊不至于此。若能徙西戍稍近,则往来不劳,民无深患。议者谓徙之非便:一则损威名,二则召侵侮,三则弃耕牧之地。臣谓不然。阻卜诸部,自来有之。曩时北至胪朐河[①],南至边境,人多散居,无所统壹,惟

翻译

"当今最繁重的劳役,莫过于戍守西部边界。如果没有西部边界的戍役,即使遇到灾年,也不至于这样困苦。如果能够把戍守西边的处所稍稍移近,那么往来就不再劳苦。百姓也没有大患了。议论的人说迁移戍处所没有好处:一是有损威名,二是招惹侵侮,三是丢弃了耕种放牧的场地。臣下认为并非如此。阻卜各部落,自来就存在。从前北至胪朐河,南至边界,人多分散居住,无法统一,唯有往来互相劫掠。等

往来抄掠。及太祖西征,至于流沙,阻卜望风悉降,西域诸国皆愿入贡。因迁种落,内置三部,以益吾国,不营城邑,不置戍兵,阻卜累世不敢为寇。统和间,皇太妃出师西域,拓土既远,降附亦众。自后一部或叛,邻部讨之,使同力相制,正得驭远人之道。及城可敦,开境数千里,西北之民,徭役日增,生业日殚。警急既不能救,叛服亦复不恒。空有广地之名,而无得地之实。若贪土不已,渐至虚耗,其患有不胜言者。况边情不可深信,亦不可顿绝。得不为益,舍不为损。国家大敌,惟在南方。今虽连和,难保他日。若南方有变,屯戍辽邈,卒难赴援。我进则敌退,我还则敌来,不可不虑也。方今太平已久,正可恩结诸部,释罪而归地,内徙戍兵以增堡障,外明约束

到太祖西征时,抵达流沙,阻卜望风全部投降,西域各国都甘愿进贡。因此迁移这一部族,在内地安置三个部落,以辅助我国,不修建城镇,不设置守兵,阻卜历代都不敢作乱。统和年间,皇太妃出师西域,开拓的疆土既已辽阔,归顺的部族也不断增多。从此以后某一部族叛乱,相邻部族便去征讨,使相同的力量互相牵制,真正掌握了驾驭边远部族的方法。等到修建可敦城,开拓疆域几千里,西北地区的百姓,徭役不断增加,谋生的职业逐渐枯竭。情况紧急既不能救援,叛乱和归顺又反复无常。空有拓广领土的名声,却没有获取土地的实利。如果贪得土地,毫无止境,渐渐消耗以至于国力空虚,这样一来后患就说不清了。何况边境的情况既不能深信不疑,也不能断然否决。得到算不上有利,舍弃也不算受损。国家最大的敌人,唯一的是在南方。现在虽然相互和好,但是难以确保今后。假如南方发生变故,屯田戍边的军队相距遥远,终究难以赶来增援。我进则敌退,我回则敌来,不能不担忧啊。当今承平日久,正可用恩德笼络各部族,赦免罪过从而归还他们的土地,对内迁移守军,增加堡垒屏障,对外确立条约,划定边界。各

以正疆界。每部各置酋长，岁修职贡。判则讨之，服则抚之。诸部既安，必不生衅。如是，则臣虽不能保其久而无变，知其必不深入侵掠也。或云，弃地则损威。殊不知殚费竭财，以贪无用之地，使彼小部抗衡大国，万一有败，损威岂浅？或又云，沃壤不可遽弃。臣以为土虽沃，民不能久居，一旦敌来，则不免内徙，岂可指为吾土而惜之？

"夫帑廪虽随部而有，此特周急部民一偏之惠，不能均济天下。如欲均济天下，则当知民困之由，而窒其隙。节盘游，简驿传，薄赋敛，戒奢侈。期以数年，则困者可苏，贫者可富矣。盖民者国之本，兵者国之卫。兵不调则旷军役，调之则损国本。且诸部皆有补役之法。昔补役始行，居者、行者类皆富实，故累世

个部族分别设置酋长，每年具礼进贡，反叛就加以征讨，臣服就给予安抚。各个部族既已安定，就一定不会再起争端。如果这样，臣下虽然不能保证他们永远不会发生变故，却知道他们必定不会深入内地抢劫了。有人说，抛弃土地就有损威严。殊不知竭尽钱财，用来贪求没有用处的土地，使当地的小部落对抗大国，万一我们有所失利，损害威严难道小吗？有人又说，肥沃的土地不可匆忙丢弃。臣下以为土地虽然肥沃，但是百姓不能长期居住，一旦敌人到来，就不免迁居内地，难道可以指认为自己的国土而惋惜吗？

"钱库粮仓虽然每个部落都有，但是仅仅是周济部民的一点恩惠，并不能普遍救济天下的百姓。如果想要普遍救济天下的百姓，就应当知道百姓困苦的缘由，从而堵塞那些漏洞。节制游乐，精简驿传，减省赋敛，戒除奢侈。等到几年以后，窘迫的人可以解脱困境，贫穷的人可以富裕起来。百姓是国家的根本，军队是国家的警卫。军队不调发就会旷废兵役，调发就会耗损国本。而且各部族都有补役的法则。过去补役法开始推行时，留在家和去戍边的人大抵都富裕，所以世世代代从军戍边，

从戍，易为更代。近岁边虞数起，民多匮乏，既不任役事，随补随缺。苟无上户，则中户当之。旷日弥年，其穷益甚，所以取代为艰也。非惟补役如此，在边戍兵亦然。譬如一抔之土，岂能填寻丈之壑！欲为长久之便，莫若使远戍疲兵还于故乡，薄其徭役，使人人给足，则补役之道可以复故也。

"臣又闻，自昔有国家者，不能无盗。比年以来，群黎凋弊，利于剽窃，良民往往化为凶暴。甚者杀人无忌，至有亡命山泽，基乱首祸。所谓民以困穷，皆为盗贼者，诚如圣虑。今欲芟夷本根，愿陛下轻徭省役，使民务农。衣食既足，安习教化，而重犯法，则民趋礼义，刑罚罕用矣。臣闻唐太宗问群臣治盗之方，皆曰：'严刑峻法。'太宗笑曰：'寇盗所以滋者，由赋敛无度，

容易轮换。近年来边患频仍，百姓大多贫乏，已经承受不起兵役，所以随补随缺。如果没有上等户，就由中等户担当兵役。旷日持久，百姓越加穷困，所以轮换就艰难了。不仅补役是这样，在边境的守军也是这样。比如用一抔土，怎能填满一丈大沟呢！想图长久利益，不如让戍守远方的疲兵返回故乡，减轻他们的徭役，使人人富足，那么补役的方法就可以恢复旧貌了。

"臣下又听说，自古有国家，就不可能没有盗贼。近年以来，大批百姓贫穷困乏，很容易抢劫偷盗，良民也往往变成暴徒。更厉害的是杀人无所顾忌，甚至逃亡在山林湖泽中，成为祸乱的根基和元凶。所谓百姓因为穷困，大都变成盗贼，正如皇上担心的那样。现在打算消除祸根，希望陛下减轻徭役，使百姓专心种地。衣食既已丰足，就会安心接受教化，从而不轻易犯法，那么百姓就会崇尚礼仪，刑罚也就难得使用了。臣下听说唐太宗问臣僚们治盗的方法，大家都说：'严刑峻法'。唐太宗笑着说：'盗贼之所以产生，是因为赋敛没有节制，百姓无法生活。现在我对内减少嗜好，在外取消游幸，使天下安宁，那么盗贼自然消失了。'从这点来考察，盗贼的

民不聊生。今朕内省嗜欲，外罢游幸，使海内安静，则寇盗自止。'由此观之，寇盗多寡，皆由衣食丰俭，徭役重轻耳。

"今宜徙可敦城于近地，与西南副都部署乌古敌烈、隗乌古等部声援相接。罢黑岭二军②，并开、保州③，皆隶东京；益东北戍军及南京总管兵。增修壁垒，候尉相望，缮完楼橹，浚治城隍，以为边防。此方今之急务也，愿陛下裁之。"

多少，完全是看衣食的丰俭和徭役的轻重啊。

"现在应当把可敦城迁到近处，和西南副都部署的乌古敌烈、隗乌古等部族能够互相声援。撤销黑岭二军，合并开州、保州，全部隶属东京；增加东北边防军和南京总管的兵员。增修堡垒，使哨所边卡比邻相望，修整瞭望台，疏通城壕，以便构成边境防线。这是当前的急务，希望陛下裁决。"

注释　①胪朐河：即今蒙古境内克鲁伦河。　②黑岭二军：不详。　③开：州名。辽置，治开远县（今辽宁凤城）。保州：高丽置，治来县（在今朝鲜平安北道义州与新义州之间）。

原文

擢翰林都林牙①，兼修国史。仍诏谕之曰："文章之职，国之光华，非才不用。以卿文学，为时大儒，是用授卿以翰林之职。朕之起居，悉以实录。"自是日见亲

翻译

擢升翰林都林牙，兼修国史。照例下诏晓谕他说："文章的职任，代表国家的光华，没有才能就不予任用。论你的文章学术，是当今的大儒，所以授予你翰林之职。我的起居，你都要如实记录。"从此韩家奴渐渐受到宠爱和信任，

信,每入侍,赐坐。遇胜日,帝与饮酒赋诗,以相酬酢,君臣相得无比。韩家奴知无不言,虽谐谑不忘规讽。

每逢入宫侍奉,都要赐给座位。遇到喜庆日子,皇帝和他饮酒赋诗,互相敬酒,君臣之间无比投契。韩家奴知无不言,即使谐戏也不忘规劝讽喻。

注释　① 翰林都林牙:辽南面朝官名。掌文翰之事,为翰林院的最高长官。

原文

十三年春,上疏曰:"臣闻先世遥辇可汗洼之后,国祚中绝;自夷离堇雅里立阻午,大位始定。然上世俗朴,未有尊称。臣以为三皇礼文未备,正与遥辇氏同。后世之君以礼乐治天下,而崇本追远之义兴焉。近者唐高祖创立先庙,尊四世为帝。昔我太祖代遥辇即位,乃制文字、修礼法,建天皇帝名号,制宫室以示威服,兴利除害,混一海内。厥后累圣相承,自夷离堇湖烈以下,大号未加,天皇帝之考夷离堇的鲁犹以名呼。臣以为宜依唐典,追崇四祖为皇帝,

翻译

十三年(1044)春,韩家奴上疏说:"臣下听说先世遥辇可汗洼之后,帝位中断;自从夷离堇雅里拥立阻午为可汗,皇帝才确定下来。但是先世风俗淳朴,没有尊称。臣下以为三皇时礼节仪式尚未完备,正与遥辇氏时相同。后世的君主以礼乐治理天下,从而产生了崇尚本原、追溯远祖的意念。较近的有唐高祖创立先庙,尊崇四代的祖先为帝。从前我太祖取代遥辇即位,于是制作文字,编修礼法,建立天皇帝的名号,规整宫室以显示威风,兴利除害,统一天下。此后历代皇帝相承,从夷离堇湖烈以下,都没有追加帝号,天皇帝的父亲夷离堇的鲁仍然称呼名字。臣下认为应当依照唐朝的制度,追崇四位祖先为皇帝,那么陛下不仅恢宏祖业有光彩,而且被破坏的制度又可以复兴了。"疏上奏后,皇帝采纳了他的意见,开始举行

则陛下弘业有光，坠典复举矣。"疏奏，帝纳之，始行追册玄、德二祖之礼。

韩家奴每见帝猎，未尝不谏。会有司奏猎秋山①，熊虎伤死数十人，韩家奴书于册。帝见，命去之。韩家奴既出，复书。他日，帝见之曰："史笔当如是。"帝问韩家奴："我国家创业以来，孰为贤主？"韩家奴以穆宗对。帝怪之曰："穆宗嗜酒，喜怒不常，视人犹草芥，卿何谓贤？"韩家奴对曰："穆宗虽暴虐，省徭轻赋，人乐其生。终穆之世，无罪被戮，未有过今日秋山伤死者。臣故以穆宗为贤。"帝默然。

追册玄、德二祖的仪式。

韩家奴每次看见皇帝打猎，没有不规劝的。正巧有关方面上奏皇帝在秋山打猎，熊和虎使几十人或死或伤，韩家奴将此事写进史册。皇帝看见，命令删去这条记载。韩家奴退出后，重新记载下来。有一天，皇帝见到他说："记载历史就该这样。"皇帝问韩家奴："我们国家创业以来，谁是贤明君主？"韩家奴回答说是穆宗。皇帝责问他说："穆宗嗜酒，喜怒无常，视人命如草芥，你怎么说他贤明呢？"韩家奴回答说："穆宗虽然凶残，但轻徭薄赋，人人安居乐业。在整个穆宗朝，无辜被杀的人，远没有超过这次在秋山死伤的人数。臣下因此认为穆宗贤明。"皇帝默然无语。

注释　① 秋山：泛指辽帝秋季打猎之山，辽帝秋猎多在庆州（在今内蒙古巴林右旗境）西境各山。

原文

诏与耶律庶成录遥辇可汗至重熙以来事迹①，集

翻译

韩家奴奉诏和耶律庶成编录从遥辇可汗到重熙年间以来的事迹，集为二

为二十卷,进之。十五年,复诏曰:"古之治天下者,明礼义,正法度。我朝之兴,世有明德,虽中外向化,然礼书未作,无以示后世。卿可与庶成酌古准今,制为礼典。事或有疑,与北、南院同议。"韩家奴既被诏,博考经籍,自天子达于庶人,情文制度可行于世,不缪于古者,撰成三卷,进之。又诏译诸书,韩家奴欲帝知古今成败,译《通历》《贞观政要》《五代史》。

时帝以其老,不任朝谒,拜归德军节度使②。以善治闻。帝遣使问劳,韩家奴表谢。召修国史,卒,年七十二。有《六义集》十二卷行于世。

十卷,进呈。重熙十五年(1046),又下诏说:"古人治理天下,讲明礼仪道义,修订法度。我朝的兴盛,每代都有完美的德行,虽然朝廷内外都向往教化,但礼节尚未编修,不能垂范后世。你可与庶成参酌古代对照当今,编成礼仪法典。事情或有疑问,就和北、南枢密院共同商议。"韩家奴接受诏书后,广泛考查典籍,从天子到平民,所用礼节仪式可行于当今,而又不和古代抵触的记载,编成三卷,进呈。又下诏翻译各种图书。韩家奴想让皇帝通晓古今成败,翻译了《通历》《贞观政要》《五代史》。

当时皇帝因为韩家奴年老,经不起朝会拜见的辛劳,所以拜任归德军节度使。韩家奴以善于治理著闻。皇帝派遣使者慰劳,韩家奴上表感谢。召入朝修国史,去世,终年七十二岁。有《六义集》十二卷流传于世。

注释 ① 耶律庶成:字喜隐,小字陈六,辽皇族。历任枢密直学士,曾译医书,参与修订实录、礼书和法令等,官至林牙。后被妻子诬陷,免官流放。 ② 归德军:即来州,辽置,治所在来宾县(今辽宁绥中西南)。

原文

论曰：统和、重熙之间，务修文治，而韩家奴对策，落落累数百言，概可施诸行事，亦辽之晁、贾哉。

翻译

评语：统和、重熙年间，致力于振兴文治，萧韩家奴对策，洋洋洒洒数百言，大都可以具体施行，他就是辽朝的晁错、贾谊啊。

大 公 鼎 传

导读

大公鼎(1043—1121)是作为能干的官吏入选《辽史·能吏传》的。他奏请罢免兴修河堤之役以保护民力,请求禁止鹰坊司官吏扰害百姓以发展生产,拒绝公主的借贷,平息东京的骚乱,官至中京留守,的确称得上能吏。辽天祚皇帝虽然能任用大公鼎这样的人物,但重用的却是萧奉先等人,以致民怨沸腾,人心惶惶,穷困百姓揭竿起义,加之女真族已很强大,辽王朝的灭亡就是历史的必然了。(选自卷一〇五)

原文

大公鼎,渤海人,先世籍辽阳率宾县①。统和间,徙辽东豪右以实中京,因家于大定②。曾祖忠,礼宾使。父信,兴中主簿。

翻译

大公鼎,渤海人,祖籍为辽阳率宾县。统和年间,迁移辽东的豪强大族充实中京,他的祖先因而移居大定。曾祖大忠,任礼宾使。父亲大信,为兴中县主簿。

注释 ① 率宾县:辽置,当在今辽宁境。 ② 大定:县名,辽置,治所在今内蒙古宁城县西大名城。

原文

公鼎幼庄愿,长而好学。咸雍十年,登进士第,

翻译

大公鼎从小端庄诚实,成年后好学。咸雍十年(1074),考中进士,调任

调沈州观察判官。时辽东雨水伤稼，北枢密院大发濒河丁壮以完堤防。有司承令峻急，公鼎独曰："边障甫宁，大兴役事，非利国便农之道。"乃疏奏其事。朝廷从之，罢役，水亦不为灾。濒河千里，人莫不悦。改良乡令，省徭役，务农桑，建孔子庙学，部民服化。累迁兴国军节度副使[①]。

时有隶鹰坊者，以罗毕为名，扰害田里。岁久，民不堪。公鼎言于上，即命禁戢。会公鼎造朝，大臣谕上嘉纳之意，公鼎曰："一郡获安，诚为大幸；他郡如此者众，愿均其赐于天下。"从之。徙长春州钱帛都提点[②]。车驾如春水[③]，贵主例为假贷，公鼎曰："岂可辍官用，徇人情？"拒之。颇闻怨詈语，曰："此吾职，不敢废也。"俄拜大理卿，多所平反。

沈州观察判官。当时辽东雨水毁伤庄稼，北枢密院大量调发沿河壮丁加固堤防。有关部门接受命令后严厉急躁，唯独大公鼎说："边防刚刚安定，大兴劳役，并不是造福国家便利农业的方法。"于是上奏陈述这件事。朝廷听从了他的意见，罢免了劳役，水也没有成灾。沿河千里的地方，百姓没有不高兴的。改任良乡令，减省徭役，扶持农业和纺织业，兴建孔子庙学，所部百姓归服教化。大公鼎加官升任兴国军节度副使。

当时有隶属鹰坊的差吏，以布设罗网为名，骚扰和为害乡村。时间一长，百姓不能忍受。大公鼎启奏皇上，当即下令禁止。正巧大公鼎入朝，大臣把皇上夸奖并采纳他的建议的旨意告诉了他，大公鼎说："一郡获得安宁，的确非常幸运；其他郡类似情形很多，希望把这种幸运普遍赏赐天下。"朝廷听从了他的意见。调任长春州钱帛都提点。御驾临幸春水，公主依例借贷钱财，大公鼎说："怎么可以中止公家的用度，屈从人情呢？"拒绝借贷。听了好些埋怨咒骂的言语，大公鼎说："这是我的职责，不敢废弃啊。"不久拜任大理卿，平反的冤案很多。

注释 ① 兴国军:即龙化州,辽置,治龙化县(在今内蒙古奈曼旗西北)。 ② 长春州:辽治,治长春县(今吉林大安东南)。钱帛都提点:官名,主管钱财。 ③ 春水:指辽皇帝春季渔猎的场所,多在鸭子河泺(在今吉林大安东北一带)。

原文

天祚即位,历长宁军节度使、南京副留守,改东京户部使。时盗杀留守萧保先,始利其财,因而倡乱。民亦互生猜忌,家自为斗。公鼎单骑行郡,陈以祸福,众皆投兵而拜曰:"是不欺我,敢弗听命。"安辑如故。拜中京留守,赐贞亮功臣,乘传赵官。时盗贼充斥,有遇公鼎于路者,即叩马乞自新。公鼎给以符约,俾还业,闻者接踵而至。不旬日,境内清肃。天祚闻之,加赐保节功臣。时人心反侧,公鼎虑生变,请布恩惠以安之,为之肆赦。

公鼎累表乞归,不许。会奴贼张撒八率无赖啸

翻译

辽天祚帝即位,大公鼎历任长宁军节度使、南京副留守,改任东京户部使。当时盗贼杀害留守萧保先,最初是贪图他的财产,随后作乱。百姓也互相猜忌,家人自相争斗。大公鼎单人匹马巡行郡中,陈诉祸福利害,大家都扔下武器跪拜说:"这不是欺骗我们,不敢不听从命令。"安定和睦如初。拜任中京留守,赐号贞亮功臣,乘坐驿站的马车赴任。当时盗贼充斥,有人在途中遇到大公鼎,就在马前叩头请求改过自新。大公鼎发给符契,让他们回家就业,听到此事的盗贼接踵而来。不到十天,辖境安宁。天祚帝听说后,加赐保节功臣。当时人心不安。大公鼎怕生变乱,请求布施恩惠来安定人心,因此大赦天下。

大公鼎多次上表请求退休,没有被批准。正巧奴贼张撒八率领无赖啸聚,大公鼎打算攻打他们而势有不能,感叹说:"我早就想退休了。被世事牵累,不幸到了这个地步,难道是命数吗!"因而

聚①,公鼎欲击而势有不能。叹曰:"吾欲谢事久矣。为世故所牵,不幸至此,岂命也夫!"因忧愤成疾。保大元年卒,年七十九。

忧愤致病。保大元年(1121)去世,享年七十九岁。

注释 ① 张撒八:辽人。天庆九年(1119),他劝诱东京射粮军,聚众造反,自称皇帝,后被耶律余睹镇压。

原文

论曰:孟子谓"民为贵,社稷次之"①,司牧者当如何以尽心?公鼎奏罢完堤役以息民,拒公主假贷以守法,单骑行郡,化盗为良,庶几召、杜之美②。

翻译

评语:孟子称"老百姓是最重要的,国家是次一等的",官吏应当如何尽心尽职呢?大公鼎上奏阻止加固河堤的劳役而让百姓休息,拒绝公主的借贷而坚守法纪,单人匹马行走郡中,变盗贼为良民,差不多有召信臣、杜诗那样的美名了。

注释 ① 语出《孟子·尽心下》。"社稷"本指土神和谷神,后来借指国家。② 召(shào):召信臣,西汉时人。杜:杜诗,东汉时人。两人先后为南阳太守,都能兴修水利,注重农业,当时有"前有召父,后有杜母"之语。后来就用"召父杜母"作为颂扬地方官政绩的套话。

耶律常哥传

导读

耶律常哥是一位奇女子,她操行高洁,终身没有出嫁;擅长赋诗作文,但不轻易写作。耶律乙辛多次向她求诗,她就用回文诗加以讽刺,因此遭到忌恨,大康三年(1077)被诬陷,和兄长一道奔赴贬所。她关心国家大事,对皇太子的无辜被害,悲愤不已。从传中所载《述时政文》来看,她不仅熟知治国方略,而且明了时政缺失,可惜她生不逢时,不能施展才华。对她的建议,道宗虽然称赞,却不能付诸行动,事实上却反其道而行之,所以辽王朝难免一步步走向衰亡了。(选自卷一〇七)

原文

耶律氏,太师适鲁之妹,小字常哥。幼爽秀,有成人风。及长,操行修洁,自誓不嫁。能诗文,不苟作。读《通历》①,见前人得失,历能品藻。

咸雍间,作文以述时政。其略曰:"君以民为体,民以君为心。人主当任忠贤,人臣当去比周,则政化平,阴阳顺。欲怀远,则崇

翻译

耶律氏,太师适鲁的妹妹,小字常哥。从小清秀,有成人的风姿。等到成年后,操行高洁,自己立誓不嫁人。她擅长赋诗作文,但不轻易写作。阅读《通历》,见到古人的得失,一一都能品评。

咸雍年间,耶律氏撰文评论时政。文章大意是:"君主以百姓为根本,百姓以君主为中心。人主应当任用忠良贤才,人臣应当戒除结党营私,就会政治开平,阴阳调顺。打算怀柔远人,就要崇尚恩德;打算富强国家,就要轻徭薄

恩尚德；欲强国，则轻徭薄赋。四端五典为治教之本②，六府三事实生民之命③。淫侈可以为戒，勤俭可以为师。错枉则人不敢诈，显忠则人不敢欺。勿泥空门，崇饰土木；勿事边鄙，妄费金帛。满当思溢，安必虑危。刑罚当罪，则民劝善。不宝远物，则贤者至。建万世磐石之业，制诸部强横之心。欲率下，则先正身；欲治远，则始朝廷。"上称善。

赋。四端五典是政治教化的根本，六府三事是平民百姓的命脉。淫侈可以作为鉴戒，勤俭可以作为老师。罢免奸邪则人们不敢欺诈，显扬忠良则人们不敢相欺。不要拘泥于佛教，大兴土木；不要致力于边界，空耗金帛。饱满时要想到有溢出的时候，安乐时要想到有危难的情况。惩罚应当治罪的人，百姓就会努力向善。不看重远方的宝物，贤才就会到来。建立千秋万世坚如磐石的基业，制服各部落强暴专横的野心。想要表率下属，就先要端正自身；想要治理远方，就要从朝廷开始。"皇上称好。

注释 ①《通历》：书名，唐马总撰。分十卷，纂述上古至隋朝历代兴亡大事。② 四端：指恻隐、羞恶、辞让、是非四端，是儒家所谓人所固有的四种德性。五典：即五常，指五种封建伦理道德，即父义、母慈、兄友、弟恭、子孝。 ③ 六府：古代认为金、木、水、火、土、谷是储藏货财的地方，故称六府。三事：指正德、利用、厚生三件事。

原文

时枢密使耶律乙辛爱其才，屡求诗，常哥遗以回文①。乙辛知其讽己，衔之。大康三年，皇太子坐事，乙辛诬以罪，按无迹，获免。会兄适鲁谪镇州，常哥与

翻译

当时枢密使耶律乙辛喜爱她的才华，屡次求诗，常哥就用回文诗相赠。乙辛知道她讥讽自己，因此怀恨在心。大康三年(1077)，皇太子因事获罪，耶律乙辛以罪名诬陷她，审查却没有罪证，得到赦免。恰巧兄长适鲁贬往镇

俱,常布衣疏食。人问曰:
"何自苦如此?"对曰:"皇储
无罪遭废,我辈岂可美食安
寝?"及太子被害,不胜哀
痛。年七十,卒于家。

州,常哥随同前去,常常布衣疏食。有
人问她:"为什么这般苦自己?"她回答
说:"皇太子没有罪却被废,我们怎能美
食安睡呢?"等到太子被杀害,她不胜悲
痛。七十岁时,她在家中去世。

注释 ① 回文:诗体名。通常指可以倒读的诗。

罗 衣 轻 传

导读

　　罗衣轻是一个伶人,伶人是供皇帝娱乐的卑微人物。他们或以歌舞见长,或以幽默风趣受到宠爱。其中一些有见识的人,往往诙谐委婉地规劝皇帝,获得意想不到的效果;或因触怒皇帝而身陷绝境,却又三言两语化险为夷,令人喝彩。罗衣轻正是一个出色的伶人,他先是戏弄兴宗而险遭杀戮,接着又委婉地讽刺兴宗好战而又缺少唐太宗的雄才大略,令兴宗不得不赦免了他。当兴宗醉心赌博,不惜将城池一座一座地输给耶律重元时,罗衣轻又从旁点醒,使兴宗幡然悔悟。(选自卷一〇九)

原文

　　罗衣轻,不知其乡里,滑稽通变,一时谐谑,多所规讽。

　　兴宗败于李元昊也[①],单骑突出,几不得脱。先是,元昊获辽人,辄劓其鼻,有奔北者,惟恐追及。故罗衣轻止之曰:"且观鼻在否?"上怒,以毳索系帐后,将杀之。太子笑曰:"打诨

翻译

　　罗衣轻,不知他的籍贯。他滑稽变通,不时诙谐戏谑,多有讽谏。

　　兴宗败给李元昊,单骑冲出,几乎不能逃脱。在这以前,元昊抓获辽人,就割掉他的鼻子,因此战败逃跑的人,都怕被追上。所以罗衣轻拦住皇上说:"且看鼻子在不在?"皇上恼羞成怒,用细绳把他捆在帷帐后面,打算处死他。太子笑着说:"打诨的却不是黄幡绰!"罗衣轻应声说:"用兵的也不是唐太宗!"皇上听说后赦免了他。

底不是黄幡绰②！"罗衣轻应
声曰："行兵底亦不是唐太
宗！"上闻而释之。

注释 ① 李元昊：公元 1038 年称帝，国号大夏。 ② 黄幡绰：唐时伶人。唐玄宗
命他作诗取笑刘文树，刘文树向他行贿，他接受后照样呈上打趣刘文树的诗章。

原文

　　上尝与太弟重元狎昵，
宴酣，许以千秋万岁后传
位。重元喜甚，骄纵不法。
又因双陆①，赌以居民城
邑。帝屡不竞，前后已偿数
城。重元既恃梁孝王之
宠②，又多郑叔段之过③，朝
臣无敢言者，道路以目。一
日复博，罗衣轻指其局曰：
"双陆休痴，和你都输去
也！"帝始悟，不复戏。清宁
间，以疾卒。

翻译

　　皇上曾和太弟耶律重元亲昵，宴乐
酣饮，答应千秋万岁后传位给他。重元
得意非凡，骄纵不法。又因双陆游戏，
用居民城镇作赌注，皇帝屡次失手，前
后已经输掉好几座城池。重元既倚仗
梁孝王一样的宠爱，又多有郑叔段那样
的罪恶，朝廷大臣没有人敢于直言其
事，路上相遇也只能用眼示意。有一天
皇帝和重元又在赌博，罗衣轻指着赌局
说："双陆休要痴呆，连你都得输掉啊！"
皇上方才醒悟，不再赌博。清宁年间，
罗衣轻因病去世。

注释 ① 双陆：古代博戏名。局如棋盘，左右各有六路，黑白各十五枚马，两人相
博，骰子掷采行马，先出完者获胜。 ② 梁孝王(？—前 144)：即刘武，汉景帝弟。
景帝答应传位给他，同车入宫出猎，太后更欲立为太子。后因遣人刺杀大臣，被景
帝疏远。 ③ 郑叔段：即春秋时郑庄公的弟弟共叔段，又称京城大叔。恃母姜氏宠
爱，多行不义，最终遭到庄公讨伐，逃亡到共(今河南辉县)。

金史

杨世文

祝尚书

李文泽　译注

王晓波

曾枣庄　审阅

导　言

金，是我国东北的一个古老民族女真族建立的王朝，共历九帝，一百二十年(1115—1234)。

女真的先世，可以上溯到肃慎。历史上的挹娄(yì lóu)、勿吉、靺鞨(mò hé)，都与女真人有渊源关系。五代时，靺鞨人的一支黑水靺鞨南迁，契丹人称这些黑水靺鞨为女真。在南者隶属辽籍，号熟女真；在北者不在辽籍，号生女真。建立金王朝的完颜部就属于生女真。

女真完颜部从始祖函普开始，经历四代人的发展，到昭祖石鲁时，"稍以条教为治"，部落逐渐强盛。到六世景祖乌古乃时，辽以他为生女真部节度使，完颜部始建官属，渐立纪纲。经过世祖、肃宗的不断征战，到穆宗盈歌时，完颜部落联盟已有相当规模，女真社会开始向阶级社会过渡。

女真民族在发展过程中，受到契丹贵族的掠夺与压迫，女真与契丹的民族矛盾十分尖锐。生女真所在之地，出产北珠、人参、生金、松实、白附子、蜜蜡、麻布以及名鹰海东青。契丹人强迫生女真上贡土产，肆意搜刮，还常常凌辱殴打女真人，称为"打女真"。辽朝的"银牌天使"每到生女真地，要在中下户人家留宿，并由未出嫁的女子陪伴。后来搜求海东青的使者络绎不绝，只择漂亮女人陪宿，不问有夫与否和门第高低，这激起了女真人民尤其是上层人士的强烈不满。完颜部落联盟首领、女真族杰出的民族英雄阿骨打以向辽人索回叛逃者阿疏为名，发动了反辽战争。1115 年，阿骨打即皇帝位，是为金太祖，定国号为"大金"，年号收国。金王朝的建立，标志着女真族踏入了文明社会的大门。

阿骨打建国后,废除了女真族原来的国相制,建立勃极烈制度,作为最高统治机构。整顿猛安谋克,把它作为一种地方行政和军事组织确定下来。猛安谋克制度对金代的政治、军事、社会和经济产生过重要影响。天辅七年(1123)攻克燕京后,在广宁(今辽宁北镇)仿辽南北面官制设枢密院,以笼络汉族地主,稳定中原一带的统治秩序。太宗吴乞买继位后,对外奉行"灭辽举宋"政策,对内"议礼制度,治历明时,缵以武功,述以文事,经国规摹,至是始定"(《金史》卷三《太宗纪》赞语),金朝的统治规模逐渐完备。

在对辽战争之初,天辅元年(1116)十二月,宋遣使渡海赴金,相约夹攻辽国。后来议定,宋在灭辽后,把每年输辽的岁币转给大金,金将燕京一带汉地归宋;金攻辽中京,宋取燕京。这就是所谓的"海上之盟"。在宋金交涉过程中,宋朝政治的腐败、军事的虚弱暴露无遗。金在天会三年(1125)俘辽天祚帝,灭掉辽后,便以宗翰、宗望为主将,率军分两路伐宋。天会四年(1126),金兵攻破宋都汴京(今河南开封),次年,俘宋徽、钦二帝,北宋亡。金扶植张邦昌建立"大楚"傀儡政权(仅存三十三天)。天会七年(1129),金兵再度南侵,渡江追击宋高宗赵构,遭到南宋人民的坚决抵抗。金统治者遂扶植刘豫,建立大齐傀儡政权。以后,金、大齐对宋展开过联合攻势,终因南宋军民的抵抗而接连失利,宋金形成南北对峙局面。

如果说太祖、太宗为金王朝奠定了立国规模的话,熙宗完颜亶、海陵王完颜亮在位的二十六年(1135—1161)则是金朝各种制度逐渐完备、社会经济恢复发展的时期。熙宗即位后,仿辽、宋设三省六部制,吸收了中原地区先进的官僚制度。天会十五年(1137),废刘豫政权,在汴京设行台尚书省;天眷元年(1138)改燕京枢密院为行台尚书省。同年颁布新官制及换官格,定勋封食邑制度。海陵王时,先后废除了行台尚书省和中书门下省,只置尚书省,自省以下,有院、台、府、司、寺、监、局、署、所。颁行正隆官制。金一代的官制在熙宗、海陵王时期确定,从此以后无大的变动。熙宗、海陵王时还对"金国旧俗"加以变革。海陵王迁都燕京,对于强化中央集权,加速女真封建化,促进女真与汉族融合,接受中原地区的先进文化,具有重要意义。以后元、明、清三代皆以燕京为都城,燕京成为我国重要的政治、文化中心。

自绍兴和议后,金、宋保持了二十年的和好局面。完颜亮杀熙宗,篡夺皇位后,雄心勃勃,"耻为夷狄,欲绍中国之正统",企图统一南北。正隆六年(1161),海陵王到汴京,亲自率兵攻宋。当年十月,完颜雍即位于辽阳,改元大定,是为世宗。完颜亮在采石矶被宋将虞允文打败后,退兵瓜洲,被部将杀死。

世宗、章宗统治的半个世纪,金王朝对外与宋议和,对内镇压契丹、汉人起义,社会安定,经济发展,统治稳固,是金朝的极盛时期。特别是金世宗,堪称一代英主。在位期间,注意整顿吏治,提倡节俭,与民休息,放免奴婢,劝课农桑,缓和阶级矛盾,金朝社会出现了繁荣太平景象,世宗因此号称"小尧舜"。

章宗"承世宗治平日久,宇内小康",到泰和七年(1207)时,户数、口数从大定二十七年(1187)的 6789449 户、44755086 口增加到 7684438 户、45816079 口,是金朝户口最多的一年。但章宗后期,金朝已开始走下坡路。土地兼并日趋严重,北边的鞑靼、南边的南宋,始终是金朝的心腹大患。而北方兴起的蒙古,更构成了对金王朝的严重威胁。卫绍王时,成吉思汗已多次南侵。宣宗贞祐二年(1214),为避蒙古兵锋,南迁汴京。这时经济凋敝,政府腐败,河北、山东人民纷纷起义,反抗金朝统治,影响最大的是红袄军,给金王朝以沉重打击。金哀宗时,蒙古军队展开了强大的攻势,金朝在经历一百二十年的统治之后灭亡。

《金史》一百三十五卷,是研究金代历史、文化最重要的文献,后人把它列入正史,是"二十四史"之一。

　　《金史》的编纂时间,开始于元顺帝至正三年(1343)三月,到次年十一月成书。初由丞相脱脱任都总裁官,主持修史,到修成时脱脱已罢相,由新相阿鲁图奏上。在不到两年时间里,修成这样一部巨著,这首先是由于金代史料较为完备地保存了下来,为《金史》的修撰奠定了文献基础。其次,早在元世祖时,刘秉忠、王鹗已先后请求修《金史》,仁宗时,袁桷请求征集金代史料,英宗时,虞集又请修《金史》。有了这几次修撰基础,顺帝时成书就比较容易了。

　　元修《金史》所依据的材料极为丰富。首先,金代官修的实录比较完备。从太祖阿骨打以下至宣宗诸帝都有实录,如《太祖实录》二十卷、纥石烈《太宗实录》、郑子聃《熙宗实录》、完颜匡《世宗实录》、高汝砺《章宗实录》、完颜匡《海陵实录》、王若虚《宣宗实录》。只有卫绍王和哀宗无实录。此外还有完颜勖《始祖以下十帝实录》三卷。实录之外,还有大量起居注、国史,包括历代皇帝本纪和功臣列传。这些是元修《金史》最重要的资料来源。其次,有关金代历史、文化的大量著述当时完整地保存了下来,如宇文懋昭《大金国志》四十卷、杨廷秀《金四朝圣训》、史公奕《大定遗训》、杨云翼《大金礼仪》、张晔《大金集礼》四十卷、《大金吊伐录》等。而金、元之际元好问、刘祁的有关著述尤其值得一提。

　　元好问(1190—1257),字裕之,号遗山,是金、元之际最重要的文学家、诗人。金末曾做过行尚书省左司员外郎,金亡不仕。他曾立志编修《金史》,未能实行,于是回到家中,潜心著述,达百余万言,有《遗山文集》《中州集》及《壬辰杂编》(已佚)。刘祁(1203—1250),字京叔。他目睹了金的亡国,后来归隐家乡,著《归潜志》十四卷,专记南渡后、金亡前的人物、史事,多采诸见闻,是第一手资料,历来为人们所重视。元、刘二人的著作,不少被采入《金史》,所以《金史》的编者说:"刘京叔《归潜志》与元裕之《壬辰杂编》二书,虽微有异同,而金末丧乱之事,犹有足征

者焉。"(《金史》卷一一五《完颜奴申传》赞)

金宣宗南迁时，将实录等文献资料带到了汴京。金朝亡国时，元帅张柔入史馆取金实录和秘府图书载归北方。到元世祖中统二年（1261），他把实录献给朝廷，这批宝贵的历史文献一直保存在元朝的史馆内。后来，王鹗又修成《金史》，"有帝纪、列传、志书，卷帙皆有定体"（《玉堂嘉话》卷一）。王鹗是金正大元年（1224）的状元，蔡州陷落时被俘。他以金朝遗老自居，十分注意搜集有关史料。他向元世祖建议修辽、金二史，被采纳。由于金卫绍王一朝没有实录，王鹗在中统三年（1262）搜集了这一朝的史实材料，成为《金史·卫绍王本纪》的基本史料来源。张柔、王鹗二人对于搜罗、保存金代文献作出了特殊的贡献。

正因为有了金代的实录和国史作依据，又有刘祁、元好问等人的著述为佐证，还有《大金集礼》《大金吊伐录》等历史文献作参考，经过王鹗等人的搜集整理，《金史》的编撰易于成功。所以《四库总目》说，金代"制度典章，彬彬为盛，征文考献，具有所资"，"相承纂述，复不乏人"。

《金史》的编纂出于众手。在参加修史的人中，欧阳玄作过重要贡献。欧阳玄（1282—1357），字原功，浏阳（今湖南浏阳）人，做过翰林学士承旨等官。元修宋、辽、金史的发凡起例由他起草，而论、赞、表、奏都由他完成，表现了他的史才。

《金史》向来以简要称，是元修三史中编撰得较好的一部。四库馆臣说元人于此书经营已久，与宋、辽二史取办仓促者不同，故其首尾完密，条例整齐，约而不疏，赡而不芜，在三史之中，独为最善。《金史》本纪十九卷，第一卷为《世纪》，记太祖以前先世的历史，对研究太祖以前女真历史具有极重要的价值。第十九卷为《世纪补》，记追尊诸帝，为以后的《元史》《明史》所仿效。志十四篇，共三十九卷，价值最高，是研究金代的典章制度、社会、经济、文化、军事的重要资料。表二篇，其中《交聘表》反映了金代外交的复杂情况。列传七十三卷,问题较多,所受的批评也最多。有的无立传必要而立传,如王伦、张邦昌,《宋史》有传,《金史》也立传。有的该立传者而无传,如杨朴佐太祖开基,见于《辽史》,而《金史》无传。此外,《金史》列传人名复杂,尤其是译名舛异,不易分别。而人名、史事也有与《宋史》《辽史》《元史》相抵触的。这些都影响了《金史》的质量,也为《金史》研读者留下了难题。清代学者赵翼在《廿二史札记》卷二七、卷二八、卷二九中指出过不少这类问题。

很多清代学者对《金史》进行过研究整理。除赵翼,顾炎武、钱大昕等人对它的编纂体例、史事内容都有所论列,杭世骏等人还对《金史》作过考订。汪辉祖撰《辽金元三史同姓名录》,很有用处。而最有成就者当推施国祁。施国祁,乌程人,本为布店掌柜。他花了二十多年的工夫,阅读《金史》十余遍,写成《金史详校》十卷。他用《金史》各种版本互校,也用其他书校《金史》,订正了不少版本和史实错误,用力甚勤。《详校》分三类:一为总裁失检,是体例上的问题;二为纂修纰缪,是史实上的问题;三为写刊错误,是校勘上的问题。既有校,也有注,是阅读《金史》的必备参考书。此外,现代学者陈述先生有《金史拾补五种》,也有重要参考价值。

本书选译了《金史》中的本纪两篇、志序一篇、列传十二篇,凡十五篇。主要是选金代政治、军事、文化方面具有代表性、影响较大的人物,同时兼顾可读性。为尽可能反映《金史》全貌,故选了一篇志序。部分篇目,原文太长,故作节选。为帮助读者理解原文,每篇文前有提要,文中有简注。本书人名多为少数民族,故较以前的史书选译注得略多一些。地名、官名一般皆注,但少数今址难以查考的地名,只好暂缺。

本书为集体译注,作者分别为:导言、《百官志·序》、《完颜希尹传》、《完颜宗翰传》、《完颜宗望传》,由杨世文撰写和译注;《太祖本纪》

和《世宗本纪》，由祝尚书译注；《完颜宗弼传》《宇文虚中传》，由王晓波译注；《完颜承晖传》以后数篇，由李文泽译注。由于出自众手，译注或有不当之处，盼望读者批评指正。

　　　　　　　　　杨世文　　祝尚书　　李文泽　　王晓波

太 祖 本 纪

完颜部女真人经过部落联盟长乌古乃(景祖)、劾里钵(世祖)、盈歌(穆宗)等几代人的艰苦奋斗,战胜了内部的反对派和相邻的温都部、纥石烈部的反抗,生产力和军事实力都有了很大的发展。他们与辽国统治者有很深的矛盾,但由于辽国一直强大,不得不曲意服从。辽乾统二年(1102),辽主命盈歌捕讨叛将萧海里,盈歌募兵得千人,大获全胜。经过这次战斗,女真人不仅看到了自己的力量,而且也看到了辽兵的虚弱。公元 1113 年,阿骨打继任联盟长。次年,他继承父兄的遗志,向辽发动进攻。经过多次战斗,取得重大胜利,占领了辽的广大地域,并于公元 1115 年建立金国,后又攻破辽国。金国的建立,是女真族历史的大转折,是女真族奴隶制发展的必然结果,为后来灭辽、灭北宋打下了基础。因此,完颜阿骨打(金太祖)在金代历史上占有特别重要的地位。《金史·太祖本纪》是阿骨打的传记,这里节录他建立金国以前的部分。《金史》作者继承了《史记》以来帝王本纪传统的编年写法,选取若干具体事例,集中表现阿骨打英勇善战、深谋远虑的性格,如伐留可过盆搦(nuò)岭、首次征辽等等,都写得较生动,显示了作者善于剪裁的功力。(选自卷二)

原文

太祖应乾兴运昭德定功仁明庄孝大圣武元皇帝,

翻译

太祖应乾兴运昭德定功仁明庄孝大圣武元皇帝,名旻,原名阿骨打,是世讳旻①,本讳阿骨打,世祖第二子也②。母曰翼简皇后拏懒氏。辽道宗时有五色云气屡出东方③,大若二千斛囷仓之状④,司天孔致和窃谓人曰⑤:"其下当生异人,建非常之事。天以象告,非人力所能为也。"咸雍四年戊申,七月一日,太祖生。幼时与群儿戏,力兼数辈,举止端重,世祖尤爱之。世祖与腊醅、麻产战于野鹊水⑥,世祖被四创,疾困,坐太祖于膝,循其发而抚之曰:"此儿长大,吾复何忧?"十岁,好弓矢。甫成童⑦,即善射。一日,辽使坐府中,顾见太祖手持弓矢,使射群鸟,连三发皆中。辽使矍然曰⑧:"奇男子也。"太祖尝宴纥石烈部活离罕家,散步门外,南望高阜,使众射之,皆不能至,太祖一发过之,度所至逾三百二十步。宗室谩都诃最善射远⑨,其不及

祖的第二个儿子。母亲叫翼简皇后拏懒氏。辽道宗时有五色云气多次出现在东方,形状像能容纳二千斛粮食的圆仓,司天官孔致和私下向人说:"那云气下一定要诞生异常的人,建立非同寻常的事功。天用物象预告,不是人的力量所能办到的。"咸雍四年(1068)戊申,七月一日,太祖出生。幼年时与众多小孩子游戏,已有几个小孩的力气,再加上举止端正庄重,世祖特别喜爱他。世祖与腊醅、麻产在野鹊水战斗,世祖负了四处伤,病痛困苦,让太祖坐在膝上,理着他的头发,抚摸着说:"这个孩儿长大了,我还有什么可忧虑的?"十岁时,便喜欢拉弓射箭。刚刚成童,就善于射箭。一天,辽使坐在府中,看见太祖手里拿着弓箭,就叫他射众鸟,连发三箭都射中了。辽使惊讶地说:"真是个奇特的男子。"太祖曾在纥石烈部活离罕家参加宴会,到门外散步,向南望见一座高丘,叫大家射,都不能射到。太祖一箭越过了高丘,测量所射到的地点,超过三百二十步。宗室谩都诃最善于射远,他的射程比起来还差一百步之多。天德三年(1151),在太祖射到的地方建立射碑作为纪念。

者犹百步也。天德三年，立
射碑以识焉。

注释 ① 讳(huì)：封建时代对君主或尊长辈的名字避开不直讲，叫"讳"，或死后在人名前加"讳"字以示尊敬。旻：音 mín。 ② 世祖：即劾里钵(1039—1092)，曾继任生女真部族节度使。《太祖本纪》中所述女真先帝，如世祖等等，都是金建国后所加庙号，他们生前并未做皇帝（皇后亦同）。 ③ 辽道宗：即耶律洪基，1055—1101年在位。五色云：旧时以为是祥瑞的征兆，有五彩云相随的人必定能建立大功业。 ④ 斛(hú)：量器名，十斗为一斛。囷(qūn)：圆仓。 ⑤ 司天：官名，负责观察天象。 ⑥ 腊醅(pēi)、麻产：人名。两人为兄弟，是住在活剌浑水的纥石烈部族的首领，与完颜部对抗。后腊醅被擒，麻产被杀。 ⑦ 成童：古人一般以十五岁为童。 ⑧ 矍(jué)：惊惶貌。 ⑨ 谩都诃：乌古乃(景祖)子，天会二年(1124)为阿舍勃极烈，参议国政，次年卒。

原文

世祖伐卜灰①，太祖因辞不失请从行②，世祖不许而心异之。乌春既死③，窝谋罕请和。既请和，复来攻，遂围其城。太祖年二十三，被短甲，免胄④，不介马，行围号令诸军。城中望而识之。壮士太峪乘骏马持枪出城，驰刺太祖。太祖不及备，舅氏活腊胡驰出其间⑤，击太峪，枪折，刺中其

翻译

世祖讨伐卜灰，太祖通过辞不失请求跟随前往，世祖虽不答应，但心里却对他的勇气感到惊异。乌春死了之后，窝谋罕请求和好。既已请和，却又来进攻，于是包围了他的城堡。太祖二十三岁，披着短铠甲，不戴头盔，不给马披甲，兜着圈子向各军发号施令。城中人望见并认出了他。壮士太峪乘骏马持枪出城，飞马刺杀太祖。太祖来不及防备，舅舅活腊胡飞驰冲到两人中间，攻击太峪，枪折断了，刺中了他的马，太峪才幸免于死。太祖曾经与沙忽带出兵

马，太峪仅得免。尝与沙忽带出营杀略，不令世祖知之。且还，敌以重兵追之。独行隘巷中，失道，追者益急。值高岸，与人等，马一跃而过，追者乃还。

营攻杀，不让世祖知道。将要回营时，敌人用重兵追击。太祖独自进入一个狭窄的巷道中，迷了路，敌人追赶得越加紧急。忽然遇着一道高坎，高与人相等，马竟一跃而过，追击的敌人才回去。

注释 ①卜灰：不术鲁部族部落长。 ②辞不失：即司不失，石鲁孙。从劾里钵等征战，多立功。金建国，为阿买勃极烈。 ③乌春：阿跋斯水温都部族人，以锻铁为业，为部落长，与同部族人窝谋罕起兵攻完颜部，后战败死。《金史》有传。 ④胄（zhòu）：头盔。 ⑤活腊胡：乌古论部人，曾同太祖擒麻产。

原文

世祖寝疾。太祖以事如辽统军司①。将行，世祖戒之曰："汝速了此事，五月未半而归，则我犹及见汝也。"太祖往见曷鲁骚古统军，既毕事，前世祖没一日还至家。世祖见太祖来，所请事皆如志，喜甚，执太祖手，抱其颈而抚之，谓穆宗曰②："乌雅束柔善③，惟此子足了契丹事④。"穆宗亦雅重太祖，出入必俱。太祖远出而归，穆宗必亲迓之。

翻译

世祖已卧病，太祖因事到辽的统军司去，即将出发，世祖告诫他说："你赶快了结这事，五月月半以前回来，那我还来得及见你的面。"太祖前去会见曷鲁骚古统军，办完事，赶回家时正是世祖死的前一天。世祖见太祖已回来，所请求的事都如愿以偿，高兴极了，握住太祖的手，抱着他的脖子抚摸，向穆宗说："乌雅束温和善良，唯有我这个儿子足以了结契丹的事。"穆宗向来看重太祖，出入都同他一起。太祖远出归来时，穆宗一定要亲自迎接。

注释 ①统军司:辽官署名,掌管军队。 ②穆宗:即乌古乃(景祖)第五子盈歌(1053—1103),字乌鲁完,受辽封为详稳,后袭任节度使。 ③乌雅束(1061—1113):字毛路完,劾里钵长子,太祖兄,曾袭任节度使,庙号康宗。 ④契丹:此指辽国。

原文

世祖已擒腊醅,麻产尚据直屋铠水①。肃宗使太祖先取麻产家属②,康宗至直屋铠水围之。太祖会军,亲获麻产,献馘于辽③。辽命太祖为详稳④,仍命穆宗、辞不失、欢都皆为详稳⑤。久之,以偏师伐泥厖古部跋黑、播立开等⑥,乃以达涂阿为乡导⑦,沿帅水夜行袭之⑧,卤其妻子。

初,温都部跋忒杀唐括部跋葛⑨,穆宗命太祖伐之。太祖入辞,谓穆宗曰:"昨夕见赤祥,此行必克敌。"遂行。是岁大雪,寒甚。与乌古论部兵沿土温水过末邻乡,追及跋忒于阿斯温山北泺之间,杀之。军还,穆宗亲迓太祖于霭建村。

翻译

世祖已擒获了腊醅,可是麻产还盘踞着直渥铠水。肃宗派太祖先取麻产的家属,康宗到直渥铠水包围麻产。太祖与肃宗会合,亲自捉住了麻产,将他杀死后割下左耳献给辽国。辽国任命太祖为详稳,同时也任命穆宗、辞不失、欢都都为详稳。又过了好久,太祖带一支军队去讨伐泥厖古部跋黑、播立开等,于是以达涂阿为向导,沿着帅水夜行军发起突然进攻,掳获了他们的妻子儿女。

当初,温都部落跋忒杀了唐括部落跋葛,穆宗命令太祖去讨伐跋忒。太祖入见告辞,向穆宗说:"昨晚我见到红色的吉兆,这次战斗必定能打败敌人。"于是进军。这年雪很大,寒冷极了。太祖与乌古论部落的兵士沿着土温水过末邻乡,在阿温斯山北部的湖泊间追上了跋忒,杀了他。军队归来时,穆宗亲自到霭建村迎接太祖。

注释 ① 直屋铠水:位于今黑龙江巴彦县境。 ② 肃宗(1042—1094):乌古乃(景祖)第四子,名颇剌淑,曾袭任节度使。 ③ 馘(guó):截耳。战争中杀死敌人,割取其左耳以计功,称馘。 ④ 详稳:辽语,官名,负责戍守边境。 ⑤ 欢都(1051—1113):完颜部人,劾孙子,历事四君,协助太祖平腊醅、麻产卓有战功,为金开国功臣。 ⑥ 偏师:军队的侧翼,非主力部队。泥厖(máng)古部:部落名,当时居处于帅水抹离海村。跋黑、播立开当是该部落负责人。 ⑦ 乡导:带路人,"乡"同"向"。 ⑧ 帅水:即率河,今黑龙江通肯河。 ⑨ 跋忒、跋葛:分别为温都部、唐括部部落长。

原文

　　撒改以都统伐留可①,谩都诃合石土门伐敌库德②。撒改与将佐议,或欲先平边地部落城堡,或欲径攻留可城。议不能决,愿得太祖至军中。穆宗使太祖往,曰:"事必有可疑。军之未发者止有甲士七十,尽以畀汝③。"谩都诃在米里迷石罕城下④,石土门未到,土人欲执谩都诃以与敌,使来告急,遇太祖于斜堆甸⑤。太祖曰:"国兵尽在此矣。使敌先得志于谩都诃,后虽种诛之,何益也?"乃分甲士四十与之。太祖以三十人诣撒改军。道遇人曰:"敌已

翻译

　　撒改以都统的职位去讨伐留可,谩都诃会合石土门讨伐敌库德。撒改与副将们商议,有的主张先平定边境地区部落的城堡,有的主张直接攻打留可城,议论不能定,希望太祖到军中去。穆宗于是派太祖前往,说:"事情必定有可疑之处。军队没有派出去的只有七十个甲兵,全部交给你。"谩都诃在米里迷石罕城下,石土门还没有到,当地人想先捉住谩都诃后再与石土门打,谩都诃派人前来告急,在斜堆甸遇上太祖。太祖说:"国中的兵士全都在这儿了。如果让敌人先达到了他们对付谩都诃的目的,以后即使连敌人的种族都杀掉,又有什么益处?"于是分出四十个甲兵给使者。太祖只带三十个人去撒改军中。路上遇见人说:"敌人已占据盆搦岭的南路了。"兵士们想由沙偏岭前

据盆搦岭南路矣⑥。"众欲由沙偏岭往,太祖曰:"汝等畏敌邪?"既度盆搦岭,不见敌,已而闻敌乃守沙偏岭以拒我。及至撒改军,夜急攻之,迟明破其众。是时留可、坞塔皆在辽。既破留可,还攻坞塔城,城中人以城降。初,太祖过盆搦岭,经坞塔城下,从骑有后者,坞塔城人攻而夺之釜⑦。太祖驻马呼谓之曰:"毋取我炊食器。"其人谩言曰:"公能来此,何忧不得食!"太祖以鞭指之曰:"吾破留可,即于汝乎取之。"至是,其人持釜而前曰:"奴辈谁敢毁详稳之器也?"遣蒲家奴招诈都⑧,诈都乃降,释之。

往,太祖说:"你们害怕敌人么?"既已度过了盆搦岭,不见有敌人,后来才听说敌人正是把守沙偏岭以抗御太祖。到撒改军后,连夜急攻留可城,天亮后便击败了敌人的军队。这时留可、坞塔都在辽国。待到攻破留可,回头再攻坞塔城,城中的人献城投降。当初,太祖过盆搦岭,经过坞塔城下时,随从的骑兵有掉队的,坞塔城人攻击他并夺走他的饭锅。太祖停住马呼喊道:"不要拿走我的煮饭锅。"那人随口说道:"你能够到这儿来,哪里还愁没饭吃!"太祖用马鞭指着他说:"等我攻破了留可,就到你那儿去取锅。"到这时,那人拿着锅上前说:"奴才们谁敢毁坏详稳的煮饭器?"派遣蒲家奴去招抚诈都,诈都于是投降,就将他释放了。

注释 ① 撒改:乌古乃(景祖)孙,劾者长子,曾任国相、国论勃极烈,天辅五年(1121)卒。留可,乌古论部人,其父为部落长。先与完颜部对抗,后投降。下文"留可城",在今吉林图们以东。 ② 石土门:又作神徒门,世为耶懒路完颜部部落长。敌库德:乌古论部部落长。 ③ 畀(bì):给予。 ④ 米里迷石罕城:在今吉林图们以东。 ⑤ 斜堆甸:地名,在今吉林省吉林市东。 ⑥ 盆搦(nuò)岭:在今吉林图们以东。 ⑦ 釜(fǔ):圆底深腹的锅。 ⑧ 蒲家奴:乌古乃(景祖)孙,劾孙子,又名昱。

天辅间为昊勃极烈,天会间为司空,封王,天眷二年(1139)卒。诈都:乌古论部人,与留可同起兵反抗完颜部,后投降。

原文

穆宗将伐萧海里①,募兵得千余人。女真兵未尝满千②,至是,太祖勇气自倍,曰:"有此甲兵,何事不可图也!"海里来战,与辽兵合,因止辽人,自为战。勃海留守以甲赠太祖③,太祖亦不受。穆宗问何为不受,曰:"被彼甲而战,战胜则是因彼成功也。"穆宗末年,令诸部不得擅置信牌驰驿讯事④,号令自此始一,皆自太祖启之。

康宗七年,岁不登,民多流莩⑤,强者转而为盗。欢都等欲重其法,为盗者皆杀之。太祖曰:"以财杀人,不可。财者,人所致也。"遂减盗贼征偿法为征三倍⑥。民间多逋负⑦,卖妻子不能偿,康宗与官属会议,太祖

翻译

穆宗将去讨伐萧海里,招兵共得千多人。女真军队从没有满过一千,到这时,太祖勇气倍增,说:"有这么多甲兵,还有什么事不可谋取!"萧海里来攻,太祖与辽兵会合,于是制止辽人,独自对付萧海里。勃海留守将铠甲赠给太祖,太祖也不接受。穆宗问为什么不接受,太祖说:"披着他的甲去作战,战胜了则是因为有他的甲才取得成功。"穆宗末年,太祖命令各部落不得擅自设置信牌通过驿站传达事情,号令从此才得以统一,都是由太祖开始的。

康宗七年(1109),收成不好,人民多流亡饿死,强壮的便转而为盗贼。欢都等想加重惩治的法令,凡做盗贼的都杀掉。太祖说:"因为财物杀人,不可行。财物,是人生产出来的。"于是减盗贼征偿法为征三倍。老百姓大多拖欠赋税,卖掉妻子儿女也不够偿债,康宗与属官们一起计议,太祖在外间庭堂中用帛系在杖头上,指挥他的部属,命令道:"如今贫穷的人不能自己养活自己,卖掉妻子儿女还债。骨肉间的疼爱,人

在外庭以帛系杖端，麾其众，令曰："今贫者不能自活，卖妻子以偿债。骨肉之爱，人心所同。自今三年勿征，过三年徐图之。"众皆听令，闻者感泣，自是远近归心焉。

心都是相同的。从今年起三年不要征税，过了三年后再慢慢商量。"大家都听从命令，听到这一消息的人都感动得哭起来，从此无论远近，人心都归向他。

注释 ① 萧海里：辽国叛将。 ② 女真：《金史》都作"女直"，是避辽讳，今改。 ③ 勃海：辽所置州名，在今辽宁辽阳一带。 ④ 信牌：传递号令的木牌，各持一半以取信。 ⑤ 莩(piǎo)：同"殍"，饿死。 ⑥ 盗贼征偿法：刑法名，其内容今不详。 ⑦ 逋(bū)负：拖欠赋税。

原文

岁癸巳十月，康宗梦逐狼，屡发不能中，太祖前射中之。旦日，以所梦问僚佐，众皆曰："吉，兄不能得而弟得之之兆也。"是月，康宗即世，太祖袭位为都勃极烈①。

辽使阿息保来，曰："何以不告丧？"太祖曰："有丧不能吊，而乃以为罪乎？"他日，阿息保复来，径骑至康宗殡所，阅赗马②，欲取之。

翻译

癸巳年(1113)十月，康宗梦见追赶一只狼，屡次发箭都射不中，太祖上前射中了。第二天，康宗将他做的梦问官属，大家都说："这梦吉祥，是哥哥不能得到而弟弟能得到的好征兆。"这月中，康宗去世，太祖继位为都勃极烈。

辽使阿息保前来，说："为什么不报丧？"太祖回答道："有丧不仅不来吊，反倒以我们为有罪么？"过些日子，阿息保再次出使而来，直接骑马到康宗停棺的地方，看到助葬用的马，想取走。太祖发怒，将要杀掉他，宗雄劝告才作罢。从这以后辽国很久都没有传来指示。

太祖怒，将杀之，宗雄谏而止③。既而辽命久不至。辽主好畋猎，淫酗怠于政事，四方奏事往往不见省。纥石烈阿疏既奔辽④，穆宗取其城及其部众。不能归，遂与族弟银术可、辞里罕阴结南江居人浑都仆速欲与俱亡入高丽。事觉，太祖使夹古撒喝捕之，而银术可、辞里罕先为辽戍所获，浑都仆速已亡去，撒喝取其妻子而还。

辽主喜爱打猎，好色酗酒，对政事懈怠，各地所奏的事情往往不见处理。纥石烈阿疏既已投奔辽国，穆宗攻取了他的城堡和部族。他再也无法回部落，于是便与族弟银术可、辞里罕暗中勾结南江的土居人浑都仆速，打算同他一起逃往高丽。事情被发觉，太祖派夹古撒喝去逮捕他，而银术可、辞里罕先已被辽的戍兵抓获。浑都仆速已逃走，撒喝捉了他的妻子儿女而归。

注释 ① 勃极烈：女真语，意为官长。女真人自乌古乃（景祖）时开始设官，官长都称勃极烈。都勃极烈总治百官，相当于宰相。 ② 赗（fèng）：助葬用的车马束帛等物品。 ③ 宗雄（1083—1122）：本名谋良虎，康宗长子。颇有战功，以疾卒，后追封为王。 ④ 纥石烈阿疏：纥石烈，部落名；阿疏，该部落勃堇（部落长）名。阿疏起兵反抗完颜部，被穆宗攻击，逃往辽国，后客死于辽。

原文

二年甲午，六月，太祖至江西，辽使使来致袭节度之命①。初，辽每岁遣使市名鹰"海东青"于海上，道出境内，使者贪纵，征索无艺，公私厌苦之。康宗尝以不

翻译

二年甲午（1114），六月，太祖到江西，辽派使者送来委派继任节度使的命令。过去，辽每年都要派使者到海上购买著名的猎鹰"海东青"，从境内经过，使者贪婪放肆，征求勒索没有限度，公家私人都吃够了苦头。康宗曾经以辽

遣阿疏为言,稍拒其使者。太祖嗣节度,亦遣蒲家奴往索阿疏,故常以此二者为言,终至于灭辽然后已。至是,复遣宗室习古乃、完颜银术可往索阿疏②,习古乃等还,具言辽主骄肆废弛之状。于是召官僚耆旧③,以伐辽告之,使备冲要,建城堡,修戎器,以听后命。辽统军司闻之,使节度使挞哥来问状,曰:"汝等有异志乎? 修战具,饬守备,将以谁御?"太祖答之曰:"设险自守,又何问哉?"辽复遣阿息保来诘之。太祖谓之曰:"我小国也,事大国不敢废礼。大国德泽不施,而逋逃是主,以此字小④,能无望乎? 若以阿疏与我,请事朝贡。苟不获已,岂能束手受制也?"阿息保还,辽人始为备,命统军萧挞不野调诸军于宁江州⑤。

不遣返阿疏为借口,逐渐阻止所派的使者。太祖继任节度使后,也曾派蒲家奴前往索取阿疏,所以双方常常因这两件事争论,一直到灭辽才算完事。这时候,再派宗室习古乃、完颜银术可前去索取阿疏,习古乃等人回来后,详细报告了辽主骄纵废弛的情况。太祖于是召集所属的官僚和有声望的长辈,将讨伐辽的打算告诉他们,叫他们加强要冲的守备,建筑城堡,修造兵器,以等候命令。辽统军司听到消息后,派节度使挞哥来询问情况,说:"你们有二心么? 修造军用器具,整顿守备,是要防御谁?"太祖回答他道:"设险自我防守,又有什么好问的?"辽再派阿息保来追问此事。太祖向他说:"我们是小国,侍奉大国不敢废弛礼仪。可是大国的恩泽却不肯施给我们,而成了叛逃者的主子,用这种态度来对待小国,我们能没有怨恨吗? 如果将阿疏交给我们,那就仍请进奉朝贡。假如不能满足我们的要求,怎能束手受别人控制呢?"阿息保回去后,辽人才开始做准备,命令统军萧挞不野到宁江州调集各道军兵。

注释 ① 节度：即生女真节度使，由辽所封。 ② 习古乃：金初女真人，向阿骨打建言攻辽，为上京路军帅，攻克中京。天会间为南京路都统，移治东京，镇高丽。完颜银术可（1073—1140）：曾任谋克，颇有战功，封蜀王。《金史》有传。 ③ 耆（qí）旧：年高望重的长辈。 ④ 字：乳哺，这里是抚养、对待的意思。 ⑤ 宁江州：州名，治所在今吉林扶余。

原文

太祖闻之，使仆聒剌复索阿疏，实观其形势。仆聒剌还言："辽兵多，不知其数。"太祖曰："彼初调兵，岂能遽集如此？"复遣胡沙保往，还言："惟四院统军司与宁江州军及渤海八百人耳①。"太祖曰："果如吾言。"谓诸将佐曰："辽人知我将举兵，集诸路军备我，我必先发制之，无为人制。"众皆曰："善。"乃入见宣靖皇后②，告以伐辽事。后曰："汝嗣父兄立邦家，见可则行。吾老矣，无贻我忧，汝必不至是也。"太祖感泣，奉觞为寿③。即奉后率诸将出门，举觞东向，以辽人荒肆，不归阿疏，并己用兵之意，

翻译

太祖听到这消息后，派仆聒剌再去辽索要阿疏，实际上是去观察形势。仆聒剌回来说："辽兵很多，不知究竟有多少人。"太祖说："他们刚刚调兵，怎能一下子集中这么多人？"又派胡沙保前往，回来报告说："只有四院统军司与宁江州军以及渤海的八百人。"太祖道："果然如我所说。"于是向各位将领说："辽人知道我们即将起兵，调集各路军队防备我们，我们一定要先发制人，而不能为人所制。"大家都说："好。"于是进宫见宣靖皇后，将讨伐辽的事报告她。皇后说："你继承父兄立邦兴家，见有把握就干。我老了，不要让我担忧，你一定不会这样的。"太祖感动得哭了，举杯向皇后祝寿。当即侍奉皇后率领将领们出门，举着酒杯面向东方，将辽人荒淫放肆，不遣返阿疏的罪过，以及自己起兵讨伐的决心，向天地祷告。把酒浇在地上，祭祀完毕，皇后叫太祖坐在正位，

祷于皇天后土。酹毕④，后命太祖正坐，与僚属会酒，号召诸部。使婆卢火征移懒路迪古乃兵⑤，斡鲁古、阿鲁抚谕斡忽、急赛两路系辽籍女真⑥，实不迭往完睹路执辽障鹰官达鲁古部副使辞列、宁江州渤海大家奴。于是达鲁古部实里馆来告曰："闻举兵伐辽，我部谁从？"太祖曰："吾兵虽少，旧国也，与汝邻境，固当从我。若畏辽人，自往就之。"

与部下会饮，从而号召各个部落。太祖于是派婆卢火去征调移懒路迪古乃的军兵，斡鲁古、阿鲁去安抚斡忽、急赛两路隶属辽国国籍的女真人，实不迭前往完睹路逮捕辽的障鹰官达鲁古部副使辞列、宁江州渤海大家奴。于是达鲁古部实里馆前来请问道："听说要举兵伐辽，我们部落跟谁走？"太祖说："我的兵虽少，也是个古老的国家，与你们疆境相邻，自然应当跟从我们。假如你们害怕辽人，那就自去投靠好了。"

注释 ① 四院统军司：辽官署名，掌管军队。 ② 宣靖皇后：颇剌淑（肃宗）妻蒲察氏，为太祖婶母，天会末追谥宣靖皇后。 ③ 觞（shāng）：酒杯。 ④ 酹（lèi）：以酒洒地表示祭奠。 ⑤ 婆卢火：跋海（安帝）五代孙，旧居按出虎水（今黑龙江哈尔滨东南阿什河），后徙泰州，为都统，守边屡有功。 ⑥ 斡鲁古：宗室子，破辽兵，为咸州军帅，多次立功。后降为谋克。阿鲁：即宗强，太祖子，天眷间封卫王，为太师。系辽籍女真：又称"熟女真"，即由辽直接统治的女真人。

原文

九月，太祖进军宁江州，次寥晦城。婆卢火征兵后期，杖之，复遣督军。诸路兵皆会于来流水①，得二

翻译

九月，太祖向宁江州进军，屯驻于寥晦城。婆卢火去调兵误了日期，处以杖刑，仍派去督军。各路军队都在来流水会合，共得二千五百人。太祖陈述辽

千五百人。致辽之罪，申告于天地曰："世事辽国，恪修职贡，定乌春、窝谋罕之乱，破萧海里之众，有功不省，而侵侮是加。罪人阿疏，屡请不遣。今将问罪于辽，天地其鉴佑之。"遂命诸将传梃而誓曰②："汝等同心尽力，有功者，奴婢部曲为良，庶人官之，先有官者叙进，轻重视功。苟违誓言，身死梃下，家属无赦。"师次唐括带斡甲之地，诸军襄射③，介而立，有光如烈火，起于人足及戈矛之上，人以为兵祥。明日，次扎只水，光见如初。

将至辽界，先使宗干督士卒夷堑④，既度，遇渤海军攻我左翼七谋克⑤，众少却，敌兵直犯中军。斜也出战⑥，哲垤先驱。太祖曰："战不可易也。"遣宗干止之。宗干驰出斜也前，控止哲垤马，斜也遂与俱还。敌

的罪恶，向天地申告道："我们世代事奉辽国，恭敬地献去贡物，平定乌春、窝谋罕的叛乱，击破萧海里的军队，有功不记在心上，反而加以侵侮。罪人阿疏，多次索请仍不遣返。今天将向辽国问罪，天地明察，并保佑我们。"于是命令各个将领传递木棒而宣誓道："你们要同心尽力，凡有功的，是奴婢部曲的转为平民，是一般百姓就给官做，先已有官的升官，奖赏的多少全看功劳的大小。假如违背了誓言，就死在木棒下，家属也不赦免。"进军到唐括带斡甲的地方，各军以射箭祭祀，披甲而立，有光芒如同烈火，从人的脚部升起直到戈矛上，大家都认为这是军队吉祥的兆头。第二天，到达扎只水，又有光芒像昨天一样出现。

将到辽的国界，太祖先派宗干督促士兵填平界沟。军队既已越过国界，遇上渤海军进攻左翼七谋克军队，兵士稍稍退却，敌兵便直攻中军。斜也出战，哲垤先已驱马上前。太祖说："作战不可换人。"派宗干前去制止。宗干飞驰到斜也前面，拉住了哲垤的马，斜也便也同他们一起返回。敌人紧跟而来，辽将耶律谢十坠于马下，辽军上前援救。

人从之,耶律谢十坠马,辽人前救。太祖射救者毙,并射谢十中之。有骑突前,又射之,彻扎洞胸。谢十拔箭走,追射之,中其背,饮矢之半,偾而死⑦。获所乘马。宗干与数骑陷辽军中,太祖救之,免胄战。或自傍射之,矢拂于颡。太祖顾见射者,一矢而毙。谓将士曰:"尽敌而止。"众从之,勇气自倍。敌大奔,相蹂践死者十七八。撒改在别路,不及会战,使人以战胜告之,而以谢十马赐之。撒改使其子宗翰、完颜希尹来贺⑧,且称帝,因劝进。太祖曰:"一战而胜,遂称大号,何示人浅也。"

太祖射死了援救的人,同时又射中了谢十。有一骑兵冲上前来,太祖再射,箭穿透了他的胸膛。谢十拔箭逃跑,太祖追上去射,射中了他的背,箭没入体内一半,倒仆在地上死去,缴获了谢十所骑的马。宗干与几个骑兵陷在辽军中,太祖去援救他们,摘下头盔战斗。有敌人从旁边射他,箭从额头擦过。太祖回头看见了射箭的人,只一箭就将他射死。太祖向将士说:"杀尽敌人方罢休。"大家跟着他,勇气倍增。敌人大奔逃,相互踩踏而死的有十之七八。撒改在其他路,没有参加会战,便派人去将战胜的消息告诉他,而且把谢十的马赐给他。撒改派他的儿子宗翰、光颜希尹前来祝贺,并且称呼太祖为帝,因而劝他进位。太祖说:"一次战斗取得胜利,便称大号,显得何等浅薄啊。"

注释　①来流水:即今黑龙江与吉林间的拉林河,在双城西入松花江。　②梃(tǐng):木棒。这里是用木棍作为起誓的信物。　③禳(ráng):除邪去恶的祭祀。④宗干:太祖庶长子,海陵王完颜亮父。太宗时为国论勃极烈。天眷二年(1139)进太师,封梁宋国王。　⑤谋克:最初为女真氏族长名,后来又为军队长官,即百夫长。又为金代的户籍类别,每谋克辖三百户。　⑥斜也:又名杲,劾里钵(世祖)第五子,太祖母弟。曾任国论勃极烈、忽鲁勃极烈。天会间伐宋,领都元帅。天会八年(1130)卒。　⑦ 偾(fèn)：倒，仆。　⑧ 宗翰(1079—1136)：本名粘没喝，或作粘罕，撒改长子。伐宋之役，为左副元帅，熙宗时封晋国王。见后文《完颜宗翰传》。完颜希尹：本名谷神，欢都子。有战功，又奉命制女真文字。熙宗时为相，封陈王，后赐死。见后文《完颜希尹传》。

原文

　　进军宁江州，诸军填堑攻城。宁江人自东门出，温迪痕阿徒罕邀击，尽殪之①。十月朔，克其城，获防御使大药师奴，阴纵之，使招谕辽人。铁骊部来送款②。次来流城，以俘获赐将士。召渤海梁福、斡答剌使之伪亡去，招谕其乡人曰："女真、渤海本同一家，我兴师伐罪，不滥及无辜也。"使完颜娄室招谕系辽籍女真③。

　　师还，谒宣靖皇后，以所获颁宗室耆老，以实里馆赀财给将士。初命诸路以三百户为谋克，十谋克为猛安。酬斡等抚定谗谋水女真④，鳖古酋长胡苏鲁以城降。

翻译

　　进军宁江州，各军填平护城河攻城。宁江人从东门出逃，温迪痕阿徒罕阻击，将逃出的人全部杀死。十月初一，攻克州城，俘获防御使大药师奴，暗中又将他释放，让他去向辽人宣传。铁骊部前来表达归顺的诚意。军队驻扎在来流城，用俘获的敌人及财物赏赐将士。又把渤海部落的梁福、斡答剌叫来，并让他们假装逃亡，回去后向乡亲们宣传道："女真、渤海本来是一家人，我们起兵只是讨伐有罪，不会滥杀无辜。"又派完颜娄室去告谕那些属于辽国籍的女真人并招揽他们。

　　军队凯旋，太祖进见宣靖皇后，将所缴获的战利品分发给宗室前辈，用实里馆的钱财赏给将士们。开始命令各路以三百户为一谋克，十猛克为一猛安。酬斡等安抚妥帖谗谋水女真，鳖古酋长胡苏鲁献城投降。

注释 ① 殪(yì)：死。 ② 铁骊部：奚人所建王国，详后文注。 ③ 完颜娄室：字斡里衍，为七水诸部长。破辽、攻宋，皆有战功。天会八年(1130)卒。 ④ 酬斡：宗室子，天辅五年(1121)往鳖古河籍军马，被杀，年四十三。

原文

十一月，辽都统萧纠里、副都统挞不野将步骑十万会于鸭子河北①，太祖自将击之。未至鸭子河，既夜，太祖方就枕，若有扶其首者三，寤而起，曰："神明警我也。"即鸣鼓举燧而行。黎明及河，辽兵方坏凌道，选壮士十辈击走之。大军继进，遂登岸。甲士三千七百，至者才三之一。俄与敌遇于出河店，会大风起，尘埃蔽天，乘风势击之，辽兵溃。逐至斡论泺，杀获首虏及车马甲兵珍玩不可胜计，遍赐官属将士，燕犒弥日。辽人尝言女真兵若满万则不可敌，至是始满万云。

斡鲁古败辽兵，斩其节度使挞不野。仆虺等攻宾

翻译

十一月，辽国都统萧纠里、副都统挞不野带领步兵、骑兵十万人在鸭子河北会师，太祖亲自领兵攻击他们。还没有到鸭子河，已经入夜，太祖正要睡觉，好像有什么接连三次抬起他的头部，于是惊觉而起，说："是神明在提醒我。"便击鼓举着火把前进。黎明时分到了鸭子河，辽兵正在破坏冰上的通道，于是选了十多个强壮的兵士去将他们击退。大军继续前进，便登上了对岸。这时有甲兵三千七百，而到达的才三分之一。随后与敌人在出河店相遇，正好起了大风，刮起的灰尘遮天，于是乘着风势进攻，辽兵溃退。追击到斡论泺，杀死、俘虏的辽兵以及缴获的车马甲仗珍玩无法计算，都用来赏赐给所有的官属和将士们，设宴犒劳一整天。辽人曾说女真兵如果满了万人便不可战胜，到这时刚好满一万。

斡鲁古打败辽兵，杀了辽的节度使挞不野。仆虺等人进攻宾州，攻了下来。兀惹雏鹊室前来投降。辽将赤狗

州②,拔之。兀惹雏鹘室来降。辽将赤狗儿战于宾州,仆忸、浑黜败之。铁骊王回离保以所部降③。吾睹补、蒲察复败赤狗儿、萧乙薛军于祥州东④。斡忽、急塞两路降。斡鲁古败辽军于咸州西⑤,斩统军实娄于阵。完颜娄室克咸州。

儿到宾州开战,仆忸、浑黜打败了他。铁骊王回离保率领他的部落投降。吾睹补、蒲察在祥州东部再次打败赤狗儿、萧乙薛的军队。斡忽、急塞两路归降。斡鲁古又在咸州西部打败辽兵,在战阵中杀了统军实娄。完颜娄室攻克了咸州。

注释 ① 鸭子河:今嫩江流经吉林月亮泡以东、黑龙江肇源以西的一段。 ② 宾州:属辽东京道,故城在今吉林农安东北。 ③ 铁骊王回离保:铁骊是奚人所建王国,附属辽。回离保降太祖,后又归辽,直到他死后,奚各部落才先后降金。铁骊,一说在今辽宁沈阳一带,一说在黑龙江依兰。 ④ 祥州:辽州名,治所在今吉林农安。 ⑤ 咸州:辽州名,治所在今辽宁开原老城镇。

原文

是月,吴乞买、撒改、辞不失率官属诸将劝进①,愿以新岁元日恭上尊号。太祖不许。阿离合懑、蒲家奴、宗翰等进曰②:"今大功已建,若不称号,无以系天下心。"太祖曰:"吾将思之。"

收国元年正月壬申朔,群臣奉上尊号。是日,即皇

翻译

本月中,吴乞买、撒改、辞不失率领官属诸将劝太祖进位,请求在新年的元旦敬上皇帝的尊号。太祖不答应。阿离合懑、蒲家奴、宗翰等进言道:"如今已建立了大功,要是不称帝号,便无法维系天下的人心。"太祖说:"我将考虑这个问题。"

收国元年(1115)正月壬申初一,群臣奉上皇帝尊号。这天,太祖登皇帝

帝位。上曰:"辽以宾铁为号③,取其坚也。宾铁虽坚,终亦变坏,惟金不变不坏。金之色白,完颜部色尚白④。"于是国号大金,改元收国。……

位。太祖说:"辽以宾铁为国号,取宾铁坚固的意思。宾铁虽然坚固,最终也要变坏,只有金不变不坏。金的颜色是白的,完颜部崇尚白色。"于是定国号为大金,改年号为收国。……

注释 ① 吴乞买(1075—1135):即金太宗,名晟,本名吴乞买。太祖母弟,继太祖即皇帝位,年号天会。 ② 阿离合懑(mèn,1070—1119):乌古乃(景祖)第八子。金建国,为国论乙室勃极烈。 ③ 宾铁:即镔铁,纯精之铁。 ④ 色尚白:古代王朝都规定本朝所崇尚的颜色,如夏尚黑、商尚白、周尚赤之类。

世 宗 本 纪

导读

　　金太祖建国、破辽之后病死。太宗(吴乞买)继位,灭辽,又灭北宋,确立了金朝在北方的统治。经过熙宗朝,到海陵王完颜亮,采取了一系列重大步骤,如迁都燕京(中都,今北京),女真人南迁及进军江南,试图统一中国。但是他的计划遭到金统治集团内部的反对,各地各族人民的起义,又动摇了后方的统治。大定元年(1161)十月,正当海陵王率兵渡淮侵宋时,东京留守完颜雍在东京(今辽宁辽阳)发动政变称帝,他就是金世宗。不久海陵王在瓜洲被杀。世宗一方面残酷镇压各地的起义,一方面采取措施稳定内部,又与宋和议,从而巩固了统治。世宗曾历外任,较了解民间疾苦和社会弊端,在位二十九年,广泛吸引各族人参政,虚心纳谏,约束女真人的某些特权,整顿吏治,严惩官吏的贪污腐败,注意恢复农业生产,提倡淳厚简朴之风,使社会生产力得到发展,人民生活相对安定。世宗是金代历史上较有政绩的皇帝,史称"小尧舜"。这里节选了《金史·世宗本纪》的若干片段,主要记述世宗的言行,而以言论为主。从节选中,可以看出金统治集团经过长期战争之后,开始走上以文治为主的轨道。世宗的言行,可能经过史官的美化,但也可看出,他的确是金代历史上一位杰出的政治家。(选自卷六)

原文

　　(二年正月)庚午①,上谓宰相曰②:"进贤退不肖,

翻译

　　(大定二年[1162]正月)庚午,皇上对宰相说:"提拔贤能,抑退没有本事的

宰相之职也。有才能高于己者,或惧其分权,往往不肯引置同列,朕甚不取。卿等毋以此为心。"……乙亥,如大房山③。丙子,献享山陵④,礼毕,欲猎而还,左丞相晏等谏曰⑤:"边事未宁,不宜游幸。"戊寅,还宫。因谕晏等曰:"朕常慕古之帝王,虚心受谏。卿等有言即言,毋缄默以自便。"……壬辰,上谓宰执曰⑥:"朕即位未半年,可行之事甚多,近日全无敷奏。朕深居九重⑦,正赖卿等赞襄,各思所长以闻,朕岂有倦息。"癸巳,太白昼见⑧。甲午,上谓宰执曰:"卿等当参民间利害,及时事之可否,以时敷奏。不可公余辄从自便,优游而已。"……

人,是宰相的职责。有才能高过自己的,有的便害怕他分掉自己的权力,往往不肯引进共事,朕很不赞成。你们不要有这样的想法。"……乙亥,往大房山。丙子,到山陵举行献享礼,仪式结束后,本想一路打猎而回,左丞相晏等劝告道:"边境战事还没有停息,不宜游玩取乐。"戊寅,回到宫中。因打猎的事指示晏等道:"朕一直羡慕古代的帝王能够虚心接受规劝。你们有话就说,不要闭口不言以图省事。"……壬辰,皇上对宰相、执政说:"朕登位还不到半年,需要处理的事情很多,近日完全没人陈述进奏。朕深居宫廷,正需依靠你们帮助,各人思考长策奏闻,朕哪会有厌倦懈怠不采纳的。"癸巳,太白星在白天出现。甲午,皇上对宰相、执政说:"你们应当参酌民间的利弊,以及当前政事的妥当与否,按时陈述进奏。不应公事之余就放松自己,悠闲自得。"……

注释 ① 二年:此指大定二年(1162)。金世宗即位后,年号大定,共二十九年(1161—1189)。庚午:古代以天干、地支相配纪年及日,此处纪日。以下同。② 宰相:职官名,金代以左丞相、右丞相、平章政事(共二人)为宰相,协助皇帝处理政事。 ③ 大房山:山名,在今北京房山西。 ④ 山陵:指陵墓。海陵王迁都后,将金太祖、太宗的棺椁从上京迁到大房山安葬。 ⑤晏:本名斡论,乌古乃(景祖)孙。世宗即位,拜左丞相,封广平郡王,兼都元帅,进拜太尉。 ⑥执:即执政,职官名。金代以尚书左丞、右丞、参知政事(有二人)为执政,担任宰相的副手。 ⑦九重:古代国君的官门九重(即多重的意思),后来代指宫禁。 ⑧太白:即金星,又名启明。古人认为太白星出现是兵强的兆候。

原文

(八月)癸酉,上谓宰臣曰:"百姓上书陈时政,其言犹有所补。卿等位居机要,略无献替①,可乎? 夫听断狱讼,簿书期会,何人不能! 唐、虞之圣②,犹务兼览博照,乃能成治。正隆专任独见③,故取败亡。朕早夜孜孜,冀闻谠论④,卿等宜体朕意。"诏:"百司官吏,凡上书言事或为有司所抑,许进表以闻,朕将亲览,以观人材优劣。"……丁亥,诏御史台曰⑤:"卿等所劾,惟诸局行移稽缓,及缓于赴局者耳,此细事也。自三公以下,官僚善恶邪正,当审察之。若止理细务而略其大者,将治

翻译

(八月)癸酉,皇上对宰臣说:"百姓上书陈述对时事政治的意见,他们的言论还能有所补益。你们位居机枢权要,却几乎没有诤言进谏,可以么? 至于听讼断狱、账簿文书,如期会聚,哪个人不能办! 就是圣明如尧、舜,还必须兼采博考,才能成就治世。正隆废帝专凭一己之见,所以自取败亡。朕早晚勤勉不倦,希望听到正直的言论,你们应当体察朕的心意。"因此下诏道:"所有部门的官吏,凡上书论事若被有关官员压抑,允许进表奏陈,朕将亲自阅读,以考察人才的优劣。"……丁亥,诏令御史台道:"你们所检举的,只是各局办事缓慢,以及上班迟到的人而已,这些都是小事。从三公以下,官僚的善恶邪正,应当进行详尽审查。如果只是处理细小事务而忽略大事,就要治你们的罪了。"……

卿等罪矣。"……

注释　① 献替：献出好计策，以代替不可行的，泛指诤言进谏。　② 唐、虞：即尧、舜。古代传说中的两个贤君，尧曾封于唐，舜为有虞氏部落长。　③ 正隆：金海陵王完颜亮年号（1156—1161），这里代指海陵王。　④ 谠（dǎng）论：正直的言论。　⑤ 御史台：官府名，掌纠察朝仪，弹劾官吏，复审内外的刑狱。

原文

（四年八月）壬申，上谓宰臣曰："卿每奏皆常事，凡治国安民及朝政不便于民者，未尝及也。如此，则宰相之任谁不能之！"己卯，如大房山。辛巳，致祭于山陵。

九月癸未朔，还都。乙酉，上谓宰臣曰："形势之家，亲识诉讼，请属道达，官吏往往屈法徇情，宜一切禁止。"己丑，上谓宰臣曰："北京、懿州、临潢等路尝经契丹寇掠①，平、蓟二州近复蝗旱②，百姓艰食，父母兄弟不能相保，多冒鬻为奴③，朕甚闵之。可速遣使阅实其数，出内库物赎之。"乙未，幸鹰

翻译

（大定四年［1164］八月）壬申，皇上对宰臣说："你每次奏陈的都是平常琐事，凡治国安民以及对人民不利的政策，从来没有涉及。要是这样，那宰相不就谁都能当了！"己卯，到大房山。辛巳，到山陵祭祀。

九月癸未初一，回都城。乙酉，皇上对宰臣说："有权势的人家，亲戚朋友诉讼，托人情打招呼，官吏往往枉法徇情，应全部禁止。"己丑，皇上对宰臣说："北京、懿州、临潢等路曾经被契丹劫掠，平、蓟二州近来又遭蝗旱灾害，百姓吃饭困难，父母兄弟不能相保，多冒名卖为奴婢，朕十分怜悯他们。可赶紧派人核实数目，拿出内库的财物赎回。"乙未，亲临鹰房，主管人将鹰隼放在内省堂上，皇上发怒道："这里是宰相处理政务的地方，哪是放置鹰隼的地方呢？"严厉地斥责那个人，让他把鹰隼转移到其

房④,主者以鹰隼置内省堂上,上怒曰:"此宰相听事,岂置鹰隼处耶?"痛责其人,俾置他所。……

他地方去。……

① 北京:即大定府,今辽宁昭乌达盟宁城西大名城。懿州:州名,治所在今辽宁黑山。临潢:府名,治所在今内蒙古巴林左旗林东镇南波罗城。契丹寇掠:指契丹人移剌窝斡所领导的反金战争,后被金世宗镇压。 ② 平、蓟二州:平州,治今河北卢龙;蓟州,治今天津蓟州。 ③ 鬻(yù):出卖。 ④ 鹰房:又作"鹰坊",养鹰的部门,设有官属。女真人善养猎鹰"海东青",迁都后仍保留这种习俗。

原文

(七年)十月乙未朔,上谓侍臣曰:"近闻朕所幸郡邑,曾宴寝堂宇,后皆避之,此甚无谓。可宣谕,令仍旧居止。"……丁巳,上谓宰臣曰:"海陵不辨人才优劣,惟徇己欲,多所升擢。朕即位以来,以此为戒,止取实才用之。近闻蠡州同知移剌延寿在官污滥①,询其出身,乃正隆时鹰房子。如鹰房、厨人之类,可典城牧民耶?自今如此局分,不得授以临民职任。"……辛酉,敕有司于东

翻译

(大定七年[1167])十月乙未初一,皇上对侍臣说:"最近听说朕所到的郡城,曾经吃过饭睡过觉的庭堂房屋,后来都回避不使用,这很没有道理。可传达指示,叫人们照常居住。"……丁巳,皇上对宰臣说:"海陵王不分辨人才的优劣,只按自己的意愿,提拔了很多人。朕即位以来,以此为戒,只选择实才任用。最近听说蠡州同知移剌延寿在官贪污腐败,询问他的出身,原来是正隆时鹰房官的儿子。像鹰房、厨人之类,可以守城治民么?从今以后像这种从局务出身的人,不得委派他担任直接治理百姓的官职。"……辛酉,命有关官员在东宫凉楼前增建殿堂,孟浩规劝道:"皇太子虽

宫凉楼前增建殿位,孟浩谏曰②:"皇太子虽为储贰③,宜示以俭德,不当与至尊宫室相侔。"乃罢之。……

十二月戊戌,东京留守徒单合喜④、北京留守完颜谋衍⑤、肇州防御使蒲察通朝辞⑥,赐通金带,谕之曰:"卿虽有才,然用心多诈,朕左右须忠实人,故命卿补外。赐卿金带者,答卿服劳之久也。"又顾谓左宣徽使敬嗣辉曰⑦:"如卿不可谓无才,所欠者纯实耳。"……是岁,断死囚二十人。

是副君,宜于用简朴的美德进行教育,不应与皇帝的宫室相等。"于是停建。……

十二月戊戌,东京留守徒单合喜、北京留守完颜谋衍、肇州防御使蒲察通朝见辞行,世宗赐蒲察通金带,告诉他说:"你虽有才,然而用心多不诚实,朕身边需要忠实的人,所以任命你到外面去做地方官。之所以要赐给你金带,是对你长期效劳的酬赏。"又看着左宣徽使敬嗣辉说:"像你不可以说没有才能,所欠缺的也正是纯实。"……这一年,判死刑二十人。

注释 ①蠡(lǐ)州:治今河北蠡县。同知:官名,掌通判州事。 ②孟浩:字浩然,滦州(今河北滦州)人。辽末登进士第,仕金至尚书右丞,罢为真定尹。 ③储贰:即储君,被确认为君位的继承者,多指太子。 ④东京:今辽宁辽阳。留守:官名。徒单合喜:上京速苏海水人。历陕西路统军使,兼京兆尹,入为枢密副使,改东京留守。 ⑤完颜谋衍(1108—1171):娄室子,历元帅右都监、兵马总管,为北京留守、东京留守,封荣国公。 ⑥肇州:金代州名,在今吉林扶余南。防御使:官名,掌州防务。蒲察通:本名蒲鲁浑,中都路胡士爱割蛮猛安人。仕至尚书左丞,进平章政事。 ⑦左宣徽使:官名,掌朝会、宴享等。敬嗣辉:字唐臣,易州(今河北易县)人,天眷二年(1139)进士。世宗时仕至参知政事。

原文

（八年正月）乙丑，上谓宰臣曰："朕治天下，方与卿等共之，事有不可，各当面陈，以辅朕之不逮，慎毋阿顺取容。卿等致位公相，正行道扬名之时，苟或偷安自便，虽为今日之幸，后世以为何如？"群臣皆呼万岁。辛未，谓秘书监移剌子敬等曰[1]："昔唐、虞之时，未有华饰。汉惟孝文务为纯俭[2]。朕于宫室惟恐过度，其或兴修，即损宫人岁费以充之，今亦不复营建矣。如宴饮之事，近为太子生日及岁元尝饮酒[3]，往者亦止上元、中秋饮之，亦未尝至醉。至于佛法，尤所未信。梁武帝为同泰寺奴[4]，辽道宗以民户赐寺僧，复加以三公之官[5]，其惑深矣。"……

翻译

（大定八年[1168]正月）乙丑，皇上对宰臣说："朕治理天下，正与你们共同负责，处理事情有不对的，各人应当当面陈述，以弥补朕的不足，千万不要屈从讨好。你们身居公卿宰相的职位，正是行道扬名的时候，假如有人想偷安自便，即使当前有些好处，后世将认为你是什么样的人呢？"群臣都呼万岁。辛未，对秘书监移剌子敬等说："从前尧、舜的时代，没有华丽的装饰。汉朝只有孝文帝务为纯朴节俭。朕对于宫室生怕超过了限度，或有兴修，就减少宫人当年的费用来充用，如今也不再营建了。如像宴饮吃喝这类事，近来只有在太子生日及元旦时才喝酒，过去也只是上元节、中秋节喝，也没有喝醉过。至于佛法，尤其不相信。梁武帝自愿做同泰寺的奴仆，辽道宗将民户赐给寺庙僧人，又加以三公的官衔，他们受佛教的迷惑也太深了。"……

注释 ① 秘书监：官名，掌经籍图书。移剌子敬：字同文，本名屋骨朵鲁，辽五院人。好读书，尝与修《辽史》，大定时亦同修国史。 ② 孝文：即汉文帝刘恒。 ③ 岁元:即元旦,正月初一。下句"上元",即正月十五。 ④ 梁武帝:即萧衍,迷信佛教,曾三次舍身同泰寺。 ⑤ 三公:太师、太傅、太保。

原文

(十一年正月)戊戌,尚书省奏汾阳军节度副使牛信昌生日受馈献①,法当夺官。上曰:"朝廷行事苟不自正,何以正天下?尚书省、枢密院生日节辰馈献不少②,此而不问,小官馈献即加按劾,岂正天下之道!自今宰执枢密馈献亦宜罢去。"上谓宰臣曰:"往岁清暑山西,近路禾稼甚广,殆无畜牧之地,因命五里外乃得耕垦。今闻民皆去之他所,甚可矜悯,其令依旧耕种。事有类此,卿等宜即告朕。"……

翻译

(大定十一年[1171]正月)戊戌,尚书省奏汾阳军节度副使牛信昌在生日接受赠献的礼物,依法应当削官。皇上说:"朝廷行事假如自己不正,怎么能正天下?尚书省、枢密院生日及节辰收受赠献不少,如果对此不加过问,而小官接受赠献便加检举,哪里是正天下的行为!从今以后宰相、执政和枢密使收受赠献也应罢去。"皇上对宰臣说:"往年到山西避暑,挨近道路的庄稼很多,几乎没有放牲畜的地方,因而命令五里以外才许耕垦。如今听说百姓都离去而迁往他处,很值得同情,命令他们依旧耕种。事有与此相似的,你们应该立即告诉朕。"……

注释 ① 汾阳军:金代设置的节度使方镇名,节镇设在汾州,今山西汾阳。金代仿照唐代制度在重要地区设置节度使方镇,委任节度使掌管本镇军马事务,并兼管内观察使事。 ② 尚书省:最高政府机关名,有六部。金代尚书省始建于天会四年(1126),掌管全国行政。枢密院:金代枢密院始建于天辅七年(1123),掌管国家军事的官署。枢密院的长官称枢密使。

原文

六月己酉,诏曰:"诸路常贡数内,同州沙苑羊非急用^①,徒劳民尔,自今罢之。朕居深宫,劳民之事岂能尽知?似此当具以闻。"……

八月癸卯朔,太白昼见。诏朝臣曰:"朕尝谕汝等,国家利便,治体遗阙,皆可直言。外路官民亦尝言事,汝等终无一语。凡政事所行,岂能皆当?自今直言得失,毋有所隐。"乙巳,上谓宰臣曰:"随朝之官,自谓历一考则当得某职^②,两考则当得某职。第务因循,碌碌而已。自今以外路官与内除者,察其公勤则升用之,但苟简于事,不须任满,便以本品出之。赏罚不明,岂能劝勉?"庚戌……上谓宰臣曰:"五品以下阙员尚多,而难于得人。三品以上朕则知之,五品以下不能知也。卿等曾无一言见举者。欲画久安之

翻译

六月己酉,下诏道:"各路常贡数额内,同州沙苑的羊不是急用物,白白劳损百姓罢了,从今以后停止进贡。朕居住深宫,劳损百姓的事怎能尽行了解?像这种事应当开具奏报。"……

八月癸卯初一,太白星白天出现。诏令朝臣道:"朕曾经告诉你们,国家如何因利乘便,政治体制有什么缺陷,都可以直言。外地的官员、百姓还曾经上书论事,而你们始终没有一句话。现在所推行的各种政事,哪能全都恰当?从今以后都要直言得失,不要有所隐瞒。"乙巳,皇上对宰臣说:"大凡随朝做官的,自认为经过一考便应该得到某职,两考则又应得到某职。只是想着因循守旧,碌碌无为而已。从今以后外路官给与朝内除授的,考察他若是公正勤勉便升用,若是办事应付草率,不须等到任满,便以本品官差出。赏罚要是不明,怎能有所劝诫激励?"庚戌……皇上对宰臣说:"五品以下官缺员很多,而难于得到合适的人。三品以上朕了解他们,五品以下就不可能了解。你们过去对其中有才干的人却没有一句推荐的话。要想谋划久安的大计,兴办对百姓

计,兴百姓之利,而无良辅佐,所行皆寻常事耳,虽日日视朝,何益之有?卿等宜勉思之。"……

有利的事,而没有好的辅佐,所推行的都是平平常常的事情罢了,就是天天临朝,又有什么益处?你们应当尽力考虑。"……

注释 ① 同州沙苑:在今陕西大荔南,自唐以后为养马之地。 ② 考:古代官吏三年考绩,依优劣升降。又每年录功过行能,议其优劣为九等,称考课。

原文

(十月)甲寅,上谓宰臣曰:"朕已行之事,卿等以为成命不可复更,但承顺而已,一无执奏。且卿等凡有奏,何尝不从?自今朕旨虽出,宜审而行,有未便者,即奏改之。或在下位有言尚书省所行未便,亦当从而改之,毋拒而不从。"……

(十一月)戊寅,幸东宫①。上谓皇太子曰:"吾儿在储贰之位,朕为汝措天下,当无复有经营之事。汝惟无忘祖宗纯厚之风,以勤修道德为孝,明信赏罚为治而已。昔唐太宗谓其子高

翻译

(十月)甲寅,皇上对宰臣说:"朕已经行下的事,你们认为成命不可再更改了,只是接受服从而已,都不再发表意见。然而你们凡有论奏,什么时候没有听从过?从今以后朕的诏旨即使已发出,宜审慎地推行,有不适应的,就论奏改正。或职位低下的人有论尚书省所推行的事不恰当,也应当听从改正,不要拒绝不采纳。"……

(十一月)戊寅,亲临东宫。皇上对皇太子说:"我儿在副君的位置,朕为你措置天下,应当不再有你需要经营的事了。你只要不忘祖宗淳厚的作风,把勤恳地修养道德为孝,以赏罚明白有信为治就行了。过去唐太宗曾向他的儿子高宗说:'我讨伐高丽未能完成,你可继续进行。'像这样的事,朕不遗留给你。

宗曰：'吾伐高丽不克终，汝可继之。'如此之事，朕不以遗汝。如辽之海滨王②，以国人爱其子，嫉而杀之，此何理也！子为众爱，愈为美事，所为若此，安有不亡！唐太宗有道之君，而谓子高宗曰：'尔于李勣无恩③。今以事出之，我死，宜即授以仆射④，彼必致死力矣。'君人者，焉用伪为？受恩于父，安有忘报于子者乎？朕御臣下，惟以诚耳。"群臣皆称万岁。……

又如辽的海滨王，因为国中人民热爱他的儿子，就妒忌而把他杀掉，这是什么道理啊！儿子被大家所爱，很是美事。所做的事都像这样，哪有不亡国的！唐太宗是有道的君主，而对他的儿子高宗说：'你对于李勣没有恩惠，现在我借故将他贬出，我死后，你应立即授他仆射的官职，他就一定会给你卖死力了。'为人之君，何必做虚伪事？受他父亲的恩惠，哪有对他儿子便忘记报答的呢？朕对待臣下，惟用诚实就是了。"群臣都呼万岁。……

注释 ①东宫：太子所住的宫殿。 ②海滨王：即辽天祚帝（1075—1128），1101—1125年在位，后被金太宗俘虏，降封为海滨王。 ③李勣（jì）：本姓徐，名世勣，字懋功，赐姓李。太宗时封英国公，高宗时为尚书左仆射，进位司空。 ④仆射：官名，分左、右。唐、宋时代为宰相之职。

原文

（十二年）二月壬寅，上召诸王府长史谕之曰①："朕选汝等，正欲劝导诸王，使之为善。如诸王所为有所未善，当力陈之；尚或不从，则

翻译

（大定十二年[1172]）二月壬寅，皇上召集各亲王府的长史并告诉他们道："朕选用你们，正是想规劝引导诸王，使他们从善。如果诸王所作所为有不善的地方，应当尽力讲明；要是还不听从，

1000

具某日行某事以奏。若阿意不言,朕惟汝罪。"丙午,尚书省奏,廉察到同知城阳军事山和尚等清强官②。上曰:"此辈暗察明访皆著政声,可第其政绩,各进官旌赏。其速议升除。"……丙辰,诏:"自今官长不法,其僚佐不能纠正又不言上者,并坐之。"户部尚书高德基滥支朝官俸钱四十万贯③,杖八十。

就条列某天做了某事向朕奏报。假若曲意不讲,朕只好治你们的罪了。"丙午,尚书省奏,察访到同知城阳军事山和尚等廉洁能干的官员。皇上说:"这些人暗察明访都有很好的政绩声誉,可根据他们的政绩,各进官表彰奖赏。赶快商议升迁授官。"……丙辰,下诏道:"从今以后官长不守法,他的同僚副职不能纠正又不向上报告的,一起治罪。"户部尚书高德基滥支朝官薪俸钱四十万贯,行杖刑八十。

注释 ① 王府长史:官名,为亲王府属官,总管王府事务。 ② 城阳军:大定二十二年(1182)升为城阳州,治今山东莒县。 ③ 户部尚书:官名,尚书省户部的长官。高德基(1119—1172):字元履,辽阳渤海人。皇统二年(1142)进士,世宗时仕至户部尚书,后因事降职。

原文

(三月)乙亥,诏尚书省:"赃污之官,已被廉问,若仍旧职,必复害民。其遣使诸道,即日罢之。"……

(十三年三月)乙卯,上谓宰臣曰:"会宁乃国家兴王之地①,自海陵迁都永

翻译

(三月)乙亥,诏令尚书省道:"贪污的官吏,已被察问的,如果仍居旧职,必然又要危害百姓。派遣使者到各道,立刻罢免。"……

(大定十三年[1173]三月)乙卯,皇上对宰臣说:"会宁是国家王业兴起的地方,自从海陵迁都到永安,女真人渐

安②，女真人浸忘旧风。朕时尝见女真风俗，迄今不忘。今之燕饮音乐，皆习汉风，盖以备礼也，非朕心所好。东宫不知女真风俗，第以朕故，犹尚存之。恐异时一变此风，非长久之计。甚欲一至会宁，使子孙得见旧俗，庶儿习效之。"太子詹事刘仲诲请增东宫牧人及张设③，上曰："东宫诸司局人自有常数，张设已具，尚何增益？太子生于富贵，易入于侈，惟当导以淳俭。朕自即位以来，服御器物，往往仍旧，卿以此意谕之。"……

（十四年九月）癸卯，上退朝，谓侍臣曰："朕自在潜邸及践阼以至于今④，于亲属旧知未尝欺心有徇。近御史台奏，枢密使永中尝致书河南统军使完颜仲⑤，托以买马。朕知而不问。朕之欺心，此一事耳，夙夜思之，其如有疾。"……

渐忘记了旧有的风俗。朕当时曾见到女真风俗，至今不忘。今天的燕饮音乐，都是学的汉族风俗，也只是为了完备礼仪而已，并不是朕心里所爱好的。皇太子不知道女真的风俗，只是因为朕的缘故，东宫还保存着旧风。恐怕将来变更了此风，这不是长久之计。很想去一趟会宁，使子孙得见旧俗，也许会学习效仿的。"太子詹事刘仲诲请增加东宫的管理人员及陈设，皇上说："东宫各司局人员各有定数，陈设也已齐备，还要增加什么？太子生于富贵，容易入于奢修，惟当以淳朴节俭进行引导。朕自即位以来，衣服器物，往往仍旧，你以这个意思教育太子。"……

（大定十四年［1174］九月）癸卯，皇上退朝，对侍臣说："朕自未登位到登位直至今天，对亲属故旧没有违心地姑息过。最近御史台奏，枢密使永中曾写信给河南统军使完颜仲，托他买马。朕知道但没有过问。朕的违心，仅这一件事，日夜考虑，好像得了病似的。"……

注释 ① 会宁：即上京,今黑龙江阿城南白城子。 ② 永安：指中都(今北京),辽时曾置永安析津府,故称。 ③ 太子詹事：太子东宫的属官,掌管东宫内外事务。 ④ 潜邸：帝王未正皇储名分以前所居住的房屋。阼(zuò)：东阶,主人之位。"践阼"即登皇帝位。 ⑤ 永中：即完颜永中,本名实鲁刺,又名万僧,世宗长子。封镐王,后因不道被赐死。完颜仲：本名石古乃,娄室子,历河南路统军使、西北路招讨使、北京留守。

原文

（十一月）戊戌,召尚食局使①,谕之曰："太官之食②,皆民脂膏。日者品味太多,不可遍举,徒为虚费。自今止进可口者数品而已。"……

（十六年正月）丙寅,上与亲王、宰执、从官从容论古今兴废事,曰："经籍之兴,其来久矣,垂教后世,无不尽善。今之学者,既能诵之,必须行之。然知而不能行者多矣。苟不能行,诵之何益？女真旧风最为纯直,虽不知书,然其祭天地,敬亲戚,尊耆老,接宾客,信朋友,礼意款曲,皆出自然,其善与古书所载无异。汝辈当习学之,

翻译

（十一月）戊戌,召来尚食局使,告诉他道："太官的饭菜,都是民脂民膏。每天花样太多,不可遍举,白白地浪费。从今以后只进可口的菜数道就行了。"……

（大定十六年[1176]正月）丙寅,皇上与亲王、宰相、执政、侍从官从容地谈论古今兴亡的史事,说："经书的出现,已经很久远了,给后世留传教诲,无不善美至极。今天学习经书的人,既然能够诵读,就必须实行。然而知道却不能实行的人多得很。假如不能照着去做,诵读它有什么益处？女真的旧风俗最为纯厚朴直,虽然不识字,然而他们祭祀天地,敬重亲戚,尊敬老人,接待宾客,取信朋友,礼意详尽,都是出于自然,那种善美与古书所记载的没有不同。你们应当学习它,旧风不可忘啊。"……

旧风不可忘也。"……

（三月）戊午，上御广仁殿，皇太子、亲王皆侍膳，上从容训之曰："大凡资用当务节省，如其有余，可周亲戚，勿妄费也。"因举所御服曰："此服已三年未尝更换，尚尔完好，汝等宜识之③。"……

（三月）戊午，皇上到广仁殿，皇太子、亲王都陪着用餐，世宗从容不迫地教导他们道："大凡钱财都应当节省，如果有剩余，可以周济亲戚，不要随便浪费。"因而提起所穿的衣服说："这衣服已三年没有更换，还这样完好，你们应当记住。"……

注释　①尚食局：官署名，掌管帝王膳食。其长官为尚食局使。　②太官：官署名，掌帝王膳食。金、元由尚食局代替，这里称其旧名。　③识（zhì）：记住。

原文

十二月壬申朔，诏："诸科人出身四十年方注县令，年岁太远，今后仕至三十二年，别无负犯赃染追夺，便与县令。"丙子，诏诸流移人老病者，官与养济。上谕宰臣曰："凡已经奏断事有未当，卿等勿谓已行，不为奏闻改正。朕以万机之繁，岂无一失，卿等但言之，朕当更改，必无吝也。"……

（十七年）七月壬子，尚

翻译

十二月壬申初一，下诏道："诸科出身的人要四十年后才拟授县令，年限太长，今后做官满三十二年，别无因犯事贪污追夺过官的，便授与县令。"丙子，诏令所有流亡人年老生病的，官府给予救济。皇上指示宰臣道："凡是已经奏报决断而事情有不妥当的，你们不要认为已经行下，就不再奏闻改正了。朕因政务千头万绪日夜繁忙，哪里能没有一件失误？你们尽管讲出来，朕当更改，一定不会吝惜。"……

（大定十七年［1177］）七月壬子，尚书省奏，每年赐西北路守边的兵士三万

书省奏,岁以羊三万赐西北路戍兵,上问如何运致,宰臣不能对。上曰:"朕虽退朝,留心政务,不遑安宁。卿等勿谓细事非帝王所宜问,以卿等于国家之事未尝用心,故问之耳。"……

八月己巳,观稼于近郊。壬申,以监察御史体察东北路官吏①,辄受讼牒,为不称职,笞之五十。庚辰,上谓宰臣曰:"今之在官者,同僚所见,事虽当理,必以为非,意谓从之则恐人谓政非己出。如此者多,朕甚不取。今观大理寺所断②,虽制有正条,理不能行者别具情见,朕惟取其所长。夫为人之理,他人之善者从之,则可谓善矣。"壬午,上谓宰臣曰:"今在下僚岂无人材,但在上者不为汲引,恶其材胜己故耳。"丙戌,上谓御史中丞纥石烈邈曰③:"台臣纠察吏治之能否,务去其扰民,且冀其

头羊,皇上问如何运去,宰臣不能回答。皇上说:"朕虽已退朝,仍留心政务,顾不上休息。你们不要说小事不是帝王所应过问的,正因为你们对国家的事情考虑得不仔细,所以才问到。"……

八月己巳,到近郊视察庄稼。壬申,由于监察御史去考察东北路的官吏,只是接收诉讼状,皇帝认为他们不称职,行笞刑五十。庚辰,皇上对宰臣道:"如今在任的官员,凡同僚的见解,虽然事情在理,必认为不对,意思是怕听从了这些意见,别人会说政事不是由自己做主。像这样的事很多,朕很不赞成。今来审阅大理寺所断的案件,虽然制令有正式条文,道理上有不能执行的另外将情况加以说明,朕只采取其所长之处。对于做人的道理,别人有善美的见解就支持他,这才可说是善美的品德。"壬午,皇上对宰臣说:"如今在下位的岂能说没有人才,只是在上位的不给以引进,憎恨人家的才能胜过自己的缘故。"丙戌,皇上对御史中丞纥石烈邈说:"御史台官纠察官吏治事的能干与否,务必要除掉那些骚扰百姓的人,并且希望得到贤能的官吏。如今所到之处随意接受诉讼状,听任别人妄行控告,使当政的人如何办才好呢。"……

得贤也。今所至辄受讼牒，听其妄告，使为政者如何则可也。"……

（十月）辛巳，上谓宰臣曰："今在位不闻荐贤，何也？昔狄仁杰起自下僚④，力扶唐祚，使既危而安，延数百年之永。仁杰虽贤，非娄师德何以自荐乎⑤。"癸未……上谓宰臣曰："近观上封章者，殊无大利害。且古之谏者既忠于国，亦以求名，今之谏者为利而已。如户部尚书曹望之⑥、济南尹梁肃皆上书言事⑦，盖觊觎执政耳⑧，其于国政竟何所补。达官如此，况余人乎。昔海陵南伐，太医史祁宰极谏⑨，至戮于市，此本朝以来一人而已。"丁亥，上命宰臣曰："监察御史田忠孺尝上书言事，今当升擢，以励其余。"

（十月）辛巳，皇上对宰臣说："如今在位的人没有听说荐举贤才，是为什么？从前狄仁杰是从下僚中起用的，奋力扶持唐的江山，使它转危为安，延续了数百年之久。狄仁杰虽然贤，要不是娄师德，怎么能够自荐呢。"癸未……皇上对宰臣说："近来观察上封章奏事的，全没有大的利害考虑。古代规劝皇帝的人既是忠于国家，也以此求名，如今规劝的人只是为利而已。例如户部尚书曹望之，济南府尹梁肃都曾上书论事，不过是指望当执政而已，他们的言论，对国家究竟有什么补益？大官都是如此，何况其余的人。过去海陵南伐，太医史祁宰极力劝阻，以至被杀于市，这样的人本朝开国以来只有一个罢了。"丁亥，皇上命令宰臣道："监察御史田忠孺曾上书论事，今天应当加以提拔，以激励其他的人。"

注释　①监察御史：官名，掌纠察百官等。　②大理寺：官署名，掌管刑狱。　③御史中丞：官名，御台史的长官。　④狄仁杰（607—700）：字怀英，并州太原（今山西太原）人，武后时为宰相，力劝立唐嗣。　⑤娄师德（630—699）：字宗仁，郑州原武

(今河南原阳)人,武后时为宰相。 ⑥曹望之:字景萧,宣德(今河北张家口)人,有治钱谷名,官终户部尚书。 ⑦梁肃:字孟容,奉圣州(今河北涿鹿西南)人。天眷二年进士,仕至参知政事。 ⑧觊觎(jì yú):非分之想。 ⑨太医史:官名,掌医药。祁宰:字彦辅,江淮人,善医。海陵王将伐宋,上疏谏,言甚激切,海陵王大怒,将他诛戮于市。

原文

(十一月)庚戌,上谓宰臣曰:"朕常恐重敛以困吾民,自今诸路差科之炀细者,亦具以闻。"……

(十二月)壬申上谓宰执曰:"朕今年已五十有五,若年逾六十,虽欲有为,而莫之能矣。宜及朕之康强,其女真人猛安、谋克及国家政事之未完,与夫法令之未一者,宜皆修举之。凡所施行,朕不为怠。"……

(十八年三月)丁未,上谓宰执曰:"县令之职最为亲民,当得贤材用之。迩来犯法者众,殊不闻有能者。比在春水①,见石城、玉田两县令②,皆年老,苟禄而已。畿

翻译

(十一月)庚戌,皇上对宰臣说:"朕时常担心过重的赋税使我的人民困乏,从今以后各路劳役赋税的多少,也开列奏报。"……

(十二月)壬申,皇上对宰相、执政说:"朕今年已五十五岁,要是年纪超过六十,即使希望有所作为,而已不可能了。应当趁朕还健康时,女真人猛安、谋克及国家政事有尚未料理妥当的,以及法令还没有划一的,都宜加办理。凡是所要施行的,朕不会懈怠。"……

(大定十八年[1178]三月)丁未,皇上对宰相、执政说:"县令的职责最与人民接近,应当选得贤才任用。近来犯法的很多,全然没听说有贤能的。最近到春水渔猎时,看到石城、玉田两县令,都已年老,苟且供职领取俸禄罢了。京城地区尚且如此,偏远县份就可想而知了。"平章政事石琚回答道:"良乡令焦旭、庆都令李伯达都是能干的官吏,可任

甸尚尔③,远县可知。"平章
政事石琚对曰④:"良乡令焦
旭、庆都令李伯达皆能吏⑤,
可任。"上曰:"审如卿言,可
擢用之。"……

用。"皇上说:"果真如你所说,可提拔使
用。"……

注释 ① 春水:又名春捺钵,即辽、金皇帝春天到水边举行的渔猎活动。 ② 石城:
县名,金代在此地建有长春宫,治今河北唐山以北。玉田:县名,金代在此建有行宫,
治今河北玉田。 ③ 畿(jī)甸:古代天子领地称畿,千里之内叫甸服,后泛指京城地
区。 ④ 平章政事:官名,即宰相。石琚(1111—1182):字子美,定州(今河北定州)
人。世宗时拜平章政事、右丞相,封莘国公。 ⑤ 良乡:大兴府属县。庆都:即望都,
金改为庆都,在今河北望都。

原文

　　七月丙子,上谓宰臣曰:
"职官始犯赃罪,容有过误,
至于再犯,是无改过之心。
自今再犯不以赃数多寡,并
除名。"……

　　十一月庚申朔,尚书有
奏,拟同知永宁军节度使阿
可为刺史①。上曰:"阿可年
幼,于事未练,授佐贰官可
也。"平章政事唐括安礼奏
曰②:"臣等以阿可宗室,故
拟是职。"上曰:"郡守系千里

翻译

　　七月丙子,皇上对宰臣说:"职官初
犯赃罪,容有犯错误的时候,至于再犯,
是没有改过的决心。从今以后再犯的
便不以贪污数量的多少,全部除
名。"……

　　十一月庚申初一,尚书省奏,拟任
命同知永宁军节度使事阿可为刺史。
皇上说:"阿可年幼,对世事还不详熟,授
予副职就可以了。"平章政事唐括安礼奏
道:"臣等因阿可是宗室,所以拟授这个
职务。"皇上说:"郡守关系到千里之地的
喜忧,怎可不择人而私用亲属呢?如果
是为了爱亲属而施恩惠,赏赐虽然丰厚,

休戚，安可不择人而私其亲耶？若以亲亲之恩，赐与虽厚，无害于政；使其治郡而非其才，一境何赖焉？"……丙子，尚书省奏："崇信县令石安节买车材于部民③，三日不偿其直，当削官一阶，解职。"上因言："凡在官者，但当取其贪污与清白之尤者数人黜陟之④，则人自知惩劝矣。夫朝廷之政，太宽则人不知惧，太猛则小玷亦将不免于罪，惟当用中典耳。"……

但对政治来说不会有损害；要是任用亲属去治理郡事而他又不是那种人才，一境之内依靠谁呢？"……丙子，尚书省奏："崇信县令石安节向部属民户购买造车材料，三天不给人家钱，应当削夺一级官阶，解除职务。"皇上于是说："凡是在职的官员，只应选取其中贪污与清白最突出的几个人贬黜或升迁，则人人都自知什么是惩罚和奖励了。朝廷的政策，太宽了则人们不知道畏惧，太严了则小缺陷也不免于治罪，只应当使用适中的法规。"……

注释 ① 永宁军：宋置，金初因之，后改为蠡州，即今河北蠡县。 ② 唐括安礼：本名斡鲁古，字子敬，世宗时仕至平章政事，拜右丞相，封申国公。 ③ 崇信县：县名，辽置，后废，故地在今辽宁沈阳。 ④ 黜陟（chù zhì）：进退人才。降官叫"黜"，升官叫"陟"。

原文

（十九年三月）乙丑，尚书省奏，亏课院务官颜蓊等六十八人，各合削官一阶。上曰："以承荫人主榷沽①，此辽法也。法弊则当更张，唐、宋法有可行者则行之。"

翻译

（大定十九年[1179]三月）乙丑，尚书省奏，亏损赋税的院务官颜蓊等六十八人，各该削夺官资一阶。皇上说："用承袭恩荫得官的人主持专卖，这是辽的法规。法制不好就应当更改，唐、宋的法规有可遵行的就遵行。"己巳，皇上与

己巳，上与宰臣论史事，且曰："朕观前史多溢美。大抵史书载事贵实，不必浮辞谄谀也。"辛未，上谓宰臣曰："奸邪之臣，欲有规求，往往私其党与，不肯明言，记以他事，阳不与而阴为之力。朕观古之奸人，当国家建储之时，恐其聪明不利于己，往往风以阴事，破坏其议，惟择昏懦者立之，冀他日可弄权为功利也。如晋武欲立其弟②，而奸臣沮之，竟立惠帝③，以致丧乱，此明验也。"丁丑，上谓宰臣曰："朕观前代人臣将谏于朝，与父母妻子诀，示以必死；同列目睹其死，亦不顾身，又为之谏。此尽忠于国者，人所难也。"己卯，制纠弹之官知有犯法而不举者，减犯人罪一等科之，关亲者许回避。上谓宰臣曰："人多奉释老④，意欲徼福⑤。朕耄年亦颇惑之⑥，旋悟其非。

宰臣议论史书的事，说："朕看以前的史书多过分美化。大抵史书记事贵在真实，不必用浮华的辞藻去奉承讨好。"辛未，皇上对宰臣说："奸邪的臣子，想有什么贪求，往往私结党羽，不肯明说，托以其他的事，表面上不参与而暗中为他用力。朕观察古代的奸臣，当国家建立副君的时候，便害怕储君的聪明对自己不利，往往散布一些阴私事，破坏别人的提议，这些奸臣只是选择昏庸懦弱的人拥立，指望他日可以玩弄权柄为功为利。比如晋武帝打算立他的弟弟，而奸臣破坏，竟然立了惠帝，以致造成丧乱，这就是明显的事例。"丁丑，皇上对宰臣说："朕看前代那些将要在朝廷对皇帝进行规劝的人臣，都要与父母妻子告别，表示必然一死。同列的朝官虽眼见他死，也不顾惜自身，又继续规谏。这就是尽忠于国的行动，是常人很难做到的。"己卯，制令负有纠察检举责任的官吏如明知有犯法而不举报的，减犯人的罪一等来处罚，关系到亲属的允许回避。皇上对宰臣说："人们多奉事佛、道二教，意思是想求福。朕早年也很受迷惑，随后便觉悟到它们不正确的地方。上天建立君王，让他治理百姓，如果只图安乐，懈怠疏忽，想抱侥幸的心理求

且上天立君，使之治民，若盘乐怠忽，欲以侥幸祈福，难矣。果能爱养下民，上当天心，福必报之。"……

七月辛未，有司奏拟赵王子石古乃人从[7]，上不从，谓宰相曰："儿辈尚幼，若奉承太过，使侈心滋大，卒难节抑，此不可长。诸儿每入侍，当其语笑娱乐之际，朕必渊默，涖之以严，庶其知朕教戒之意，使常畏慎而寡过也。"……

得福佑，难啊。要是果真能爱护养育老百姓，那就上合天意，必然降福酬报他。"……

七月辛未，有关官员进奏所拟赵王儿子石古乃的随从人员，皇上不答应，对宰相说："儿孙辈还在幼年，如果奉承得太过分，使他们的奢侈之心膨胀，最后难以节制，这不可助长。孩儿们每次来陪侍，当他们谈笑娱乐的时候，朕必定默不作声，以严肃相对，希望他们知道朕教育告诫的深意，使时常畏惧谨慎而少过错。"……

注释 ① 榷(què)：专卖。 ② 晋武：即晋武帝司马炎(236—290)，字安世。曾灭魏、吴，统一全国。 ③ 惠帝：即晋惠帝司马衷(259—306)，字正度，昏庸愚暗，酿成"八王之乱"，被毒死。 ④ 释老：释迦与老子，代指佛、道二教。 ⑤ 徼(yāo)：同"邀"，招致，求。 ⑥ 蚤：同"早"。 ⑦ 赵王：即世宗子永中，大定十一年(1171)由越王进封赵王。大定十九年(1179)，其子石古乃加光禄大夫。

原文

（二十年四月）乙巳，上谓宰臣曰："女真官多谓朕食用太俭，朕谓不然。夫一食多费，岂为美事？况朕年高，不欲屠宰物命。贵为天子，

翻译

（大定二十年四月）乙巳，皇上对宰臣说："女真官员多说朕饮食用品太简朴，朕说不然。一顿饭用去很多钱，哪是什么好事？何况朕年事已高，不愿屠宰动物的生命。富贵到做天子，能够自

能自节约，亦不恶也。朕服御或旧，常使澣濯^①，至于破碎，方始更易。向时帐幕常用涂金为饰，今则不尔，但令足用，何必事纷华也？"……

（十月庚辰朔）诏："西北路招讨司每进马驼鹰鹘等^②，辄率敛部内，自今并罢之。"壬午，上谓宰臣曰："察问细微，非人君之体，朕亦知之。然以卿等殊不用心，故时或察问。如山后之地，皆为亲王、公主、权势之家所占，转租于民，皆由卿等之不察。卿等当尽心勤事，毋令朕之烦劳也。"……戊戌，上谓宰臣曰："凡人在下位，欲冀升进，勉为公廉，贤不肖何以知之。及其通显，观其施为，方见本心。如招讨哲典^③，初任定州同知^④，继为都司^⑤，未尝稍有私徇，所至皆有清名。及为招讨，不固守。人心险于山川，诚难知也。"……

行节约，也算不坏了。朕的衣服或已陈旧，常使人洗一洗，直到破碎，才叫人更换。先前帐幕曾用涂金做装饰，现在不用了，只要够用，何必搞得那么华丽？"……

（十月庚辰初一）下诏道："西北路招讨司每次进献马、骆驼、鹰鹘等，常常随意搜刮部内，从今以后全部停罢。"壬午，皇上对宰臣说："察问细小事务，不合人君的事体，朕也知道。但是因为你们很不用心，所以时而亲自察问。比如山后的土地，都被亲王、公主、有权势的人家占有，转而租给百姓，这都由于你们不能明察而造成的。你们应当尽心勤于政事，不要让朕烦劳了。"……戊戌，皇上对宰臣说："凡人处在下位，想要升进，努力表现得公正廉洁，贤明不贤明从哪里得知。直到他官高名重，观察他的所作所为，才现出本心。如招讨哲典，起初任定州同知，接着为都司，不曾稍有私心曲从，所到之地都有清正的美名。等到做招讨时，就不能坚持。人心比山川还险峻，实在难于了解。"……

注释　① 澣(huàn)濯：洗涤。　② 西北路招讨司：官府名。金在西北路、西南路、东北路设有招讨司，掌招降、征讨等事务。　③ 哲典：曾任西南路招讨使，于大定二十年(1180)因赃罪被杀。　④ 定州：州名，治所在今河北定州。　⑤ 都司：官署名，金有都转运司等。此指在都司任职。

原文

十二月辛巳，上谓宰臣曰："岐国用人①，但一言合意便升用之，一言之失便责罚之。凡人言辞，一得一失，贤者不免。自古用人咸试以事，若止以奏对之间，安能知人贤否？朕之取人，众所与者用之，不以独见为是也。"……

（二十一年二月）乙巳，以元妃李氏之丧②，致祭兴德宫，过市肆不闻乐声，谓宰臣曰："岂以妃故禁之耶？细民日作而食，若禁之是废其生计也，其勿禁。朕前将诣兴德宫，有司请由蓟门③，朕恐妨市民生业，特从他道。顾见街衢门肆，或有毁撤，障以帘箔，何必尔也？

翻译

十二月辛丑，皇上对宰相说："海陵王用人，只要一句话合意便升用他，一句话失误便加以责罚。凡是人的言语，一得一失，贤明的人也难免会有。从古以来用人都是试以处理事务的能力，假如只看奏对之间如何，怎么能了解人的贤能与否？朕取人的原则，是大家所推誉的便任用，不以自己个人的见解为是。"……

（大定二十一年[1181]二月）乙巳，因元妃李氏死，到兴德宫致祭，经过市场听不到音乐声，于是对宰臣说："是不是因妃子的缘故而禁止的呢？小百姓每天干活吃饭，如果禁止便是断了人家的生计，不要禁止。朕前次将去兴德宫，有关官员请由蓟门走，朕怕妨害市民的工作，特地改走其他的路。看见街道上的铺面，有的被毁坏撤除，用帘子遮起来，何必这样呢？从今以后不要再毁坏撤除了。"……

自今勿复毁撤。"……

注释 ① 岐国:即海陵王,曾封岐国王。 ② 元妃李氏:世宗妃子,南阳郡王李石女,大定二十一年(1181)卒。 ③ 蓟门:蓟州城门。

原文

(三月丁未朔)上初闻蓟、平、滦等州民乏食,命有司发粟粜之①,贫不能籴或贷之②。有司以贷贫民恐不能偿,止贷有户籍者③。上至长春宫,闻之,更遣人阅实,赈贷。以监察御史石抹元礼、郑达卿不纠举,各笞四十,前所遣官皆论罪。……乙丑,诏山后冒占官地十顷以上者皆籍入官,均给贫民。……上谓宰臣曰:"近闻宗州节度使阿思懑行事多不法④;通州刺史完颜守能既与招讨职事⑤,犹不守廉。达官贵要多行非礼,监察未尝举劾,斡睹只群牧副使仆散那也取部人二毬杖⑥,至细事也,乃便劾奏。

翻译

(三月丁未初一)皇上最初听说蓟、平、滦等州的百姓缺粮,命令有关官司拿出粮食卖给他们,贫穷不能买的就借贷给他们。而官员认为贷给贫民恐怕以后不能偿还,就只贷给有户籍的。皇上到长春宫,听说这事,另外派人前去核实,并赈贷贫民。因监察御史石抹元礼、郑达卿不纠察举报,每人行笞刑四十,前次派去的官员都治罪。……乙丑,诏令山后侵占官地十顷以上的都没收归官府,均分给贫民。……皇上对宰臣说:"最近听说宗州节度使阿思懑办事多违法;通州刺史完颜守能已经被授与招讨的官职,却不能守廉。那些达官贵人做了很多不法的事,监察官并没有检举弹劾,而斡睹只群牧副使仆散那也只拿了部族人的两枝毬杖,这本是非常细小的事,监察官却进行弹劾。说监察官称职,这合适吗?今监察官本职工作完成得好的就要加以提拔,不称职的,严重的降官,轻微的处分,仍不许

谓之称职,可乎? 今监察职
事修举者与迁擢,不称者,
大则降罚,小则决责,仍不
许去官。"……

离任。"……

注释　① 粜(tiào):卖出谷物。　② 籴(dí):买入谷物。　③ 有户籍者:指入户籍
的人,奴隶不入户籍。　④ 宗州:州名,治所在今辽宁绥中。　⑤ 通州:州名,治所在
今北京通州。完颜守能:本名胡剌,大定十九年(1179)为西北路招讨使,因贪而放
纵恣行,被除名。　⑥ 斡睹只群牧:即斡睹只群牧司,金代掌管群牧畜养的官署,故
地在今山西境内。其长官为群牧使。

原文

　(闰月)辛卯,渔阳令夹
谷移里罕①、司候判官刘居
渐以被命赈贷②,止给富户,
各削三官,通州刺史郭邦杰
总其事,夺俸三月。乙未,
上谓宰臣曰:"朕观自古人
君多进用谗谄,其间蒙蔽,
为害非细,若汉明帝尚为此
辈惑之。朕虽不及古之明
君,然近习谗言,未尝入耳。
至于宰辅之臣,亦未尝偏用
一人私议也。"……

　(二十三年)六月壬子,
有司奏右司郎中段珪卒,上

翻译

　(闰月)辛卯,渔阳令夹谷移里罕、
司候判官刘居渐因受命赈贷,只将粮食
贷给富民,各削三级官阶,通州刺史郭
邦杰总管赈贷的事,也扣发三个月的薪
俸。乙未,皇上对宰臣说:"朕看自古以
来人君多进用善于谄谀的人,自己在里
面受蒙蔽,危害不小,像汉明帝尚且被
这类人迷惑。朕虽赶不上古代的英明
君主,然而对身边人员的谗言,从没有
听信过。至于宰相辅佐一类的大臣,也
没有偏听偏信他们中某一个人的意
见。"……

　(大定二十三年[1183])六月壬子,
有关官员奏报右司郎中段珪死亡,皇上
说:"这个人很贤明正直,是可以任用的

曰:"是人甚明正,可用者也。如知登闻检院巨构③,每事但委顺而已。燕人自古忠直者鲜④,辽兵至则从辽,宋人至则从宋,本朝至则从本朝,其俗诡随,有自来矣。虽屡经迁变而未尝残破者,凡以此也。南人劲挺,敢言直谏者多,前有一人见杀,后复一人谏之,甚可尚也。"又曰:"昨夕苦暑,朕通宵不寐,因念小民比屋卑隘,何以安处?"……

人。如知登闻检院的巨构,每事只是顺从而已。燕人从古以来正直忠诚的很少。辽兵到便服从辽,宋人到便服从宋,本朝到便服从本朝,他们的风俗诈伪反复,是有根源的。燕虽屡经变迁而并没有残破,也就是由于这点。南方人劲直挺拔,敢说直言的很多,前面有一个人被杀,后面又有一个人规劝,很值得崇尚。"又说:"昨晚上苦于暑热,朕通宵没有睡着,因而联想那些平民百姓屋挨着屋又矮又窄,怎么能够安居?"……

注释 ① 渔阳:县名,治所在今天津蓟州。 ② 司候判官:官名。金代各防御州有司候司,设判官一员,掌户口。 ③ 知登闻检院:官名,掌奏进尚书省、御史处理不当的事。巨构:字子成,蓟州平谷(今北京平谷)人。登进士第,世宗时历知登闻检院、南京副留守,章宗时擢横海军节度使。 ④ 燕:今北京、河北、辽宁南部地区,古为燕国,后为辽国境土。燕人指原属辽国的汉族人。下面的南人指原属宋朝的山东、山西、河南一带的汉族人。

原文

(二十六年)四月壬子,尚书省奏定院务监官亏兑陪纳法及横班格。因曰:"朕常日御膳亦从减省,尝

翻译

(大定二十六年[1186])四月壬子,尚书省奏已制定院务监官亏兑陪纳法及横班格。世宗于是说:"朕常日所吃的饭菜也从减省,曾有一位公主来,以

有一公主至，至无余膳可与，当直官皆目睹之。若欲丰腆①，虽日用五十羊亦不难矣，然皆民之脂膏，不忍为也。监临官惟知利己，不知其利自何而来。朕尝历外任，稔知民间之事。想前代之君，虽享富贵，不知稼穑艰难者甚多②，其失天下，皆由此也。辽主闻民间乏食，谓何不食干腊③，盖幼失师保之训④，及其即位，故不知民间疾苦也。隋炀帝时，杨素专权行事，乃不慎委任之过也。与正人同处，所知必正道，所闻必正言，不可不慎也。今原王府官属⑤，当选纯谨秉性正直者充，勿用有权术之人。"……

八月丁丑，上谓宰臣曰："亲军虽不识字，亦令依例出职，若涉赃贿，必痛绳之。"太尉、左丞相克宁曰⑥："依法则可。"上曰："朕于女真人未尝不知优恤，然涉于赃罪，虽

至没有多余的饭菜给她吃，当直官都亲眼见到这事。假若想要丰盛，虽是每天用五十头羊也不难，然而都是民脂民膏，不忍心那样做。监临官只知道利己，不知道利从何而来。朕曾经当过地方官，熟知民间的事情。回想前代的君王，虽享富贵，不知耕种收获艰难的很多，他们丧失天下，都是由于这个原因。辽主听说民间缺吃的，问为什么不吃干肉，大约从小没有受过师、保氏的教育，到他即位，所以不知道民间的疾苦。隋炀帝时，杨素专权行事，乃是委任不慎的过错。与正人在一起，所知道的必定是正道，所听到的必定是正言，不可不慎重。今原王府的官属，应当选择淳厚谨慎、秉性正直的人充当，不要用有权谋心术的人。"……

八月丁丑，皇上对宰臣说："亲军虽然不认识字，仍令依例出外任职，若是涉及贪污受贿，必定严厉惩处。"太尉、左丞相克宁说："依法处理就可以了。"皇上说："朕对女真人未尝不知道优待顾惜，然而涉于赃罪，虽是朕的子弟也不能宽恕。太尉的意思，是想姑息女真人么？"……

朕子弟亦不能恕。太尉之
意,欲姑息女真人耶?"……

注释 ①腆(tiǎn):丰厚。 ②稼穑(sè):种谷叫稼,收获叫穑。泛指农活。
③腊(xī):干肉。④师保:师氏、保氏,官名,掌教育贵族子弟。 ⑤原王:名璟,小
字麻达葛,金世宗孙,后继位,即金章宗。 ⑥克宁:即徒单克宁,本名司显,占籍莱
州(今山东莱州)。世宗时仕至太尉兼左丞相。立章宗,封东平郡王,又拜为太师,
进封淄王。

原文

十二月甲申,上退朝,
御香阁,左谏议大夫黄久约
言递送荔枝非是①,上谕之
曰:"朕不知也,今令罢之。"
丙戌,上谓宰臣曰:"有司奉
上,惟沽办事之名,不问利
害如何。朕尝欲得新荔枝,
兵部遂于道路特设铺递②,
比因谏官黄久约言,朕方知
之。夫为人无识,一旦临
事,便至颠沛。宫中事无大
小,朕尝亲览之,以不得人
故也,如使得人,宁复他
虑?"丁亥,上谓宰臣曰:"朕
年来惟以省约为务,常膳只
四五味,已厌饫之,比初即

翻译

十二月甲申,皇上退朝,坐于香阁,
左谏议大夫黄久约说运送荔枝的麻烦,
皇上告诉他说:"朕不知道这事,马上下
令停止。"丙戌,皇上对宰臣说:"有的官
员奉事上司,只求猎取能办事的美名,
不问利害如何。朕曾想得到新鲜荔枝,
兵部于是就在道路上特地设立递铺传
送,近来因为谏官黄久约说起,朕才知
道这事。做人没有见识,一旦办事,便
要跌跤子。宫中的事无论大小,朕都经
常亲自关照,是因不得其人的缘故,如
果得到合适的人,哪还有别的忧虑?"丁
亥,皇上对宰臣说:"朕近年来惟以节约
为务,平时伙食只四五味菜,已经足够
了,比初即位时减去了十之七八。"宰臣
说:"天子自有制度,不同其他人。"皇上
说:"天子也是人,浪费有什么用。"丙

位十减七八。"宰臣曰:"天子自有制,不同余人。"上曰:"天子亦人耳,枉费安用。"丙申,上谓宰臣曰:"比闻河水泛溢,民罹其害者赀产皆空,今复遣官于彼推排③,何耶?"右丞张汝霖曰④:"今推排皆非被灾之处。"上曰:"必邻道也。既邻水而居,岂无惊扰迁避者乎? 计其赀产,岂有余哉,尚何推排为!"又曰:"平时用人,宜尚平直。至于军职,当用权谋,使人不易测,可以集事。唐太宗自少年能用兵,其后虽居帝位,犹不能改,吮疮剪须⑤,皆权谋也。"……

申,皇上对宰臣说:"近来听说黄河水泛滥,老百姓遭受水灾的财产都空了,如今还要派官到那儿去推算财产编排户籍,为什么呢?"右丞张汝霖说:"当今推排的都不是受灾的地方。"皇上说:"必然是邻近的地方。既然都是临水居住,哪会没有因惊扰而迁移逃避的呢? 统计他们的财产,哪有多余,还需要什么推排!"又说:"平时用人,宜崇尚平直。至于军队中的职务,则应当用权谋,使人不容易窥测,才可以成事。唐太宗从少年时代起就善于用兵,后来虽然身居帝位,仍不能改,吮疮剪胡须之类的事,都是权谋。"……

注释 ①黄久约:字弥大,东平须城(今山东东平)人。擢进士第,历翰林院直学士、左谏议大夫兼礼部侍郎。《金史》有传。 ②兵部:官府名,属尚书省,掌兵籍、军器等。铺递:即递铺,古代递送公文或货物的驿站。 ③推排:推算财产,编排户籍以定税,是搜刮农民的一种方式。 ④右丞:官名,即尚书右丞,为宰相的副手。张汝霖:字仲泽,辽阳渤海人。赐进士第,世宗时历仕御史大夫、参知政事、尚书右丞。 ⑤吮疮剪须:这里指唐太宗优恤将士的事。右卫大将李思摩受箭伤,唐太宗曾为他吮血。李勣暴病,太宗剪胡须为他和药治疗。

原文

赞曰[①]：世宗之立，虽由劝进，然天命人心之所归，虽古圣贤之君，亦不能辞也。盖自太祖以来，海内用兵，宁岁无几。重以海陵无道，赋役繁兴，盗贼满野，兵甲并起，万姓盻盻，国内骚然，老无留养之丁，幼无顾复之爱[②]，颠危愁困，待尽朝夕。世宗久典外郡，明祸乱之故，知吏治之得失。即位五载，而南北讲好，与民休息。于是躬节俭，崇孝弟，信赏罚，重农桑，慎守令之选，严廉察之责，却任得敬分国之请[③]，拒赵位宠郡县之献[④]，孳孳为治，夜以继日，可谓得为君之道矣。当此之时，群臣守职，上下相安，家给人足，仓廪有余，刑部岁断死罪，或十七人，或二十人，号称"小尧舜"，此其效验也。然举贤之急，求言之切，不绝于训辞，而群臣偷安

翻译

赞语道：世宗被立为皇帝，虽是由人们劝进，然而是天命与人心所归，虽古代圣贤的君主，也不能推辞。自太祖以来，国内用兵，安宁的年份很少。再加上海陵王没有德政，赋税劳役繁重，盗贼遍地，战争四起，广大百姓愁苦，国内骚动，老人没能留下抚养自己的儿子，小孩没有父母养育的慈爱，危急穷困，等待着旦夕间死亡的来临。世宗长期治理外郡，了解造成祸乱的原因，深知吏治的得失。即位五年，南北讲和，让人民休养生息。于是亲自倡导节俭，崇尚孝顺友爱，赏罚有信，重视农业生产，慎重地方守令的人选，严申察访的职责，拒绝西夏国相任得敬分国的请求，不受高丽叛臣赵位宠所进献的郡县，勤勉地治理国家，夜以继日，可说是深得做君主的正道。这个时候，群臣恪守职责，上下相安无事，家富人足，仓库有余粮，刑部每年所判死罪，或十七人，或二十人，号称"小尧舜"，这些就是最好的体现。然而荐举贤能的急迫，征求意见的恳切，在诏令训辞中屡屡不绝，而群臣只顾眼前苟取禄位，不能顺势助成美政，以达到大治，可惜啊！……

苟禄,不能将顺其美,以底大
顺,惜哉！……

注释　① 赞:文体名。在《金史》中,作者用"赞"进行评论与总结。　② 顾复:反复顾视,后比喻父母的养育之恩。　③ "却任得敬"句:大定十年(1170)闰五月,夏国国相任得敬胁迫夏仁宗李仁孝分国的一半归他统治,建号楚国,请求金的封号,被金世宗拒绝。任得敬后被杀。　④ "拒赵位宠"句:大定十五年(1175)九月,高丽国的西京留守赵位宠叛变,将鸭绿江以东四十余城献给金,金世宗不纳。赵位宠后也被杀。

百官志·序

导读

女真族以一个落后民族入主中原,早期的勃极烈制度带有浓厚的军事民主制色彩。后来实行汉官制,能够因地制宜,设行枢密院,建尚书省,笼络汉族士大夫参加政权,对于稳定中原、发展经济文化起了重要作用。在统治基本稳定后,金统治者善于继承辽、宋先进的政治文化遗产,特别是唐宋以来的文官制度,结合本民族的特点,进一步建立和健全了官僚体制。这个过程经过几代人的努力,到海陵王完颜亮最终完成。《金史·百官志》详细记录了金代官僚体制的内部结构、因革变迁、百官俸禄等内容,对于了解金代政治体制具有重要参考价值。志序简明勾画了金代官僚制度的演变过程,肯定了熙宗、海陵王改革官制的重要意义,并为我们提供了金中叶百官的几个统计数字。特别是对勃极烈制度的介绍,具有重要的史料价值。(选自卷五五)

原文

金自景祖始建官属①,统诸部以专征伐,巍然自为一国。其官长,皆称曰勃极烈,故太祖以都勃极烈嗣位,太宗以谙版勃极烈居守。谙版,尊大之称也。其次曰国论忽鲁勃极烈,国论

翻译

金代从景祖时开始建立官属,统领各部来专行征伐,俨然自成一国。他们的官长,都称为勃极烈,所以太祖以都勃极烈继位,太宗以谙版勃极烈留守。谙版,是尊贵的称号。其次是国论忽鲁勃极烈,国论的意思是高贵,忽鲁就好比总帅。又有国论勃极烈,有时左右设置,就是所谓的国相。加在各位勃极烈

言贵,忽鲁犹总帅也。又有国论勃极烈,或左右置,所谓国相也。其次诸勃极烈之上,则有国论、乙室、忽鲁、移赉、阿买、阿舍、昊、迭之号②,以为升拜宗室功臣之序焉。其部长曰孛堇③,统数部者曰忽鲁。凡此,至熙宗定官制皆废。

其后惟镇抚边民之官曰秃里④,乌鲁骨之下有扫稳脱朵⑤,详稳之下有么忽、习尼昆⑥,此则具于官制而不废,皆踵辽官名也。

之上的,则有国论、乙室、忽鲁、移赉、阿买、阿舍、昊、迭之号,作为升拜宗室功臣的顺序。其部落长叫孛堇,统领几个部落的叫忽鲁。所有这些,到熙宗定官制时都废除了。

以后只有镇抚边民的官称秃里,乌鲁骨之下有扫稳脱朵,详稳之下有么忽、习尼昆,这些则保留在官制中没有取消,都沿用辽代的官名。

注释 ① 景祖:即乌古乃,女真完颜部首领。从他开始,女真社会进入部落联盟阶段。熙宗时追谥景祖。 ② 昊:音 zè。 ③ 孛堇:又作勃堇,官名,女真部落首领称号,掌理本部军民,为世袭官职,熙宗时废。 ④ 秃里:辽、金管理边疆各部落、部族的官职,掌理词讼和防察背版之事。 ⑤ 乌鲁骨:辽、金官署名,即群牧司,掌检校群牧畜养蕃息事。扫稳脱朵:女真语,即牛马群子,群牧司下的小吏。 ⑥ 么忽、习尼昆:都是详稳下属的官吏名。

原文

汉官之制,自平州人不乐为猛安谋克之官,始置长吏以下。天辅七年以左企

翻译

汉官制度,从平州人不愿担任猛安谋克官时起,才设置大小官吏。天辅七年(1123)以左企弓建行枢密院于广宁,

弓行枢密院于广宁①,尚踵辽南院之旧②。天会四年,建尚书省,遂有三省之制。至熙宗颁新官制及换官格③,除拜内外官,始定勋封食邑入衔④,而后其制定。然大率皆循辽、宋之旧。海陵庶人正隆元年罢中书、门下省,止置尚书省。自省而下官司之别,曰院、曰台、曰府、曰司、曰寺、曰监、曰局、曰署、曰所,各统其属以修其职。职有定位,员有常数,纪纲明,庶务举,是以终金之世守而不敢变焉。

还沿袭辽南院的旧法。天会四年(1126),建尚书省,于是有三省制度。到熙宗颁布新官制及换官格,拜授内外官,开始规定勋封食邑入衔,然后制度才确立。但大抵都遵循辽、宋的旧制。海陵庶人正隆元年(1156)废除中书、门下省,只设尚书省。自省而下官司的区别,为院、为台、为府、为司、为寺、为监、为局、为署、为所,各自统领其官属来奉行自己的职责。有固定的职位,有固定的员数,纲纪分明,各种政务修举,因此整个金代遵守而不敢改变。

注释 ① 左企弓:本为辽大臣,官至广宁军节度使、同中书门下平章事。天祚帝西走,与耶律大石等立耶律淳为帝。后降金,天会元年(1123)被张觉杀死。广宁:地名,今河北昌黎。 ② 南院:即南枢密院,辽军事机构,统领汉人军马。 ③ 换官格:即将原来女真和辽、宋的旧官职,按照新定官制统一换授的办法。金熙宗天眷元年(1138),颁行新官制及换官格。 ④ 勋封:封给有功之臣的勋级、封爵。食邑:即封地。

原文

大定二十八年,在仕官一万九千七百员,四季赴选

翻译

大定二十八年(1188),在任官一万九千七百员,四季去参加选任的一千多

者千余,岁数监差者三千。明昌四年奏,周岁,官死及事故者六百七十,新入仕者五百一十,见在官万一千四百九十九,内女真四千七百五员,汉人六千七百九十四员。至泰和七年,在仕官四万七千余,四季部拟授者千七百,监官到部者九千二百九十余,则三倍世宗之时矣。

若宣宗之招贤所、经略司①,义宗之益政院②,虽危亡之政亦必列于其次,以著一时之事云。

人,每年监差几任的三千人。明昌四年(1193)奏,这一整年,官员死亡及因事而死的六百七十人,新入仕的五百一十人,现任官一万一千四百九十九人,其中女真人四千七百零五员,汉人六千七百九十四员。到泰和七年(1207),在任官四万七千多人,四季由吏部拟定除授的一千七百人,监官到吏部的九千二百九十多人,则是世宗时的三倍。

至于宣宗的招贤所、经略司,哀宗的益政院,虽然是危亡时期的政治,也必定列于其次,以记录一时的政事。

注释　①招贤所:官署名。金宣宗贞祐四年(1216)设,备咨询,以谏官许古等掌其事。经略司:官署名。金末于蒙古军残破各路设置经略使司,以抵抗蒙古的进攻。　②义宗:即金哀宗完颜守绪,1224—1233年在位。益政院:官署名。金哀宗正大三年(1226)设,掌内廷经筵讲读,以学问渊博的文臣兼充说书官,每日轮值,向皇帝讲述经史,并备顾问。

完颜希尹传

导读

完颜希尹(？—1140)是金初重要的开国元勋，女真族文化的开创者。史书说他自太祖起兵时，就常在行阵之中，屡立战功。但他对本民族的巨大贡献在于创造了女真文字。这以前女真族并没有文字，而使用契丹文。金太祖建国后，命令希尹制定本国文字，"希尹乃依仿汉人楷字，因契丹字制度，合本国语，制女真字"。从此女真族结束了没有文字的历史。金朝立国过程中，出现过许多杰出人物，但像希尹这样文武双全的人，并不多见。他历经太祖、太宗和熙宗三朝，是位难得的将相之才。在与宗磐、宗隽、挞懒一伙篡夺皇位的斗争中，希尹也起过举足轻重的作用，巩固了皇权。但希尹后来成了熙宗加强中央集权制度的牺牲品。希尹之死也有自身的主观因素。他居功自傲，以张良、陈平自诩，锋芒毕露，在太宗时就为诸将所忌恨。他固执己见，坚持南下灭宋，与熙宗的方针相悖。在平定宗磐之乱后，又忘乎所以，言行偏激，终于招来杀身之祸。这不仅是希尹自身的悲剧，也是金代历史上的一个悲剧。(选自卷七三)

原文

完颜希尹，本名谷神，欢都之子也。自太祖举兵，常在行阵，或从太祖、或从撒改①，或与诸将征伐，比有功。

翻译

完颜希尹，本名谷神，是欢都的儿子。自从太祖起兵，就常在军中，有时跟随太祖，有时跟随撒改，有时与各位将领一起征战，接连地立下了功劳。

金人初无文字,国势日强,与邻国交好,乃用契丹字。太祖命希尹撰本国字,备制度。希尹乃依仿汉人楷字,因契丹字制度,合本国语,制女直字。天辅三年八月,字书成,太祖大悦,命颁行之。赐希尹马一匹、衣一袭。其后熙宗亦制女直字,与希尹所制字俱行用。希尹所撰谓之女直大字,熙宗所撰谓之小字。

辽人迪六、和尚、雅里斯弃中京走,希尹与迪古乃、娄室、余睹袭之②。迪六等闻希尹兵,复走。遂降其旁近人民而还。奚人落虎来降③,希尹使落虎招其父西节度使讹里剌④。讹里剌以本部降。

金人当初没有文字,国势逐渐强盛,与邻国通好,就使用契丹文字。太祖命令希尹制定本国文字,以完备典章制度。希尹就仿照汉人的楷书,沿用契丹字的制度,结合本国的语言,制造女真文字。天辅三年(1119)八月,字书完成,太祖非常高兴,下令颁布推行。赐给希尹马一匹、衣一套。以后熙宗也造女真文字,与希尹所造的一起推行使用。希尹所制的称为女真大字,熙宗所制的称为小字。

辽人迪六、和尚、雅里斯放弃中京逃走,希尹与迪古乃、娄室、余睹去袭击他们。迪六等听说是希尹的军队,又逃跑了。希尹等人于是收降了那附近的人民而回。奚人落虎来投降,希尹派落虎去招降他的父亲西节度使讹里剌。讹里剌带领本部人马投降。

注释 ① 撒改(? —1121)金宗室,宗翰父。穆宗时攻阿疏,下钝恩城。康宗死后,与太祖分治诸部。攻辽后,与太宗等劝阿骨打称帝,任国相,是金初开国元勋之一。 ② 迪古乃:即完颜忠,金女真耶懒路完颜部人。首赞阿骨打举兵反辽,屡立战功,为耶懒路都孛堇,是开国功臣之一。余睹:即耶律余睹,辽皇族,降金,助金兵攻辽、攻宋,后因谋反事泄,被杀。 ③ 奚:我国北方古代少数民族名。活跃于唐、五代，与契丹为近族，分为东、西二部。　④ 西节度使：即西奚部节度使。

原文

宗翰驻军北安①，使希尹经略近地，获辽护卫耶律习泥烈②，知辽主猎于鸳鸯泺③。宗翰遂请进兵。宗翰将会都统杲于奚王岭④。辽兵屯古北口⑤。使婆卢火将兵二百击之，浑黜亦将二百人为后援。浑黜闻辽兵众，请益兵。宗翰欲亲往，希尹、娄室曰："此小寇，请以千兵为公破之。"浑黜至古北口，遇辽游兵，逐之入谷中。辽步骑万余迫战，死者数人。浑黜据关口，希尹等至，大破辽兵，斩馘甚众，尽获甲胄辎重。复败其伏兵，杀千余人，获马百余匹。遂与宗翰至奚王岭，期会于羊城泺⑥。

翻译

宗翰驻军在北安，派希尹经营料理附近地方，俘获了辽护卫耶律习泥烈，知道辽国君主在鸳鸯泺打猎。宗翰于是请求进军。宗翰将与都统完颜杲在奚王岭会合。辽兵驻扎在古北口。宗翰派婆卢火率兵二百人进攻他们，浑黜也带兵二百人作为后援。浑黜听说辽兵人多，请求增兵。宗翰想亲自去，希尹、娄室说："这是小股敌人，请让我们用一千名士兵打垮他们。"浑黜到达古北口，遇上辽人的散兵，把他们赶入山谷中。辽步兵骑兵万余人来逼战，杀死数人。浑黜占据关口，希尹等赶到，大败辽兵，杀敌很多，缴获了敌人的全部甲胄辎重。又打败敌人的伏兵，杀死一千多人，缴获马一百多匹。希尹于是与宗翰到达奚王岭，约定时间在羊城泺会合。

注释　① 北安：州名，辽置，治所在今河北承德南。　② 护卫：辽北面官，属侍卫官。耶律习泥烈：辽宗室。　③ 鸳鸯泺：湖泊名。即今河北张北西北安固里淖。辽主，指辽天祚帝耶律延禧。　④ 都统：官名，为军队统领官。杲：即完颜杲（？—

1130),本名斜也,金太祖同母弟。随太祖征辽,下燕京。太宗时任谙班勃极烈,与宗翰同治。 ⑤ 古北口:在今北京密云东北,为长城的要口之一。 ⑥ 羊城泺:湖泊名,在今山西天镇北。

原文

宗翰袭辽帝于五院司①,希尹为前驱,所将才八骑,与辽主战,一日三败之。明日,希尹得降人麻哲,言辽主在漠,委辎重,将奔西京②。几及辽主于白水泺南③。辽主以轻骑遁去。尽获其内库宝物,遂至西京。西京降,使蒲察守之④。希尹至乙室部⑤,不及辽主而还。及宗翰入朝,希尹权西南、西北两路都统。

翻译

宗翰在五院司袭击辽皇帝,希尹作为先锋,才带领八名骑兵,与辽国君主的部队交战,一天三次打败敌人。第二天,希尹获得投降过来的人麻哲,说辽国君主在沙漠中,丢弃辎重,将逃至西京。他们差点在白水泺南面追上辽国君主。辽国君主带着轻骑兵逃走。于是全部缴获了辽人的内库宝物,到达西京。西京投降,派蒲察守卫。希尹到达乙室部,没有追上辽国君主而撤回。宗翰入朝后,希尹暂任西南、西北两路都统。

注释 ① 五院司:辽太祖天赞元年(922)分契丹迭剌部为五院、六院两部,五院司即五院部大王所在地。 ② 西京:辽京城,故地在今山西大同。 ③ 白水泺:湖泊名,在今山西天镇西北。 ④ 蒲察:即完颜蒲察(? —1129),金穆宗子。随从伐辽、攻宋,为金开国功臣之一。 ⑤ 乙室部:契丹部族名。

原文

是时,夏人已受盟①,辽主已获,耶律大石自立②,而

翻译

当时,夏人已接受盟约,辽皇帝已被俘获,耶律大石自立为皇帝,而夏国

夏国与娄室书,责诸帅弃盟,军人其境,多掠取者。希尹上其书,且奏曰:"闻夏使人约大石取山西诸郡,以臣观之,夏盟不可信也。"上曰:"夏事酌宜行之。军人其境,不知信与否也。大石合谋,不可不察,其严备之。"

写信给娄室,责备各将帅背弃盟约,军队入侵他们的国境,掠夺很多财物。希尹把这封信上报,并且上奏说:"听说夏国派人约大石攻取山西各郡,依我来看,夏人的盟约不可信啊。"皇上说:"对夏国的事要酌情处理。军队入侵他们的国境,不知是不是真的。他们与大石合谋,不可不察,要严加防范。"

注释 ① 夏:十一世纪中叶我国北方党项拓跋氏建立的王朝,立国时间为 1038—1227 年,后被蒙古所灭。其境土在今宁夏、陕西、甘肃、青海一带。 ② 耶律大石(1087—1143):即西辽德宗,字重德。西辽国的建立者,1124—1143 年在位。他在辽将亡时,率兵西走,打败西域诸国,占领今新疆及以西广大地区,称帝建立西辽(或称哈喇契丹)。

原文

乃大举伐宋,希尹为元帅右监军①。再伐宋,执二主以归②。师还,赐希尹铁券③,除常赦不原之罪,余释不问。宗翰伐康王④,希尹追之于扬州,康王遁去。后与宗翰俱朝京师,请立熙宗为储嗣,太宗遂以熙宗为谙班勃极烈。

翻译

到大举伐宋时,希尹为元帅右监军。再次征伐宋,抓获徽、钦二帝回来。军队回来以后,赐给希尹铁券,除了通常赦令不能原谅的罪,其他罪都可赦免不问。宗翰讨伐康王,希尹追到扬州,康王逃走。后来希尹与宗翰一起到京师朝见皇上,请求立熙宗为皇位继承人,太宗于是以熙宗为谙班勃极烈。

注释 ① 元帅右监军:都元帅府官员。金天会二年(1124)伐宋时设立都元帅府,掌管军事,设都元帅一员,左、右副元帅各一员,元帅左、右监军各一员。 ② 二主:指宋徽宗、宋钦宗。 ③ 铁券:帝王颁给功臣授以世代享受某种特权的铁制信物。 ④ 康王:即宋高宗赵构。

原文

熙宗即位,希尹为尚书左丞相兼侍中①,加开府仪同三司。希尹为相,有大政皆身先执咎。天眷元年,乞致仕②,不许,罢为兴中尹③。二年,复为左丞相兼侍中,俄封陈王。与宗翰共诛宗磐、宗隽④。三年,赐希尹诏曰:"帅臣密奏,奸状已萌,心在无君,言宣不道。逮燕居而窃议⑤,谓神器以何归⑥,稔于听闻,遂致章败⑦。"遂赐死,并杀右丞萧庆并希尹子同修国史把答⑧、符宝郎漫带⑨。是时,熙宗未有皇子,故嫉希尹者以此言谮之。

皇统三年,上知希尹实无他心,而死非其罪,赠希

翻译

熙宗即位后,希尹任尚书左丞相兼侍中,加开府仪同三司。希尹任宰相,有大的政事都是自己先担当责任。天眷元年(1138),请求退休,没有被允许,降为兴中府尹。二年,又任左丞相兼侍中,不久封为陈王。与宗翰一起铲除宗磐、宗隽。三年,赐希尹诏书说:"帅臣秘密上奏,邪恶的情状已经萌生,心中没有君王,口里说的不合道。到闲居时却私下议论,说皇位将归谁,这些话传到我的耳里很多,终于败露。"于是赐死,连同杀掉右丞萧庆和希尹的儿子同修国史把答、符宝郎漫带。当时,熙宗没有皇子,所以忌恨希尹的人用这些话诋毁他。

皇统三年(1143),熙宗知道希尹确实没有别的意图,而死得冤枉,赠希尹仪同三司、邢国公,将他重新改葬,萧庆赠银青光禄大夫。天德三年(1151),追封为豫王。正隆二年(1157),按规定降封金源郡王。大定十五年(1175),谥号

尹仪同三司、邢国公,改葬之,萧庆银青光禄大夫⑩。天德三年,追封豫王。正隆二年,例降金源郡王。大定十五年,谥贞宪。

贞宪。

注释 ① 尚书左丞相:官名,尚书省的副长官,为宰相。侍中:门下省的最高长官。 ② 致仕:退休。 ③ 兴中:府名,今辽宁朝阳市一带。尹,府的最高长官。 ④ 宗磐:本名蒲鲁虎,太宗长子,天会中任国论忽鲁勃极烈,熙宗即位,为尚书令,封宋国王,拜太师,在朝专横跋扈。宗隽:本名讹鲁观,太祖子。太宗时任东京留守。天眷元年(1138)入朝。宗磐、宗隽附和挞懒倡议把河南、陕西地还给宋,后因谋反罪被杀。 ⑤ 燕居:闲居。 ⑥ 神器:指皇位。 ⑦ 章败:败露。章,同"彰"。 ⑧ 右丞:尚书省副长官,处理政务。同修国史:史官。 ⑨ 符宝郎:符宝局官员,属门下省,分掌文书以及宝印、符节的收藏与颁给。 ⑩ 银青光禄大夫:文散官正二品封阶,为优待功臣的荣誉头衔。

完颜宗翰传

导读

《说岳全传》塑造了一个阴险狡诈的金军统帅形象，这就是粘罕，即完颜宗翰。事实上，宗翰是女真族杰出的军事家，为本民族的发展作出过重要贡献。本篇是完颜宗翰的详细传记。他十七岁从军，屡建奇功。讨论西征辽国，意见与阿骨打一致。力劝太祖称帝建国，为西进中原奠定了基础。由于宗翰的军事才能和远见卓识，以及积极的反辽态度，金太祖任命他为元帅。宗翰坚决反对当时的忽鲁勃极烈都统完颜杲的拖延观望策略，勇于进取，攻下辽的都城中京（今内蒙古宁城县西北大明城），抓紧有利时机，追击辽帝，抚定西路州县部族，攻取了燕京（今北京市）。太宗即位后，宗翰负责西路军事，使西夏奉表称藩，消灭了西面的隐忧。灭辽以后，宗翰又力主伐宋，为左副元帅，从太原路（今山西省）向宋展开大规模进攻。率军抵达汴京（今河南开封）城下，与东路军宗望会师，攻下汴京，灭掉北宋，俘获宋徽、钦二帝。为了安定河北、河东（今河北、山西一带）地区，稳定后方，宗翰又大胆任用辽宋旧官，以安定人心。后来又讨伐南宋，追击宋高宗，扶植刘豫政权。终因南北势力趋于平衡，无力灭掉南宋。纵观宗翰的一生，戎马倥偬，历经征战，灭辽灭北宋，使金国的版图从东北一隅拓展到中原地区，既对女真民族的发展立下了汗马功劳，又因好战成性，对当时中原地区的社会经济产生过破坏作用，应该实事求是地评价他的功过。（选自卷七四）

原文

宗翰，本名粘没喝，汉语讹为粘罕，国相撒改之长子也。年十七，军中服其勇。及议伐辽，宗翰与太祖意合。太祖败辽师于境上，获耶律谢十。撒改使宗翰及完颜希尹来贺捷，即称帝为贺。及太宗以下宗室群臣皆劝进，太祖犹谦让。宗翰与阿离合懑、蒲家奴等进曰："若不以时建号，无以系天下心。"太祖意乃决。辽都统耶律讹里朵以二十余万戍边，太祖逆击之，宗翰为右军，大败辽人于达鲁古城①。

天辅五年四月，宗翰奏曰："辽主失德，中外离心。我朝兴师，大业既定，而根本弗除，后必为患。今乘其衅，可袭取之。天时人事，不可失也。"太祖然之，即命诸路戒备军事。五月戊戌，射柳②，宴群臣。上顾谓宗

翻译

宗翰，本名叫粘没喝，汉语讹译为粘罕，国相撒改的大儿子。十七岁时，军队中就佩服他的勇敢。到商议讨伐辽国时，宗翰与太祖的意见相合。太祖在国境上打败辽军，俘获耶律谢十。撒改派宗翰及完颜希尹来祝贺胜利，就以劝太祖称帝作为祝贺。直到太宗以下宗室群臣都劝即皇位，太祖仍然谦让。宗翰与阿离合懑、蒲家奴等进谏说："如果不把握时机建立国号，无法维系天下的人心。"太祖才下定决心。辽都统耶律讹里朵用二十多万人守边，太祖迎击他们，宗翰作为右军，在达鲁古城大败辽人。

天辅五年（1121）四月，宗翰上奏说："辽主失德，内外离心。我朝兴兵，大业已经奠定，而根本不除，以后必然为祸患。现在乘他们的空子，可以攻取他们。天时人事，不可失去啊。"太祖同意他的话，就命令各路在军事上事先防备。五月戊戌，射柳，宴请群臣。皇上对宗翰说："现在商议西征，你前后的计议多合我的心意。宗室中虽然有比你年长的人，如果打算任命元帅，没有人能替代你。你应当整治军队，以等候出兵的日子。"皇上亲自酌酒给他喝，并让

翰曰："今议西征，汝前后计议多合朕意。宗室中虽有长于汝者，若谋元帅，无以易汝。汝当治兵，以俟师期。"上亲酌酒饮之，且命之釂③，解御衣以衣之。群臣言时方暑月，乃止。无何，为移赉勃极烈，副蒲家奴西袭辽帝，不果行。

他饮尽，解下御衣给他穿。群臣说当时正是暑热的月份，才停止出兵。不久，宗翰担任移赉勃极烈，协助蒲家奴去西边袭击辽帝，没有去成。

注释 ① 达鲁古城：古地名，在拉林河以西地区。一说在今前郭尔罗斯蒙古族自治县兴隆堡附近。 ② 射柳：辽、金时流行于官廷中的一种与骑射相关的体育竞技活动。女真的射柳通常在重五（五月五日）举行。这种风俗为元、清两代沿袭。③ 釂（jiào）：同"醮"，把酒饮尽。

原文

十一月，宗翰复请曰："诸军久驻，人思自奋，马亦壮健，宜乘此时进取中京。"群臣言时方寒，太祖不听，竟用宗翰策。于是，忽鲁勃极烈杲都统内外诸军，蒲家奴、宗翰、宗干、宗磐副之，宗峻领合扎猛安①，皆受金牌②，余睹为乡导，取中京实北京。既克中京，宗翰率偏

翻译

十一月，宗翰又请求说："各军长期屯驻，人人想奋勇出战，马也健壮，应当乘此机会进取中京。"群臣说天时正是寒冷季节，太祖不听，终于采用了宗翰的计策。于是忽鲁勃极烈完颜杲总领内外各军，蒲家奴、宗翰、宗干、宗磐协助他，宗峻统领合扎猛安，都授给金牌，耶律余睹为向导，攻取中京，实际上是北京。攻克中京以后，宗翰率领侧翼军队奔赴北安州，与娄室、徒单绰里合兵，

师趋北安州,与娄室、徒单绰里合兵,大败奚王霞末,北安遂降。

宗翰驻军北安,遣希尹经略近地,获辽护卫耶律习泥烈,乃知辽主猎于鸳鸯泺,杀其子晋王敖鲁斡,众益离心,西北、西南两路兵马皆赢弱,不可用。宗翰使耨盌温都、移剌保报都统杲曰:"辽主穷迫于山西[3],犹事畋猎,不恤危亡,自杀其子,臣民失望。攻取之策,幸速见谕。若有异议,此当以偏师讨之。"杲使奔睹与移剌保同来报曰:"顷奉诏旨,不令便趋山西,当审详徐议。"当时,宗翰使人报杲,即整众俟兵期。及奔睹至,知杲无意进取,宗翰恐待杲约或失机会,即决策进兵。使移剌保复往报都统曰:"初受命虽未令便取山西,亦许便宜从事[4]。辽人可取,其势已见,一失机会,

大败奚王霞末,北安州于是投降。

宗翰驻军北安,派遣希尹经营处置附近地方,抓获辽国护卫耶律习泥烈,才知道辽主在鸳鸯泺打猎,杀了他的儿子晋王敖鲁斡,人们更加离心离德,西北、西南两路兵马都很虚弱,不能使用。宗翰派耨盌温都、移剌保报告都统完颜杲说:"辽主穷迫在山西,还安心打猎,不忧虑危亡,自己将儿子杀了,臣民更加失望。攻取的策略,希望尽快告诉我们。如果有不同的意见,我这里将用偏师进行讨伐。"完颜杲派奔睹与移剌保同来通报说:"不久前遵奉皇上的指示,没有命令立即就奔赴山西,应该审慎详细地慢慢商议。"当时,宗翰派人报告完颜杲,就整顿人马等候出兵日期。直到奔睹到来,知道完颜杲无意进取,宗翰担心等待完颜杲的约定可能失掉机会,就决定进军。派移剌保再去报告都统说:"当初接受指示虽然没有下令马上攻取山西,但也允许灵活行事。辽人可以被攻取,形势已经明显,一旦失去机会,以后就难办了。现在我已进军,应该与大军在哪里会合,请告诉我。"宗干劝完颜杲应当照宗翰的计策办,完颜杲的主意才定下来,约定在奚王岭会合商议。

后难图矣。今已进兵，当与大军会于何地，幸以见报。"宗干劝杲当如宗翰策，杲意乃决，约以奚王岭会议。

注释 ① 宗峻：即完颜宗峻（？ —1124），金太祖子。本名绳果。金初随完颜杲攻辽，天会元年（1123）与宗干拥立太宗。子熙宗。合扎猛安：又称亲管猛安，是金皇室、贵族直接掌管的猛安，后发展为侍卫亲军。合扎，意即亲近。 ② 金牌：一种令牌。用于传达命令、调动军队等。 ③ 山西：指太行山以西地区。 ④ 便宜从事：指不用向朝廷奏报，根据具体情况灵活行事。

原文

宗翰至奚王岭，与都统杲会。杲军出青岭，宗翰军出瓢岭，期于羊城泺会军。宗翰以精兵六千袭辽主，闻辽主自五院司来拒战，宗翰倍道兼行，一宿而至，辽主遁去。乃使希尹等追之。西京复叛，耿守忠以兵五千来救①，至城东四十里，蒲察乌烈、谷赧先击之，斩首千余。宗翰、宗雄、宗干、宗峻继至，宗翰率麾下自其中冲击之②，使余兵去马从旁射之。守忠败走，其众歼焉。

翻译

宗翰到达奚王岭，与都统完颜杲会合。完颜杲军队经从青岭进兵，宗翰军队从瓢岭进兵，约定在羊城泺会师。宗翰用精兵六千人袭击辽主，听说辽主从五院司来迎战，宗翰加速前进，一晚上就到达了，辽主逃走。于是派希尹等人追击。西京又叛变，耿守忠用五千兵来救援，到达城东四十里处，蒲察乌烈、谷赧先进攻他们，斩首一千多级。宗翰、宗雄、宗干、宗峻接着赶到，宗翰率部下从敌人的中间冲击，派余下的兵下马从旁边射击敌人。守忠战败逃走，他的人马被歼灭了。宗翰弟扎保迪战死在阵中。天眷年间，扎保迪被追赠特进。

宗翰弟扎保迪没于阵。天眷中，赠扎保迪特进云③。

宗翰已抚定西路州县部族，谒上于行在所④，遂从上取燕京。燕京平，赐宗翰、希尹、挞懒⑤、耶律余睹金器有差。太祖既以燕京与宋人，还军次鸳鸯泺，不豫，将归京师。以宗翰为都统，昃勃极烈昱、迭勃极烈斡鲁副之，驻军云中⑥。

宗翰平定了西路州县部族后，在皇帝驻地拜见皇上，于是跟随皇上攻取燕京。燕京平定后，赐给宗翰、希尹、挞懒、耶律余睹金器不等。太祖把燕京送给宋人后，回师驻扎在鸳鸯泺，身体不舒服，将归京城。任命宗翰为都统，昃勃极烈昱、迭勃极烈斡鲁为副都统，驻军在云中。

注释 ① 耿守忠：辽将。后降金，为节度使，参与攻宋。 ② 麾（huī）下：麾，指挥作战用的旗帜。麾下，指将帅的部下。 ③ 特进：文散官名，优礼功臣的荣誉官阶。 ④ 行在所：又叫行在，指皇帝所在的地方。 ⑤ 挞懒（？—1139）：金宗室，汉名昌。早年从太祖、宗翰追袭辽帝，又随宗翰、宗望攻宋。力主立刘豫为齐国王，并把河南、陕西地予宋。后以谋反罪被杀。 ⑥ 云中：府名，治所在今山西大同。

原文

太宗即位①，诏宗翰曰："寄尔以方面，当迁官资者，以便宜除授。"因以空名宣头百道给之②。宋人来请割诸城，宗翰报以武、朔二州③。宗翰请曰："宋人不归我叛亡，阻绝燕山往来道

翻译

太宗即位，诏告宗翰说："委托你独当一面，应当升迁官资的，随事情机宜任命。"于是给他空白官诰一百份。宋人来请求割让各城，宗翰答应给武、朔二州。宗翰请示说："宋人不把叛逃的人送还我们，切断燕山的往来道路，以后一定会破坏盟约，请求不要割让山西

路,后必败盟,请勿割山西郡县。"太宗曰:"先皇帝尝许之矣,当与之。"

郡县。"太宗说:"先皇帝曾经许诺过,应当给他们。"

注释　① 太宗(1075—1135):即完颜晟(shèng)。1123—1135 年在位。本名吴乞买。金太祖弟,继兄为帝。天会三年(1125)灭辽,同年对宋开战,五年(1127)俘宋徽、钦二帝,灭北宋。在位期间创建各种典章制度,奠定了金代的立国规模。② 空名宣头:空白委任状。　③ 武州:州名,治所在今山西神池。朔州:州名,治所在今山西朔州。

原文

　　诸将获耶律马哥①,宗翰归之京师。诏以马七百匹给宗翰军,以田种千石、米七千石赈新附之民。诏曰:"新附之民,比及农时,度地以居之。"宗翰请分宗望、挞懒、石古乃精兵讨诸部。诏曰:"宗望军不可分,别以精锐五千给之。"宗翰朝太祖陵,入见上,奏曰:"先皇帝时,山西、南京诸部汉官②,军帅皆得承制除授。今南京皆循旧制,惟山西优以朝命。"诏曰:"一用先皇帝燕京所降诏敕从事,卿等

翻译

　　各将领俘获了耶律马哥,宗翰把他送回京城。太宗下诏以七百匹马补给宗翰的军队,用粮种一千石、米七千石赈济新归附的人民。诏令说:"新归附的人民,等到了农作时节,选择土地安置他们。"宗翰请求分宗望、挞懒、石古乃的精兵讨伐各部。诏令说:"宗望的军队不可分,另外给你五千名精锐兵力。"宗翰朝拜太祖陵墓,入朝见皇上,上奏说:"先皇帝时,山西、南京各部的汉官,军队统帅都可以由皇命委任,现在南京都遵循旧制,只有山西优待,用朝廷的命令。"诏令说:"全部按照先皇帝在燕京发布的诏敕行事,你们根据他们的勤劳能力升迁委任。"

度其勤力而迁授之。"

宗翰复奏曰:"先皇帝征辽之初,图宋协力夹攻,故许以燕地。宋人既盟之后,请加币以求山西诸镇,先皇帝辞其加币。盟书曰:'无容匿逋逃,诱扰边民。'今宋数路招纳叛亡,厚以恩赏。累疏叛人姓名,索之童贯③,尝期以月日,约以誓书,一无所致。盟未期年,今已如此,万世守约,其可望乎。且西鄙未宁,割付山西诸郡,则诸军失屯据之所,将有经略,或难持久,请姑置勿割。"上悉如所请。

宗翰又上奏说:"先皇帝征辽之初,希图宋合力夹攻,所以许诺割给燕地。宋人与我们订盟以后,请求再增加钱币以求得到山西各镇,先皇帝推辞了他们加的钱币。盟书说:'不收容隐藏逃亡的人,引诱骚扰边民。'现在宋在几路招收叛逃者,赏赐优厚。我们多次开列叛逃人的姓名,向童贯索取,曾经限定时间,以誓书约定,却一个人也没有送回。订盟不满一年,现在已像这样,万世守约,还可以指望吗?并且西部边境不安宁,割让山西各郡,则各军失去屯驻的地方,以后如果有所筹划,恐怕难以持久,请求暂时放置不要割让。"皇上完全按他的请求办理。

注释 ① 耶律马哥:辽大将,官至都统,后被金兵俘获。 ② 南京:金初以燕京(今北京)为南京。 ③ 童贯(1054—1126):字道辅,一作道通,开封(今河南开封)人。宋内侍。握兵权二十年,权倾一时。宋徽宗末年联金灭辽,开启兵端。宗翰南侵,童贯以河北宣抚使逃回,谪英州,未至,被杀。

原文

上以宗翰破辽,经略夏国奉表称藩,深嘉其功,以马十匹,使宗翰自择二匹,

翻译

皇上因为宗翰打垮辽国,筹划处理夏国事务,使它进献奏表称藩臣,很赞赏他的功劳,拿出了十匹马先让宗翰自

余赐群帅。

己挑选二匹,其余的赐给各个统帅。

及斡鲁奏宋不遣岁币户口事①,且将渝盟,不可不备。太宗命宗翰取诸路户籍按籍索之。而阇母再奏宋败盟有状②,宗翰、宗望俱请伐宋。于是,谙班勃极烈杲领都元帅,居京师,宗翰为左副元帅,自太原路伐宋③。

直到斡鲁奏宋不送交岁币和户口的事,并且将背叛盟约,不可不防备。太宗派宗翰取各路户籍按名册索取军兵。而阇母又上奏说宋人破坏盟约已有迹象,宗翰、宗望都请求讨伐宋。于是,谙班勃极烈完颜杲任都元帅,住在京城,宗翰为左副元帅,从太原路去讨伐宋。

注释 ①斡鲁:金大将。太祖建国初讨伐渤海人高永昌有功。后随完颜杲追袭辽天祚帝。伐宋战争爆发后,行西南、西北两路都统事。 ②阇母(1090—1129):金宗室,太祖异母弟。佐斡鲁伐高永昌,攻辽,讨张觉,协助宗望伐宋,任都统,是金初功臣之一。 ③太原:府名。治今山西太原。

原文

宗翰发自河阴①,遂降朔州,克代州②,围太原府。宋河东③、陕西军四万救太原,败于汾河之北④,杀万余人。宗望自河北趋汴⑤,久不闻问,遂留银术可等围太原,宗翰率师而南。天会四年降定诸县及威胜军⑥,下隆德府实潞州⑦。军至泽

翻译

宗翰从河阴出发,于是使朔州投降,攻克代州,围困太原府。宋河东、陕西的军队四万人援救太原,在汾河以北战败,一万多人被杀。宗望从河北直奔汴京,很久都没有消息,于是留银术可等围困太原,宗翰率军向南边进发。天会四年(1126)收降平定各县及威胜军,攻下隆德府,实际上是潞州。军队到达泽州,宋国使者来到军中,才知道割让

州⑧,宋使至军中,始知割三镇讲和事⑨。路允迪以宋割太原诏书来⑩,太原人不受诏。宗翰取文水及盂县⑪,复留银术可围太原。宗翰乃还山西。

三镇讲和的事情。路允迪带着宋割让太原的诏书来,太原不接受诏令。宗翰攻取文水及盂县,又留银术可围太原。宗翰于是回到山西。

注释 ① 河阴:县名,治今山西山阴西南。 ② 代州:州名,治所在今山西代县。 ③ 河东:路名,辖境相当于今山西省一带。 ④ 汾河:在今山西省境内。 ⑤ 汴:汴京,今河南开封。 ⑥ 威胜军:军名,治所在今山西沁县。 ⑦ 隆德府:府名,治所在今山西长治。 ⑧ 泽州:州名,治所在今山西晋城。 ⑨ 三镇:即太原(今山西太原)、河间(今河北河间)、中山(今河北定州)。 ⑩ 路允迪:宋人,官至签书枢密院事。 ⑪ 文水:县名,治今山西文水。盂,县名,治今山西盂县。

原文

宋少帝诱萧仲恭赆书余睹①,以兴复辽社稷以动之。萧仲恭献其书,诏复伐宋。八月,宗翰发自西京。九月丙寅,宗翰克太原,执宋经略使张孝纯等②。鹘沙虎取平遥③,降灵石、介休、孝义诸县④。十一月甲子,宗翰自太原趋汴,降威胜军,克隆德府,遂取泽州。撒剌答等先已破天井关⑤,

翻译

宋少帝诱使萧仲恭送信给余睹,以兴复辽国挑动他。萧仲恭献出那封信,皇上下诏再次讨伐宋。八月,宗翰从西京出发。九月丙寅,宗翰攻克太原,俘获宋经略使张孝纯等人。鹘沙虎攻取平遥,收降灵石、介休、孝义各县。十一月甲子,宗翰从太原奔赴汴京,收降威胜军,攻克隆德府,于是夺取了泽州。撒剌答等人先已攻克了天井关,进逼河阳,攻破宋兵一万余人,那座城投降。宗翰进攻怀州,攻下了它。丁亥,渡过黄河。闰月,宗翰到达汴京,与宗望会

进逼河阳⑥,破宋兵万人,降其城。宗翰攻怀州⑦,克之。丁亥,渡河。闰月,宗翰至汴,与宗望会兵。宋约画河为界,复请修好。不克和。丙辰,银术可等克汴州⑧。辛酉,宋少帝诣军前,舍青城⑨。十二月癸亥,少帝奏表降。诏元帅府曰:"将帅士卒立功者,第其功之高下迁赏之。其殒身行阵,没于王事者,厚恤其家,赐赠官爵务从优厚。"使勖就军中劳赐宗翰、宗望⑩,使皆执其手以劳之。五年四月,以宋二主及其宗族四百七十余人及珪璋⑪、宝印⑫、衮冕、车辂、祭器、大乐、灵台、图书⑬,与大军北还。七月,赐宗翰铁券,除反逆外,余皆不问,赐与甚厚。

师。宋国约定划黄河为界,又请求恢复友好,讲和没有成功。丙辰,银术可等人攻克汴州。辛酉,宋少帝来到军前,住在青城。十二月癸亥,少帝上表投降。诏令元帅府说:"将帅士兵立功的,评定功劳高低进行升迁赏赐。那些战死在军中,为征伐之事牺牲的人,要优抚他们的家庭,赏赐官爵一定要优厚。"派完颜勖到军中慰劳赏赐宗翰、宗望,命令完颜勖都要拉着他们的手慰劳。五年(1127)四月,带着宋的两位皇帝及其宗族四百七十多人及珪璋、宝印、衮冕、车辂、祭器、大乐、灵台、图书,与大军一起回北方。七月,赐给宗翰铁券,除造反之罪,其他罪都不追问,赐给的东西很丰厚。

注释 ① 宋少帝:即宋钦宗赵桓(1100—1156)。宣和七年(1125)底,金军大举攻宋,他接受其父徽宗的传位,在位一年四个月。靖康元年汴京被金兵攻破,次年他同徽宗一同被俘,北宋灭亡。后来死于五国城(今黑龙江依兰)。 ② 经略使:官名。宋于沿边各路设置,掌管一路军事及行政。张孝纯:宋将,后任伪齐政权的宰相。　③平遥:县名,治今山西平遥。　④灵石:县名,治今山西灵石。介休:县名,治今山西介休。孝义:县名,治今山西孝义。　⑤天井关:关名,在山西晋城南,是古代的军事要地。　⑥河阳:县名,今河南孟州、巩义一带。　⑦怀州:州名,辖今河南焦作一带。　⑧汴州:州名,治今河南开封。　⑨青城:宋祭天地的斋宫。　⑩勖:即完颜勖(1099—1157),金宗室,本名乌野,字勉道。初从太祖征战,太宗时与闻政事。喜读书,有著述。　⑪珪璋:一种朝会时所执的玉器。　⑫宝印:天子的玺印、符章。　⑬衮冕:衮衣和冠冕,古代帝王的礼服、礼帽。车辂:帝王的车辆。大乐:乐官名,掌乐人奏乐,这里指乐器。灵台:本为观测天象的场所,这里指天文仪器。

原文

宗翰奏河北、河东府镇州县请择前资官良能者任之①,以安新民。上遣耶律晖等从宗翰行②。诏黄龙府路、南路、东京路于所部各选如耶律晖者遣之③。宗翰遂趋洛阳。宋董植以兵至郑州,郑州人复叛。宗翰使诸将击董植军,复取郑州。遂迁洛阳、襄阳、颍昌、汝、郑、均、房、唐、邓、陈、蔡之民于河北④,而遣娄室平陕西州郡。是时河东寇盗尚多,宗翰乃分留将士,夹河屯守,而还师山西。昏德公致书⑤:"请立赵氏,奉职修

翻译

宗翰上奏请求河北、河东府镇县选择优秀能干的前朝官任用,来安定新归附的百姓。皇上派遣耶律晖等人跟随宗翰去。诏令黄龙府路、南路、东京路在管辖区内各选像耶律晖这样的人派遣去。宗翰于是奔赴洛阳。宋董植带兵到郑州,郑州人又反叛。宗翰派各将进攻董植的军队,又夺取了郑州。于是迁洛阳、襄阳、颍昌、汝、郑、均、房、唐、邓、陈、蔡等州的百姓到河北,而派娄室平定陕西州郡。这时河东的寇盗还很多,宗翰于是分留将士,在黄河两岸驻守,而回师山西。昏德公送信:"请求立赵氏为皇帝,奉行职责,交纳贡赋,民心必然欢喜,这样万世都有好处。"宗翰接受了他的信却不回答。

贡,民心必喜,万世利也。"
宗翰受其书而不答。

注释 ① 前资官:在前朝任过职的官员。这里指在辽、宋朝任职的官员。 ② 耶律晖:辽宗室,仕金,官至行台平章政事。 ③ 黄龙府路:辽设,辖境包括今吉林农安一带。 ④ 襄阳:府名,今湖北襄阳。颍昌:府名,治今河南许昌。汝:州名,治今河南临汝。郑:州名,治今河南郑州。均:州名,治今湖北郧阳东南。房:州名,治今湖北房县。唐:州名,治今河南泌阳。邓:州名,治今河南邓州。陈:州名,治今河南淮阳。蔡:州名,治今河南汝南。 ⑤ 昏德公:即宋徽宗赵佶。他被金兵俘虏后,金太宗封他为昏德公。

原文

康王遣王师正奉表,密以书招诱契丹、汉人。获其书奏之。太宗下诏伐康王。河北诸将欲罢陕西兵,并力南伐。河东诸将不可,曰:"陕西与西夏为邻,事重体大,兵不可罢。"宗翰曰:"初与夏约夹攻宋人,而夏人弗应。而耶律大石在西北,交通西夏。吾舍陕西而会师河北,彼必谓我有急难。河北不足虞,宜先事陕西,略定五路,既弱西夏,然后取宋。"宗翰盖有意于夏人也。

翻译

康王派王师正上表,暗中用书信招诱契丹、汉人。他的书信被缴获上奏。太宗下诏讨伐康王。河北各将想停止陕西的军事,合并军力讨伐南方。河东各将不同意,说:"陕西与西夏相邻,事体重大,不可撤军。"宗翰说:"当初与夏人约定夹攻宋人,而夏人不响应。而耶律大石在西北,与西夏勾结。我们舍弃陕西而合兵河北,他们必然认为我们有急难。河北不值得担心,应该先处理陕西,平定五路,削弱西夏以后,然后进攻宋。"宗翰有意攻打西夏。议论很久都没有决定,向皇上奏请,皇上说:"康王赵构应穷追到底。等到平定宋后,应当立像张邦昌那样的人做藩臣。陕右的

议久不决,奏请于上,上曰:"康王构当穷其所往而追之。俟平宋,当立藩辅如张邦昌者①。陕右之地②,亦未可置而不取。"于是娄室、蒲察帅师,绳果③、婆卢火监战,平陕西。银术可守太原,耶律余睹留西京。

地方,也不可放弃不取。"于是娄室、蒲察率领军队,绳果、婆卢火督战,平定陕西。银术可守卫太原,耶律余睹留在西京。

注释 ① 张邦昌(1081—1127):北宋末永静军东光(今属河北)人,字子能。举进士,历任礼部侍郎、太宰等职。金兵克东京,立为"楚国"皇帝。高宗即位后被放逐到潭州(今湖南长沙),后被处死。 ② 陕右:指陕西。 ③ 绳果:即完颜宗峻。

原文

宗翰会东军于黎阳津①,遂会睿宗于濮②。进兵至东平③,宋知府权邦彦弃家宵遁④,降其城,驻军东平东南五十里。复取徐州⑤。先是,宋人运江、淮金币皆在徐州官库,尽得之,分给诸军。袭庆府来降⑥。宋知济南府刘豫以城降于挞懒。乃遣拔离速、乌林答泰欲、马五袭康王于扬州⑦,未至百五十里,马五以五百

翻译

宗翰在黎阳津与东路军会合,于是在濮州与睿宗会师。进兵到东平,宋知府权邦彦抛弃家室夜晚逃走,宗翰收降了那座城,驻军在东平东南五十里。又攻取了徐州。在这以前,宋人运送江、淮的金银绸帛都在徐州官库中,宗翰全部缴获,分给各军。袭庆府来投降。宋知济南府刘豫献城向挞懒投降。于是派拔离速、乌林答泰欲、马五到扬州袭击康王,离扬州一百五十里,马五带五百名骑兵先奔赴扬州城下。康王听说兵来,已在前一天渡过长江。于是,康

骑先驰至扬州城下。康王闻兵来，已于前一夕渡江矣。于是，康王以书请存赵氏社稷。先是，康王尝致书元帅府，称"大宋皇帝构致书大金元帅帐前"，至是乃贬去大号，自称"宋康王赵构谨致书元帅阁下。"其四月、七月两书皆然。元帅府答其书，招之使降。于是，挞懒、宗弼、拔离速、马五等分道南伐。宗弼之军渡江取建康⑧，入于杭州。康王入海。阿里、蒲卢浑等自明州行海三百里⑨，追之弗及。宗弼乃还。其后宗翰欲用徐文策伐江南⑩，睿宗、宗弼议不合，乃止。语在《刘豫传》。归德叛⑪，都统大处里平之。

王写信请求保存赵氏江山。在这以前，康王曾致信元帅府，称"大宋皇帝赵构致书大金元帅帐前"，到这时就贬去大号，自称"宋康王赵构谨致书元帅阁下"。四月、七月两封信都是这样。元帅府回答他的信，招他投降。在这时，挞懒、宗弼、拔离速、马五等人分路南伐。宗弼的军队渡江攻取建康，进入杭州。康王逃到海上，阿里、蒲卢浑等人从明州在海上航行三百里，没有追上。宗弼于是回来。那以后宗翰想用徐文的计策讨伐江南，睿宗、宗弼意见不合，就罢休了。这记载在《刘豫传》中。归德叛乱，都统大处里平定了它。

注释 ① 黎阳津：黄河古渡口，在今河南浚县东，与南岸白马津相对。 ② 睿宗：即完颜宗辅（1096—1135），金太祖子。本名讹里朵，死后更名宗尧。子世宗即位后，追谥简肃皇帝，庙号睿宗。濮：州名，治所在今山东鄄城北。 ③ 东平：府名。治今山东东平。 ④ 权邦彦（1080—1133）：字朝美，宋高宗建炎中知东平府。绍兴中兼权参知政事。 ⑤ 徐州：州名，治今江苏徐州。 ⑥ 袭庆府：府名，宋升兖州置，故址在今山东兖州。 ⑦ 拔离速：金宗室，银术可弟。官至元帅左都监，加金吾卫上将军。乌林答泰欲：女真人，攻辽伐宋，为金初功臣之一。马五：即耶律马五，契丹人。辽将，降金为招讨都监。从宗翰等追袭宋高宗，渡江，入于建康。为开国功臣之一。 ⑧ 建康：府名，即今江苏南京。 ⑨ 明州：州名，治今浙江宁波，是宋代的重要港口。 ⑩ 徐文：本为宋阁门宣赞舍人。后率大小船六十只、士兵七百余人降金，向金献攻宋之策。 ⑪ 归德：府名，治所在今河南商丘南。

原文

初，太宗以斜也为谙班勃极烈①，天会八年，斜也薨，久虚此位。而熙宗，宗峻子，太祖嫡孙，宗干等不以言太宗，而太宗亦无立熙宗意。宗翰朝京师。谓宗干曰："储嗣虚位颇久，合剌，先帝嫡孙②，当立，不早定之，恐授非其人。宗翰日夜未尝忘此。"遂与宗干、希尹定议，入言于太宗，请之再三。太宗以宗翰等皆大臣，义不可夺，乃从之，遂立熙宗为谙班勃极烈。于是，宗翰为国论右勃极烈，兼都元帅③。

翻译

当初，太宗任命斜也为谙班勃极烈，天会八年，斜也去世，长期空缺这个职位。而熙宗是宗峻的儿子、太祖的嫡孙，宗干等人却不向太宗提议，太宗也没有立熙宗的意思。宗翰到京城朝拜皇上，对宗干说："皇位继承人空缺很久了，合剌是先帝的嫡孙，应当立，不早点确定，恐怕授给不适当的人。我日夜未敢忘记这件事。"于是与宗干、希尹商议，进去对太宗说，再三请求。太宗认为宗翰等都是大臣，道义上不可违背，就同意了他们的意见，于是立熙宗为谙班勃极烈。这时，宗翰为国论右勃极烈，兼任都元帅。

注释 ① 斜也:即完颜杲。 ② 合剌:即金熙宗完颜亶(dǎn)。 ③ 都元帅:官名,即大元帅,总领军事。

原文

熙宗即位,拜太保①、尚书令②,领三省事③,封晋国王。乞致仕,诏不许。天会十四年薨,年五十八。追封周宋国王。正隆二年,例封金源郡王。大定间,改赠秦王,谥桓忠,配享太祖庙廷④。

翻译

熙宗即位,宗翰被拜为太保、尚书令,领三省事,封晋国王。他请求退休,诏令不允许。天会十四年(1136)去世,终年五十八岁。追封为周宋国王。正隆二年(1157),按规定封为金源郡王。大定年间,改赠秦王,赐谥号桓忠,陪祭太祖庙廷。

注释 ① 太保:官名。次于太傅,辅弼国君,为大官的加衔,并无实职。 ② 尚书令:官名,为亲王及使相兼官,非实职,也无专任的人。 ③ 三省:即尚书省、中书省、门下省。 ④ 配享:用功臣配祭于祖庙。

完颜宗望传

导读

在女真民族的发展史上,完颜家族涌现过不少杰出人物。完颜宗望是太祖阿骨打的第二个儿子,常随太祖征战。攻克中京以后,为追击辽帝,宗望率十余名骑兵,转战数千里,创造了军事史上的奇迹。宗望的军事才能多次显示在以少胜多的战例中。石辇驿之战,宗望以一千人败敌二万五千人;青冢之战,宗望又以四骑兵直捣辽主营。后来讨平张觉,首先提出攻宋之策,渡过黄河,率东路军两次围击汴京,败姚平仲四十万大军,经略河北,终于与宗翰会师,灭掉北宋。宗翰与宗望是灭辽伐宋的两个关键人物,他们二人率领的军队是东西两大主力。二人都是坚决的主战派,在战争中都显示了杰出的军事才能,是金王朝的开国元勋。但是,"兵者,凶事也",对辽、对宋的战争一方面为女真民族的发展开辟了道路,但另一方面也对辽、宋发达地区社会经济破坏极大。一方面我们承认宗翰、宗望是女真民族的杰出人物,另一方面也不讳言他们发动战争的不义一面。本篇详细记载了宗望追击辽帝、伐灭北宋的全过程,是一篇重要的历史文献。(选自卷七四)

原文

宗望,本名斡鲁补,又作斡离不,太祖第二子也。每从太祖征伐,常在左右。

翻译

宗望,本名叫斡鲁补,又作斡离不,是太祖的第二个儿子。每当跟随太祖征战时,常在左右。

原文

都统杲已克中京，宗翰在北安州，获辽护卫习泥烈，知辽主在鸳鸯泺，宗翰请袭之。杲出青岭，辽兵三百余掠降人家赀。宗望曰："若生致此辈，可审得辽主所在虚实。"遂与宗弼率百骑进。骑多罢乏，独与马和尚逐越卢、孛古、野里斯等^①，留一骑趣后军，即驰击败之，生擒五人。因审辽主尚在鸳鸯泺未去无疑也，于是进兵。宗翰倍道兼行，追辽主于五院司，不及。娄室等追之至白水泺，辽主走阴山。辽秦晋国王捏里自立于燕京^②。新降州部，人心不固，杲使宗望请太祖临军。

翻译

都统完颜杲已攻克了中京，宗翰在北安州，俘获了辽护卫习泥烈，知道辽主在鸳鸯泺，宗翰请求去袭击他。完颜杲从青岭出发，辽兵三百多人掠夺投降人家的财产。宗望说："如果生获这些人，可以审问得辽主所在之地的虚实。"于是与宗弼率一百名骑兵前进。骑兵多疲乏，宗望独与马和尚追赶越卢、孛古、野里斯等人，留一名骑兵督促后军，驰马打败敌人，生擒五人。因此确定辽主还在鸳鸯泺没有离去，于是进军。宗翰加速前进，追辽主到五院司，没有追上。娄室等追到白水泺，辽主逃到阴山。辽秦晋国王捏里在燕京自立为皇帝。新降附的州部，人心不稳定，完颜杲派宗望请太祖到军中。

注释 ① 马和尚：金将。越卢、孛古、野里斯，都是辽将。 ② 捏里：本名耶律淳（1063—1122），辽宗室，官至南京留守。保大二年（1122），他在南京被拥立为帝，号天锡皇帝，年号建福，世称北辽。三月后病死。

原文

宗望至京师，百官入贺。上曰："宗望与十余骑经涉兵寇数千里，可嘉也。"上宴群臣，欢甚。宗望奏曰："今云中新定，诸路辽兵尚数万，辽主尚在阴山、天德之间①，而捏里自立于燕京，新降之民，其心未固，是以诸将望陛下幸军中也。"上曰："悬军远伐，授以成算，岂能尽合机事。朕以六月朔启行。"既次大泺西南，杲使希尹奏请徙西南招讨司诸部于内地②。上顾谓群臣曰："徙诸部人当出何路？"宗望对曰："中京残弊，刍粮不给，由上京为宜。然新降之人，遽尔骚动，未降者必皆疑惧。劳师害人，所失多矣。"上京谓临潢府也。上乃下其议，命军帅度宜行之。

上闻辽主在大鱼泺，自将精兵万人袭之。蒲家奴、

翻译

宗望到达京城，百官进宫来祝贺。皇上说："宗望与十多名骑兵转战数千里，精神可嘉啊！"皇上宴请群臣，大家都很高兴。宗望上奏说："现在云中刚刚平定，各路辽兵还有几万人，辽主还在阴山、天德一带，而捏里在燕京自立，新投降的百姓，人心不稳，因此各将领希望陛下巡幸军中。"皇上说："孤军远道征战所交代布置的那些策略，哪能尽合实际。我将在六月初出发。"到达大湖西南后，完颜杲派希尹奏请迁移西南招讨司各部到内地。皇上回头对群臣说："迁徙各部人应当经过哪一路？"宗望回答说："中京残破，粮草无法供给，经过上京比较合适。但新降附的人，突然骚动，那些没有投降的人必然怀疑恐惧。这样劳苦军队，损害百姓，损失就大了。"上京，指临潢府。皇上于是把他的意见下发，命令军帅考虑施行。

皇上听说辽主在大鱼泺，亲自率领精兵一万人去袭击他。蒲家奴、宗望率兵四千为前锋，日夜行军，马多疲乏，在石辇驿追上辽主，军士到达的才一千人，辽军剩二万五千人。刚修筑营垒时，蒲家奴与诸将商议。余睹说："我军还没有集结，人马很疲劳，不可交战。"

宗望率兵四千为前锋,昼夜兼行,马多乏,追及辽主于石辇驿,军士至者才千人,辽军余二万五千。方治营垒,蒲家奴与诸将议。余睹曰:"我军未集,人马疲剧,未可战。"宗望曰:"今追及辽主而不亟战,日入而遁,则无及。"遂战,短兵接,辽兵围之数重,士皆殊死战。辽主谓宗望兵少必败,遂与嫔御皆自高阜下平地观战③。余睹示诸将曰:"此辽主麾盖也④。若萃而薄之,可以得志。"骑兵驰赴之,辽主望见大惊,即遁去,辽兵遂溃。宗望等还。上曰:"辽主去不远,亟追之。"宗望以骑兵千余追之,蒲家奴为后继。

宗望说:"现在追上辽主却不立即战斗,等到太阳落山他逃走后,就追不上了。"于是交战,短兵相接,辽兵把他们围困了几重,士兵都殊死战斗。辽主认为宗望兵少必败,于是与宫女都从高冈下到平地观战。余睹指给诸将说:"这就是辽主的旗盖。如果合兵逼近,可以如愿以偿。"骑兵向辽主冲去,辽主望见大惊,立即逃走,辽兵于是溃败。宗望等人返回。皇上说:"辽主逃去不远,立即追击。"宗望用一千骑兵追击辽主,蒲家奴作为援兵。

注释 ① 天德:军名。在今阴山以南乌梁素海一带。 ② 西南招讨司:辽、金、元时在边疆地区设置招讨司,作为军事行政机构,掌招抚、征讨诸部族及接受贡纳、颁给赏赐等事。金置西北、西南、东北三路招讨司。 ③ 嫔御:皇帝的侍妾、宫女。 ④ 麾盖:旗帜的顶部。这里指仪仗。

原文

太祖已定燕京，斡鲁为都统，宗望副之，袭辽主于阴山、青冢之间①。宗望、娄室、银术可以三千军分路袭之。将至青冢，遇泥泞，众不能进。宗望与当海四骑以绳系辽都统林牙大石，使为乡导，直至辽主营。时辽主往应州②，其嫔御诸女见敌兵奄至，惊骇欲奔，命骑下执之。有顷，后军至。辽太叔胡卢瓦妃③，国王捏里次妃，辽汉夫人，并其子秦王、许王，女骨欲、余里衍、斡里衍、大奥野、次奥野，赵王妃斡里衍，招讨迪六④，详稳六斤，节度使孛迭、赤狗儿皆降。得车万余乘，惟梁王雅里及其长女乘军乱亡去。娄室、银术可获其左右舆帐。进至扫里门，为书以招辽主。

辽主自金城来⑤，知其族属皆见俘，率兵五千余决

翻译

太祖平定燕京后，斡鲁任都统，宗望任副都统，在阴山与青冢之间袭击辽主。宗望、娄室、银术可用三千士兵分路袭击。快到青冢时，遇上泥泞，军队不能前进。宗望与当海四人骑马用绳索系着辽都统林牙大石，让他作向导，直奔辽主营地。当时辽主去应州，他的妃嫔和各个女儿见敌兵突然来到，惊恐想逃，宗望命令随骑下马抓住她们。不久，后面的军队到达，辽太叔胡卢瓦的妃子，国王捏里的次妃，辽汉夫人，和她的儿子秦王、许王，女儿骨欲、余里衍、斡里衍、大奥野、次奥野，赵王妃斡里衍，招讨迪六，详稳六斤，节度使孛迭、赤狗儿都投降。缴获车一万多辆，只有梁王雅里及其长女乘军队混乱之际逃跑了。娄室、银术可缴获了辽主的左右车帐。宗望等人进军到扫里门，写信去招降辽主。

辽主从金城来，知道他的亲属都被俘虏，率兵五千多人来决战。宗望用一千兵力打败了他们。辽主和他们之间相距只差一百步，逃掉了。宗望俘获了他的儿子赵王习泥烈，得到传国玺。追击二十多里，全部获得了跟随他们的马匹，而照里、特末、胡巴鲁、背答另外获

战。宗望以千兵击败之。辽主相去百步,遁去。获其子赵王习泥烈及传国玺⑥。追二十余里,尽得其从马,而照里、特末、胡巴鲁、背答别获牧马万四千匹、车八千乘。及献传国玺于行在,太祖曰:"此群臣之功也。"遂置玺于怀中,东面恭谢天地,乃大录诸帅功,加赏焉。

取牧马一万四千匹、车八百辆。到行在进献辽传国玺时,太祖说:"这是群臣的功劳。"就把玺放入怀中,向东面恭敬地拜谢天地,于是登记各位统帅的功劳,增加赏赐。

注释 ① 青冢:地名,在今呼和浩特市南,为王昭君墓所在地。 ② 应州:州名,治所在今山西应县。 ③ 太叔:皇帝的叔父。 ④ 招讨:官名,掌征讨。 ⑤ 金城:地名,为应州治所,即今山西应县。 ⑥ 传国玺:皇帝的印章。

原文

辽主乃使谋卢瓦持兔钮金印请降①。宗望受之,视其文,乃"元帅燕国王之印"也。宗望复以书招之,谕以石晋北迁事②。遂使使谕夏国,示以和好,所以沮疑其救辽之心也③。宗望趋天德,辽耶律慎思降④。及候人吴十回⑤,皆言夏国迎

翻译

辽主派谋卢瓦带着兔钮金印请求投降。宗望接受了它,看它的文字,却是"元帅燕国王之印"。宗望再次写信招降他,用石晋北迁的事晓谕他。于是派使者安抚夏国,向夏国表示和好,用以阻止夏国救辽的念头。宗望直奔天德,辽耶律慎思投降。直到侦察员吴十回来,都说夏国迎接护送辽主渡过了黄河。宗望就把檄文传送给夏国说:"如果真的要归附我们,应当按照以前告知

护辽主度大河矣⑥。宗望乃传檄夏国曰："果欲附我，当如前谕，执送辽主。若犹疑贰，恐有后悔。"及辽秦王等以俘见太祖，太祖嘉宗望功，以辽蜀国公主余里衍赐之。

的办，将辽主抓送前来。如果再有三心二意，恐怕会后悔的。"直到辽秦王等作为俘虏去见太祖，太祖奖赏宗望的功绩，把辽蜀国公主余里衍赐给他。

注释 ①兔钮金印：以兔形作装饰的印章。 ②石晋北迁：石晋即后晋，五代时石敬瑭建立的王朝。后被契丹消灭，出帝石重贵降，北迁建州(今辽宁朝阳西南)。 ③沮疑：阻止。疑，止息。 ④耶律慎思：辽大将，为节度使，后降金，赐姓完颜氏。 ⑤候人：侦察人员。 ⑥大河：指黄河。

原文

阇母与张觉战①，大败于兔耳山②。上使宗望问状，就以阇母军讨张觉，降濒海郡县。遂与觉战于南京城东。觉败，宵遁奔宋，语在《觉传》。城中人执觉父及其二子来献，宗望杀之。使以诏书宣谕城中张敦固等出降③。使使与敦固俱入城收兵仗。城中人杀使者，立敦固为都统，劫府库，掠居民，乘城拒守。太

翻译

阇母与张觉交战，在兔耳山大败。皇上派宗望去查问情况，宗望就用阇母的军队讨伐张觉，收降了濒临海边的郡县。宗望于是与张觉在南京城东交战，张觉战败，晚上逃奔到宋国，这记载在《张觉传》中。城中的人抓获张觉的父亲及两个儿子来献，宗望杀了他们。使者用诏书劝告城中张敦固等人出来投降。宗望派使者与张敦固一起入城去收缴兵器。城中人杀掉使者，立张敦固为都统，抢劫府库，掳掠居民，上城拒守。太宗赏赐攻破张觉的功劳，有功将士各有不同奖赏。

宗赏破张觉功及有功将士各有差。

初，张觉奔宋，入于燕京，宗望责宋人纳叛人，且征军粮。久不闻问，宗望欲移书督之，请空名宣头千道，增信牌④，安抚新降之民。诏以"新附长吏职员仍旧。已命诸路转输军粮，勿督于宋。给银牌十、空名宣头五十道。及迁、润、来、隰四州人徙于沈州者⑤，俟毕农各复其业"。乃诏咸州输粟宗望军。

当初，张觉投奔宋国，进入燕京。宗望责备宋人收留叛乱的人，并征军粮。过了很久都没有消息，宗望想写信去催促，申请空白委任状一千份，增加信牌，安抚新降附的百姓。诏令说："新降附的长吏职员仍旧不变。已命令各路运送军粮，不要向宋国催要。给银牌十块、空白委任状五十份。至于迁、润、来、隰四州人迁移到沈州的，等到农事完毕后各恢复他们的本业。"于是诏令咸州运粮到宗望军中。

注释 ① 张觉：辽进士，天祚帝时为辽兴军节度副使，后降金，为南京留守。不久反金降宋。后被宋将王安中杀，献首于金。 ② 兔耳山：山名，在今河北抚宁西。 ③ 张敦固：张觉部将。张觉战败投宋后，被南京（今北京）军民推为敦固都统，抗击金兵，城破被杀。 ④ 信牌：古代官吏所持的一种凭证。 ⑤ 迁：州名，治今河北秦皇岛东北。润：州名，治今秦皇岛西北。来：州名，治今辽宁绥中西南。隰：州名，治今辽宁绥中东北。沈州：治今辽宁沈阳。

原文

张敦固以兵八千分四队出战，大败。宗望再三开谕，敦固等曰："屡尝拒战，

翻译

张敦固用八千兵力分四队出战，大败。宗望再三开导劝告，张敦固说："过去曾多次拒战，不敢轻易投降。"宗望允

不敢遽降。"宗望许其望阙
遥拜。敦固乃开其一门。
宗望使阇母奏其事,乃下诏
赦南京官民,大小罪皆释
之,官职如旧。别敕有司轻
徭赋、劝稼穑,疆埸之事^①,
一决于宗望。又曰:"议索
张觉及逋亡户口于宋。闻
比岁不登,若如旧征敛,恐
民匮乏,度其粮数赋之。射
粮军愿为民者^②,使复田里。
小大之事关白军帅^③,无得
专达朝廷。"诏宗望曰:"选
勋贤及有民望者为南京留
守^④,及诸阙员,仍具姓名官
阶以闻。"是时,迁、润、来、
隰四州之民保山砦者甚众,
宗望乞选良吏招抚。上
从之。

上召宗望赴阙,而阇母
克南京,兵执伪都统张敦固
杀之,南京平。赴京师。于
是,宗翰请无割山西地与
宋,斡鲁亦言之。阇母论奏
宋渝盟有验,不可不备。及

许他面向宫阙方向遥拜。敦
固于是打开一道门。宗望派
阇母奏报他的事,于是皇上下诏赦免南京的官民,大小罪都
放过不问,官职照旧不变。另外敕令有
关部门轻徭薄赋、鼓励农业生产,战场
上的事,都由宗望决定。又说:"商议如
何向宋索回张觉及逃亡的人口。听说
连年收成不好,如果照旧征敛,恐怕百
姓匮乏,应当根据他们的粮食数目征
收。射粮军愿意为民的,让他们回归田
里。大小事情向军帅报告,不必专门上
奏朝廷。"诏令宗望说:"挑选能干有功
及有威望的人为南京留守,至于其余的
各缺员,并开列姓名官阶上报。"这时,
迁、润、来、隰四州的百姓占据山寨自保
的人很多,宗望请求选派良吏去招抚他
们,皇上同意了。

皇上召宗望到朝廷,而阇母攻克南
京,兵士抓获伪都统张敦固杀了,南京
平定。宗望前往京城。在这个时候,宗
翰请求不要把山西土地割让给宋,斡鲁
也这样说。阇母上奏说宋违背盟约已
有明证,不可不防备。直到宗望返回军
中,皇上说:"向宋索取岁币,用银二十
万两、绢三十万匹分赐给你的军队及六
部东京各军。"宗望到军中,宋兵三千人
从海路来,攻破九寨,杀死马城县守将

宗望还军,上曰:"征岁币于宋,以银二十万两、绢三十万匹分赐尔军及六部东京诸军。"宗望至军,宋兵三千自海道来,破九寨,杀马城县戍将节度使度卢斡⑤,取其银牌兵仗及马而去。宗望索户口,宋人弗遣,且闻童贯、郭药师治军燕山⑥。宗望奏请伐宋曰:"苟不先之,恐为后患。"宗翰亦以为言。故伐宋之策,宗望实启之。

节度使度卢斡,夺取了他的银牌、武器和马匹而离去。宗望索取户口,宋人不遣送,并且听说童贯、郭药师在燕山整顿军队。宗望上奏请求征伐宋说:"如果不先发制人,恐怕成为后患。"宗翰也说起这件事。所以征伐宋的策略,实际上是宗望提出来的。

注释 ① 疆场(yì):边境,疆界。 ② 射粮军:金初各路募三十岁以下、十七岁以上的强壮者为射粮军,皆刺面,兼充杂役。每五百人为一指挥使司。 ③ 关白:报告。 ④ 留守:官名。金时五京都设留守,为地方行政长官。 ⑤ 马城县:县名,治今河北滦南。 ⑥ 郭药师:渤海铁州(今辽宁营口东南)人,辽怨军首领。后归宋,守燕山。与宗望战于白河(今河北潮白河),兵败投降,金人任为燕京留守,给以金牌,赐姓完颜氏,随宗望伐宋有功。

原文

宗望为南京路都统,阇母副之,自燕山路伐宋。宗望奏曰:"阇母于臣为叔父,请以阇母为都统,臣监战

翻译

宗望为南京路都统,阇母为副都统,从燕山路征伐宋。宗望上奏说:"阇母对我来说是叔父,请求以阇母为都统,我监督战事。"皇上同意了。以宗望

事。"上从之。以宗望监阇母、刘彦宗两军战事[①]。宗望至三河[②]，破郭药师兵四万五千于白河[③]，蒲苋败宋兵三千于古北口，郭药师降。遂取燕山府[④]，尽收其军实，马万匹、甲胄五万、兵七万，州县悉平。宋中山戍将王彦、刘璧率兵二千来降[⑤]。蒲察、绳果以三百骑遇中山三万人于厄隘之地，力战，死之。术烈速、活里改军继至，杀二万余人。宗望破宋真定兵五千人[⑥]，遂克信德府[⑦]，次邯郸[⑧]。宋李邺请修旧好[⑨]。宗望留军中不遣。

自郭药师降，益知宋之虚实。宗望请以为燕京留守。及董才降[⑩]，益知宋之地里。宗望请任以军事。太宗俱赐姓完颜氏，皆给以金牌。

监督阇母、刘彦宗两军战事。宗望到达三河，在白河攻破郭药师四万五千人，蒲苋在古北口打败宋兵三千人，郭药师投降。于是攻下燕山府，缴获敌人的全部军用物资，马一万匹、甲胄五万件，俘获士兵七万人，州县全部平定。宋中山守将王彦、刘璧率兵二千人来投降。蒲察、绳果以三百人在狭窄地带与中山士兵三万人相遇，奋力作战，战死了。术烈速、活里改的军队接着赶到，杀敌二万多人。宗望打败宋真定兵五千人，于是攻克了信德府，临时驻扎在邯郸。宋李邺请求恢复从前的友好关系，宗望把他留在军中不送回。

自从郭药师投降以后，更加了解了宋的虚实情况，宗望请求任命郭药师为燕京留守。直到董才投降，更进一步了解宋的地理，宗望请求任命他担任军职。太宗赐两人姓完颜氏，都发给金牌。

注释　① 刘彦宗(1076—1128):字鲁开,六世仕辽,后降金,官至同中书门下平章事。　② 三河:县名,治今河北三河。　③ 白河:即今河北境内潮白河。　④ 燕山府:即析津府,治今北京一带。　⑤ 中山:府名,治今河北定州。　⑥ 真定:府名,治所在今河北正定。　⑦ 信德府:府名,治所在今河北邢台。　⑧ 邯郸:县名,治今河北邯郸。　⑨ 李邺:宋人,累官给事中,充通问金国使,后来降金。　⑩ 董才:辽末反辽起义军首领,战败后率部降宋。辽亡,率众降金。金太祖赐姓完颜。

原文

四年正月己巳,诸军渡河,取滑州①。使吴孝民入汴②,以诏书问纳平州张觉事,令执送童贯、谭稹、詹度③,以黄河为界,纳质奉贡。癸酉,诸军围汴。宋少帝请为伯侄国,效质纳地,增岁币请和。遂割太原、中山、河间三镇,书用伯侄礼,以康王构,太宰张邦昌为质④。沈晦以誓书⑤、三镇地图至军中,岁币割地一依定约,语在宋事中。

翻译

四年(1126)正月己巳,各军渡过黄河,攻取了滑州。派吴孝民进入汴京,用诏书责问收容平州张觉的事,命令将童贯、谭稹、詹度抓送前来,以黄河为界,交纳人质,奉送贡物。癸酉,各军围困汴京。宋少帝请求结为伯侄国,献出人质,割给土地,增加岁币求和。于是割让太原、中山、河间三镇,书信用伯侄的礼节,以康王赵构、太宰张邦昌为人质。沈晦带着誓书、三镇地图来到军中,岁币和割地的事一律依照已约定的办,这记载在宋的史事中。

注释　① 滑州:州名,治今河南长垣北。　② 吴孝民:燕(今北京一带)人,后降金。天会四年(1126)入汴责纳平州张觉事。　③ 谭稹:宋内侍。官至太尉,收复燕云,为河北、河东、燕山府路宣抚使。后被流放。詹度:字安世。曾与郭药师同知燕山府,与药师不和。　④ 太宰:官名,相当于宰相。宋徽宗政和二年(1112)改尚书左仆射为太宰,钦宗时又恢复旧名。　⑤沈晦(1084—1149):字元用,号胥山,宋钱塘(今浙江杭州)人。曾随赵枢出质宗望军。后官至徽猷阁直学士。

原文

二月丁酉朔,与宋平①,退军孟阳②。是夜,姚平仲兵四十万来袭③。候骑觉之④,分遣诸将迎击,大破平仲军,复进攻汴城,问举兵之状。少帝大恐,使宇文虚中来辩曰⑤:"初不知其事,且将加罪其人。"宗望辍弗攻,改肃王枢为质⑥,康王构遣归。师还,河北两镇不下,遂分兵讨之。

翻译

二月丁酉初一,与宋讲和,退军到孟阳。这天晚上,姚平仲的军队四十万人前来袭击。侦察的骑兵发觉了他们,宗望分派诸将迎击,大败姚平仲的军队,再次进攻汴京城,追究发动战争的事。宋少帝非常惊恐,派宇文虚中来辩解说:"本来不知道这件事,并将对那个人治罪。"宗望停止进攻,改以肃王赵枢为人质,康王赵构被遣送回去。军队返回,河北两镇没有攻下,于是分兵去讨伐。

注释　①平:讲和。　②孟阳:地名,在今河南开封附近。　③姚平仲:字希晏,宋的重要将领。世代为西陲大将。孟阳兵败后亡命,不知所终。　④候骑:负责侦察的骑兵。　⑤宇文虚中(1079—1146):字叔通,成都华阳(今四川双流)人。仕宋官至中书舍人,使金被留,累官翰林学士知制诰,金人号为国师。见后文《宇文虚中传》。　⑥肃王枢:即宋徽宗子赵枢。

原文

宗望罢常胜军①,给还燕人田业,命将士分屯安肃、雄、霸、广信之境②。宗

翻译

宗望撤销常胜军,归还燕人的田产,命令将士分别屯驻在安肃、雄州、霸州、广信境内。宗望回到山西。不久,

望还山西。未几,为右副元帅,有功将士迁赏有差。

顷之,宋少帝以书诱余睹,萧仲恭献其书,诏复伐宋。八月,宗望会诸将,发自保州③。耶律铎破敌兵三万于雄州,杀万余人。那野败宋军七千于中山。高六、董才破宋兵三千于广信。宋种师闵军四万人驻井陉④,宗望大破之,遂取天威军⑤。东还,遂克真定,杀知府李邈⑥,得户三万,降五县。遂自真定趋汴。

为右副元帅,对有功的将士给予不同等级的升迁赏赐。

不久,宋少帝用书信招诱余睹,萧仲恭把信献了出来,皇上下诏再次讨伐宋。八月,宗望会同诸将,从保州出发。耶律铎在雄州打败敌兵三万人,杀敌一万余人。那野在中山打败宋军七千人。高六、董才在广信打败宋兵三千人。宋种师闵的军队四万人驻扎在井陉,宗望大败他们,于是攻下了天威军。回到东边,攻克了真定,杀死知府李邈,得到百姓三万户,收降五个县。于是从真定奔赴汴京。

注释　① 常胜军:辽末召募辽东人为兵,以报怨于女真,号"怨军",以郭药师为首领。耶律捏里改怨军为"常胜军"。　② 安肃:军名,治今河北徐水。雄:州名,治今河北雄县。霸:州名,治今河北霸州。广信:军名,治今河北徐水西北。　③ 保州:州名,治今河北保定。　④ 井陉:县名,治今河北井陉北。　⑤ 天威军:军名,治今河北井陉北。　⑥ 李邈(1061—1129):字彦思,宋臣,官至知真定府。后被金兵俘,三年后遇害。

原文

十一月戊辰,宗望至河上,降魏县①。诸军渡河,留诸将分出大名之境②。降临

翻译

十一月戊辰,宗望到达黄河边,收降了魏县。各军渡过黄河,留下诸将分别进军大名境内。收降了临河县,到达

河县③,至大名县,德清军、开德府④,皆克之。阿里刮以骑兵三千先趋汴,破宋军六千于路。取胙城⑤,抵汴城下,覆宋兵千人⑥,擒数将。宗望至汴,分遣诸将遏宋援兵,奔睹、那野、赛刺、台实连破宋援兵。闰月壬辰朔,宋兵一万出自汴城来战。宗望选劲勇五千,使当海、忽鲁、雏鹘失击败之。癸巳,宗翰自太原会军于汴。丙辰,克汴州。辛酉,宋少帝诣军前。十二月癸亥,宋帝奉表降。上使勖就军中劳赐宗翰、宗望,使皆执其手以劳之。五年四月,以宋二主及其宗族四百七十余人,及珪璋、宝印、衮冕、车辂、祭器、大乐、灵台、图书,与大军北还。

宗望乃分诸将镇守河北。董才降广信军及旁近县镇。宗望乃西上凉陉⑦。诏宗望曰:"自河之北,今既

大名县,德清军、开德府都被攻克。阿里刮率骑兵三千人先奔赴汴京,在路上打败宋军六千人。攻下了胙城,到达汴京城下,消灭宋军一千人,擒获几名将领。宗望到达汴京,分派诸将阻拦宋的援兵,奔睹、那野、赛刺、台实接连打败宋的援兵。闰月壬辰初一,宋兵一万人出汴京城来交战。宗望挑选强健勇敢的士兵五千人,派当海、忽鲁、雏鹘失打败了宋兵。癸巳,宗翰从太原来汴京会师。丙辰,攻克了汴州。辛酉,宋少帝来到军前。十二月癸亥,宋帝献表投降。皇上派完颜勖到军中慰劳赏赐宗翰、宗望,拉着他们的手慰劳。五年(1127)四月,将宋的两位皇帝和他们的宗族四百七十多人,以及珪璋、宝印、礼服礼帽、车辂、祭器、乐器、测天仪台、图书,随大军一起送回北方。

宗望分派各将镇守河北。董才收降了广信军及附近各县镇。宗望于是西上凉陉。皇上诏令宗望说:"自黄河以北,现在既然划分了疆界,就要再三考虑到那里有些百姓因见到城邑有被摧残的,便违抗命令坚守不降,望你劝说安抚保全他们。倘若顽固不化,自然应当进一步讨伐。如果各军敢以俘获劫掠为利,肆意毁坏扫荡的,应当受到惩罚。"

分画,重念其民见城邑有被残者,遂阻命坚守,其申谕招辑安全之⑧。倘坚执不移,自当致讨。若诸军敢利于俘掠,辄肆毁荡者,当底于罚⑨。"

是月,宗望薨。天会十三年,封魏王。皇统三年,进许国王,又徙封晋国王。天德二年,赠太师,加辽燕国王,配享太宗庙廷。正隆二年,例降封。大定三年,改封宋王,谥桓肃。

这个月,宗望去世。天会十三年(1135),封魏王。皇统三年(1143),加封许国王,又改封晋国王。天德二年(1150),赠太师,加封辽燕国王,陪祭太宗庙廷。正隆二年(1157),按规定降封。大定三年(1163),改封宋王,谥号桓肃。

注释 ① 魏县:县名,治今河北魏县东北。 ② 大名:府名,治今河北大名。 ③ 临河县:县名,治今河南浚城东北。 ④ 德清军:军名,治河南清丰县西北。开德府:府名,治今河南濮阳。 ⑤ 胙城:县名,治今河南封丘北。 ⑥ 覆:倾覆,此有消灭的意思。 ⑦ 凉陉:地名,在今河北沽源西南闪电河上源处,金人在此设有避暑行宫景明宫。 ⑧ 招辑:招引安抚。 ⑨ 底:至。

完颜宗弼传

导读

靖康之变,宋徽宗、钦宗被掳,金人的铁骑横扫了中国整个北方,这是宋王朝走向衰落的转折点。经济文化远远落后于汉人的女真人所以能够成为胜利者,所依恃的即其强悍的武力。完颜宗弼(? —1148),即金兀术,他的形象数百年来活跃在小说、戏剧中,是人们熟悉的一个金代著名人物,但是艺术形象与历史的真实毕竟有较大的差别。《金史》上记载的宗弼完全是一位民族英雄。本篇用简朴的语言,记录了宗弼一生主要的军事活动,如攻打辽军时,他的弓箭用完,夺取辽兵的枪,独自杀死八人,俘虏五人;又如在与韩世忠一战中,在形势十分不利的情况下,且战且行,最后用一天一夜开通老鹳河故道逃走,之后又用火攻反败为胜等,都体现了女真族剽悍的尚武精神。但是,在记载上不免过于简括,个别地方或许有所夸大,因此,在阅读本篇时最好能参阅《宋史》中相关的史料。(选自卷七七)

原文

宗弼,本名斡啜,又作兀术,亦作斡出,或作晃斡出,太祖第四子也。

希尹获辽护卫习泥烈,问知辽帝猎鸳鸯泺。都统杲出青岭①,宗望、宗弼率百

翻译

宗弼,本来名叫斡啜,又叫作兀术,也叫斡出,或者叫作晃斡出,他是太祖的第四个儿子。

希尹俘获了辽国的护卫习泥烈,审问得知辽帝在鸳鸯泺狩猎。都统完颜杲从青岭出发,宗望和宗弼率领一百名

骑与马和尚逐越卢、孛古、野里斯等,驰击败之。宗弼矢尽,遂夺辽兵士枪,独杀八人,生获五人,遂审得辽主在鸳鸯泺畋猎,尚未去,可袭取者。

及宗望伐宋,宗弼从军,取汤阴县②,降其卒三千人。至御河③,宋人已焚桥,不得渡,合鲁索以七十骑涉之,杀宋焚桥军五百人。宗望遣吴孝民先入汴谕宋人,宗弼以三千骑薄汴城。宋上皇出奔④,选百骑追之,弗及,获马三千而还。

骑兵与马和尚一起追击越卢、孛古、野里斯等人,飞骑击败了他们。在战斗中宗弼的箭射完了,便夺过辽兵士的枪,独自杀死了八个人,活捉了五个人,于是审问得知辽帝在鸳鸯泺打猎,还没有离去,可以去袭击抓获他。

到宗望讨伐宋朝时,宗弼跟随军队,夺取了汤阴县,迫使宋兵三千人投降。到达御河时,宋人已经焚烧桥梁,不能渡河,合鲁索带领七十名骑兵涉水过河,杀了烧桥的宋兵五百人。宗望派遣吴孝民先行进入汴京晓谕宋人,宗弼以三千名骑兵逼近汴京城。宋太上皇出城逃跑,宗弼挑选了一百名骑兵追他,没追赶上,缴获了三千匹马回来。

注释　①青岭:即五回山,又名广昌岭,在今河北易县西南。　②汤阴县:县名,治今河南汤阴。　③御河:此指今河南境内的卫河。　④宋上皇:即宋徽宗赵佶,宣和七年(1125),金兵南下,他传位赵桓(宋钦宗)自称太上皇。

原文

宗望薨①,宗辅为右副元帅,徇地淄、青②。宗弼败宋郑宗孟数万众,遂克青州。复破贼将赵成于临朐③,大破黄琼军,遂取临

翻译

宗望去世,宗辅担任右副元帅,在淄、青二州攻占土地。宗弼打败了宋朝郑宗孟的数万人马,于是攻克了青州。又在临朐击溃了贼将赵成,大破黄琼的军队,便夺取了临朐。宗辅的军队撤

胸。宗辅军还,遇敌三万众于河上,宗弼击败之,杀万余人。

诏伐宋康王④,宗辅发河北,宗弼攻开德府,粮乏,转攻濮州。前锋乌林答泰欲破王善二十万众,遂克濮州,降旁近五县。攻开德府,宗弼以其军先登,奋击破之。攻大名府,宗弼军复先登,破其城。河北平。

回,在黄河边遇上敌军三万人,宗弼击败了他们,杀了一万多人。

太宗皇帝下诏讨伐宋康王,宗辅从河北出发,宗弼攻打开德府,由于粮食缺乏,改为攻打濮州。前锋乌林答泰欲打败了王善的二十万军队,于是攻占了濮州,招降了附近五个县。攻打开德府时,宗弼率领他的部队首先登城,奋力击溃守军。攻打大名府时,宗弼的军队又抢先登城,攻破了这座城市。河北被平定了。

注释 ① 薨(hōng):诸侯去世。 ② 淄:州名,治所在今山东淄博。青:州名,辖今山东中部部分地区,金改为益都府,治今青州。 ③ 临朐:县名,属青州,治今山东临朐。 ④ 康王:即宋高宗赵构,宣和三年(1121)封康王,靖康二年(1127),即帝位于南京(今河南商丘)。

原文

宋主自扬州奔江南,宗弼等分道伐之。进兵归德,城中有自西门、北门出者,当海复败之。乃绝隍筑道①,列炮隍上,将攻之,城中人惧,遂降。先遣阿里、蒲卢浑至寿春②,宗弼军继

翻译

宋帝从扬州奔逃到江南,宗弼等分路讨伐他。进兵归德时,城中有从西门和北门出来的军队,当海又打败了他们。于是断绝城壕,修筑道路,把炮架在城壕上,将要攻城,城内的人惧怕,就投降了。先派遣阿里、蒲卢浑到达寿春,宗弼的军队随后赶到。宋朝安抚使马世元率领官属出城投降。接着招降

之。宋安抚使马世元率官属出降。进降庐州③,再降巢县王善军④。当海等破郦琼万余众于和州⑤,遂自和州渡江。将至江宁西二十里⑥,宋杜充率步、骑六万来拒战,鹘卢补、当海、迪虎、大臬合击破之。宋陈邦光以江宁府降。留长安奴、斡里也守江宁,使阿鲁补、斡里也别将兵徇地,下太平州、濠州及句容、溧阳等县⑦,沂江而西,屡败张永等兵,杜充遂降。

了庐州,又招降了巢县王善的军队。当海等人在和州击溃了郦琼的一万多军队,于是从和州渡过长江。将要到江宁西面二十里时,宋朝的杜充率领步兵和骑兵共六万人来抵御,鹘卢补、当海、迪虎、大臬合兵击破了杜充。宋朝的陈邦光献江宁府投降。宗弼留下长安奴、斡里也守卫江宁府,派阿鲁补、斡里也另外带兵攻占土地,他们攻下了太平州、濠州以及句容、溧阳等县,逆长江西上,屡次打败张永等人的军队,杜充便投降了。

注释 ① 隍(huáng):无水的护城壕。 ② 寿春:县名,在今安徽寿县西南。 ③ 庐州:州名,治今安徽合肥。④ 巢县:县名,治今安徽巢湖。 ⑤ 和州:州名,治所在今安徽和县。 ⑥ 江宁:府名,治所在今江苏南京。 ⑦ 太平州:州名,治今安徽当涂。濠州:州名,治所在今安徽凤阳东。句容:县名,今江苏句容。溧阳:县名,今江苏溧阳。

原文

宗弼自江宁取广德军路①,追袭宋主于越州②。至湖州③,取之。先使阿里、蒲卢浑趋杭州,具舟于钱塘

翻译

宗弼从江宁取道广德军,追赶袭击在越州的宋朝皇帝。到了湖州,夺取了此地。先派阿里、蒲卢浑奔赴杭州,在钱塘江上备办舟船。宗弼到杭州,官吏

江。宗弼至杭州,官守巨室皆逃走,遂攻杭州,取之。宋主闻杭州不守,遂自越奔明州。宗弼留杭州,使阿里、蒲卢浑以精兵四千袭之。讹鲁补、术列速降越州。大臭破宋周汪军,阿里、蒲卢浑破宋兵三千,遂渡曹娥江④,去明州二十五里,大破宋兵,追至其城下。城中出兵,战失利,宋主走入于海。宗弼中分麾下兵,会攻明州,克之。阿里、蒲卢浑泛海至昌国县⑤,执宋明州守赵伯谔,伯谔言:"宋主奔温州⑥,将自温州趋福州矣⑦。"遂行海追三百余里,不及,阿里、蒲卢浑乃还。

守臣和富户全都逃走了,于是攻打杭州,夺取了这个地方。宋朝皇帝听说杭州失守,便从越州逃奔明州。宗弼留在杭州,命阿里、蒲卢浑以四千人的精锐部队袭击明州。讹鲁补、术列速招降了越州。大臭击溃宋朝周汪的军队,阿里、蒲卢浑击败了宋军三千人,便渡过曹娥江,在距离明州二十五里的地方,大败宋军,追击到了明州城下。城中出兵,交战失利,宋帝逃向海上。宗弼将所属军队平分成两部分,一同攻打明州,攻占了这个地方。阿里、蒲卢浑航海到达昌国县,抓住了宋朝明州守官赵伯谔。伯谔说:"宋帝逃向温州,将要从温州奔逃福州。"他们于是在海上航行追赶了三百多里,没追上,阿里、蒲卢浑才返回。

注释 ①广德军:军名,治今安徽广德。 ②越州:州名,治所在今浙江绍兴。 ③湖州:州名,治所在今浙江吴兴。 ④曹娥江:江名,在浙江东部。 ⑤昌国县:县名,治今浙江定海。 ⑥温州:州名,治所在今浙江温州。 ⑦福州:州名,治所在今福建福州。

原文

宗弼还自杭州，遂取秀州①。赤盏晖败宋军于平江②，遂取平江。阿里率兵先趋镇江③，宋韩世忠以舟师扼江口④，宗弼舟小，契丹、汉军没者二百余人，遂自镇江沂流西上。世忠袭之，夺世忠大舟十艘，于是宗弼循南岸，世忠循北岸，且战且行。世忠艨艟大舰数倍宗弼军⑤，出宗弼军前后数里，击柝之声⑥，自夜达旦。世忠以轻舟来挑战，一日数接。将至黄天荡⑦，宗弼乃因老鹳河故道开三十里通秦淮⑧，一日一夜而成，宗弼乃得至江宁。挞懒使移剌古自天长趋江宁援宗弼⑨，乌林答泰欲亦以兵来会，连败宋兵。

翻译

宗弼从杭州撤回，便夺取了秀州。赤盏晖在平江打败宋军，便夺取了平江。阿里带兵先行奔赴镇江，宋韩世忠用水军扼守住长江口，宗弼的船小，部下的契丹、汉军被淹死了二百多人，于是从镇江逆流向西行。世忠袭击宗弼的军队，被宗弼夺取了十艘大船，于是宗弼沿着南岸，世忠沿着北岸，两军边战边走。世忠的战船大舰比宗弼多几倍，长出宗弼军船前后有数里远，敲打木梆的声音，从入夜一直响到天明。世忠用轻便的船来挑战，一天接战数次。将要到黄天荡时，宗弼就顺着老鹳河的故道挖掘了三十里通秦淮河，一天一夜就完成了，宗弼才得以到达江宁。挞懒派移剌古从天长县奔赴江宁府援救宗弼，乌林答泰欲也带兵来会合，接连打败宋军。

注释 ①秀州：州名，治所在今浙江嘉兴。 ②平江：府名，治所在今江苏苏州。 ③镇江：府名，治所在今江苏镇江。 ④韩世忠(1089—1151)：字良臣，延安人，出身贫寒，青年时从军，抵御西夏有功。建炎、绍兴间多次击败金军，曾在黄天荡围困宗弼。官至枢密使，后被解除兵权，优游西湖以自娱。 ⑤艨艟：古代一种大型战船。 ⑥击柝:打更。这里兼用以警戒。柝,一种打更的梆子。 ⑦黄天荡:今南京江宁东北的一段长江,这里江面辽阔,为南北险渡。 ⑧老鹳河:在黄天荡以南。秦淮:即秦淮河,长江下游支流,经南京市区西入长江的一段。 ⑨天长:县名,治今安徽天长。

原文

宗弼发江宁,将渡江而北。宗弼军渡自东,移剌古渡自西,与世忠战于江渡。世忠分舟师绝江流上下,将左右掩击之。世忠舟皆张五纲①,宗弼选善射者,乘轻舟,以火箭射世忠舟上五纲,五纲着火箭,皆自焚,烟焰满江,世忠不能军,追北七十里②,舟军歼焉,世忠仅能自免。

宗弼渡江北还,遂从宗辅定陕西。与张浚战于富平③,宗弼陷重围中,韩常流矢中目,怒拔去其矢,血淋漓,以土塞创,跃马奋呼搏战,遂解围,与宗弼俱出。既败张浚军于富平,遂与阿卢补招降熙河、泾原两路④。

翻译

宗弼从江宁府出发,要渡过长江撤回北方。宗弼的军队从长江下流渡江,移剌古从上流渡江,与韩世忠军在江边的渡口交战。韩世忠分水军断绝了上下江面,打算从左右乘虚突击金军。韩世忠的战船上都张挂着用鸡毛结成的测风器,宗弼挑选好的射箭手,驾着轻便的小舟,用火箭射韩世忠船上的测风器,测风器被火箭射中,都燃烧起来,浓烟和火焰映满水面,韩世忠不能指挥军队,败退了七十里,水军被歼灭,韩世忠只能使自己幸免于难。

宗弼渡过长江返回北方,于是跟从宗辅平定陕西。与张浚在富平交战,宗弼陷于重重包围之中,韩常被飞箭射中眼睛,他愤怒地拔掉箭,鲜血淋漓,用泥土塞住伤口,飞马大叫着搏杀格斗,便冲破了包围,与宗弼一起杀出来。宗弼在富平打败张浚的军队后,便与阿卢补招降熙河、泾原两路。而在和尚原进攻吴玠的时候,遇到险隘不能前进,于是

及攻吴玠于和尚原⑤，抵险不可进，乃退军，伏兵起，且战且走，行三十里，将至平地，宋军阵于山口，宗弼大败，将士多战没。明年，复攻和尚原，克之。天会十五年，为右副元帅，封沈王。

退军，宋军埋伏的军队发起进攻，金军边战边跑，走了三十里，快要到达平地时，宋军在山口排列好阵势，宗弼大败，将官和士兵多在战斗中阵亡。第二年，又进攻和尚原，攻克了这个地方。天会十五年（1137），宗弼任右副元帅，封为沈王。

原文

天眷元年，挞懒、宗磐执议以河南之地割赐宋，诏遣张通古等奉使江南。明年，宋主遣端明殿学士韩肖胄奉表谢①，遣王伦等乞归父丧及母韦氏兄弟②。宗弼自军中入朝，进拜都元帅。宗弼察挞懒与宋人交通赂遗，遂以河南、陕西与宋，奏请诛挞懒，复旧疆。是时，宗磐已诛，挞懒在行台③，复

翻译

天眷元年（1138），挞懒、宗磐主张把河南的土地割赐给宋朝，熙宗下诏派遣张通古等人出使江南。明年，宋帝派遣端明殿学士韩肖胄献表致谢，派遣王伦等人乞求归还父亲的殡丧和母亲韦氏及其兄弟。宗弼从军队中入朝，进位拜官为都元帅。宗弼觉察到挞懒与宋人往来，接受了贿赂馈赠，才把河南和陕西归还给宋，就上奏请求处死挞懒，恢复原来占领的疆土。这时，宗磐已经被处死，挞懒在行台，又和鹘懒谋划反叛。适逢在燕京设置行台，皇上诏命宗

与鹘懒谋反。会置行台于燕京，诏宗弼为太保，领行台尚书省，都元帅如故，往燕京诛挞懒。挞懒自燕京南走，将亡入于宋，追至祁州④，杀之。

弼任太保，领行台尚书省，仍旧担任都元帅一职，宗弼前往燕京诛杀挞懒。挞懒从燕京往南方奔逃，将逃亡到宋，宗弼追赶到祁州，把挞懒杀了。

注释 ① 端明殿学士：官名，始于五代，为皇帝侍从顾问官，无官守典掌，但资望极高。建炎后，多兼领签书枢密院事。韩肖胄（1075—1150）：字似夫，相州安阳人。绍兴间多次出使金国，商谈和议，不为金军所屈。后知绍兴府。　② 王伦（1084—1144）：字正道，大名莘县人。绍兴间出使金国，后被金人杀害。韦氏：高宗生母，徽宗妃，建炎初随徽宗北迁，绍兴十二年（1142）归临安（今浙江杭州）。　③ 行台：地方上设置的代表朝廷某部的官署。　④ 祁州：州名，治蒲阴，即今河北安国。

原文

诏"诸州郡军旅之事，决于帅府。民讼钱谷，行台尚书省治之"。宗弼兼总其事，遂议南伐。太师宗干以下皆曰："构蒙再造之恩，不思报德，妄自鸱张①，祈求无厌。今若不取，后恐难图。"上曰："彼将谓我不能奄有河南之地。且都元帅久在方面，深究利害，宜即举兵讨之。"遂命元帅府复河南

翻译

熙宗诏令"各州郡军队中的事情，由元帅府处理；民间的诉讼及钱粮事，由行台尚书省治理"。宗弼兼领总管这些事，于是商议南伐。太师宗干以下都说："赵构蒙受再生的恩情，不考虑报答恩德，狂妄嚣张，祈求永没有满足。现在要是不攻取，今后恐怕难以谋取。"皇上说："宋人可能说我不能完全占有河南这块地方吧。况且都元帅长久独当一面，对利弊有深刻的了解，应当立即发兵讨伐宋。"于是命令元帅府恢复河南疆土，下诏书通告朝廷内外。

疆土，诏中外。

宗弼由黎阳趋汴②，右监军撒离喝出河中趋陕西。宋岳飞、韩世忠分据河南州郡要害，复出兵涉河东，驻岚、石、保德之境③，以相牵制。宗弼遣孔彦舟下汴、郑两州，王伯龙取陈州④，李成取洛阳，自率众取亳州及顺昌府⑤，嵩、汝等州相次皆下⑥。时暑，宗弼还军于汴，岳飞等军皆退去，河南平，时天眷三年也。上使使劳问宗弼以下将士，凡有功军士三千，并加忠勇校尉。攻岚、石、保德，皆克之。

宗弼从黎阳奔赴汴京，右监军撒离喝从河中出兵奔赴陕西。宋朝的岳飞、韩世忠分别据守河南州郡的要害地方，又出动军队到河东，在岚、石、保德境内驻扎，以便互相牵制。宗弼派遣孔彦舟攻下汴、郑两州，派王伯龙攻取陈州，李成攻取洛阳，自己率领军队攻取亳州和顺昌府，嵩、汝等州相继被攻下。时当暑热，宗弼撤回军队到汴京，岳飞等人的军队都撤退了，河南被平定了，当时是天眷三年(1140)。皇上派使臣犒劳慰问宗弼以下的将士，有功的军士总计三千人，都加官为忠勇校尉。攻打岚州、石州、保德军，把这些地方全攻克了。

注释 ①鸱(chī)张：嚣张。 ②黎阳：县名，治在今河南浚县东。 ③岚：州名，治在今山西岚县以北。石：州名，治所在今山西离石。保德：军名，治所在今山西保德。 ④陈州：州名，治今河南淮阳。 ⑤亳州：州名，治所在今安徽亳州。顺昌府：府名，治汝阴，即今安徽阜阳。 ⑥嵩：州名，治在今河南嵩县。汝：州名，治梁县，即今河南汝州。

原文

宗弼入朝，是时，上幸燕京，宗弼见于行在所。居

翻译

宗弼入朝，这时，皇上巡幸燕京，宗弼在行在拜见了皇上。住了二十天，宗

再旬，宗弼还军，上起立酌酒饮之，赐以甲胄弓矢及马二匹。宗弼已启行四日，召还。至日，希尹诛。越五日，宗弼还军，进伐淮南，克庐州。

上幸燕京。宗弼朝燕京，乞取江南，上从之。制诏都元帅宗弼，比还军与宰臣同入奏事。俄为尚书左丞相兼侍中，太保、都元帅、领行台如故。诏以燕京路隶尚书省，西京及山后诸部族隶元帅府。乃还军，遂伐江南。既渡淮①，以书责让宋人，宋人答书乞加宽宥。宗弼令宋主遣信臣来禀议②，宋主乞"先敛兵，许弊邑拜表阙下"③，宗弼以便宜约以画淮水为界。上遣护卫将军撒改往军中劳之。

弼要回军中，皇上站起身来斟酒赐他饮，赐给他甲胄、弓箭和两匹马。宗弼已经启行了四天，皇上又召他回来。宗弼到的那天，希尹被诛杀。过了五天，宗弼回到军中，进兵讨伐淮南，攻占了庐州。

皇上巡幸燕京。宗弼到燕京朝见，请求攻取江南，皇上听从了。下诏书令都元帅宗弼，等到军队撤回后与宰辅大臣一同入朝奏事。不久宗弼任尚书左丞相兼侍中，仍旧任领太保、都元帅、行台职务。诏命把燕京路隶属尚书省，西京和山后各部族隶属元帅府。宗弼于是回到军队，便向江南进攻。已渡过淮水，发文书指责宋人，宋人复信乞求加以宽恕。宗弼要宋帝派遣使臣来禀告商议，宋帝请求"先撤回军队，允许敝国到京城上奏"。宗弼不待奏报，自行决定与宋人约定划淮水为两国的边界。皇上派遣护卫将军撒改前往宗弼军营中犒劳。

注释　① 淮：淮水，又称淮河，源于河南桐柏山，东流经河南、安徽，到江苏入洪泽湖。　② 信臣：使臣。古称使者为信。　③ 阙下：宫廷之下。这里是对金帝的尊称，不直指，但言宫阙之下，与下自称弊邑等，都是外交辞令。

原文

皇统二年二月,宗弼朝京师,兼监修国史。宋主遣端明殿学士何铸等进誓表,其表曰:"臣构言,今来画疆,合以淮水中流为界,西有唐、邓州割属上国①。自邓州西四十里并南四十里为界,属邓州。其四十里外并西南尽属光化军②,为弊邑沿边州城。既蒙恩造,许备藩方,世世子孙,谨守臣节。每年皇帝生辰并正旦,遣使称贺不绝。岁贡银、绢二十五万两、匹,自壬戌年为首③,每春季差人般送至泗州交纳④。有渝此盟,明神是殛,坠命亡氏,蹐其国家。臣今既进誓表,伏望上国蚤降誓诏,庶使弊邑永有凭焉。"

翻译

皇统二年(1142)二月,宗弼赴京城朝见,兼任监修国史。宋帝派遣端明殿学士何铸等人进奏誓表,表文说:"臣构上言,今来划分疆界,应以淮水中流作为国界线,界西有唐州、邓州割让给贵国。从邓州向西四十里与向南四十里为国界线,属于邓州管辖。在四十里以外和西南两方全部属于光化军管辖,作为敝国沿边境的州城。既然蒙受恩惠得以生存,允许作为一方属国,宋室代代子孙,谨慎保持臣子的礼节。每年皇帝的生日和正月初一日,派遣使者前来称颂祝贺,永不中断。每年贡献银、绢二十五万两、匹,从壬戌年开始,每年春季派人搬送到泗州上交献纳。有违背这盟约的,明神诛杀,丧命亡族,国家颠覆。臣现在已进奏立誓表文,伏地仰望贵国早日降下立誓的诏书,以便使敝国永远有所凭借。"

注释 ① 邓州:治穰县,即今河南邓州。 ② 光化军:军名,治所在今湖北老河口。 ③ 壬戌年:绍兴十二年,即公元1142年。 ④ 泗州:州名,治所在今江苏盱眙东北。

原文

宗弼进拜太傅。乃遣左宣徽使刘筈使宋①,以衮冕、圭宝、珮璲、玉册册康王为宋帝②。其册文曰:"皇帝若曰:咨尔宋康王赵构不吊③,天降丧于尔邦,亟渎齐盟④,自贻颠覆,俾尔越在江表⑤。用勤我师旅,盖十有八年于兹。朕用震悼,斯民其何罪?今天其悔祸,诞诱尔衷,封奏狎至,愿身列于藩辅。今遣光禄大夫、左宣徽使刘筈等持节册命尔为帝,国号宋,世服臣职,永为屏翰。呜呼钦哉⑥,其恭听朕命。"仍诏天下。赐宗弼人口牛马各千、驼百、羊万,仍每岁宋国进贡内给银、绢二千两、匹。

翻译

宗弼进位拜官为太傅。于是派遣左宣徽使刘筈出使宋朝,用衮冕、圭宝、珮璲、玉册封康王为宋朝的皇帝。册文说:"皇帝说:叹息宋康王赵构不仁,上天才给你的国家降下丧亡。你很快地败坏两国的盟约,给自己带来覆灭,使你远在长江以南。因此辛劳我的军队,于今约有十八年了。朕为此惊悸悲痛,那些老百姓有什么罪过呢?现今上天大概不愿再有祸乱,启导出你的诚心,使你的封奏接连送来,愿意自列为藩辅属国。现在派遣光禄大夫、左宣徽使刘筈等人拿着符节册命你为皇帝,国号叫作宋,世世履行臣子的职责,永远作为我国的藩国。唉,要敬畏啊,恭顺地听从朕的命令。"并把这件事诏告天下。赏赐宗弼人口、牛马各一千,骆驼一百、羊一万,并从宋朝每年进贡内赐给银、绢二千两、匹。

注释　①宣徽使:宣徽院的长官,分为左、右宣徽使。宣徽院是掌管朝会、宴享、殿廷礼仪和监管皇帝膳食等事务的官署。　②衮冕:衮衣和冠冕,古代帝王及大夫的礼服和礼帽。圭宝:即玉制礼器。珮璲:佩带的瑞玉。　③不吊:不善、不仁。　④齐盟:同盟。　⑤江表:指长江以南地区。从中原人看来地在长江之外,故称。　⑥钦哉:意同敬哉,诚告之词。

原文

宗弼表乞致仕，不许，优诏答之，赐以金券[1]。皇统七年，为太师，领三省事，都元帅、领行台尚书省事如故。皇统八年，薨。大定十五年，谥忠烈，十八年，配享太宗庙廷。子亨迭。……

赞曰：宗弼蹙宋主于海岛[2]，卒定画淮之约。熙宗举河南、陕西以与宋人，矫而正之者，宗弼也。宗翰死，宗磐、宗隽、挞懒湛溺富贵，人人有自为之心，宗干独立，不能如之何，时无宗弼，金之国势亦曰殆哉。世宗尝有言曰："宗翰之后，惟宗弼一人。"非虚言也。

翻译

宗弼上表请求退休，皇上不允许，降诏书褒奖回答他，赏赐给他金券。皇统七年（1147），宗弼任太师，领三省事，依旧担任都元帅、领行台尚书省事。皇统八年（1148）去世。大定十五年（1175），赐谥号为忠烈，十八年（1178），陪祭太宗的庙廷。宗弼的儿子叫亨迭。……

评论说：宗弼把宋朝皇帝逼迫到海岛，最终签订了划分淮水为界的和约。熙宗把河南、陕西全部还给宋人，纠正这事的人，就是宗弼。宗翰死后，宗磐、宗隽、挞懒等人沉溺在富贵中，人人都有称王称帝的心，宗干超群突出，也不能把这些人怎么样，当时若没有宗弼，金朝的国势就可以说危险了。世宗曾经说过这样的话："宗翰死后，只有宗弼一个人了。"这话并不是没道理。

注释 ① 金券：即金书铁券，帝王颁给功臣世代享受某项特权的契券。先作铁券，其内镂字，以金涂之，故名。 ② 蹙（cù）：这里是逼迫的意思。

宇文虚中传

导读

宇文虚中(1079—1146),成都华阳(今四川成都)人,宋大观三年(1109)进士。他屈膝于金人的武力,为保其荣华富贵,投降了金人,降金之后,又为金规划取江南之策,制定官制礼仪,参与机要,竭力为金人效力,因而被称为"国师"。但后来因其恃才傲物,被金人以谋反罪为由处死。正如《金史》卷末的评论说:他作为宋朝使者,"朝至上京,夕受官爵",确为一个无耻之徒,虽然死得冤枉,但"自取亦多矣"。他的文集已散佚,元好问《中州集》中录其诗五十首;《宋史》卷三七一中也另有他的传,并可参阅。(卷七九)

原文

宇文虚中,字叔通,蜀人。初仕宋,累官资政殿大学士。天会四年,宋少帝已结盟①,宗望班师至孟阳②,宋姚平仲乘夜来袭,明日复进兵围汴。少帝使虚中诣宗望军,告以袭兵皆将帅自为之,复请和议如初,且视康王安否。顷之,台谏以和议归罪虚中,罢为青州,复

翻译

宇文虚中,字叔通,蜀地人。当初他在宋朝做官,积官至资政殿大学士。天会四年(1126),宋少帝缔结和约后,宗望就把军队调回到孟阳,宋朝的姚平仲乘机在夜里来袭击,宗望第二天重新进兵包围了汴京。少帝命虚中到宗望军队中去,告诉他们说袭击的军队都是将帅自作主张干的,又请求和议依旧,而且看望康王是否平安。随即,台官和谏官把和议归罪于虚中,他被罢职降任到青州,又贬职迁官为宫祠职务。建炎

下迁祠职③。建炎元年④，贬韶州⑤。二年，康王求可为奉使者，虚中自贬中应诏，复资政殿大学士，为祈请使。是时，兴兵伐宋，已留王伦、朱弁不遣，虚中亦被留，实天会六年也。朝廷方议礼制度，颇爱虚中有才艺，加以官爵，虚中即受之，与韩昉辈俱掌词命⑥。明年，洪皓至上京⑦，见虚中甚鄙之。

元年(1127)，贬谪到韶州。建炎二年(1128)，康王寻求能够出使金国的人，虚中从贬谪地应诏，复职为资政殿大学士，任祈请使。这时，金举兵讨伐宋朝，已经留下王伦、朱弁不让走，虚中也被留下，这是在天会六年(1128)。朝廷正在商议礼仪制度，很喜爱虚中有文才技艺，封赐以官职爵位，虚中立即接受了，与韩昉等人全都掌管撰写文词诰命。第二年，洪皓到了上京，见到虚中的洪皓很鄙薄他。

注释　①宋少帝：指宋钦宗赵桓。　②孟阳：宋孟州河阳军省称，治所在今河南孟州。　③祠职：即官观官，宋代大臣罢职，给予管理某道教官观的名义领俸禄，无职事。　④建炎：宋高宗的年号，建炎元年即公元1127年。　⑤韶州：州名，治所在今广东韶关。　⑥韩昉：字公美，辽燕京(今北京)人。仕辽，后降金，任翰林学士、礼部尚书、监修国史。　⑦洪皓(1088—1155)：字光弼，饶州鄱阳(今江西鄱阳)人。政和中进士，仕宋。建炎中出使金国，宗翰逼他仕刘豫，不从，滞留金国十五年。绍兴十三年始还临安。

原文

　　天会十三年，熙宗即位。宗翰为太保领三省事，封晋国王，乞致仕。批答不允，其词虚中作也。天眷

翻译

　　天会十三年(1135)，熙宗即位。宗翰任太保领三省事，被封为晋国王，他请求退休。朝廷批答不允许，那批文是虚中写作的。天眷年间，虚中积官至翰

间,累官翰林学士、知制诰兼太常卿,封河内郡开国公。书《太祖睿德神功碑》,进阶金紫光禄大夫。皇统二年,宋人请和,其誓表曰:"自来流移在南之人,经官陈说,愿自归者,更不禁止。上国之于弊邑,亦乞并用此约。"于是,诏尚书省移文宋国,理索张中孚、张中彦、郑亿年、杜充、张孝纯、宇文虚中、王进家属,发遣李正民、毕良史还宋,惟孟庾去留听其所欲。时虚中子师瑗仕宋,至转运判官,携家北来。四年,转承旨,加特进①。迁礼部尚书,承旨如故。

虚中恃才轻肆,好讥讪,凡见女真人辄以矿卤目之,贵人达官往往积不能平。虚中尝撰宫殿榜署②,本皆嘉美之名,恶虚中者擿其字以为谤讪朝廷③,由是媒蘖以成其罪矣④。六年二月,唐括酬斡家奴杜天佛留

林学士、知制诰兼太常卿,被封为河内郡开国公。虚中撰写《太祖睿德神功碑》,进官阶为金紫光禄大夫。皇统二年(1142),宋人请求讲和,那盟誓的奏表说:"从北方来流落迁移在南方的人,经过向官府禀告,自己志愿还乡的,再也不禁止。贵国对于敝国,也请同样执行这项条约。"于是,皇上诏令尚书省行移文书给宋国,清理索取张中孚、张中彦、郑亿年、杜充、张孝纯、宇文虚中、王进的家属,打发遣送李正民、毕良史返回宋朝,只有孟庾或去或留听任他的志愿。当时虚中的儿子宇文师瑗在宋朝做官,官至转运判官,携带家眷来到了北方。皇统四年,虚中转官为承旨,加特进。迁升任礼部尚书,依旧担任承旨。

虚中倚仗才学轻率放肆,喜欢讥刺人,凡是看见女真人都认为他们粗鲁,贵人显官往往郁积很多不平。虚中曾经撰写宫殿门额,本来都是赞美的话,厌恶虚中的人挑剔出其中有的字认为是诽谤讽刺朝廷,以此拨弄是非构成虚中的罪状。皇统六年二月,唐括酬斡的家奴杜天佛留控告虚中图谋反叛,皇上诏令官吏审理没发现罪状,于是虚构罪名,以虚中家中的图书为谋反的证据,

告虚中谋反，诏有司鞫治无状，乃罗织虚中家图书为反具，虚中曰："死自吾分。至于图籍，南来士大夫家家有之，高士谈图书尤多于我家，岂亦反耶？"有司承顺风旨并杀士谈，至今冤之。

士谈字季默，高琼之后。宣和末，为忻州户曹参军⑤。入朝，官至翰林直学士。虚中、士谈俱有文集行于世。

虚中说："死自然是我的本分。至于图书，从南方来的士大夫家家都有，高士谈的图书比我家还多，难道也是谋反吗？"有关官吏顺从暗示的旨意，一并杀了高士谈，到现在人们也认为他俩死得冤枉。

高士谈字季默，是高琼的后代。宣和末年，他任忻州户曹参军。进入金朝廷，官至翰林直学士。虚中和士谈都著有文集流传在世。

注释 ① 特进：官名，为从一品第三阶文散官。 ② 榜署：题写在官阙门额上的文字。 ③ 摘（tì）：摘抉，挑剔。 ④ 媒蘖（niè）：亦作"媒孽"。媒，酒曲。蘖，同"孽"，即发酵剂。酝酿之意，比喻构陷诬害，酿成其罪。 ⑤ 忻州：州名，治所在今山西忻州。

完颜承晖传

导读

完颜承晖做官正直不阿,能惩治奸恶,生活俭朴。当他守卫中都的时候,受命而忘其家,竭尽心力,坚守待援。最后城市将要被攻破,他服毒自尽,以身殉国,表现出一种高尚的气节。难怪作者要称赞他"临终就义,古人所难"。而与他迥然有异的是另一位大臣抹撚尽忠,虽然他也同样身负重任,但是一旦大难临头,首先考虑的却是自己的身家性命,完全置国家于不顾,最后弃城逃跑。《金史》的作者把他们二人的传编在一起,是有深意的。中国古代历来崇尚气节,所谓"临难毋苟免",所谓"三军可夺帅,匹夫不可夺志",说的就是这种"威武不能屈"的精神。尽管这种气节还带有浓厚的封建色彩,但是我们从其合理的内涵中也可以借鉴学习到中华民族的优良传统。中都失守是金国国势衰微的一大转折,这篇传记提供的材料也是我们研究金、元战争的重要史料。(选自卷一〇一)

原文

承晖,字维明,本名福兴。好学,淹贯经史。袭父益都尹郑家塔割刺讹没谋克①。大定十五年,选充符宝祗候②,迁笔砚直长③,转近侍局直长④,调中都右警

翻译

完颜承晖,字维明,本来名叫福兴。喜好学习,饱览贯通经史书籍。继承父亲益都尹郑家塔割刺讹没谋克职任。大定十五年(1175),选拔充当符宝局祗候,迁任笔砚局直长,转官近侍局直长,调职中都右警巡使。金章宗为皇太孙时,选派他充当侍正。章宗登皇帝位,

巡使⑤。章宗为皇太孙,选充侍正。章宗即位,迁近侍局使。孝懿皇后妹夫吾也蓝⑥,世宗时以罪斥去,乙夜,诏开宫城门召之。承晖不奉诏,明日奏曰:"吾也蓝得罪先帝,不可召。"章宗曰:"善。"未几,迁兵部侍郎,兼右补阙⑦。

迁官近侍局使。孝懿皇后的妹夫吾也蓝,在世宗时因为犯罪而被摒斥离开宫廷。章宗在半夜降诏命令开皇宫城门召见他。完颜承晖不奉诏,第二天上奏说:"吾也蓝在先帝时代获罪,不可以召见他。"章宗说:"好。"不久,升为兵部侍郎,兼任右补阙。

注释 ① 益都:府名,在今山东青州。郑家塔割剌讹没:金代女真部族名。 ② 符宝:即符宝局,金代官廷侍卫官署名,掌管御印、金银符牌。祗候:在官署中供职的公使人。 ③ 笔砚:即笔砚局,金代官廷侍卫官署名,掌管皇帝书写用具。直长:金代官廷内侍官署的长官,职位低于正、副使,为正九品。 ④ 近侍局:金代官廷侍卫官署名,掌管侍从、承发诏令与转呈奏帖。 ⑤ 右警巡使:设在都城内管理民政的官署称为警巡院,警巡院的长官为左、右警巡使。 ⑥ 孝懿皇后:金显宗皇后徒单氏,死后谥号孝懿。 ⑦ 兵部侍郎:金代职官名,兵部的副长官。右补阙:金代职官名,为谏院的属官,掌管谏议等事。

原文

初置九路提刑司①,承晖东京、咸平等路提刑副使②,改同知上京留守事。御史台奏:"承晖前为提刑,豪猾屏息。"迁临海军节度使③,历利涉、辽海军④,迁

翻译

最初设置九路提刑司,完颜承晖为东京、咸平等路提刑副使,改官同知上京留守司事。御史台禀奏说:"完颜承晖以前任提刑官,豪强奸民畏惧收敛,甚至不敢大声呼吸。"迁官临海军节度使,历任利涉军、辽海军节度使,调为北京路提刑使。历任知咸平府、临潢府,

北京路提刑使。历知咸平、临潢府,为北京留守。副留守李东阳素贵,承晖自非公事,不与交一言。改知大名府,召为刑部尚书,兼知审官院⑤。惠民司都监余里痕都迁织染署直长⑥,承晖驳奏曰:"痕都以荫得官,别无才能,前为大阳渡讥察,才八月擢惠民司都监,已为太优,依格两除之后,当再入监差,今乃超授随朝八品职任。况痕都乃平章镒之甥⑦,不能不涉物议。"上从承晖议,召徒单镒深责之。

为北京留守。副留守李东阳历来显贵,完颜承晖如果不是因为公事,不与他交谈一句话。改官知大名府,召入朝为刑部尚书,兼知审官院。惠民司都监余里痕都迁任织染署直长,承晖上驳奏说:"余里痕都以门荫得到官职,其他方面没有才能,以前为大阳渡稽查官,才八个月就提升为惠民司都监,已经是太优待了,依照格令两次除授以后,应当再入监差遣,而现今却越级任命为随朝八品官职任。况且余里痕都又是平章政事徒单镒的外甥,不能不引起众人非议。"皇上听从了完颜承晖的建议,召徒单镒重重地责备了他。

注释 ① 提刑司:金代官署名,设在各路掌管司法、刑狱以及河渠等事务的官府。② 咸平:金代行政区划名,辖境包括今辽宁省西部,治所在今辽宁开原。 ③ 临海军:金代节度使方镇名,节镇设在锦州,在今辽宁锦州。 ④ 利涉:金代节度使方镇名,节镇设于隆州,在今吉林农安。辽海军:金代节度使方镇名,节镇设于澄州,在今辽宁海城。 ⑤ 审官院:金代官署名,掌管奏驳官吏除授失当的事务。 ⑥ 惠民司:金代官署名,掌管调配出售汤药事务。织染署:金代官署名,主管织造印染绢绸丝织品以供皇帝和宫廷使用。 ⑦ 镒:即徒单镒。金上京路女真人。大定间进士,章宗时官尚书右丞。胡沙虎杀卫绍王,建策立宣宗,拜左丞相。

原文

改知大兴府事①。宦者李新喜有宠用事，借大兴府妓乐。承晖拒不与，新喜惭。章宗闻而嘉之。豪民与人争种稻水利，不直，厚赂元妃兄左宣徽使李仁惠，仁惠使人属承晖右之。承晖即杖豪民而遣之，谓其人曰："可以此报宣徽也。"复改知大名府事。雨潦害稼，承晖决引潦水纳之濠隍。

及伐宋，迁山东路统军使②。山东盗贼起，承晖言："捕盗不即获，比奏报或迁官去官，请权行的决③。"尚书省议："猛安依旧收赎④，谋克奏报其余钤辖、都军、巡尉先决奏闻⑤。俟事定复旧。"从之。及罢兵，盗贼渠魁稍就招降⑥，犹往往潜匿泰山岩穴间。按察司请发数万人刊除林木，则盗贼无所隐矣。承晖奏曰："泰山，五岳之宗⑦，故曰岱宗。王

翻译

改官知大兴府事。宦官李新喜受宠幸掌权，向大兴府借官妓乐队。完颜承晖拒绝不给，李新喜惭愧。章宗听说了这事很赞赏他。当地的豪强人户与其他人争夺种植稻子的水利，却不在理，用重金贿赂元妃的哥哥左宣徽使李仁惠。李仁惠派人嘱托完颜承晖要他袒护豪强，完颜承晖就对豪强施行杖刑而后断遣，告诉那人说："可以将这件事回报宣徽使了。"又改官知大名府事。大雨伤害庄稼，完颜承晖开沟疏导积水使流入护城河。

到讨伐宋朝时，调任山东路统军使。山东强盗兴起，完颜承晖上奏说："捕捉强盗不及时捉获，等到奏报时，那些有责任的官吏或者升迁官职离开原任，请允许暂时按实犯罪过施行最终决断。"尚书省计议决定："猛安官像从前一样交纳钱币赎罪，谋克官奏报朝廷施行，其余的钤辖、都军、巡尉先断遣再向朝廷奏报。等事定后恢复原来的制度。"朝廷依从了。到战事停止，强盗头目渐渐接受招安投降，但往往还有强盗潜藏在泰山的山岩洞穴之间。按察司请求调发几万人砍伐树林，那么强盗就没有藏身的处所了，完颜承晖上奏说：

者受命,封禅告代,国家虽不行此事,而山亦不可赭也⑧。齐人易动⑨,驱之入山,必有冻饿失所之患,此诲盗,非止盗也。天下之山亦多矣,岂可尽赭哉!"议遂寝。

"泰山是五岳的宗主,所以称为岱宗。君王在这里接受天命,祭祀天地,禀告改换朝代,国家虽然不举行这些典礼,但是不可以使山成为不长草木的山。齐国境内的百姓容易动摇,驱赶他们进山,必定有寒冻饥饿失去安身之处的祸患,这是教他们去做强盗,而不是禁止强盗。天下的山也很多呀,怎么可以使它们都变成没有草木的山呢!"这一计议于是作罢。

注释 ① 大兴府:金代地方官府名,治所在今北京大兴附近。 ② 山东路:金代行政区划名,辖境包括今山东东部。 ③ 的决:指按照官员实际所犯的罪过予以终审判决,而不考虑其他因素以减免。 ④ 收赎:缴纳钱币赎罪以代替法律上的处罚。 ⑤ 钤辖、都军、巡尉:都是武官名,分别为管辖路、州、县的军政和治安的官吏。 ⑥ 渠魁:大头目。 ⑦ 五岳:古人把嵩山、泰山、华山、恒山、衡山称为五岳。岳,高大的山。 ⑧ 赭(zhě):使山赤裸没有草木。 ⑨ 齐人:指山东人。山东在战国时代为齐国领地,金在山东扶持的刘豫傀儡政权也称为齐国,故称。

原文

是时,行限钱法①。承晖上疏曰:"货聚于上,怨结于下。"不报。改知兴中府事②。卫绍王即位③,召为御史大夫,拜参知政事。驸马都尉徒单没烈与其父南平干政事,大为奸利,承晖

翻译

这时,推行限钱法。完颜承晖上奏疏,大略说:"货币敛聚于上,怨恨凝结于下。"朝廷没有答复。改任知兴中府事。卫绍王登皇帝位,召入朝为御史大夫,拜官参知政事。驸马都尉徒单没烈与他的父亲徒单南平干预政事,大肆为非作歹,谋取私利,承晖当面指责他们

面质其非。进拜尚书左丞，行省于宣德④。参知政事承裕败绩于会河堡⑤，承晖亦坐除名，至宁元年，起为横海军节度使⑥。贞祐初⑦，召拜尚书右丞。承晖即日入朝，妻子留沧州⑧，沧州破，妻子皆死。纥石烈执中伏诛⑨，进拜平章政事，兼都元帅，封邹国公。

的过失。进位拜尚书左丞，在宣德府行尚书省事。参知政事完颜承裕在会河堡打了大败仗，完颜承晖也因此获罪而除名。至宁元年（1213），起用为横海军节度使。贞祐初年，召入朝拜尚书右丞。接到诏令，完颜承晖当天就启程入朝，将妻子儿女留在沧州，沧州城被攻破，妻子儿女都死了。纥石烈执中被诛戮，承晖进位拜平章政事，兼任都元帅，封为邹国公。

注释 ① 限钱法：金代实行的一种有关钱币的法令，法令允许官吏百姓按不同等级可以拥有一定数量钱币，但是超过限额就要受到处罚。 ② 兴中府：地方官府名，治所在今辽宁朝阳。 ③ 卫绍王（？—1213）：即完颜永济，金世宗的第七个儿子，封为卫王，章宗死后即帝位，在位五年，为败将胡沙虎杀害。后追复卫王，谥号为绍。 ④ 行省：行尚书省的简称。金代以尚书省为最高行政机关，在重要地区设置行省，统管该地区的行政事务。宣德：州名，在今河北张家口。 ⑤ 承裕：即完颜承裕，金国宗室，本名胡沙，以符宝祗候起家，官至参知政事。大安三年率领金军数十万与蒙古军队在会河堡激战，金军大败。后来担任辽东宣抚使，贞祐初年卒。会河堡：地名，在今河北万全南。 ⑥ 至宁：卫绍王年号。横海军：金代节度使方镇名，节镇设在沧州。 ⑦ 贞祐：金宣宗的年号，1213—1217年。 ⑧ 沧州：州名，在今河北沧州东。 ⑨ 纥石烈执中（？—1213）：即胡沙虎，东平府女真人，太子护卫出身，官至统军使。至宁初杀卫绍王，立宣宗，封为太师、尚书令、都元帅，后被部将术虎高琪杀死。

原文

中都被围，承晖出议和事。宣宗迁汴，进拜右丞相，兼都元帅，徙封定国公，与皇太子留守中都。承晖以尚书左丞抹撚尽忠久在军旅①，知兵事，遂以赤心委尽忠，悉以兵事付之，已乃总持大纲，期于保完都城。顷之，庄献太子去之②。右副元帅蒲察七斤以其军出降，中都危急。诏以抹撚尽忠为平章政事，兼左副元帅。三年二月，诏元帅左监军永锡将中山、真定兵，元帅左都监乌古论庆寿将大名军万八千，西南路步骑万一千，河北兵一万，御史中丞李英运粮，参知政事、大名行省字术鲁德裕调遣续发，救中都。承晖间遣人以矾写奏曰③："七斤既降，城中无有固志，臣虽以死守之，岂能持久？伏念一失中都，辽东、河朔皆非我有④，

翻译

中都被围困，完颜承晖出城谈判和议事。宣宗迁都到汴京，进位拜右丞相，兼都元帅，改封定国公，与皇太子留守中都。完颜承晖以为尚书左丞抹撚尽忠长期在军队中，知晓军事，就诚心诚意委托抹撚尽忠，将军事指挥全部交付与他，自己只是总揽操持大纲，期望能保全都城。不久，庄献太子离开了中都，右副元帅蒲察七斤率领他的军队出城投降，中都危急。降诏任命抹撚尽忠为平章政事，兼左副元帅。三年（1215）二月，降诏命令元帅左监军完颜永锡率领中山、真定府的军队，元帅左都监乌古论庆寿率领大名府军队一万八千人、西南路步骑兵一万一千人、河北军队一万人，御史中丞李英运送粮草，参知政事、大名行尚书省字术鲁德裕调遣军队陆续进发，援救中都。完颜承晖用明矾书写奏章派人秘密送往朝廷，奏疏说："蒲察七斤既已投降，城中的军民没有固守的意志，臣虽然以死来守护京都，怎么能够持久呢？想到倘若中都一丢失，辽东、黄河以北都不是我朝所有了。各路军队昼夜兼程来援救，还可以希望成功。"宣宗回复诏书说："中都是国家重要的地方，祖宗神庙在那里，朕怎么

诸军倍道来援,犹冀有济。"诏曰:"中都重地,庙社在焉,朕岂一日忘也?已趣诸路兵与粮俱往⑤,卿会知之。"及诏中都官吏军民曰:"朕欲纾民力,遂幸陪都,天未悔祸,时尚多虞,道路久梗,音问难通。汝等朝暮矢石,暴露风霜,思惟报国,靡有贰心,俟兵事之稍息,当不愆于旌赏⑥。今已会合诸路兵马救援,故兹奖谕,想宜知悉。"永锡、庆寿等军至霸州北。三月乙亥,李英被酒,军无纪律,大元兵攻之,英军大败。

能够一天忘记呢?已经催促各路军队与粮草一同前往,卿总归要知道的。"又颁降诏书给中都的官吏士兵百姓说:"朕想要宽舒百姓,于是车驾临幸陪都,只是上天还没有悔咎祸患,时势还多艰难,道路长期阻塞,音讯难于通达。你们在朝暮之间冒着石块弓箭的袭击,暴露在狂风寒霜之中,只是思念报效国家,没有背离之心,等到战事稍微平息,将不延误赏赐褒奖。现在已经会合各路军马前来援救,因此特宣告鼓励,想来你们应该知道。"完颜永锡、乌古论庆寿等军队抵达霸州北面。三月乙亥,李英酗酒,军队没有纪律,元军攻击他们,李英的军队大败。

注释 ① 抹撚尽忠:又名象多,上京路猛安人。大定年间进士,官至尚书左丞。宣宗南迁,他与完颜承晖留守中都,任左副元帅,弃城逃走。回到南京,仍旧为平章政事,有人密告他谋叛,被杀。 ② 庄献太子(? —1215):即完颜守忠,金宣宗长子。贞祐元年立为皇太子,未即位就去世,谥号为庄献。 ③ 间:秘密。矾:明矾,一种矿物。用明矾水写字,在纸浸湿的时候才可以显现出字迹来,可借以保密。 ④ 辽东:地区名,相当于今辽宁东南部。河朔:地区名,指黄河以北的地区。 ⑤ 趣(cù):同"促",催促。 ⑥ 愆(qiān):延误。

原文

是时高琪居中用事①，忌承晖成功，诸将皆顾望。既而，以刑部侍郎阿典宋阿为左监军，行元帅府于清州②，同知真定府事女奚烈胡论出为右都监，行元帅府于保州，户部侍郎侯挚行尚书六部③，往来应给，终无一兵至中都者，庆寿军闻之亦溃。

承晖与抹撚尽忠会议于尚书省，承晖约尽忠同死社稷④，尽忠谋南奔。承晖怒，即起还第，亦无如尽忠何。召尽忠腹心元帅府经历官完颜师姑至⑤，谓曰："始我谓平章知兵，故推心以权畀平章。尝许与我俱死，今忽异议。行期且在何日，汝必知之。"师姑曰："今日向暮且行。"曰："汝行李办未？"曰："办矣。"承晖变色曰："社稷若何？"师姑不能对，叱下斩之。

翻译

这时术虎高琪在朝廷中执掌政事，忌妒完颜承晖的成功，各个将领也都顾盼观望。不久，任命刑部侍郎阿典宋阿为左监军，在清州行元帅府事；同知真定府事女奚烈胡论出为右都监，在保州行元帅府事；户部侍郎侯挚行尚书六部事，往来应付供给粮饷，最终没有一支军队到中都，乌古论庆寿的军队闻讯也就溃散了。

完颜承晖与抹撚尽忠在行尚书省聚会商议。完颜承晖约抹撚尽忠一同为国家而死，抹撚尽忠图谋向南奔逃，承晖发怒，立即起身回家，也对抹撚尽忠无可奈何。召抹撚尽忠的心腹元帅府经历官完颜师姑来，告诉他说："开始我以为平章政事懂得军事，因此推心置腹，将大权交付给平章政事。他曾经答应与我一道死，现在忽然持有不同意见。出行的日期将在什么时候，你一定知道。"完颜师姑说："今天傍晚将要出行。"承晖问道："你的行李备办了吗？"回答说："已经准备了。"承晖脸色大变，说："国家怎么办？"完颜师姑不能对答，承晖喝令将他推下去斩首。

注释 ① 高琪：即术虎高琪。 ② 行元帅府：金代官署名。由于军事上的需要，在地方上临时设置的军事机构，执行元帅府公务。 ③ 侯挚：东平东阿人，中明昌间进士第。宣宗迁都汴京，任太常卿，行尚书六部事。后来官至参知政事、尚书右丞。天兴二年(1233)汴京城陷，为乱军所杀。行尚书六部：金代官署名，在地方上临时设置的执行六部公务的行政机关。金代以尚书省为中央最高行政机构，下辖吏、户、礼、兵、刑、工六部，分别治理政事，故称。 ④ 死社稷：指为国家而死。 ⑤ 经历官：职官名，在军事指挥机关中的官吏之长，掌管公文案牍、管辖吏员和处理日常公务。

原文

承晖起，辞谒家庙，召左右司郎中赵思文与之饮酒①，谓之曰："事势至此，惟有一死以报国家。"作遗表付尚书省令史师安石②，其表皆论国家大计，辨君子小人治乱之本，历指当时邪正者数人，曰："平章政事高琪，赋性阴险，报复私憾，窃弄威柄，包藏祸心，终害国家。"因引咎以不能终保都城为谢。复谓妻子死于沧州，为书以从兄子永怀为后。从容若平日，尽出财物，召家人随年劳多寡而分之，皆与从良书③。举家号

翻译

完颜承晖起身，拜谒告别家庙，召左右司郎中赵思文，与他一起饮酒，告诉他说："事情已经到了这一步，只有以一死来报效国家。"撰写遗表交给尚书省令史师安石，遗表内容都是议论国家大计，分辨君子小人、治理祸乱的根本，逐一指出当时的几个奸邪、正直的大臣，说："平章政事术虎高琪，秉性阴险，报复私仇，盗窃玩弄威势权柄，包藏祸心，终究要危害国家。"又自己承担过错，以不能够最终保全都城而谢罪。又因为妻子儿女都死在沧州，写书信让堂兄的儿子完颜永怀为后嗣。他神色从容像平日一样，拿出全部财物，召集家人，按照年限功劳的多少分给他们，都给予他们成为平民的文书。全部家人号啕哭泣，完颜承晖神情泰然自若，又

泣，承晖神色泰然，方与安石举白引满④，谓之曰："承晖于《五经》皆经师授⑤，谨守而力行之，不为虚文。"既被酒，取笔与安石诀，最后倒写二字，投笔叹曰："遽尔谬误，得非神志乱邪？"谓安石曰："子行矣。"安石出门，闻哭声，复还问之，则已仰药薨矣，家人匆匆瘗庭中⑥。是日暮，尽忠出奔，中都不守。贞祐三年五月二日也。师安石奉遗表奔赶行在奏之。宣宗设奠于相国寺，哭之尽哀。赠开府仪同三司、太尉、尚书令、广平郡王⑦，谥忠肃。诏以永怀为器物局直长⑧，永怀子撒速为奉御。

承晖生而贵富，居家类寒素，常置司马光、苏轼像于书室，曰："吾师司马而友苏公。"平章政事完颜守贞素敬之，与为忘年交。

与老师安石举大杯斟满酒，告诉他说："我完颜承晖于《五经》都经过老师传授，恭谨地遵守而努力地加以施行，没有把它当作空洞的说教。"他已经有了醉意，取笔来与师安石诀别，写到最后写倒了两个字，丢下笔叹息说："匆忙之间这样错谬，莫非神志已经昏乱了吗？"告诉安石说："你走吧。"安石出门，听到了哭声，又回转来询问，承晖已经喝毒药自杀了。家人们匆匆地将他安葬在庭院中。这天傍晚，抹撚尽忠出城逃亡，中都失守。这时是贞祐三年（1215）五月二日。师安石携带遗表奔往行都奏报。宣宗在相国寺祭奠他，哭得很哀痛。追赠他为开府仪同三司、太尉、尚书令、广平郡王，赐谥号忠肃。降诏任命完颜永怀为器物局直长，永怀的儿子完颜撒速为奉御官。

完颜承晖生下来就在显贵富裕的家庭，但是居家类似于贫寒百姓，经常放置司马光、苏轼的画像在书房中，说："我以司马公为老师，以苏公为朋友。"平章政事完颜守贞历来敬重他，与他结为不论辈分的好朋友。

注释　① 左右司:官署名,直接隶属于尚书省的办事机构。左司总察吏、户、礼三部经办的事务,右司总察兵、刑、工三部经办的事务。左、右司的长官为郎中。　② 令史:职官名,掌管官府的文书案牍。　③ 从良:把奴隶婢仆解除名籍释放,使他们成为平民。　④ 举白:举杯。白,即大白,大酒杯。　⑤ 五经:指儒家的五部经典,包括《易》《尚书》《诗》《礼》《春秋》。　⑥ 瘗(yì):埋葬。　⑦ "赠开府"句:此处是对完颜承晖追封的官爵名号。开府仪同三司为文官从一品;太尉是三公之一,官阶为正一品;尚书令为尚书省长官,官阶为正一品;广平郡王是他的封爵。　⑧ 器物局:宫廷侍从官署名,掌管宫廷中使用的器物以及马鞍、辔头等事项。

杨 伯 雄 传

导读

从熙宗到世宗执政的五十年时间(1135—1189),是整个金代政治比较清明的时代。女真贵族占据了中国北方领土以后,加快了汉化的过程,很快从军事奴隶制转变为以儒学为根基的文治。这种文治的显著特征就是允许大臣们对朝政提出批评建议。本篇传记所载的杨伯雄就是处于这一特定历史环境的人物。他与最高统治者关系密切,但不以此作为进身之阶;他是文学侍从,却随时不忘规谏。《金史》的作者称赞他"善讽谏、工辞藻",并非虚美之辞。在古代,向君主进谏是一件非常危险的事。杨伯雄之所以能使皇帝"言听谏从",一方面固然在于他的善于谏诤,另一方面也在于帝王相对英明,能够接受臣子的进谏。(选自卷一〇五)

原文

杨伯雄,字希云,真定藁城人①。八世祖彦稠,后唐清泰中为定州兵马使②。后随晋主北迁,遂居临潢。父丘行,太子左卫率府率③。

伯雄登皇统二年进士,海陵留守中京,丘行在幕府,伯雄来省视,海陵见之,

翻译

杨伯雄,字希云,是真定府藁城县人。八代祖杨彦稠在后唐清泰年间任定州兵马使。以后跟随后晋皇帝向北迁徙,就居住在临潢。父亲杨丘行,为太子左卫率府率。

杨伯雄中皇统二年(1142)进士第。海陵王留守中京,杨丘行在他幕府中任职,杨伯雄前来探望,海陵王见到他,很器重他。过了很久,调任韩州军事判

深加器重。久之，调韩州军事判官④。有二盗诈称贾贩，逆旅主人见欺，至州署陈诉，实欲劫取伯雄，伯雄心觉其诈，执而诘之，并获其党十余人，一郡骇服。迁应奉翰林文字⑤。是时海陵执政，自以旧知伯雄，属之使时时至其第，伯雄诺之而不往也。日，海陵怪问之，对曰："君子受知于人当以礼进，附丽奔走，非素志也。"由是愈厚待之。

官，有两个盗贼假称是商贩，被旅店主人欺负，到州府衙门告状陈述，其实是想要劫持杨伯雄，杨伯雄察觉他们有诈，将他们抓起来审问，同时捕获同党十几人，一郡的人惊奇叹服。迁任应奉翰林文字。这时海陵王执掌政事，自以为从前就了解杨伯雄，叮嘱伯雄要他经常到王府来，杨伯雄答应了但是并不前往。一天，海陵王感到奇怪，询问他，回答说："君子被人看重信任，应按照礼的规定去求上进，至于依附奔走于门庭，这不是我本来的志向。"于是海陵王更为看重优待他。

注释 ① 藁城：县名，在今河北藁城。 ② 后唐：五代之一，李存勖灭掉后梁所建立的国家，立国时间为923—936年。清泰：后唐末帝李从珂的年号，934—936年。定州：州名，治所在今河北定州。 ③ 左卫率府：太子东宫的官属机构，掌管兵仗、仪卫等事务。其长官为左卫率府率。 ④ 韩州：州名，治所在今吉林四平。 ⑤ 应奉翰林文字：金代职官名，为翰林学士院属官。

原文

海陵篡立，数月，迁右补阙，改修起居注①。海陵锐于求治，讲论每至夜分，尝问曰："人君治天下，其道何贵？"对曰："贵静。"海陵

翻译

海陵王篡夺帝位，几个月后，升杨伯雄为右补阙，改修起居注。海陵王锐意寻求治国的方针，议论政事每次都要到半夜，曾经询问他说："君主治理天下，治国之道以什么为贵？"回答说："贵

默然。明日，复谓曰："我迁诸部猛安分屯边戍，前夕之对岂指是为非静邪？"对曰："徙兵分屯，使南北相维，长策也。所谓静者，乃不扰之耳。"乙夜，复问鬼神事。伯雄进曰："汉文帝召见贾生②，夜半前席，不问百姓而问鬼神，后世颇讥之。陛下不以臣愚陋，幸及天下大计，鬼神之事未之学也。"海陵曰："但言之，以释永夜倦思。"伯雄不得已，乃曰："臣家有一卷书，记人死复生，或问冥官何以免罪，答曰，汝置一历，白日所为，暮夜书之，不可书者是不可为也。"海陵为之改容。夏日，海陵登瑞云楼纳凉，命伯雄赋诗，其卒章云："六月不知蒸郁到③，清凉会与万方同。"海陵忻然，以示左右曰："伯雄出语不忘规戒，为人臣当如是矣。"再迁兵部员外郎。丁父忧，起复翰林

在安静。"海陵王默然不语。明天，又对他说："我迁徙各个部族的猛安分别屯驻在边防之处，昨天晚上你的回答难道是指这件事为不安静吗？"对答道："迁徙军队分兵屯驻，使南方北方相互维系，这是长久的计策。我所说的静，乃是不扰乱他们罢了。"到了半夜，海陵王又问关于鬼神的事，杨伯雄进言说："汉文帝召见贾生，谈到半夜时分不觉向前移动坐席，可问的不是百姓的事而是鬼神的事，后代的人因此颇为讥讽他。陛下不因臣愚昧浅陋，有幸问到天下的大政方针，至于鬼神的事，臣没有学过。"海陵王说："只是随便说说，以消遣长夜的倦意。"杨伯雄没有办法，就说道："臣家中有一卷书，其中记载有个人死了以后再活过来，有人问他阴曹官凭什么可以免去罪过，回答说，你置备一本历书，白天所做的事，到晚上就把它书写下来，那些写不得的事就是不可以做的事。"海陵王听了对他改变面容，表示尊重。夏天，海陵王登上瑞云楼乘凉，命杨伯雄作诗，诗的最末一句说："盛夏六月还不知道暑热到来，清新凉爽应是跟普天下一样。"海陵王非常高兴，将诗文传示给左右的人阅读，说："杨伯雄说出话来不忘记规劝告诫，为臣子的就应当

待制^④，兼修起居注。迁直学士，再迁右谏议大夫，兼著作郎，修起居注如故。

像这样。"再迁官为兵部员外郎。遇到父亲亡殁离职居丧，服丧期限满，重新起用恢复官职，为翰林待制，兼任修起居注。升为直学士，再迁官为右谏议大夫，兼任著作郎，仍旧担任修起居注。

注释 ① 修起居注：金代职官名，掌管记录皇帝的言语行动。 ② 汉文帝：刘恒（前202—前157），汉高祖刘邦的儿子。在位期间政治稳定，国家经济渐次恢复，是历史上著名的贤帝。贾生：即贾谊（前201—前169），西汉洛阳人，少年有才智，汉文帝召为博士，多次上奏疏议论政事，切中时弊，后来受猜忌过早死去。"夜半前席"就是指他与汉文帝的故事。 ③ 蒸郁：热气郁积而向上散发。 ④ 起复：封建社会官吏居父母丧，服丧期满，起用恢复官职。

原文

皇子慎思阿不薨，伯雄坐与同直者窃议被责，语在《海陵诸子传》。海陵议征江南，伯雄奏曰："晋武平吴皆命将帅^①，何劳亲总戎律^②？"不听，乃落起居注，不复召见。

大定初，除大兴少尹^③，丁母忧。显宗为皇太子^④，选东宫官属，张浩荐伯雄，起复少詹事^⑤，兄子蟠为左赞善^⑥，言听谏从，时论荣

翻译

皇上的儿子慎思阿不亡故，杨伯雄因为与同直宿于禁中的官员私下议论他，于是获罪而受到责罚，这件事记载在《海陵诸子传》中。海陵王计议征讨江南，杨伯雄上奏说："晋武帝平定吴国都是任命将帅，何必劳烦陛下亲自统领军队呢？"海陵王不听从，于是罢免他修起居注的职务，不再召见他。

大定初年，任命为大兴府少尹，遇到母亲亡故离职守丧。显宗为皇太子，选择东宫官属，张浩举荐杨伯雄，起用复官为太子少詹事，他哥哥的儿子杨蟠担任左赞善，皇上对他们进谏的话都听

之。集古太子贤、不肖为书，号《瑶山往鉴》，进之。及进《羽猎》《保成》等箴⑦，皆见嘉纳。复为左谏议大夫、翰林直学士。会太子詹事阙，宰相复举伯雄，上曰："伯雄不可去朕左右，而东宫亦须辅导。"遂以太子詹事兼谏议。

从采纳，当时的舆论认为这是他们的光荣。他搜集了古代太子贤明和不肖的事迹编成书，称作《瑶山往鉴》，献给太子。又进献《羽猎箴》《保成箴》等文章，都被称赏接受。又担任左谏议大夫、翰林直学士。恰逢太子詹事官职阙员，宰相又举荐杨伯雄，皇上说："杨伯雄不可离开朕的左右，而太子也必须有人辅导。"于是就任命他为太子詹事并兼任谏议大夫。

注释 ① 晋武：晋武帝司马炎受魏禅称帝，讨伐吴国，结束三国分立的局面，统一了中国。 ② 总戎律：指统率军队。 ③ 少尹：金代职官名，府的副长官，掌管通判府事。 ④ 显宗：完颜允恭（1146—1185），金世宗次子，封楚王，大定二年立为皇太子，留中都监国，后来病死。章宗即位，上庙号显宗。 ⑤ 张浩：辽阳人，跟随金太祖平辽东，天会八年（1130）赐进士及第，曾奉命营建中都、汴京，官至参加政事、平章政事、太师。少詹事：太子东宫属官，职位次于詹事，总管东宫内外事务。 ⑥ 左赞善：太子东宫的属官，掌管太子的学业以及道德教育。 ⑦ 箴：文体名，内容以讽谕、规诫为主，句式整齐，有韵。

原文

六年，上幸西京，欲因往凉陉避暑，伯雄率众谏官入谏。上曰："朕徐思之。"伯雄言之不已，同列皆引退，久之乃起。是年，至凉陉，徼巡果有疏虞①。上思

翻译

大定六年（1166），皇上临幸西京，想要趁此机会往凉陉避暑，杨伯雄率领各个谏官入宫劝谏。皇上说："让朕慢慢思考这事。"杨伯雄不停地进言，同列的官员都退下去了，他过了很久才起来。这一年，皇上到了凉陉，巡边视察

伯雄之言，及还，迁礼部尚书，谓近臣曰："群臣有干局者众矣，如伯雄忠实，皆莫及也。"上谓伯雄曰："龙逢、比干皆以忠谏而死②，使遇明君，岂有是哉？"伯雄对曰："魏徵愿为良臣③，正谓遇明君耳。"因顾谓宰相曰："《书》曰'汝无面从，退有后言'④。朕与卿等共治天下，事有可否，即当面陈。卿等致位卿相，正行道扬名之时，偷安自便，侥幸一时，如后世何？"群臣皆称万岁。

果然有疏失。皇上思念杨伯雄的话，等到还朝，升他为礼部尚书，告诉近侍之臣说："各位大臣中有才干气度的人很多，但是像杨伯雄这样忠实，没有人能赶上他。"皇上告诉杨伯雄说："龙逢、比干都因为尽忠进谏而死，如果使他们遭遇贤明的君主，哪里有这样的结局呢！"杨伯雄对答说："魏徵愿意作一个贤良的臣子，正是因为他遇到贤明的君主了。"皇帝于是告诉宰相说："《尚书》说：'你们不要当面顺从，退下去后又别有议论。'朕与卿等共同治理天下，政事有可以施行或不可以施行的，就应当当面陈请。卿等做官一直到公卿宰相，正是推行治道显扬名声的时候，苟且偷安，只图自己安适，侥幸于一时，后世会怎么说呢？"各个大臣都高呼万岁。

注释 ① 徼（jiào）巡：巡回检察。 ② 龙逢：即关龙逢，古史传说的夏代的贤臣，因为进谏而被夏桀囚禁杀害。比干：古史记载的商的贤臣，商纣王的叔父，因为多次进谏，纣王发怒，于是剖其心而死。 ③ 魏徵（580—643）：唐代曲城人，曾参加李密起义军，后归降唐，在唐太宗时为谏议大夫，遇事敢直言进谏，为太宗所敬畏。 ④《书》：即《尚书》，儒家经典之一，内容以记录远古时代的训诰政令为主。

原文

十二年，改沁南军节度使①，召为翰林学士承旨。

翻译

十二年（1172），改任沁南军节度使，召入朝为翰林学士承旨。丞相石琚

丞相石琚致仕,上问:"谁可代卿者?"琚对曰:"伯雄可。"时论以琚举得其人。复权詹事,伯雄知无不言,匡救弘多,后宫僚有诡随者,人必称杨詹事以愧之。除定武军节度使②,改平阳尹。先是,张浩治平阳,有惠政,及伯雄为尹,百姓称之,曰:"前有张,后有杨。"徙河中尹。卒,年六十五,谥庄献。

辞官退休,皇上问道:"谁可以代替你呢?"石琚回答说:"杨伯雄可以。"当时的舆论认为石琚举荐的人选很恰当。又代理太子詹事职务,杨伯雄知无不言,对政事有很多匡正补救。后来宫廷中的官吏有诡诈和一味随从的人,众人一定要称道杨詹事来使他羞愧。任命他为定武军节度使,改平阳府尹。在此之前,张浩治理平阳府,施政有恩惠,等到杨伯雄为府尹,百姓称颂说:"前面有张,后面有杨。"移任河中府尹。逝世,年龄六十五岁,赐谥号为庄献。

注释 ① 沁南军:金代节度使方镇名,节镇设在怀州,在今山西沁阳。 ② 定武军:金代节度使方镇名,节镇设在中山府,即今河北定州。

陈 规 传

导读

　　金自卫绍王当国以后(1209—1213),国势迅速衰微,立国前期那种兴盛蓬勃的景象已经不复存在,而呈现出衰败没落、动荡不定的局面:政治腐败,官吏冗滥,将帅怯懦,财力困乏,百业凋零。对北方蒙古部族的战争接连失利,对南宋连年征伐,损失巨大却无所收获。这种政治、经济、军事上的困厄势必引起当时朝廷有识之士的忧虑不安。他们以振兴国事为己任,千方百计探求救治国家的良方。本传所载的陈规就是这些人士中的一位佼佼者。他具有远见卓识,多次向朝廷进谏,议论朝政得失,尤其是他论时政疏中所涉及的八件事,更是切中当时金国的政治弊端,表现了他一心报效国家的志向。但是他面对的却是病入膏肓的金王朝,从皇帝到执政大臣并不因此而醒悟,反而以议论不符合事实为借口将他逐出朝廷。因此陈规空有报国的热忱,也只能愤激悲叹,恨无回天之力。这是历史的悲剧。从陈规的身上,我们还可以看到古代正直的知识分子具有的一些优良品质。他直言敢谏,刚正不阿,甚至连皇帝也害怕他的谏言;他生活贫寒,死时家中没有一点钱财。这些优秀品格是值得我们称颂的。(选自卷一○九)

原文

　　陈规,字正叔,绛州稷山人①。明昌五年词赋进士,南渡为监察御史。贞祐

翻译

　　陈规,字正叔,是绛州稷山县人。中明昌五年(1194)词赋科进士第,南渡后担任监察御史。贞祐三年(1215)十

三年十一月，上章言：“参政侯挚初以都西立功，获不次之用，遂自请镇抚河北。陛下遽授以执政，盖欲责其报效也。既而盘桓西山②，不能进退，及召还阙，自当辞避，乃恬然安居，至于按阅仓库，规画榷酤，岂大臣所宜亲？方今疆土日蹙，将帅乏人，士不选练，冗食猥多，守令贪残，百姓流亡，盗贼滋起，灾变不息，则当日夜讲求其故，启告陛下者也，而挚未尝及之。伏望陛下特赐省察，量其才分别加任使，无令负天下之谤③。”不报。又言：“警巡使冯祥进由刀笔④，无他才能，第以惨刻督责为事。由是升职，恐长残虐之风，乞黜退以励余者。”诏即罢祥职，且谕规曰：“卿知臣子之分，敢言如此，朕甚嘉之。”

一月，上奏章说：“参知政事侯挚最初在都城西边立功，获得不循次序的进用，于是自己请求镇守安抚河北。陛下迅速授予他执政之职，大概是想要责成他报效国家。不久即在西山盘旋逗留，不能前进后退，等到召还都城，自己本来应当辞去政事以避免罪责，却平静闲适，安然居处，甚至于巡行视察仓库，规划措置酒的专卖，这哪里是执政大臣应当亲自过问的事呢？当今国家的土地一天天缩小，将帅缺乏人，士兵不加选择训练，不劳而食耗费国家仓廪的人很多，州守县令贪暴残刻，百姓流亡，盗贼兴起，灾害不停止，那就应当日夜讲论探求它们产生的缘故，禀告陛下，而侯挚不曾做过这些事。私下希望陛下特赐审察考核，衡量他的才干分别加以任用差使，不要使他们受到天下人的指责。”没有答复。又说：“警巡使冯祥由刀笔吏进用，没有其他的才能，只是以残酷苛刻督责为职事，由此而晋升职务，这样恐怕滋长残忍暴虐的风气，请求罢黜斥退以警戒其余的人。”诏令立即罢免冯祥职官，并且告诉陈规说：“你知道作臣子的本分，敢像这样进言，朕很赞赏你这一行为。”

注释 ① 绛州:州名,治所在今山西新绛。稷山:县名,属绛州,今山西稷山。 ② 西山:山名,在今北京西北的昌平一带。 ③ 谤:背后议论。这里是指责的意思。 ④ 刀笔:即刀笔吏,指主办文案的官吏。

原文

四年正月,上言:"伏见沿河悉禁物斛北渡,遂使河北艰食,人心不安。昔秦、晋为仇①,一遇年饥则互输之粟。今圣主在上,一视同仁,岂可以一家之民自限南北,坐视困馁而不救哉?况军民效死御敌,使复乏食,生亦何聊,人心一摇,为害不细。臣谓宜于大阳、孟津等渡委官阅视,过河之物每石官收不过其半,则富有之家利其厚息,辐凑而往②,庶几公私俱足。"宰执以河南军储为重,诏两渡委官取其八,二以与民,至春泽足,大兵北还,乃依规请,制可。

三月,上言:"臣因巡按至徐州。去岁河北红袄盗起③,州遣节度副使纥石烈

翻译

四年(1216)正月,上言说:"私下见到沿黄河的渡口全部禁止粮食渡河北运,于是使河北粮食艰难,人心不安定。从前秦国、晋国为仇敌,但是一遇到饥荒就相互运送给他们粮食。现今圣主在上,一视同仁,怎么可以把一家的百姓自己限隔出南北,安坐着观望他们困乏饥饿而不救援呢?况且军队百姓卖命地抵御敌军,使他们再缺乏粮食,活着又有什么依靠,人心一旦动摇,危害一定不小。臣认为应当在大阳、孟津等渡口委派官吏巡视检察,渡河的粮食每一石官府收买不超过它的半数,那么富裕的人户就贪图优厚的利润,车辆聚集而前往,这样大概可以使国家私人都充足。"宰相认为河南的军粮储备很重要,诏令两个渡口委派官吏收取渡河粮食的八成,以二成交付百姓,到春天雨水充足,故军大兵撤回北边,再依从陈规的请求,诏书批准了。

三月,上言说:"臣因为巡视按察来到徐州。去年河北红袄贼起事,州府派

鹤寿将兵讨之,而乃大掠良民家属为驱,甚不可也。乞明敕有司,凡鹤寿所虏俱放免之,余路军人有掠本国人为驱者,亦乞一体施行,庶几河朔有所系望,上恩无有极已。"事下尚书省,命徐州、归德行院拘括放之,有隐匿者坐掠人为奴婢法,仍许诸人告捕,依令给赏,被虏人自诉者亦赏之。

遣节度副使纥石烈鹤寿率领军队讨伐他们,而他却大量掳掠良民的家属为前驱,这很不可行。请求明令训敕有关官府,凡是纥石烈鹤寿所掳掠的人全部释放,其他路军人有掳掠本国人为前驱的,也请求按同一体例施行,这样大概可以使黄河以北的百姓有所维系期望,皇上恩德没有穷尽之时。"事情交付尚书省,命令徐州、归德行枢密院搜求集中释放,有隐瞒藏匿的人按掳掠人为奴婢的法令判罪,同时允许各类人告发捕捉,依照格令给予赏赐,被掳掠的人自己申诉的也给予赏赐。

注释 ① 秦、晋:春秋战国时代的两个国家。两国之间经常发生战争。秦国在今陕西一带,晋国在今山西一带。 ② 辐凑:车轮的木条聚集到轴心上,引申为聚集。③ 红袄盗:金代末年山东、河北地区的农民反抗金朝统治的起义军,因身穿红袄而得名。

原文

四月,上言:"河北濒河州县,率距一舍为一寨,籍居民为兵。数寨置总领官一人,并以宣差从宜为名。其人大抵皆闲官,义军之长、偏裨之属尤多无赖辈,征逐宴饮取给于下,日以为

翻译

四月,上言说:"河北临近黄河的州县,大多是距离三十里为一个寨子,登记居住的百姓组成军队。几个寨子设置总领官一人,一律以宣差、从宜行事为名义。这些人大抵都是闲散官,义军的首领、偏将、副将之类尤其多奸诈强横之徒,吆喝追随,饮酒欢宴,费用取自

常。及敌至则伏匿不出，敌去骚扰如初。此辈小人假以重柄，朝廷号令威权无乃太轻乎？臣谓宜皆罢之，第委宣抚司从宜措画足矣。"制可。

七月，上章言：

陛下以上圣宽仁之姿，当天地否极之运，广开言路以求至论，虽狂妄失实者亦不坐罪。臣忝耳目之官，居可言之地，苟为缄默，何以仰酬洪造。谨条陈八事，愿不以人微而废之。即无可采，乞放归山林，以惩尸禄之罪。

一曰：责大臣以身任安危。今北兵起自边陲，深入吾境，大小之战无不胜捷，以致神都覆没，翠华南狩[1]，中原之民肝脑涂地，大河以北莽为盗区，臣每念及此，惊怛不已[2]。况宰相大臣皆社稷生灵所系以安危者，岂得不为陛下忧虑哉！每朝

于下边，每天以此为常事。等到敌军到来，就潜伏躲藏不出战，敌军离去又像从前一样骚扰百姓。将重大的权力交给这种小人，朝廷的号令声威权势恐怕会太轻了吧？臣认为应当将他们全部罢去，只委任宣抚司依从事情机宜措置规划就足够了。"诏书批准。

七月，上奏章说：

陛下以上等圣智宽大仁厚的资质，面临天地否极泰来的时运，广泛开拓进言之路以寻求至当的议论，虽然是狂妄失实的议论也不怪罪。臣非分地担任陛下耳目一类的官职，居处在可以进言的位置，如果因循苟且缄默不言，将用什么来酬答圣主的再造之恩呢？恭谨地分条列举八件政事进上，希望不要因为进言人的卑微就废弃了它。如果没有可以采纳的地方，请将臣放逐山林，以惩戒尸守官位窃取俸禄的罪过。

第一说：责成执政大臣以自身承担安危重任。现在北方军队从边疆兴起，深入到我国的境土，大大小小的战役没有不获胜的，以至于使我国神圣的都城覆没，皇上的仪卫向南迁徙，中原地区的百姓肝脑涂地，黄河以北沦为盗匪占据的区域，臣每次想到这里，都震惊忧伤不能自已。何况宰相执政大臣都是

奏议不过目前数条,特以碎末,互生异同,俱非救时之急者。况近诏军旅之务,专委枢府,尚书省坐视利害,泛然不问,以为责不在己。其于避嫌周身之计则得矣,社稷生灵将何所赖。古语云:"疑则勿任,任则勿疑。"又曰:"谋之欲众,断之欲独。"陛下既以宰相任之,岂可使亲其细而不图其大者乎?伏愿特出睿断,若军伍器械、常程文牒即听枢府专行,至于战守大计、征讨密谋,皆须省院同议可否,则为大臣者知有所责,而天下可为矣。

二曰:任台谏以广耳目。人主有政事之臣,有议论之臣。政事之臣者宰相、执政,和阴阳,遂万物,镇抚四夷,亲附百姓,与天子经纶于庙堂之上者也。议论之臣者谏官、御史,与天子辨曲直、正是非者也。二者

受国家百姓托付自身的安危之人,怎么能不为陛下忧虑呢?而他们每当在朝堂进奏议论不过是目前的几条事务,只是因为琐细末节,相互间生出歧异,都不是拯救时局急务的大事。况且近来降诏以军队的事务专门委托给枢密府,尚书省安坐着观望国家利害,浮泛地不予过问,以为责任不在自己。他们为避开嫌疑保全自身考虑算是得计了,但国家百姓将依赖谁呢?古人说:"怀疑他就不要任用,任用他就不要怀疑。"又说:"商议的时候人要多,决断的时候只要单独一人。"陛下既然把宰相的职位委任给他,怎么可以使他亲临细务而不考虑国家大事呢?私下希望陛下特别颁降圣旨,如军队编制、军用器械、日常文书公牒就听任枢密府专一施行,至于作战守御的大计、征讨敌国的密谋,都必须由尚书省枢密院共同商议可否,那么为大臣的人知道自己的职责,从而天下可以治理了。

第二说:任用御史、谏官以增广耳目。国君有执掌政事的臣子,有主管议论的臣子。执掌政事的臣子就是宰相、参政,是使阴阳燮和,使万物顺利生长,镇守安抚四方蛮夷,使百姓亲近附从,与天子在朝堂上筹划治理国家大事的

岂可偏废哉！昔唐文皇制中书门下入阁议事③，皆令谏官随之，有失辄谏。国朝虽设谏官，徒备员耳，每遇奏事皆令回避。或兼他职，或为省部所差，有终任不觌天颜、不出一言而去者。虽有御史，不过责以纠察官吏、照刷案牍、巡视仓库而已④，其事关利害或政令更革，则皆以为机密而不闻。万一政事之臣专任胸臆、威福自由，或掌兵者以私见败事机，陛下安得而知之？伏愿遴选学术该博、通晓世务、骨鲠敢言者以为台谏，凡事关利害皆令预议，其或不当，悉听论列，不许兼职及充省部委差，苟畏徇不言则从而黜之。

人。主管议论的臣子是谏官、御史，是与天子分辨曲直、端正是非的人。这两种人怎么可以偏废呢！从前唐文皇规定中书、门下省长官入阁议论政事，都命令谏官跟随，一有疏失就进谏。国朝虽然设置有谏官，只是聊以凑数而已，每当遇到奏论政事都命令回避。或者兼任其他职务，或者被尚书省六部差遣，有任期结束还没有目睹过圣上容颜、没有进谏一句话就离去的。虽然有御史，不过责成他们纠举弹劾官吏、推勘查验公文案牍、巡视仓库罢了，那些关系国家利害或是政治法令改革的事，就都认为是机密而不让他们听闻。万一执掌政事的大臣专一任用自己的私意，赏罚由自己专断，独揽威权，或者是掌管军队的人因为私人偏见而败坏了事情机宜，陛下怎么能够知道呢？希望陛下选择学术渊博、精通天下世务、耿直敢言的人为御史台官、谏官，凡是关系国家利害的政事都使他们参与议论，计议或有不得当，可以听凭他们评论，不允许他们兼任其他职官和充任尚书省各部的委派差遣，如果是畏惧权势顺从众人不敢进言，就从而罢黜他。

注释 ① 翠华:用翠鸟羽毛装饰的华盖。这里指皇帝的仪卫。 ② 惊怛(dá):惊惶、恐惧。 ③ 唐文皇:即唐太宗李世民。 ④ 照刷:审理,复查。

原文

三曰:崇节俭以答天意。昔卫文公乘狄人灭国之余,徙居楚丘①,才革车三十两②,乃躬行俭约,冠大帛之冠,衣大布之衣③,季年致騋牝三千④,遂为富庶。汉文帝承秦、项战争之后⑤,四海困穷,天子不能具钧驷⑥,乃示以敦朴,身衣弋绨⑦,足履革舄⑧,未几天下富安,四夷咸服。国家自兵兴以来,州县残毁,存者复为土寇所扰,独河南稍完,然大驾所在,其费不赀,举天下所奉责之一路,顾不难哉。赖陛下慈仁,上天眷佑,蝗灾之余,而去岁秋禾、今年夏麦稍得支持。夫应天者要在以实,行俭者天必降福。切见宫中及东宫奉养与平时无异,随朝官吏、诸局承应

翻译

第三说:崇尚节俭以酬答上天意志。从前卫文公率领着被狄人灭亡了的国家的残余,迁居到楚丘,仅有兵车三十辆,于是亲自厉行勤俭节约,戴白布帽子,穿粗布衣服,到晚年拥有健壮的雄马、母马三千匹,就成了富庶的国家。汉文帝继承了秦皇、项羽战乱之后的时代,四海困乏贫穷,天子不能使用同样毛色的马驾车,就以淳真朴素显示于天下,身上穿黑绨制的衣服,足上穿皮革做的鞋子,不久天下就富裕安乐,四方蛮夷部族都宾服。国家从战争兴起以来,州县残破毁坏,存留下来的又受到当地强盗的扰害,只是河南稍微完整,但是皇上车驾所在,它的费用不可以计算,把整个天下所贡奉的物品责成一路进奉,这难道不艰难吗?幸亏陛下慈祥仁圣,上天眷恋保佑,在遭受蝗灾之后,去年的秋庄稼、今年的夏麦稍稍可以支持应付。顺应上天关键在于实际行动,施行节俭的人上天必定降给福气。臣见到宫中与太子东宫的供奉给

人亦未尝有所裁省。至于贵臣、豪族、掌兵官莫不以奢侈相尚，服食车马惟事纷华。今京师鬻明金衣服及珠玉犀象者日增于旧⑨，俱非克己消厄之道。愿陛下以卫文公、汉文帝为法，凡所奉之物痛自撙节⑩，罢冗员，减浮费，戒豪侈，禁戢明金服饰，庶皇天悔祸，太平可致。

养同平时没有差异，随朝宫吏、各局的应命承办事务的人也不曾有所裁减省并。至于权要大臣、豪门贵族、掌管军队的官员，没有人不以奢侈相夸耀，衣服食品车马一意追求繁盛华美。现在京城里出售用金子装饰的衣服和珍珠宝玉犀角象牙的一天天比过去多起来，这都不是克己消灾的方法。希望陛下以卫文公、汉文帝为榜样，凡是进奉的物品都自己大加裁减节省，罢去多余的官员，减少浮泛不实的用费，戒除过分的奢侈，禁止使用金子制作的服饰，这样大概可以使上天悔咎降给我们灾祸，太平可以来临。

注释　①卫文公：春秋时卫国国君。卫国曾被北夷部族（狄人）侵犯，卫文公将国家迁到楚丘。楚丘：地名，在今河南滑县。　②革车：兵车。两：即"辆"。　③大帛之冠：白布帽子。大布：粗麻布。　④騋（lái）：高大壮健的马。牝：母马。　⑤秦：指秦朝，秦始皇统一六国后建立的国家，后被农民起义军推翻。项：指项羽。原为楚国贵族，乘农民军起义之机率领军队攻破秦，建立楚国。后被刘邦军队战败，自杀而死。　⑥钧驷：同样毛色的驾车的马。古人一车套四马，故称"驷"。　⑦弋绨：黑绨。绨，一种质地粗厚的丝织品。　⑧革舄（xì）：皮革制作的鞋子。　⑨明金：用金子作装饰物。　⑩撙（zǔn）：节制。

原文

四曰：选守令以结民心。方今举天下官吏军兵

翻译

第四说：选择州守县令以团结民心。现今天下官吏军士的全部费用、转

之费、转输营造之劳,皆仰给河南、陕西。加之连年蝗旱,百姓荐饥,行赈济则仓廪悬乏,免征调则用度不足,欲其实惠及民,惟得贤守令而已。当赋役繁殷、期会促迫之际,若措画有方,则百姓力省而易办,一或乖谬,有不胜其害者。况县令之弊无甚于今,由军卫监当进纳劳效而得者十居八九①,其桀黠者乘时贪纵,庸懦者权归猾吏。近虽遣官廉察,治其奸滥,易其疲软,然代者亦非选择,所谓除狼得虎也。伏乞明敕尚书省,公选廉洁无私、才堪牧民者,以补州府官。仍清县令之选,及责随朝七品、外任六品以上官各保堪任县令者一员,如他日犯赃②,并从坐。其资历已系正七品及见任县令者,皆听寄理,俟秩满升迁。复令监察以时巡按,有不法及不任职者究

运与建造修筑的全部劳役,都完全依靠河南、陕西供给。加上连年的蝗虫旱灾,百姓连续闹饥荒,要施行赈济,而仓库却早已空乏,要免除百姓的征调,而用费又不足。要想有实际的恩惠给百姓,只有得到贤明的州守县令罢了。在赋税徭役繁重、官府规定的期限急迫的时候,如果措置规划得当,那么百姓的力量就节省而且事情容易办理,一旦处置错谬不得当,那就有不能承受的祸害。况且县令的败坏没有比现在更厉害的了,由军士、侍卫、仓场税务官吏进呈劳效而获得这一职官的,在十个县令中占了八九个,那些奸诈的趁机贪赃放纵,平庸懦弱的大权归于狡猾的吏人手中。近来虽然派遣官吏按察,整治了其中奸恶不称职的人,撤换了其中疲软的人,但代替他们的人也没有经过选择,这就是所说的除去狼却得到了虎。臣私意请求明令训示尚书省,公开选派廉洁无私、才干足以治理百姓的人,用来补充州府官吏。并清理县令的人选,又责成升朝官七品、外任官六品以上的官员各自保举可以担任县令的官吏一人,如果日后犯贪赃罪,举主一律随从案犯处罪。那些资历已经是正七品和现在担任县令的人,都听任他们寄置官资计

治之，则实惠及民而民心固矣。

算考功年限，等任期满后再行升迁。又命令监察官按时巡行考核，有不守法令和不称职的人就加以推问治罪，那么实际的恩惠达于百姓，而民心也就安定了。

注释 ① 监当：即监当官，掌管茶盐酒税场和冶铸事务的官吏。 ② 犯赃：指官吏犯贪污罪行。

原文

五曰：博谋群臣以定大计。比者徙河北军户百万余口于河南，虽革去冗滥而所存犹四十二万有奇，岁支粟三百八十余万斛，致竭一路终岁之敛，不能赡此不耕不战之人。虽无边事，亦将坐困，况兵事方兴，未见息期耶！近欲分布沿河，使自种殖，然游惰之人不知耕稼，群饮赌博习以成风，是徒烦有司征索课租而已。举数百万众坐縻廪给，缓之则用阙，急之则民疲，朝廷惟此一事已不知所处，又何以待敌哉？是盖不审于初，不计其后，致此误也。使初

翻译

第五说：广泛地与群臣计议以确定大计。近来迁徙河北的军籍户一百万余人到河南，虽然除去了那些多余的不称职的人，而存留的还有四十二万有余，每年支付粮食三百八十余万斛，以至于使一路整整一年的聚敛用尽，还不能赡养这些不耕种不作战的人。虽然没有边境战事，也将因此而困乏，何况战争还正在兴起，没有见到有停止的日期呢！近来想要将他们分布在沿黄河一带的地方，使他们自己种田养殖，但是游手好闲懒惰的人不懂得耕作播种，聚集在一起饮酒赌博，习惯了而成为风气，这样做只是枉自劳烦有关官府征收追索课税罢了。以几百万人之众安坐着耗费国家仓库，如果发放粮食稍迟他们的用费就阙乏，如果急速催促那么百姓就疲惫，朝廷仅仅对这一事已经不知

迁时去留从其所愿，则欲来者是足以自赡之家，何假官廪，其留者必有避难之所，不必强遣，当不至今日措画之难。古昔人君将举大事，则谋及乃心，谋及卿士、庶人、卜筮。乞自今凡有大事，必令省院台谏及随朝五品以上官同议为便。

六曰：重官赏以劝有功。陛下即位以来，屡沛覃恩以均大庆①，不吝官爵以激人心，至有未满一任而并进十级，承应未出职而已带骠骑荣禄者②，冗滥之极至于如此，复开鬻爵进献之门，然则被坚执锐效死行阵者何所劝哉？官本虚名，特出于人主之口，而天下之人极意趋慕者，以朝廷爱重耳。若不计勋劳，朝授一官，暮升一职，人亦将轻之而不慕矣。已然之事既不可咎，伏愿陛下重惜将来，无使公器为寻常之具③，功

道怎么处置，又用什么来对付敌人呢？大概是在起初的时候不审慎，随后又不加计划，以至于产生这一疏误。如果在刚迁徙时听从他们自愿去留，那么想要迁来的是自己足以赡养自己的人家，何必借助官府的粮食，那些愿意留住的必定有避难的住所，不必强迫遣送，应当不至于有今天筹措规划的艰难。古代的人君将要举措大事，就自己用心策划，与公卿士大夫、庶民百姓商议，卜筮占卦以问。请求从今以后凡是有大事，必定命令尚书省枢密院御史台谏官以及升朝五品以上的官员共同商议为便利。

第六说：增重官府赏赐以鼓励有功之人。陛下从即位以来，多次普遍地颁降恩惠以同享盛大的庆典，不吝惜官爵以激励人心，甚至有官吏不满一个任期而连续晋升十级官资，承旨应命的侍从没有超出职官而已经带骠骑将军、荣禄大夫称号的，冗官滥赏达于极点，到了如此地步，又开创出卖爵位、进献授官的门路，既然如此，而对那些披着坚甲手执武器在战场上以死报效的将士有什么激劝呢？官爵本来是空虚的名声，只是出于人主的口，而天下的人用尽心思奔趋仰慕的原因，是因为朝廷爱惜看

赏为侥幸所乘。又今之散官动至三品,有司艰于迁授,宜于减罢八资内量增阶数,易以美名,庶几历官者不至于太骤,而国家恩权不失之太轻矣。

重罢了。如果不计算功勋劳效,早晨除授一官,晚上升迁一职,众人也将要看轻它而不再仰慕了。已经成了的事既不可以追究,私心希望陛下重视顾惜将来,不要使国家的重器成为寻常的器具,功劳赏赐被侥幸的人冒占。另外,现今的散官动辄增至三品,有关官署迁转除授深感艰难,应当在削减撤销的八级官资内酌量增加官阶数目,改换美名,这样大概可以使为官的人不至于升迁太迅速,而国家恩命的权柄不会失于太轻了。

注释 ① 沛(pèi):盛大的样子。这里指普遍施行。覃(tán)恩:广施恩惠。② 骠骑:即骠骑卫上将军,武官官阶名,为正三品下。荣禄:即荣禄大夫,文官官阶名,为从二品下。 ③ 公器:国家的器物。这里指官爵、名位等。

原文

七曰:选将帅以明军法。夫将者国之司命,天下所赖以安危者也。举万众之命付之一人,呼吸之间以决生死,其任顾不重欤?自北兵入境,野战则全军俱殁,城守则阖郡被屠,岂皆士卒单弱、守备不严哉?特

翻译

第七说:选择将帅以使军政法令显明。大将是国家的司命,是天下赖以定安危的人。将上万人的生命交付给一个人,在呼吸的瞬间以决定他们的生死,他的责任难道不重吗?自从北方大军攻入境土,在平野上作战就使全部军士遭受残害,守卫城市就使全城百姓被屠戮,哪里都是士兵人少力弱、守备不严的缘故呢?只是因为平庸的将领不

以庸将不知用兵之道而已。古语云："三辰不轨①，取士为相。四夷交侵，拔卒为将。"今之将帅大抵先论出身官品，或门阀膏粱之子，或亲故假托之流，平居则意气自高，遇敌则首尾退缩，将帅既自畏怯，士卒夫谁肯前。又居常裒刻②，纳其馈献，士卒因之以扰良民而莫可制。及率之应敌，在途则前后乱行，顿次则排门择屋，恐逼小民，恣其求索，以此责其畏法死事，岂不难哉！况今军官数多，自千户而上有万户、有副统、有都统、有副提控，十羊九牧，号令不一，动相牵制。切闻国初取天下，元帅而下惟有万户，所统军士不下数万人，专制一路岂在多哉？多则难择，少则易精。今之军法，每二十五人为一谋克，四谋克为一千户，谋克之下有蒲辇一人、旗鼓司火头五

知道用兵之道罢了。古人说："日月星辰不遵守轨道，取用士人为相。四方蕃夷交相侵凌，提拔士兵为将。"现今的将帅大多先讲论出身、做官的品位，或者是勋旧名门富贵人家的子弟，或者是亲朋故友托付的人，平日居处自以为意气高昂，遇到敌军就畏首畏尾退缩不前，将帅既然自己畏惧胆怯，士兵们谁敢上前呢？另外，在平时聚敛搜刮财物，接受他们进献的财物，士兵们因此扰害平民而不能制止。到率领军队抵御敌人时，在路途上就前军后军杂乱行进，在驻地就挨门逐户选择房屋，恐吓逼迫小民百姓，放纵他们搜求勒索，以这种方法去督责士兵畏惧法令为国事而死，岂不是很困难吗！况且现在军官数量多，从千户往上数，有万户，有副统，有都统，有副提控，十只羊九个牧人，号令不一致，动辄相互牵制。我听说国朝初年攻取天下的时候，元帅以下只有万户，所统辖的军士不下几万人，专行控制一路，哪里在于军官多呢？多则难以选择，少就容易精良。按现今的军法，每二十五人为一谋克，四个谋克为一千户，谋克之下设有蒲辇一人，掌管旗帜军鼓司火头目又五人，担任作战的士兵十个人里只有八个人而已。另外又替

人,其任战者才十有八人而已。又为头目选其壮健以给使令,则是一千户所统不及百人,不足成其队伍矣。古之良将常与士卒同甘苦,今军官既有俸廪,又有券粮,一日之给兼数十人之用。将帅则丰饱有余,士卒则饥寒不足,曷若裁省冗食而加之军士哉?伏乞明敕大臣,精选通晓军政者,分诣诸路,编列队伍,要必五十人为一谋克,四谋克为一千户,五千户为一万户,谓之散将。万人设一都统,谓之大将,总之帅府。数不足者皆并之,其副统、副提控及无军虚设都统、万户者悉罢省。仍敕省院大臣及内外五品以上,各举方略优长、武勇出众、材堪将帅者一二人,不限官品,以充万户以上都统、元帅之职。千户以下,选军中有谋略武艺为众所服者充。申明军法,

长官选择那些健壮的士兵以供给驱遣任使,这样就使一千户所统辖的士兵不到一百人,不足以成为队伍了。古代的良将常常与士兵同甘共苦,现今的军官既有俸禄粮料,又有契券配给的粮食,一天的供给足够几十个士兵的用费。将帅们则丰饶饱暖有余,而士兵们却饥饿寒冻不足,何不如裁减那些无职守白白耗费国家廪禄的官吏而增加给士兵呢?请求明令训示执政大臣,精心选择通晓军政的人,分别前往各路,整编军队,大体上必须五十人为一谋克,四谋克为一千户,五千户为一万户,万户的长官称为散将。一万人设立一个都统,称为大将,由元帅府总领。士兵人数不足的都要合并,那些副都统、副提控以及没有士兵虚设的都统、万户都撤销省并。又再诏令尚书省枢密院大臣和朝廷内外命官五品以上的官员,各自举荐谋略优异深远、武艺勇力超过众人,才能足以胜任将帅的一二人,不拘限现任官品,用以充任万户以上的都统、元帅一类的职务。千户以下的军官,选择有谋略武艺并为众人所推服的人充当。申明军政法令,平常训练检阅,必须使将帅明了用兵的正道、权宜制变、虚实相参的策略,士兵对于停止立起前进后

居常教阅,必使将帅明于奇正虚实之数,士卒熟于坐作进退之节。至于弓矢铠仗须令自负,习于劳苦。若有所犯,必刑无赦。则将帅得人,士气日振,可以待敌矣。

退的节制很熟悉。至于弓箭铠甲必须使他们自己负载,习惯于劳苦,如果有所触犯,一定要处以刑罚不予赦宥。那么将帅得到合适的人选,士气一天天振奋,就可以对付敌军了。

注释 ① 三辰:古人称日、月、星为三辰。 ② 裒(póu)刻:聚敛,搜刮。

原文

八曰:练士卒以振兵威。昔周世宗常曰①:"兵贵精而不贵多,百农夫不能养一战士,奈何朘民脂膏养此无用之卒②。苟健懦不分,众何以劝?"因大蒐军卒③,遂下淮南,取三关④,兵不血刃,选练之力也。唐魏徵曰:"兵在以道御之而已。御壮健足以无敌于天下,何取细弱以增虚数。"比者凡战多败,非由兵少,正以其多而不分健懦,故为敌所乘,懦者先奔,健者不能独战而遂溃,此所以取败也。

翻译

第八说:训练士兵以振作军威。从前周世宗经常说:"兵贵在精良而不贵在数量多,一百个农夫不能养活一个战士,为什么要搜刮民脂民膏来养活这些无用的士兵呢?如果对健壮、懦弱的士兵不加区分,那么用什么来激励士兵呢?"因而对军队进行大裁减,于是攻下淮南,夺取三关,士兵的军器没有沾上血迹,这是选择士兵加以训练的威力。唐代魏徵说:"军队在于用正确的方法驾驭他们罢了。驾驭健壮的士兵足以无敌于天下,何必取用细小懦弱的人来增加虚数呢?"近来凡是作战大多失败,不是因为士兵少,正是因为他们数量多,但是不区分健壮懦弱,所以被敌军击败,懦弱的人首先奔逃,健壮的人不

今莫若选差习兵公正之官，将已籍军人随其所长而类试之。其武艺出众者别作一军，量增口粮，时加训练，视等第而赏之。如此，则人人激厉，争效所长，而衰懦者亦有可用之渐矣。昔唐文皇出征，常分其军为上中下，凡临敌则观其强弱，使下当其上，而上当其中，中当其下。敌乘下军不过奔逐数步，而上军中军已胜其二军，用是常胜。盖古之将帅亦有以懦兵委敌者，要在预为分别，不使混淆耳。

能独力作战，于是也跟着溃散，这是战败的原因。现今不如选派懂得军事且公正的官员，将已经登记在簿籍的军兵随他们的特长分类考试。那些武艺出众的人另外编为一支军队，酌量增加口粮，随时加以训练，根据考核的名次给予赏赐。这样一来，那么人人就会激励奋发，争着献出自己的专长，而体衰怯懦的人也可以有量才使用的发展。从前唐文皇出征的时候，常常把他的军队分为上中下三等，凡是面临敌军就观察对方的强弱，用下军抵挡他们的上军，而用上军抵挡他们的中军，用中军抵挡他们的下军。故军战胜下军，不过追逐奔逃几步，而上军中军已经战胜另外两军了，用这种方法经常取胜。大概古代的将帅也有把怯懦的军兵交付给敌人的，关键在于要预先区分，不要使健壮、怯懦的士兵相混淆罢了。

注释　① 周世宗：五代后周皇帝柴荣（921—959），在位期间曾改革弊政，发展农业生产，先后攻取后蜀、南唐、契丹的部分土地。　② 脧（juān）：搜刮。　③ 蒐（sōu）：检阅，阅兵。　④ 三关：指益津关、瓦桥关、淤口关，是河北境内的三处险隘。当时为契丹人占据，周世宗显德六年（959）曾攻取三关。

原文

上览书不悦，诏付尚书

翻译

皇上阅读奏疏不高兴，诏令交付尚

省诘之。宰执恶其纷更诸事，谓所言多不当。于是规惶惧待罪，诏谕曰："朕始以规有放归山林之语，故令诘之，乃辞以不识忌讳，意谓朕恶其言而怒也。朕初无意加罪，其令御史台谕之。"寻出为徐州帅府经历官。

正大元年，召为右司谏，数上章言事，寻权吏部郎中。时诏群臣议修复河中府，规与杨云翼等言[1]："河中今为无人之境，陕西民力疲乏，修之亦不能守，不若以见屯军士量力补治，待其可守即修之未晚也。"从之。未几，坐事解职。初，吏部尚书赵伯成坐铨选吏员出身王京与进士王著填开封警巡判官见阙[2]，为京所讼免官，规亦坐之。是年十一月，改充补阙。十二月，言将相非材，且荐数人可用者。

二年正月，规及台谏同

书省追问。宰相讨厌他更改各种事务，认为他所说的事大多不得当。于是陈规惶恐待罪，降诏告谕说："朕开始因为陈规有放逐回山林的话，所以使人追问他，他却以不懂得忌讳的话来推辞，意思是说朕厌恶他的话而发怒。朕完全没有加罪于他的意思，可命令御史台告诉他。"不久，出任徐州元帅府经历官。

正大元年（1224），召入朝为右司谏，多次上奏章议论政事，随即权吏部郎中。当时诏令群臣聚议修复河中府，陈规与杨云翼等人说："河中现今是没有人的境土，陕西百姓的力量疲乏，即使修复了，也不能守卫，不如以现在屯驻的军队量力修补整治，等到它可以守卫了，再修复也不算晚。"听从了他们的建议。不久，因事获罪解职。最初，吏部尚书赵伯成因为选调吏员出身的王京与进士王著填补开封府警巡判官现阙职务，被王京控告而获罪免官，陈规也因为这事而获罪。这年十一月，改官充任右补阙。十二月，上书议论将帅宰相没有才干，并且举荐几个可以任用的人。

二年正月（1225），陈规与御史台官一同奏论五件政事：一，请求尚书省提举控制枢密院，如大定、明昌年间的事

奏五事：一，乞尚书省提控枢密院，如大定、明昌故事。二，简留亲卫军。三，沙汰冗军，减行枢密院、帅府。四，选大臣为宣抚使，招集流亡以实边防。五，选官置所，议一切省减。略施行之。

四月，以大旱诏规审理冤滞，临发上奏："今河南一路便宜、行院、帅府、从宜凡二十处③，陕西行尚书省二、帅府五，皆得以便宜杀人，冤狱在此不在州县。"又曰："雨水不时则责审理，然则职燮理者当何如。"上善其言而不能有为也。

例。二，拣择保留亲卫军。三，淘汰多余的军兵，减少行枢密院、元帅府。四，选派大臣担任宣抚使，招徕聚集流亡百姓以充实边防。五，选派官吏设置官署，一切从节省费用出发商议。朝廷大略施行了这些建议。

四月，因为大旱诏令陈规审理冤案、长期未了的积案，临出发上奏说："现今河南一路，便宜从事、行枢密院、元帅府、便宜从事之类的官署共有二十处，陕西有行尚书省二处、元帅府五处，都可以不奏报朝廷而自行处置杀人，冤狱在这些地方而不在州县。"又说："雨水不按时节降落，就责成审理冤狱，既然如此，那么对那些职责在调理阴阳的执政大臣应当怎么办呢？"皇上赞赏他的话但不能有所作为。

注释　①杨云翼：字子美，平定乐平人，明昌年间登第，官至吏部尚书、翰林学士，是金代著名文学家。　②铨选：由吏部委派选调官员。见(xiàn)阙：现时空缺的职位。　③便宜：不先向朝廷奏报，根据事机灵活处置政事，往往是由朝廷特许的权力。下文"从宜"同。

原文

十一月，上召完颜素兰及规入见①，面谕曰："宋人

翻译

十一月，皇上召完颜素兰和陈规入宫进见，当面告诉他们说："宋朝人轻率

轻犯边界，我以轻骑袭之，冀其惩创告和，以息吾民耳。宋果行成，尚欲用兵乎？卿等当识此意。"规进曰："帝王之兵贵于万全，昔光武中兴，所征必克，犹言'每一出兵，头须为白'。兵不妄动如此。"上善之。

四年三月，上召群臣喻以陕西事曰："方春北方马渐羸瘠，秋高大势并来，何以支持？朕已喻合达尽力决一战矣，卿等以为如何？"又言和事无益，撒合辇力破和议[2]，赛不言[3]："今已遣和使，可中辍乎？"余皆无言，规独进曰："兵难遥度，百闻不如一见。臣尝任陕西官，近年又屡到陕西，兵将冗懦，恐不可用，未如圣料。"言未终，乌古论四和曰："陈规之言非是，臣近至陕西，军士勇锐，皆思一战。"监察御史完颜习显从而和之，上首肯。又泛言和

地侵犯边界，我们派遣轻骑兵袭击他们，希望他们受到打击而警戒，请求和议，以使我们的百姓休息。宋朝果真来讲和，我们还要用武力吗？你们应当知道这一意思。"陈规进奏说："帝王的军队贵在万全无失，从前东汉光武帝中道复兴帝王大业，征讨之处必定攻克，尚且说'每次出兵，头发必定为此变白'。军队像这样不随便行动。"皇上对这些话很赞赏。

四年（1227）三月，皇上召集群臣告诉他们陕西的事务说："现今正是春季，北方军队的马匹渐渐瘦瘠，到秋高气爽的时节大军一同来犯，我们将用什么方法来支持局面？朕已经告诉完颜合达尽全力决战一次，你们认为怎样？"又说求和没好处，撒合辇极力破除和议，完颜赛不说："现今已经派遣议和使臣，可以中途停止吗？"其余的人都无话可说，只有陈规进奏说："军队的情况很难在远方猜测，听说一百次不如当面见一次。臣曾经担任陕西的官吏，近年又多次到陕西，士兵将帅冗杂怯懦，恐怕不可任用，未必如圣上所预料的那样。"话还没有说完，乌古论四和说："陈规的话不正确，臣近时前往陕西，士兵勇猛精锐，都想与敌军决一死战。"监察御史完

事,规对曰:"和事固非上策,又不可必成,然方今事势不得不然。使彼难从,犹可以激厉将士,以待其变。"上不以为然。明日,又令集议省中,欲罢和事,群臣多以和为便,乃诏行省斟酌发遣,而事竟不行。

颜习显紧跟着附和他,皇上点头称是。又广泛地议论讲和的事,陈规奏对说:"议和一事固然不是上策,又不可以保证成功,但是当今时局形势不得不这样做。即使他们难以依从,也还可以激励将士,以等待他们的变故。"皇上对他的话不以为然。第二天,又命令群臣聚集在尚书省商议,想要取消议和的事,群臣大多认为议和为便利,于是诏令行尚书省斟酌事势处置,而议和一事最终没有施行。

注释 ① 完颜素兰:字伯阳,女真人。至宁元年策论进士,尝为御史、谏议大夫、御史中丞、参知政事。曾首先弹劾术虎高琪的奸恶。 ② 撒合辇:即完颜撒合辇,字安之,女真人。因为拥立哀宗即帝位,甚见亲信。正大中为中京留守,兼行枢密事。城破,投河自杀。 ③ 赛不:即完颜赛不,金宗室。金末官至枢密副使、平章政事、右丞相。行尚书省于徐州,徐州将士欲出降,不从自缢死。

原文

十月,规与右拾遗李大节上章,劾同判大睦亲事撒合辇谄佞①,招权纳贿及不公事,由是撒合辇竟出为中京留守,朝廷快之。五年二月,又与大节言三事:一,将帅出兵每为近臣牵制,不得专辄。二,近侍送宣传旨,

翻译

十月,陈规与右拾遗李大节上章疏,弹劾同判大睦亲府事撒合辇谄媚奸佞,招揽权势,接受贿赂以及为政不公等事,为此撒合辇终于被遣出担任中京留守,朝廷大臣对此感到高兴。五年(1228)二月,又与李大节上言议论三件政事:一,将帅率军出战,每每受到近侍之臣的牵制,不能专一行事。二,近侍

公受赂遗，失朝廷体，可一切禁绝。三，罪同罚异，何以使人？上嘉纳焉。

初，宣宗尝召文绣署令王寿孙作大红半身绣衣[2]，且戒以勿令陈规知。及成，进，召寿孙问曰："曾令陈规辈知否？"寿孙顿首言："臣侍禁廷，凡宫省大小事不敢为外人言，况亲被圣训乎！"上因叹曰："陈规若知，必以华饰谏我，我实畏其言。"盖规言事不假借[3]，朝望甚重，凡宫中举事，上必曰："恐陈规有言。"一时近臣切议，惟畏陈正叔耳，挺然一时直士也。后出为中京副留守，未赴，卒，士论惜之。

官传送宣读圣旨，公开收受财物馈赠，有失朝廷体统，可以下令禁绝一切赠送。三，罪行相同而处罚有区别，用什么来支使人？皇上称赞采纳了他们的建议。

最初，宣宗曾经召文绣署令王寿孙制作大红半身绣花衣服，并且告诫他不要让陈规知道。等到衣服制成，进献上来，皇上召王寿孙问道："曾经让陈规等人知道吗？"王寿孙叩头而拜说："臣侍奉宫廷禁闱，凡是宫中的大小事都不敢对外面的人说，何况还亲自接受圣上训示呢！"皇上于是叹息说："陈规若是知道了，一定要用使用过分华美的服饰来劝谏我，我确实害怕他的谏言。"大体上陈规论事不宽容留情，在朝臣中声望很大，凡是宫廷中做事，皇上必定要说："恐怕陈规有话说。"当时近侍之臣私下议论，只是害怕陈正叔罢了，他是当时挺拔杰出正直的人士。后来，出任中京副留守，没有赴任，逝世，士大夫都很惋惜。

注释 ① 同判大睦亲事：金代职官名。以皇族中人充当，掌管处理宗室事务，钦承王命。 ② 文绣署：金代官署名，掌管皇室及宫廷中衣物的织造、刺绣等事务。 ③ 假借：宽容，饶恕。

原文

规博学能文,诗亦有律度。为人刚毅质实,有古人风,笃于学问,至老不废。浑源刘从益见其所上八事[1],叹曰:"宰相材也。"每与人论及时事辄愤惋,盖伤其言之不行也。南渡后,谏官称许古、陈规[2],而规不以讦直自名,尤见重云。死之日,家无一金,知友为葬之。

翻译

陈规学问渊博能作文章,写诗也讲究格律法度。为人刚毅质朴诚实,有古人风范,专心致志于学问,到老也不废止。浑源刘从益见到他奏疏中所论的八件事,叹息说:"这是做宰相的人才。"每当与人谈论到时政就愤激惋惜,哀伤他的谏言不能施行。南渡以后,有名望的谏官要数许古、陈规,而陈规,因此尤其被人看重。他死的时候,家中没有一点钱财,知己朋友料理安葬了他。

注释 ① 刘从益:字云卿,浑源(今山西浑源)人。大安间进士,累官监察御史、叶县令、应奉御林文字,有治政业绩。 ② 许古:字道真,交河人。明昌年间进士。历官监察御史、右司谏、补阙,是金末著名的谏官。

强 伸 传

导读

强伸出身于一个并不高贵的军人家庭,由于他的英勇善战而被任用。在中京(今河南洛阳)遭到围攻时,他受命于危难之际,奋勇作战,捍卫城市,创造了以少胜多的战绩。当城市被攻破,力尽就擒时,他又顽强不屈,最终被杀害。本传正是通过这一系列描写,称赞他"能应变制胜","犹有烈丈夫之风"。(选自卷一一一)

原文

强伸,本河中射粮军子弟,貌极寝陋,而膂力过人①。兴定初②,从华州副都统安宁复潼关③,以劳任使,尝监郃阳醋④。后客洛下,选充官军,戍陕铁岭,军溃被虏,从都尉兀林答胡土窜归中京。时中京已破,留守兼行枢密院使内族撒合辇死之,元帅任守真复立府事,以便宜署伸警巡使。后守真率部曲军从行省思烈入援⑤,郑州之败守真死。

翻译

强伸,本来是河中府射粮军军士的子弟,容貌极其丑陋,但是臂力超过他人。兴定初年,跟从华州副都统安宁收复潼关,因为功劳而被差遣任用,曾经监卖郃阳醋。后来客居在洛阳城中,选派充当官军士兵,防守陕州铁岭,军队溃败而被俘虏,跟随都尉兀林答胡土逃窜回到中京。当时中京已经攻破,留守兼行枢密院使皇族撒合辇战死,元帅任守真重新建立元帅府,未经奏报自行委任强伸为警巡使。后来任守真率领他的军队跟随行尚书省完颜思烈入都城救援,当郑州战役失败时,任守真战死。

注释　① 膂(lǚ)：四肢。　② 兴定：金宣宗的年号，1217—1221 年。　③ 华州：州名，治所在今陕西华州。　④ 郃阳：县名，在今陕西合阳。　⑤ 思烈：即完颜思烈，自小养在宫中，为宣宗爱幸。天兴初年为参知政事。后为中京留守，听说崔立之变，病数日而死。

原文

　　天兴元年八月，中京人推伸为府签事①，领所有军二千五百人，伤残老幼半之。甫三日，北兵围之，东西北三面多树大炮，伸括衣帛为帜，立之城上，率士卒赤身而战，以壮士五十人往来救应，大叫，以"憨子军"为号②，其声势与万众无异。兵器已尽，以钱为镞③，得大兵一箭截而为四，以筒鞭发之。又创遏炮④，用不过数人，能发大石于百步外，所击无不中。伸奔走四应，所至必捷。得二驼及所乘马皆杀之，以犒军士，人不过一啖⑤，而得者如百金之赐。九月，大兵退百里外。闰月，复攻，兵数倍于前。又

翻译

　　金哀宗天兴元年（1233）八月，中京人推举强伸为府署签事，统领现有的军兵二千五百人，其中伤兵、残疾、老人、少年占了一半。刚三天，北方大军围击中京，在东、西、北三面树立多门大炮，强伸搜集衣服、绢帛制成旗帜，将它们插在城墙上，率领士兵光着身子作战，派五十名壮士往来应急救援，大声呐喊，以"憨子军"作为名号，他们的声势与一万人的军队没有区别。兵器已经用完了，就把铜钱制成箭头，把获得的北方军队射来的箭，一枝截断为四截，使用筒鞭发射。又创制了遏炮，使用的时候不过几个人操纵，能够发射大石头到一百步以外，要攻击的目标没有不命中的。强伸四处奔走接应，所到之处必定获胜。把缴获的两头骆驼，连同他乘坐的马都宰杀了，用来犒劳军士，每人不过吃到一块肉，而获得的人却如同得到百金的赏赐。九月，北方大军撤退到一百里以外的地方。闰九月，又来进

一月，不能拔。事闻，哀宗降诏褒谕⑥，以伸为中京留守、元帅左都监、世袭谋克、行元帅府事。

攻，兵力比以前多几倍。又过了一个月，仍然不能攻克。这里的战事奏报到了朝廷，哀宗颁降诏书褒奖鼓励，任命强伸为中京留守、元帅左都监、世袭谋克身份、行元帅府事。

注释 ① 签事：金代职官名，是按察使的属官，掌管检察之事。 ② 憨(hān)子：傻子。 ③ 镞(zú)：箭头。 ④ 遏炮：一种投掷武器。它是在木制架子上设置活动长杆，可以抛掷大石块，由许多人牵引发射，用来摧毁敌方城墙、门楼和其他设施。 ⑤ 啖(dàn)：吃。 ⑥ 哀宗：即金哀宗完颜守绪(1198—1234)，宣宗第三子。即位之后停止攻宋，专力抵御蒙古。后放弃汴京，逃入蔡州，城被围困，传位于末帝，自缢而死。在位十年，庙号为哀宗。

原文

十月，参知政事内族思烈自南山领军民十余万人洛，行省事。二年二月，伸建一堂于洛川驿之东，名曰"报恩"，刻诏文于石，愿以死自效。三月，中使至，以伸便宜从事。是月，大兵自汴驱思烈之子于东门下，诱思烈降。思烈即命左右射之。既而知崔立之变①，病不能语而死。总帅忽林答胡土代行省事，伸行总帅府

翻译

十月，参知政事皇族完颜思烈从南山率领军兵百姓十余万人进入洛阳，行尚书省事。二年(1225)二月，强伸在洛川驿的东边修建一座厅堂，题作"报恩"，刻诏书文字于碑上，愿意以死来报效。三月，宫廷使臣来到洛阳，允许强伸可以根据情况灵活处理政事。这一月，蒙古大军从汴梁驱赶完颜思烈的儿子到城东门下，劝诱完颜思烈投降。完颜思烈立即命令左右士兵用弓箭射击他们。不久得知崔立在汴京叛变降元的消息，患病不能说话而死去。总帅忽林答胡土代行尚书省事，强伸代行总帅

事，月余粮尽，军民稍稍散去。

府事，过了一个多月，粮食耗尽了，军士百姓渐渐逃散离去。

注释　① 崔立：将陵人，原为游民，后从军，历官都统、都尉。哀宗出走归德，任命为西面元帅。天兴二年（1233），杀二位宰相，自称太师、都元帅、尚书令，胁迫朝廷献城投降元军。次年为部将所杀。

原文

　　五月，大兵复来，阵于洛南，伸阵水北。有韩帅者匹马立水滨，招伸降，伸谓帅曰："君独非我家臣子耶？一日勤王，犹遗令名于世，君既不能，乃欲诱我降耶？我本一军卒，今贵为留守，誓以死报国耳。"遂跃而射之。帅奔阵，率步卒数百夺桥，伸军一旗手独出拒之，杀数人，伸乃手解都统银符与之佩，士卒气复振。初，筑战垒于城外四隅，至五门内外皆有屏，谓之迷魂墙。大兵以五百骑迫之，伸率卒二百鼓噪而出，大兵退。

　　六月，行省胡土率众走南山，鹰扬都尉献西门以

翻译

　　五月，蒙古大军又来进攻，在洛水以南排列战阵，强伸在洛水以北排列战阵。有个叫韩帅的人单枪匹马站立在河水边上，招强伸归降，强伸告诉韩帅说："你难道不是我朝的臣子吗？一旦起兵救援朝廷，还可以在世上留下美名，你既然不能这样做，却想劝诱我投降吗？我本来是一个士兵，现在显贵成为留守，发誓以死来报效国家罢了。"于是奋身而起，用弓箭射他。韩帅奔回阵地，率领步兵几百人抢夺河桥，强伸军中一名旗手单独出阵抵御他们，斩杀几人，强伸就亲手解下都统的银符给他佩上，士气重新振作。最初，在城外的四个角落上修筑作战堡垒，到五道门的内外都有屏障，称作迷魂墙。北方大军以五百骑兵逼近它们，强伸率领二百名士兵呐喊杀出，大军退去。

　　六月，行尚书省乌林答胡土率领部

降,伸知城不能守,率死士数十人突东门出,转战至偃师①,力尽就执。载以一马,拥迫而行,伸宛转不肯进,强掖之,将见大帅塔察。及中京七里河,伸语不逊,兵卒相谓曰:"此人乖角如此②,若见大帅,其能降乎?不若杀之。"因好语诱之曰:"汝能北面一屈膝,吾贷汝命。"伸不从,左右力持使北面,伸拗头南向,遂杀之。

众逃向南山,鹰扬都尉献出西城门投降,强伸知道城市不能守卫了,率领敢死士几十人突破东门出走,转战到偃师,力量耗尽而被捉住。敌军士兵用一匹马载着他,簇拥逼迫他行进,强伸辗转挣扎不肯前行,元兵强拉他走,将要去见大帅塔察。来到中京七里河时,强伸出言不恭顺,士兵们相互说:"这个人如此怪僻顶撞,如果见到大帅,他能够投降吗?不如杀了他。"于是用好言语哄诱他道:"你能够向着北面屈膝下跪一次,我们将饶你性命。"强伸不听从,左右的士兵用力抓住使他面向北方,强伸拗过头去向着南方,于是杀害了他。

注释 ① 偃师:县名,在今河南偃师。 ② 乖角:抵触,怪僻。

移剌蒲阿传

导读

　　这是一篇传记的节录，它完整地记载了金国与蒙古所发生的三峰山之战的全过程。

　　三峰山之战，对于金国来说，是存亡攸关的重要战役。金代末叶，国力衰微，四面有蒙古、南宋、西夏的进犯，境土仅仅局限于河南、陕西，军事力量主要集中在陕西两个行省。三峰山一战，陕西行省的十几万大军全军覆没，英勇善战的骁将如完颜合达、完颜陈和尚等人也损失殆尽。金国国势从此一蹶不振，急速地走向了灭亡。三峰山之战的失败，主要在于金军主帅指挥的失误。战役开初，金军在数量上占有优势，而且是在本国境土作战，更具有地利的因素。蒙古军队则"悬军深入"，"犯兵家之所忌"，处于不利的形势。但金军没有利用这些有利条件，作为主帅的移剌蒲阿固执己见，不肯采纳部下的正确建议。战争开始后，又为对方的计谋所迷惑，一再贻误战机。再加上后方给养被敌人截断，金军就完全陷入了孤立无援的绝境之中。尽管金军将士英勇战斗，但最终还是遭到了惨败，移剌蒲阿也自食其果。传记作者的倾向性是明显的："蒲阿无谋，独以一死无愧。"这篇传是《金史》中描写战争活动颇为精彩的篇章。至于它所记载的史实也为我们研究金国后期历史和金、元战争史提供了极为重要的资料。（选自卷一一二）

原文

八年正月，北军入陕

翻译

正大八年（1231）正月，北方大军攻

西,凤翔破①,两行省弃京兆而东,至洛阳驿②,被召议河中事,语在《白华传》。

十二月,北兵济自汉江③,两省军入邓州④,议敌所从出,谓由光化截江战为便⑤,放之渡而战为便。张惠以"截江为便,纵之渡,我腹空虚,能不为所溃乎"。蒲阿麾之曰:"汝但知南事,于北事何知?我向于裕州得制旨云⑥,'使彼在沙碛且当往求之',况今自来乎?汝等更勿似大昌原、旧卫州、扇车回纵出之⑦。"定住、高、樊皆谓蒲阿此言为然。合达乃问按得木,木以为不然。军中以木北人,知其军情,此言为有理,然不能夺蒲阿之议。

入陕西,凤翔府被攻破,两个行省放弃京兆府向东行进,来到洛阳驿,被召商议河中府事,这事记载在《白华传》内。

十二月,北方大军从汉江渡过,两个行省的军队进入邓州,计议敌军出兵的方向,商议是由光化拦截江面作战为便利,还是放纵他们渡江而后作战为便利。张惠认为:"拦截江面为便利,放纵他们渡江,我们的腹地空虚,能够不被他们击溃吗?"移剌蒲阿挥斥他道:"你只知道南方军队的事,对于北方军队的事你知道什么?我以前在裕州得到诏书说:'如果他们在沙石堆积的荒滩地中,就应当前往寻求他们作战。'何况现今他们自己前来呢?你们不要像在大昌原、旧卫州、扇车回之战那样放纵他们出去。"蒲察定住、高英、樊泽都认为移剌蒲阿的话是对的。完颜合达于是询问按得木,按得木以为不对。军队中认为按得木是北方人,知道他们军队的情况,这番话有道理,但是不能改变移剌蒲阿的意见。

注释 ①凤翔:府名,在今陕西凤翔。 ②洛阳驿:即洛阳,今河南洛阳。 ③汉江:即汉水,河流名,发源于陕西宁强,经湖北,汇入长江。 ④邓州:州名,治所在今河南邓州。 ⑤光化:军名,治所在今湖北老河口。 ⑥裕州:州名,治所在今河南方城。 ⑦大昌原:地名,在今甘肃宁县。卫州:州名,治所在今河南卫辉。

原文

顺阳留二十日①，光化探骑至，云千骑已北渡，两省是夜进军，比晓至禹山②，探者续云北骑已尽济。癸酉，北军将近，两省立军高山，各分据地势，步迎于山前，骑屯于山后。

翻译

在顺阳驻留了二十天，往光化探报的骑兵回来，说蒙古军队的一千骑兵已经渡江向北行进，两个行省在当天夜晚进军，到天明来到禹山，探报的人接续报告说北方大军的骑兵已经全部渡江。癸酉日，北方大军将要临近了，两个行省把军队排列在高山上，各自分头占据地势，步兵到山前迎战，骑兵屯集在山后。

注释 ① 顺阳：镇名，在今河南淅川。 ② 禹山：山名，在今河南邓州境内，山上有禹庙。

原文

甲戌，日未出，北兵至，大帅以两小旗前导来观，观竟不前，散如雁翅，转山麓出骑兵之后，分三队而进，辎重外余二万人。合达令诸军："观今日事势不当战，且待之。"俄而北骑突前，金兵不得不战，至以短兵相接，战三交，北骑少退。北兵之在西者望蒲阿亲绕甲骑后而突之，至于三，为蒲

翻译

甲戌日，太阳还没有出来，北方大军来到，大元帅以两面小旗为前导来观察阵地，观察完毕也不前进，军队散开如同大雁翅膀，转过山麓从骑兵的后面出击，分成三队进军，除运送军用物资的士兵以外剩余二万人。完颜合达传令给各路军兵："观察今天的事态形势，不应当拼战，姑且等待他们。"随即北军骑兵奔突向前，金军不得不应战，以至用短兵器交手，经过三次交锋，北军骑兵稍微退却。在西边的北方军队望见移刺蒲阿，亲自绕到铁甲骑兵后面冲击

察定住力拒而退。大帅以旗聚诸将,议良久。合达知北兵意向。时高英军方北顾,而北兵出其背拥之,英军动,合达几斩英,英复督军力战。北兵稍却观变,英军定,复拥樊泽军,合达斩一千夫长,军殊死斗,乃却之。

北兵回阵,南向来路。两省复议,"彼虽号三万,而辎重三之一焉。又相持二三日不得食,乘其却退当拥之。"张惠主此议,蒲阿言:"江路已绝,黄河不冰,彼入重地,将安归乎,何以速为?"不从。

乙亥,北兵忽不知所在,营火寂无一耗。两省及诸将议,四日不见军,又不见营,邓州津送及路人不绝,而亦无见者,岂南渡而归乎?己卯,逻骑乃知北军在光化对岸枣林中,昼作食,夜不下马,望林中往来,

他们,进攻了三次,被蒲察定住奋力抵御而击退。大元帅用令旗招聚各将,商议了很久。完颜合达知道北方大军的意向。当时高英的军队正向着北边警戒,而北方大军从他们的背后杀出冲击他们,高英的军队动摇,完颜合达几乎要斩了高英,高英再次督率军队奋力拼战,北军稍稍退却以观望变化,高英的军队稳定下来。又攻击樊泽的军队,完颜合达斩了一个千夫长,军队拼死战斗,才使敌军退却。

北方大军撤回阵地,面对着南方以前的来路。两个行省又商议说:"他们虽然号称三万人,但是运送军需物资的占了三分之一,又相持了两三天不能吃东西,应当乘他们退却的机会掩袭他们。"张惠主张这一建议,移剌蒲阿说:"渡江的路已经断绝,黄河又不结冰,他们进入重兵设防之地,将要回到哪里去呢,何必要急速与他们决战呢?"不听从。

乙亥日,北方大军忽然不知道去向,营地上寂静没有一点儿火光。两个行省和各位将官商议说,四天没有敌军士兵,又不见营帐,邓州护送军队给养的人和过路的人不断,但也没有看见他们的人,难道是向南渡江而撤回去了

不五六十步而不闻音响,其有谋可知矣。

初,禹山战罢,有二骑迷入营,问之,知北兵凡七头项,大将统之。复有诈降者十人,弊衣羸马泣诉艰苦①,两省信之,易以肥马,饮之酒,及暖衣食而置之阵后,十人者皆鞭马而去,始悟其为觇骑也②。

庚辰,两省议入邓就粮,辰巳间到林后③,北军忽来突,两省军迎击,交绥之际,北兵以百骑邀辎重而去,金兵几不成列,逮夜乃入城,惧军士迷路,鸣钟招之。樊泽屯城西,高英屯城东。九年正月壬午朔,耀兵于邓城下,北兵不与战,大将使来索酒,两省与之二十瓶。

吗?己卯日,巡逻的骑兵才知道北方大军在光化县对岸的枣树林中,白天做饭,夜晚不下马,在树林中往来,不出五六十步就听不到声音响动,他们有阴谋。

最初,禹山作战结束,有两个骑兵迷路进入营地,盘问他们,知道北方大军共有七个部分,由大将统领着他们。又有假装投降的敌军十个人,穿破烂衣服,骑瘦弱的马,哭着述说生活的艰苦,两个行省相信了他们的话,为他们更换了肥壮的战马,给他们酒喝和暖和的衣服、食品,将他们安置在阵地后边。这十个人都扬鞭策马离去,才悟出他们是刺探军情的侦骑。

庚辰日,两个行省商议入邓州就地取粮,在辰时、巳时之间到达树林后面,北方大军忽然前来冲击,两行省的军队迎上去攻击,在交战之际,北军用一百骑兵拦截军需物资离去,金军几乎不能排列成阵,到夜晚才进入城中,害怕军士们迷失道路,敲钟招集他们。樊泽屯驻在城的西边,高英屯驻在城东边。九年正月壬午初一日,在邓州城下炫耀兵力,北方大军不与他们交战,大将派人来索取酒,两个行省给了他们二十瓶。

注释 ①嬴(léi)：瘦弱。 ②觇(chān)：窥视，侦察。 ③辰巳：地支的第五、六位。古人用地支计时，辰时相当于上午七至九时，巳时相当于上午九时至十一时。

原文

癸未，大军发邓州，趋京师，骑二万、步十三万，骑帅蒲察定住、蒲察答吉卜，郎将按忒木，忠孝军总领夹谷爱答、内族达鲁欢，总领夹谷移特剌，提控步军临淄郡王张惠①，殄寇都尉完颜阿排、高英、樊泽，中军陈和尚，与恒山公武仙、杨沃衍军合②。是日，次五朵山下③，取鸦路④，北兵以三千骑尾之。遂驻营待杨武。

翻译

癸未日，大军从邓州出发，直趋京城，有骑兵二万、步军十三万人，骑兵元帅蒲察定住、蒲察答吉卜，郎将按忒木，忠孝军总领官夹谷爱答、皇族完颜达鲁欢，总领夹谷移特剌，提控步军临淄郡王张惠，殄寇都尉完颜阿排、高英、樊泽，中军完颜陈和尚，与恒山公武仙、杨沃衍的军队会合。这一天屯驻在五朵山下，取道鸦路，北方大军派三千骑兵尾随他们。于是扎营等待杨武。

注释 ①临淄郡王：金代封爵名。临淄即今山东淄博。 ②恒山公：金代封爵名。兴定四年(1220)，金宣宗封河北义军首领九人为公，称河北九公。真定经略使武仙为恒山公。 ③五朵山：山名，在今河南邓州境内。 ④鸦路：地名，即鲁阳关，在今河南鲁山、南召之间，地势险峻，有鸦水流经其中。

原文

杨武至，知申、裕两州已降七日①。至夜，议北骑明日当复袭我，彼止骑三

翻译

杨武来到，知道申州、裕州两州已经投降七天了。到晚上商议北军骑兵明天会再袭击我们，他们只有骑兵三千

千，而我示以弱，将为所轻，当与之战。乃伏骑五十于邓州道。明日军行，北骑袭之如故，金以万人拥之而东，伏发，北兵南避。是日雨，宿竹林中。庚寅，顿安皋②。辛卯，宿鸦路、鲁山③。河西军已献申、裕，拥老幼牛羊取鸦路，金军适值之，夺其牛羊饷军。

癸巳，望钧州④，至沙河⑤，北骑五千待于河北，金军夺桥以过，北军即西首敛避。金军纵击，北军不战，复南渡沙河。金军欲盘营，北军复渡河来袭。金军不能得食，又不得休息。合昏，雨作，明旦变雪。北兵增及万人，且行且战，至黄榆店⑥，望钧州二十五里，雨雪不能进，盘营三日。

人，而我们显示软弱，将被他们轻视，应当与他们拼战。于是在邓州道上埋伏骑兵五十人。第二天军队出发，北军骑兵像往常一样袭击他们，金军用一万人拥迫北军向东行进，伏兵齐发，北军骑兵向南逃避。这一天降雨，宿营在竹林中。庚寅日，屯驻在安皋。辛卯日，宿营在鸦路、鲁山。河西的军队已经献出申州、裕州，挟持老人少年，驱赶牛羊取道鸦路，金军正好遇到他们，夺取了他们的牛羊给军士吃。

癸巳日，向钧州进发，来到沙河，北军骑兵五千人等待在河的北岸，金军夺桥渡过河，北方大军就向西边聚集避开锋芒。金军纵兵攻击，北军不与他们作战，又向南渡过沙河。金军想要安扎营帐，北方军队又渡河来袭击。金军不能得到食品，又不能够休息。黄昏，大雨降下来，到第二天早晨又变成了雪。北方大军增加到一万人，金军一边行军一边作战，来到黄榆店，前望钧州还有二十五里，因为雨雪不能行进，安扎营寨停留了三天。

注释　①申：州名，治所在今河南信阳南。　②安皋：地名，在今河南南阳。　③鲁山：县名，在今河南鲁山。　④钧州：州名，治所在今河南禹州。　⑤沙河：河流名，汝水的支流。　⑥黄榆店：地名，属钧州，在今河南禹州境内。

原文

丙申，一近侍入军中传旨，集诸帅听处分，制旨云："两省军悉赴京师，我御门犒军，换易御马，然后出战未晚。"复有密旨云："近知张家湾透漏二三百骑①，已迁卫、孟两州②，两省当常切防备。"领旨讫，蒲阿拂袖而起，合达欲再议，蒲阿言："止此而已，复何所议。"盖已夺魄矣。军即行。

翻译

丙申日，一位近侍到军营中传达圣旨，召集各位元帅听候安排，圣旨说："两个行省的军队全部赶赴京城，我将要登上城门犒赏军兵，调换御马，然后出战不算晚。"又有秘密诏旨说："近来知道张家湾偷渡过来二三百骑兵，已经迁徙到卫州、孟州，两个行省应当经常严切防备。"领受圣旨完毕，移剌蒲阿甩动衣袖起身，完颜合达想要再计议，移剌蒲阿说："只是这些情况罢了，又再商议什么呢？"大概已经是丧魂夺魄了。军队于是行进。

注释 ① 张家湾：地名，在今湖北襄阳附近，可控制白河与汉水的汇流处。 ② 卫州：州名，治所在今河南卫辉。孟州：州名，治所在今河南孟州。

原文

北军自北渡者毕集，前后以大树塞其军路，沃衍军夺路，得之。合达又议陈和尚先拥山上大势，比再整顿，金军已接竹林，去钧州止十余里矣。金军遂进，北军果却三峰之东北、西南①。武、高前锋拥其西南，杨、樊

翻译

从北边渡江的北方大军全部聚集了，在前面、后面用大树堵塞了金军行军的道路，杨沃衍的军队争夺道路，获取了它。完颜合达又商议派完颜陈和尚先占据山上大的地势，等到再次整顿军马，金军已经接近竹林，离钧州只有十几里了。金军于是前进，北方大军果然退却到三峰山的东北、西南面。武仙、高英军队的前锋攻击他们西南面的

拥其东北,北兵俱却。止有三峰之东,张惠、按得木立山上望北兵二三十万,约厚二十里。按得木与张惠谋曰:"此地不战欲何为耶?"乃率骑兵万余乘上而下拥之,北兵却。

须臾雪大作,白雾蔽空,人不相觌。时雪已三日,战地多麻田,往往耕四五过,人马所践泥淖没胫。军士被甲胄僵立雪中,枪槊结冻如椽②,军士有不食至三日者。北兵与河北军合,四外围之,炽薪燔牛羊肉,更递休息。乘金困惫,乃开钧州路纵之走,而以生军夹击之,金军遂溃,声如崩山。忽天气开霁,日光皎然,金军无一人得逃者。

武仙率三十骑入竹林中,杨、樊、张三军争路,北兵围之数重,及高英残兵共战于柿林村南③,沃衍、泽、英皆死,惟张惠步持大枪奋

军队,杨沃衍、樊泽的军队攻击他们东北面的军队,北军都退却了。只有三峰山的东面还有敌军。张惠、按得木站立在山上望见北军有二三十万,大约连绵二十里。按得木与张惠商议道:"这个地方不作战,还想要做什么呢?"于是率领骑兵一万余人从山上往下冲击他们,北军退却。

一会儿,雪下大了,白雾遮蔽空中,人都看不见了。当时雪已经下了三天,战场上有许多麻田,往往翻耕四五遍,人马践踏过,泥浆陷没腿胫。军士们披挂铠甲僵硬地站立在雪地中,长矛上结冰像椽子一样粗大,军士们甚至有三天没有吃东西的。北方大军与河北的军队会合,四面将他们围住,燃起大火烤牛羊肉吃,相互替换着休息。乘金军士兵困乏疲惫,就放开通往钧州的道路放纵他们逃走,而派遣新到的军队夹攻他们。金军于是崩溃,声响如同山崩。忽然天气放晴,雨雪停止,阳光明亮,金军没有一个人能够逃脱。

武仙率领三十名骑兵逃入竹林中,杨沃衍、樊泽、张惠三支军队争抢道路,北军将他们围困了几重,与高英军队的残余兵将在柿林村南边共同作战,杨沃衍、樊泽、高英都战死了,只有张惠徒步

战而殁。蒲阿走京师，未至，追及，擒之。七月，械至官山④，召问降否，往复数百言，但曰："我金国大臣，惟当金国境内死耳。"遂见杀。

手持长枪奋战而亡殁。移剌蒲阿向京城逃走，没有到达，被敌军追赶上，捉住了他。七月，用刑具拘囚押解到官山，召见审问他是否投降，反复问了几百句，他只是回答说："我是金国大臣，只应当死在金国境内罢了。"于是被杀害。

注释　①三峰：山名，在今河南禹州境内。　②槊（shuò）：长矛。椽（chuán）：房上安放屋瓦的木条。　③柿林村：地名，在今河南禹州境内。　④官山：山名，在今河南禹州东北。

完颜陈和尚传

导读

这篇传选自《金史·忠义传》，应当说是一篇较为生动的人物传记。完颜陈和尚骁勇善战，治军严明，在历次战争中屡立战功。兵败城破之时，他并不苟且逃生，主动求见敌军主帅，以表明自己为国献身的心迹，遭受敌军酷刑折磨，顽强不屈而死。《金史》在传的开头有一段总结性的评价说："国家有难，在朝者死其官，守郡邑者死城郭，治军旅者死行阵，市井草野之臣发愤而死，皆其所也。"以这一标准来衡量完颜陈和尚的行为，称他为忠臣义士是很确切的。在中华民族悠久的历史长河中，历来不乏忠心报国的志士仁人，尤其是在国难当头的危急时刻，更是层出不穷。鲁迅先生称他们为"中国人的脊梁"。他们所具有的视死如归的大无畏精神正是中华民族的民族之魂。

三峰山战役是关系金国存亡的关键性战役，金国在战争中遭到惨败，国势从此一蹶不振。这篇传记提供了一些有关三峰山战役的基本史料。（选自卷一二三）

原文

完颜陈和尚，名彝，字良佐，世以小字行，丰州人①，系出萧王诸孙②。父乞哥，泰和南征③，以功授同知阶州军事④，及宋复阶州，

翻译

完颜陈和尚，名叫彝，字良佐，世间以其小名通行，是丰州人，出自萧王的后世裔孙。父亲完颜乞哥，在泰和年间讨伐南方时，因为功劳授予同知阶州军事，到宋军收复阶州时，完颜乞哥战死在嘉陵江。

乞哥战殁于嘉陵江⑤。

注释 ① 丰州：州名，在今内蒙古翁牛特旗。 ② 萧王：金代封爵，为小国的封号。海陵王时，完颜秉德曾受此封。 ③ 泰和：金章宗的年号，1201—1208 年。泰和六年(1206)，章宗命平章政事仆散揆统兵讨伐宋朝。 ④ 阶州：州名，在今甘肃陇南武都。 ⑤ 嘉陵江：水名，源出陕西凤县，流经甘肃、四川至重庆市汇入长江。

原文

贞祐中①，陈和尚年二十余，为北兵所掠，大帅甚爱之，置帐下。时陈和尚母留丰州，从兄安平都尉斜烈事之甚谨。陈和尚在北岁余，托以省母，乞还，大帅以卒监之至丰。乃与斜烈劫杀监卒，夺马奉其母南奔。大兵觉，合骑追之，由他路得免。既而失马，母老不能行，载以鹿角车②，兄弟共挽，南渡河。宣宗奇之。

斜烈以世官授都统，陈和尚试补护卫，未几转奉御。及斜烈行寿、泗元帅府事③，奏陈和尚自随，诏以充宣差提控，佩金符。斜烈辟太原王渥为经历④。渥字仲

翻译

贞祐年间，完颜陈和尚二十多岁，被北方大军掳掠，北军大帅很喜爱他，安置他在军帐中。当时陈和尚的母亲留在丰州，堂兄安平都尉完颜斜烈侍奉她很恭敬。完颜陈和尚在北边一年多，假托要探视母亲，乞求放还，大帅派士兵监督他来到丰州。他就和完颜斜烈劫持杀死了监视的士兵，夺过他的马领着母亲向南奔逃。蒙古大军发觉，集合骑兵追赶他们，由于走其他的道路得以逃脱。不久又丧失了马，母亲年老不能行走，用鹿角车载着她，兄弟俩共同拉着，向南渡过黄河。宣宗感到惊奇。

完颜斜烈以先世为官的恩荫授予都统职任，完颜陈和尚试补为护卫，不久转为奉御官。到完颜斜烈行寿州、泗州元帅府事时，奏请让陈和尚跟随自己前往，诏令委任他充宣差提控官，佩戴金符。完颜斜烈征辟太原人王渥为经

泽,文章论议与雷渊、李献能相上下⑤,故得师友之。陈和尚天资高明,雅好文史,自居禁卫日,人以秀才目之。至是,渥授以《孝经》、小学、《论语》、《春秋左氏传》⑥,略通其义。军中无事,则窗下作牛毛细字,如寒苦之士,其视世味漠然。

历官。王渥字仲泽,文章议论和雷渊、李献能差不多,因此能跟他们称师道友互相交往。陈和尚天资聪明,喜爱好文学史籍,自他当上宫廷禁卫的时候,众人就认为他很有能力。到这时,王渥传授他《孝经》、小学、《论语》、《春秋左氏传》,他都大略通晓义理。在军队中没有事情的时候,就坐在窗户下面书写小字,笔画细如牛毛,如同贫寒的人士一样,而对世俗情味显得很淡漠。

注释 ① 贞祐:金宣宗的年号,1213—1216 年。 ② 鹿角车:一种人拉的架子车,因为用木条交叉制作,类似于鹿角的形状,故称。 ③ 寿:即寿州,治所在今安徽凤台。 ④ 王渥:字仲泽,太原人,兴定二年(1218)进士,官至左右司员外郎,善书法,后死于军中。 ⑤ 雷渊:字希颜,浑源人,至宁元年词赋科进士,历官监察御史、太常博士、翰林修撰,其诗文有名于当时。 ⑥《孝经》:儒家经典之一,内容宣扬封建孝道和孝治思想。《春秋左氏传》:即《左传》,儒学经典之一。相传为先秦时代左丘明对《春秋》所作的注。

原文

正大二年,斜烈落帅职,例为总领,屯方城①。陈和尚随以往,凡兄军中事皆预知之。斜烈时在病,军中李太和者与方城镇防军葛宜翁相殴,诉于陈和尚,宜翁事不直,即量笞之。宜翁

翻译

正大二年(1225),完颜斜烈罢去行元帅之职,按惯例担任总领官,屯驻在方城。完颜陈和尚跟随他前往,凡是堂兄军中的事务他都知道。完颜斜烈当时正患病,军队中有李太和与方城镇防军军士葛宜翁相殴斗,向完颜陈和尚申诉,葛宜翁的事理有亏,陈和尚就参酌

素凶悍，耻以理屈受杖，竟郁郁以死，留语其妻必报陈和尚。妻讼陈和尚以私忿侵官，故杀其夫，诉于台省，于近侍，积薪龙津桥南，约不得报则自焚以谢其夫。以故陈和尚系狱。议者疑陈和尚狃于禁近②，倚兵阃之重③，必横恣违法，当以大辟。奏上，久不能决。陈和尚聚书狱中读之，凡十有八月。明年斜烈病愈，诏提兵而西，入朝，哀宗怪其瘦甚，问："卿宁以方城狱未决故耶？卿但行，吾今赦之矣。"以台谏复有言，不敢赦。未几，斜烈卒，上闻，始驰赦陈和尚，曰："有司奏汝以私忿杀人。汝兄死，失吾一名将。今以汝兄故，曲法赦汝，天下必有议我。他日，汝奋发立功名，国家得汝力，始以我为不妄赦矣。"陈和尚且泣且拜，悲动左右，不能出一言为谢。乃以白

军令鞭笞了他。葛宜翁向来凶横强悍，因为输理受杖刑感到耻辱，竟然忧郁苦闷而死去，留话告诉妻子，一定要报复陈和尚。妻子控告陈和尚因为私人愤恨侵犯官吏职权，故意杀死她的丈夫，向御史台、尚书省申诉，又向近侍局申诉，在龙津桥南边堆积起柴薪，发誓如果得不到答复就自焚以向她的丈夫谢罪。因为这一缘故，陈和尚被关在狱中。议论的人怀疑陈和尚曾充当宫廷禁卫，倚仗统率军队的重大权势，必定横行恣肆，违犯法律，应当处以死刑。案情奏报上去，很久不能判决。完颜陈和尚收集书籍在监狱中阅读，共关了十八个月。明年，完颜斜烈疾病痊愈，降诏命令他统领军队向西进攻，入朝廷辞别，哀宗见他很瘦，感到吃惊，问道："你难道是因为方城那个案子还没判决的缘故吗？你只管去，朕现在就赦免了他。"因为御史、谏官又有奏论，不敢赦免他。不久，完颜斜烈逝世。皇上听到消息，才立即赦免了陈和尚，说："有关官府奏论你因为私人怨愤杀人。你的哥哥死了，我损失了一员名将。现在因为你哥哥的缘故，不合法地赦免你，天下必定有非议我的人。以后你要奋发，建立功名，国家得到你的效力，才会认

衣领紫微军都统,逾年转忠孝军提控。

五年,北兵入大昌原④,平章合达问谁可为前锋者⑤,陈和尚出应命,先已沐浴易衣,若将就木然者⑥,摮甲上马不反顾⑦。是日,以四百骑破八千众,三军之士踊跃思战,盖自军兴二十年始有此捷。奏功第一,手诏褒谕,授定远大将军、平凉府判官⑧,世袭谋克。一日名动天下。

为我不是随意赦免你。"完颜陈和尚一边哭泣一边跪拜,悲痛之情感动了左右的人,他连一句感激的话也说不出来。于是以平民百姓身份接受紫微军都统的职务,过了一年调任忠孝军提控官。

五年(1228),蒙古大军攻入大昌原,平章政事完颜合达询问谁可以担任前锋,完颜陈和尚出来领受命令,他先前就已经洗澡更换了衣服,好像就要去死那样,披挂铠甲骑上战马,不再回头顾望。这一天,他率领四百骑兵攻破敌军八千之众,三军将士踊跃鼓舞,都想前往奋战,大抵从战争兴起二十年以来,才有这次大捷。奏报战功为第一,皇上亲笔书写诏书褒奖勉励,授予他定远大将军、平凉府判官,世袭谋克身份。一时之间,威名震动天下。

注释 ①方城:县名,在今河南方城。 ②狃(niǔ):习惯。 ③阃(kǔn):门槛。兵阃,指统率军队。 ④大昌原:地名,在今甘肃宁县附近。 ⑤合达:即完颜合达,名瞻,字景山,女真人。历任河西、陕西重镇守令,后官至平章政事。开兴元年(1232)与蒙古军激战于钧州三峰山,兵败遇害。 ⑥就木:入棺,指死亡。 ⑦摮(huàn):穿上。 ⑧平凉府:府名,治所在今甘肃平凉。

原文

忠孝一军皆回纥、乃满、羌、浑及中原被俘、避罪

翻译

忠孝军士兵都是回纥、乃满、羌、浑等民族以及中原地区的被俘虏、逃避罪

来归者①，骘狠凌突，号难制②，陈和尚御之有方，坐作进退皆中程式，所过州邑，常料所给外秋毫无犯，街曲间不复喧杂，每战则先登陷阵，疾若风雨，诸军倚以为重。六年，有卫州之胜③。八年，有倒回谷之胜④。自刑徒不四五迁，为御侮中郎将。

刑而来归顺的人，这些人凶猛强横，号称难于管制，完颜陈和尚驾驭他们很有办法，坐住起立前进后退都符合法度，经过的州县乡镇，除了日常的供给，秋毫无所侵犯，街巷乡里之间不再喧嚷嘈杂，每次作战都抢先登城攻陷敌军阵地，迅猛如同疾风骤雨，各部军队都依靠他们作为重要力量。六年(1229)，有卫州战役的胜利。八年(1233)，有倒回谷之战的胜利。完颜陈和尚不过经历了四五次升迁，就从受刑的囚徒变成御侮中郎将。

注释 ① 回纥：古代民族名，为匈奴后裔，到唐代时迁移到今新疆一带。乃满：又作乃蛮，为突厥语族的一部，辽金时代游牧于阿尔泰山一带。泰和四年(1204)曾与蒙古军在纳忽昆山激战。羌：古代西部民族名，南北朝时期曾在中原立国，辽金时代居于甘肃、青海一带。浑：西羌之一，吐谷浑的省称，亦居甘肃、青海一带。 ② 骘(zhì)：凶猛。 ③ 卫州：州名，治所在今河南卫辉。正大七年(1230)蒙古军围攻武仙军队于卫州，完颜合达率军增援，卫州解围。 ④ 倒回谷：地名，在今陕西蓝田七盘山。正大八年(1231)蒙古军进犯陕西，曾在此与金军作战。

原文

副枢移剌蒲阿无持重之略①，尝一日夜驰二百里趋小利，军中莫敢谏止。陈和尚私谓同列曰："副枢以大将军为剽略之事，今日得

翻译

枢密副使移剌蒲阿没有审慎稳重的方略，曾经一天一夜奔驰二百里追逐很小的利益，军队中没有人敢于劝谏阻止。完颜陈和尚私下告诉同列将官说："副枢密以大将军的身份做剽劫掳掠的

生口三百，明日得牛羊一二千，士卒喘死者则不复计。国家数年所积，一旦必为是人破除尽矣。"或以告蒲阿，一日，置酒会诸将饮，酒行至陈和尚，蒲阿曰："汝曾短长我，又谓国家兵力当由我尽坏，诚有否？"陈和尚饮毕，徐曰："有。"蒲阿见其无惧容，漫为好语云："有过当面论，无后言也。"

九年正月，三峰山之败，走钧州，城破，大兵入，即纵军巷战。陈和尚趋避隐处，杀掠稍定乃出，自言曰："我金国大将，欲见白事。"兵士以数骑夹之，诣行帐前。问其姓名，口："我忠孝军总领陈和尚也。大昌原之胜者我也，卫州之胜亦我也，倒回谷之胜亦我也。我死乱军中，人将谓我负国家，今日明白死，天下必有知我者。"时欲其降，斫足胫折不为屈[②]，豁口吻至耳，噀

事，今天捉得人丁三百，明天获得牛羊一二千，士兵累得气喘死亡却不加计较，国家多年来所积聚的力量，总有一天必定要被这人破坏丧失干净。"有人把这些话告诉了移剌蒲阿。一天，蒲阿置办酒席聚集各个将领饮酒，敬酒行到陈和尚席上，移剌蒲阿说："你曾经议论指责我，又说国家的兵力要由我毁坏殆尽，果真有这些话吗？"陈和尚喝完酒，缓缓地说："有。"移剌蒲阿见他没有畏惧的神色，只得随口说好话道："有过错应该当面议论，不要在背后说。"

九年（1233）正月，三峰山战败，奔走到钧州。城被攻破，蒙古大军入城，就派遣军队在街巷中作战。陈和尚奔走躲藏在隐僻的地方，等到军队杀戮掳掠稍微结束才出来，自己声称说："我是金国大将，要见大帅禀告事情。"兵士们用几个骑兵将他夹在中间，来到行营军帐前面。询问他的姓名，他说："我是忠孝军总领官完颜陈和尚。大昌原之战取胜的是我，卫州之战取胜的也是我，倒回谷之战胜利的也是我。我如果死在乱军之中，众人将要说我背弃了国家，今天明明白白地死，天下必定有知道我的人。"当时蒙古军想叫他归降，他被砍去脚折断胫骨也不屈服，嘴被割

血而呼[3]，至死不绝。大将义之，酹以马湩[4]，祝曰：“好男子，他日再生，当令我得之。”时年四十一。是年六月，诏赠镇南军节度使，塐象褒忠庙，勒石纪其忠烈。

开，创口一直连到耳朵边，他仍然喷血呼喊，喊声到死也不停止。蒙古大将认为他很忠义，把马奶浇在地上祭奠他，祈祷说：“你是好男子，将来再投生，请让我得到你。”当时他年龄四十一岁。这年六月，降诏追赠他为镇南军节度使，在褒忠庙为他塑像，刻石碑记载他的忠烈。

注释 ① 移剌蒲阿：本为契丹人，少年从军，官都统。以拥立哀宗即位有功而受亲幸，官至枢密副使、参知政事。后于三峰山战败被杀。见前《移剌蒲阿传》。② 斫(zhuó)：砍。③ 噀(xùn)：喷。 ④ 湩(dòng)：乳汁。

元 好 问 传

  元好问是一位在我国古代文学史上享有盛誉的作家。他的文学创作继承了现实主义传统,作品大多反映金元之际的社会矛盾和人民疾苦,取得了卓越的成就,正如清代著名文学评论家赵翼所说的那样:"感时触事,声泪俱下,千载后犹使读者低徊不能置,盖事关家国,尤易感人。"(《瓯北诗话》卷八)这种感人的力量正是来自他深切的"家国"之感、乱离之痛。元好问对家国破亡的悲痛,还寄托在他对金代文献的整理上。他编纂了金代诗歌总集《中州集》、词曲总集《中州乐府》、史学著述《金源君臣言行录》和《壬辰杂编》,并着手撰写金国历史。尽管他的志向未能完全实现,但其精神确实可嘉,并且也为后世留下了宝贵的文化遗产。这篇传记记载了元好问一生的行迹,对他的文学成就给予了公允的评价。尽管很简略,却可以使我们了解这位文学巨匠的概貌。(选自卷一二六)

原文

  好问,字裕之。七岁能诗。年十有四,从陵川郝晋卿学[①],不事举业,淹贯经传百家,六年而业成。下太行、渡大河,为《箕山》《琴台》等诗[②],礼部赵秉文见

翻译

  元好问,字裕之。七岁就能够作诗。在十四岁时,跟从陵川郝晋卿学习,不从事科举之业,学问淹博,贯通经史传注百家之学,六年后学业学成。下太行山,渡过黄河,创作了《箕山》《琴台》等诗篇,礼部尚书赵秉文见到这些诗,以为近年以来没有这样的作品了,

之,以为近代无此作也,于
是名震京师。

于是他的名声震动了京城。

注释　①陵川:县名,在今山西陵川。郝晋卿:郝天挺字晋卿,泽州陵川人,两次
举进士不登第,以教书为业,元好问等俱出郝门下。　②箕山:山名,在今河南登封
境内,相传尧时代巢父、许由隐居于此山。琴台:台名,在今山东单县,相传春秋时
宓子贱曾在此弹琴。元好问的《箕山》《琴台》诗都是怀古之作。

原文

中兴定五年第,历内乡
令①。正大中,为南阳令②。
天兴初,擢尚书省掾,顷之,
除左司都事,转行尚书省左
司员外郎。金亡,不仕。

为文有绳尺,备众体。
其诗奇崛而绝雕刿③,巧缛
而谢绮丽。五言高古沉郁。
七言乐府不用古题④,特出
新意。歌谣慷慨,挟幽、并
之气⑤。其长短句揄扬新
声⑥,以写恩怨者又数百篇。
兵后,故老皆尽,好问蔚为
一代宗工。四方碑板铭志
尽趋其门。其所著文章诗
若干卷、《杜诗学》一卷、《东
坡诗雅》三卷、《锦礼》一卷、

翻译

登兴定五年(1221)进士第,历官内
乡县令。金哀宗正大年间,担任南阳县
令。天兴初年,提升为尚书省属官,随
即任命为左司都事,转官行尚书省左司
员外郎。全国灭亡,不再出仕。

元好问作文章有准绳法度,兼备各
种体裁。他的诗奇险突兀而摒绝雕琢,
精巧繁密而毫不绮丽。五言诗高妙古
朴,意蕴深刻。七言体乐府诗不用古乐
府诗题,特别自出新意。乐曲歌词慷慨
激昂,带有幽、并一带男子的那种豪爽
气概。他的词发扬新的曲调,用以描写
恩怨的作品又有几百篇。战火过后,老
年旧人都丧亡殆尽,元好问文采斓然,
成为一代宗师。四方各地人的碑刻、题
铭、墓志尽都奔走他的门庭,向他讨求。
他所著的文章有诗歌若干卷、《杜诗学》
一卷、《东坡诗雅》三卷、《锦礼》一卷、

《诗文自警》十卷。 　　《诗文自警》十卷。

注释 ① 内乡：县名，在今河南西峡。　② 南阳：县名，在今河南南阳。　③ 刿（guì）：雕琢。　④ 乐府：一种诗歌体裁。汉代有乐府官署，专门收集宫廷、民间的诗歌，配上音乐演奏，这种诗称乐府诗。后人模仿乐府诗体制创作的诗也称乐府。这种诗大多沿用古乐府诗的题目，题目与内容无关。　⑤ 幽并：古代地域名。幽即幽州，包括今河北北部、辽宁南部地域。并即并州，包括今山西、河北西部一带。相传这些地方的人慷慨激昂，游侠任气。　⑥ 长短句：即词。这种文学作品句式长短参差不齐，故名。

原文

　　晚年尤以著作自任，以金源氏有天下①，典章法度几及汉、唐，国亡史作，已所当任。时金国实录在顺天张万户家②，乃言于张，愿为撰述，既而为乐夔所沮而止。好问曰："不可令一代之迹泯而不传。"乃构亭于家，著述其上，因名曰"野史"。凡金源君臣遗言往行，采撷所闻，有所得辄以寸纸细字为记录，至百余万言。今所传者有《中州集》及《壬辰杂编》若干卷③。年六十八卒。纂修《金史》，多

翻译

　　在晚年他尤其以著述作为自己的责任，认为金国拥有天下，典章制度几乎赶上了汉、唐两代，国家灭亡，撰写历史，这是自己所应当承担的重任。当时金国的实录在顺天路张万户的家中，于是向张万户说，愿意为金国撰写历史，不久被乐夔阻拦而中止。元好问说："不可以使一个时代的事迹泯灭而不流传。"于是在家中修筑亭子，在其间编著，于是称为"野史亭"。凡是金国君臣过去的言论、行为，采集听到的材料，有所得就用小字记录在一寸大小的纸上，达一百万字。现在流传下来的著作有《中州集》和《壬辰杂编》若干卷。他在六十八岁时逝世。后来修撰《金史》，大多根据他的著述而成书。

本其所著云。

注释　① 金源氏：即金国。女真语称金子为按出虎，金国旧地有按出虎水流出，故称金源。　② 实录：一种编年体史书，专门记载某一皇帝统治时期的大事。顺天：即顺天路，元太宗时设置，后改为保定路，治所在今河北保定。张万户：即张柔。张柔字德刚，易州人。金代末年聚集义军自保，为定兴令。兴定二年（1218）降蒙古，官至河北都元帅、万户。金灭亡后，张柔将金国实录运回北方，献给元朝廷，后撰修《金史》大多本于这些材料。　③《中州集》：元好问编纂的金代诗歌总集。现存诗十卷、乐府一卷（四库全书本）。

元史

樊善国
徐　梓　译注

马樟根　审阅

导　言

　　元朝结束了长期分裂割据的局面,统一了中国,从民族融合的观点看来,有着十分积极的意义。同时,中外交流也空前发展。元朝北方经济得到恢复,南方保持了原有的发展水平,并在许多方面(例如棉花种植的普及等)有新的成就。元朝文化的多样性是显著的。政府使用蒙古文、汉文、波斯文三种文字;对宗教采取兼容并蓄政策,佛教、道教、伊斯兰教以及景教、天主教等并存;在汉人聚居地区,理学成为官学。在科技方面,有王祯编的《农书》,以及政府编行的《农桑辑要》,郭守敬的授时历;在史学方面,有马端临编撰的《文献通考》;在绘画方面,以山水画家黄公望、王蒙、吴镇、倪瓒为代表的绘画,都是人们公认的重大成就。在文学方面,以关汉卿、马致远、王实甫、白仁甫、郑光祖、乔吉、张可久为代表的杂剧、散曲作家,使元曲成为一代文学的代表。总之,元朝是中国封建社会的重要时期,了解这段历史对认识和了解我国历史文化的发展,具有很大意义。

　　明朝攻克元大都四个月之后,即洪武元年(1368)十二月,朱元璋下诏纂修《元史》。这时,元顺帝北逃,国号尚存,纂修一代之史显然为时过早,但明朝君臣还是以“九州攸同”为由,宣布召集儒臣,纂修《元史》。洪武二年(1369)二月初一,汪克宽、胡翰、宋僖、陶凯、陈基、赵埙、曾鲁、赵汸、张文海、徐尊生、黄箎、傅恕、王锜、傅著、谢徽、高启等十六人从各地来到南京,齐集于天界寺。朱元璋以中书左丞李善长为监修,翰林学士宋濂和待制王祎为总裁,他还亲自为纂修《元史》制定了指导方针和编纂原则,要求史臣们一定要“直述其事,毋溢美,毋隐恶”,同时要注意

"文词勿致于艰深,事迹务令于明白"。从此,《元史》的纂修就正式开始了。

修纂工作很快就告一段落,仅一百八十八天之后,也就是洪武二年(1369)八月十一日,上自太祖、下迄宁宗的十二朝历史便修纂完毕。这次共纂得本纪三十七卷、志五十三卷、表六卷、列传六十三卷和目录二卷,共有一百六十一卷、一百三十万字。由于顺帝一朝的历史没有实录作为基础,修纂工作无法进行,只好暂时停下来。为了完成这段历史的修纂,朱元璋派欧阳佑、吕复、黄盅到全国各地访求史料,而重点在北京和山东。在采访人员还朝之后,洪武三年(1370)二月初五,又一次开局修史。这次仍以宋濂和王祎为总裁,纂修除赵埙一人没有变化,原班人马几乎全部改换,朱右、贝琼、朱世濂、王廉、王彝、张孟兼、高逊志、李懋、李汶、张宣、张简、杜寅、俞寅、殷弼等十四人全是新人。到七月初一,又补修得本纪十卷、志五卷、表二卷和列传三十六卷。合两次所修,重新加以编次,这样便成就了二百一十卷的《元史》。这部书的修纂,前后历时仅三百三十一天,在全部"二十四史"中,所费时间之少,成书之速,仅次于沈约的《宋书》。

《元史》的修纂,由于距元朝灭亡不久,很多史事还没有来得及记载,很多史料还没有整理出来。正如《四库全书总目》所说,"其时有未著者,有著而未成者,有成而未出者",这样就"势不能裒合众说,参定异同",所以"《元史》之舛驳,不在于蒇事之速,而在于始事之骤"。实际上,"蒇事之速"也不可能不带来问题,由于仓促行事,即使现有的史料也没能收罗齐备,如陶宗仪的《辍耕录》、耶律楚材的《西游录》,以及宋人的《黑鞑事略》《蒙鞑备录》等都没有为史臣们所注意。再加上修纂者大多是江南文人,少有北方儒士,更没有蒙古或其他民族的学者。特别是此段历史的特殊性,在忽必烈正式建立元朝之前,即已有四朝七十多年的历史;元朝建立之后,在中国本部之外,更有钦察汗、伊利汗和察合台汗国三大宗藩,有关这些方面的重要史料,如《元朝秘史》《圣武亲征录》也都没有能利用。明人修史所据史料,顺帝以前主要是《元十三朝实录》《经世大典》《元一统志》《国朝名臣事略》及《后妃功臣列传》,顺帝一朝的历史,则主要据《庚申帝大事记》及其他采访材料写成。

在这样一种史料基础上修史,也就难免会轻重失序,出现某种不平衡。如在"二十四史"中,本纪约占八分之一,而《元史》的本纪则占四分之一。这是因为本纪的写作有史料可据,修纂《元史》最基本的材料《元十三朝实录》,就主要是为这一部分所采录。另外,即就《元史》的本纪而论,也极不合理,蒙古国四帝七十多年的历史,只有三卷,而世祖一朝,就多达十四卷,宁宗本纪也有十卷之多。详细的记载,虽然给了我们许多便利,但我们以同样的标准去看待其他部分,则不能不说它失于疏略。特别是定宗之后,宪宗以前三年间,史臣以"其行年之事,简策失书,无从考也"为由,竟不着一字。史料工作准备不足,同样在列传部分也反映得很明显。由于史馆人员对蒙古人和色目人了解不多,立传很少,即使有传,内容也较空洞。如见于《宰相表》的蒙古人有五十九人,立传的却不及一半,见于《宰相表》的色目人更多,立传的更少。太祖诸弟、诸子仅各有一人立传,太宗以后皇子则没有一人立传,许多开国功臣也没有被立传。相反,由于文人学士多有墓志、家传和行状可用作依据,因此,《元史》列传中这类人的传记占有很大的比重。

如果说史料的不齐备只是造成了全书各部分的不平衡或诸多缺憾的话,那么,仓促草率所带来的问题就更加严重。最明显的是人名不统一,在《元史》中,同为一人,由于译音的关系,往往以多个异名出现,如"速不台"又作"雪不台""唆不台","肖乃台"又作"笑乃觪""笑乃带","八思巴"又作"八合思巴""八哈思巴"。更严重的是,一个人在同一卷中,名字也没有统一,如在《耶律楚材传》中,权臣奥鲁刺合蛮,在随后的一段文字中,又写成了"奥都刺合蛮"。又有一人两传的,如卷一二一有

《速不台传》，随后的一卷重出了《雪不台传》；卷一三一有《完者都传》，仅隔一卷，又重出了《完者拔都传》；卷一五〇是《石抹也先传》，而卷一五二又重出了《石抹阿辛传》。这种连传主也分辨不清的特大错误，可能是由于这些传记不出自一人之手，而总裁官又因为译音关系，未能加以分辨。至于随手抄录原文，不加任何查考，以至于有姓无名，如何主簿、裴县尹、耿参政、王征事、李承事之类甚多，难以一一列举。

《元史》的这些问题，不仅为后人所诟病，即使当事人也不满意，如撰写《外国传》的宋禧，在他寄宋濂的诗中就不无自嘲地说："修史与末役，乏才愧群贤。强述外国传，草疏仅成篇。"把《元史》修纂者那种力不从心、苟且塞责的心理说得很明白。书成后不久，参与其事的朱右就作了《元史拾遗》。后来主持《永乐大典》编纂的解缙在洪武末年奉朱元璋之命，对此书加以改修，并写作了《元史正误》。后人提及《元史》，除赵翼有少许称赞之词，其他的都是不遗余力的批评。顾炎武说它的各个志都是抄袭而成，没有经过一番"熔范"。钱大昕挖苦修纂人员都是些"草泽腐儒"。章学诚就其各部分的严重失调干脆说："《元史》二百十卷，而纪志先去其半，不待观书，而知其无节度矣。"这些批评，极大地诱发了人们修订改作的动机。

这种修订改作从明代就开始了，胡粹中就著有《元史续编》。清代考据学兴，纰漏百出的《元史》成了人们竞相考订的对象，以至于对元史的研究从此成为显学，并极大地影响了以后学术的发展。清初邵远平的《元史类编》，对《元史》就多有订正。乾嘉时期的史学大师钱大昕对《元史》致力尤深，虽有志改作而未能如愿，但一些零星篇卷，很见功力。其后魏源又自为体例，撰著了《元史新编》。汪辉祖以《元史》校正《元史》，写成《元史本证》，指出了《元史》的三千多条谬误，对《元史》作了系统的证误工作。从洪钧开始，对元史的研究，随着对史料的新发掘，走向一个新的阶段。他所著的《元史译文补正》，用域外史料，证中国之所未确，补中国之所未闻，多有创获。屠寄的《蒙兀儿史记》，增人所无，详人所略，可谓别具一格。更有柯劭忞，广收慎用，博采约取，综合各家，排比纂辑，以一人之力著成《新元史》，被北洋政府的大总统徐世昌明令列入正史之中。

《元史》的问题是如此严重，但六百多年来，一直没有被废弃；后来的改作也都没有能替代《元史》，这说明《元史》仍是有可取之处的。

首先，《元史》所依据的基本史料《元十三朝实录》非常珍贵。尽管元代的史官制度不是很完备，实录的修纂没有日历、起居注作为基础，但从成宗大德年间纂修前四汗和世祖朝的实录开始，毕竟形成了元代修纂实录的制度。

如此相沿修成的《元十三朝实录》，是元代最系统、最详细的编年史料。由于元朝的实录只是在修成之后缮写一份进呈，又规定不得让外人传阅，所以是十分珍贵的孤本和秘本。《元史》的修纂最大限度地依据了这份史料，本纪部分正是由此节录而成的，并且篇幅较大，这就难能可贵地保存了第一手材料。在《元十三朝实录》遗失之后，《元史》也就成为其他史书无法替代而且必须依据的对象。

《元史》所依据的另一份重要史料是《经世大典》，这是元文宗时以赵世延、虞集为总裁，元朝官修的一部政书。《元史》的表、志部分，就主要是依据此书写成的。如《百官志》《三公表》《宰相表》取自《治典》，《食货志》取自《赋典》，《礼乐志》《舆服志》《选举志》取自《礼典》，《兵志》取自《政典》，《刑法志》取自《宪典》。此外，《地理志》主要是据《大元一统志》写成的，《天文志》吸取了郭守敬的研究成果，《历志》则是根据李谦的《授时历议》和郭守敬的《授时历经》编撰而成的。总之，众多的史料如百川归海，借《元史》得以保存下来，这是《元史》所以长存不废、在众多的同类著作中专美于前的最主要原因。

其次，《元史》作为一部二百一十卷的大书，有些部分也是写得成功的。《食货志》《百官志》《兵志》及《刑法志》的内容都很充实,所以赵翼称"一朝制度,亦颇详赡"。特别是诸志之序,对有关典章制度的沿革变化叙述得简明扼要,条理清楚,为后人了解元代的各种制度理出了一个纲目。由此可见修纂者视野开阔、综合能力强,有较敏锐的历史感,是颇具史识的。

与它的修纂一样,《元史》的刻印也很快完成,洪武三年(1370)七月《元史》修成,十月便镂版刊行,这个洪武本就是《元史》的祖本。嘉靖时南京国子监编刊"二十一史",其中《元史》就是用的洪武旧版,只是损坏的部分才加以补刊,这个递修本被称为南监本。万历时北京国子监重刻"二十一史",《元史》又有了北监本。此后的印本大多是据南、北监本翻刻,有些还有所改动。民国时期,张元济主持辑印百衲本"二十四史",《元史》是以九十九卷洪武残本和南监本合配影印的。1976 年中华书局所出的点校本,以百衲本为底本,并依另一部一百四十四卷的洪武残本和南监本,改正了百衲本在影印过程中的近八十处描修错误,又用各种较好的版本进行校勘,还参照许多改作及一些原始资料,校正有关史文,写出了很有分量的校勘记。

为了使读者较全面地了解《元史》的面貌,我们从本纪、志、传中各选了部分篇目,包括成吉思汗、忽必烈以及十九位各族人物的传记,还节选了《地理志》《选举志》《百官志》的部分内容。人物传记基本按人物的生年先后排列,生年不详者按卒年排列。每篇原文前面都有一段简短的说明文字;原文有的也是节选;注释力求简明、扼要,以说明问题为原则;译文努力做到流畅通顺。由于水平的限制,译注中错谬一定较多,诚挚地希望读者指正。

樊善国　徐　梓

太 祖 本 纪

导读

"一代天骄"成吉思汗(1162—1227)的名字是与显赫的武功紧密联系在一起的。他生于蒙古贵族世家。从他一出生，父亲以刚俘获的敌人首领的名字为他命名，到六十六年后，在临终前部署联宋灭金的战略，他的一生基本是在战场上度过的。1206 年，蒙古国建立。以此为分界，在此之前主要是统一蒙古草原上的各个部落，在此之后则是攻金灭夏，远征中亚的花剌子模。连年的征战，虽然付出了血与火的代价，但也促进了民族共同体的形成和中西文化的交流。本篇所记录的，正是成吉思汗一生的征战史。这里节录的，主要是成吉思汗统一蒙古草原各部落的历史。(选自卷一)

原文

太祖法天启运圣武皇帝，讳铁木真①，姓奇渥温氏，蒙古部人。……

初，烈祖征塔塔儿部②，获其部长铁木真。宣懿太后月伦适生帝③，手握凝血如赤石，烈祖异之，因以所获铁木真名之，志武功也。

族人泰赤乌部旧与烈

翻译

太祖法天启运圣武皇帝名叫铁木真，姓奇渥温氏，是蒙古部人。……

起初，烈祖也速该征讨塔塔儿部，俘获了它的首领铁木真。当时宣懿太后月伦正好生下了太祖，手握凝结的血块如同红色的石头，也速该十分惊讶，因此以俘获的铁木真为他命名，来记载其军事上的胜利。

同族的泰赤乌部过去与也速该很友好，后来因塔儿不台执政，产生了怨

祖相善④,后因塔儿不台用事⑤,遂生嫌隙,绝不与通。及烈祖崩,帝方幼冲,部众多归泰赤乌。近侍有脱端火儿真者亦将叛,帝自泣留之。脱端曰:"深池已干矣,坚石已碎矣,留复何为!"竟帅众驰去。宣懿太后怒其弱己也,麾旗将兵,躬自追叛者,驱其太半而还。

仇,断绝了关系,不相往来。也速该死后,铁木真正当年幼,部众大都归附了泰赤乌部。亲近侍从脱端火儿真也要去归附,铁木真哭着挽留他,脱端说:"深池已经干了,坚石已经碎了,留下又有什么用呢!"竟然带领部众离去了。宣懿太后对脱端削弱自己的力量很恼怒,打着旗帜,带领军兵,亲自去追赶叛离的人,将其中一大半人赶了回来。

注释 ① 太祖:铁木真死后的庙号,即在太庙立室奉祀而特立的名号。法天启运圣武皇帝:至大二年(1309)给铁木真所加的尊号。 ② 烈祖:铁木真的父亲也速该的庙号。塔塔儿:部落名。又译塔达、答答儿等,后为成吉思汗所征服。 ③ 月伦:也速该的正妻,生有四子一女,成吉思汗是她的长子,宣懿太后是她的尊号。 ④ 泰赤乌:蒙古尼鲁温部的一支,游牧于斡难河以北的地区,多次与成吉思汗争战,后为其所败。 ⑤ 用事:即执政。

原文

时帝麾下搠只别居萨里河①,札木合部人秃台察儿居玉律哥泉②,时欲相侵凌,掠萨里河牧马以去。搠只麾左右匿群马中,射杀之。札木合以为怨,遂与泰赤乌诸部合谋,以众三万来

翻译

当时铁木真的部将搠只单独住在萨里河,札木合部的秃台察儿住在玉律哥泉,时常想侵扰欺凌萨里河人,并抢夺萨里河地区的马匹。搠只指挥自己的部下藏在马群中,射杀那些抢马的人,引起了札木合部的怨恨,于是与泰赤乌等部合谋,纠集了三万人马来战。

战。帝时驻军答阑版朱思之野③，闻变，大集诸部兵，分十有三翼以俟。已而札木合至，帝与大战，破走之。

当时铁木真领兵驻扎在答阑版朱思的郊野，听到消息后，聚集各部兵马，分为十三队迎战。很快札木合就到了，铁木真领兵与之大战，敌人失败而逃。

注释　① 搠（shuò）只：疑即搠只哈撒儿，成吉思汗的弟弟。　② 札木合：蒙古札答阑部首领，后为成吉思汗战败处死。　③ 答阑版朱思：地名。在今蒙古国成吉思汗市西北。

原文

当是时，诸部之中，唯泰赤乌地广民众，号为最强。其族照烈部，与帝所居相近。帝尝出猎，偶与照烈猎骑相属，帝谓之曰："今夕可同宿乎？"照烈曰："同宿固所愿，但从者四百，因糗粮不具，已遣半还矣，今将奈何？"帝固邀与宿，凡其留者，悉饮食之。明日再合围，帝使左右驱兽向照烈，照烈得多获以归。其众感之，私相语曰："泰赤乌与我虽兄弟，常攘我车马，夺我饮食，无人君之度。有人君之度者，其惟铁木真太子

翻译

这时，各部落之中，只有泰赤乌部地大人多，实力最强。泰赤乌部的照烈部，与铁木真的居住地相邻近。铁木真一次外出狩猎，偶然与照烈部狩猎的人马相遇，铁木真对他们说："今晚可以住在一起吗？"照烈部的人说："当然愿意住在一起，但这次随同外出的四百多人，因为没有了干粮，已让一半的人回去了，现在缺乏干粮，怎么办呢？"铁木真坚持邀请一同住，凡是留下来的人，都供给饮食。第二天狩猎时，铁木真让手下的人将猎物向照烈部的人驱赶，使得照烈部的人得以满载而归。照烈部的人很感动，私下相互说："泰赤乌与我们虽说是兄弟部落，但常常强占我们的车马，抢夺我们的食物，没有君王的气度。有君王气度的，只有铁木真太子

乎?"照烈之长玉律,时为泰赤乌所虐,不能堪,遂与塔海答鲁领所部来归,将杀泰赤乌以自效。帝曰:"我方熟寐,幸汝觉我,自今车辙人迹之涂,当尽夺以与汝矣。"已而二人不能践其言,复叛去。塔海答鲁至中路,为泰赤乌部人所杀,照烈部遂亡。

时帝功德日盛,泰赤乌诸部多苦其主非法,见帝宽仁,时赐人以裘马,心悦之。若赤老温、若哲别、若失力哥也不干诸人①,若朵郎吉、若札剌儿、若忙兀诸部②,皆慕义来降。……

呀!"照烈部的首领玉律,时常受泰赤乌部的欺侮,不能忍受,于是与塔海答鲁带领自己的部众来归附,并表示要杀泰赤乌部的人作为献礼。铁木真说:"我还糊涂着,幸好你们让我觉醒,以后车马走到哪里,当全部夺来给你们。"随后二人不能实现自己的诺言,又叛离而去。塔海答鲁在半路上被泰赤乌部的人杀死,照烈部于是灭亡。

当时铁木真的功德日益隆盛,泰赤乌部的很多人苦于自己的首领胡作非为,而且铁木真宽宏仁爱,时常赏赐裘衣马匹给人,心向往之。如赤老温、哲别、失力哥也不干等人,如朵郎吉、札剌儿、忙兀等部落,都因敬慕铁木真来降附。……

注释 ① 赤老温:泰赤乌部贵族脱朵格属民,后归依成吉思汗,子孙世领第四怯薛长。哲别:又译遮别、柘柏等,成吉思汗的先锋官,屡建功勋,与虎必来、折里麦、速不台号称"四狗"。 ② 札剌儿:亦即朵郎吉札剌儿,蒙古部的一支。忙兀:蒙古尼鲁温部的一支,以忙兀等五部组成的五投下,是蒙古攻金的主力。

原文

初,汪罕之父忽儿札胡思杯禄既卒①,汪罕嗣位,多

翻译

起初,汪罕的父亲忽儿札胡思杯禄死后,汪罕即位,大肆杀戮兄弟。他的

杀戮昆弟。其叔父菊儿罕帅兵与汪罕战②，逼于哈剌温隘败之，仅以百余骑脱走，奔于烈祖。烈祖亲将兵逐菊儿罕走西夏，复夺部众归汪罕。汪罕德之，遂相与盟，称为按答③。烈祖崩，汪罕之弟也力可哈剌，怨汪罕多杀之故，复叛归乃蛮部④。乃蛮部长亦难赤为发兵伐汪罕，尽夺其部众与之。汪罕走河西、回鹘、回回三国⑤，奔契丹⑥。既而复叛归，中道粮绝，捋羊乳为饮，刺橐驼血为食，困乏之甚。帝以其与烈祖交好，遣近侍往招之。帝亲迎抚劳，安置军中振给之。遂会于土兀剌河上，尊汪罕为父。

未几，帝伐蔑里乞部⑦，与其部长脱脱战于莫那察山⑧，遂掠其资财、田禾，以遗汪罕。汪罕因此部众稍集。

叔父菊儿罕领兵与他决战，逼在哈剌温隘附近打败了他，汪罕只带着百余人马逃走，投奔也速该。也速该亲自领兵将菊儿罕赶到了西夏，又夺回部众使归汪罕。为感谢恩德，汪罕于是与也速该结盟，称为按答。也速该死后，汪罕的弟弟也力可哈剌因为怨恨汪罕滥杀，又叛投乃蛮部。乃蛮部的首领亦难赤为他发兵讨伐汪罕，将汪罕的人马全部夺过来给了他。汪罕逃到西夏、回鹘和回回，最后投奔契丹。随后汪罕又叛契丹而回，中途粮尽，喝羊奶，吃骆驼血为食，十分困乏。铁木真以他与自己的父亲相友好，便派亲近的侍从去招引。铁木真还亲自迎接抚慰，把汪罕的部众安置在军队中，供给饮食，并在土兀剌河上相会，尊称汪罕为父。

不久，铁木真讨伐蔑里乞部，与它的首领脱脱在莫那察山决战，夺得了它的资产和庄稼，送给汪罕。汪罕的部众因此逐渐得以聚集。

注释 ① 汪罕:克烈部长,受金封为王,故称王罕,讹为汪罕。 ② 菊儿罕:又译局儿罕,意为众部之主、全体之君。 ③ 按答:蒙古语,意为"结盟者"。 ④ 乃蛮:突厥语族的一部,后为成吉思汗所灭。 ⑤ 河西:这里指党项人所建的西夏国。因西夏的领土主要在黄河以西,所以称河西。回鹘:亦即回纥,其先是匈奴,北魏时称高车部,唐时部落分散西迁。回回:元代对中亚和西亚信奉伊斯兰教诸国人的泛称。 ⑥ 契丹:辽国号,又称大辽。 ⑦ 蔑里乞:部落名,游牧于色楞格河,少数种植田禾,后为成吉思汗所灭。 ⑧ 脱脱:又译脱黑脱阿,蔑里乞部首领,与成吉思汗家族为世仇,后被蒙古军乱箭射死。

原文

居亡何,汪罕自以其势足以有为,不告于帝,独率兵复攻蔑里乞部。部人败走,脱脱奔八儿忽真之隘。汪罕大掠而还,于帝一无所遗,帝不以屑意。

会乃蛮部长不欲鲁罕不服①,帝复与汪罕征之。至黑辛八石之野,遇其前锋也的脱字鲁者领百骑来战,见军势渐逼,走据高山,其马鞍转坠,擒之。曾未几何,帝复与乃蛮骁将曲薛吾撒八剌二人遇②,会日暮,各还营垒,约明日战。是夜,汪罕多燃火营中,示人不

翻译

很快,汪罕以为自己的势力足以能有所作为,没有告诉铁木真,就独自率领部众再次攻伐蔑里乞部。蔑里乞部失败而逃,脱脱逃向八儿忽真关隘。汪罕大肆抢掠,满载而还,但什么东西都没有给铁木真,铁木真并不在意。

此时正值乃蛮部的首领不欲鲁罕不降服,铁木真又与汪罕前去征讨。行至黑辛八石的郊野,遇到敌前锋也的脱字鲁带领大约一百骑兵来迎战,也的脱字鲁见铁木真来势凶猛,逐渐逼近,只好退守到山上,但他从马上掉下来,被活捉了。不久,铁木真又与乃蛮部的勇将曲薛吾撒八剌遭遇,当时天色已晚,两军各还营帐,相约明日决战。这天夜里,汪罕在营中到处点起篝火,以使人不怀疑,而偷偷地将部众转移到了别的

疑,潜移部众于别所。及旦,帝始知之,因颇疑其有异志,退师萨里河。既而汪罕亦还至土兀剌河,汪罕子亦剌合及札阿绀孛来会③。曲薛吾等察知之,乘其不备,袭虏其部众于道。亦剌合奔告汪罕,汪罕命亦剌合与卜鲁忽觯共追之,且遣使来曰:"乃蛮不道,掠我人民,太子有四良将,能假我以雪耻乎?"帝顿释前憾,遂遣博尔术、木华黎、博罗浑、赤老温四人④,帅师以往。师未至,亦剌合已追及曲薛吾,与之战,大败,卜鲁忽觯成擒。流矢中亦剌合马胯,几为所获。须臾四将至,击乃蛮走,尽夺所掠归汪罕。已而与皇弟哈撒儿再伐乃蛮⑤,拒斗于忽阑盏侧山,大败之,尽杀其诸将族众,积尸以为京观⑥,乃蛮之势遂弱。

地方。等天亮时,铁木真才知道,由于怀疑汪罕另有阴谋,便将军队撤退到了萨里河,随后汪罕也撤退到土兀剌河。汪罕的儿子亦剌合和札阿绀孛也来这里与他会合。曲薛吾撒八剌侦察得知后,乘其没有防备,在半路上偷袭,俘获很多。亦剌合跑来告诉汪罕,汪罕命亦剌合与卜鲁忽觯一同领兵追击,并派使者来对铁木真说:"乃蛮暴虐,抢夺我的部众,你有四员大将,能借给我报仇雪耻吗?"铁木真当即不计前嫌,派博尔术、木华黎、博罗浑、赤老温四人领兵前往。铁木真的军队还没有到达时,亦剌合已经追上了曲薛吾撒八剌,两军大战,亦剌合大败,卜鲁忽觯被活捉。乱箭射中了亦剌合的马腿,他也险些被活捉。很快,铁木真的四员大将到了,打得乃蛮的人马败逃,所抢的东西都被夺回来还给了汪罕。这之后铁木真又与弟弟哈撒儿再次讨伐乃蛮,两军在忽阑盏侧山大战,铁木真大败乃蛮,并将乃蛮的兵将部众全部杀死,把这些尸首堆集起来,封土成高冢,以炫耀武功,乃蛮的势力就这样被削弱了。

注释　① 不欲鲁罕：乃蛮部首领，太阳罕之兄，又译作卜欲鲁罕。　② 曲薛吾撒八剌：实为一人，此处作二人是错误翻译所致。　③ 亦剌合：克烈部首领汪罕之子，成吉思汗攻灭克烈部后，他逃往西辽，被曲先地区的首领擒杀。札阿绀孛：汪罕之弟，与汪罕失和后投乃蛮，又降成吉思汗。　④ 博尔术、木华黎、博罗浑与赤老温即前所谓四良将，四人并号四杰，子弟分任四怯薛之长。　⑤ 哈撒儿：即拺只哈撒儿，成吉思汗的弟弟，以勇力善射著称。　⑥ 京观：古代战争中，胜者将敌人的尸首收集起来，封土成高冢，以炫耀武功，称为京观。

原文

　　时泰赤乌犹强，帝会汪罕于萨里河，与泰赤乌部长沉忽等大战斡难河上，败走之，斩获无算。

　　哈答斤部、散只兀部、朵鲁班部、塔塔儿部、弘吉剌部闻乃蛮、泰赤乌败①，皆畏威不自安，会于阿雷泉，斩白马为誓，欲袭帝及汪罕。弘吉剌部长迭夷恐事不成，潜遣人告变。帝与汪罕自虎图泽逆战于杯亦烈川，又大败之。

翻译

　　当时泰赤乌还很强大，铁木真与汪罕在萨里河会合，与泰赤乌部的首领沉忽等大战于斡难河，结果大败泰赤乌，斩杀俘虏的人不可胜数。

　　哈答斤部、散只兀部、朵鲁班部、塔塔儿部、弘吉剌部听说乃蛮、泰赤乌部被打败了，都心存恐惧，在阿雷泉相会，杀白马为盟誓，准备偷袭铁木真和汪罕。弘吉剌部的首领迭夷担心事败，偷偷派人将这一消息告诉了铁木真。铁木真和汪罕从虎图泽出兵，到杯亦烈川迎战，大败敌人。

注释　① 哈答斤部、散只兀部、朵鲁班部、塔塔儿部都是蒙古尼鲁温部的一支。弘吉剌部是蒙古迭儿列斤部的一支。

原文

汪罕遂分兵，自由怯绿怜河而行①，札阿绀孛谋于按敦阿述、燕火脱儿等曰："我兄性行不常，既屠绝我昆弟，我辈又岂得独全乎？"按敦阿述泄其言，汪罕令执燕火脱儿等至帐下，解其缚，且谓燕火脱儿曰："吾辈由西夏而来，道路饥困，其相誓之语，遽忘之乎？"因唾其面。坐上之人皆起而唾之。汪罕又屡责札阿绀孛，至于不能堪。札阿绀孛与燕火脱儿等俱奔乃蛮。

帝驻军于彻彻儿山，起兵伐塔塔儿部。部长阿剌兀都儿等来逆战，大败之。……

翻译

汪罕于是将部众分开，自己带领一支沿着怯绿怜河而行。札阿绀孛与按敦阿述、燕火脱儿等人商议说："我的兄长生性反复无常，既然大肆杀戮兄弟，我们这些人的性命又怎么能够保全呢？"按敦阿述泄露了这话，汪罕命令将燕火脱儿等人捆绑到营帐中，解开绳索，并对燕火脱儿说："我们从西夏回来，一路上饥饿困乏，那时相互的誓言，难道忘了吗？"并将唾沫吐在他的脸上，一旁的人也都起立向他吐唾沫。汪罕又多次责备札阿绀孛，以至于叫人不能忍受。札阿绀孛与燕火脱儿等一同投靠乃蛮。

铁木真驻军于彻彻儿山，起兵讨伐塔塔儿部。首领阿剌兀都儿等来迎战，被打得大败。……

注释 ① 怯绿怜河：有怯鲁连等多种异译，即今克鲁伦河。

原文

岁壬戌①，帝发兵于兀鲁回失连真河，伐按赤塔塔

翻译

壬戌年（1202），铁木真从兀鲁回失连真河出兵，讨伐按赤塔塔儿、察罕塔

儿、察罕塔塔儿二部。先誓师曰："苟破敌逐北，见弃遗物，慎无获，俟军事毕散之。"既而果胜，族人按弹、火察儿、答力台三人背约，帝怒，尽夺其所获，分之军中。

初，脱脱败走八儿忽真隘，既而复出为患，帝帅兵讨走之。至是，又会乃蛮部不欲鲁罕约朵鲁班、塔塔儿、哈答斤、散只兀诸部来侵。帝遣骑乘高四望，知乃蛮兵渐至，帝与汪罕移军入塞。亦剌合自北边来据高山结营。乃蛮军冲之不动，遂还。亦剌合寻亦入塞。将战，帝迁辎重于他所，与汪罕倚阿兰塞为壁，大战于阙奕坛之野。乃蛮使神巫祭风雪，欲因其势进攻。既而反风，逆击其阵。乃蛮军不能战，欲引还。雪满沟涧，帝勒兵乘之，乃蛮大败。是时札木合部起兵援乃蛮，

塔儿两个部落。事先誓师说："如果打败敌人，在追赶败逃的敌人时，看到遗弃的物件，一定不要拾取，等战斗结束后再分配。"最后果然得胜，同族的按弹、火察儿、答力台三人背弃誓约，铁木真十分恼怒，将他们所获取的物件全部没收，在军中分配。

开初，脱脱败逃到八儿忽真隘，不久又复出为害，铁木真领兵讨伐，将他赶走。现在，脱脱又联合乃蛮部的不欲鲁罕，以及朵鲁班、塔塔儿、哈答斤、散只兀等部来侵犯。铁木真派人骑马登高瞭望，得知乃蛮的军队就要到达，便与汪罕将自己的军队引进要塞。亦剌合领军从北面来，也据高山扎下营寨。乃蛮的军队攻不下，便回去了。亦剌合随后也领军进入到了要塞中。决战前，铁木真将辎重转移到了别的地方，与汪罕以阿兰塞为营寨，与敌人大战于阙奕坛的郊野。乃蛮让神巫之人祭祀风雪，企图借风雪之势进攻。结果风向改变，反而刮向自己的阵地，乃蛮的军队不能再战，准备回撤。但到处是积雪，铁木真领兵追击，乃蛮大败。这时札木合发兵增援乃蛮，见乃蛮失败，只得回师，路上遇到与自己不友好的部落，就让兵卒大肆抢掠而走。

见其败，即还。道经诸部之
立己者，大纵掠而去。

注释 ① 岁壬戌：即 1202 年，古代一般用年号纪年，蒙古部这时还没有年号，所以用干支纪年。

原文

　　帝欲为长子术赤求昏于汪罕女抄儿伯姬①，汪罕之孙秃撒合亦欲尚帝女火阿真伯姬，俱不谐。自是颇有违言。初，帝与汪罕合军攻乃蛮，约明日战。札木合言于汪罕曰："我于君是白翎雀，他人是鸿雁耳。白翎雀寒暑常在北方，鸿雁遇寒则南飞就暖耳。"意谓帝心不可保也。汪罕闻之疑，遂移部众于别所。及议昏不成，札木合复乘隙谓亦剌合曰："太子虽言是汪罕之子②，尝通信于乃蛮，将不利于君父子。君若能加兵，我当从旁助君也。"亦剌合信之。会答力台、火察儿、按

翻译

　　铁木真想为大儿子术赤娶汪罕的女儿抄儿伯姬，汪罕的孙子秃撒合也想娶铁木真的女儿火阿真伯姬，但都未能如愿，从此两家失和。起初，铁木真与汪罕联合进攻乃蛮，约定第二天决战。札木合对汪罕说："我对您来说是白翎雀，别人对您来说则是鸿雁呀。白翎雀无论寒暑常在北方，而鸿雁在寒冷的时节就飞到南方温暖的地方去了。"言下之意是说铁木真不可信任。汪罕听到这话后产生了疑虑，于是把军队转移到了别的地方。这次两家议婚不成，札木合又乘机对亦剌合说："铁木真虽称是汪罕的儿子，但曾与乃蛮友好，这将不利于你们父子。如果您对铁木真用兵，我将在一旁帮助您。"亦剌合相信了。正好答力台、火察儿、按弹等人来投靠亦剌合，也对亦剌合说："我们愿帮助您征讨宣懿太后的儿子们。"亦剌合非常高兴，派人告诉汪罕。汪罕说："札木合

弹等叛归亦剌合,亦说之曰:"我等愿佐君讨宣懿太后诸子也。"亦剌合大喜,遣使言于汪罕。汪罕曰:"札木合,巧言寡信人也,不足听。"亦剌合力言之,使者往返者数四,汪罕曰:"吾身之存,实太子是赖。髭须已白,遗骸冀得安寝,汝乃喋喋不已耶?汝善自为之,毋贻吾忧可也。"札木合遂纵火焚帝牧地而去。

是那种尽说漂亮话、不讲信用的人,他的话不要听。"亦剌合反复劝说,使者往来多次,汪罕说:"我的余生,只能依靠太子铁木真了。现在年岁已高,希望能好好休息,你为什么还要这样喋喋不休呢?凡事你好自为之,不要让我担惊受怕就可以了。"札木合于是放火烧了铁木真的牧场后离去。

注释 ① 术赤:成吉思汗的长子,封地自海押立延伸到花剌子模地区,死后次子拔都嗣位。昏:同"婚"。 ② 太子:这里指成吉思汗。成吉思汗曾尊汪罕为父,故有此说。

原文

岁癸亥,汪罕父子谋欲害帝,乃遣使者来曰:"向者所议姻事,今当相从,请来饮布浑察儿。"①帝以为然,率十骑赴之。至中道,心有所疑,命一骑往谢,帝遂还。汪罕谋既不成,即议举兵来

翻译

癸亥年(1203),汪罕父子企图谋害铁木真,于是派使者来说:"过去所议婚姻之事,现在打算同意,请你们来喝许亲酒。"铁木真信以为真,带领十人前往。在路上,心里产生了怀疑,让一个人前去辞谢,自己回来了。汪罕的阴谋没有能实现,便打算发兵来进攻。养马人乞失力听到消息后,与弟弟把带秘密

侵。围人乞失力闻其事,密与弟把带告帝②。帝即驰军阿兰塞,悉移辎重于他所,遣折里麦为前锋,俟汪罕至即整兵出战。先与朱力斤部遇,次与董哀部遇,又次与火力失烈门部遇,皆败之;最后与汪罕亲兵遇,又败之。亦剌合见势急,突来冲阵,射之中颊,即敛兵而退。怯里亦部人遂弃汪罕来降。

地告诉了铁木真。铁木真立即领军离开阿兰塞,将辎重都转移到了别的地方,并派折里麦为前锋,等汪罕的军队一到就领兵迎战。最先与朱力斤部相遇,接着与董哀部相遇,又与火力失烈门部相遇,把他们都打败了。最后又与汪罕的亲兵相遇,也将其打败了。亦剌合见势不妙,突围出阵,被射中了脸颊,只好收兵回师。怯里亦部的民众于是背弃了汪罕来投靠铁木真。

注释 ① 布浑察儿:蒙古语,意为许亲宴。蒙古古俗,女子定亲后。设许婚酒宴款待亲家,称之为吃布浑察儿。 ② 乞失力与把带兄弟,先是汪罕属下也客扎连的牧马人,蒙古建国后,同列为千户功臣。

原文

汪罕既败而归,帝亦将兵还至董哥泽驻军,遣阿里海致责于汪罕曰:"君为叔父菊儿罕所逐,困迫来归,我父即攻菊儿罕,败之于河西,其土地人民尽收与君。此大有功于君一也。君为

翻译

汪罕失败回师后,铁木真也领兵回到董哥泽驻扎,并派阿里海去谴责汪罕说:"你被你的叔父菊儿罕追逐,困顿之极,来归附我部,我的父亲当即发兵进攻菊儿罕,在河西打败了他,把他的牧场和部众夺过来给了你,这是第一件大有功于你的事。你受到乃蛮的进攻,向西远逃,你的弟弟札阿绀孛在金朝管辖

乃蛮所攻,西奔日没处①。君弟札阿绀孛在金境,我亟遣人召还。比至,又为蔑里乞部人所逼,我请我兄薛彻别及及我弟大丑往杀之②。此大有功于君二也。君困迫来归时,我过哈丁里,历掠诸部羊马资财,尽以奉君,不半月间,令君饥者饱、瘠者肥。此大有功于君三也。君不告我往掠蔑里乞部,大获而还,未尝以毫发分我,我不以为意。及君为乃蛮所倾覆,我遣四将夺还尔民人,重立尔国家。此大有功于君四也。我征朵鲁班、塔塔儿、哈答斤、散只兀、弘吉剌五部,如海东鸷禽之于鹅雁③,见无不获,获则必致于君。此大有功于君五也。是五者皆有明验,君不报我则已,今乃易恩为仇,而遽加兵于我哉?"汪罕闻之,语亦剌合曰:"我向者之言何如? 吾儿宜识之。"

区,我连忙派人把他召回来;回来后,又为蔑里乞部人所进逼,我让我哥哥薛彻别及和我弟弟大丑前去攻杀蔑里乞部人,这是第二件大有功于你的事。你穷困急迫来归附时,我路经哈丁里,沿途所抢夺的各部落的羊马和资财,全都给了你,不到半个月的时间,使你的人马饥饿的得饱,瘦弱的变强,这是第三件大有功于你的事。你事先不告诉我就去蔑里乞部抢掠,满载而归,不曾分给我一点东西,我也并不在意。当你的部落为乃蛮部所倾覆,我派四员大将前去帮你夺回了部众,重建了国家,这是第四件大有功于你的事。我讨伐朵鲁班、塔塔儿、哈答斤、散只兀、弘吉剌五个部落,就像凶猛的海东青鸟之于鹅雁一样,只要见到了的东西就没有不能获得的,获得了就没有不送给你的,这是第五件大有功于你的事。这五件事都有确凿的证据,你不回报我也罢,现在为什么要以仇报恩,而突然侵凌我部呢?"汪罕听到后,对亦剌合说:"我过去说得怎么样? 你小子要记住这个教训。"亦剌合说:"事情发展到今天,已不能就此而已了,只有竭尽全力战斗。我胜了就吞并他,他胜了就吞并我,说得再多又有什么用呢?"

亦剌合曰："事势至今日，必不可已，唯有竭力战斗。我胜则并彼，彼胜则并我耳。多言何为？"

注释 ①日没处：太阳下落的地方，形容很远。 ②薛彻别及与大丑都是成吉思汗伯祖八剌哈的后代。薛彻别及又作薛彻，大丑又作太丑。 ③海东鹘禽：即海东青，又名海青，雕的一种，产于黑龙江下游及附近海岛。辽金元皆极重海东青。

原文

时帝诸族按弹、火察儿皆在汪罕左右。帝因遣阿里海诮责汪罕，就令告之曰："昔者吾国无主，以薛彻、太丑二人实我伯祖八剌哈之裔，欲立之。二人既已固辞，乃以汝火察儿为伯父聂坤之子，又欲立之，汝又固辞。然事不可中辍，复以汝按弹为我祖忽都剌之子，又欲立之，汝又固辞。于是汝等推戴吾为之主，初岂我之本心哉？不自意相迫至于如此也。三河①，祖宗肇基之地，毋为他人所有。汝

翻译

当时铁木真部族的按弹、火察儿都在汪罕身边，铁木真派阿里海责难汪罕时，就让阿里海告诉他们说："过去我们国内没有君主，因为薛彻、大丑二人是我伯祖八剌哈的后裔，打算让他们为首领。在他们坚决辞谢之后，又因为你火察儿是我伯父聂坤的儿子，打算让你为首领，你又坚决辞谢。然而国家不能没有首领，又因为你按弹是我祖父忽都剌的儿子，打算让你为首领，你也坚决辞谢了。于是你们拥戴我做首领，这难道是我的本意吗？我没有想到你们会这样对待我。三河是我们祖先的发祥地，不能被别人所占有。你们一心臣事汪罕，汪罕却是反复无常的人，他对我尚且这样，何况你们呢？好好想想吧，好好想想吧。"按弹等人无话可说。

善事汪罕,汪罕性无常,遇
我尚如此,况汝辈乎? 我今
去矣,我今去矣。"按弹等无
一言。

注释 ① 三河:即怯绿连河、斡难河和土兀剌河,也就是今克鲁伦河、鄂嫩河和土
拉河。

原文

帝既遣使于汪罕,遂进
兵虏弘吉剌别部溺儿斤以
行。至班朱尼河,河水方
浑,帝饮之以誓众。有亦乞
烈部人孛徒者①,为火鲁剌
部所败②,因遇帝,与之同
盟。哈撒儿别居哈剌浑山,
妻子为汪罕所虏,挟幼子脱
虎走,粮绝,探鸟卵为食,来
会于河上。时汪罕形势盛
强,帝微弱,胜败未可知,众
颇危惧。凡与饮河水者,谓
之饮浑水,言其曾同艰难也。
汪罕兵至,帝与战于哈阑真
沙陀之地③,汪罕大败。其
臣按弹、火察儿、札木合等谋

翻译

铁木真在派人责难汪罕之后,遂向
弘吉剌部进攻,俘获了其称之为溺儿斤
的一支后继续前行,到达班朱尼河时,
河水正浑浊,铁木真与众人同饮盟誓。
亦乞烈部的孛徒,被火鲁剌部打败了,
在这里遇到铁木真,也一起盟誓。另外
住在哈剌浑山的哈撒儿,妻子儿女被汪
罕俘虏了,他带着小儿子脱虎逃走,断
粮后只好以鸟蛋充饥,也来到这里与铁
木真会合。这时汪罕实力强盛,铁木真
力量相对弱小一些,胜负难以预料,很
多人都极为担心。凡是一同饮河水的
人,称之为饮浑水,也就是指一同经历
过艰难。汪罕的军队到达后,铁木真与
他在哈阑真沙陀大战,结果汪罕大败。
汪罕的部将按弹、火察儿、札木合等人
合谋杀死汪罕,但没有成功,便投奔了
乃蛮。答力台、把怜等部则向铁木真部

弑汪罕，弗克，往奔乃蛮。答力台、把怜等部稽颡来降④。

叩头投降。

注释 ① 亦乞烈部：蒙古迭儿列斤部之一支，游牧于额尔古纳河附近。孛徒：曾为亦乞烈部首领，相继娶成吉思汗的妹妹和女儿，后追封为昌王。 ② 火鲁剌部：蒙古迭儿列斤部之一支，游牧于呼伦湖西南。 ③ 哈阑真沙陀：地名，约在今内蒙古东乌珠穆沁旗北境。 ④ 把怜：蒙古尼鲁温部的一支，又分为蔑年和你出古惕等分族。稽颡（sǎng）：叩头。

原文

帝移军斡难河源，谋攻汪罕，复遣二使往汪罕，伪为哈撒儿之言曰："我兄太子今既不知所在，我之妻孥又在王所，纵我欲往，将安所之耶？王傥弃我前愆，念我旧好，即束手来归矣。"汪罕信之，因遣人随二使来，以皮囊盛血与之盟。及至，即以二使为向导，令军士衔枚夜趋折折运都山，出其不意，袭汪罕，败之。尽降克烈部众，汪罕与亦剌合挺身遁去。汪罕叹曰："我为吾儿所误，今日之祸悔将何及！"汪罕出走，路逢乃蛮部

翻译

铁木真领兵行至斡难河的发源地，准备向汪罕进攻，又派了两位使者到汪罕那里，伪装为哈撒儿传话说："我哥哥现在不知在什么地方，我的妻子儿女又在您这里，即使我想离开，又能到哪里去呢？如果您不计较我以往的过错，念记我们过去的友好，我就来归附您。"汪罕相信了这话，派人跟着两位使者来，用皮囊装着血，双方立下了盟誓。两位使者到来后，铁木真就让他们充当向导，令众兵将不得喧嚣，连夜赶赴折折运都山，出其不意地进攻汪罕，结果打败了汪罕。克烈部的人都投降了，只有汪罕和亦剌合脱身逃走。汪罕哀叹说："我为我儿子所误，现在的灾祸后悔也来不及了！"汪罕在逃跑的路上，遇到乃蛮部的人，被他们杀死。亦剌哈逃到西夏，靠

将,遂为其所杀。亦剌哈走西夏,日剽掠以自资。既而亦为西夏所攻走,至龟兹国①。龟兹国主以兵讨杀之。

帝既灭汪罕,大猎于帖麦该川,宣布号令,振凯而归。时乃蛮部长太阳罕心忌帝能②,遣使谋于白达达部主阿剌忽思曰③:"吾闻东方有称帝者。天无二日,民岂有二王邪?君能益吾右翼,吾将夺其弧矢也④。"阿剌忽思即以是谋报帝,居无何,举部来归。

抢劫过日子,又被西夏人赶走。逃到龟兹国,龟兹国的首领带兵杀死了他。

铁木真消灭汪罕部后,在帖麦该川举行了规模宏大的狩猎,发布号令,整顿军队而归。乃蛮部的首领太阳罕忌妒铁木真的才能,派人对白达达部的首领阿剌忽思说:"我听说东方有人要称帝。天上没有两个太阳,老百姓又怎么能有两位君主呢?如果你能在右边帮助我,我就能夺下他的弓箭。"阿剌忽思很快向铁木真报告了这一阴谋,不久,带领全部落的人来归附。

注释 ① 龟兹(qiū cí):古西域国名,领地在今新疆库车县一带。 ② 太阳罕:太阳是汉语"大王"的音变,罕又称汗,乃蛮君王的称呼,这里指脱儿鲁黑太阳罕。 ③ 阿剌忽思:汪古部人,被其部众所杀后,成吉思汗追封他为高唐王。 ④ 弧矢:弓箭。

原文

岁甲子,帝大会于帖麦该川,议伐乃蛮。群臣以方春马瘦,宜俟秋高为言,皇弟斡赤斤曰①:"事所当为,

翻译

甲子年(1204),铁木真与各部落在帖麦该川聚会,讨论征伐乃蛮。臣僚们认为现在正值春天马瘦的时节,应该等到秋天马壮后再说。铁木真的弟弟斡

断之在早，何可以马瘦为辞？"别里古台亦曰[②]："乃蛮欲夺我弧矢，是小我也，我辈义当同死。彼恃其国大而言夸，苟乘其不备而攻之，功当可成也。"帝悦，曰："以此众战，何忧不胜。"遂进兵伐乃蛮。驻兵于建忒该山，先遣虎必来、哲别二人为前锋[③]。太阳罕至自按台，营于沆海山[④]，与蔑里乞部长脱脱、克烈部长阿怜太石、猥剌部长忽都花别吉[⑤]，暨秃鲁班、塔塔儿、哈答斤、散只兀诸部合，兵势颇盛。时我队中赢马有惊入乃蛮营中者，太阳罕见之，与众谋曰："蒙古之马瘦弱如此，今当诱其深入，然后战而擒之。"其将火力速八赤对曰："先王战伐，勇进不回，马尾人背，不使敌人见之。今为此迁延之计，得非心中有所惧乎？苟惧之，何不令后妃来统军也。"太阳罕怒，即跃

赤斤说："要办的事，就应该尽早办，怎么能以马瘦为借口呢？"别里古台也说："乃蛮想夺下我们的弓箭，是看不起我们，我们理当奋不顾身。乃蛮依恃其强大而说大话，如果乘他没有准备而进攻，就会成功。"铁木真高兴地说："有这样的人打仗，怎么会不胜呢？"于是进兵攻伐乃蛮。大军驻扎在建忒该山，铁木真派虎必来、哲别二人为前锋。太阳罕从按台起兵，驻扎在沆海山，他联合着蔑里乞部的首领脱脱、克烈部的首领阿怜太石、猥剌部的首领忽都花别吉以及秃鲁班、塔塔儿、哈答斤、散只兀等部落，实力强盛。当时铁木真军中有一匹瘦弱的马受惊后跑到了乃蛮的军营中，太阳罕见到后，与众部将商议说："蒙古部的马这样瘦弱，现在应该引诱它深入，然后发起进攻俘虏它。"太阳罕的将领火力速八赤对他说："先王作战时，奋勇前进，不曾后退，马的尾部人的背后，不能让敌人看见。现在你想出这么一个拖延时间的办法，是不是心里害怕呢？如果害怕，那怎么不让后妃来统帅军队呢？"太阳罕被这番话激怒了，当即跃马挑战。铁木真以哈撒儿指挥中军。当时札木合也随太阳罕来了，见铁木真部军容严整，对周围的人说："乃蛮开始

马索战。帝以哈撒儿主中军。时札木合从太阳罕来，见帝军容整肃，谓左右曰："乃蛮初举兵，视蒙古军若杀孆羔儿⑥，意谓蹄皮亦不留。今吾观其气势，殆非往时矣。"遂引所部兵遁去。是日，帝与乃蛮军大战至晡，禽杀太阳罕。诸部军一时皆溃，夜走绝险，坠崖死者不可胜计。明日，余众悉降。于是朵鲁班、塔塔儿、哈答斤、散只兀四部亦来降。

已而复征蔑里乞部。其长脱脱奔太阳罕之兄卜欲鲁罕，其属带儿兀孙献女迎降，俄复叛去。帝至泰寒寨，遣孛罗欢、沈白二人领右军往平之⑦。

发兵时，以为蒙古部的军队就像黑羊羔一样，脚蹄和皮毛都没有。现在我看蒙古军的阵势，与以前大不一样了。"于是带领自己的部众逃跑了。这天，铁木真与乃蛮部大战，战斗持续到傍晚，太阳罕被活捉后杀死。各部的军队都败溃逃走，夜晚不辨逃路，从山崖上坠落下去摔死的不可胜数。第二天，剩下的人都投降了。朵鲁班、塔塔儿、哈答斤、散只兀四个部落也来归降。

随后铁木真又一次征讨蔑里乞部。蔑里乞部的首领脱脱投奔太阳罕的兄长卜欲鲁罕去了，他的部属带儿兀孙献出自己的女儿来归降，很快又叛离而去。铁木真到达泰寒寨后，派孛罗迎、沈白二人带领右军前去平定。

注释　①斡赤斤：成吉思汗的幼弟，后因图谋夺取大汗之位被处死。　②别里古台：成吉思汗异母弟，以勇力著称，屡立战功。曾任札鲁忽赤之长。　③虎必来：蒙古八鲁剌思部人，早年投附成吉思汗，勇猛善战，与折里麦、速不台、哲别号称"四狗"。　④沆海山：又译杭海岭，即今蒙古国杭爱山。　⑤克烈部：辽金时漠北最大、最强的一个部落，一般认为它的族属是突厥族，后为蒙古所灭。猥剌部：蒙古部的一支,元朝时,其首领被封为延安王,明朝译称瓦剌。 ⑥ 羖䍽(gǔ lì):黑色的山羊。
⑦ 孛罗欢:克烈部人,归降成吉思汗,自幼充拖雷宿卫,宪宗时独任国事,汉人称为
中书右丞相。因佐阿里不哥称帝被忽必烈处死。

原文

　　岁乙丑,帝征西夏,拔
力吉里寨,经落思城,大掠
人民及其橐驼而还。

　　元年丙寅①,帝大会诸
王群臣,建九游白旗,即皇
帝位于斡难河之源。诸王
群臣共上尊号曰成吉思皇
帝。是岁实金泰和之六
年也。

　　帝既即位,遂发兵复征
乃蛮。时卜欲鲁罕猎于兀
鲁塔山,擒之以归。太阳罕
子屈出律罕与脱脱奔也儿
的石河上②。

　　帝始议伐金。初,金杀
帝宗亲咸补海罕,帝欲复
仇。会金降俘等具言金主
璟肆行暴虐③。帝乃定议致
讨,然未敢轻动也。……

翻译

　　乙丑年(1205),铁木真征讨西夏,
攻克了力吉里寨,回师经过落思城时,
抢了许多百姓和骆驼回来。

　　铁木真元年(1206),铁木真会集王
公大臣,打出九游白旗,在斡难河的源
头即皇帝位。王公大臣们给他上尊号
为成吉思皇帝。这年是金章宗太和
六年。

　　铁木真即皇帝位后,又一次发兵征
伐乃蛮。当时卜欲鲁罕在兀鲁塔山狩
猎,被活捉了回来。太阳罕的儿子屈出
律罕和脱脱逃到了也儿的石河。

　　铁木真开始考虑进攻金朝。起初,
金人杀了与铁木真同宗的咸补海罕,铁
木真就想报仇。正好从金朝来投降的
人和被活捉的俘虏都说金朝皇帝完颜
璟十分残忍暴虐,铁木真于是决定攻
伐,但没有轻率采取行动。……

注释　①元年:即蒙古国元年,1206年,干支纪年为丙寅,这年成吉思汗建立大蒙古国,但还没有采用年号纪年的方法,所以直接书元年。　②屈出律:乃蛮太阳罕之子,为蒙古军所追,奔西辽,并篡西辽帝位,后为蒙古军所杀。也儿的石河:即今额尔齐斯河。　③璟:即金章宗完颜璟,1190年至1208年在位。

原文

　　五年庚午春,金谋来伐,筑乌沙堡。帝命遮别袭杀其众,遂略地而东。

　　初,帝贡岁币于金①,金主使卫王允济受贡于净州②。帝见允济不为礼。允济归,欲请兵攻之。会金主璟殂,允济嗣位,有诏至国,传言当拜受。帝问金使曰:"新君为谁?"金使曰:"卫王也。"帝遽南面唾曰:"我谓中原皇帝是天上人做,此等庸懦亦为之耶? 何以拜为!"即乘马北去。金使还言,允济益怒,欲俟帝再入贡,就进场害之。帝知之,遂与金绝,益严兵为备。……

翻译

　　铁木真五年(1210)春天,金朝准备向蒙古进攻,修筑了乌沙堡。铁木真令遮别突袭杀死了乌沙堡的守敌,并向东推进。

　　最初,铁木真每年都要向金朝交纳钱币,金朝皇帝让卫王完颜允济在净州接受贡物。铁木真见完颜允济时没有跪拜。完颜允济回到金都城后,想请求对蒙古用兵。正好金朝皇帝完颜璟死了,完颜允济继位做了皇帝,有诏令传到蒙古,并说要跪着接受。铁木真问金朝的使者说:"新皇帝是谁?"使者回答说:"是原来的卫王。"铁木真竟向南面吐了一口唾沫说:"我原以为中原的皇帝只有天上的仙人才能做,完颜允济这样平庸懦弱的人也配做吗? 拜他干什么!"立刻骑马北返了。金朝使者回去说后,完颜允济更加恼怒,想等铁木真再交纳岁贡时,就当即杀死他。铁木真知道后,便与金朝断绝了关系,并严加防范。……

注释 ① 岁币：每年交纳的钱币。 ② 允济：即金卫绍王完颜允济。金世宗第七子，被封为卫王，继章宗为帝，在位五年，后为胡沙虎所逐，又为宦官所杀。

原文

（二十二年）秋七月壬午，不豫①，己丑，崩于萨里川哈老徒之行宫②。临崩谓左右曰："金精兵在潼关，南据连山，北限大河，难以遽破。若假道于宋，宋、金世仇，必能许我，则下兵唐、邓③，直捣大梁④。金急，必征兵潼关。然以数万之众，千里赴援，人马疲弊，虽至弗能战，破之必矣。"言讫而崩，寿六十六。葬起辇谷。至元三年冬十月，追谥圣武皇帝⑤。至大二年冬十一月庚辰，加谥法天启运圣武皇帝。庙号太祖。在位二十二年。

帝深沉有大略，用兵如神，故能灭国四十，遂平西夏。其奇勋伟迹甚众，惜乎当时史官不备，或多失于记载云。

翻译

（铁木真二十二年[1227]）七月五日，铁木真患病。十二日，死在萨里川哈老徒的行宫。临死前对身边的人说："金朝的精兵在潼关，在南依靠山势，在北以黄河为险阻，一时难以攻克。如果向南宋借道攻金，宋、金世代为仇敌，一定会同意，这样我们就能从唐州和邓州出兵，直赴开封。金朝见形势危急，就会征调潼关的守军。以好几万的人马，到千里之外去增援，必然会人困马乏，就是到了也不能投入战斗，这样一定能攻灭金朝。"说完后就死了，享年六十六岁，埋葬在起辇谷。世祖至元三年（1266）十月，追加谥号为圣武皇帝，武宗至大二年（1309）十一月一日，又追加谥号为法天启运圣武皇帝，庙号为太祖。共做了二十二年的皇帝。

铁木真为人深沉，有远大的谋略，用兵如神，所以能吞并四十个国家和部落，平定西夏。他非凡的事迹和武功很多，可惜当时没有史官，很多事没有记录下来。

注释 ① 古人以干支纪日,铁木真二十二年七月壬午日即七月五日。不豫:天子有病的讳称。 ② 萨里川:地名,在今蒙古国东方省境内。成吉思汗建国前曾在此居住。 ③ 唐、邓:唐州和邓州,在今河南唐河与邓州。 ④ 大梁:今河南开封,是金朝的都城。 ⑤ 谥:古代帝王或大臣死后,依照其生前的事迹给予一定的称号,称为谥。

世 祖 本 纪

导读

　　元世祖忽必烈(1215—1294)是成吉思汗四子拖雷的第二子,元朝的创建者。忽必烈是一位杰出的政治家和军事家,在中国历史上有重要影响。1251年,忽必烈长兄蒙哥即大汗位,他受任总理漠南汉地军国庶事,任用汉人儒臣,对河南、陕西吏治多有改进。1253年出征云南,灭大理国,1260年在开平(今内蒙古正蓝旗东北闪电河北岸)即大汗位。建元中统。采用汉法,提倡"文治"。至元八年(1271)建国号大元,次年,确定以大都(今北京)为首都,后即发动对南宋的进攻,至元十六年(1279)灭南宋,统一全国,初步奠定了我国疆域的规模,发展了国内各民族的经济文化交流。忽必烈重视与外国的联系,对东南亚、印巴次大陆、西南亚及东北非的海道贸易有所发展。(选自卷四至卷一七)

原文

　　世祖圣德神功文武皇帝,讳忽必烈,睿宗皇帝第四子①。母庄圣太后,怯烈氏。以乙亥岁八月乙卯生。及长,仁明英睿,事太后至孝,尤善抚下。纳弘吉剌氏为妃。

　　岁甲辰,帝在潜邸②,思

翻译

　　元世祖圣德神功文武皇帝,名叫忽必烈,是睿宗皇帝的第四个儿子。忽必烈的母亲是庄圣太后,姓怯烈。他出生于乙亥年(1215)八月二十八日。忽必烈长大以后,宽仁而明智,杰出而通达,侍奉他的母亲庄圣太后非常孝顺,他尤其善于爱护部下。他娶了姓弘吉剌的女子为妃。

　　甲辰年(1244),忽必烈在自己的府

大有为于天下,延藩府旧臣及四方文学之士,问以治道。

岁辛亥,六月,宪宗即位③,同母弟惟帝最长且贤,故宪宗尽属以漠南汉地军国庶事,遂南驻爪忽都之地。……

第,想在天下干出一番大事业,便邀请藩府里旧臣和四方的博学之士,向他们请教治国之道。

辛亥年(1251)六月,元宪宗即皇帝位,宪宗同母的弟弟中只有忽必烈年龄最大,而且最有道德和才能,所以宪宗将管理大漠南边汉人地区的军事、政治、民务的大事都交给他去处理,他因此向南驻守在爪忽都这个地方。……

注释 ① 睿宗皇帝:元太祖成吉思汗第四子,名拖雷,死后追谥为英武皇帝,庙号睿宗。 ② 潜邸:《易经》有"潜龙勿用"之语,后来指帝王未正皇储名分以前所居的府第。 ③ 宪宗:名蒙哥,睿宗拖雷之长子。

原文

岁壬子,帝驻桓、抚间①。宪宗令断事官牙鲁瓦赤与不只儿等总天下财赋于燕②,视事一日,杀二十八人。其一人盗马者,杖而释之矣,偶有献环刀者③,遂追还所杖者,手试刀斩之。帝责之曰:"凡死罪必详谳而后行刑,今一日杀二十八人,必多非辜。既杖复斩,此何刑也?"不只儿错愕不

翻译

壬子年(1252),忽必烈驻守在桓州、抚州之间。宪宗命令断事官牙鲁瓦赤和不只儿等人将国内的财赋集中到燕京,他们就职办公一天,就处死了二十八个人。被杀者中有一个是偷马的人,他们将他杖责后释放了,这时偶然有个献环刀的人,断事官便将用杖打过的那人追回来,为了试试环刀是否锋利,而用那口刀将偷马人斩杀了。忽必烈责备他们说:"凡是死罪的案件,必须要详细地审讯、定罪,然后才能执行刑法。今天你们一天杀了二十八人,必然

能对。……

夏六月，入觐宪宗于曲先恼儿之地，奉命帅师征云南。……

有很多无辜者。既然杖责了，又将其斩杀，这是什么刑罚?"不只儿仓促惊慌，不能回答。……

（壬子年）夏六月，忽必烈在曲先恼儿这个地方觐见宪宗，奉宪宗之命统领部队征讨云南。……

注释 ① 桓:桓州，今内蒙古正蓝旗西北；抚:抚州，今河北张北。 ② 断事官:官职名，掌管裁决军府刑政狱讼的事务。燕:燕京，今北京。 ③ 环:一种圆形而中间有孔的玉器，环刀即刀柄上镶有玉环的刀。

原文

十二月丙辰，军薄大理城。初，大理主段氏微弱，国事皆决于高祥、高和兄弟。是夜祥率众遁去，命大将也古及拔突儿追之。帝既入大理，曰:"城破而我使不出，计必死矣。"己未，西道兵亦至，命姚枢等搜访图籍①，乃得三使尸，既瘗，命姚枢为文祭之。辛酉，南出龙首城，次赵睑②。癸亥，获高祥，斩于姚州③。留大将兀良合带戍守，以刘时中为

翻译

（壬子年）十二月六日，大军逼近大理城。当初，大理的统治者段氏糊涂而懦弱，国家大事都由高祥、高和兄弟决定。这天夜里，高祥率领众人逃去，忽必烈命令大将也古与拔突儿追击。忽必烈进入大理之后，说:"城池已经攻破而我们的使臣还不出来，估计他们肯定是死了。"九日，西路的部队也赶到了，忽必烈命令姚枢等人搜集、寻访图书典籍。此时，部队得到了三位使臣的尸体，埋葬之后，忽必烈命令姚枢撰文祭奠。十一日，部队南出龙尾城，驻扎在赵睑。十三日，抓获了高祥，在姚州将其斩首。忽必烈留大将兀良合带驻守，

宣抚使④，与段氏同安辑大理，遂班师。……

任命刘时中为宣抚使，与段氏共同安抚大理，于是大军撤回。……

注释 ① 姚枢：参见《姚枢传》。 ② 龙首城："首"应为"尾"，龙尾即下关，今云南大理南。睑(jiǎn)：南诏人称州为睑，赵睑，今云南大理附近。 ③ 姚州：辖境相当于今云南楚雄。 ④ 宣抚使：官名。元置宣抚使司，管理军民事务。

原文

　　岁丁巳，春，宪宗命阿蓝答儿、刘太平会计京兆、河南财赋①，大加钩考，其贫不能输者，帝为代偿之。……

　　（岁己未）八月丙戌，渡淮。辛卯，入大胜关②，宋戍兵皆遁。壬辰，次黄陂。甲午，遣廉希宪招台山寨。比至，千户董文炳等已破之③。时淮民被俘者众，悉纵之。庚子，先锋茶忽得宋沿江制置司榜来上，有云："今夏谍者闻北兵会议，取黄陂民船系栿，由阳逻堡以渡④，会于鄂州⑤。"帝曰："此事前所未有，愿如其言。"辛丑，师次江北。

翻译

　　丁巳年(1257)，春天，宪宗命令阿蓝答儿、刘太平统计、管理京兆、河南一带的财赋，他们大肆钩取、推求，那些贫穷不能交纳赋税的，忽必烈代为他们偿付。……

　　（己未年[1259]）八月十五日，部队渡过淮河。二十日，部队攻入大胜关，宋朝的守兵都逃跑了。二十一日，部队驻扎在黄陂。二十三日，忽必烈派遣廉希宪去台山寨招安。等到了那里的时候，千户董文炳等人已经攻破了山寨。此时，淮河一带的老百姓被俘虏的人很多，忽必烈将他们都释放了。二十九日，先锋茶忽得到了宋朝沿江制置司的榜文奉上，榜文上有这样的话："今年夏天，谍报人员听说北方军队的会议决定用黄陂的民船拴着竹筏，由阳逻堡渡江，在鄂州会师。"忽必烈说："这种事以前并没有，希望像它说的一样。"三十

九月壬寅朔，亲王穆哥自合州钓鱼山遣使以宪宗凶问来告⑥，且请北归以系天下之望。帝曰："吾奉命南来，岂可无功遽还?"甲辰，登香垆山，俯瞰大江，江北曰武湖⑦，湖之东曰阳逻堡，其南岸即浒黄洲。宋以大舟扼江渡，帝遣兵夺二大舟，是夜遣木鲁花赤、张文谦等具舟楫。乙巳迟明，至江岸，风雨晦冥，诸将皆以为未可渡，帝不从。遂申敕将帅扬旗伐鼓，三道并进，天为开霁。与宋师接战者三，杀获甚众，径达南岸。军士有擅入民家者，以军法从事。凡所俘获，悉纵之。……

日，部队驻扎在江北。

九月一日，亲王穆哥从合州钓鱼山派使臣来报告宪宗驾崩的消息，并且请忽必烈返回北方继承皇位。忽必烈说："我奉命南来，怎么可以没有功劳便仓促返回呢?"三日，忽必烈登上香垆山，俯瞰大江，江北是武湖，武湖东面是阳逻堡，阳逻堡的南岸就是浒黄洲。宋朝用大船扼守长江渡口，忽必烈派兵夺取了两只大船。这天夜里，忽必烈派木鲁花赤、张文谦等准备船只。四日黎明，部队到达江岸，此时风雨交加，天色昏暗，诸位将领都认为不能渡江，忽必烈不同意他们的意见。于是，忽必烈命令将帅们挥动令旗，擂动战鼓，兵分三路前进，天空竟为此而放晴。蒙古部队与宋军交战了三次，杀死、俘获宋军很多，蒙古部队一直抵达南岸。忽必烈下令：军人有擅自进入百姓家中的，以军法处治。凡是蒙古部队所俘虏的人，忽必烈都将他们释放了。……

注释　①京兆：汉代京畿的行政区划名，即今陕西西安以东至华州之地。　②大胜关：在今河南罗山南。　③千户：掌兵千人的武官名。　④阳逻堡：亦称阳逻镇，在今湖北黄冈西。　⑤鄂州：州治故地在今湖北鄂州。　⑥合州：辖境相当于今重庆市合川、铜梁、大足，四川省武胜等地；钓鱼山：在今重庆市合川东。凶问：去世的噩耗。　⑦武湖：在湖北黄陂东南，即武口水，又名黄汉湖。

原文

　　闰月庚午朔,还驻青山矶。辛未,临江岸。遣张文谦还谕诸将曰:"迟六日,当去鄂退保浒黄洲。"命文谦发降民二万北归。宋贾似道遣宋京请和①,命赵璧等语之曰:"汝以生灵之故来请和好,其意甚善,然我奉命南征,岂能中止。果有事大之心,当请于朝。"是日,大军北还。己丑,至燕。脱里赤方括民兵②,民甚苦之。帝诘其由,托以宪宗临终之命。帝察其包藏祸心,所集兵皆纵之,人心大悦。……

翻译

　　闰(十一)月一日,忽必烈返回,安营在青山矶。二日,忽必烈到达江岸,派遣张文谦回去晓谕诸位将领:"等到第六天,应当离开鄂州,退回保卫浒黄洲。"他命令张文谦打发二万降民回到北方。宋朝的贾似道派宋京来请和,忽必烈命令赵璧等对宋京说:"你们以百姓的缘故来请和,用意很好,可是我奉命向南征讨,岂能半途而废?如果你们确实有侍奉大国之心,应当到我们的朝廷上去请求。"这一天,大军向北撤回。二十日,到达燕京。脱里赤正在聚集乡兵,老百姓为此感到非常困苦。忽必烈追问这样做的理由,脱里赤假托是宪宗临终时的命令。忽必烈察觉到脱里赤包藏祸心,便将他聚集的乡兵全部解撤,人心大快。……

注释　①贾似道:宋理宗时官居左丞相,兼枢密使。　②民兵:宋以来指乡兵。以健壮的农民列入兵籍,平时从事生产,有事则征召入伍。

原文

　　中统元年春三月戊辰朔,车驾至开平①。亲王合丹、阿只吉率西道诸王,塔

翻译

　　中统元年(1260)春天,三月一日,忽必烈到达开平。亲王合丹、阿只吉率领西道诸位亲王,塔察儿、也先哥、忽剌

察儿、也先哥、忽剌忽儿、爪都率东道诸王,皆来会,与诸大臣劝进。帝三让,诸王大臣固请。辛卯,帝即皇帝位。……

（中统二年）夏四月丙午,诏军中所俘儒士听赎为民。辛亥,遣弓工往教鄯阐人为弓②。乙卯,诏十路宣抚使量免民间课程③。命宣抚司官劝农桑,抑游惰,礼高年,问民疾苦,举文学才识可以从政及茂才异等,列名上闻,以听擢用;其职官污滥及民不孝悌者,量轻重议罚。……

忽儿、爪都率领东部诸位亲王,都来聚会,他们与诸位大臣一起劝说忽必烈即位。忽必烈谦让了三次,诸位亲王和大臣们坚持请求他即位。二十四日,忽必烈即皇帝位。……

（中统二年[1261]）夏天四月十五日,皇帝下诏命令军中所俘虏的读书人可以任凭赎身为民。二十日,皇帝派制造弓弩的匠人前往鄯阐,教那里的人制造弓弩。二十四日,下诏命令十路宣抚使酌情免除民间的赋税。命令宣抚司的官员勉励农民种田养蚕,抑制游手好闲和怠惰的风气,尊敬年事已高的人,询问民间疾苦,推荐文章学问、才能见识可以从政的人才以及其他方面特别优秀的人才,列出名单向上级报告,以等待提拔重用;那些贪赃污秽的官吏和老百姓当中不孝顺父母、不尊重兄弟的人,则根据罪行轻重商议惩罚。……

注释 ① 开平:今内蒙古正蓝旗东,元世祖中统初建都于此,中统五年(1264)加号上都。 ② 鄯阐:故址在今云南昆明。 ③ 课程:按税率收税。

原文

（中统三年）十一月……有旨谕史天泽:"朕

翻译

（中统三年[1262]）十一月……皇帝降旨告诉史天泽:"我有时在气头上,

或乘怒欲有所诛杀,卿等宜迟留一二日,覆奏行之。"……

(至元二年)五月……庚寅,令:"军中犯法,不得擅自诛戮,罪轻断遣,重者闻奏。"敕上都商税、酒醋诸课毋征①,其榷盐仍旧②;诸人自愿徙居永业者,复其家。诏西川、山东、南京等路戍边军屯田③。……

(至元八年)二月……辛酉,敕:"凡讼而自匿及诬告人罪者,以其罪罪之。"

三月……己丑……敕:"有司毋留狱滞讼④,以致越诉,违者官民皆罪之。"……

十一月……乙亥……建国号曰大元。……

十二月辛卯朔,诏天下兴起国字学⑤。宣徽院请以阑遗、漏籍等户淘金⑥,帝曰:"姑止,毋重劳吾民也。"乙巳,减百官俸。……

决定要杀某些人,你们应将这类事迟留一两天,再上奏于我,然后再看是否执行死刑。"……

(至元二年[1265])五月……十二日,皇帝下令:"军队中有犯法的,不许擅自将其杀死,罪过轻的应判为流放,罪过重的应奏闻朝廷。"皇帝命令不要征收上都的商税、酒醋等税,其盐税仍旧征收;有自愿移民并永远在移居地安家立业者,免除全家的徭役。皇帝下诏命令四川、山东、南京等路驻守在边防的军队实行屯田。……

(至元八年[1271])二月……二十七日,皇帝命令:"凡是诉讼而又隐匿姓名以及诬告别人有罪的人,以他告发别人的罪来惩罚他本人。"

三月……二十六日……皇帝命令:"官吏不可以拖延讼案,以至于出现越级诉讼的现象,违者官吏、平民都要治罪。"……

十一月……十五日……建国号为大元。……

十二月一日,命令全国开办用蒙古语文进行教学的学校。宣徽院请示,让无业游民、没有进行人口登记的居民去淘金,皇帝说:"暂且停止这样做,不要太使天下百姓劳苦了。"十五日,减少各级官吏的俸禄。……

① 课:赋税。 ② 榷(què):专利,专卖;榷盐:国家食盐专卖,也指盐税。③ 西川:指今四川西部地区,有时也泛指蜀地。南京:今河南开封。屯田:政府利用军队或农民、商人垦种土地,征取收成以为军饷。 ④ 有司:官吏,因官吏事有专司,故称有司。 ⑤ 国字:指蒙古文字。 ⑥ 宣徽院:官署名,总领宫内诸司及三班内侍的名籍和郊祀朝会等。阑遗:本指遗失在路上的无主之物,这里指无固定职业者。漏籍:未进行人口登记的居民。

原文

（至元十二年）五月……庚辰,诏谕参知政事高达曰①:"昔我国家出征,所获城邑,即委而去之,未尝置兵戍守,以此连年征伐不息。夫争国家者,取其土地人民而已,虽得其地而无民,其谁与居? 今欲保守新附城壁,使百姓安业力农,蒙古人未之知也。尔熟知其事,宜加勉旃②。湖南州郡皆汝旧部曲,未归附者何以招怀,生民何以安业,听汝为之。"……

翻译

（至元十二年[1275]）五月……十日,皇帝下诏告诉参知政事高达说:"过去我国出征,所获得的城市,立即就丢弃而离开了,没有安排军队驻守,因此连年征战讨伐不停。争夺国家的人,主要是要获得它的土地和人民,虽然得到它的国土却没有得到它的人民,我们同谁生活在一起? 现在,我们要保卫、守住新归顺的城市,使老百姓安居乐业,致力于农耕,蒙古族人不了解这一点。你对此事很熟悉,应该对此努力去干。驻守湖南州郡的都是你过去的部下,对于没有投降的如何去招安,百姓如何才能安居乐业,听凭你安排。"……

① 参知政事:丞相的副职。 ② 旃(zhān):助词,等于"之焉"两字连用的意义。

原文

（至元十三年）二月……帝既平宋，召宋诸将问曰："尔等何降之易耶？"对曰："宋有强臣贾似道擅国柄，每优礼文士，而独轻武官。臣等久积不平，心离体解，所以望风而送款也。"帝命董文忠答之曰："借使似道实轻汝曹，特似道一人之过耳，且汝主何负焉。正如所言，则似道之轻汝也固宜。"……

（至元十五年）六月……甲戌……遂命平章政事哈伯等谕中书省①、枢密院②、御史台③："翰林院及诸南儒今为宰相④、宣慰⑤，及各路达鲁花赤佩虎符者⑥，俱多谬滥，其议所以减汰之者。凡小大政事，顺民之心所欲者行之，所不欲者罢之。"……

翻译

（至元十三年［1276］）二月……皇帝已经平定了宋朝，召集宋朝的各位将领问道："你们为什么这样轻易地就投降了呢？"这些将领回答说："宋朝有强横的大臣贾似道独霸国家大权，常常优待文人，而单单轻视武官。臣等一直心怀不满，人心已离，军队已散，所以我们一看见元朝部队的影子便归降了。"皇帝命令董文忠答复他们说："假使贾似道真的轻视你们这帮人，只是贾似道一人的过错，而且你们的主上有什么亏待你们么？如果事情正像你们所说的，那么贾似道轻视你们是应该的。"……

（至元十五年［1278］）六月……二十二日……于是皇帝命令平章政事哈伯等告诉中书省、枢密院、御史台："翰林院和各个做宰相、宣慰使以及各路佩带虎符的掌印官，大多是滥竽充数，要商议如何裁减和淘汰。所有的大小政事，符合老百姓愿望的就实行，不符合老百姓愿望的就停止实行。"……

注释 ①平章政事：元代三丞相之一。中书省：官署名，总管国家政事。 ②枢密院：官署名，主要掌管军事机密、边防等事务。 ③御史台：官署名，专司监察弹勤之职。 ④ 翰林院：以各种文艺技术供奉内廷之处。 ⑤ 宣慰：即宣慰使，管理军民事务。 ⑥ 达鲁花赤：蒙语，译言掌印官。虎符：兵符，古代调兵遣将的信物。

原文

（至元十六年）八月……己亥，海贼金通精死，获其从子温，有司欲论如法，帝曰："通精已死，温何预焉？"特赦其罪。……

（至元二十年）五月……丙子，诏谕诸王相吾答儿："先是云南重囚，令便宜处决，恐滥及无辜，自今凡大辟罪，仍须待报。"……

（至元二十一年）夏四月……戊申……火儿忽等所部民户告饥，帝曰："饥民不救，储粮何为？"发万石赈之。……

（至元二十二年）六月……庚午，诏减商税，罢牙行①，省市舶司入转运司②。左丞吕师夔乞假五月，省母江州③，帝许之，因谕安童曰④："此事汝蒙古人

翻译

（至元十六年[1279]）八月……二十四日，海贼金通精死了，抓住了他的侄子金温，主管的官吏想依法定罪。皇帝说："金通精已经死了，金温如何能参加金精通的活动呢？"皇帝特地赦免了他的罪行。……

（至元二十年[1283]）五月……二十三日，皇帝下诏告诉亲王相吾答儿："此前，对于云南的重罪囚犯，我曾下令地方可以斟酌情况予以处决，现在，我怕这样会滥用死刑而伤害无辜者，从今以后，凡是死罪，仍然必须要上报朝廷。"……

（至元二十一年[1284]）夏四月……三十日……火儿忽所管辖的居民报告饥荒，皇帝说："不救饥民，储备粮食干什么？"命令发放一万石粮食赈济饥民。……

（至元二十二年[1285]）六月……二十九日，皇帝下诏减少商业税收，取消牙行，取消市舶司，使其并入转运司。左丞吕师夔请求休假五月去江州探望母亲，皇帝准了他的假，并因此告诉安

不知,朕左右复无汉人,可否皆自朕决。汝当尽心善治百姓,无使重困致乱,以为朕羞。"……

(九月)乙亥……敕:"自今贡物惟地所产,非所产者毋辄上。"……

(至元二十三年)夏四月……己未……中书省臣言:"比奉旨,凡为盗者毋释。今窃钞数贯及佩刀微物,与童幼窃物者,悉令配役。臣等议,一犯者杖释,再犯依法配役为宜。"帝曰:"朕以汉人徇私,用《泰和律》处事⑤,致盗贼滋众,故有是言。人命至重,今后非详谳者,勿辄杀人。"……

童说:"这种事你们蒙古人不知道,我身边又没有汉人,能否实行都由我来决定。你应当尽心尽力地好好治理百姓,不要使他们又陷于困境而出乱子,使我感到羞愧。"……

(九月)六日……皇帝命令:"从今以后,进贡给朝廷的物品只能是地方上所出产的,不是地方上所出产的不要总是向上进贡。"……

(至元二十三年[1286])夏四月……二十三日……中书省的大臣说:"以前奉圣旨,所有被抓住的盗贼都不准释放。现在,偷几贯钱以及佩刀等小东西,与小孩偷东西的,都被发配流放。臣等计议,第一次犯偷窃罪的,经杖责后释放,再犯者依法流放较为适宜。"皇帝说:"我因为汉人曲从于私情,按《泰和律》处理案件,致使盗贼越来越多,所以才说了那样的话。人命最为重要,今后,未经认真审讯,不准动辄杀人。"……

注释 ①牙行:旧时为买卖双方议价说合抽取佣金的商行。 ②市舶司:管理沿海对外贸易事务的官署。转运司:即两淮都转运盐使司,掌管收取盐税事务的官署。 ③左丞:属中书省,与右丞同管尚书台及监察百官。夔:音kuí。江州:今江西九江。 ④安童:时为中书右丞相。 ⑤《泰和律》:金章宗泰和二年(1202)颁布施行的刑律。

原文

（至元二十七年）冬十月……丁丑，尚书省臣言："江阴、宁国等路大水，民流移者四十五万八千四百七十八户。"帝曰："此亦何待上闻？当速赈之！"凡出粟五十八万二千八百八十九石。……

（至元二十九年）五月……丁未，中书省臣言："妄人冯子振尝为诗誉桑哥①，且涉大言，及桑哥败，即告词臣撰碑引谕失当②，国史院编修官陈孚发其奸状，乞免所坐遣还家。"帝曰："词臣何罪！使以誉桑哥为罪，则在廷诸臣，谁不誉之！朕亦尝誉之矣。"诏以杨居宽、郭佑死非其罪，给还其家资。……

三十一年春正月壬子朔，帝不豫，免朝贺。癸亥，知枢密院事伯颜至自军中。庚午，帝大渐。癸酉，帝崩

翻译

（至元二十七年〔1290〕）冬十月……七日，尚书省的大臣说："江阴、宁国等路洪水泛滥，百姓流离失所者四十五万八千四百七十八户。"皇帝说："这种事为什么还要等待报告上级？应当赶快赈济灾民！"一共发出救灾粮五十八万二千八百八十九石。……

（至元二十九年〔1292〕）五月……十六日，中书省的大臣说："狂人冯子振曾经写诗赞美桑哥，而且语言非常夸张，等到桑哥败落，便告发说词臣撰写《桑哥辅政碑》时引用皇帝谕旨失当，国史院编修官陈孚揭发了他的奸诈行径，陈孚请求受到牵连的人能够被免罪和打发他们回乡。"皇帝说："词臣有什么罪！假如以赞美桑哥为有罪，那么朝廷上的各位大臣，谁没赞美他！我也曾经赞美过他呀。"下诏认为杨居宽、郭佑是无辜被杀的，命令还给他们家产。……

至元三十一年（1294）春正月初一日，皇帝感到不舒服，于是免去臣子朝见。十一日，主持枢密院事务的伯颜从军中赶到。十八日，皇帝病情加重。二十一日，皇帝在紫檀殿中逝世。他在位共三十五年，享年八十岁。……

元世祖度量恢宏，了解臣下并善于

于紫檀殿。在位三十五年，寿八十。……

世祖度量弘广，知人善任使，信用儒术，用能以夏变夷，立经陈纪，所以为一代之制者，规模宏远矣。

用人，相信和采用儒学。他运用儒学，能够以华夏的文化来改变少数民族。他建立规范，宣示纲纪，他以此成为一代制度的开创者，其规模真是宏伟而远大。

注释　①桑哥：至元二十四年（1287）为尚书右丞相，专权跋扈，至元二十八年（1291）被处死。　②碑：指《桑哥辅政碑》。

地理志·序

导读

元朝的统一,结束了中国五百多年民族纷争和相互血战的历史,结束了中国境内南宋、金、西夏、西辽、大理、吐蕃等多个政权并立的局面,实现了空前的民族大一统。不仅如此,成吉思汗和他的子孙们还在中亚、西亚和东欧的广大地区,建立了钦察汗、伊利汗和察合台汗等汗国。元朝的疆域之广大、人口之众多,都是前所未有的,并对以后的历史产生了深远的影响。《元史·地理志·序》以简短的篇幅,介绍了这方面的情况。(选自卷五八)

原文

自封建变为郡县①,有天下者,汉、隋、唐、宋为盛,然幅员之广②,咸不逮元。汉梗于北狄,隋不能服东夷,唐患在西戎,宋患常在西北③。若元,则起朔漠,并西域,平西夏,灭女真④,臣高丽⑤,定南诏⑥,遂下江南,而天下为一。故其地北逾阴山,西极流沙⑦,东尽辽

翻译

自从变封建制为郡县制以来,统治天下的,以汉、隋、唐、宋四朝最为强盛,但就疆域而论,都不及元朝广大。汉朝受阻于北狄,隋朝不能降服东夷,唐朝的边患在于西戎,宋朝的边患则时常在西北发生。而元朝,兴起于北方沙漠地区,吞并西域,平服西夏,灭亡女真,臣服高丽,安定南诏,攻下江南,统一了天下。所以它的疆域北面超过了阴山,西面达到了沙漠的尽头,东面包括辽东,南面远达海外。汉朝的疆域东西相距

左⑧,南越海表⑨。盖汉东西九千三百二里,南北一万三千三百六十八里,唐东西九千五百一十一里,南北一万六千九百一十八里,元东南所至不下汉、唐,而西北则过之,有难以里数限者矣。

9302 里,南北相距 13,368 里;唐朝的疆域东西相距 9511 里,南北相距 16,918 里。元朝的疆域在东面和南面所达到的地方不在汉、唐之下,而在西面和北面,则远远超过了这两个朝代,以至于难以有确切的里数来计算。

注释 ① 封建:古代帝王把土地赐给功臣和子孙,让他们在封定的区域内建立邦国。郡县:犹如府县,直属朝廷管辖的地方机构。 ② 幅员:广狭称幅,周围称员,所以称疆域为幅员。 ③ 古代称北方的民族为北狄,东方的民族为东夷,南方的民族为南蛮,西方的民族为西戎。这里的北狄指匈奴,东夷指高丽,西戎指突厥,西北指西北的辽和北方的金。 ④ 女真:这里指由女真人建立的金朝。 ⑤ 高丽:古国名,后为卫氏朝鲜所并,所以称朝鲜为高丽。 ⑥ 南诏:唐有六诏,最南的蒙舍诏称南诏,后称大理,在今云南。 ⑦ 流沙:沙漠常因风而流动转移,所以称流沙。 ⑧ 古代以东为左,以西为右,辽左即辽东。 ⑨ 海表:犹言海外。

原文

初,太宗六年甲午,灭金,得中原州郡。七年乙未,下诏籍民,自燕京、顺天等三十六路,户八十七万三千七百八十一,口四百七十五万四千九百七十五。宪宗二年壬子,又籍之,增户二十余万。世祖至元七年,

翻译

早在窝阔台六年(1234),蒙古灭亡了金朝,得到了中原各州郡,太宗七年(1235)就下令统计户口,从燕京、顺天等三十六路中,统计出 873781 户,4754975 人。宪宗二年(1252)又一次统计,增加了二十多万户。忽必烈至元七年(1270),又一次统计,又增加了三十多万户。至元十三年(1276)灭亡南

又籍之，又增三十余万。十三年，平宋，全有版图①。二十七年，又籍之，得户一千一百八十四万八百有奇。于是南北之户总书于策者，一千三百一十九万六千二百有六，口五千八百八十三万四千七百一十有一，而山泽溪洞之民不与焉。立中书省一，行中书省十有一：曰岭北，曰辽阳，曰河南，曰陕西，曰四川，曰甘肃，曰云南，曰江浙，曰江西，曰湖广，曰征东，分镇藩服，路一百八十五，府三十三，州三百五十九，军四，安抚司十五，县一千一百二十七。文宗至顺元年，户部钱粮户数一千三百四十万六百九十九②，视前又增二十万有奇，汉、唐极盛之际，有不及焉。盖岭北、辽阳与甘肃、四川、云南、湖广之边，唐所谓羁縻之州③，往往在是，今皆赋役之，比于内地；而高丽守东藩，执臣礼惟谨，亦古所

宋，元朝拥有了全国的户口册和疆域图。至元二十七年（1290）的统计结果是有11840800多户。这样全国登记在户口册上的共有13196206户，58834711人，而那些居住在山林湖泽和荒野之地的人还不包括在内。全国设立一个中书省，十一个行中书省，它们是：岭北、辽阳、河南、陕西、四川、甘肃、云南、江浙、江西、湖广、征东，这十一个行中书省分别管辖着全国的一百八十五个路、三十三个府、三百五十九个州、四个军、十五个安抚司、一千一百二十七个县。文宗至顺元年（1330），向国家交纳赋税的共有13400699户，比以前又增加了二十多万户，汉、唐就是最强盛的时候也没有这么多。因为岭北、辽阳以及甘肃、四川、云南和湖广的边远地区，在唐朝是所谓的羁縻州，现在却在元朝的直接管辖之内，与内地一样要交纳赋税。而高丽管理着东部藩屏，严格地向元朝称臣，也是从古以来所不曾有的。元朝如此地广人多，到后来又只见到国治民安，而没有重视武备，慎于防御，积久成习，委靡不振，一旦出现事变，国家就难以收拾局面。元朝由极盛而走向衰亡，是有一定道理的啊。

未见。地大民众，后世狃于治安，而不知诘戎兵、慎封守，积司委靡，一旦有变，而天下遂至于不可为。呜呼！盛极而衰，固其理也。

　　唐以前以郡领县而已，元则有路、府、州、县四等。大率以路领州、领县，而腹里或有以路领府④、府领州、州领县者，其府与州又有不隶路而直隶省者，具载于篇，而其沿革则溯唐而止焉。作《地理志》。

　　唐以前不过是以郡管理县而已，元朝则有路、府、州、县四级。大致上是以路管理州和县。而腹里地区也有的以路管理府，以府管理州，以州管理县的，还有不属路管理而直属省管理的府或州，这些都记载在本篇中。追溯各地的沿革只到唐朝而已。《地理志》就是按上述设想来编写的。

注释　①版图：版为户籍，图为地图，版图即户口册和疆域图。　②户部：古代以吏、户、礼、兵、刑、工分部治事，其中户部是掌管户口和财赋的官署。　③羁縻：羁是马笼头，縻是牛鼻绳，羁縻指维系之意。　④腹里：元朝中央直接管理的地区，相当于今山东、山西及河北一带。

选举志·序

导读

自隋朝建立科举制度以后,各朝一直沿用不废,成为历代封建王朝基本的选官制度,但这种情形在元代却出现了例外。从忽必烈开国算起,元朝前期科举停废长达半个世纪,元仁宗虽然恢复了科举制度,但从延祐直至元末,只举行过七次,五十多年间科举取士仅一千二百余人,由科举入仕的官员,只占相应时期文职官员总数的百分之四。因此,元朝官员的来源,除了科举,还有荫叙和推举等途径,并且名目之多,难于枚举,《选举志·序》简要地介绍了这方面的情况。(选自卷八十一)

原文

选举之法尚矣。成周庠序学校①,以乡三物教万民而宾兴之②,举于乡,升于司徒、司马论定,而后官之。两汉有贤良方正、孝弟力田等科③,或奉对诏策,事犹近古。隋唐有秀才、明经、进士、明法、明算等科④,或兼用诗赋,士始有弃本而逐末者。宋大兴文治,专尚科

翻译

选举这种方法由来已久了。西周时期的学校,以六德、六行和六艺教育乡里人,并以宾客之礼对待那些贤能之士,由乡里举荐,由司徒和司马评定,再授以官位。两汉时期有贤良方正、孝弟力田等科目,有的还回答皇帝的策问,方法与古代仍颇相近。隋唐时期有了秀才、明经、进士、明法、明算等科目,有的还兼用诗赋,读书人中这才出现了不顾德行而追求功名的趋向。宋朝大兴文教,仅仅看重各科名目,虽然当时以

目,虽当时得人为盛,而其弊遂至文体卑弱,士习委靡,识者病焉。辽、金居北方,俗尚弓马。辽景宗、道宗亦行贡试⑤,金太宗、世宗屡辟科场⑥,亦粗称得士。

此获得了很多人才,但也造成了文风卑弱、士人风气颓废的弊端,有识之士颇为忧虑。辽、金居处北方,民俗崇尚武力。辽景宗和辽道宗也实行过贡举考试,金太宗和金世宗曾多次开科取士,也大略称得上得人。

注释 ① 成周:即西周的东都洛邑,这里借指西周。庠序:古代地方设立的学校,在商朝称序,在周代称庠。 ② 乡三物:指知、仁、圣、义、忠、和六德,孝、友、睦、姻、任、恤六行以及礼、乐、射、御、书、数六艺。宾兴:自乡小学选举贤能,仿古乡饮酒礼待之,以升于国学。后地方官设宴招待应举之士,也称宾兴。 ③ 贤良方正:品德贤良,行为端正。孝弟力田:孝父母,爱兄弟,勤于农事。 ④ "隋唐"句:隋唐科举,以才能优异者为秀才,以经义取者为明经,以诗赋取者为进士,明习法令为明法,明习算术为明算。 ⑤ 辽景宗:即耶律贤,969—982 年在位。辽道宗:即耶律洪基,1055—1101 年在位。 ⑥ 金太宗完颜晟,1123—1135 年在位。金世宗完颜雍,1161—1189 年在位。

原文

元初,太宗始得中原,辄用耶律楚材言①,以科举选士。世祖既定天下,王鹗献计②,许衡立法③,事未果行。至仁宗延祐间,始斟酌旧制而行之,取士以德行为本,试艺以经术为先,士褒然举首应上所求者④,皆彬

翻译

元初,窝阔台取得中原之后,采纳了耶律楚材的建议,以科举考试选择人才。忽必烈统一全国之后,由王鹗想出计策,许衡定立规则,但当时没有实施。元仁宗延祐年间,这才斟酌权衡过去的办法实行,选择人才以德行为主,考试科目以儒家经典为主,读书人都响应这种要求,力求进取,以至于人才辈出。

彬辈出矣。

注释 ① 耶律楚材:本书有传。 ② 王鹗:金曹州东明人,入元曾为翰林学士承旨。 ③ 许衡:元代理学家。 ④ 裦(yòu)然举首:超出同辈,力求上进。

原文

　　然当时仕进有多岐,铨衡无定制①,其出身于学校者,有国子监学②,有蒙古字学、回回国学③,有医学,有阴阳学④。其策名于荐举者,有遗逸,有茂异,有求言,有进书,有童子⑤。其出于宿卫、勋臣之家者⑥,待以不次。其用于宣徽、中政之属者,重为内官⑦。又荫叙有循常之格⑧,而超擢有选用之科。由直省、侍仪等入官者,亦名清望⑨。以仓庾、赋税任事者,例视冗职。捕盗者以功叙,入粟者以资进,至工匠皆入班资⑩,而舆隶亦跻流品⑪。诸王、公主,宠以投下⑫,俾之保任。远夷、外徼⑬,授以长官俾之世

翻译

　　但在当时进身为官有许多途径,量才授官也没有一定的标准。那些出自学校的,有国子监学、蒙古字学、回回国学、医学以及阴阳学。而出自荐举的,则有遗逸、茂异、求言、进书和童子。还有的出自禁卫军和功臣之家,并不按寻常的次序提升。那些在宣徽院和中政院做官的,都是皇帝的亲信。另外,虽然因先世的功勋按等级次第得赐官爵也有一定的规定,但选用的名义可使之越级升迁。由中书省的办事人员和皇帝的侍卫升迁为官的,也被认为有清白的名望。而以多交税粮而做官的,照例被看作是多余的职位。捕获盗贼的人因功做官,交纳粟米的以钱财进升,至于工匠也有班位,轿夫走卒之流也能跻身官位。诸王、公主所宠爱的人户,也被授予一定的权力。边远之地和境外,也授予一些人以官职,让他们世袭。如此种种,正像人们所说的,官吏的名目

袭。凡若此类,殆所谓吏道杂而多端者欤。矧夫儒有岁贡之名⑭,吏有补用之法。曰掾史、令史⑮,曰书写、铨写,曰书吏、典吏,所设之名,未易枚举。曰省、台、院、部,曰路、府、州、县,所入之途,难以指计。虽名卿大夫,亦往往由是跻要官,受显爵,而刀笔下吏⑯,遂致窃权势,舞文法矣⑰。

多而做官的途径也多。况且,儒者有岁贡的名义,官吏有补用的办法,如掾史、令史,如书写、铨写,如书吏、典吏,所设的名目,难以一一枚举。至于各省、台、院、部和路、府、州、县,做官的途径,更是难以计数。即使是著名的大臣,也往往是从这些途径跻身上去,做了大官,获得显赫爵位的;而那些低级的小吏,也就因此得以窃据权势,舞文弄法了。

注释 ① 铨衡:通过考试以量才授官。 ② 国子监:元代在燕京设置的教授蒙古生员的学校,汉人称之为国子监学。 ③ 蒙古字:元代在各地设置的教习八思巴所创制的蒙古文字的学校,称蒙古字学。回回国学:元代设置的教授亦思替非文字、培养波斯文的译史人员的学校,称回回国学。 ④ 阴阳学:元代在各地设置的以培养天文、历法人才的学校称阴阳学。 ⑤ 茂异:卓越的人才。进书:通过上书提建议。 ⑥ 宿卫:皇帝的禁兵。 ⑦ 宣徽:即宣徽院,元代职掌供御食、宴享宾客等事的官署。中政:即中政院,元代职掌皇后中官财赋、营建、供给和宿卫等的官署。内官:指皇帝的近侍臣僚。 ⑧ 荫叙:依先世功勋的大小进职或奖功。 ⑨ 直省:中书省的办事人员。侍仪:皇帝的侍卫与仪仗人员。清望:清白的名望,指家世清白,为人所敬重。 ⑩ 班资:班位、资格。 ⑪ 舆隶:古代十等人中的第六、第七等,比喻低贱。流品:泛指门第与社会地位。 ⑫ 投下:元朝诸王、驸马和勋臣所属的人户。 ⑬ 外徼:境外之地。 ⑭ 矧(shěn):况且。夫:语助词。 ⑮ 掾史:分曹治事的属吏。令史:职掌文书案牍之事的胥吏。 ⑯ 刀笔下吏:主办文案的低级官吏。 ⑰ 舞文法:利用法律条文为奸作弊。

原文

故其铨选之备，考核之精，曰随朝、外任[1]，曰省选、部选，曰文官、武官，曰考数，曰资格，一毫不可越。而或援例，或借资[2]，或优升，或回降，其纵情破律，以公济私，非至明者不能察焉。是皆文繁吏弊之所致也。

今采摭旧编，载于简牍，或详或略，条分类聚，殆有不胜其纪述者，姑存一代之制。作《选举志》。

翻译

选举制度的完备、考核的精确，在于随朝、外任、省选、部选、文官、武官、考数、资格这些方面的规矩一点也不能违越。而在援例、借资、优升、回降这些名目上照顾私情，破坏规定，以公济私，若不是非常公正的人又是难以发现的。这些都是由于制度太烦琐、吏治不严格所造成的。

现在收集过去的文献，记载在这里，有的详尽，有的简略，按条目分述，以类相聚，大概多有记述不周的，姑且以此保存一代的制度吧。因此作《选举志》。

注释 ① 随朝：指在朝廷做官。外任：指在外地做官。 ② 援例：援引成例。借资：仅有虚衔，并不实际委任官职。

百官志·序

导读

　　这篇序文,写得很好,可以看出编撰者综合能力强,视野开阔,有较强的历史感,颇具史识;又行文简洁,不晦涩,有一定的史才。因此能把元朝的职官沿革、中央机构和地方建制叙述得极为简明。(选自卷八五)

原文

　　王者南面以听天下之治①,建邦启土,设官分职,其制尚矣。汉、唐以来,虽沿革不同,恒因周、秦之故,以为损益,亦无大相远。大要欲得贤才用之,以佐天子、理万民也。

　　元太祖起自朔土,统有其众,部落野处,非有城郭之制,国俗淳厚,非有庶事之繁,惟以万户统军旅,以断事官治政刑,任用者不过一二亲贵重臣耳。及取中原,太宗始立十路宣课司②,

翻译

　　君王为了治理天下,建立藩邦,开拓疆土,设置官位,各司其职,这种制度是多么好啊。汉、唐以来,各个朝代的职官制度虽有所不同,但都是承袭周秦的旧制,稍有变化而已,差距并不很大。主要目的都是想获得贤能的人,用以辅佐皇帝,统治百姓。

　　元太祖兴起于北方,领导他的部众,各部落四处散居,没有城郭制度,民风淳朴,没有繁多的政事,是以万户统领军队,用断事官处理政务,所任用的不过是一两个至亲而已。取得中原以后,元太宗才设置十路宣课司,选用儒臣。金朝有人来归降,就让他仍保留过去的官位,如果是行省就仍授给他行省

选儒臣用之。金人来归者，因其故官，若行省，若元帅，则以行省、元帅授之。草创之初，固未暇为经久之规矣。

世祖即位，登用老成③，大新制作，立朝仪，造都邑，遂命刘秉忠、许衡酌古今之宜④，定内外之官。其总政务者曰中书省，秉兵柄者曰枢密院，司黜陟者曰御史台。体统既立，其次在内者，则有寺，有监，有卫，有府；在外者，则有行省，有行台，有宣慰司，有廉访司⑤。其牧民者，则曰路，曰府，曰州，曰县。官有常职，位有常员，其长则蒙古人为之，而汉人、南人贰焉⑥。于是一代之制始备，百年之间，子孙有所凭借矣。

之官，如果是元帅就仍授给他元帅之职。国家刚刚建立，还来不及制定可以传之于后世的法度。

元世祖忽必烈即位以后，任用年老有德的人，普遍创立新的制度，定朝廷礼仪，营建都城，让刘秉忠、许衡斟酌古今，制定了宫廷内外的官制。总理全国政务的称中书省，掌握兵权的为枢密院，主管官吏罢免的是御史台。在这样的体制之下，在宫廷内则设置有寺、监、卫、府，在宫廷外则有行省、行台、宣慰司、廉访司，在各地管理百姓的则有路、府、州、县。每个官位都有固定的职责和人员，所有的长官都由蒙古人充任，而以汉人、南人为副手，这样元代的职官制度才大体完备，以后近百年间，忽必烈的子孙们就有所依据了。

注释 ①南面：古代以坐北朝南为尊位，皇帝升朝治事，就是南面而坐。 ②太宗：即成吉思汗第三子窝阔台，即位第二年，就采纳耶律楚材的建议，设立了燕京、宣德、西京、太原、平阳、真定、东平、北京、平州、济南十路征收课税所。 ③老成：

年高有德的人。　④ 刘秉忠：元代前期的著名政治家，受忽必烈命制定各种制度，主持设计大都城，建议以大元为国号。　⑤ 行省：元地方官署行中书省的简称。行台：行御史台的简称。宣慰司：元代职掌军民之务的地方官署。廉访司：即肃政廉访司，职掌司法与监察的地方官署。　⑥ 汉人：元代称原属金朝统治下的汉人和女真、契丹、渤海等地以及南宋灭亡前归附的云南、四川等地的汉人为汉人。政治待遇低于蒙古、色目人，高于南人。南人：元朝称原属南宋境的江浙、江西、湖广三省和河南江北行省里、郓、两淮等地的汉人为南人，南人在当时的政治地位最低。

原文

大德以后，承平日久，弥文之习胜，而质简之意微，侥幸之门多，而方正之路塞。官冗于上，吏肆于下，言事者屡疏论列，而朝廷讫莫正之，势固然也。

大抵元之建官，繁简因乎时，得失系乎人，故取其简牍所载，而论次之。若其因事而置，事已则罢，与夫异教杂流世袭之属，名类实繁，亦姑举其大概。作《百官志》。

翻译

元成宗大德之后，国家太平的时间长了，追求华美的风气兴盛，而质朴简明的意向淡薄了，社会向那些靠不正当手段意外获得成功者大开方便之门，而正直的人的道路却被堵塞。冗官在上无所作为，污吏在下肆行无忌，尽管多次有人上书论列这些问题，但朝廷最后也不能改正，是由于形势使然啊。

总的说来，元代的官制，繁简在于时势，得失在于人为，现在依据过去的记载，而一一加以论列。像那些一时有事而设置，事情办完后就撤销的官职，以及释道之流和其他世袭的一类的官职，名目虽然很多，但也稍加论列。因此作《百官志》。

丘 处 机 传

导读

　　丘处机(1148—1227)，字通密，号长春子，登州栖霞（今山东栖霞）人。幼亡父母，十九岁入山学道，次年以全真教祖王喆为师。金世宗大定二十八年(1188)，应金世宗完颜雍之召至中都（今北京），颇受礼遇。后隐居栖霞山中，金、宋分别来召，不赴。1219年，应成吉思汗召请，率弟子西行，觐见成吉思汗，极受礼遇。1223年东归，住燕京（今北京）太极官，受命掌天下道门，全真教得以盛行。有《磻溪集》《鸣道集》《长春真人西游记》。（选自卷二〇二）

原文

　　丘处机，登州栖霞人①，自号长春子。儿时，有相者谓其异日当为神仙宗伯。年十九，为全真学于宁海之昆嵛山②，与马钰、谭处端、刘处玄、王处一、郝大通、孙不二同师重阳王真人③。重阳一见处机，大器之。金、宋之季，俱遣使来召，不赴。

翻译

　　丘处机是登州栖霞县人，自号长春子。儿童时代，有个相面的人说他以后会成为神仙大师。十九岁时，他在宁海的昆嵛山学习全真教，与马钰、谭处端、刘处玄、王处一、郝大通、孙不二一同师事王喆——王真人。王真人一见丘处机，就非常器重他。金国、宋朝的末年，都派遣使臣来征召他，他都没有应召。

注释　①登州:故治在今山东牟平,后迁治蓬莱。　②全真学:即全真道,道教的一派,金代王喆创立。该派旧时盛行于北方,以北京白云观为中心。昆嵛山:在今山东牟平东南。　③王真人:即王喆,号重阳子,全真派的创始人。

原文

　　岁己卯,太祖自乃蛮命近臣札八儿、刘仲禄持诏求之①。处机一日忽语其徒,使促装,曰:"天使来召我,我当往。"翌日,二人者至,处机乃与弟子十有八人同往见焉。明年,宿留山北,先驰表谢,拳拳以止杀为劝。又明年,趣使再至,乃发抚州②,经数十国,为地万有余里。盖蹀血战场,避寇叛域,绝粮沙漠,自昆嵛历四载而始达雪山③。常马行深雪中,马上举策试之,未及积雪之半。既见,太祖大悦,赐食、设庐帐甚饬。

翻译

　　元太祖十四年(1219),元太祖从乃蛮命令近臣札八儿、刘仲禄拿着诏命来寻找他。有一天丘处机忽然告诉他的徒弟们,要他们赶紧打点行装,说:"天帝的使者来召我,我应当去。"第二天,札八儿、刘仲禄二人就到了,丘处机与十八位弟子一同去觐见成吉思汗。第二年,住宿停留在山北辽东道,先通过驿站迅速地传递给元太祖一封谢表以表示谢意,恳切地劝告太祖停止杀戮。第三年,太祖催促丘处机赶路的使臣又到了,于是从抚州出发,经过了数十个国家,走过了一万多里路。丘处机一行曾在战场上踏血而行,曾在反叛蒙古统治的土地上躲避敌军,曾在沙漠上断粮,自昆嵛山出发经过了四年才到达雪山。他们常常行进在深深的积雪中,人坐在马上举起马鞭试试雪的深度,马鞭的长度还不到积雪深度的一半。觐见太祖之后,太祖非常高兴,赐给丘处机食物,为他安排的蒙古包非常整洁。

注释 ①乃蛮：突厥语族的一部，辽、金时游牧于阿尔泰山一带，后被成吉思汗消灭。 ②抚州：金置抚州，元改兴和路，地在今河北张北。 ③雪山：即兴都库什山脉，亚洲中部东西走向的大山脉，东抵帕米尔高原，向西南经巴基斯坦进入阿富汗。

原文

太祖时方西征，日事攻战，处机每言欲一天下者，必在乎不嗜杀人。及问为治之方，则对以敬天爱民为本。问长生久视之道，则告以清心寡欲为要。太祖深契其言，曰："天锡仙翁，以寤朕志。"命左右书之，且以训诸子焉。于是锡之虎符，副以玺书，不斥其名，惟曰"神仙"。……

岁癸未，太祖大猎于东山，马踣，处机请曰："天道好生，陛下春秋高，数畋猎，非宜。"太祖为罢猎者久之。时国兵践蹂中原，河南、北尤甚，民罹俘戮，无所逃命。处机还燕，使其徒持牒招求于战伐之余，由是为人奴者得复为良，与滨死而得更生

翻译

太祖当时正在向西征讨，每天从事攻战。丘处机常说，想要统一天下的人，必然在于不喜欢杀人。等到太祖问他治国的方法时，丘处机则回答应以尊敬上天爱护民众为根本。太祖问他长生不老的方法，丘处机告诉他清心寡欲是最重要的。太祖很同意他的话，说："天赐给我仙翁，使我领悟到我的志向。"命令手下人将丘处机的话记下来，并且用来教导各位王子。当时，太祖赐给丘处机虎符，加上玺书，玺书上不指出他的名字，而称之为"神仙"。……

元太祖十八年(1223)，太祖在东山举行大规模的狩猎活动，太祖骑的马跌倒了，丘处机向太祖劝告说："天道喜欢生命，陛下您年纪大了，经常打猎是不适宜的。"太祖为此停止打猎很久。当时蒙古军队蹂躏中原地区，河南、河北地区尤其受害严重，人民遭到俘虏、杀戮，无处逃命。丘处机回到燕京后，让他的弟子拿着公文招求在战争中幸存

者,毋虑二三万人。中州人至今称道之^①。……

六月,浴于东溪,越二日天大雷雨,太液池岸北水入东湖^②,声闻数里,鱼鳖尽去,池遂涸,而北口高岸亦崩。处机叹曰:"山其摧乎,池其涸乎,吾将与之俱乎!"遂卒,年八十。……

的人们,因此给人家做奴仆的人得以重新成为平民,以及处于死亡边缘而获救的人,至于二三万人。中州人至今赞扬丘处机的这个举动。……

(元太祖二十二年[1227])六月,丘处机在东溪洗浴,过了两天有大雷雨,太液池北岸边的水流入东湖,数里外可以听见水声,鱼鳖都离开了,太液池于是干涸了,而北边湖口高高的湖岸也崩坍了。丘处机叹息道:"山峰毁坏了,池水干涸了,我将与它们一起灭亡!"于是去世了,时年八十岁。……

注释 ① 中州:泛指黄河中游地区。即今北京什刹海之前海。 ② 太液池:即今北京北海、中南海;东湖:

耶律楚材传

导读

　　蒙古统治者借助征服战争进入中原地区后，逐渐改变了残酷屠杀及大量迁民漠北的做法，转而对被征服人民设官置戍；改变了抢掠和任意勒索的剥削方式，而过渡到采用适应中原生产方式的赋税制度。在这个转变过程中，耶律楚材起了十分重要的作用。耶律楚材（1190—1244），字晋卿，契丹人。蒙古军攻占中都后的第三年，成吉思汗召耶律楚材至漠北。1219 年，随成吉思汗西征。窝阔台即位后，日益受到重用，窝阔台三年（1231），任中书令，在政治、经济和文化等方面，推行了一系列有利于中原文明恢复和发展的政策措施。为后来忽必烈依靠汉人、推行汉法，建立大一统的元朝奠定了基础。（选自卷一四六）

原文

　　耶律楚材，字晋卿，辽东丹王突欲八世孙①。父履②，以学行事金世宗，特见亲任，终尚书右丞。

　　楚材生三岁而孤，母杨氏教之学。及长，博极群书，旁通天文、地理、律历、术数及释老、医卜之说③，下笔为文，若宿构者。金制，

翻译

　　耶律楚材，字晋卿，是辽东丹王耶律突欲的第八世孙。他的父亲耶律履，臣事金世宗，因学行优异，很受赏识，最后死在尚书右丞任上。

　　耶律楚材三岁死了父亲，母亲杨氏教导他学习。长大之后，他博览群书，涉猎所及，包括天文、地理、律历、术数以及佛道、医术、占卜等学说。下笔作文，像是事先构思好的一样。按照金朝的制度，宰相的儿子通过例行的考

宰相子例试补省掾。楚材欲试进士科，章宗诏如旧制。问以疑狱数事，时同试者十七人，楚材所对独优，遂辟为掾。后仕为开州同知。

贞祐二年，宣宗迁汴，完颜福兴行尚书事④，留守燕，辟为左右司员外郎。太祖定燕，闻其名，召见之。楚材身长八尺，美髯宏声，帝伟之，曰："辽、金世仇，朕为汝雪之。"对曰："臣父祖尝委质事之，既为之臣，敢仇君耶？"帝重其言，处之左右，遂呼楚材曰吾图撒合里而不名。吾图撒合里，盖国语长髯人也。

试，可以委任为各官署的属官。耶律楚材想通过进士科的考试，金章宗诏谕按照过去的规矩办理。考官向一同考试的十七人问了几件疑难的讼案，耶律楚材的回答最为优异，于是被征召为属官，后来又做了开州知州的副贰。

贞祐二年（1214），金宣宗迁都开封，完颜福兴为丞相，留守在燕京，征召耶律楚材做了左右司员外郎。铁木真平定燕京之后，听到耶律楚材的大名，召见了他。耶律楚材身高八尺，长须丰美，嗓音洪亮，铁木真颇为欣赏，对他说："辽、金世代为敌，我将为你报仇雪耻。"耶律楚材回答说："我的父祖都臣事过金朝，既然作他们的臣子，又怎么能以之为敌呢？"铁木真认为很有道理，把他安排在自己身边，称他为吾图撒合里而不叫他的名字。吾图撒合里，蒙古语的意思就是胡须很长的人。

注释 ① 突欲：辽太祖长子耶律倍，契丹名突欲，辽灭渤海后，建东丹国，他被封为东丹王，后因遭辽太宗疑忌，逃奔后唐。 ② 耶律履：字履道，博学多艺，累官尚书右丞。 ③ 律历：乐律与历法。术数：指用阴阳五行生克制化的数理，来推算人事吉凶。释老：即佛教和道教。 ④ 完颜福兴：又名完颜承晖，金女真完颜部人。

原文

己卯夏六月，帝西讨回回国。祃旗之日[①]，雨雪三尺，帝疑之，楚材曰："玄冥之气[②]，见于盛夏，克敌之征也。"庚辰冬，大雷，复问之，对曰："回回国主当死于野。"后皆验。夏人常八斤，以善造弓，见知于帝，因每自矜曰："国家方用武，耶律儒者何用？"楚材曰："治弓尚须用弓匠，为天下者岂可不用治天下匠耶？"帝闻之甚喜，日见亲用。西域历人奏五月望夜月当蚀，楚材曰否。卒不蚀。明年十月，楚材言月当蚀，西域人曰不蚀，至期果蚀八分。壬午八月，长星见西方，楚材曰："女真将易主矣。"明年，金宣宗果死。帝每征讨，必命楚材卜，帝亦自灼羊胛，以相符应。指楚材谓太宗曰："此人，天赐我家。尔后军国庶政，当悉委之。"甲申，

翻译

元太祖十四年（1219）六月，蒙古西向征伐回回国。出征祭旗的那天，雨雪很大，铁木真有所疑虑，耶律楚材说："水神的气色，在夏季出现，这是战胜敌人的先兆。"十五年（1220）冬天，雷声很大，铁木真又询问他，耶律楚材回答说："回回国的国君要死在郊野。"这些话后来都应验了。西夏人常八斤因善于制造弓矢，为铁木真所赏识，因而时常夸耀说："国家现在正以武力平天下，耶律楚材一类的文人有什么用呢？"耶律楚材说："制造弓矢尚且要用工匠，治理天下怎么能不用治国之才呢？"铁木真听说后很高兴，越来越信任他。西域的历学家报告说五月十五日夜会出现月食，耶律楚材说不会，最后果然没有月食。第二年十月，耶律楚材说会有月蚀，西域人说不会，届时月亮果然缺蚀了八分。十七年（1222）八月，彗星之属的长星在西方出现，耶律楚材说："女真国的君主要换人了。"第二年，金宣宗果然死了。铁木真每当征讨，都要让耶律楚材占卜，他自己也烧灼羊骨头，卜问吉凶，铁木真曾指着耶律楚材对窝阔台说："上天将这人赏赐给我们，以后的军国事务，你应该都交给他去办理。"十九年

帝至东印度,驻铁门关,有一角兽,形如鹿而马尾,其色绿,作人言,谓侍卫者曰:"汝主宜早还。"帝以问楚材,对曰:"此瑞兽也,其名角端,能言四方语,好生恶杀,此天降符以告陛下。陛下天之元子,天下之人,皆陛下之子,愿承天心,以全民命。"帝即日班师。

(1224),铁木真到达东印度,驻扎在铁门关,有一只一角兽,形状像鹿,尾巴像马,绿颜色,能像人一样说话,对铁木真的侍卫说:"你们的君王应该尽早回去。"铁木真问耶律楚材,他回答说:"这是一种象征祥瑞的兽,名叫角端,能说各种话,喜好全生,厌恶杀生,这是上天降符命给您。您是天之长子,天下的人,都是您的子民,希望您顺承天心,保全百姓的性命。"铁木真当天便班师回还了。

注释 ① 祃(mà)旗:古代出师前行祭旗之礼。 ② 玄冥:水神,又称雨师。

原文

丙戌冬,从下灵武,诸将争取子女金帛,楚材独收遗书及大黄药材①。既而士卒病疫,得大黄辄愈。帝自经营西土,未暇定制,州郡长吏,生杀任情,至孥人妻女,取货财,兼土田。燕蓟留后长官石抹咸得卜尤贪暴②,杀人盈市。楚材闻之泣下,即入奏,请禁州郡,非奉玺书,不得擅征发,囚当

翻译

二十一年(1226)冬,耶律楚材跟从铁木真攻下灵武,将领们都争着抢取美女钱财,而他只是收取遗留的文书和大黄一类的药材。随后军队里发生了疫疾,靠大黄得以痊愈。铁木真自从西征以来,没有来得及订立制度,以至州郡官吏任意杀戮,并罪及他人妻子儿女,抢夺财宝,兼并土地。燕蓟地方官石抹咸得卜尤其贪婪残暴,杀的人特别多,耶律楚材听说后都哭了。随即报告铁木真,请传令各地,没有皇帝的命令,任何人不得擅自征发百姓,判处死罪的也

大辟者必待报，违者罪死，于是贪暴之风稍戢。燕多剧贼，未夕，辄曳牛车指富家，取其财物，不与则杀之。时睿宗以皇子监国③，事闻，遣中使偕楚材往穷治之④。楚材询察得其姓名，皆留后亲属及势家子，尽捕下狱。其家赂中使，将缓之，楚材示以祸福，中使惧，从其言，狱具，戮十六人于市，燕民始安。

一定要事先报告，批准之后再执行，不遵守这命令的人要处以死罪，这才使贪暴之风有所收敛。燕地多绿林中人，傍晚时就赶着大车到富豪之家，强取财物，谁不给就杀死谁。当时拖雷以皇子的身份代行处理国政，听说后派了一名宦官和耶律楚材一同前去处理。耶律楚材查访到这些人的姓名，都是前线将领的亲眷家属和权势之家的子弟，把他们都抓了起来。他们的家属贿赂办理此事的宦官，以至于问题得不到处理。耶律楚材向同行的宦官说明了利害关系，他很害怕，就听从了耶律楚材的意见，案件审理结束，公开处死了十六人，燕地的百姓这才得以安定。

注释　① 大黄：草药名，根茎入药，其性能攻积导滞，泻火解毒。　② 石抹咸得卜：石抹明安长子，袭父职为燕京行省，为人倨傲残暴。曾诬陷耶律楚材。　③ 睿宗：即成吉思汗幼子拖雷，成吉思汗死后充监国，庙号睿宗。　④ 中使：帝王宫廷中派出的使者，多由宦官充任，称中使。

原文

己丑秋，太宗将即位，宗亲咸会，议犹未决。时睿宗为太宗亲弟，故楚材言于睿宗曰："此宗社大计，宜早

翻译

太宗元年（1229）秋，窝阔台将即皇帝位，同族的人都聚在一起议论这事，没有决断。拖雷是窝阔台的亲弟弟，所以耶律楚材对拖雷说："这事关国家大计，应该尽早议定。"拖雷说："事情还没

定。"睿宗曰:"事犹未集,别择日可乎?"楚材曰:"过是无吉日矣。"遂定策,立仪制,乃告亲王察合台曰[①]:"王虽兄,位则臣也,礼当拜。王拜,则莫敢不拜。"王深然之。及即位,王率皇族及臣僚拜帐下,既退,王抚楚材曰:"真社稷臣也。"[②]国朝尊属有拜礼自此始[③]。时朝集后期应死者众,楚材奏曰:"陛下新即位,宜宥之。"太宗从之。

中原甫定,民多误触禁网[④],而国法无赦令。楚材议请肆宥,众以云迁,楚材独从容为帝言。诏自庚寅正月朔日前事勿治。且条便宜一十八事颁天下,其略言:"郡宜置长吏牧民,设万户总军,使势均力敌,以遏骄横。中原之地,财用所出,宜存恤其民,州县非奉上命,敢擅行科差者罪之。贸易借贷官物者罪之。蒙

有决定,另外选择日期可以吗?"耶律楚材说:"过了今天就没有吉利的日子了。"于是谋划策略,订立礼仪,并对察合台亲王说:"您虽说是兄长,论地位却是臣属,按礼仪应该跪拜。如果您跪拜,那就没有人敢不拜了。"察合台亲王深以为然,等窝阔台即位时,察合台率领皇族和群臣跪拜于帐下。众人散去后,察合台抚着耶律楚材说:"你真是关系国家命运的大臣呀。"国朝亲属中长辈行跪拜之礼就是由此开始的。当时很多人赴会迟到,应当处死,耶律楚材对窝阔台说:"陛下您刚刚即皇位,应该宽赦他们。"窝阔台听从了这一建议。

中原刚刚平定,百姓多有误犯律法的,但国家没有赦免令。耶律楚材建议赦免,大家都认为他这样做太迂腐,耶律楚材只好独自向皇帝说明,建议皇帝下诏,自窝阔台二年(1230)正月初一日以前犯罪的不予追究。同时又列举了十八项应办理的事颁行天下,主要内容包括:"各郡设置地方官管理百姓,设置万户统帅军队,使二者势均力敌,相互制约,以防止骄横不法。中原是国家财用的供给之地,应该抚恤那里的百姓,各州县如果不是奉上级的命令,擅自摊派,就要治罪。挪用国家的财物私自进行贸易的也要治罪。蒙古、回鹘以及河

古、回鹘、河西诸人,种地不纳税者死。监主自盗官物者死。应犯死罪者,具由申奏待报,然后行刑。贡献礼物,为害非轻,深宜禁断。"帝悉从之,唯贡献一事不允,曰:"彼自愿馈献者,宜听之。"楚材曰:"蠹害之端,必由于此。"帝曰:"凡卿所奏,无不从者,卿不能从朕一事耶?"

西地区的人,种地而不纳税的要处死。看管公物而趁机偷盗的要处死。对犯死罪的人,要上报说明缘由,等批准之后再执行。向皇帝进献礼品,为害很大,应该坚决禁止。"窝阔台都听从了,只是关于进献之事没有同意,并说:"那些自愿向我进贡礼物的人,应该允许他们。"耶律楚材说:"各种弊害的开始,正在于此。"窝阔台说:"凡是你所建议的,我没有不听从的,难道你就不能顺从我一件事吗?"

注释 ① 察合台:成吉思汗第二子,太宗在位时,极受尊重,重大决策多从其意。② 社稷臣:关系国家安危的重臣。 ③ 尊属:亲属中的长辈。 ④ 禁网:法令。指禁令张布如网。

原文

太祖之世,岁有事西域,未暇经理中原,官吏多聚敛自私,资至巨万,而官无储偫①。近臣别迭等言②:"汉人无补于国,可悉空其人以为牧地。"楚材曰:"陛下将南伐,军需宜有所资,诚均定中原地税、商税、

翻译

铁木真之时,每年都要征伐西域,无力顾及中原,官吏大都趁机积聚私产,至以万计,而国家却没有存储。窝阔台亲近的大臣别迭等人说:"汉人于国家无所裨益,可以将他们撵走,把他们的土地变为牧场。"耶律楚材对窝阔台说:"您即将南下征伐,就要有人供给军需。如果能协调制定中原地区的各种税收,每年可以获得五十万两银、八

盐、酒、铁冶、山泽之利,岁可得银五十万两、帛八万匹、粟四十余万石,足以供给,何谓无补哉?"帝曰:"卿试为朕行之。"乃奏立燕京等十路征收课税使,凡长贰悉用士人③,如陈时可、赵昉等皆宽厚长者④,极天下之选,参佐皆用省部旧人。辛卯秋,帝至云中,十路咸进廪籍及金帛陈于廷中⑤。帝笑谓楚材曰:"汝不去朕左右,而能使国用充足,南国之臣,复有如卿者乎?"对曰:"在彼者皆贤于臣,臣不才,故留燕,为陛下用。"帝嘉其谦,赐之酒。即日拜中书令,事无巨细,皆先白之。

万匹布帛、四十多万石粟米,足以供给军需,怎么能说无益呢?"窝阔台说:"你为我办办看。"耶律楚材于是建议设置燕京等十路的征收课税使,凡是长官副贰都任用文人,如陈时可、赵昉等人都是极天下之选的忠厚长者,部下僚属则用省部旧人。三年(1231)秋,窝阔台到云中,十路都将纳税户籍献上,将征收来的金银布帛放在堂前。窝阔台笑着对耶律楚材说:"你没有离开我身边,就能使国用充足,金朝的大臣,还有像你这样的吗?"耶律楚材回答:"那里的人都比我能干,我没有什么才干,所以留在燕地,供您使用。"窝阔台为表彰他的谦逊,赏赐给他酒食,当天就授官中书令,军国事务无论大小,都事先告诉他。

注释 ①偫(zhì):储备。 ②别迭:又译别帖,蒙古别速氏人,从忽哥赤征大理时战死。 ③长贰:这里指长官和副贰,即正副职。 ④陈时可:宪宗二年(1252)初置十路征收课税使时,与赵昉同使燕京,曾受命阅刑名、科差、课税等案,宪宗十年(1260)又因诸路旱蝗,建议减免当年田租。赵昉:史传仅见于此。 ⑤廪籍:指向官府交纳税粮人的户籍。

原文

楚材奏："凡州郡宜令长吏专理民事，万户总军政，凡所掌课税，权贵不得侵之。"又举镇海、粘合①，均与之同事，权贵不能平。咸得卜以旧怨，尤疾之，谮于宗王曰："耶律中书令率用亲旧，必有二心，宜奏杀之。"宗王遣使以闻，帝察其诬，责使者，罢遣之。属有讼咸得卜不法者，帝命楚材鞫之，奏曰："此人倨傲，故易招谤。今将有事南方，他日治之未晚也。"帝私谓侍臣曰："楚材不较私仇，真宽厚长者，汝曹当效之。"中贵可思不花奏采金银役夫及种田西域与栽蒲萄户②，帝令于西京、宣德徙万余户充之③。楚材曰："先帝遗诏，山后民质朴④，无异国人，缓急可用，不宜轻动。今将征河南，请无残民以给此役。"帝可其奏。

翻译

耶律楚材奏报说："各州郡应该让地方官专门管理民政，让万户主持军事，凡是他们所掌握的赋税，权贵不得侵夺。"他又举荐镇海和粘合，让他们与自己同为中书令，对此权贵们忿忿不平。咸得卜因为过去的怨恨，尤其不满，密告于宗王说："耶律楚材所任用的人都是自己的亲戚故旧，一定有别的目的，应该奏报皇帝，把他杀了。"宗王派使者告诉了窝阔台，窝阔台察觉到是诬陷之词，责骂了使者，并将他驱逐回去。咸得卜的部下有告他犯法的，窝阔台命耶律楚材审理此事，耶律楚材说："咸得卜为人傲慢自大，所以容易招致诽谤。现在将要征伐南方，以后处理他也不晚。"窝阔台私下对侍臣说："耶律楚材不计较私仇，实在是一位宽厚长者，你们应该向他学习。"宦官可思不花奏报需要开采金银的民夫以及在西域耕种土地和栽种葡萄的民户，窝阔台命令从西京、宣德迁徙一万多户充任。耶律楚材说："成吉思汗皇帝临终前有令，山后的百姓质朴可靠，与蒙古人没有什么不同，危急之时可以为我所用，不要轻易征调。现在就要征伐南方，请不要为此事而役使这些百姓。"窝阔台同意了耶律楚材的这一建议。

注释 ① 镇海:蒙古克烈部人,早年从成吉思汗征金、西夏有功,太宗时为中书右丞相,乃马真氏时被罢黜,定宗时复官,宪宗时被处死。粘合:疑即魏国公粘合重山。 ② 中贵:帝王所宠信的宦官。可思不花,史无传。 ③ 西京:元初沿辽、金旧名,称大同为西京。宣德:今河北宣化。 ④ 山后:五代时始有此名称,相当于今山西、河北两省内外长城之间地区。

原文

壬辰春,帝南征,将涉河,诏逃难之民,来降者免死。或曰:"此辈急则降,缓则走,徒以资敌,不可宥。"楚材请制旗数百,以给降民,使归田里,全活甚众。旧制,凡攻城邑,敌以矢石相加者,即为拒命,既克,必杀之。汴梁将下①,大将速不台遣使来言②:"金人抗拒持久,师多死伤,城下之日,宜屠之。"楚材驰入奏曰:"将士暴露数十年,所欲者土地人民耳。得地无民,将焉用之?"帝犹豫未决,楚材曰:"奇巧之工,厚藏之家,

翻译

窝阔台四年(1232)春,蒙古军队南下征伐,将要过黄河,诏告逃难的百姓,来归降的人可以免除一死。有人说:"这些人无路可走时就投降,有机会就逃跑,只是对敌人有利,不应该宽恕他们。"耶律楚材建议制作几百面旗帜,分发给来归降的人,让他们回到故里,这样使许多人得以保全性命。过去的做法是,凡是攻城,敌人以弓箭、石头相抵抗,就是拒绝投降,城攻破之后,就要大肆杀戮。在汴梁将要攻下的时候,大将速不台派使者来报告说:"金人抵抗了很长时间,我军死伤很多,城攻破之后,应该大肆杀戮。"耶律楚材当即入宫报告窝阔台说:"我们的将士们数十年艰苦地征战,所图的正是土地和百姓,有地无人,那有什么用呢?"窝阔台犹豫不决,耶律楚材又说:"能工巧匠,富豪之

皆萃于此,若尽杀之,将无所获。"帝然之,诏罪止完颜氏③,余皆勿问。时避兵居汴者得百四十七万人。

楚材又请遣人入城,求孔子后,得五十一代孙元措④,奏袭封衍圣公,付以林庙地。命收太常礼乐生⑤,及召名儒梁陟、王万庆、赵著等⑥,使直释九经,进讲东宫⑦。又率大臣子孙,执经解义,俾知圣人之道。置编修所于燕京、经籍所于平阳⑧,由是文治兴焉。

家,都聚集在这里,如果把他们都杀了,那就什么也得不到。"窝阔台认为有道理,诏令只杀金皇族成员,其他的人则不予治罪。当时为逃避战乱,居住在汴梁的有一百四十七万人之多。

耶律楚材又请求派人进入汴梁,寻找孔子的后裔,找到了第五十一代孙孔元措,耶律楚材建议沿先例封他为衍圣公,并给他以孔林、孔庙之地。又令聚会太常礼乐生,召见有名的儒者梁陟、王万庆、赵著等人,让他们诠解九经,教授皇太子。并引导大臣的子孙们研解经义,以懂得圣人之道。在燕京设置了编修所,在平阳设置了经籍所,从此文教兴盛起来。

注释　①汴梁:即今河南开封,当时为金朝都城。　②速不台:蒙古兀良哈部人,曾领兵攻金,为西征主帅,屡立战功。　③完颜氏:这里指金朝皇族成员。　④元措:孔子第五十一代孙,字梦得,金、元时袭封衍圣公。　⑤太常:古代执掌礼乐郊庙社稷事宜的官,为九卿之一。　⑥梁陟、王万庆、赵著:均为儒士,太宗时设编修所和经籍所时,以梁陟为长官,王万庆和赵著为副贰。　⑦东宫:太子所居之宫,多代指太子。　⑧平阳:相传为帝尧之都,在今山西省。

原文

时河南初破,俘获甚众,军还,逃者十七八。有旨:居停逃民及资给者,灭

翻译

当时黄河以南的地区刚刚平定,俘虏的人很多,蒙古军回师之后,这些俘虏逃跑的十有七八。窝阔台下令:如果

其家，乡社亦连坐①。由是逃者莫敢舍，多殍死道路。楚材从容进曰："河南既平，民皆陛下赤子，走复何之！奈何因一俘囚，连死数十百人乎？"帝悟，命除其禁。金之亡也，唯秦、巩二十余州久未下，楚材奏曰："往年吾民逃罪，或萃于此，故以死拒战，若许以不杀，将不攻自下矣。"诏下，诸城皆降。

甲午，议籍中原民，大臣忽都虎等议②，以丁为户。楚材曰："不可。丁逃，则赋无所出，当以户定之。"争之再三，卒以户定。时将相大臣有所驱获，往往寄留诸郡，楚材因括户口，并令为民，匿占者死。

乙未，朝议将四征不廷③，若遣回回人征江南，汉人征西域，深得制御之术，楚材曰："不可。中原、西域，相去辽远，未至敌境，人马疲乏，兼水土异宜，疾疫

向这些逃跑的人提供食宿帮助，就要杀其全家，乡社的其他人也要一同治罪。这样逃亡的人不敢停下来食宿，多饿死在路上。耶律楚材从容献议说："河南已经平定，百姓都是您的子民，逃又能逃到哪里呢！怎么能因为一个俘虏，就置数十人乃至上百人于死地呢？"窝阔台觉得有道理，下令解除了禁令。在灭亡金朝的过程中，只有秦、巩等二十多个州许久攻不下来，耶律楚材奏报说："过去我们的百姓犯了罪的，有些就跑到了这里，所以现在拼死抵抗，如果许诺不杀他们，就能不攻自破了。"诏令下达后，所有的州县就都投降了。

窝阔台六年（1234），朝廷商议登记中原的民户，忽都虎等人认为应该以成年男子为单位。耶律楚材说："不行，丁男如果逃跑了，那就没有人交纳租税，应该以一家一户为单位。"再三争论，最终还是以一家一户为单位。当时将相大臣们得到奴隶，往往让他们寄居各地。耶律楚材因为要统计户口，下令让他们都成为平民，谁藏匿占有就要被处死。

窝阔台七年（1235），朝廷讨论征讨不臣服之地，认为如果派回回人征讨江南，汉人征讨西域，那就很符合相互制

将生,宜各从其便。"从之。

约的策略。耶律楚材说:"不行,中原和西域,两地相隔很远,还没有抵达敌境,就已人困马乏了,加上不服水土,会出现种种疫疾,应该就近出兵征讨。"窝阔台听从了这一建议。

注释 ① 连坐:一人犯法,其他人连带一同受罚。 ② 忽都虎:蒙古大将,后主管民政,曾为中州断事官。 ③ 不廷:不服从朝廷的地区。

原文

丙申春,诸王大集,帝亲执觞赐楚材曰:"朕之所以推诚任卿者,先帝之命也。非卿,则中原无今日。朕所以得安枕者,卿之力也。"西域诸国及宋、高丽使者来朝,语多不实,帝指楚材示之曰:"汝国有如此人乎?"皆谢曰:"无有。殆神人也!"帝曰:"汝等惟此言不妄,朕亦度必无此人。"有于元者,奏行交钞①,楚材曰:"金章宗时初行交钞,与钱通行,有司以出钞为利,收钞为讳,谓之老钞,至以万贯唯易一饼。民力困竭,

翻译

窝阔台八年(1236)春,蒙古王公贵族齐集宴会,窝阔台亲自给耶律楚材斟酒,并说:"我之所以完全信任你,是因为先帝的遗令。如果不是你,中原地区就不会是现在这个样子。我之所以没有什么忧虑的事,都是你的功劳。"西域各国以及南宋、高丽的使者来朝见,说话多虚伪不实,窝阔台指着耶律楚材问他们说:"你们的国家有这样的人吗?"他们辞谢说:"这种人差不多是神人,我们国内没有。"窝阔台说:"你们只有这话才是实话,我想也没有这样的人。"有一个叫于元的人,建议使用纸币,耶律楚材说:"金章宗时最初使用纸币,与钱币一样通行,有关单位以抛出纸币牟利,而拒绝接受纸币,称之为老钞,以至于一万贯只能换一张饼。因此百姓贫困,国库空虚,应该引以为戒。

国用匮乏,当为鉴戒。今印造交钞,宜不过万锭。"从之。

现在印行纸币,最好不要超过一万锭。"窝阔台采纳了这项建议。

注释 ① 交钞:金、元两代发行的纸币。

原文

秋七月,忽都虎以民籍至,帝议裂州县赐亲王功臣。楚材曰:"裂土分民,易生嫌隙。不如多以金帛与之。"帝曰:"已许奈何?"楚材曰:"若朝廷置吏,收其贡赋,岁终颁之,使毋擅科征,可也。"帝然其计,遂定天下赋税,每二户出丝一斤,以给国用;五户出丝一斤,以给诸王功臣汤沐之资。地税,中田每亩二升又半,上田三升,下田二升,水田每亩五升;商税,三十分而一;盐价,银一两四十斤。既定常赋,朝议以为太轻,楚材曰:"作法于凉①,其弊犹贪,后将有以利进者,则今已

翻译

窝阔台八年(1236)七月,忽都虎为户籍问题来见皇帝,窝阔台和他讨论分封州县赏赐给亲王功臣。耶律楚材说:"分封土地和百姓,容易产生种种矛盾,不如多给他们一些钱财。"窝阔台说:"已经答应了怎么办?"耶律楚材说:"可以由朝廷设置专门官吏,代他们收取贡赋,年终再发给他们,使他们不至于擅自征收租税和分派徭役。"窝阔台赞同这一意见,于是规定天下的赋税为:每二户交纳一斤丝,输入国库,另外每五户交纳一斤丝,以供亲王功臣用作汤沐之资。地租是:中等的田每亩二升半,上等的田三升、下等的二升,水田每亩五升。商税是三十抽一,盐价为一两银购买四十斤。赋税确定后,朝臣们认为太轻了些,耶律楚材说:"赋税定得轻,尚且有贪残的弊病,以后肯定会有唯利是图的人加重,那么现在所定的就很重了。"

重矣。"

时工匠制造，糜费官物，十私八九，楚材请皆考核之，以为定制。时侍臣脱欢奏简天下室女②，诏下，楚材尼之不行，帝怒。楚材进曰："向择美女二十有八人，足备使令。今复选拔，臣恐扰民，欲覆奏耳。"帝良久曰："可罢之。"又欲收民牝马，楚材曰："田蚕之地，非马所产，今若行之，后必为人害。"又从之。

当时工匠在制造过程中，浪费公物，又大量私自藏取，耶律楚材建议逐一加以考核，并定为制度。当时侍臣脱欢奏请挑选全国没有出嫁的女子，诏令下达后，耶律楚材搁置没有执行，窝阔台十分恼怒。耶律楚材劝他说："过去挑选的二十八位美女，已够您用了，现在又要挑选，我担心骚扰百姓，正考虑向您奏报。"窝阔台考虑了一会儿后说："这事就算了吧。"朝廷又打算征用百姓的母马，耶律楚材说："农耕地区，并不能生产马，现在如果这样做，以后肯定会有危害。"窝阔台又听从了。

注释 ① 作法于凉：指赋税从轻。 ② 脱欢：元太宗侍臣，生平不详。室女：没有出嫁的女子。

原文

丁酉，楚材奏曰："制器者必用良工，守成者必用儒臣。儒臣之事业，非积数十年，殆未易成也。"帝曰："果尔，可官其人。"楚材曰："请校试之。"乃命宣德州宣课使刘中随郡考试，以经义、

翻译

窝阔台九年(1237)，耶律楚材上奏说："制造器物一定要用好的工匠，治理天下一定要用儒者。儒者的事业，如果不是积数十年之力，是难以完成的。"窝阔台说："如果有这样的人，可以授给他官职。"耶律楚材说："可先考试后再录用。"于是令宣德州的宣课使刘中到各地主持考试，所考的有经义、词赋、策论

词赋、论分为三科,儒人被俘为奴者,亦令就试,其主匿弗遣者死。得士凡四千三十人,免为奴者四之一。

先是,州郡长吏,多借贾人银以偿官,息累数倍,曰羊羔儿利,至奴其妻子,犹不足偿。楚材奏令本利相侔而止,永为定制,民间所负者,官为代偿之。至一衡量,给符印,立钞法,定均输,布递传,明驿券,庶政略备,民稍苏息焉。

有二道士争长,互立党与,其一诬其仇之党二人为逃军[①],结中贵及通事杨惟中[②],执而虐杀之。楚材按收惟中。中贵复诉楚材违制,帝怒,系楚材,既而自悔,命释之。楚材不肯解缚,进曰:"臣备位公辅,国政所属。陛下初令系臣,以有罪也,当明示百官,罪在不赦。今释臣,是无罪也,岂宜轻易反覆,如戏小儿?

三种科目。儒者被俘为奴隶的,也要让他们参加考试,如果主人藏匿不让参加考试,就要被处死。这次考试共录取了四千零三十人,其中四分之一的人原来都是奴隶。

起初,州郡官吏,多向商人借钱以向国家交纳赋税,以至于利息超过了本钱的好几倍,称之为羊羔儿利。即使使其妻子儿女为奴隶,也不够偿还。耶律楚材奏请下令,利息与本钱相当了就不再计算利息,并成为永久的制度。百姓所负债的利息,官府代为偿还。耶律楚材又因此统一斗和秤,颁给行商以符印,确定钱币制度,实行统一征收,开辟整顿邮传制度,使用驿站的人马发给凭证,这样国家的各种政务大体齐备,老百姓得以休养生息。

有两位道士互争雄长,各自网罗了一些党徒,其中一位道士诬告另一位的党徒中有两人是逃兵,并勾结宦官和通事杨惟中,捉住这两个人残酷地杀死了。耶律楚材逮捕了杨惟中。宦官又告耶律楚材违反制度,窝阔台很恼怒,将耶律楚材拘禁起来。很快又感到后悔,下令把他放了。耶律楚材不肯解下绑缚的绳索,并对窝阔台说:"我官居三公辅相之位,管理着国家大政。您最初

国有大事,何以行焉!"众皆失色。帝曰:"朕虽为帝,宁无过举耶?"乃温言以慰之。楚材因陈时务十策,曰:信赏罚,正名分,给俸禄,官功臣,考殿最,均科差,选工匠,务农桑,定土贡③,制漕运。皆切于时务,悉施行之。

下令抓我的时候,是以为我有罪,应该向所有的大臣们宣布,不得宽恕。现在放我,是因为我无罪,怎么能像这样轻率行事,反反复复,如同儿戏一样呢?国家如有大事,将如何施行!"大臣们都惊讶失色。窝阔台说:"我虽然是皇帝,难道就不能有错误吗?"并用好话来劝慰他。耶律楚材因此陈述当时急于要做的十件大事:赏罚要讲信用,确定等级名分,供给俸禄,奖励功臣,考核官吏的政绩,平均摊派差役,选择工匠,致力农桑,明定土贡,规划漕运。这些建议切合时务,都得到实行。

注释 ① 逃军:擅自离开军队而逃走。 ② 杨惟中:字彦诚,少侍太宗,后继耶律楚材为中书令,因曾出使西域,所以称通事。 ③ 土贡:献给皇帝的地方特产。

原文

太原路转运使吕振、副使刘子振,以赃抵罪。帝责楚材曰:"卿言孔子之教可行,儒者为好人,何故乃有此辈?"对曰:"君父教臣子,亦不欲令陷不义。三纲五常,圣人之名教,有国家者莫不由之,如天之有日月

翻译

太原路转运使吕振、副使刘子振因贪污被治罪。窝阔台责难耶律楚材说:"你说孔子之道可行,儒者都是好人,为什么会有这种人呢?"耶律楚材回答说:"国君与父亲教育他们的臣民和子女,也不想让他们陷于不义。三纲五常,是圣人所倡导的礼教,没有哪个朝代不遵守的,就像天上不能没有日月一样。怎么能够因为一个人的过错,就使历史上

也。岂得缘一夫之失，使万世常行之道独见废于我朝乎?"帝意乃解。

富人刘忽笃马、涉猎发丁、刘廷玉等以银一百四十万两扑买天下课税①，楚材曰:"此贪利之徒，罔上虐下，为害甚大。"奏罢之。常曰:"兴一利不如除一害，生一事不如省一事。任尚以班超之言为平平耳②，千古之下，自有定论。后之负谴者，方知吾言之不妄也。"帝素嗜酒，日与大臣酺饮，楚材屡谏，不听，乃持酒槽铁口进曰:"曲蘖能腐物，铁尚如此，况五脏乎!"帝悟，语近臣曰:"汝曹爱君忧国之心，岂有如吾图撒合里者耶?"赏以金帛，敕近臣日进酒三钟而止。

长期流传的礼教，唯独在我们这一代废缺呢?"窝阔台的不平之气这才得到排解。

富豪刘忽笃马、涉猎发丁、刘廷玉等人以一百四十万两银子承包征收全国的赋税。耶律楚材说:"这些贪婪好利的人，欺上压下，为害很大。"建议罢除。他时常说:"兴一利不如除一害，生一事不如省一事。任尚认为班超这话很平常，但历史自有评说。后来受谪降的人，才知道我的话不错。"窝阔台一向爱喝酒，每天与大臣们尽情地喝，耶律楚材多次劝谏都不听，一天拿着酒槽的铁口对窝阔台说:"酒能腐烂器物，铁尚且如此，何况五脏呢!"窝阔台觉得有道理，对亲近的侍臣们说:"你们的爱君忧国之心，谁能比得上耶律楚材呀?"为此他赏了金银布帛给耶律楚材，并下令每天只向他进献三钟酒。

注释　①扑买:又称买扑，即承办包税。　②任尚:东汉将领，初为西域戊己校尉，代班超为都尉，因为政严苛，激起西域各族反抗。班超:东汉外交家、军事家，先后在西域活动三十一年，被封为定远侯。

原文

自庚寅定课税格,至甲午平河南,岁有增羡,至戊戌课银增至一百一十万两。译史安天合者,谄事镇海,首引奥都剌合蛮扑买课税①,又增至二百二十万两。楚材极力辨谏,至声色俱厉,言与涕俱。帝曰:"尔欲搏斗耶?"又曰:"尔欲为百姓哭耶? 姑令试行之。"楚材力不能止,乃叹息曰:"民之困穷,将自此始矣!"

楚材尝与诸王宴,醉卧车中,帝临平野见之,直幸其营,登车手撼之。楚材熟睡未醒,方怒其扰己,忽开目视,始知帝至,惊起谢,帝曰:"有酒独醉,不与朕同乐耶?"笑而去。楚材不及冠带,驰诣行宫②,帝为置酒,极欢而罢。

楚材当国日久,得禄分其亲族,未尝私以官。行省刘敏从容言之③,楚材曰:

翻译

自从窝阔台二年(1230)制定征收赋税的标准,到窝阔台六年(1234)平定河南,每年都有增长。到窝阔台十年(1238)已增至银一百一十万两。译史安天合为了讨好镇海,最早引导奥都剌合蛮承包全国赋税的征收,这样又增加到二百二十万两。耶律楚材竭力辩驳劝谏,以至于声色严厉、痛哭流涕。窝阔台说:"你是想搏斗吗?"又说:"你是为百姓着想而哭吗? 姑且试试看吧。"耶律楚材不能制止这件事,于是感叹说:"百姓从此要受穷困之苦了!"

耶律楚材曾与诸王宴饮,醉酒后睡在车上,窝阔台到郊野看到后,径直走到他的驻地,并登上车用手摇动他。耶律楚材熟睡未醒,正要对打扰自己的睡眠而发怒,忽然睁开眼睛,这才知道是皇帝来了,赶忙起来道谢,窝阔台说:"你有酒独饮至醉,难道不想和我同乐吗?"一笑而去。耶律楚材来不及穿戴整齐,飞马赶到皇帝的行宫中,窝阔台设置了酒宴,两人极尽欢乐,这才罢休。

耶律楚材长期主持国政,得到的俸禄可以分给自己的亲属,但不曾私自授给他们官位。行省刘敏谈起这事,耶律楚材说:"和睦亲族,只能以钱财助济他

"睦亲之义,但当资以金帛。若使从政而违法,吾不能循私恩也。"

岁辛丑二月三日,帝疾笃,医言脉已绝。皇后不知所为,召楚材问之,对曰:"今任使非人,卖官鬻狱,囚系非辜者多。古人一言而善,荧惑退舍④,请赦天下囚徒。"后即欲行之,楚材曰:"非君命不可。"俄顷,帝少苏,因入奏,请肆赦,帝已不能言,首肯之。是夜,医者候脉复生,适宣读赦书时也,翌日而瘳⑤。冬十一月四日,帝将出猎,楚材以太乙数推之⑥,亟言其不可,左右皆曰:"不骑射,无以为乐。"猎五日,帝崩于行在所。皇后乃马真氏称制⑦,崇信奸回,庶政多紊。奥鲁剌合蛮以货得政柄,廷中悉畏附之。楚材面折廷争,言人所难言,人皆危之。

们。我不能徇私情,执政而违法。"

十三年(1241)二月三日,窝阔台病重,医生说已把不到脉了。皇后不知该怎么办,召耶律楚材询问,耶律楚材说:"现在任用的使臣不适当,有钱的可以买到官位,犯罪也能豁免。监狱里关押着很多无辜的人。过去曾有因一句善良的话,天上的火星就退避的故事,建议赦免全国的犯人。"皇后当即要付诸行动,耶律楚材说:"没有皇帝的命令不行。"一会儿,窝阔台苏醒了,因而奏报,请求大赦,窝阔台已不能说话,点头同意了这一赦令。这天夜里,正当宣布大赦令的时候,医生又把到了脉,第二天病便痊愈了。十一月四日,窝阔台将要外出狩猎,耶律楚材以太乙数推算,极言不可如此。大臣们都说:"如果不骑马射猎,就没有什么可乐的了。"狩猎五天后,窝阔台就死于狩猎之地。皇后乃马真氏行使皇帝权力,她信任奸邪之人,以至政务混乱。奥鲁剌合蛮以行贿得以主持国务,朝臣们都害怕并攀附他,只有耶律楚材当面和他抗争,说别人不敢说的话,人们都认为这样很危险。

注释　① 安天合：史无传。奥都剌合蛮：西域人，受乃马真后命主管汉地财富，后被处死。　② 行宫：京城之外供皇帝出行时居住的处所。　③ 刘敏：字有功，太宗时行尚书省事于中原。定宗、宪宗时也任此职。　④ 荧惑：火星的别名，因隐显无常，令人迷惑，所以称荧惑。　⑤ 瘳（chōu）：病愈。　⑥ 太乙数：先秦术数七家之一，其法大抵依《易·乾凿度》太乙行九宫法，穿凿附会，以占灾福。　⑦ 乃马真氏：即脱列哥那，元太宗皇后。称制：掌权。

原文

癸卯五月，荧惑犯房①，楚材奏曰："当有惊扰，然讫无事。"居无何，朝廷用兵，事起仓卒，后遂令授甲选腹心，至欲西迁以避之。楚材进曰："朝廷天下根本，根本一摇，天下将乱。臣观天道，必无患也。"后数日乃定。后以御宝空纸，付奥都剌合蛮，使自书填行之。楚材曰："天下者，先帝之天下，朝廷自有宪章，今欲紊之，臣不敢奉诏。"事遂止。又有旨："凡奥都剌合蛮所建白，令史不为书者②，断其手。"楚材曰："国之典故，先帝悉委老臣，令史何与焉？

翻译

乃马真后二年（1243）五月，火星触犯房星，耶律楚材奏报说："可能会有事惊扰，但结果不会有什么问题。"不久，朝廷用武，因事发仓促，乃马真后于是下令分发兵器，选择心腹之人，乃至准备西迁以躲避。耶律楚材说："朝廷是天下的根本，根本一动，全国就会出现混乱。就我观察天象可以断定，不会有祸患。"几天之后，事情果然平息下来。乃马真后将盖有皇帝印玺的空白纸，交给奥都剌合蛮，让他自行填写。耶律楚材说："国家是先帝的国家，朝廷自有它的办事制度，现在打算破坏它，我不敢执行。"这事才得以制止。乃马真后又有令："凡是奥都剌合蛮陈述自己的意见，管文书的官员如果没有记下来，就要砍断他的手。"耶律楚材说："国家典章制度的制定，先皇帝都交付给了我，与令史没有关系。事情如果合理，自然

事若合理，自当奉行，如不可行，死且不避，况截手乎！"后不悦。楚材辩论不已，因大声曰："老臣事太祖、太宗三十余年，无负于国，皇后亦岂能无罪杀臣也。"后虽憾之，亦以先朝旧勋，深敬惮焉。

甲辰夏五月，薨于位，年五十五。皇后哀悼，赙赠甚厚。后有谮楚材者，言其在相位日久，天下贡赋，半入其家。后命近臣麻里扎覆视之，唯琴阮十余，及古今书画、金石、遗文数千卷。至顺元年，赠经国议制寅亮佐运功臣、太师、上柱国，追封广宁王，谥文正。子铉、铸。

该照办，如果不可行，死都不怕，还怕被砍掉手吗！"乃马真后不高兴。耶律楚材不停地辩驳，乃至大声说："我臣事太祖、太宗三十多年，没有对不起国家的，皇后您不至于无辜杀我吧。"乃马真后虽然不满意，但因为他是前朝的功臣，只有深深地敬畏而已。

乃马真后三年（1244）五月，耶律楚材死于任上，享年五十五岁。乃马真后甚为哀悼，送了很多财物以助葬。后来有人诬告耶律楚材，说他在相位时间长，全国的贡赋，有一半被他私吞了。乃马真后命近臣麻里扎查验，结果家中只有十余张琴阮以及古今书画、金石、文书数千卷而已。至顺元年（1330），追赠耶律楚材为经国议制寅亮佐运功臣、太师、上柱国，追封为广宁王，谥号文正。他的儿子有耶律铉、耶律铸。

注释　①房：即房星，二十八宿之一。　②令史：官名，京师各有关主管部门职掌文书的低级事务员。

史 天 泽 传

导读

　　金末迁都开封后,黄河以北广大地区的汉人地主武装,往往纠合乡民,据地自保,形成历时半个世纪的汉人割据统治。即使在投降蒙古后,他们依然割据一方,世袭兵权,有如藩镇。满城张柔、东平严实、济南张宏、真定史天泽等可视作他们的代表。史天泽(1202—1275),字润甫,燕京永清(今河北永清)人,其父秉直,率众降蒙。史天泽曾任河南宣抚使、枢密副使、中书右丞相、中书左丞相等职。由本传我们可以了解汉人世侯的形成与纷争,以及与蒙古统治的关系等复杂情况。(选自卷一五五)

原文

　　史天泽,字润甫,秉直季子也①。身长八尺,音如洪钟,善骑射,勇力绝人,从其兄天倪帅真定②。乙酉,天倪遣护送其母归北京,既而天倪为武仙所害③,府僚王缙、王守道追及天泽于燕④,曰:"变起仓猝,部曲散走,多在近郊,公能回辔南行,不招自至矣。"天泽毅然

翻译

　　史天泽,字润甫,是史秉直的小儿子。他身材魁梧,声音洪亮,善于骑射,勇力过人,跟随他的哥哥史天倪带领军队驻扎在真定。铁木真二十年(1225),史天倪派他护送母亲回北京,不久,史天倪被武仙杀害。家臣王缙、王守道在燕地追上了史天泽,并对他说:"事变仓促发生,乡勇溃散,大都在真定近郊,如果您能回马南下,就能把这些人聚集起来。"史天泽毅然说:"兄弟的仇,我一定要报,哪怕是要付出生命的代价,何况

曰："兄弟之仇，义所当复，虽死不避，况未必死邪！"即倾赀装，易甲仗，南还，行次满城，得士马甚众。天泽摄行军事，遣监军李伯祐诣国王孛鲁言状⑤，且乞济师。

不一定死呢？"当即变卖家财，改换武器，掉头南返。行抵满城时，已有了很多人马。史天泽代理主持军事，派监军李伯祐到孛鲁国王那里说明情况，并请求支援。

注释 ① 秉直：史秉直字正道，金代土豪，蒙古军南下时，投降木华黎，后任北京路行六部尚书事。 ② 天倪：史天倪字和甫，随父降蒙古后，任右副都元帅、河北西路兵马都元帅，行真定府事。 ③ 武仙：金威州人，封恒山公，降蒙古后为真定元帅史天倪之副，后又以真定降金，曾任参知政事、枢密副使。 ④ 王缙：史天倪府僚。王守道：字仲履，曾为庆源军节度使。 ⑤ 李伯祐：武卫亲军都指挥使，曾率兵屯潮河川。孛鲁：蒙古札剌儿氏，木华黎之子，嗣父国王位，屡立战功。

原文

天泽时为帐前军总领，孛鲁承制命绍兄职为都元帅。俾笑乃䚟将蒙古军三千人援之①，合势进攻卢奴。仙骁将葛铁枪者，拥众万人来拒战，天泽迎击之，身先士卒，勇气百倍。贼退阻㳟河，乘夜而遁，天泽追及之，生擒葛铁枪②，余众悉溃，获其兵甲辎重，军威大振。遂下中山，略无极，拔赵州，进

翻译

史天泽当时官职为帐前军总领，孛鲁秉承皇帝的旨意令史天泽继承他哥哥的职位为都元帅，并命笑乃䚟统帅三千蒙古军援助他，合力向卢奴进攻。武仙的勇将葛铁枪率领约一万人来迎战，史天泽领兵攻击，身先士卒，士气倍增。敌人退守㳟河，并乘夜逃跑，史天泽领兵追杀，活捉了葛铁枪，葛的部众全部溃散。史天泽的军队获得了很多武器辎重，军威大振，于是乘胜攻下了中山、无极、赵州，进军野头。正好史天泽的哥哥史天安也带兵来助战，合力打败了

军野头。会天泽兄天安亦提兵来赴③，击仙败之，仙奔双门，遂复真定。

未几，宋大名总管彭义斌阴与仙合④，欲取真定，天泽同笑乃觯扼诸赞皇，仙不得进。义斌势蹙，焚山自守。天泽遣锐卒五十，摧锋而入，自以铁骑继其后，缚义斌斩之。

武仙，武仙逃到双门，于是真定被收复。

不久，南宋大名总管彭义斌暗中与武仙相勾结，准备攻取真定，史天泽与笑乃觯据守赞皇，使武仙前进受阻。彭义斌穷途末路，只好放火烧山，以图自守。史天泽选派五十名勇士，强行攻入，自己则带领大队骑兵紧随其后，活捉并杀死了彭义斌。

注释 ① 笑乃觯(dǎi)：即肖乃台，蒙古土别燕克烈氏，为木华黎的先锋，曾败宋将彭义斌，在灭金战争中多有战功。 ② 葛铁枪：武仙的勇将，在新乐为肖乃台和史天泽所生擒。 ③ 天安：字全甫，史秉直次子，曾抚治真定，灭金后任权真定五路万户，知中山府事。 ④ 彭义斌：宋人，曾率红袄军起义抗金，后归宋，官至统制，北上抗御蒙古，兵败被擒，不屈而死。

原文

未几，仙复令谍者，结死士于城中大历寺为内应，夜斩关而入，据其城。天泽引步卒数十，逾城东出，至藁城，求援于董俊①。俊授以锐卒数百，夜赴真定，而笑乃觯兵亦至，捕叛者三百余人，仙从数骑，走保西山

翻译

不久，武仙又派间谍到真定城中，集结敢死之士在大历寺作内应，夜晚夺门而入，占领了真定。史天泽带领几十名步兵，越城东走，到藁城向董俊求援。董俊给了他几百名勇士，连夜赶赴真定，笑乃觯也领兵来助战，他们抓到了三百多个叛变的人。武仙和几位亲信骑马逃走，据守西山抱犊寨。笑乃觯对

抱犊寨。笑乃鳔怒忿民之从贼，驱万余人将杀之，天泽曰："彼皆吾民，但为贼所胁耳，杀之何罪！"力争得释。乃缮城壁，立楼橹，为不可犯之计，招集流散，存恤困穷。以抱犊诸寨，仙之巢穴，不即剪覆，终遗后患，急攻下之，仙乃遁去。继又取蚁尖、马武等寨，而相、卫亦降。

己丑，太宗即位，议立三万户，分统汉兵。天泽适入觐，命为真定、河间、大名、东平、济南五路万户。庚寅冬，武仙复屯兵于卫，天泽合诸军围之。金将完颜合达以众十万来援[2]，战不利，诸将皆北，天泽独以千人绕出其后，败一都尉军，与大军合攻之，仙逸去，遂复卫州。

百姓顺从敌人极为恼怒，驱赶着万余人准备杀掉，史天泽说："这些人都是我们的百姓，只是为敌人所胁迫才顺从，没有必要杀他们。"据理力争才使这些人得以获释。接着又修砌城墙，建立了望楼，以期坚不可摧，并招集流散的兵士，抚慰穷困的百姓。因为抱犊等营寨是武仙的巢穴，如果不予以铲除，就会留下后患，于是领兵迅速攻克了，武仙逃走。接着又攻克了蚁尖、马武等营寨，相州、卫州也投降了。

太宗元年（1229），窝阔台即皇帝位，打算设立左、中、右三万户，统帅汉人军队。史天泽当时正入朝觐见，被任命为真定、河间、大名、东平、济南五路的万户。二年（1230）冬，武仙又在卫州集结军队，史天泽会合各地的军队围困他。金朝将领完颜合达带领十万人来支援武仙，蒙古军失利，各路兵马都失败了，只有史天泽带领一千多人从敌人背后出击，打败了一支都尉军，接着与大队人马合力进击，武仙逃走，于是收复了卫州。

注释　①董俊：金人，后降附蒙古，因追金帝至归德，战死。　②完颜合达：字景山，官至平章政事，封芮国公，后与蒙古军作战，兵败被杀。

原文

　　壬辰春,太宗由白坡渡河,诏天泽以兵由孟津会河南,至则睿宗已破合达军于三峰山。乃命略地京东,招降太康、柘县、瓦冈、睢州,追斩金将完颜庆山奴于阳邑[①]。夏,帝北还,留睿宗总兵围汴。

　　癸巳春,金主突围而出,令完颜白撒自黄龙冈来袭新卫[②]。天泽率轻骑驰赴之,比至,围已合,天泽奋戈突至城下,呼守者曰:"汝等勉力,援兵且至。"复跃出,其众皆披靡,遂与大军夹击之,白撒等败走蒲城,天泽尾其后,白撒等兵尚八万,俘斩殆尽。金主以单舸东走归德,天泽追至归德,与诸军会。新卫达鲁花赤撒吉思不花[③],欲薄城背水而营,天泽曰:"此岂驻兵之地乎!彼若来犯,则进退失据矣。"不听,会天泽以事之

翻译

　　四年(1232)春,窝阔台从白坡渡黄河,命令史天泽带兵从孟津渡河并在黄河以南会合。史天泽到达时,拖雷已在三峰山打败了合达的军队。于是受命攻占京城以东,招降太康、柘县、瓦冈和睢州,在阳邑杀了金朝将领完颜庆山奴。这年夏天,窝阔台北返,留下拖雷统帅军队围困汴京。

　　窝阔台五年(1233)春,金朝皇帝从汴京突围而出,命完颜白撒从黄龙冈起兵来袭击新卫。史天泽带骑兵前往增援,等到达时,敌军包围圈已形成,史天泽挥舞兵器冲到城下,对守城的军兵说:"你们勉力抗御,援兵就要到了。"又冲出重围,他的部众也是所向披靡,接着与大部队合力夹击,白撒等失利逃往蒲城,史天泽紧随其后,白撒所剩的八万人马,差不多全被俘虏或杀死。金朝皇帝乘一条船向东逃到归德,史天泽追到归德,与其他部队会合。新卫的镇守者撒吉思不花打算紧靠城背水扎营,史天泽说:"这哪是驻扎军队的地方呢!如果敌人来进犯,那就进退两难了。"这一建议没有被采纳,正好史天泽有事要到汴京去,等他回来,撒吉思不花已全军覆没了。金朝皇帝迁居蔡州,窝阔台

汗，比还，撒吉思不花全军皆没。金主迁蔡，帝命元帅俦盏率大军围之④。天泽当其北面，结筏潜渡汝水，血战连日。甲午春正月，蔡破，金主自经死，天泽还真定。

命俦盏元帅领兵合围，史天泽统军在北面包围，制造木筏偷偷渡过汝水，血战了好几天。六年正月，蔡州被攻破，金朝皇帝上吊自杀，史天泽领兵回到真定。

注释　①完颜庆山奴：金宗室，字献甫，完颜白撒从弟，曾任元帅左都监兼保大军节度使。　②完颜白撒：金末帝完颜承麟兄，兴定时为元帅左都监，行帅府事于凤翔，升为平章政事，后因御元兵失败，下狱死。　③达鲁花赤：蒙古语，官名，监治各地及非蒙古军队。撒吉思不花：蒙古克烈部人，元太宗时，佩金虎符，监真定史天泽军，后遭金忠孝军夜袭被杀。　④俦盏：即塔察儿，蒙古许兀慎氏，自幼充成吉思汗的宿卫，曾任燕南大断事官。

原文

时政烦赋重，贷钱于西北贾人以代输，累倍其息，谓之羊羔利，民不能给。天泽奏请官为偿一本息而止。继以岁饥，假贷充贡赋，积银至一万三千锭，天泽倾家赀，率族属官吏代偿之。又请以中户为军，上下户为民，著为定籍，境内以宁。

金亡，移军伐宋。乙未，

翻译

当时摊派多，赋税重，人们只好向西北的商人借钱交纳，结果利息超过了本钱的好几倍，称为羊羔利，老百姓无力偿还。史天泽请求官府代为偿还，利息最多只与本钱一样而止。随后又因为年岁饥馑，人们只得借贷交纳贡赋，多达一万三千锭银，史天泽倾尽家产，带领亲族和官吏代为偿付。史天泽又请求以上户为军户，以中户和下户为民户，并成为制度，境内因此得以安宁。

金朝灭亡后，蒙古又移军攻伐南

从皇子曲出攻枣阳①，天泽先登，拔之。及攻襄阳，宋兵以舟数千陈于峭石滩，天泽挟二舟载死士，直前捣之，覆溺者万计。丁酉，从宗王口温不花围光州②，天泽先破其外城，攻子城，又破之。师次复州。宋兵以舟三千锁湖面为栅，天泽曰："栅破，则复自溃。"亲执枹鼓，督勇士四十人攻其栅，不逾时，栅破，复人惧，请降。进攻寿春，天泽独当一面，宋兵夜出斫营，天泽手击杀数人，麾下兵继至，悉驱其兵入淮水死，乘胜而南，所向辄克。

宋。窝阔台七年（1235），史天泽随皇子曲出进攻枣阳，史天泽首先登城，攻下了枣阳。在进攻襄阳时，南宋的军队将几千条小船排放在峭石滩，史天泽带领勇士乘两条船，勇往直前，奋力攻打，南宋士兵被杀或溺死的数以万计。九年（1237），史天泽随宗王口温不花围困光州，他先打下了外城，接着又攻克了内城。军队抵达复州，南宋军队将三千条船一字排开，用作栅栏封锁湖面，史天泽说："如果攻破栅栏，就能攻克复州。"于是亲自击鼓，督促四十位勇士攻击栅栏，不一会就攻破了栅栏，复州守军害怕，便请求投降了。进攻寿春时，史天泽独当一面，南宋军兵夜晚来劫营，史天泽亲手杀死了几人，接着他的部众到了，将敌人全都赶进淮河淹死，史天泽乘胜南进，战则必胜。

注释 ① 曲出：即阔出，元太宗第三子，曾被指定为汗位继承人，太宗七年（1235）率军攻南宋，次年死于军中。 ② 口温不花：成吉思汗异母弟别里古台次子，善于带兵作战，较少扰民。

原文

壬子，入觐，宪宗赐卫州五城为分邑。世祖时在

翻译

蒙哥二年（1252），史天泽入朝觐见，蒙哥赐给他卫州五城作为封地。忽

藩邸，极知汉地不治，河南尤甚，请以天泽为经略使①。至则兴利除害，政无不举，诛郡邑长贰之尤贪横者二人，境内大治。阿蓝答儿钩较诸路财赋②，锻炼罗织，无所不至，天泽以勋旧独见优容，天泽曰："我为经略使，今不我责，而罪余人，我何安乎？"由是得释者甚众。

戊午秋，从宪宗伐宋，由西蜀以入。己未夏，驻合州之钓鱼山，军中大疫，方议班师，宋将吕文德以艨艟千余③，溯嘉陵江而上，北军迎战不利。帝命天泽御之，乃分军为两翼，跨江注射，亲率舟师顺流纵击，三战三捷，夺其战舰百余艘，追至重庆而还。

必烈当时为皇子，深知汉人居住地难于治理，而黄河以南尤其如此，建议以史天泽为经略使。史天泽到任后兴利除弊，多有建树，他处死了两位最贪暴的官吏，故而所管辖之地得到很好治理。阿蓝答儿核查各地财赋，罗织各种罪名，无所不用其极，只有史天泽因为是功臣受到优礼。史天泽说："我是经略使，现在优礼我，而治我部下的罪，我怎么能心安呢？"因此许多官吏得以获释。

八年(1258)秋，史天泽随蒙哥攻伐南宋，从西蜀进入宋境。次年夏，驻军在合州的钓鱼山，军队里发生了疫疾，正商议班师，南宋将领吕文德率千余条战船，沿嘉陵江而上，蒙古军迎战失利。蒙哥命史天泽抵御，史天泽将军兵分为两队，在江两岸射杀，他则带领水军顺流而下，正面迎敌，三战三胜，夺得了一百多艘战船，将敌人追赶到重庆后才回师。

注释　①经略使：官名，元代经略使的职责大略是督察军律及安抚民众。　②阿蓝答儿：元宪宗蒙哥的亲信大臣，因参与谋立阿里不哥，为忽必烈所擒杀。　③吕文德：宋末将领，素有才勇，在抗击蒙古军时，累立战功。历官四川宣抚使等。

原文

中统元年，世祖即位，首召天泽，问以治国安民之道，即具疏以对，大略谓："朝廷当先立省部以正纪纲，设监司以督诸路，霈恩泽以安反侧，退贪残以任贤能，颁奉秩以养廉，禁贿赂以防奸，庶能上下丕应，内外休息。"帝嘉纳之。继命往鄂渚撤江上军，还，授河南等路宣抚使，俄兼江淮诸翼军马经略使。

二年夏五月，拜中书右丞相。天泽既秉政，凡前所言治国安民之术，无不次第举行。又定省规十条，以正庶务。宪宗初年，括户余百万①，至是，诸色占役者太半②，天泽悉奏罢之。秋九月，扈从世祖亲征阿里不哥③，次昔木土之地，诏丞相线真将右军④，天泽将左军，合势蹙之，阿里不哥败走。

翻译

中统元年（1260），忽必烈即皇帝位，先召见史天泽。向他询问治国安民之道，他准备了奏疏以对答，主要内容包括："朝廷应该首先设立中书省作为中枢机构，设置监察机构以监督各地，施行德政以安定那些反复无常的人，罢黜贪婪残暴的官吏代之以贤能的人，明定俸禄的等级以培养廉洁，禁止贿赂以防止奸邪，只有这样才能上下一心，全国安宁。"忽必烈很赞赏并接受了这些意见。接着命他到鄂渚撤回长江一带军队，回来后，被任命为河南等路的宣抚使。不久，又兼任江淮诸翼军马经略使。

中统二年（1261）五月，史天泽官拜中书右丞。当政后，上述所说的治国安民之道，一一予以施行。又为中书省订立十条规章制度，以使办事有章可循。蒙哥之初，全国有一百多万户没有登记在册，到现在，各种职业户担任了差役的一多半，史天泽都建议罢除了。这年九月，史天泽侍从忽必烈讨伐阿里不哥，军队驻扎在昔木土，忽必烈命丞相线真统帅右军，史天泽统帅左军，联合夹击，阿里不哥失败逃走。

原文

三年春,李璮阴结宋人①,以益都叛,遂据济南。诏亲王哈必赤总兵讨之②,凶势甚盛。继命天泽往,天泽闻璮入济南,笑曰:"豕突入苙,无能为也。"至则进说于哈必赤曰:"璮多谲而兵精,不宜力角,当以岁月毙之。"乃深沟高垒,绝其奔轶。凡四月,城中食尽,军溃出降,生擒璮,斩于军门,诛同恶者数十人,余悉纵归。明日,引军东行,未至益都,城中人已开门迎降。

翻译

中统三年(1262)春,李璮勾结宋人,据益都反叛,并占领了济南。忽必烈命哈必赤亲王领兵讨伐,敌人的气焰更加嚣张。随后忽必烈又命史天泽前往,史天泽听说李璮进驻济南,笑着说:"小猪受惊后狂奔到猪栏中,不会有什么作为。"到达前线后就对哈必赤说:"李璮诡计多端,兵力又精强,不应该与他决战,而要用时间拖垮他。"于是深沟高垒,断了敌人的逃路。四月之后,济南城中粮尽,军兵溃散出城投降,李璮被活捉后在军门处死,几十名首犯也一同被处死,其他的人都放了回去。第二天,史天泽领兵东进,还没有到益都,城里的人已打开城门投降了。

原文

初，天泽将行，帝临轩授诏①，责以专征，俾诸将皆听节度。天泽未尝以诏示人，及还，帝慰劳之，悉归功于诸将，其慎密谦退如此。天泽在宪宗时尝奏："臣始摄先兄天倪军民之职，天倪有二子，一子管民政，一子掌兵权，臣复入叨寄遇，一门之内，处三要职，分所当辞，臣可退休矣。"帝曰："卿奕世忠勤，有劳于国，一门三职，何愧何嫌！"竟不许。至是，言者或谓李璮之变，由诸侯权太重。天泽遂奏："兵民之权，不可并于一门，行之请自臣家始。"于是史氏子侄，即日解兵符者十七人。

至元元年，加光禄大夫，右丞相如故。三年，皇太子燕王领中书省②，兼判枢密院事，以天泽为辅国上将军、枢密副使。四年，复

翻译

起初，史天泽要上前线时，忽必烈在殿前给了他一道诏令，要他一人全权负责征讨，所有的将领都得听他指挥。史天泽一直没有把这道诏令拿出来给别人看。回师后，忽必烈慰劳他，他将功劳都归于各将领，他办事就是这么慎重周密谦逊。史天泽在蒙哥时曾经上奏说："我开始是代我哥哥史天倪主持军政民务，天倪有两个儿子，一个管理民政，一个掌握兵权，我又承蒙圣上的知遇，一家人占有三个重要的职位，按理该辞去官位，我应该退休了。"蒙哥说："你家世代忠于王事，勤于职守，有功于国家，一家人任三种职务，又有什么不妥呢！"结果没有同意。到这时，有人说李璮叛乱，是因为各地诸侯的权力太大。史天泽于是上奏说："民政与兵权，不可由一家人掌握，要从我家开始改变这种情况。"于是史家的子侄一天内解除兵权的就有十七人之多。

至元元年（1264），加授史天泽为光禄大夫，仍为右丞相。至元三年（1266），皇太子燕王主持中书省的政务，兼管枢密院的军事，史天泽被任命为辅国上将军、枢密副使。至元四年（1267），又授光禄大夫，改任中书左丞

授光禄大夫，改中书左丞相。六年，帝以宋未附，议攻襄阳，诏天泽与驸马忽剌出往经画之③，赐白金百锭、楮币万缗④。至则相要害，立城堡，以绝其声援，为必取之计。七年，以疾还燕。八年，进开府仪同三司、平章军国重事，仍敕右丞相安童谕旨曰⑤："两省、院、台，或一月、一旬，遇大事，卿可商量，小事不烦卿也。"

相。至元六年(1269)，忽必烈以南宋还没有归附，准备进攻襄阳，让史天泽和驸马忽剌出前去筹划办理，并赐给他一百锭银两，一万缗纸币。史天泽到达后，在要害地区设立城堡，断绝了南宋军队的后援，作最后攻克的准备。至元七年(1270)，史天泽因病回到燕京。至元八年(1271)，史天泽进封为开府仪同三司、平章军国重事，忽必烈还让右丞相安童向他宣布谕旨，说："两省和各院、台的政务，或者一个月，或者十天，遇到大事，你可以参与讨论，其他的事则不用你费力了。"

注释 ① 临轩：皇帝不坐正殿而至殿前。殿前堂陛之间，近檐处两边有槛楯，如车之轩。 ② 燕王：元诸王最高封号。世祖第二子真金曾被封为燕王，后立为皇太子，参决朝政。因为世祖所疑，忧病而死，成宗时上庙号裕宗。 ③ 驸马：本为官名，魏晋以后，帝婿例加驸马都尉称号，所以后来以驸马指帝婿。忽剌出：蒙古人，曾任湖州路达鲁花赤、淮东宣慰使，官至平章政事。 ④ 楮币：宋、金、元时发行的纸币，因多用楮皮纸做成，所以称楮币。 ⑤ 安童：蒙古札剌儿氏，木华黎四世孙，世祖时两度为中书右丞相。

原文

十年春，与平章阿术等进攻樊城①，拔之，襄阳降。十一年，诏天泽与丞相伯颜总大军②，自襄阳水陆并进。

翻译

至元十年(1273)春，史天泽与平章阿术等人领兵攻克了樊城，襄阳守军投降。十一年，忽必烈令史天泽与丞相伯颜统帅大军，从襄阳水陆并进进攻南

天泽至郓州遇疾，还襄阳，帝遣侍臣赐以葡萄酒，且谕之曰："卿自朕祖宗以来，躬擐甲胄，跋履山川，宣力多矣。又卿首事南伐，异日功成，皆卿力也。勿以小疾阻行为忧，可且北归，善自调护。"还至真定，帝又遣其子杠与尚医驰视，赐以药饵。天泽因附奏曰："臣大限有终，死不足惜，但愿天兵渡江，慎勿杀掠。"语不及它。以十二年二月七日薨，年七十四。讣闻，帝震悼，遣近臣赙以白金二千五百两。赠太尉，谥忠武。后累赠太师，进封镇阳王。立庙。

史天泽到达郓州时患病，又回到襄阳。忽必烈派侍臣给他送去葡萄酒，并告诉他说："你从我先辈以来，执戈带甲，四出征讨，建功很多。你还首倡进攻南宋，以后成功了，都是你的功劳呀。请不要因为病耽搁行动而担忧，可以回到北方，好好地调养调养。"回到真定，忽必烈又派史天泽之子史杠与太医来探视，并赐给他药品。史天泽顺便奏报说："我终归有一死，没有什么可惜的，但愿我军渡过长江之后，一定不要杀戮抢掠。"此外再没有别的话。史天泽在至元十二年(1275)二月七日死去，享年七十四岁，忽必烈得知这一消息后，十分悲痛，派人送去二千五百两银子以助丧葬，并追赠太尉，谥号忠武。后来又赠太师，进封镇阳王，并建有祠庙。

注释 ① 阿术：蒙古兀良合部人，兀良合台子，世祖时，进攻南宋有功，任荆湖行省平章政事、行省左丞相。 ② 伯颜：蒙古八邻部人，深为忽必烈赏识，历任中书左丞相、同知枢密院事。

原文

天泽平居，未尝自矜其能，及临大节、论大事，毅然以天下之重自任。年四十，

翻译

史天泽在平时，从不自我炫耀，每到关键时刻或讨论国家大事时，则毅然以天下为己任。四十岁时，才改变志向

始折节读书,尤熟于《资治通鉴》,立论多出人意表。拜相之日,门庭悄然,或劝以权自张,天泽举唐韦澳告周墀之语曰[①]:"愿相公无权。爵禄刑赏,天子之柄,何以权为?"因以谢之,言者惭服。当金末,名士流寓失所,悉为治其生理而宾礼之,后多致显达。破归德,释李大节不杀[②],而送至真定,署为参谋。卫为食邑,命王昌龄治之[③],旧人多不平,而莫能间,其知人之明、用人之专如此。是以出入将相五十年,上不疑而下无怨,人以比于郭子仪、曹彬云[④]。

子格,湖广行省平章政事;樟,真定顺天新军万户;棣,卫辉路转运使;杠,湖广行省右丞;杞,淮东道廉访使;梓,同知澧州;楷,同知南阳府;彬,中书左丞。

开始读书,对于《资治通鉴》尤为熟悉,所发议论也多出人意外。官拜丞相的那天,也是门庭冷落,有人劝他以权势自我张扬,他举唐代韦澳对周墀所说的话回答说:"愿你不要自以为有权。官位、俸禄和赏罚,都为皇帝所掌握,你又有什么权呢?"并因此推谢了,劝他的人惭愧而又钦敬。金朝末年,许多名士流离失所,史天泽为他们提供生活所需并当作宾客礼待,其中很多人后来都做了大官。攻克归德后,史天泽不杀金朝的守官李大节,并把他带到真定,让他做了自己的参谋。史天泽的封地在卫,他让王昌龄管理,旧时的门客大都愤愤不平,但也不能离间。他知人之明,用人之专,往往如此。正是由于这样,他为将为相五十年,皇上不疑,臣僚无怨,被人们比作唐朝郭子仪和北宋曹彬这样的贤臣。

史天泽的儿子史格,是湖广行省的平章政事;史樟,是真定顺天的新军万户;史棣,是卫辉路的转运使;史杠,是湖广行省的右丞;史杞,是淮东道的廉访使;史梓,是澧州知州的副官;史楷,是南阳知府的副官;史彬,是中书左丞。

注释 ① 韦澳：唐朝大臣，字子裴，宣宗时累迁学士承旨，深被礼遇。周墀：唐朝大臣，字德升，历官监察御史、中书侍郎、剑南东川节度使等。 ② 李大节：在金官任补阙，后仕元。 ③ 王昌龄：字显之，沧州人，从蒙古灭金有功，宪宗元年(1251)领卫州事，治化大行。 ④ 郭子仪：唐朝大臣，平定安史之乱的主要将领，曾任兵部尚书，同中书门下平章事。曹彬：北宋初大将，因军功授枢密使。

姚 枢 传

导读

姚枢(1201—1278),字公茂,号雪斋、敬斋,先世自营州柳城(今辽宁朝阳)入居内地。1235 年,蒙古军陷德安,姚枢从俘虏中访得名儒赵复,力劝其北上讲学授徒,此后程朱理学在北方流传开来。在元朝讲习理学的学者中,他也是一位核心人物,因而可以说,他是元朝理学发展过程中的重要人物。1250 年,忽必烈召姚枢至漠北。次年忽必烈总理漠南汉地军国庶事,他以藩府旧臣的身份预议朝政,参定一代制度,并向忽必烈陈述帝王之学、治国之道。曾任东平宣抚使、大司农、中书左丞、河南行省佥事、昭文馆大学士、翰林学士承旨等职。还教授太子真金。他在元初汉法与回回法的政治斗争中,也起了十分重要的作用。(选自卷一五八)

原文

姚枢,字公茂,柳城人,后迁洛阳。少力学,内翰宋九嘉识其有王佐略①,杨惟中乃与之偕觐太宗②。岁乙未,南伐,诏枢从惟中即军中求儒、道、释、医、卜者。会破枣阳,主将将尽坑之,枢力辨非诏书意,他日何以

翻译

姚枢,字公茂,柳城人,后来迁居洛阳。他年轻时学习努力,翰林学士宋九嘉认为他有辅佐帝王的才略,杨惟中于是偕同他觐见了窝阔台。窝阔台七年(1235),蒙古军南下征伐,窝阔台让他跟从杨惟中随军访求儒者、道士、僧人、医生以及卜筮一类的人才。适逢攻克枣阳,蒙古军统帅打算将守城者全部活

复命,乃戆数人逃入篁竹中脱死。拔德安,得名儒赵复③,始得程颐、朱熹之书④。辛丑,赐金符,为燕京行台郎中。时牙鲁瓦赤行台⑤,惟事货赂,以枢幕长,分及之。枢一切拒绝,因弃官去。携家来辉州,作家庙,别为室奉孔子及宋儒周敦颐等象,刊诸经,惠学者,读书鸣琴,若将终身。时许衡在魏,至辉,就录程、朱所注书以归,谓其徒曰:"曩所授受皆非,今始闻进学之序。"既而尽室依枢以居。

理。姚枢极力反对,认为这不符皇帝的旨意,以后难以向皇帝交代,于是设法让一些人逃到竹丛中得以免死。攻下德安后,获得了著名的儒者赵复,这才得见程颐、朱熹的著作。窝阔台十三年(1241),窝阔台赐给他金符,任命他为燕京行台郎中。当时牙鲁瓦赤为行台,好收受贿赂,因为姚枢是幕府的首领,也分一些给他,他一概拒绝,并因此弃官离去。他携带家眷来到辉州,修建了祭祀祖先的家庙,又修建房舍以供奉孔子和宋代儒者周敦颐等人的像,刊刻儒家经典,方便学者,每天读书弹琴,好像要终身如此。当时许衡在魏,到辉州姚枢处,记录程颐和朱熹的著作,回去后对他的学生说:"以前所传授和所学的都不对,现在才知道使学业有进益的方法了。"随后把全家搬到姚枢旁边居住。

注释　①宋九嘉:生平不详。　②杨惟中:蒙古国大臣,字彦诚,继耶律楚材为中书令。曾于燕京建太极书院,讲授理学。　③赵复:元代理学家,学者称江汉先生。曾讲学于太极书院,杨惟中、姚枢以及许衡、郝经、刘因等皆从其学。　④程颐:北宋理学家,人称伊川先生,与兄颢世称二程,并为理学的奠基人。朱熹:南宋著名学者,理学的集大成者。　⑤牙鲁瓦赤:花剌子模人,早年投附蒙古,曾受命主管中亚不花剌等城行政财赋,后任中州大断事官,在燕京主管汉民公事。

原文

世祖在潜邸,遣赵璧召枢至^①,大喜,待以客礼。询及治道,乃为书数千言,首陈二帝三王之道^②,以治国平天下之大经,汇为八目,曰:修身,力学,尊贤,亲亲,畏天,爱民,好善,远佞。次及救时之弊,为条三十,曰:"立省部,则庶政出一,纲举纪张,令不行于朝而变于夕。辟才行,举逸遗,慎铨选,汰职员,则不专世爵而人才出。班俸禄,则赃秽塞而公道开。定法律,审刑狱,则收生杀之权于朝,诸侯不得而专,丘山之罪不致苟免,毫发之过免罹极法,而冤抑有伸。设监司,明黜陟,则善良奸蠹可得而举刺^③。阁征敛,则部族不横于诛求。简驿传,则州郡不困于需索。修学校,崇经术,旌节孝,以为育人才、厚风俗、美教化之基,使士不

翻译

忽必烈为皇子时,派赵璧召姚枢前往,接谈后非常高兴,以宾客之礼待他。忽必烈向他询问治国之道,他写了几千字的意见呈上,首先陈述尧舜及三代的治国方法,将治理国家的重大原则,归纳为修身、力学、尊贤、亲亲、畏天、爱民、好善、远佞八条,接着又针对当时的问题,提出了三十条救治的意见:"设立中书省,则政令出于一源,纲举目张,不至早晨发布的政令傍晚就有改变。征召有才能的人,推举隐居遗世之士,慎重选拔官吏,淘汰冗员,官爵不世袭就会人才辈出。规定各级官员的俸禄,就能制止贪赃而发扬公道。制定法律,审查犯罪,就能把生杀予夺之权收归朝廷掌握,各地诸侯不得独断专行,这样大罪不至于因不正当的手段而被赦免,小的过错也不至于被处以极刑,而冤屈就会得到伸张。设立监察机构,明定升降的标准,那么善良的人就会被提升,奸邪的人就会受到惩处。免征赋税,各地豪强就不至于残暴地索求。简化驿传,则各地就不会因供应而困苦。修建学校,推崇经学,表彰忠孝节义,作为培养人才、美化风俗的基础,读书人就不会沉溺于文章的浮华。注重农桑,轻徭薄

偷于文华④。重农桑，宽赋税，省徭役，禁游惰，则民力纾，不趋于浮伪，且免习工技者岁加富溢，勤耕织者日就饥寒。肃军政，使田里不知行营往复之扰攘。周匮乏，恤鳏寡，使颠连无告者有养。布屯田以实边戍⑤，通漕运以廪京都⑥。倚债负，则贾胡不得以子为母⑦，破称贷之家。广储蓄，复常平以待凶荒⑧，立平准以权物估⑨，却利便以塞幸涂，杜告讦以绝讼源。"各疏施张之方，其下本末兼该，细大不遗。世祖奇其才，动必召问，且使授世子经。

赋，严禁游手好闲，这样百姓的负担就会减轻，不至于流于浮浪，并且能避免从事工技之人年年富裕，而从事农业生产的人日益贫困。严肃军纪，使农业活动不被军事行动所打扰。救济贫困的人，周恤鳏夫寡妇，使生计无着的人得到赡养。组织屯田以充实边地的防卫，开通漕运以供给京师的粮食。官府开办借贷，则经商的胡人不得放高利贷利滚利，使借债的人家破人亡。多储存粮食，恢复常平仓以防饥荒，实行平准以平抑物价，使利不易得以消除侥幸之心，杜绝攻击揭发以除去诉讼的根源。"各条具体实行的办法，也都本末兼备、细大不遗。忽必烈很欣赏他的才能，有事就召他询问，并让他以经典教授太子。

注释 ①赵璧：元初大臣，曾为河南经略使、燕京宣慰使、中书省平章政事、枢密副使、中书右丞。 ②二帝三王：二帝指尧、舜，三王指夏禹、商汤、周文王和周武王。 ③窳(yǔ)：恶劣。 ④偷：苟且。 ⑤屯田：政府利用军队或农民开垦耕种土地，征取收成以充军饷。 ⑥漕运：水道运输。特指将东南各地的粮食通过水道运往京城或指定的公仓。 ⑦子母：利息为子，本为母。利滚利，就使子成为母。 ⑧常平：即常平仓，政府设立粮仓，在谷贱时高价买入，在谷贵时低价卖出，以调节粮价，备荒赈恤。 ⑨平准：古代政府转输物资平抑物价的措施。

原文

宪宗即位,诏凡军民在赤老温山南者,听世祖总之。世祖既奉诏,宴群下,罢酒将出,遣人止枢,问曰:"顷者诸臣皆贺,汝独默然,何耶?"对曰:"今天下土地之广,人民之殷,财赋之阜,有加汉地者乎?军民吾尽有之,天子何为?异时廷臣间之,必悔而见夺,不若惟持兵权,供亿之需取之有司,则势顺理安。"世祖曰:"虑所不及者。"乃以闻,宪宗从之。枢又请置屯田经略司于汴以图宋,置都运司于卫,转粟于河。宪宗大封同姓,敕世祖于南京、关中自择其一①。枢曰:"南京河徙无常,土薄水浅,舄卤生之②,不若关中厥田上上,古名天府陆海。"于是世祖愿有关中。

翻译

蒙哥即位之后,诏令凡是在赤老温山以南的军民,都要听忽必烈指挥。忽必烈接到诏令后,宴会部下,散席后部众将告辞出门,忽必烈派人留住姚枢问他说:"刚才大家都庆贺,只有你沉默无言,这是为什么?"姚枢回答说:"现在国家疆域之大、人口之众、财赋之多,还有超过汉人居住地的吗?军队和百姓都听您指挥,那皇帝干什么?以后如有人离间,皇帝就会后悔,您的这一权力就会被剥夺。不如仅仅掌握兵权,军需从有关官署那里获得,这样会更好一些。"忽必烈说:"你的担心是我考虑所不及的。"于是报告了蒙哥,蒙哥接受了。姚枢又建议在汴京设立屯田经略司以作进攻南宋的准备,在卫州设置都运司,利用黄河转运粮食。蒙哥大肆分封同姓,让忽必烈自己选择汴京或关中为封地。姚枢说:"汴京一带黄河时常泛滥,土地贫瘠,一片盐碱,不如关中的上等土地,自古就称为天府陆海。"这样忽必烈选择了关中。

注释 ① 南京：即今河南开封。在宋为汴京，金海陵王改名南京，金宣宗时迁都于此，元代复称汴梁，但有时也沿用南京的旧称。 ② 舄（xì）卤：瘠薄的盐碱地。

原文

壬子夏，从世祖征大理，至曲先脑儿之地。夜宴，枢陈宋太祖遣曹彬取南唐不杀一人、市不易肆事①。明日，世祖据鞍呼曰："汝昨夕言曹彬不杀者，吾能为之，吾能为之！"枢马上贺曰："圣人之心，仁明如此，生民之幸，有国之福也。"明年，师及大理城，饬枢裂帛为旗，书止杀之令，分号街陌，由是民得相完保。

丙辰，枢入见。或谮王府得中土心，宪宗遣阿蓝答儿大为钩考②，置局关中，以百四十二条推集经略宣抚官吏，下及征商无遗，曰："俟终局日，入此罪者惟刘黑马、史天泽以闻③，余悉诛之。"世祖闻之不乐。枢曰："帝，君也，兄也；大王为皇

翻译

蒙哥二年（1252）夏，姚枢随忽必烈征伐大理，到达了曲先脑儿。夜晚宴会时，姚枢向忽必烈陈说宋太祖派曹彬攻取南唐时没有杀一人、市面上的生意也没有变化。第二天，忽必烈靠着马鞍对姚枢说："你昨晚所说的曹彬不杀人，我能做到，我能做到！"姚枢在马上恭贺说："您如此仁爱，实在是百姓的幸运、国家的福气。"第二年，军队抵达大理，忽必烈让姚枢把布帛撕开做成旗帜，在上面写上禁止屠杀的命令，插在各个街道，百姓的性命因此得以保全。

蒙哥六年（1256），姚枢入宫觐见蒙哥。有谗言说忽必烈深得中原地区的民心，蒙哥派阿蓝答儿广为调查，在关中设置钩考局，以一百四十二项条款考察各级官吏，还涉及随军贩运的商人，并说："等调查完之后，有问题的人，除刘黑马和史天泽要奏报外，其他的都杀掉。"忽必烈听说后很不高兴，姚枢说："今皇帝是君上、兄长，您是弟弟、臣下，不便与他辩驳，疏远会有灾祸。不如将您的嫔妃和女儿送回京城，作久居之

弟,臣也。事难与较,远将受祸。莫若尽王邸妃主自归朝廷,为久居谋,疑将自释。"及世祖见宪宗,皆泣下,竟不令有所白而止,因罢钩考局。

计,这样今上的疑虑必将自行消解。"后来忽必烈见到蒙哥,两人都哭了,蒙哥竟不让忽必烈说明,就撤销了调查机构。

注释　① 宋太祖:即宋朝开国皇帝赵匡胤。曹彬:北宋初大将。因率军对南唐用兵有功,为枢密使。　② 钩考:探求考核。　③ 刘黑马:本名嶷,字孟方,小字黑马。太宗时为都总管万户,奉命巡抚天下,宪宗时据成都,管领新旧军民大小诸务,世祖时兼成都路军民经略使。

原文

世祖即位,立十道宣抚使,以枢使东平。既至郡,置劝农、检察二人以监之,推物力以均赋役,罢铁官。二年,拜太子太师。枢曰:"皇太子未立,安可先有太师?"以所受制还中书,事见《许衡传》。改大司农。枢奏曰:"在太宗世,诏孔子五十一代孙元措仍袭封衍圣公,卒,其子与族人争求袭爵,讼之潜藩,帝时曰:'第

翻译

忽必烈即位之后,设置了十个道的宣抚使,以姚枢为东平道的宣抚使。姚枢上任后,设置了劝农官和检察官以监督,根据资产以平均分担赋役,罢除了铁官。中统二年(1261),任命姚枢为太子太师,姚枢说:"皇太子还没有确定,怎么能先有太师呢?"并将所受的诏命退还到了中书省,这事记录在《许衡传》中。于是,重新任命他为大司农。姚枢上奏说:"在太宗之时,曾诏令孔子的第五十一代孙孔元措沿袭封号为衍圣公,孔元措死后,他的儿子和族人争着要继承封爵,官司打到皇子您那里,您当时说:'你们只管努力学习,等到有盛德通

往力学，俟有成德达才，我则官之。'又曲阜有太常雅乐，宪宗命东平守臣辇其歌工舞郎与乐色俎豆至日月山，帝亲临观，饬东平守臣，员阙充补，无辍肄习。且陛下闵圣贤之后《诗》《书》不通，与凡庶等，既命洛士杨庸选孔、颜、孟三族诸孙俊秀者教之[1]，乞真授庸教官，以成国家育材待聘风动四方之美。王镛练习故实，宜令提举礼乐，使不致崩坏。"皆从之。诏赴中书议事，及讲定条格，且勉谕曰："姚枢辞避台司，朕甚嘉焉。省中庶务，须赖一二老成同心图赞，其与尚书刘肃往尽乃心，其尚无隐。"及修条格成，与丞相史天泽奏之，帝深嘉纳。

才之人，我就让他继承封爵。'又曲阜有太常雅乐，宪宗曾命东平的地方官将演习乐舞的人和器具运到日月山，并亲自前去观赏，同时告诫东平的地方官，人才有缺就要及时补充，不要停止练习。您又担心圣贤们的后代不懂《诗》《书》，与一般的人没有什么不同，令洛阳人杨庸选择孔子、颜回和孟子三族后代中的优秀者加以培养，请授给杨庸教授的官职，以成就国家育才备用、各地响应的良好风气。王镛指导练习礼仪，应该让他主管礼乐事宜，使之不至于崩坏。"忽必烈都采纳了。并诏令姚枢到中书省讨论政事，并讨论制定条令。忽必烈勉励说："姚枢因藩府旧臣而辞避台省之职，我很敬重。国家的政务，要靠一两位年高有德的人共同谋划，可以让姚枢和尚书刘肃一同尽心操办，不要有什么顾忌。"条令制定之后，姚枢与丞相史天泽一同奏上，忽必烈颇为欣赏。

注释 ① 杨庸：字子忠，号潜斋，中统时特授孔、颜、孟三氏子孙教授。

原文

李璮谋叛,帝问:"卿料何如?"对曰:"使璮乘吾北征之衅,濒海捣燕,闭关居庸,惶骇人心,为上策。与宋连和,负固持久,数扰边,使吾罢于奔救,为中策。如出兵济南,待山东诸侯应援,此成擒耳。"

帝曰:"今贼将安出?"对曰:"出下策。"初,帝尝论天下人材,及王文统①,枢曰:"此人学术不纯,以游说于诸侯,他日必反。"至是,文统果因璮伏诛。

翻译

李璮发动叛乱,忽必烈问姚枢说:"你估计结果会怎样?"姚枢回答说:"如果让李璮利用我们北上征讨的机会,由海路直攻燕地,占领居庸关,使人心恐慌,这是上策。李璮如与南宋联手,借助险要持久抵抗,频繁地骚扰我们,使我们疲于奔救,这是中策。如李璮从济南出兵,等待山东各地诸侯的声援,就会被我们活捉。"

忽必烈又问:"现在敌人会怎么做?"姚枢回答说:"会选择下策。"起初,忽必烈曾谈论国内的人才,论及王文统,姚枢说:"这个人学术不正,靠游说求取于诸侯,以后肯定会反叛。"到这时,王文统果然因与李璮有牵连而被杀。

注释 ① 王文统:元初大臣,曾为李璮幕僚,世祖时为中书平章政事,后因与李璮通谋被杀。

原文

四年,拜中书左丞,奏罢世侯,置牧守。或言中书政事大坏,帝怒,大臣罪且不测者。枢上言:"太祖开

翻译

中统四年(1263),姚枢官拜中书左丞,他建议罢除汉地的世侯,设立地方官。有人说中书省的政事很糟,忽必烈大怒,一些无辜的大臣也被治罪,人心

创，跨越前古，施治未遑。自后数朝，官盛刑滥，民困财殚。陛下天资仁圣，自昔在潜，听圣典，访老成，日讲治道。如邢州、河南、陕西，皆不治之甚者，为置安抚、经略、宣抚三使司。其法，选人以居职，颁俸以养廉，去污滥以清政，劝农桑以富民。不及三年，号称大治。诸路之民望陛下之拯己，如赤子之求母。先帝陟遐[①]，国难并兴，天开圣人，缵承大统[②]，即用历代遗制，内立省部，外设监司，自中统至今五六年间，外侮内叛继继不绝，然能使官离债负，民安赋役，府库粗实，仓廪粗完，钞法粗行，国用粗足，官吏迁转，政事更新，皆陛下克保祖宗之基、信用先王之法所致。

今创始治道，正宜上答天心，下结民心，睦亲族以固本，建储副以重祚[③]，定大

惶惧。姚枢上奏说："成吉思皇帝建立国家的规模，超过了以往各个朝代，但未及好好治理。以后几代，官员多，刑罚滥，百姓贫困，财用枯竭。您天性仁爱，过去做皇子时，就研读儒家经典，访求年老有德之人，讲究治国之道。如邢州、河南、陕西，都是很难治理的地方，您为之设置了安抚、经略和宣抚三使司。并选择合适的人做长官，颁发俸禄以培养廉洁，去除贪官污吏以肃清政治，奖励耕织以使百姓富裕，不到三年的时间，就使局面出现了重大改观。各地的百姓都盼望您去拯救他们，就如同小孩子需要母亲一样。先皇帝死后，国家多灾多乱，天降圣人，您继承了皇位，即位后即选用历代制度，在朝廷设置了中书省，在地方上设置了监察机构。自中统元年(1260)到现在五六年间，虽然内乱外祸不断，但能使官府不再负债，百姓不再为赋税徭役所苦，国库基本殷实，纸币开始通行，国用大体充足，官吏升降有序，政事焕然一新，这都是您保持祖宗的基业、信用先王之道造成的。

现在大好局面刚刚开始，正应该上谢苍天、下结民心、和睦亲族以强固根本，确定皇位继承人以示敬重帝位，选择大臣以处理国事，设置御前讲席以正

臣以当国,开经筵以格心④,修边备以防虞,蓄粮饷以待歉,立学校以育才,劝农桑以厚生。是可以光先烈,成帝德,遗子孙,流远誉。以陛下才略,行此有余。迩者伏闻聪听日烦,朝廷政令日改月异,如木始栽而复移,屋既架而复毁。远近臣民不胜战惧,惟恐大本一废,远业难成,为陛下之后忧,国家之重害。"

帝怒为释。

心术,整顿边防以备不测,积蓄粮食以防饥荒,设立学校以培养人才,奖励耕织以使百姓生活富裕。这样才能光耀祖宗的功业,成就帝王的圣德,并泽及子孙、流芳万古。以您的才能,做到这样并不难。近来听说您逐渐听信流言,以至朝廷的政令不断变化,这就如同刚栽下的树又要移植,刚修好的房屋又要拆毁。无论是大臣还是百姓都很担心,担心根本一旦毁弃,远大的事业难以成就,这实在值得为您感到忧虑,同时也是国家的祸害。"

忽必烈的恼怒这才消除。

注释 ① 陟遐:指帝王之死。 ② 大统:指皇位。 ③ 储副:即储君,被确认为君位的继承者,意即君主之副,多指太子。祚:封建王朝的国统。 ④ 经筵:古代帝王为研读经史而特设的御前讲席。

原文

十年,拜昭文馆大学士,详定礼仪事。其年,襄阳下,遂议取宋。枢奏如求大将,非右丞相安童、知枢密院伯颜不可。十一年,枢言:"陛下降不杀人之诏,伯

翻译

至元十年(1273),姚枢官拜昭文馆大学士,主持制定礼仪。这年,元军攻下襄阳,于是准备攻伐南宋。姚枢上奏说如果选择大将,非右丞相安童和知枢密院伯颜不可。至元十一年(1274),姚枢又说:"您下诏不得滥杀无辜,伯颜过

颜济江,兵不逾时,西起蜀川,东薄海隅,降城三十,户逾百万,自古平南,未有如此之神捷者。今自夏徂秋,一城不降,皆由军官不思国之大计,不体陛下之深仁,利财剿杀所致。扬州、焦山、淮安,人殊死战,我虽克胜,所伤亦多。宋之不能为国审矣,而临安未肯轻下,好生恶死,人之常情,盖不敢也,惟惧吾招徕止杀之信不坚耳。宜申止杀之诏,使赏罚必立,恩信必行,圣虑不劳,军力不费矣。"又请禁宋鞭背、黥面及诸滥刑。十三年,拜翰林学士承旨。十七年,卒,年七十八,谥曰文献。

　　枢天质含弘而仁恕,恭敏而俭勤,未尝疑人欺己。有负其德,亦不留怨。忧患之来,不见言色。有来即谋,必反复告之。

　　子炜,仕为平章政事;

长江时,没费多少时间,西起蜀川,东到海边,攻克了三十座城,取得一百万户人家,自古平定江南,还没有如此迅速的。现在从盛夏到秋天,一座城都没有攻克,这都是指挥官不考虑国家大计,不体谅您的仁爱之心,为抢夺财物滥杀无辜造成的。扬州、焦山和淮安的敌人拼命抵抗,我们虽然取得了胜利,但死伤的也很多。南宋把国家治理得实在太糟了,但临安并不会轻易地攻克,贪生怕死,这是人之常情,他们不敢投降,只是担心我们不杀投降之人的诺言不可靠。应该重申不杀无辜的命令,使得赏罚确立,恩信施行,这样您就不用太劳累,军队也不至于太费力。"姚枢还请求废止南宋鞭打背部、黥面以及其他酷刑。至元十三年(1276),姚枢官拜翰林学士承旨。至元十七年(1280),姚枢逝世,享年七十八岁,谥号文献。

　　姚枢天性宽宏大量,仁爱宽恕,恭顺聪敏,颇为勤奋。不曾怀疑别人欺骗自己,有人辜负了他的恩德,他也不心存怨恨。面对忧患,并不见于言,形于色。有人来找他计议,他便为之谋划,并反复告诫。

　　姚枢的儿子姚炜,官至平章政事;侄子姚燧,官至翰林学士承旨,以文章知名于世,死后谥号为文。

从子燧，官至翰林学士承旨，以文章大家知名，卒谥曰文。

赵 复 传

导读

赵复,字仁甫,学者称为江汉先生,元德安(今湖北安陆)人。赵复是宋元之际的理学家。1235年,赵复在故乡被蒙古军俘虏。姚枢奉诏于军中求儒士,赵复得以获释,随姚枢至燕京(今北京),建太极书院,讲学其中,选取二程、朱熹等遗书八千余卷,广为传播,由此北方始知有程朱之学。著作有《传道图》《伊洛发挥》《希贤录》等。(选自卷一八九)

原文

赵复,字仁甫,德安人也。太宗乙未岁,命太子阔出帅师伐宋,德安以尝逆战,其民数十万,皆俘戮无遗。时杨惟中行中书省军前,姚枢奉诏即军中求儒、道、释、医、卜士,凡儒生挂俘籍者,辄脱之以归,复在其中。枢与之言,信奇士,以九族俱残,不欲北,因与枢诀。枢恐其自裁,留帐中共宿。既觉,月色皓然,惟寝衣在,遽驰马周号积尸

翻译

赵复,字仁甫,是德安人。元太宗七年(1235),皇帝命令太子阔出率领部队讨伐宋朝,因为德安县曾经抗击蒙古军队,德安县的几十万人民都被俘被杀,没有遗留。当时杨惟中在军前兼管行中书省事务,姚枢奉皇帝之命到军队中寻求儒生、道士、僧人、医生、算卦的人,凡是列在俘虏簿籍中的儒生,都释放回家,赵复就在其中。姚枢与赵复谈话,证明赵复确实是出类拔萃之士。赵复因为九族均被残害,不想去北方,因而与姚枢诀别。姚枢恐怕赵复自杀,留他在自己的帐中一起过夜。姚枢一觉醒来,只见月色皎洁,只有赵复的睡衣

间,无有也。行及水际,则见复已被发徒跣,仰天而号,欲投水而未入。枢晓以徒死无益:"汝存,则子孙或可以传绪百世;随吾而北,必可无他。"复强从之。先是,南北道绝,载籍不相通;至是,复以所记程、朱所著诸经传注,尽录以付枢。

自复至燕,学子从者百余人。世祖在潜邸,尝召见,问曰:"我欲取宋,卿可导之乎?"对曰:"宋,吾父母国也,未有引他人以伐吾父母者①。"世祖悦,因不强之仕。惟中闻复论议,始嗜其学,乃与枢谋建太极书院,立周子祠②,以二程、张、杨、游、朱六君子配食③,选取遗书八千余卷,请复讲授其中。复以周、程而后,其书广博,学者未能贯通,乃原羲、农、尧、舜所以继天立极④,孔子、颜、孟所以垂世立教⑤,周、程、张、朱氏所以

还在,姚枢立即上马,在死尸堆中间环绕呼喊,没有找到赵复。走到水边时,看见赵复已经披头散发,光着脚,在仰天大哭,准备投水还没有跳进去。姚枢告诉他白白地死去没有好处:"你活下来,则子孙也许可以传宗百代;你跟着我去北方,肯定不会有什么问题。"赵复勉强听从了姚枢的劝告。从前,南方北方之间道路断绝,文献书籍不能交流;至此,赵复把自己所记得的二程、朱熹所写的对于各个儒家经典的注释,都抄录下来交给姚枢。

自从赵复来到燕京,读书人跟随他而来的有一百多人。世祖在当皇太子时曾经召见赵复,问道:"我要夺取宋朝,你可以带路吗?"赵复回答说:"宋朝是我的父母之邦,没有带领别人去讨伐他父母的人。"世祖很高兴,因此不勉强他做官。杨惟中听到赵复议论学问,开始喜好他的学术,便与姚枢商量建立太极书院,建立周敦颐祠堂,以程颢、程颐、张载、杨时、游酢、朱熹六位君子配祭祠中,选取这些人遗留下来的书籍八千余卷,请赵复在书院中讲授。由于在周敦颐、二程之后,他们的书内容广博,学习者未能融会贯通,赵复便推求伏羲、神农、尧、舜所以能继承天道建立准

发明绍续者,作《传道图》,而以书目条列于后;别著《伊洛发挥》,以标其宗旨。朱子门人,散在四方,则以见诸登载与得诸传闻者,共五十有三人,作《师友图》,以寓私淑之志。又取伊尹、颜渊言行⑥,作《希贤录》,使学者知所向慕,然后求端用力之方备矣。枢既退隐苏门,乃即复传其学,由是许衡、郝经、刘因,皆得其书而尊信之。北方知有程、朱之学,自复始。

则的原因,孔子、颜回、孟子所以能立下永世长存的教诲的原因,周敦颐、二程、张载、朱熹所以能发扬、阐明、继承儒学的原因,撰写了《传道图》,将有关的书目分条列在后面;他又著有《伊洛发挥》,以揭示出程颢、程颐思想的主旨。朱熹的学生,分散在四面八方,赵复根据从有关记载中看到的和从传闻中得到的共五十三人的情况,创作了《师友图》,以寄托自己敬仰他们但无法请教的意向。赵复又根据伊尹、颜回的言行,创作《希贤录》,使学习者知道有所向往和敬慕,然后如何求得行为端正和如何继续努力的方法便齐备了。姚枢退隐苏门山后,便是赵复传播他的学问,由此许衡、郝经、刘因,都获得了赵复的著作而且尊崇、相信赵复。北方知道有程朱之学,是从赵复开始的。

注释 ① 吾:原文疑有误,应为"其"。 ② 周子:周敦颐,北宋理学家。 ③ 张:张载,字子厚,北宋哲学家;杨:杨时,字中立,北宋学者,二程的弟子。游:游酢(zuò),字定夫,北宋学者,二程的弟子。配食:以功臣附祭于祖庙或以贤哲附祭于孔庙或其他庙宇。 ④ 羲:伏羲。农:神农。 ⑤ 颜:颜回,字子渊,孔子最得意的门生。⑥ 伊尹:商汤的大臣,曾辅佐汤伐夏桀;颜渊:即颜回。

原文

复为人，乐易而耿介，虽居燕，不忘故土。与人交，尤笃分谊。元好问文名擅一时①，其南归也，复赠之言，以博溺心、末丧本为戒，以自修读《易》求文王、孔子之用心为勉。其爱人以德类若此。复家江汉之上，以江汉自号，学者称之曰江汉先生。

翻译

赵复为人愉悦和蔼、平易近人，但是很耿直，他虽然住在燕京，但不忘故乡。赵复与人相交，尤其忠实于情谊。元好问的文章一个时期内名声极大，元好问南还回乡，赵复赠言于他，以过于广博会沉迷心智、追逐不重要的事物会丧失掉根本的东西为戒，以自我修养、读《易经》来探求周文王、孔子的用心为勉。他用德行来爱护别人的事情都与此类似。赵复的家在长江、汉水附近，他以江汉为自己的号，读书人称他为江汉先生。

注释 ① 元好问：金代著名文学家，秀容（今山西忻州）人，元宪宗七年（1257）卒。

许 衡 传

导读

许衡(1209—1281),字仲平,人称鲁斋先生,怀州河内(今河南沁阳)人。1238年,蒙古统治者考试诸路儒生,许衡中选。1254年,征许衡为京兆教授。元世祖中统元年(1260),召许衡北上,次年,授为国子祭酒。凡五召五辞,虽曾官中书左丞,但从政未能得意,最后以集贤大学士兼国子祭酒,奠定元朝国子学基础。他阐扬程朱理学,是元代著名理学家。其著作收入《鲁斋遗书》。(选自卷一五八)

原文

许衡,字仲平,怀之河内人也,世为农。父通,避地河南,以泰和九年九月生衡于新郑县①。幼有异质,七岁入学,授章句,问其师曰:"读书何为?"师曰:"取科第耳。"曰:"如斯而已乎?"师大奇之。每授书,又能问其旨义。久之,师谓其父母曰:"儿颖悟不凡,他日必有大过人者,吾非其师也。"遂辞去,父母强之不能

翻译

许衡,字仲平,是怀州河内人,他家世代务农。许衡的父亲许通,避战乱到河南,许衡于泰和九年(1209)出生于新郑县。他从小就有特殊的素质,7岁上学,老师讲授章节与句子,许衡问他的老师说:"为什么要读书呢?"老师说:"为了参加科举考试,榜上有名啊。"许衡问:"如此而已吗?"老师感到非常惊奇。每当老师讲授时,许衡还能向老师提问书的主旨大意。时间久了,老师对他的父母说:"您的儿子聪明,不同凡响,将来一定会有远远超过常人的地方,我是不能再做他的老师了。"于是老

止。如是者凡更三师。稍长，嗜学如饥渴，然遭世乱，且贫无书。尝从日者家见《书》疏义②，因请寓宿，手抄归。既逃难徂徕山③，始得《易》王辅嗣说④。时兵乱中，衡夜思昼诵，身体而力践之，言动必揆诸义而后发。尝暑中过河阳⑤，渴甚，道有梨，众争取啖之，衡独危坐树下自若。或问之，曰："非其有而取之，不可也。"人曰："世乱，此无主。"曰："梨无主，吾心独无主乎？"

师辞职而去，许衡的父母强求他留下来，却未能阻止他离去。像这样共换了三次老师。许衡稍稍长大一些后，热爱学习，如饥似渴，然而他正遭到世道混乱，而且贫穷没有书读。他曾经从一位算命的家中看见《尚书》的注释，便请求借宿在他家，抄完了那本书回来。许衡逃难到徂徕山后才得到王弼注释的《易经》。当时正是战乱之中，许衡夜里思考，白天背诵，身体力行，言行必用义的标准加以衡量后才开始实施。许衡曾经在酷暑中路过河阳，感到非常口渴，道旁有梨树，众人争着摘梨吃，许衡独自一人神态自若地端坐在树下。有人问他，他说："不属于自己的而去取用，这是不可以的。"那人说："世道这么乱，这棵树没有主人。"许衡说："梨树没有主人，我的心难道没有主人吗？"

注释 ① 泰和：金章宗完颜璟年号。 ②《书》：《尚书》的简称。 ③ 徂徕山，在今山东泰安东南。 ④ 王辅嗣：即王弼，三国时代魏国人，著有《道略论》，注释《易》《老子》。 ⑤ 河阳：县名，故地在今河南孟州。

原文

转鲁留魏，人见其有德，稍稍从之。居三年，闻乱且定，乃还怀。往来河洛间，从柳城姚枢得伊洛程氏

翻译

许衡迁移到山东，然后又居留在山西南部一带，人们见他道德高尚，逐渐有人向他学习。居住了三年，他听说战乱即将平定，便回到怀州。他来往于黄

及新安朱氏书①,益大有得。寻居苏门②,与枢及窦默相讲习。凡经传、子史、礼乐、名物、星历、兵刑、食货、水利之类,无所不讲,而慨然以道为己任。尝语人曰:"纲常不可一日而亡于天下,苟在上者无以任之,则在下之任也。"凡丧祭娶嫁,必征于礼,以倡其乡人,学者浸盛。家贫躬耕,粟熟则食,粟不熟则食糠核菜茹,处之泰然,讴诵之声闻户外如金石。财有余,即以分诸族人及诸生之贫者。人有所遗,一毫弗义弗受也。枢尝被召入京师,以其雪斋居衡,命守者馆之,衡拒不受。庭有果熟烂堕地,童子过之,亦不睨视而去,其家人化之如此。

河洛水之间,从柳城姚枢那里得到了程颢、程颐以及朱熹的著作,更是大有收获。不久,他居住在苏门山,与姚枢和窦默互相讲解、研习学问。凡是经书及其注释、子书、史书、礼乐、名物、星象历算、军事、刑罚、经济、水利之类,没有不讲解的,他慨然以继承道统为自己的任务。许衡曾经对人说:"天下不可以一天没有三纲五常,如果地位高的人没有能担负起继承道统的任务的,那么地位低的就应该担负起这个任务。"凡是丧葬、祭祀、娶妻、嫁女,必征引于礼制,以此倡导于他的同乡之人,这样学习的人逐渐多了起来。许衡家境贫寒,他亲自下地耕种,谷子熟了便吃谷子,谷子不熟便吃糠咽菜,处之泰然,歌唱、诵读的声音在门外听起来就像金石的敲击声。许衡有了余钱,便分给各个族人以及各位儒生中的贫穷者。别人馈赠给他的东西,有一丝一毫来路不正他也不接受。姚枢曾经应召去京城,把他的住所雪斋送给许衡居住,命令看守者招待他,许衡拒不接受。院子中有水果成熟之后烂掉在地上,他家的童儿从旁边经过也不斜眼看一看就过去了,他的家人受他教化的影响就是如此之大。

注释 ① 伊洛程氏：宋代著名理学家程颢、程颐兄弟，他们是洛阳人，讲学在伊水、洛水之间，故后人以伊洛指二程。新安：郡名，宋宣和三年(1121)改称徽州。朱氏：宋代理学家朱熹，因其祖籍为徽州，所以称新安朱氏。 ② 苏门：山名，太行山支脉，在河南辉县西北。

原文

甲寅，世祖出王秦中①，以姚枢为劝农使②，教民耕植。又思所以化秦人，乃召衡为京兆提学③。秦人新脱于兵，欲学无师，闻衡来，人人莫不喜幸来学。郡县皆建学校，民大化之。世祖南征，乃还怀，学者攀留之不得，从送之临潼而归。

中统元年，世祖即皇帝位，召至京师。时王文统以言利进为平章政事，衡、枢辈入侍，言治乱休戚，必以义为本。文统患之。且窦默日于帝前排其学术，疑衡与之为表里，乃奏以枢为太子太师，默为太子太傅，衡为太子太保④，阳为尊用之，实不使数侍上也。默以屡

翻译

宪宗四年(1254)，元世祖去治理秦地，任命姚枢为劝农使，教给老百姓耕田植树的方法。世祖又考虑到如何教化秦地的百姓，便召许衡为京兆提学。秦地的人民刚刚从战火中解脱出来，想要学习而没有教师，听说许衡来，人人都来学习，无不感到快乐和幸运。郡县都建立学校，民风大变。世祖征讨南方，许衡返回怀州，学生们挽留他，但是不行，一直将他送到临潼才回去。

中统元年(1260)，世祖继承皇帝之位，召许衡到京城。当时王文统因为专讲财利而晋升为平章政事，许衡、姚枢等人进入朝廷讲治乱祸福的道理，主张凡事必须以义为根本。王文统对此很忧虑。加之窦默又每天在皇帝面前反对王文统的思想，王文统怀疑许衡与窦默内外勾结，便向皇帝奏请任命姚枢为太子太师，窦默为太子太傅，许衡为太子太保，表面上是重用他们，实际上是不让他们能经常见到皇帝。窦默因为

攻文统不中,欲因东宫以避祸⑤,与枢拜命,将入谢。衡曰:"此不安于义也,姑勿论。礼,师傅与太子位东西乡⑥,师傅坐,太子乃坐。公等度能复此乎? 不能,则师道自我废也。"枢以为然,乃相与怀制立殿下,五辞乃免。改命枢大司农⑦,默翰林侍讲学士,衡国子祭酒。未几,衡亦谢病归。

至元二年,帝以安童为右丞相⑧,欲衡辅之,复召至京师,命议事中书省。……

屡次攻击王文统都不能奏效,想要借教导太子以避祸,他便与姚枢感谢皇帝的任命,准备进入皇宫去向皇帝表达谢意。许衡说:"且不说这于义是不合适的,就以礼节来说,师傅坐下,太子才能坐下。你们想想,这事能做得到吗? 不能的话,那么为师之道就自我作废了。"姚枢同意许衡的看法,于是他们一起怀揣着委任状站在殿阶之下,五次辞职才免除了原来的任命。皇帝改命姚枢为大司农,窦默为翰林侍讲学士,许衡为国子祭酒。没过多久,许衡也托病辞职回到故乡。

至元二年(1265),皇帝任命安童为右丞相,想要许衡辅佐他,又召许衡到京城,命许衡在中书省议事。……

注释 ①秦:今陕西省一带。 ②劝农使:管理农业发展的官职。 ③提学:官名,掌一路、州、县学政,每年巡视所部,考查师生勤惰优劣。 ④太子太师,太子太傅,太子太保:都是太子的教师,但往往是虚衔。 ⑤东宫:太子所居之宫,也指太子。 ⑥乡:同"向",东向即面向东方,西向即面向西方;天子面向南而坐,为至尊;太子之师面向东而坐,其尊贵程度仅次于天子。 ⑦大司农:官名,九卿之一,掌管租税钱谷盐铁等事。 ⑧右丞相:丞相是古代中央政权的最高行政长官,元代中书省及行中书省设左右丞相。

原文

　　阿合马为中书平章政事①，领尚书省六部事②，因擅权，势倾朝野，一时大臣多阿之，衡每与之议，必正言不少让。已而其子又有金枢密院之命③，衡独执议曰："国家事权，兵民财三者而已。今其父典民与财，子又典兵，不可。"帝曰："卿虑其反邪？"衡对曰："彼虽不反，此反道也。"阿合马由是衔之，亟荐衡宜在中书，欲因以事中之。俄除左丞衡屡入辞免，帝命左右掖衡出。衡出及阃，还奏曰："陛下命臣出，岂出省邪？"帝笑曰："出殿门耳。"从幸上京④，乃论列阿合马专权罔上，蠹政害民若干事，不报。因谢病请解机务。帝恻然，召其子师可入，谕旨，且命举自代者。衡奏曰："用人，天子之大柄也。臣下泛论其贤否则可，若授之以位，

翻译

　　阿合马官居中书平章政事，管理尚书省及六部事务，因为独霸大权，势力超过在朝在野所有的官僚，一时间，大臣们大多阿谀奉承他。许衡每次与他议事，必定言语严正，一点不让步。不久，阿合马的儿子又得到了升为枢密院金院的任命，只有许衡持有异议，他说："国家的权力，不过是军队、百姓、财利三者，如今他的父亲主管百姓与财利，儿子又主管军队，不行。"皇帝说："你疑心他造反吗？"许衡回答说："他虽然不反，可这是造反之道。"阿合马由此怀恨在心，急切地向皇帝推荐许衡应该在中书省工作，想因此以某些事情来打击他。不久，许衡被任命为中书左丞，他屡次入宫辞职，皇帝命令手下人将许衡扶出殿外，许衡走到门坎，回来启奏说："陛下命令臣出去，难道是从中书省出去吗？"皇帝笑着说："让你从殿门出去。"许衡跟随皇帝来到上京，便论说列举阿合马专权欺上、侵政害民的若干事情，皇帝没有答复。许衡托病请求解除机要事务。皇帝感到悲伤，召许衡的儿子许师可入宫，皇帝下达文书，命令许衡举荐能代替他的人。许衡上奏说："用人，是天子的大权。臣子一般地谈

则当断自宸衷，不可使臣下有市恩之渐也。"

帝久欲开太学⑤，会衡请罢益力，乃从其请。八年，以为集贤大学士，兼国子祭酒，亲为择蒙古弟子俾教之。衡闻命，喜曰："此吾事也。国人子大朴未散，视听专一，若置之善类中涵养数年，将必为国用。"……

论某人贤能不贤能是可以的，如果授给某人官位，那就应当由帝王自己的看法来决定，不能让臣下有主动请求恩宠的这种作风。"

皇帝早就想开设太学，恰逢许衡更加坚决地请求辞职，于是便答应了他的请求。至元八年(1271)，任命许衡为集贤大学士，兼国子祭酒，皇帝亲自为许衡选择蒙古族学生使他教导。许衡听到命令，高兴地说："这才是我做的事情。蒙古族的孩子原始的朴素的作风还没有散失，目之所视、耳之所闻都很专一，如果把他们放在好的环境中滋润养育几年，将必然成为国家有用的人才。"……

注释 ① 阿合马：参见《阿合马传》。 ② 尚书省：官署名，下统六部，分管国政。六部：古代中央机构，即吏部、户部、礼部、兵部、刑部和工部。 ③ 金枢密院：即枢密院之金院，官名，职位仅次于枢密副使。 ④ 上京：故地在今黑龙江省哈尔滨市阿城区南。 ⑤ 太学：古代中央所办的最高学府，即国学。

原文

国家自得中原，用金《大明历》，自大定是正后六七十年①，气朔加时渐差。帝以海宇混一，宜协时正日。十三年，诏王恂定新

翻译

元朝自从占领了中原，采用的是金朝的《大明历》，自从金大定年间重修《大明历》后六七十年，确定节气安排、一年之始以及闰年等渐渐出现差错。皇帝认为天下已经统一，时间、日期应

历②。恂以为历家知历数而不知历理，宜得衡领之，乃以集贤大学士兼国子祭酒，教领太史院事，召至京。……十七年，历成，奏上之，赐名曰《授时历》，颁之天下。……

十八年，衡病革……已而卒，年七十三。是日，大雷电，风拔木。怀人无贵贱少长，皆哭于门。四方学士闻讣皆聚哭。有数千里来祭哭墓下者。

衡善教，其言煦煦，虽与童子语，如恐伤之。故所至，无贵贱贤不肖皆乐从之，随其才昏明大小皆有所得，可以为世用。所去，人皆哭泣，不忍舍，服念其教如金科玉条，终身不敢忘。或未尝及门，传其绪余，而折节力行为名世者，往往有之。听其言，虽武人俗士异端之徒，无不感悟者。……

该协调正确，至元十三年(1276)，命令王恂制定新的历法。王恂认为历法专家知道推算节气之度，但不知道历法的理论，应该由许衡来领导这项工作，于是皇帝任命许衡以集贤大学士兼国子祭酒的身份，领导太史院的工作，召他来到京城。……至元十七年(1280)，新的历法制定完毕，奏报皇帝，皇帝赐名给新历法为《授时历》，颁布于全国。……

至元十八年(1281)，许衡病危……不久，许衡去世，享年七十三岁。这一天，雷电大作，狂风拔起了树木。怀州人不分贵贱，不分大小，皆在他的门前哭泣。各地的读书人听到他的死讯，都聚在一起痛哭。有从几千里之外到许衡墓前祭奠、痛哭的。

许衡善于教导人，他的话就如和煦的春风，即使是和儿童说话，也恐怕伤害了他们。所以他所到的地方，无论地位高低，无论是贤能的还是不贤的人都喜欢听从他，任凭才智昏聩或是贤明，或大或小都能有所收获，都可以成为对社会有用的人。每当许衡离开时，人人都哭泣，不忍失去他，对于他的教诲就像对待金科玉律一样反复思考，终生不敢忘。有的人并未登门向许衡请教，但间接地学到他的一些思想之后，就以屈己下人、身体力行而闻名于世，这种人也有很多。听了许衡的话，虽然是军人、普通人或持有非正统思想的人，没有不受到感动而醒悟的。……

注释　① 大定：金世宗完颜雍年号。　② 王恂：继许衡之后任国子祭酒，后为嘉议大夫、太史令。

阿 合 马 传

导读

阿合马(？—1282)，回回人。生于中亚忽毡河(今锡尔河)畔费纳喀忒(今乌兹别克斯坦塔什干西南)。历任中书平章政事、制国用使、平章尚书省事等，掌管财政，子侄均居要职。阿合马专权横暴，打击异己，贪侵财赋，强占民田，屡遭朝官弹劾。元世祖至元十九年(1282)三月，益都千户王著和高和尚假称皇太子真金回都作佛事，诱杀阿合马。元世祖忽必烈追查其罪，惩处其子侄，并抄没家产。(选自卷二〇五)

原文

阿合马，回回人也。不知其所由进，世祖中统三年，始命领中书左右部①，兼诸路都转运使，专以财赋之任委之。……

是年秋八月，罢领中书左右部，并入中书，超拜阿合马为中书平章政事，进阶荣禄大夫。

三年正月，立制国用使司②，阿合马又以平章政事兼领使职。……

翻译

阿合马，回族人。不知道他是通过什么途径开始做官的。元世祖中统三年(1262)，皇帝开始任命阿合马领导中书省的左右部，并兼任诸路都转运使，皇帝专门任用他管理钱财和赋税。……

至元元年(1264)八月，撤销中书省的左右部，将左右部并入中书省，提拔阿合马为中书平章政事，晋升官阶为荣禄大夫。

至元三年(1266)，建立制国用使司，阿合马又以平章政事的身份兼任制国用使。……

七年正月，立尚书省，罢制国用使司，又以阿合马平章尚书省事。阿合马为人多智巧言，以功利成效自负，众咸称其能。世祖急于富国，试以行事，颇有成绩。又见其与丞相线真、史天泽等争辨，屡有以诎之，由是奇其才，授以政柄，言无不从，而不知其专复益甚矣。丞相安童含容久之，言于世祖曰："臣近言尚书省、枢密院、御史台，宜各循常制奏事，其大者从臣等议定奏闻，已有旨俞允。今尚书省一切以闻，似违前奏。"世祖曰："汝所言是。岂阿合马以朕颇信用，敢如是耶！其不与卿议非是，宜如卿所言。"又言："阿合马所用部官，左丞许衡以为多非其人，然已得旨咨请宣付，如不与，恐异日有辞。宜试其能否，久当自见。"世祖然之。……

至元七年（1270），建立尚书省，撤销制国用使司，又让阿合马管理尚书省事务。阿合马为人足智多谋，巧于辞令，他以功利效益而自负，大家都称赞他能干。世祖急于使国家富强起来，试用阿合马办事，颇有成绩。世祖又见阿合马与丞相线真、史天泽等争论，多次有能力使他们折服，因此认为他是奇才，授予他大权，言听计从，而不知他专横、刚愎自用越来越厉害了。丞相安童容忍了很久，于是对世祖说："我近来说尚书省、枢密院、御史台都应各按常例奏事，大事由我等商议决定后上奏，皇帝您已有圣旨同意。如今尚书省一切事情都直接上奏，似乎是违反了原来你批准的上奏的内容。"世祖说："你说得对。难道阿合马因为我很信任他，胆敢这样做吗？他不与你商议是不对的，应该像你所说的那样去做。"安童又说："阿合马所任用的各部的官员，左丞许衡认为大多不是合适的人选，然而阿合马已经得到圣旨，与我商量请求予以宣布执行，如果不批准这些任命，恐怕以后他有怨言。应该试验一下那些官员能胜任与否，时间久了他们自己就会表现出来。"世祖表示同意。……

九年，并尚书省入中书省，又以阿合马为中书平章政事。明年，又以其子忽辛为大都路总管，兼大兴府尹。右丞相安童见阿合马擅权日甚，欲救其弊，乃奏大都路总管以次多不称职，乞选人代之。寻又奏："阿合马、张惠③，挟宰相权，为商贾，以网罗天下大利，厚毒黎民，困无所诉。"阿合马曰："谁为此言，臣等当与廷辩。"……

至元九年（1272），将尚书省并入中书省，皇帝又任命阿合马为中书省平章政事。第二年，又任命他的儿子忽辛为大都路总管，兼大兴府尹。右丞相安童见阿合马独霸大权日甚一日，想要挽救阿合马所造成的弊端，便上奏皇帝认为大都路总管及其下级大多不称职，请求挑选人代替。不久安童又上奏："阿合马、张惠，掌握着宰相的权力，却如商人一样，搜网天下巨大的财利，极大地坑害了平民百姓，百姓们困顿而没有申诉的地方。"阿合马说："这话是谁说的，我等应当与他在朝廷上辩论。"……

注释　① 左右部：元世祖中统元年（1260），设中书省，下分设左、右三部，左三部为吏、户、礼部，右三部为兵、刑、工部。　② 制国用使司：官署名，掌财政。　③ 张惠：元成都新繁（今属四川）人，至元间累官中书左、右丞。

原文

十五年正月，世祖以西京饥①，发粟万石赈之。又谕阿合马宜广贮积，以备阙乏。阿合马奏："自今御史台非白省，毋擅召仓库吏，亦毋究索钱谷数，及集议中

翻译

至元十五年（1278）正月，因长安发生饥荒，世祖发放万石粮食赈济灾民。世祖又告诉阿合马应该多贮存粮食，以防备缺粮。阿合马上奏说："从今以后，御史台不向中书省打招呼，不得擅自召唤仓库的吏员，也不得查询钱粮的数目。中书省集会议事时不到的，要治

书不至者，罪之。"其沮抑台察如此。四月，中书左丞崔斌奏曰："先以江南官冗，委任非人，遂命阿里等澄汰之②。今已显有征验，蔽不以闻，是为罔上。杭州地大，委寄非轻，阿合马溺于私爱，乃以不肖子抹速忽充达鲁花赤，佩虎符，此岂量才授任之道？"又言："阿合马先自陈乞免其子弟之任，乃今身为平章，而子若侄或为行省参政③，或为礼部尚书、将作院达鲁花赤、领会同馆④，一门悉处要津，自背前言，有亏公道。"有旨并罢黜之。然终不以是为阿合马罪。……

时阿合马在位日久，益肆贪横，援引奸党郝祯、耿仁，骤升同列，阴谋交通，专事蒙蔽，逋赋不蠲，众庶流移，京兆等路岁办课至五万四千锭，犹以为未实。民有附郭美田，辄取为己有。内

罪。"他阻止压制御史台监察的举动就是如此。四月，中书左丞崔斌上奏说："先前因为江南官员太多，任用的不是恰当的人选，便命令阿里等审查淘汰之。今天这种做法已经明显地有了可以得到证明的效果，阿合马瞒着此事不予上奏，这是欺骗皇上。杭州地方大，任命官员十分重要，阿合马完全出于私爱，于是任用他的品行不好的儿子抹速忽为达鲁花赤，佩带虎符，这岂是量才任用的方法？"崔斌又说："阿合马先前自己说请求罢免他的儿子和弟兄的官职，可是如今他身为平章政事，他的儿子和侄子有的是行中书省的参知政事，有的是礼部尚书、将作院的达鲁花赤、掌管会同馆，一家人都担任重要职务，自己违背了公道。"皇帝有命令将阿合马的子侄都撤职。但是皇帝始终不认为这是阿合马的罪过。……

阿合马在位的日子久了，他越来越贪婪横蛮，他提拔奸党郝祯、耿仁，这些人骤然升到与阿合马同等的职位，他们阴谋勾结，专门从事蒙蔽皇帝的事情，百姓拖欠的赋税不予免除，使得众多的百姓背井离乡，京兆等路每年征收赋税至五万四千锭，阿合马还认为数目不实。民众有离城近的好地，他总是据为

通货贿,外示威刑,廷中相视,无敢论列。有宿卫士秦长卿者,慨然上书发其奸,竟为阿合马所害,毙于狱。事见《长卿传》。

己有。阿合马暗地里用贿赂打通关节,外面显示威严和刑罚,朝廷中的人看见他,没有人敢和他讨论问题。有一个叫秦长卿的宫廷卫士,慨然上书揭发阿合马的奸险,竟被阿合马杀害,死在狱中。秦长卿的事迹参见《长卿传》。

注释 ① 西京:今陕西西安。 ② 阿里:元回回人,官至中书省右丞,至元十七年(1280)因得罪阿合马而被杀。 ③ 参政:即参知政事。 ④ 会同馆:元官署名,掌接待与引见边地诸民族官员及外国使官。

原文

十九年三月,世祖在上都,皇太子从。有益都千户王著者,素志疾恶,因人心愤怨,密铸大铜锤,自誓愿击阿合马首。会妖僧高和尚,以秘术行军中,无验而归,诈称死,杀其徒,以尸欺众,逃去,人亦莫知。著乃与合谋,以戊寅日,诈称皇太子还都作佛事,结八十余人,夜入京城。旦遣二僧诣中书省,令市斋物,省中疑而讯之,不伏。及午,著又

翻译

至元十九年(1282)三月,世祖在上都,皇太子跟随着世祖。益都有一位千户叫王著,从来就疾恶如仇,因为人们都对阿合马心怀愤怒,他便秘密地铸造了大铜锤,自己发誓要击碎阿合马的头。恰巧当时妖僧高和尚以诡秘的法术在军队中表演,因没有效验而回,他欺骗地宣称自己死了,杀死自己的徒弟,用尸体欺骗众人,然后逃走,别人也不知道。王著便与他合谋,在三月十八日这天诡称皇太子回京城作佛事,集结八十余人,夜间进入京城。早晨,王著等派两个和尚到中书省,令买斋物,中书省怀疑这两个和尚并且审讯他们,这

遣崔总管矫传令旨，俾枢密副使张易发兵若干，以是夜会东宫前。易莫察其伪，即令指挥使颜义领兵俱往。著自驰见阿合马，诡言太子将至，令省官悉候于宫前。阿合马遣右司郎中脱欢察儿等数骑出关，北行十余里，遇其众，伪太子者责以无礼，尽杀之，夺其马，南入健德门①。夜二鼓，莫敢何问，至东宫前，其徒皆下马，独伪太子者立马指挥，呼省官至前，责阿合马数语，著即牵去，以所袖铜锤碎其脑，立毙。继呼左丞郝祯至，杀之。囚右丞张惠。枢密院、御史台、留守司官皆遥望②，莫测其故。尚书张九思自宫中大呼，以为诈，留守司达鲁花赤博敦，遂持梃前，击立马者坠地，弓矢乱发，众奔溃，多就禽。高和尚等逃去，著挺身请囚。……

两个人一直不屈。到中午时，王著又派崔总管假传皇帝的命令，让枢密副使张易派出一些兵卒，于当天夜里在东宫门前集合。张易未能察觉其中有伪，就命令指挥使颜义领兵与崔前往。王著自己则亲自骑马去见阿合马，说太子即将到达，要中书省诸官员都在宫前等候。阿合马派右司郎中脱欢察儿等几个人乘马出城门，向北走十多里，遇见了那些人，假太子斥责脱欢察儿等无礼，将他们都杀了，夺了他们的马匹，向南进入健德门。夜里二更时分，没有人敢盘问他们，他们就来到东宫前，这些人都下了马，只有假太子站立在马上指挥，呼喊中书省官员到面前来，呵责阿合马几句话，王著便把阿合马拉走，用袖里藏着的铜锤击碎他的脑袋，阿合马当时就死了。假太子又喊左丞郝祯来，将他杀死。又将右丞张惠囚禁起来。枢密院、御史台、大都留守司的官员都远远地望着，猜测不出是什么原因。尚书张九思从东宫中大喊，认为太子是假的，留守司达鲁花赤博敦于是拿着棍子上前，将马上的人击倒在地，士卒们射出纷乱的弓箭，王著的人奔逃溃散，大多数被抓住了。高和尚等逃走，王著挺身而出，请求将自己投入监牢。……

注释 ①健德门:元大都北城墙西门。 ②留守司:元官署名,即大都留守司,掌守卫皇宫及京城等。

原文

庚辰,获高和尚于高梁河①。辛巳,孛罗等至都②。壬午,诛王著、高和尚于市,皆醢之,并杀张易。著临刑大呼曰:"王著为天下除害,今死矣,异日必有为我书其事者!"

阿合马死,世祖犹不深知其奸,令中书毋问其妻子。及询孛罗,乃尽得其罪恶,始大怒曰:"王著杀之,诚是也。"乃命发墓剖棺,戮尸于通玄门外③,纵犬啖其肉。百官士庶,聚观称快。子侄皆伏诛,没入其家属财产。……

翻译

三月二十日,在高梁河抓获高和尚。二十一日,孛罗等到达京都。二十二日,在街市上诛杀王著、高和尚,将他们剁成肉酱,同时杀了张易。王著在临刑前大声呼喊:"王著为天下除害,今天我死了,以后一定会有为我将此事载入史册的人!"

阿合马死后,世祖仍然不全知道他的奸恶,命令中书省不要追究他的妻子和儿女。等到世祖向孛罗询问情况,才完全得知阿合马的罪恶,这才开始大怒,说:"王著杀他,真是杀对了。"于是世祖命令掘开阿合马的坟墓,打开他的棺材,在通玄门外斩杀他的尸体,放狗吃他的肉。所有的官员、文士和老百姓,都聚集在那里观看,拍手称快。阿合马的儿子、侄子都被诛杀,抄没了他家中的财产。……

注释 ①高梁河:在今北京西直门外。 ②孛罗:蒙古朵鲁班氏,当时任枢密副使。 ③通玄门:金中都北城墙中门,故址在今北京西便门西。

刘 秉 忠 传

导读

刘秉忠(1216—1274),字仲晦,邢州(今河北邢台)人。他曾出家为僧,法名子聪,号藏春散人。1242 年,被荐入忽必烈幕府。在元朝的创建过程中,刘秉忠是一个有着重大贡献的人物。由于他的建议,元朝才以大元为国号;元朝的首都大都和陪都上都,都是他主持营建的;元朝立国的制度,如章服朝仪、官制俸禄以及以中书省为最高行政机构,建元纪年等,也都是他制定的。由本传可以看出,他的一系列主张,对忽必烈采用汉法,起了有力的推动作用。(选自卷一五七)

原文

刘秉忠,字仲晦,初名侃,因从释氏,又名子聪,拜官后始更今名。其先瑞州人也,世仕辽,为官族。曾大父仕金,为邢州节度副使,因家焉,故自大父泽而下,遂为邢人。庚辰岁,木华黎取邢州,立都元帅府,以其父润为都统。事定,改署州录事,历巨鹿、内丘两县提领,所至皆有惠爱。

翻译

刘秉忠,字仲晦,起初名侃,因信佛教,又法名子聪,做官之后才取了现在这个名字。他的祖先是瑞州人,世代臣事辽朝,是世宦之家。曾祖父在金朝做官,是邢州节度副使,因此将家迁徙到这里,从祖父之后,就成为邢州人。铁木真十五年(1220),木华黎攻克邢州,设立了都元帅府,任用他的父亲刘润为都统。战事结束后,改任为州录事,后又历任巨鹿和内丘两县的提领,所到之处,都施恩播惠。

秉忠生而风骨秀异，志气英爽不羁。八岁入学，日诵数百言。年十三，为质子于帅府①。十七，为邢台节度使府令史，以养其亲。居常郁郁不乐，一日投笔叹曰："吾家累世衣冠②，乃汩没为刀笔吏乎！丈夫不遇于世，当隐居以求志耳。"即弃去，隐武安山中。久之，天宁虚照禅师遣徒招致为僧，以其能文词，使掌书记。后游云中，留居南堂寺。

刘秉忠生性风骨秀异，志气威武，不拘小节。八岁入学，每天都读很多书。十三岁时，到帅府做人质。十七岁时，为赡养双亲，到邢台节度使府中做了一名低级事务员。平时郁郁寡欢，一天放下手中的笔感叹说："我家世代做官，难道我就一辈子为刀笔吏吗！大丈夫不为世所用，就该隐居以保全气节。"于是弃职离去，隐居于武安山中。过了很长一段时间，天宁寺的虚照禅师派人把他招去做了和尚，因为他善于文词，让他主管文书。后来他云游云中，留居在南堂寺。

注释 ① 质子：古代人质多以长子充任，所以称人质为质子。 ② 衣冠：士大夫的穿戴，后多用以指士大夫或官绅。

原文

世祖在潜邸①，海云禅师被召②，过云中，闻其博学多才艺，邀与俱行。既入见，应对称旨，屡承顾问。秉忠于书无所不读，尤邃于《易》及邵氏《经世书》③，至于天文、地理、律历、三式六

翻译

忽必烈为皇子时，召见海云禅师，海云禅师经过云中时，听说刘秉忠博学多能，邀他一同前往。见忽必烈时，回答问题让忽必烈很满意，因此受到重视。刘秉忠博览群书，对于《周易》和邵雍的《经世书》尤其精熟，至于天文、地理、律历、术数也颇为精通，谈论天下大事如同指其手掌一般熟悉。忽必烈非

壬遁甲之属④，无不精通。论天下事如指诸掌。世祖大爱之，海云南还，秉忠遂留藩邸。后数岁，奔父丧，赐金百两为葬具，仍遣使送至邢州。服除，复被召，奉旨还和林⑤。上书数千百言，其略曰：

常喜爱，海云禅师南回时，他就被留了下来。几年后，刘秉忠父死奔丧，忽必烈赐给他一百两银作为丧葬之资，并派人将他送到邢州。服丧期满之后，又被召去，奉忽必烈之旨回到和林。他向忽必烈上了一道数千字的书策，大略是说：

注释 ① 潜邸：皇储在名分没有确定之前所居的宅第。 ② 海云禅师：金、元之际禅宗僧人，名印简，俗姓宋，八岁出家，被成吉思汗称为小长老，后曾奉旨主考僧徒及领天下僧事。 ③《经世书》：即《皇极经世书》，北宋邵雍撰，凡十二卷，以《周易》六十四卦的推衍，说明天地万物产生之前即已存在的先天图式，论证天地万物均按这一先天图式体现。 ④ 在古代以阴阳五行占卜吉凶的方法中，六壬、遁甲和太乙合称三式。 ⑤ 和林：全称哈拉和林，蒙古旧都，元时为岭北行省治所，改名和宁，遗址在今蒙古国后杭爱省额尔德尼召北。

原文

典章、礼乐、法度、三纲五常之教，备于尧、舜，三王因之，五霸败之①。汉兴以来，至于五代，一千三百余年，由此道者，汉文、景、光武，唐太宗、玄宗五君，而玄宗不无疵也。然治乱之道，系乎天而由乎人。天生成

翻译

典章、礼乐、法度和三纲五常之类的教化，在尧舜时已很完备了，三代因袭不改，但春秋五霸破坏了它。从西汉到五代，一千三百多年间，遵循它的，有汉文帝、汉景帝、汉光武帝、唐太宗和唐玄宗五位君王，而唐玄宗还有一些毛病。国家的治乱兴衰，虽说与天意有关，但还是人决定的。上天降生了成吉思皇帝，带领一队人马，降服了各国，没

吉思皇帝，起一旅，降诸国，不数年而取天下。勤劳忧苦，遗大宝于子孙[②]，庶传万祀，永保无疆之福。

愚闻之曰："以马上取天下，不可以马上治。"昔武王，兄也；周公[③]，弟也。周公思天下善事，夜以继日，每得一事，坐以待旦，以匡周室，以保周天下八百余年，周公之力也。君上，兄也；大王，弟也。思周公之故事而行之，在乎今日。千载一时，不可失也。

君之所任，在内莫大乎相，相以领百官，化万民；在外莫大乎将，将以统三军，安四域。内外相济，国之急务，必先之也。然天下之大，非一人之可及；万事之细，非一心之可察。当择开国功臣之子孙，分为京府州郡监守，督责旧官，以遵王法；仍差按察官守，治者升，否者黜。天下不劳力而

用几年就打下了天下。靠勤劳辛苦，将皇位传给了子孙，以传千秋万代，永享无尽的福祉。

我听说："可以在马上取得天下，但不能在马上治理天下。"过去的周武王是兄长，周公是弟弟。周公时刻准备着施行善政，白天做不完的事情夜晚接着干，每当考虑好一件事，夜晚也当即起床，以等天一亮就去做。他就是这样辅佐周王室，保证了周朝统治长达八百多年，这些都是周公的功劳。现在的皇帝是兄长，您是弟弟。仿效周公的先例而行，就在今天。这一千载难逢的机会，您可不要失去呀。

君王所任用的人，在朝廷内最重要的是丞相，他的职责在于领导百官，教化万民；在朝廷之外最主要的是将军，他的职责在于统帅三军，维护各地的安宁，两者相互为用。这些国家最切近的事务，要优先考虑好。但是国家太大，事情太多，不是一人所能照顾得到的。所以应该选择那些开国功臣的子孙，把他们分派到各地去监察，敦促督察原来的官员遵守现在的法令；还要派人考核官吏，有政绩的提升，没有政绩的贬黜。这样不费力就能使国家得到治理。

定也。

天下户过百万,自忽都那演断事之后^④,差徭甚大,加以军马调发,使臣烦扰,官吏乞取,民不能当,是以逃窜。宜比旧减半,或三分去一,就见在之民以定差税,招逃者复业,再行定夺。官无定次,清洁者无以迁,污滥者无以降。可比附古例,定百官爵禄仪仗,使家足身贵。有犯于民,设条定罪。威福者君之权,奉命者臣之职。今百官自行威福,进退生杀惟意之从,宜从禁治。

全国的民户超过百万,自从中州断事官忽都那演之后,科差徭役很多,加上征调军马,使臣的烦扰,官吏的索取,百姓难以负担,因此四处逃窜。应该将差役减少一半或三分之一,就现在的民户规定赋税徭役,让逃离家乡的人安居从业之后,再作规定。现在的官吏没有一定的等差,以至清廉的得不到提升,贪污的得不到贬降,可依照旧例,将所有官员的爵位、俸禄、仪仗规定下来,使他们家庭富足,身价高贵。如果有人对百姓犯有罪,就按规定的条例惩处。操纵刑赏是君王的权利,服从命令是臣子的职分。现在有很多官员作威作福,随意决定他人的升降死生,应该加以禁止。

注释 ① 三王:指夏禹、商汤、周文王和周武王。五霸:春秋诸侯中势力最大、称霸一时的齐桓公、晋文公、秦穆公、宋襄公和楚庄王。 ② 大宝:最宝贵的事物,通常指皇位。 ③ 周公:周文王之子,名旦,曾摄理政事。因采邑在周,所以称周公。 ④ 忽都那演:即忽都虎,参见《耶律楚材传》注。

原文

天下之民未闻教化,见在囚人宜从赦免,明施教令,使之知畏,则犯者自少

翻译

天下的百姓不曾受到教化,所以应该赦免现在的囚犯,再宣布法令,使人们都知道并敬畏,这样犯罪的人自然会

也。教令既设,则不宜繁,因大朝旧例,增益民间所宜设者十数条足矣。教令既施,罪不至死者皆提察然后决,犯死刑者覆奏然后听断,不致刑及无辜。

天子以天下为家,兆民为子,国不足,取于民,民不足,取于国,相须如鱼水。有国家者,置府库,设仓廪,亦为助民;民有身者,营产业,辟田野,亦为资国用也。今宜打算官民所欠债负,若实为应当差发所借,宜依合罕皇帝圣旨①,一本一利,官司归还。凡赔偿无名,虚契所负,及还过元本者,并行赦免。

减少。法令的制定,不要过于繁难,因袭本朝的旧例,增加民间所应该设置的条款,十几条就够了。法令实施之后,一般的罪要经过核查之后再决断,对犯死刑的,则要奏报上级,听从上级的决断,以避免无辜受刑。

君王以国家为家,以百姓为子,国用不足,就从百姓那里获取,民用不够,就从国家那里得到帮助,国家与民众的关系,有如鱼水。国家设置府库仓廪,是为了救济百姓;百姓经营产业,耕种土地,也是为了向国家提供用度所需。现在应该结算官府和百姓之间的欠债,如的确是为应官府的差遣所借款项,要依照合罕皇帝的圣旨,由官府偿还本钱和利息。凡是没有正当名目的赔偿,虚假的契约所欠的债,以及偿还已超过了本钱的,都要一概免除。

注释　① 合罕皇帝:即元太宗窝阔台。1229 年,由蒙古各兀鲁思汗拥戴即位,称合罕。

原文

纳粮就远仓,有一废十者,宜从近仓以输为便。当

翻译

向国家交纳税粮要到很远的地方,得不偿失,应该就近交纳。靠近驿路的

驿路州城，饮食祇待偏重，宜计所费以准差发。关市津梁正税十五分取一，宜从旧制。禁横取，减税法，以利百姓。仓库加耗甚重，宜令权量度均为一法，使锱铢圭撮尺寸皆平，以存信去诈。珍贝金银之所出，淘沙炼石，实不易为。一旦以缠丝缕，饰皮革，涂木石，妆器仗，取一时之华丽，废为尘而无济，甚可惜也，宜从禁治。除帝胄功臣大官以下章服有制外，无职之人不得僭越。今地广民微，赋敛繁重，民不聊生，何力耕耨以厚产？宜差劝农官一员，率天下百姓务农桑、营产业，实国之大益。

古者庠序学校未尝废，今郡县虽有学，并非官置。宜从旧制，修建三学^①，设教授，开选择才，以经义为上，词赋论策次之，兼科举之设，已奉合罕皇帝圣旨，因

各地，承担驿传之人的饮食开支过重，应根据实际需要征调。商业税征收十五分之一，应依照过去的标准，严禁勒索，减少名目，以便利百姓。正税定额之外另加的损耗费太重，应该在度量时有一个统一的标准，使尺寸斤两都公平，以保持信用，去除欺诈。珍珠金银经淘沙炼石而来，很不容易，用作衣履器物的装饰，虽然很华丽，但只能是沦为尘埃而没有什么用，十分可惜，应该加以禁止。除高级官员衣服冠冕的装饰按规定，其他的人不得僭越取用。现在地广人少，赋役繁重，老百姓无法生活，怎么能够努力耕种以使财产增加呢？应该派一名劝农官，带领全国的老百姓致力于农桑、经营产业，这才对国家有利。

古代学校从不曾废置过，现在各地虽然有学校，但并不是国家设置的。应该沿用过去的办法，修建三学，设立教授，选择人才，要以儒家经典为主，词赋策论为辅，综合科举考试的办法，现已奉合罕皇帝的名义宣布上述措施，这样就容易实行。设立学校，应该选择那些开国功臣的子孙入学受教，再从中选择贤能的人任用。

而言之,易行也。开设学校,宜择开国功臣子孙受教,选达才任用之。

注释 ① 三学:唐代称隶属于国子监的国子学、太学、四门学为三学。不同身份人的子孙入不同的学校。

原文

天下莫大于朝省,亲民莫近于县宰。虽朝省有法,县宰宜择,县宰正,民自安矣。关西、河南地广土沃,以军马之所出入,治而未丰。宜设官招抚,不数年民归土辟,以资军马之用,实国之大事。移剌中丞拘榷盐铁诸产、商贾酒醋货殖诸事①,以定宣课,虽使从实恢办,不足亦取于民,拖兑不办,已不为轻。奥鲁合蛮奏请于旧额加倍榷之②,往往科取民间。科榷并行,民无所措手足。宜从旧例办榷,更或减轻,罢繁碎,止科征,无从献利之徒削民害国。

翻译

国家以朝廷和行省为最重要,但与百姓关系最密切的则是县令。朝廷和行省有什么政策,还要选择县令去具体执行,县令清廉为公,老百姓就会安居乐业。关西、河南一带面积广大、土地肥沃,但因军队时常出入这里,没有能较好地治理。应该设置官员招抚百姓,过了几年,百姓回到乡里,土地得到开垦,就能够提供军需,这实在是国家的大事。耶律楚材根据盐铁专卖和商业税的数量来制定赋税的标准,即使从实办理,在数额不足时也向百姓征收,百姓拖欠不交,是因为太重了。奥鲁合蛮又建议在过去专卖数额的基础上增加一倍,负担依然落在百姓头上。税收和专卖并行,百姓实在承担不了。应该依照先例实行专卖,或者比过去更轻一些,罢除烦琐的名目,停止派收税捐,不要信从那些唯利是图的人害民误国。

鳏寡孤独废疾者,宜设孤老院,给衣粮以为养。使臣到州郡,宜设馆,不得于官衙民家安下。

对于那些失去配偶的老人以及孤儿和残疾人,应设置孤老院,向他们提供衣食以赡养。朝廷派往各地的使臣,要住在专门的馆舍,不要住在官府和百姓的家中。

注释 ① 移刺:"耶律"的异译。移刺中丞即耶律楚材。拘榷:总计、估算财产以征税。货殖:居积财货,经营生利,指经商。 ② 奥鲁合蛮:即奥都刺合蛮,参见《耶律楚材传》注。

原文

孔子为百王师,立万世法。今庙堂虽废,存者尚多,宜令州郡祭祀,释奠如旧仪①。近代礼乐器具靡散,宜令刷会,征太常旧人教引后学②,使器备人存,渐以修之,实太平之基,王道之本。今天下广远,虽成吉思皇帝威福之致,亦天地神明阴所祐也。宜访名儒,循旧礼,尊祭上下神祇,和天地之气,顺时序之行,使神享民依,德极于幽明,天下赖一人之庆。

翻译

孔子是历代帝王之师,为后代制定了礼法。现今寺庙祠堂虽多毁坏,但保存下来的也很多,应令各地祭祀,按旧有的方式举行释奠礼。现在礼乐器具大都失散破碎,应该下令加以收集修整,征召前朝主管礼乐的官员去教育学生,使器物完备,人才得以保存,再逐渐普及,这实在是天下太平的基础、王道的根本。现在国家幅员辽阔,即便是成吉思皇帝的武功,也是天地神明暗中帮助的结果。应该寻访著名的儒者,遵守旧有的礼仪,祭奠所有的神祇,以使天地之气和谐,时序的更代正常,鬼神有祭品享用,百姓有所依靠,仁德波及鬼神,天下都享受着皇上所施的福祉。

见行辽历，日月交食颇差，闻司天台改成新历，未见施行。宜因新君即位，颁历改元。令京府州郡置更漏，使民知时。国灭史存，古之常道，宜撰修《金史》，令一代君臣事业不坠于后世，甚有励也。

国家广大如天，万中取一，以养天下名士宿儒之无营运产业者，使不致困穷。或有营运产业者，会前圣旨，种养应输差税，其余大小杂泛并行蠲免③，使自给养，实国家养才励人之大也。明君用人，如大匠用材，随其巨细长短，以施规矩绳墨。孔子曰："君子不可小知而可大受，小人不可大受而可小知。"盖君子所存者大，不能尽小人之事，或有一短；小人所拘者狭，不能同君子之量，或有一长。尽其才而用之，成功之道也。

现在实行辽代的历法，不大准确，听说司天台已改造成的历法，还没见施行。应该在新皇帝即位时，颁行历法，改用年号。命京城和各府州郡设置计时装置，使民众知道时间。国家灭亡后，把它的历史记录下来，这是过去的通例，应该撰修《金史》，使一代的君臣事业流传于后世，这将是很有意义的。

现在国家很大，万中取一，就能供养那些不从事生产劳动的著名儒士，使他们不至于陷于穷困。有些儒者也从事生产劳动，应根据以往的规定，除应交纳的租税之外，其他各种名目的赋役要一概免除，使他们生活自给，这实在是国家培养人才的重要途径。贤明的君主使用人才，如同能干的工匠使用木料一样，要随其大小长短，合理利用。孔子说："君子可能不知细微但要容纳广大，小人不可能容纳广大但能知道细节。"因为君子注重大事，所以不能穷尽小人所关心的问题，这或许是其一短；小人心胸狭小，不能有君子一样的度量，但或许也有其长处。因人而用，使人尽其才，这才是成功之道。

注释 ①释奠：以牲牢币帛置爵于神前而祭。　②太常：官名，职掌礼乐郊庙社稷事宜，为九卿之一。　③杂泛：正税之外不固定的税收。

原文

君子不以言废人，不以人废言，大开言路，所以成天下、安兆民也。天地之大，日月之明，而或有所蔽。且蔽天之明者，云雾也；蔽人之明者，私欲佞说也。常人有之，蔽一心也；人君有之，蔽天下也。常选左右谏臣，使讽谕于未形，忖画于至密也。君子之心，一于理义，怀于忠良；小人之心，一于利欲，怀于谗佞。君子得位，有容于小人；小人得势，必排于君子。明君在上，不可不辨也。孔子曰"远佞人"，又曰"恶利口之覆邦家者"，此之谓也。

今言利者众，非图以利国害民，实欲残民而自利也。宜将国中人民必用场冶，付各路课税所，以定榷

翻译

君子既不因言废人，也不因人废言，而是广开言路，所以能使国家得到治理、百姓安居乐业。天地如此辽阔，日月的光明，有时也会被遮蔽。遮蔽日月光明的是云雾，遮蔽人聪明的则是个人的私欲和各种邪说。一般的人有这问题，受害的只是一人而已；而如果君王有这问题，那么全国都得遭殃受罪。所以要选择劝谏之臣，使他们能在事情刚有苗头时就批评指正，把问题考虑得十分周密。君子的用心，专一于理义，所以归向忠良；小人的用心，专一于利欲，所以走向邪恶。君子做了官，能够容纳小人；但小人得了势，就会排斥君子。贤明的君主对此不能不加以分辨。孔子说"疏远邪恶的人"，又说"讨厌那些犟嘴利舌使国破家亡的人"，就是这个意思。

现在很多人在谈论利，他们不是要使国家获利使百姓遭殃，而是想使百姓受罪而自己得利。应该将全国百姓生活必需的盐铁，交付给各地的课税所，以实行专卖，其他言利的各种名目都要

办①,其余言利者并行罢去。古者明王不宝远物,所宝惟贤。如使贤者在位,能者在职,此皆一人之睿知,贤王之辅成也。古者治世均民产业,自废井田为阡陌②,后世因之不能复。今穷乏者益损,富盛者增加。宜禁行利之人勿恃官势,居官在位者勿侵民利,商贾与民和好交易,不生擅夺欺罔之害,真国家之利也。

罢除。过去贤明的君王不看重稀见之物,只看重贤能的人。如果使贤明的人有官可做,有才能的人得到重用,这都是皇帝的睿智、诸王辅佐的结果。过去治平之世平均百姓的产业,自从废除井田制而互筑田界,后来就因袭而不能复旧。现在穷人的土地逐渐减少,富人的土地日益增加。应该禁止牟利之人倚仗权势,当官的不得侵犯百姓的利益,商人与百姓平等交换,不发生抢夺欺诈的弊害,这才是国家之利益所在。

注释 ① 榷办:办理专卖事宜。 ② 井田:相传是古代的一种土地制度,以方九百亩的地,划为九块,其中中间一块为公田,其余八块为八家的私田,八家共同耕种公田。阡陌:田界南北曰阡、东西曰陌。

原文

答楚之制,宜会古酌今,均为一法,使无敢过越。禁私置牢狱,淫民无辜鞭背之刑宜禁治,以彰爱生之德。立朝省以统百官,分有司以御众事,以至京府州郡亲民之职无不备,纪纲正于

翻译

鞭打犯人的办法,要斟酌古今,制定一个统一的办法,严禁肆行无忌。要禁止私设监牢,残害无辜的百姓。鞭打背部的刑罚应该禁止,以表彰爱惜生命的美德。设立朝廷和行省以领导各级官吏,设置各个官署以处理各种事务,以使各地为百姓办事的机构完备,纲纪正于上,法度行于下,国家就会不费力

上，法度行于下，是故天下不劳而治也。今新君即位之后，可立朝省，以为政本。其余百官，不在员多，惟在得人焉耳。

世祖嘉纳焉。又言："邢州旧万余户，兵兴以来不满数百，凋坏日甚，得良牧守如真定张耕、洺水刘肃者治之①，犹可完复。"朝廷即以耕为邢州安抚使，肃为副使。由是流民复业，升邢为顺德府。

而治理好。现在新皇帝即位之后，要设立朝廷和行省，作为政治的根本。其他各级官吏，不在人多，只要选择合适的人就行。

忽必烈高兴地接受了上述建议。刘秉忠又说："邢州过去有一万多户，自战乱以来已不足数百，日益凋敝。如果能有好官员如真定人张耕、洺水人刘肃那样的人去治理，还可以恢复旧貌。"朝廷即委任张耕为邢州安抚使，刘肃为副使。从此以后，流离的百姓逐渐定居下来从事农业生产，邢州被升格为顺德府。

注释 ① 张耕：元初著名的地方官，曾为邢州安抚使。刘肃：金兴定进士，入元曾为邢州安抚使、真定安抚使，后兼商议中书省事。

原文

癸丑，从世祖征大理①。明年，征云南。每赞以天地之好生，王者之神武不杀，故克城之日，不妄戮一人。己未，从伐宋，复以云南所言力赞于上，所至全活不可胜计。

翻译

蒙哥三年（1253），刘秉忠随忽必烈征伐大理。次年，征伐云南。他时常告诫忽必烈，要爱惜物命，人君要神明威武，而不是以杀戮慑服人，所以每攻克一地，都不妄杀一人。蒙哥九年，刘秉忠随忽必烈征伐南宋，又以在云南所说的话劝告忽必烈，这样使得无数人的性命得以保全。

中统元年，世祖即位，问以治天下之大经、养民之良法，秉忠采祖宗旧典，参以古制之宜于今者，条列以闻。于是下诏建元纪岁，立中书省、宣抚司。朝廷旧臣、山林遗逸之士，咸见录用，文物粲然一新。

秉忠虽居左右，而犹不改旧服，时人称之为聪书记。至元元年，翰林学士承旨王鹗奏言：“秉忠久侍藩邸，积有岁年，参帷幄之密谋，定社稷之大计，忠勤劳绩，宜被褒崇。圣明御极②，万物惟新，而秉忠犹仍其野服散号③，深所未安，宜正其衣冠，崇以显秩。”帝览奏，即日拜光禄大夫，位太保，参领中书省事。诏以翰林侍读学士窦默之女妻之④，赐第奉先坊，且以少府宫籍监户给之⑤。秉忠既受命，以天下为己任，事无巨细，凡有关于国家大体者，知无

中统元年（1260），忽必烈即皇帝位，向他询问治理国家的大政方针、统治百姓的办法，刘秉忠收集祖宗成宪，参杂古代适宜于现在的制度，分条逐一向忽必烈陈述。于是忽必烈下令用年号纪年，设置了中书省和宣抚司。朝廷过去的大臣和山林中的隐逸之士，都被录用，礼乐典章制度出现了重大改观。

刘秉忠虽然在皇帝身边，但仍没有改换过去的装束，当时的人称他为聪书记。至元元年（1264），翰林学士承旨王鹗上奏说：“刘秉忠侍事藩府，已经有好多年，参与军国大事的商议，制定治国安邦的大计，忠诚勤恳，多有建树，应予以奖励。新皇帝即位后，万物一新，但刘秉忠依旧一副乡野之人的装束，没有具体官职，很不合适，应该改换他的装束，授给他显赫的官位。”忽必烈阅览奏章之后，当天就任命刘秉忠为光禄大夫，位居太保，参与主持中书省的政务。并命令以翰林侍读学士窦默的女儿做他的妻子，在奉先坊赐给他一座住宅，还将少府宫籍的民户赐给他。刘秉忠接受任命后，以天下为己任，事情无论大小，只要与国家的治乱安危有关，知道了就没有不发表建议的，所建议的没有不被采纳的，这样越来越受忽必烈宠

不言,言无不听,帝宠任愈隆。燕闲顾问,辄推荐人物可备器使者,凡所甄拔,后悉为名臣。

信。宴饮闲居时,就向忽必烈推荐可以任用的人才,凡是他所推荐的人,后来都成了著名的大臣。

注释 ① 大理:云南地方政权,五代后晋时由段恩平所建,传二十三王,为忽必烈所灭。 ② 御极:帝王登皇位。 ③ 野服:田野之人的衣着。散号:闲散的称号,指无确定的官职。 ④ 窦默:元代名医、理学家,世祖时为翰林侍讲学士、昭文馆大学士。 ⑤ 少府:官名,职掌宫中服御诸物、宝货珍膳等。官籍监户:简称监户,为金、元时户类之一,服役于宫内外,地位低于平民而高于奴隶。

原文

初,帝命秉忠相地于桓州东滦水北,建城郭于龙冈,三年而毕,名曰开平。继升为上都,而以燕为中都。四年,又命秉忠筑中都城,始建宗庙宫室。八年,奏建国号曰大元,而以中都为大都。他如颁章服,举朝仪,给俸禄,定官制,皆自秉忠发之,为一代成宪。

十一年,扈从至上都,其地有南屏山,尝筑精舍居之。秋八月,秉忠无疾端坐而卒,年五十九。帝闻惊

翻译

起初,忽必烈让刘秉忠在桓州以东和滦水以北之间考察地形,在龙冈修筑一座城,三年建成后,定名为开平。接着升格为上都,而以燕京为中都。至元四年(1267),忽必烈又命刘秉忠修建中都,开始建造皇宫和皇帝祭祀祖先的宗庙。至元八年(1271),刘秉忠奏请建国号为大元,将中都改名大都。其他如颁发给官员以有等级标志的礼服、举行朝廷礼仪、发给官吏以俸钱禄米、制定职官制度,这些都是从刘秉忠规划开始的,并成为整个元代不变的制度。

至元十一年(1274),刘秉忠随忽必烈到上都,这里有一个叫南屏山的地方,他曾在此修炼居住。秋八月,刘秉

悼,谓群臣曰:"秉忠事朕三十余年,小心慎密,不避艰险,言无隐情,其阴阳术数之精,占事知来,若合符契,惟朕知之,他人莫得闻也。"出内府钱具棺敛①,遣礼部侍郎赵秉温护其丧还葬大都②。十二年,赠太傅,封赵国公,谥文贞。成宗时,赠太师,谥文正。仁宗时,又进封常山王。

秉忠自幼好学,至老不衰,虽位极人臣,而斋居蔬食,终日澹然,不异平昔。自号藏春散人,每以吟咏自适,其诗萧散闲淡,类其为人。有文集十卷。无子,以弟秉恕子兰璋后③。

忠没有什么病就端坐着死了,享年五十九岁。忽必烈听到消息后大为悲痛,对大臣们说:"刘秉忠侍事我三十多年,凡事小心谨慎,不怕艰难,直言无讳。他精通阴阳之术,用占卜以推测未来,十分灵验,这事只有我知道,别的人并不晓得。"他下令由内府出钱办理丧葬事宜,并派礼部侍郎赵秉温护送他的灵柩到大都安葬。至元十二年(1275),追赠刘秉忠为太傅,封赵国公,谥号文贞。元成宗时又追赠太师,谥号文正。元仁宗又进一步封他为常山王。

刘秉忠从小好学,至老不衰,虽然官位很高,但依然粗茶淡饭、清心寡欲,与以往没有什么不同。他自号藏春散人,时常吟咏诗歌以自娱,他的诗闲散淡泊,如同他的为人。他有文集十卷。他没有儿子,以弟弟刘秉恕的儿子刘兰璋为后代。

注释　①内府:皇室的仓库。　②赵秉温:刘秉忠的学生,曾佐刘规划建大都,历任礼部侍郎、秘书监少监、昭文馆大学士等。　③秉恕:刘肃的门人,与兄秉忠同事忽必烈,历官礼部侍郎、吏部侍郎、顺德安抚使、礼部尚书、淮西宣慰使等。

郝 经 传

导读

　　郝经(1223—1275)，字伯常，泽州陵川(今山西陵川)人。幼时遭金末战乱，金亡后迁居河北，居住在蒙古军将领张柔家，得读其藏书。宪宗时，郝经进入忽必烈幕府，受到忽必烈的器重。后随忽必烈进攻鄂州(今湖北鄂州)，得宪宗死讯，郝经力劝忽必烈北还争夺皇位。元世祖中统元年(1260)出使宋朝，被贾似道扣留于真州(今江苏仪征)。至元十二年(1275)获释，北还后病死。著有《续后汉书》《陵川集》等。(选自卷一五七)

原文

　　郝经，字伯常，其先潞州人①，徙泽州之陵川②，家世业儒。祖天挺，元裕尝从之学③。金末，父思温辟地河南之鲁山。河南乱，居民匿窖中，乱兵以火熏灼之，民多死，经母许亦死。经以蜜和寒菹汁，决母齿饮之，即苏。时经九岁，人皆异之。金亡，徙顺天④。家贫，昼则负薪米为养，暮则读

翻译

　　郝经，字伯常，祖先是潞州人，移居到泽州的陵川，他家世代以儒学为业。郝经的祖父叫郝天挺，元好问曾经跟随他学习。金代末年，郝经的父亲郝思温避战乱来到河南鲁山。河南遭受战乱，居民藏身在地窖里，乱兵用火熏烤地窖，大多数人都死了，郝经的母亲也昏死了。郝经用蜂蜜加冷酸菜汤，撬开母亲的牙关后将汤灌入，他的母亲便苏醒了。当时郝经只有九岁，人们都感到惊奇。金朝灭亡以后，郝经移居到顺天。他家境贫寒，白天便为了养家而背柴担

书。居五年，为守帅张柔、贾辅所知，延为上客。二家藏书皆万卷，经博览无不通。往来燕、赵间⑤，元裕每语之曰："子貌类汝祖，才器非常，勉之。"

米，夜晚便读书。郝经在顺天住了五年，被当地驻军元帅张柔、贾辅所知晓，将他作为座上客。这二人家中的藏书都在万卷以上，郝经对于这些书广泛阅览，没有不通晓的。郝经来往于燕、赵一带，元好问常常对他说："你长得像你爷爷，才能、度量不同寻常，好好干吧。"

注释 ① 潞州：州治所在今山西长治。 ② 泽州：治所在今山西晋城。 ③ 元裕：元好问，字裕之，金代著名文学家。 ④ 顺天：府名，治所在今北京。 ⑤ 燕：战国时期燕国旧地，即今河北北部和辽宁西部；赵：战国时期赵国旧地，即今河北南部和山西北部。

原文

宪宗二年，世祖以皇弟开邸金莲川，召经，咨以经国安民之道，条上数十事，大悦，遂留王府。是时，连兵于宋，宪宗入蜀，命世祖总统东师，经从至濮①。会有得宋国奏议以献，其言谨边防，守冲要，凡七道，遂下诸将议。经曰："古之一天下者，以德不以力。彼今未有败亡之衅，我乃空国而出，诸侯窥伺于内，小民凋

翻译

元宪宗二年(1252)，元世祖以皇帝弟弟的身份在金莲川建立府第，召郝经来府。元世祖向郝经询问管理国家、安定百姓的方法，郝经分条上奏数十件事，世祖非常高兴，便留郝经在王府中。当时，蒙古军队正在与宋朝交战，元宪宗进入四川，命令世祖全面统帅东路的部队，郝经跟随世祖到达濮州。此时恰巧有人获得宋朝的奏议，献给朝廷，奏议中说要小心防守边境，守住交通要道，奏议共七条。世祖于是将这份奏议下达给各位将领计议。郝经说："古代统一天下的人，依靠的是德，不是依靠的力。它宋朝今天还没有败亡的破绽，

弊于外。经见其危，未见其利也。王不如修德布惠，敦族简贤，绥怀远人，控制诸道②，结盟饬备，以待西师，上应天心，下系人望，顺时而动，宋不足图也。"世祖以经儒生，愕然曰："汝与张拔都议邪③？"经对曰："经少馆张柔家，尝闻其论议。此则经臆说耳，柔不知也。"进七道议七千余言。乃以杨惟中为江淮荆湖南北等路宣抚使④，经为副，将归德军⑤，先至江上，宣布恩信，纳降附。惟中欲私还汴⑥，经曰："我与公同受命南征，不闻受命还汴也。"惟中怒，弗听。经率麾下扬旌而南，惟中惧谢，乃与经俱行。……

我们则是空国而出，诸侯在内部窥测时机，老百姓在外面生活困苦。我看到了征讨宋朝的危险，没有看见这种举动的好处。大王您不如遵循道德的要求，散布恩惠，督促、勉励族人，选拔贤能的人，安抚、关怀远方的人们，控制住各道，与宋缔结和约并整顿战备工作，以等待西路军，上符合天帝的意志，下关系到人民的心愿，顺应时机而行动，宋朝不值得谋取。"世祖因为郝经是儒生，便惊讶地说："你和张柔议论过这件事吗？"郝经回答说："我少年时代寓居在张柔家，曾经听到过他议论政事。这个看法则是我随便说的，张柔不知道。"郝经进上了七条奏议共有七千多字。世祖于是任命杨惟中为江淮荆湖南北等路宣抚使，郝经为副宣抚使，率领归德地区的军队，先来到长江边，宣扬、布施朝廷的恩德和信誉，收留投降和归附的人。杨惟中想要偷偷地撤回到汴梁，郝经说："我和您一起接受命令南征，没有听到返回汴梁的命令。"杨惟中很生气，不听郝经的话。郝经率领部下，旌旗招展地向南挺进，杨惟中害怕了并且向郝经道歉，于是和郝经一起前进。……

注释 ① 濮：濮州。治所在鄄城（今山东菏泽鄄城北旧城），辖境相当今山东菏泽鄄城及河南濮阳南部地区。 ② 道：古代行政区划名，唐代将全国划分为十道。 ③ 张拔都：指元帅张柔。拔都，蒙语，勇敢之意。 ④ 江淮荆湖南北：江指长江，淮指淮河，荆指荆州，湖南北指湖南、湖北。 ⑤ 归德：府名，府治在今河南商丘。 ⑥ 汴：汴梁，即今河南开封。

原文

明年，世祖即位，以经为翰林侍读学士①，佩金虎符，充国信使使宋，告即位，且定和议，仍敕沿边诸将毋抄掠。经入辞，赐蒲萄酒，诏曰："朕初即位，庶事草创，卿当远行，凡可辅朕者，亟以闻。"经奏便宜十六事，皆立政大要，辞多不载。

翻译

第二年，元世祖忽必烈继承皇位，任命郝经为翰林侍读学士，佩带金虎符，担任国家的信使出使宋朝，通告宋朝元世祖已经继承皇位，并且与宋朝订立和平协议，仍然命令沿着边界驻守的诸位将领不得掠夺百姓。郝经进入皇宫辞别世祖，世祖赏赐他葡萄酒，皇帝对郝经说："本人刚刚即位，许多事情都在草创，你将要远行，凡是可以辅助我的，尽快上报于我。"郝经上奏了需酌情处理的十六件事，都是施政的关键问题，因文字多而未收入本传。

注释 ① 侍读学士：官名，职务是给帝王讲学，备顾问。

原文

时经有重名，平章王文统忌之①。既行，文统阴属李璮潜师侵宋②，欲假手害经。经至济南，璮以书止

翻译

当时，郝经名气很大，平章王文统忌恨他。郝经出发之后，王文统暗地里托附李璮秘密出兵侵犯宋朝，想以此来加害郝经。郝经到了济南，李璮写信给

经,经以瑄书闻于朝而行。宋败瑄军于淮安,经至宿州③,遣副使刘仁杰、参议高翿请入国日期④,不报。遣书宰相及淮帅李庭芝,庭芝复书果疑经,而贾似道方以却敌为功,恐经至谋泄,竟馆经真州⑤。……居七年,从者怒斗,死者数人,经独与六人处别馆。又九年,丞相伯颜奉诏南伐,帝遣礼部尚书中都海牙及经弟行枢密院都事郝庸入宋⑥,问执行人之罪。宋惧,遣总管段佑以礼送经归。贾似道之谋既泄,寻亦窜死。经归道病,帝敕枢密院及尚医近侍迎劳,所过父老瞻望流涕。明年夏,至阙,锡燕大庭,咨以政事,赏赉有差。秋七月,卒,年五十三。官为护丧还葬,谥文忠。明年,宋平。

经为人尚气节,为学务有用。及被留,思托言垂

他,要他不再前进。郝经将李瑄的信报告朝廷之后继续前进。宋朝在淮安打败了李瑄的军队,郝经到达宿州后,派副手刘仁杰、参议高翿去询问允许进入宋朝境内的日期,宋朝的官员不予回答。郝经写信给宋朝的宰相以及淮河地区的统帅李庭芝,李庭芝回信果然对郝经表示怀疑,而贾似道正以击退敌人为自己的功劳,怕郝经到宋朝朝廷后他的阴谋将败露,居然安排郝经住在真州。……在真州住了七年之后,郝经的随从发生械斗,死了几个人,郝经只与六个人住在另外的馆驿里。又过了九年,元朝丞相伯颜奉元世祖的诏命讨伐南方,皇帝派礼部尚书中都海牙和郝经的弟弟、行枢密院都事郝庸进入宋朝,质问宋朝拘留元朝使者的罪过。宋朝很害怕,派总管段佑以应有的礼节送郝经返回。贾似道的阴谋已经泄露,不久也被流放而死。郝经在返回的路途中生了病,皇帝命令枢密院的官员以及太医、皇帝贴身的侍从去迎接和慰劳郝经,郝经路过的地方,父老乡亲都流着眼泪看望他。第二年夏天,到达皇宫,皇帝在皇宫内赐宴迎接郝经,向他询问国家大事,赏赐给郝经和他的随从多少不等的钱财。秋七月,郝经去世,享年

后,撰《续后汉书》《易春秋外传》《太极演》《原古录》《通鉴书法》《玉衡贞观》等书及文集,凡数百卷。其文丰蔚豪宕,善议论。诗多奇崛。拘宋十六年,从者皆通于学。

五十三岁。官府为他护送灵车返回故里安葬,他被谥为文忠。第二年,宋朝灭亡。

郝经为人崇尚气节,研究学问务求实用。当他被拘留在宋朝时,他考虑要借文字将自己的学问传留后世,撰写了《续后汉书》《易春秋外传》《太极演》《原古录》《通鉴书法》《玉衡贞观》等书籍和文集,共数百卷。郝经的文章丰富茂美,豪放而起伏跌宕,善于议论。他的诗多是新奇突兀之作。他被宋朝拘禁十六年,他的随从都成为通于学问的人。

注释 ①平章:官名。元代中书省平章为宰相的副职。 ②李璮:时为江淮大都督。 ③宿州:治所在今安徽宿州。 ④翿:音 dào。参议:中书省的属官。 ⑤真州:即今江苏仪征。 ⑥行枢密院:元初因征伐之事而设行枢密院;都事:行枢密院的普通官员。

金 履 祥 传

导读

金履祥（1232—1303），字吉父，学者称仁山先生，婺州兰溪（今浙江兰溪）人。初从王柏、何基学，何基为朱熹的再传弟子，故金履祥得朱熹之传。元军围困襄樊时，他曾上书宋廷，建议由海路直捣燕、蓟，以牵制元军，他的建议未被宋廷采用，但元初的海运路线与他描述的海路完全一致。宋亡后，他在郡治所讲学，门生达数百人。著有《通鉴前编》《大学章句疏义》《论语孟子集注考证》等。（选自卷一八九）

原文

金履祥，字吉父，婺之兰溪人。其先本刘氏，后避吴越钱武肃王嫌名①，更为金氏。……

履祥幼而敏睿，父兄稍授之书，即能记诵。比长，益自策励，凡天文、地形、礼乐、田乘、兵谋、阴阳、律历之书，靡不毕究。及壮，知向濂、洛之学②，事同郡王柏，从登何基之门。基则学于黄干，而干亲承朱熹之传

翻译

金履祥，字吉父，婺州兰溪人。他的祖先本姓刘，后来避吴越钱武肃王钱镠姓名字音相近之讳，改为金姓。……

金履祥从小聪明通达，父亲和兄长刚刚教他读书，他就能背诵下来。等到长大之后，他更加自我鞭策和激励，凡天文、地理、礼乐、农牧、军事、阴阳、音律、历法方面的书，金履祥没有不深入钻研的。壮年后，他懂得了向往周敦颐、程颢、程颐的学问，师事同郡的王柏，跟随王柏向何基登门求教。何基学于黄干，而黄干是亲自接受朱熹传授的。从此金履祥讲论学问更加细密，学

者也。自是讲贯益密，造诣
益邃。

术造诣更加深邃。

原文

时宋之国事已不可为，履祥遂绝意进取。然负其经济之略，亦未忍遽忘斯世也。会襄樊之师日急，宋人坐视而不敢救，履祥因进牵制捣虚之策，请以重兵由海道直趋燕、蓟，则襄樊之师，将不攻而自解。且备叙海舶所经，凡州郡县邑，下至巨洋别坞，难易远近，历历可据以行。宋终莫能用。及后朱瑄、张清献海运之利，而所由海道，视履祥先所上书，咫尺无异者，然后人服其精确。……

宋将改物，所在盗起，履祥屏居金华山中……平居独处，终日俨然，至与物

翻译

当时宋朝的国事已经无法挽救，金履祥便决心不再求取功名。然而他具有经邦济世的宏图大略，故而不忍心立即就放弃对社会的责任。当襄樊军情日益紧急之时，宋朝人坐视而不敢救援，金履祥因此呈上牵制敌军、直接捣毁敌人兵力空虚之地的计策，请求用重兵从海路直趋燕京、蓟州，则包围襄樊的敌军，将不攻而自动瓦解。金履祥并且详细叙述了海船所经过的路线，凡州、郡、县、乡，以至大海中的水路，原先海图未标明的另外的码头，路线的难易远近，都清清楚楚地可以依照实行。宋朝最终没有采用他的建议。等到后来朱瑄、张清向元朝献策陈述海上运输之利时，他们所经由的海路，与金履祥先前所上书指出的路线，咫尺不差，此后人们便佩服他的精确。……

宋朝将要灭亡，到处都出现强盗，金履祥隐居在金华山中……平时独自

接，则盎然和怿。训迪后学，谆切无倦，而尤笃于分义。有故人子坐事，母子分配为隶，不相知者十年，履祥倾资营购，卒赎以完，其子后贵，履祥终不自言，相见劳问辛苦而已。……

履祥尝谓司马文正公光作《资治通鉴》，秘书丞刘恕为《外纪》①，以记前事，不本于经，而信百家之说，是非谬于圣人，不足以传信。……乃用邵氏《皇极经世历》、胡氏《皇王大纪》之例②，损益折衷，一以《尚书》为主，下及《诗》《礼》《春秋》，旁采旧史诸子，表年系事，断自唐尧以下③，接于《通鉴》之前，勒为一书，二十卷，名曰《通鉴前编》。凡所引书，辄加训释，以裁正其义，多儒先所未发。……他所著书：曰《大学章句疏义》二卷，《论语孟子集注考证》十七卷，《书表注》四卷。……

居住，整天矜持庄重，至于与人接触，则兴味盎然，温和而欢喜。金履祥教导启迪弟子，恳切、实在而不知疲倦，而且他尤其忠于情义。有个朋友的儿子因事而被判罪，母子俩被分配给富人家做奴隶，失掉联系十年。金履祥运用全部资财筹措赎买母子二人，终于将他们赎出，使他们团聚。那位儿子后来成为显贵，金履祥始终自己不说这件事，与那人见面只是寒暄一下而已。……

金履祥曾经说司马光作《资治通鉴》，秘书丞刘恕接着作了《外纪》，用来记载从前的事情，不是本之于经书，而是相信诸子百家的学说，对于正确与谬误的看法与圣人不同，所以不值得流传和相信。……金履祥便采用邵雍的《皇极经世历》、胡宏的《皇王大纪》的体例，加以增减，使之适中，他完全以《尚书》为主，以下涉及《诗》《礼》《春秋》，另外采用以往的史书、诸子百家、年表、编年的纪事，断代从唐尧时代以下，接至《资治通鉴》之前，编为一部书，二十卷，名为《通鉴前编》。凡是他所引用的书籍，他都加以解释，以判断、订正其含义，大多是先儒所未能阐明的。……金履祥其他的著作有：《大学章句疏义》二卷，《论语孟子集注考证》十七卷，《书表注》四卷。……

注释 ① 秘书丞:秘书监的属官。秘书监负责经籍图书等。 ② 胡氏:胡宏,字仁仲,南宋学者,二程的再传弟子。 ③ 唐尧:古帝名,封于唐,号陶唐氏。

原文

初,履祥既见王柏,首问为学之方,柏告以必先立志,且举先儒之言:居敬以持其志,立志以定其本,志立乎事物之表,敬行乎事物之内,此为学之大方也。及见何基,基谓之曰:"会之屡言贤者之贤,理欲之分,便当自今始。"会之,盖柏字也。……

履祥居仁山之下,学者因称为仁山先生。大德中卒。……至正中,赐谥文安。

翻译

当初,金履祥见到王柏之后,首先请教学习的方法,王柏告诉他必须首先立下志向,并且举出以往儒者的话:处于慎重严肃的心态以保持自己的志向,立下志向以确定根本,志向树立在事物的表面,慎重严肃的心态运行于事物的内部,这是学习的根本的法则。等到金履祥见到了何基,何基对他说:"会之经常说起贤者的贤能,天理和人欲的分别,你应当从今天起便按着他的要求去做。"会之,是王柏的字。……

金履祥居住在仁山脚下,读书人因此称他为仁山先生。大德年间,金履祥去世。……至正年间,皇帝赐予他文安的谥号。

八 思 巴 传

导读

八思巴(1235—1279),又译发思八、八合思巴,本名罗古罗斯坚藏。元乌思藏萨斯迦(今西藏萨迦)人,家族为款氏,号八思巴(意为圣者),是藏传佛教萨迦派第五代祖师。元世祖中统元年(1260),封国师,赐玉印,统领天下佛教。元世祖至元元年(1264),领总制院(后改宣政院),统辖释教僧徒及吐蕃地区军政事务。又受命创制蒙古新字(即八思巴字)。至元十三年(1276),回到故乡。至元十六年(1279)卒,元世祖命令在大都建大塔纪念。著作有《彰所知论》等三十余种。(选自卷二〇二)

原文

帝师八思巴者,土番萨斯迦人,族款氏也。相传自其祖朵栗赤,以其法佐国主霸西海者十余世①。八思巴生七岁,诵经数十万言,能约通其大义,国人号之圣童,故名曰八思巴。少长,学富五明②,故又称曰班弥怛③。岁癸丑,年十有五,谒世祖于潜邸,与语大悦,日见亲礼。

翻译

皇帝的老师八思巴,是西藏萨斯迦人,家族为款氏。相传从他的祖先朵栗赤起,用他们的学说辅佐其主称霸西海郡十多代。八思巴七岁时,背诵经文数十万字,能够大略地通晓其中的含意,西藏人称他为圣童,所以取名为八思巴。长大之后,八思巴精通五明之学,所以又称他为班弥怛。元宪宗三年(1253),八思巴十五岁,拜见元世祖于世祖的府第,世祖与他交谈,大为高兴,对他日益亲近优待。

注释 ① 西海：郡名，辖境在今青海省青海湖附近一带。 ② 五明：古印度学者通习的五种基本科目：内明、因明、工巧明、医方明、声明。内明为哲理；因明为逻辑；工巧明为工艺技术、天文数学；医方明为医术、药剂、卫生；声明为文法、训诂。③ 班弥怛：梵语，或译作班智达，意为大学者。

原文

中统元年，世祖即位，尊为国师，授以玉印。命制蒙古新字，字成上之。其字仅千余，其母凡四十有一。其相关纽而成字者①，则有韵关之法；其以二合三合四合而成字者，则有语韵之法，而大要则以谐声为宗也。至元六年，诏颁行于天下，诏曰："朕惟字以书言，言以纪事，此古今之通制。我国家肇基朔方，俗尚简古，未遑制作，凡施用文字，因用汉楷及畏吾字，以达本朝之言。考诸辽、金，以及遐方诸国，例各有字，今文治寖兴，而字书有阙，于一代制度，实为未备。故特命国师八思巴创为蒙古新字，

翻译

中统元年（1260），世祖继承皇位，尊八思巴为国师，授给他玉印。皇帝命令他创制蒙古新文字，八思巴创制完成新字后呈交给皇帝。八思巴的蒙古新文字只有一千多个，其字母共有四十一个。用声母相拼而成字的，有韵关之法；用两个字母、三个字母、四个字母合成文字的，则有语韵之法，主要是以谐音为根本法则。至元六年（1269），皇帝命令将蒙古新字颁布推行于全国，诏书说："我考虑文字用以书写语言，语言用来记事，这是古今通行的制度。我元朝起源于北方，风俗崇尚简单古朴，没有时间著述，因此凡是使用文字时，便采用汉文的楷体和维吾尔文，以表达我蒙古族的语言。考察于辽国、金国，以及远方的各个国家，都各有文字，如今文化教育渐渐兴起，而文字有所缺少，对于一代的制度来说，实在是没有完备。所以我特地命令国师八思巴创造蒙古新文字，翻译书写一切文字，希望能语

译写一切文字，期于顺言达事而已。自今以往，凡有玺书颁降者②，并用蒙古新字，仍各以其国字副之。"遂升号八思巴曰大宝法王，更赐玉印。

十一年，请告西还，留之不可，乃以其弟亦怜真嗣焉。十六年，八思巴卒。……

言通顺地表达事物，如此而已。从今以后，凡有玺书颁布各地，都要用蒙古文新文字，仍各以其地的民族文字为副本。"于是皇帝升八思巴的称号为大宝法王，又赐给他玉印。

至元十一年(1274)，八思巴向皇帝请求回到西方，皇帝挽留他，他不同意，皇帝便让他的弟弟亦怜真继承他的职位。至元十六年(1279)，八思巴去世。……

注释　① 纽：声纽，即拼音中的声母。　② 玺书：古时用印章封记的文书。

程 钜 夫 传

导读

程钜夫(1249—1318),建昌(今江西南城)人。南宋末年,程钜夫随叔父程飞卿以建昌降元,被任命为千户。元世祖至元二十年(1283)后,历任翰林集贤直学士、侍御史、集贤学士等职。他奉世祖之命去江南一带访求文士,向朝廷举荐赵孟頫等二十余人。程钜夫与权臣桑哥不合,险遭杀害。至元三十年(1293)后,历任闽海道、山南江北道、浙东海右道肃政廉访使,曾主修成宗、武宗实录。程钜夫善诗文,有《雪楼集》传世。(选自卷一七二)

原文

程钜夫,名文海,避武宗庙讳①,以字行。其先,自徽州徙郢州京山②,后家建昌③。叔父飞卿,仕宋,道判建昌④,世祖时,以城降。钜夫入为质子⑤,授宣武将军⑥、管军千户⑦。他日,召见,问贾似道何如人,钜夫条对甚悉,帝悦,给笔札书之,乃书二十余幅以进。帝大奇之,因问今居何官,以千户

翻译

程钜夫,名文海,因为避元武宗(名海山)的讳,所以只用字不用名。他的祖先从徽州迁徙到郢州京山县,后来安家在建昌。程钜夫的叔叔程飞卿在宋朝做官,在建昌做通判,元世祖时,他将建昌城归降了元朝。程钜夫到元朝人那里做人质,被任命为宣武将军、管军千户。后来,世祖召见他,问他贾似道是什么样的人,程钜夫分条回答,非常详尽,皇帝很高兴,给他笔纸书写,他便写了二十多张纸进献给皇帝。皇帝非常惊讶,因而问他现在做什么官,他回答说是千户。

对,帝谓近臣曰:"朕观此人相貌,已应贵显;听其言论,诚聪明有识者也。可置之翰林。"丞相火礼霍孙传旨至翰林,以其年少,奏为应奉翰林文字,帝曰:"自今国家政事得失,及朝臣邪正,宜皆为朕言之。"钜夫顿首谢曰:"臣本疏远之臣,蒙陛下知遇,敢不竭力以报陛下!"寻进翰林修撰⑧,屡迁集贤直学士,兼秘书少监⑨。……

皇帝对身边的臣子说:"我观察这个人的相貌,已经表现出富贵显达的样子;听他的言论,真是聪明有见识的人,可以安排在翰林院。"丞相火礼霍孙传达圣旨到翰林院,因为程钜夫年纪小,所以翰林院奏请让他担任应奉翰林文字,皇帝说:"从今以后,国家政事得当与否,以及大臣们是邪恶还是正直,你都应该告诉我。"程钜夫叩头感谢说:"我本来是与朝廷疏远的臣民,承蒙陛下赏识,怎敢不竭尽全力以报答陛下!"不久,他晋升为翰林修撰,屡次升迁成为集贤直学士,兼秘书少监。……

注释 ① 庙讳:封建时代称皇帝父祖的名字为"庙讳"。 ② 徽州:元代为徽州路,治所在今安徽歙县。郢州:元至元十五年(1278)升为安陆府,治所在今湖北钟祥。 ③ 建昌:宋代为建昌军,元代为建昌路,治所在今江西南城。 ④ 道判:官名,与知府、知州共同管理府、州政事。 ⑤ 质子:人质。古代派往别国当人质的多为王子或世子,故名质子。 ⑥ 宣武将军:武散官名,从四品。 ⑦ 千户:军官名,又称千夫长,为世袭军职,职位低于万户。 ⑧ 翰林修撰:翰林兼国史院官员,职位低于待制,高于应奉翰林文字、编修官。 ⑨ 秘书少监:秘书监(掌历代图籍)官员。

原文

二十三年,见帝,首陈:"兴建国学,乞遣使江南搜访遗逸;御史台①、按察司②,并宜参用南北之人。"帝嘉

翻译

至元二十三年(1286),程钜夫谒见皇帝,他首先陈述道:"兴建国学,请求派使臣去江南搜求、访问遗贤隐逸;御史台、按察司都应该参用南方北方的人。"

纳之。

二十四年，立尚书省③，诏以为参知政事④，钜夫固辞。又命为御史中丞，台臣言："钜夫南人，且年少。"帝大怒曰："汝未用南人，何以知南人不可用！自今省部台院⑤，必参用南人。"遂以钜夫仍为集贤直学士，拜侍御史⑥，行御史台事⑦，奉诏求贤于江南。初，书诏令皆用蒙古字，及是，帝特命以汉字书之。帝素闻赵孟荻、叶李名，钜夫临当行，帝密谕必致此二人；钜夫又荐赵孟頫、余恁、万一鹗、张伯淳、胡梦魁、曾晞颜、孔洙、曾冲子、凌时中、包铸等二十余人，帝皆擢置台宪及文学之职⑧。还朝，陈民间利病五事，拜集贤学士，仍还行台。

皇帝高兴地接受了他的意见。

至元二十四年(1287)，建立尚书省，皇帝命令程钜夫为参知政事，程钜夫执意推辞。皇帝又任命他为御史中丞，谏官说："程钜夫是南人，而且年轻。"皇帝大怒，说："你没有任用过南人，怎么知道南人不可用！从今以后，各省、部、台、院，必须参用南人。"于是，任命程钜夫仍为集贤直学士，侍御史，做行御史台的工作，程钜夫奉皇帝之命在江南访求贤士。当初，书写皇帝的诏令都用蒙文，到此时，皇帝特地命令用汉字书写诏令。皇帝平素听说过赵孟荻、叶李的名声，程钜夫临行前，皇帝悄悄地告诉他一定要得到这两个人；程钜夫又推荐赵孟頫、余恁、万一鹗、张伯淳、胡梦魁、曾晞颜、孔洙、曾冲子、凌时中、包铸等二十多人，皇帝都提拔安置他们担任御史以及教官等职务。程钜夫回到朝廷后，向皇帝陈述民间利弊的五件事，被任命为集贤学士，仍然回到行御史台。

注释 ①御史台：掌纠察百官善恶、政治得失的官署。 ②按察司：官署名，掌管断决六品以下官吏轻罪，复审地方案件等。 ③尚书省：官署名，与中书省并立，总领六部。 ④参知政事：官名，宰相的副职。 ⑤省部台院：官署名称，如中书省，六部、御史台、枢密院等。　⑥ 侍御史：官名，御史台官员。　⑦ 行御史台：官署名，御史台的分设机构，掌监察弹劾行省以下官吏。　⑧ 台宪：宪台，御史官职的通称。文学：教官。

原文

二十六年，时相桑哥专政，法令苛急，四方骚动。钜夫入朝，上疏曰："臣闻天子之职，莫大于择相，宰相之职，莫大于进贤。苟不以进贤为急，而惟以殖货为心，非为上为德、为下为民之意也。昔文帝以决狱及钱谷问丞相周勃，勃不能对，陈平进曰①：'陛下问决狱，责廷尉②；问钱谷，责治粟内史③。宰相，上理阴阳，下遂万物之宜，外镇抚四夷，内亲附百姓。'观其所言，可以知宰相之职矣。今权奸用事，立尚书钩考钱谷④，以剥割生民为务，所委任者，率皆贪饕邀利之人，江南盗贼窃发，良以此也。臣窃以为宜清尚书之政，损行省之权⑤，罢言利之

翻译

至元二十六年（1289），当时宰相桑哥独揽大权，法令苛酷峻急，各地形势不稳。程钜夫入朝上奏疏说："我听说天子的职责中，没有大过选择宰相的，宰相的职务中，没有大过提拔贤士的。如果不以提拔贤士为紧迫的任务，却只考虑居积财货，这不是为皇上为德行、为臣下为百姓的心愿。从前，汉文帝问丞相周勃有关审判犯人以及钱财粮食的问题，周勃回答不上来，陈平启奏说：'陛下问审判犯人，应该责问廷尉；问钱财粮食，应该责问治粟内史。宰相，上调理阴阳，下顺应万物之自然，外镇抚四方的民族，内亲近平民百姓。'从陈平所说的话看，可以知道宰相的职责了。如今权臣奸党掌权，设官只求探取金钱粮谷，以剥夺宰割百姓为主，所任用的人，大多是贪婪而希求私利的人，江南的盗贼人数在悄悄地扩大，就是由此而起。我认为应该清理尚书的政事，削弱行省的权力，罢免贪财利的官员，做体恤百姓的事情，这才于国家有利。"桑哥大怒，将程钜夫扣留在

官,行恤民之事,于国为便。"桑哥大怒,羁留京师不遣,奏请杀之,凡六奏,帝皆不许。……三十年,出为闽海道肃政廉访使,兴学明教,吏民畏爱之。

大德四年,迁江南湖北道肃政廉访使。至官,首治行省平章家奴之为民害者,上下肃然。……

京城,不让他回去,奏请皇帝杀死他,共上奏六次,皇帝都不批准。……至元三十年(1293),程钜夫被任命为闽海道肃政廉访使,他兴办学校,倡明教化,官吏和平民对他是又怕又爱。

大德四年(1300),程钜夫改任江南湖北道肃政廉访使。到任后,首先惩治行省平章政事家奴中扰害百姓的人,使得当地上上下下秩序井然。……

注释 ①陈平:汉初名臣,官至右丞相,曾与太尉周勃合作,诛灭诸吕,迎立汉文帝。②廷尉:官名,九卿之一,掌刑狱。 ③治粟内史:官名,掌谷粮钱货。 ④尚书:官名,六部的长官,正三品。 ⑤行省:行尚书省或行中书省的简称。

原文

十一年,拜山南江北道肃政廉访使,复留为翰林学士。至大元年,修《成宗实录》。二年,召至上都。三年,复拜山南江北道肃政廉访使。……皇庆元年,修《武宗实录》。二年,旱,钜夫应诏陈桑林六事①,忤时宰意。明日,帝遣近侍赐上尊,劳之

翻译

大德十一年(1307),程钜夫被任命为山南江北道肃政廉访使,朝廷又留他担任翰林学士。至大元年(1308),程钜夫撰写《成宗实录》。至大二年(1309),皇帝召他到上都。至大三年(1310),又任命他为山南江北道肃政廉访使。……皇庆元年(1312),程钜夫撰写《武宗实录》。皇庆二年(1313),天气干旱,程钜夫奉皇帝之命陈述皇帝为求雨而自我责备的六件事,与当朝宰相的意

曰："中书集议,惟卿所言甚当,后临事,其极言之。"于是诏钜夫偕平章政事李孟②、参知政事许师敬议行贡举法③,钜夫建言:"经学当主程颐、朱熹传注,文章宜革唐、宋宿弊。"命钜夫草诏行之。

三年,以病乞骸骨归田里,不允,命尚医给药物。……时令近臣抚视,且劳之曰:"卿,世祖旧臣,惟忠惟贞,其勉加饔粥④,少留京师,以副朕心。"钜夫请益坚,特授光禄大夫⑤,赐上尊,命廷臣以下饮饯于齐化门外⑥,给驿南还。敕行省及有司常加存问。居三年而卒,年七十。泰定二年,赠大司徒⑦、柱国⑧,追封楚国公,谥文宪。

见相冲突。第二天,皇帝派遣贴身的仆人赐给程钜夫皇帝用的酒器,慰劳他说:"中书省的官员议事,只有你说得非常恰当。以后遇到事情,请毫无保留地说出你的意见。"于是程钜夫与平章政事李孟、参知政事许师敬一起商议实行贡举法,程钜夫建议:"经学应当以程颐、程颢和朱熹的传注为主,文章应革除唐、宋长期以来的弊病。"皇帝命令程钜夫起草诏书实行这些主张。

延祐三年(1316),程钜夫因病请求退职回故乡,皇帝不批准,命令御医送给他药物。……皇帝经常命令身边的臣子去安抚探视,并且慰劳他说:"你是世祖的旧臣,忠诚而又坚定,请尽力多吃些粥饭,稍微多留京城一段时间,以满足我的心愿。"程钜夫请求退职的要求更加坚决了,皇帝特别授予他光禄大夫的职位,赐给他皇帝使用的酒器,命令朝廷大臣以及下级官员在齐化门外为程钜夫饯行,送给他驿车,让他回南方去。皇帝命令行省和有关的官吏经常去慰问他。家居三年,程钜夫去世,享年七十岁。泰定二年(1325),朝廷追赠程钜夫为大司徒、柱国,追封他为楚国公,谥号为文宪。

注释 ① 桑林:地名。古代传说,汤之时,七年大旱,汤以五事自责,亲自在桑林向上苍祷告,天立刻大雨。 ② 平章政事:宰相的副职。 ③ 贡举:古有乡举里选之制,又谓侯贡士,合称为贡举。 ④ 饘(jiān):厚粥。 ⑤ 光禄大夫:文散官名,从一品。⑥ 齐化门:元大都时城门之一,明清时代称朝阳门。 ⑦ 大司徒:官名,三公之一。⑧ 柱国:勋阶,从一品,只用于封赠。

胡 长 孺 传

导读

胡长孺(1249—1323)，字汲仲，婺州永康(今浙江永康)人，宋末，荆湖制置使任用他为吏，宋亡隐居永康。元世祖至元二十五年(1288)，应召至京师，任集贤院修撰，因触怒执朝政者，改任为扬州教授。后任台州路宁海县主簿等，晚年辞官隐居杭州武林山。胡长孺初学朱熹的学术，晚年崇慕陆九渊"宇宙即吾心"的思想。有《石塘文稿》，已佚。(选自卷一九〇)

原文

胡长孺，字汲仲，婺州永康人。当唐之季，其先自天台来徙。宋南渡后，以进士科发身者十人，持节分符^①，先后相望。……至长孺，其学益大振，《九经》^②、诸史，下逮百氏，名^③、墨^④、纵横^⑤，旁行敷落^⑥，律令章程，无不包罗而揆序之。咸淳中，外舅徐道隆为荆湖四川宣抚参议官，长孺从之入蜀，铨试第一名，授迪功郎^⑦、监重庆府酒

翻译

胡长孺，字汲仲，婺州永康人。唐朝末年时，他的祖先由天台县迁来永康。宋朝南渡后，胡家从进士科立功扬名的有十人之多，当上高官的，前后不断。……到胡长孺时，胡家学问更是大振，《九经》、各种史书，下及诸子、名家、墨家、纵横家、少数民族的文字、祭祀的礼仪、法律、法令、章程、条例，无不包容。宋咸淳年间，胡长孺的岳父徐道隆任荆湖四川宣抚参议官，胡长孺跟随他进入四川，在吏部选拔官吏的考试中获得第一名，被授予迪功郎的职位，监管重庆府有关酿酒、贩酒的事务。……胡

务。……与高彭、李湜、梅应春等，号南中八士。已而复拜福宁州倅之命⑧，会宋亡，退栖永康山中。

至元二十五年，诏下求贤，有司强起之，至京师，待诏集贤院。既而召见内殿，拜集贤修撰，与宰相议不合，改教授扬州。元贞元年，移建昌，适录事阙官⑨，檄长孺摄之。程文海方贵显⑩，其家气焰熏灼，即违法，人不敢何问，其树外门，侵官道，长孺呕命撤之。至大元年，转台州路宁海县主簿⑪，阶将仕佐郎。

长孺与高彭、李湜、梅应春等，号称南中八士。不久，他接受了担任福宁州副职的任命，正好赶上宋朝灭亡，便退隐到永康山中。

至元二十五年（1288），皇帝下令征召贤人，官吏强求他应召，到达京城后，在集贤院等待诏命。不久，皇帝在内殿召见胡长孺，任命他为集贤修撰，他与宰相意见不合，被调任为扬州教授。元贞元年（1295），他被调到建昌，恰好录事的职位空缺，上级官府有文书命胡长孺代理。当时程钜夫正处于显赫尊贵的地位，他家气焰熏天，即便犯了法，人们也不敢问什么，程钜夫建立外门，侵占了公共的道路，胡长孺立即命令他拆除。至大元年（1308），胡长孺转任台州路宁海县主簿，官阶是将仕佐郎。

注释　①持节：古使臣出使，必持符节以作凭证，魏晋以后持节为官名，相当于刺史之类。符：古时帝王授予功臣和诸侯的凭证。　②《九经》：儒家奉为经典的九种古籍的总称。　③名：名家，战国时诸子百家学派之一，以辩论名实为宗旨。　④墨：墨家，代表人物是墨翟，主张兼爱、非攻、尚贤、尚同。　⑤纵横：纵横家，以审察时势、游说动人为宗旨。　⑥旁行：横行的文字，指少数民族文字。落：古代宫室筑成时举行的祭礼。　⑦迪功郎：即将仕郎，文散官，从九品。　⑧福宁：州名，治所在今福建霞浦。　⑨录事：官名，相当于州郡主簿之职。　⑩程文海：即程钜夫。　⑪台州路：地名。治今浙江临海。主簿：县官的辅佐。

原文

　　大德丁未，浙东大侵，戊申，复无麦，民相枕死。宣慰同知脱欢察议行赈荒之令[1]，敛富人钱一百五十万给之。至县，以余钱二十五万属长孺藏去，乃行旁州。长孺察其有干没意，悉散于民。阅月再至，索其钱，长孺抱成案进曰："钱在是矣。"脱欢察怒曰："汝胆如山耶！何所受命，而敢无忌若此！"长孺曰："民一日不食，当有死者，诚不及以闻，然官书具在，可征也。"脱欢察虽怒，不敢问。县有铜岩，恶少年狙伺其间，恒出钞道，为过客患，官不能禁。长孺伪衣商人服，令苍头负货以从，阴戒驺卒十人蹑其后。长孺至，岩中人突出要之，长孺方逊辞以谢，驺卒俄集，皆成擒，俾尽逮其党置于法，夜行无虞。民荷溺器粪田，偶触军卒衣，

翻译

　　大德十一年（1307），浙江东部闹大灾荒，至大元年（1308），麦子也没有收成，老百姓处处饿死。宣慰使司同知脱欢察提议颁行赈济灾荒的法令，聚敛富人的钱财一百五十万贯分发给穷人。脱欢察到达宁海县后，把剩余的钱二十五万贯嘱咐胡长孺藏起来，便去巡视邻近的州郡去了。胡长孺察觉脱欢察有侵吞这些钱财的意思，便将这些钱都散发给了老百姓。过了一个月，脱欢察再次来到宁海县，向胡长孺索取那笔钱财，胡长孺抱着已办好的公文案卷送上说："钱在这里呢。"脱欢察大怒，说："你的胆子像山一样吗！你从哪儿得到的命令，而敢如此地放肆！"胡长孺说："百姓一天不吃饭，就会有人死掉，实在是来不及报告，不过公文案卷都在这里，可以证明这一点。"脱欢察虽然生气，也不敢查问。宁海县有个叫铜岩的地方，一些作恶的青年人在岩石间暗中窥伺，经常出来截道，成为过往旅客的祸患，官府无法禁止。胡长孺用商人的服装伪装起来，命令仆人背着货跟随着他，暗地里命令随从士兵十人跟在后面。胡长孺到达铜岩后，岩石中的人冲出来要挟他，胡长孺正在说着谦逊的话来道

卒抶伤民②,且碎器而去,竟不知主名。民来诉,长孺阳怒其诬,械于市,俾左右潜侦之。向抶者过焉,戟手称快③,执诣所隶,杖而偿其器。群妪聚浮屠庵,诵佛书为禳祈,一妪失其衣,适长孺出乡,妪讼之。长孺以牟麦置群妪合掌中,命绕佛诵书如初,长孺闭目叩齿,作集神状,且曰:"吾使神监之矣,盗衣者行数周,麦当芽。"一妪屡开掌视,长孺指缚之,还所窃衣。……永嘉民有弟质珠步摇于兄者④,赎焉,兄妻爱之,给以亡于盗,屡讼不获直,往告长孺。长孺曰:"尔非吾民也。"叱之去。未几,治盗,长孺嗾盗诬兄受步摇为赃,逮兄赴官,力辨数弗置,长孺曰:"尔家信有是,何谓诬耶!"兄仓皇曰:"有固有之,乃弟所质者。"趣持至验之,呼其弟示曰:"得非尔家物乎?"

歉时,士兵很快包围了上来,那些作恶的青年都被抓住了,紧接着又抓住同党,以法处置,人们夜间在这里行走时,再也不用担心了。有一个老百姓挑着装尿的器皿去浇农田,偶然沾了一个士兵的衣服,士兵用鞭子打伤了他,并且打碎了装尿的器皿之后离去了,那个老百姓最后也不知道肇事者的姓名。那个老百姓来告状,胡长孺假装恼怒他诬告士兵,将他上了枷锁示众,让手下的人暗地里侦察。先前用鞭子打人的那个人路过这里,戟手称快,胡长孺手下的人立即抓住他到他所隶属的军队,将他杖责后,使他赔偿了那个老百姓的器皿。一群老妇人聚集在尼姑庵,吟诵佛书祈祷消灾,一位老妇人丢了自己的衣服,恰逢胡长孺下乡,老妇人向他告状。胡长孺把大麦粒放在这群老妇人合起来的掌心里,命令她们像原来一样绕着佛像诵读经书,胡长孺闭上眼睛,叩动牙齿,作召集神灵之状,并且说:"会让神灵监视着她们,偷衣服的人走几圈后,大麦粒就会发芽。"一个老妇人屡次张开手掌观看,胡长孺手指着她让手下人将她绑起来,追回她所偷走的衣服。……永嘉县有一户平民,弟弟曾将一串步摇珠交给哥哥作为抵押,当弟弟

弟曰："然。"遂归焉。其行事多类此，不能尽载。

想赎回这串珠子时，他的嫂子喜爱这件首饰，便欺骗他说珠子被盗贼偷走了，屡次讼诉都不能得到公正的解决，弟弟到宁海县向胡长孺告状，胡长孺说："你不是我管辖的百姓。"呵斥他离开。不久，在惩处盗贼时，胡长孺指使盗贼诬告那位哥哥接受步摇珠作为赃物，役卒将哥哥逮捕来到衙门，他极力争辩数次也得不到释放，胡长孺说："你家确实有这件首饰，怎么说是诬告！"那位哥哥惊慌地说："有固然有，是我弟弟所抵押的物品。"胡长孺催促他拿来检验，叫他弟弟来，把步摇珠给他看，说："这不是你家的东西吗？"弟弟说："是。"于是将首饰归还了弟弟。胡长孺办事之精明大都与此类似，不能一一记载。

注释 ① 宣慰：即宣慰使司，元地方官署名，掌军民之务。 ② 抶(chì)：鞭打。③ 戟手：徒手屈肘如戟形，指点人或怒骂人时常如此。 ④ 步摇：妇女首饰的一种，上面有垂珠，走步时垂珠摇动，因名步摇。

原文

延祐元年，转两浙都转运盐使司长山场盐司丞，阶将仕郎，未上，以病辞，不复仕，隐杭之虎林山以终。

翻译

延祐元年(1314)，胡长孺调任两浙都转运盐使司长山场盐司丞，官阶是将仕郎，他没有上任，因病辞职，从此不再做官，隐居在杭州虎林山直到去世。

长孺初师青田余学古，学古师王梦松，梦松亦青田人，传龙泉叶味道之学，味道则朱熹弟子也。渊源既正，长孺益行四方，访求其旨趣，始信涵养用敬为最切，默存静观，超然自得。故其为人，光明宏伟，专务明本心之学，慨然以孟子自许。唯恐斯道之失其传，诱引不倦，一时学者慕之，有如饥渴之于食饮。方岳大臣与郡二千石，聘致庠序，敷绎经义，环听者数百人。长孺为言："人虽最灵，与物同产，初无二本。"皆跃跃然兴起，至有太息者。为辞章有精魄，金春玉撞，壹发其和平之音。海内来求者，如购拱璧，碑版焜煌，照耀四裔。苟非其人，虽一金易一字，毅然不与。乡闱取士，屡司文衡，贵实贱华，文风为之一变。

晚寓武林，病喘上气者

胡长孺最初师事青田县的余学古，余学古从师于王梦松，王梦松也是青田人，继承的是龙泉叶味道的学术，叶味道则是朱熹的弟子。学术渊源既然端正，胡长孺更游历四方，访求朱熹之学的旨趣，开始相信涵养和敬肃是最紧要的，他相信形不动而神游，静静地观察世界，超然物外，自得其乐。所以胡长孺为人光明磊落，胸襟广阔，专门研究明辨本心的程朱理学，慨然自许为当时的孟子。胡长孺唯恐儒学失传，对于学生循循善诱，详加指引，不知疲倦，一时间求学者都仰慕他，有如饥渴的人对于食物和饮料一样。不少行省与州郡的长官都聘请胡长孺到学校里，详细讲解经书的含意，围绕着胡长孺而听讲的有好几百人。胡长孺对他们说："人虽然是最聪明的，但与其他物质一样，开始的时候并没有两个本源。"听讲的人都活跃地有了兴趣，甚至有叹息的人。胡长孺作文章有精神、气魄，像敲铁器、撞玉器一样，均匀地发出平和的声音。天下来求他文章的人，就像购买价值连城的宝玉一样，刻为碑版，光照四方。如果不是正直的人，即使用一两银子换一个字，胡长孺也坚决不给。在乡试中选拔人才时，他多次主持评卷，崇尚朴实，

颇久。一旦具酒食，与比邻别，云将返故乡。门人有识其微意者，问曰："先生精神不衰，何为遽欲观化乎？"长孺曰："精神与死生，初无相涉也。"就寝，至夜半，喘忽止，其子驹排户视之，则正衣冠坐逝矣。年七十五。所著书有《瓦缶编》《南昌集》《宁海漫抄》《颜乐斋稿》行于世。……

鄙贱浮华，文风为此一变。

胡长孺晚年寓居在武林，得哮喘病时间很久。一天早晨他准备了酒饭，与邻居告别，说将要返回故乡。弟子中有看破他微妙的用意的，问道："先生的精神并不衰老，为什么急于要观察生死的变化呢？"胡长孺说："精神和死生，原本没有什么关系。"胡长孺睡觉后，到半夜里，喘息的声音忽然停止了，他的儿子胡驹推开门一看，胡长孺已穿戴得端端正正地坐在那里去世了。时年七十五岁。胡长孺所著的书有《瓦缶编》《南昌集》《宁海漫抄》《颜乐斋稿》，流行于世上。……

赵 孟 頫 传

导读

　　赵孟頫(1254—1322),字子昂,号松雪道人,吴兴(今浙江湖州)人。出身宋朝皇族,曾任宋真州司户参军。程钜夫将他推荐给元世祖,世祖很赏识他。他曾任兵部郎中、翰林学士承旨。赵孟頫是元代著名的书画家,书法兼善篆、隶、行、草,绘画兼善山水、竹石、人物、鞍马、花鸟。他传世的书画作品之多,为元代之冠。赵孟頫亦善诗文,著有《松雪斋集》。(选自卷一七二)

原文

　　赵孟頫,字子昂,宋太祖子秦王德芳之后也。五世祖秀安僖王子偁,四世祖崇宪靖王伯圭。高宗无子,立子偁之子,是为孝宗,伯圭,其兄也,赐第于湖州,故孟頫为湖州人。……

　　孟頫幼聪敏,读书过目辄成诵,为文操笔立就。年十四,用父荫补官①,试中吏部铨法②,调真州司户参军③。宋亡,家居,益自力

翻译

　　赵孟頫,字子昂,他是宋太祖的儿子秦王赵德芳的后代。赵孟頫的五世祖是秀安僖王赵子偁,四世祖是崇宪靖王赵伯圭。宋高宗赵构没有儿子,便立赵子偁的儿子为皇太子,这就是宋孝宗,赵伯圭就是宋孝宗的哥哥,孝宗在湖州赐给赵伯圭府第,所以赵孟頫是湖州人。……

　　赵孟頫自幼聪明,读书看一遍就能背诵,写文章提笔就可以完成。他十四岁的时候,因父亲的官爵而被封官,他通过了吏部选授官职的考试,被任命为真州司户参军。宋朝灭亡以后,他居住

于学。

至元二十三年,行台侍御史程钜夫,奉诏搜访遗逸于江南,得孟頫,以之入见。孟頫才气英迈,神采焕发,如神仙中人,世祖顾之喜,使坐右丞叶李上,或言孟頫宋宗室子,不宜使近左右,帝不听。时方立尚书省,命孟頫草诏颁天下。帝览之,喜曰:"得朕心之所欲言者矣。"……帝初欲大用孟頫,议者难之。

二十四年六月,授兵部郎中④。兵部总天下诸驿,时使客饮食之费,几十倍于前,吏无以供给,强取于民,不胜其扰,遂请于中书,增钞给之。至元钞法滞涩不能行⑤,诏遣尚书刘宣与孟頫驰驿至江南,问行省丞相慢令之罪⑥,凡左右司官及诸路官⑦,则径笞之。孟頫受命而行,比还,不笞一人,丞相桑哥大以为谴。

在家中,更加努力于钻研学问。

至元二十三年(1286),行御史台侍御史程钜夫奉皇帝之命在江南搜求寻访遗贤隐逸,得到赵孟頫,带他入朝廷进见皇帝。赵孟頫才华横溢,神采飞扬,宛如仙人一样,世祖看见之后很高兴,让赵孟頫的座次位于右丞叶李之上。有人说赵孟頫是宋朝的皇族,不适合让他接近皇帝,皇帝不听。当时刚刚设立尚书省,世祖命令赵孟頫起草诏书颁行于全国。皇帝看了之后,高兴地说:"你说出了我心里想说的话。"……皇帝开始想重用赵孟頫,可持异议的人却阻挠这项任命。

二十四年(1287)六月,任命赵孟頫为兵部郎中。兵部管理全国各地的驿站,当时使者饮食的费用,几乎是以前的十倍,驿站的官吏无法供给,便从老百姓那里强夺,百姓忍受不了他们的滋扰,赵孟頫便向中书省请求给驿站增加经费。至元年间发行的纸币滞涩不能流行,皇帝命令派遣兵部尚书刘宣和赵孟頫乘驿车到江南,质问行省丞相怠慢朝廷法令的罪过,凡是左右司官员以及各路的官员,都可以直接鞭打。赵孟頫接受命令而去,等到返回朝廷,他没有鞭打一个人,丞相桑哥为此大为责备他。

注释 ①荫:封建官僚的子孙以先代官爵而受封。 ②吏部:官署名,掌管官吏的任用升迁。铨法:选授官职的标准。 ③司户参军:一种地方的下级官员。④兵部:官署名,掌全国军务及邮驿屯牧有关事宜。郎中:官名,掌各司事务,职位仅次于尚书、侍郎。 ⑤至元钞法:元代至元年间发行一种新的纸币,以取代中统年间的旧纸币。 ⑥行省丞相:地方行中书省的长官。 ⑦左右司:左司、右司皆为中书省所属的管理机构。

原文

时有王虎臣者,言平江路总管赵全不法①,即命虎臣往按之。叶李执奏不宜遣虎臣②,帝不听,孟𫖯进曰:"赵全固当问,然虎臣前守此郡,多强买人田,纵宾客为奸利,全数与争,虎臣怨之。虎臣往,必将陷全,事纵得实,人亦不能无疑。"帝悟,乃遣他使。桑哥钟初鸣时即坐省中,六曹官后至者,则笞之。孟𫖯偶后至,断事官遽引孟𫖯受笞③,孟𫖯入诉于都堂右丞叶李曰④:"古者,刑不上大夫,所以养其廉耻,教之节义,且辱士大夫,是辱朝廷也。"桑哥亟慰孟

翻译

当时有个叫王虎臣的人,说平江路总管赵全违法,皇帝便命令王虎臣去平江审察赵全。叶李启奏认为不宜于派遣王虎臣去,皇帝不听,赵孟𫖯进言说:"赵全固然应当查问,然而王虎臣先前曾管理这个郡,常强行购买别人的田产,纵容食客做奸恶贪利之事,赵全多次与他争执,王虎臣怨恨赵全。王虎臣去,必将陷害赵全,赵全的事情纵然是真的,别人也不能不怀疑。"皇帝醒悟了,于是派遣了另外的使臣。桑哥每当晨钟第一次敲响时便坐在了中书省中,六部的官员比他晚到的,便被鞭打,赵孟𫖯偶然后到,断事官立即拉着赵孟𫖯去接受鞭打,赵孟𫖯上诉于尚书省右丞叶李,他说:"古时候,刑罚不施于士大夫,为的是培养他们的廉耻之心,教育他们守节义,况且,侮辱士大夫,就是侮辱朝廷。"桑哥急忙安慰赵孟𫖯,使他从尚

頫使出，自是所答，唯曹史以下⑤。他日，行东御墙外，道险，孟頫马跌堕于河。桑哥闻之，言于帝，移筑御墙稍西二丈许。帝闻孟頫素贫，赐钞五十锭⑥。……

书省出来，从此以后所鞭打的，只是曹史以下的小官吏。后来，赵孟頫在皇宫东墙外行走，道路危险，赵孟頫的马跌倒掉下护城河中。桑哥听说了这件事，告诉了皇帝，并且将皇宫的城墙稍微向西移二丈重新建造。皇帝听说赵孟頫一直贫穷，赐给他五十锭钱。……

注释 ① 平江：今江苏苏州。总管：元代各路设总管府，总管为总管府长官。② 叶李：杭州人，世祖时任尚书右丞。③ 断事官：官职名，隶属于枢密院，掌管裁决军府刑政狱讼的事务。④ 都堂：即尚书省。⑤ 曹史：下级官吏。⑥ 锭：截成块状的金银，重五两或十两。

原文

孟頫退谓奉御彻里曰："帝论贾似道误国，责留梦炎不言①，桑哥罪甚于似道，而我等不言，他日何以辞其责！然我疏远之臣，言必不听，侍臣中读书知义理、慷慨有大节、又为上所亲信，无逾公者。夫捐一旦之命，为万姓除残贼，仁者之事也。公必勉之！"既而彻里至帝前，数桑哥罪恶，帝怒，命卫士批其颊，血涌口鼻，委顿地上。少间，复呼而问

翻译

赵孟頫退朝之后对侍奉皇帝的彻里说："皇帝评论贾似道误国，责备留梦炎没有提醒宋朝的皇帝，其实桑哥的罪行比贾似道更严重，而我们不说话，以后怎么能推卸责任！可是我不是皇帝亲近的臣子，说了他一定不听。侍臣中喜欢读书而又懂得义理、慷慨有大节、又为皇帝所亲近信任的，没有超过您的。一时献出生命，为百姓除掉残忍的国贼，是仁者的事情。您务必要努力做到！"不久之后彻里到皇帝面前，历数桑哥的罪恶，皇帝大怒，命令卫兵打他的嘴巴，彻里口鼻出血，倒在地上。过了一会儿，皇帝又叫他，再次问他问题，他

之,对如初。时大臣亦有继言者,帝遂按诛桑哥,罢尚书省,大臣多以罪去。

仍像开始一样回答。当时大臣中也有跟随彻里数说桑哥之罪的,皇帝便诛杀了桑哥,撤销了尚书省,大臣中多数因为依附桑哥之罪而被罢免。

注释　① 留梦炎:南宋时状元,位至丞相。

原文

帝欲使孟頫与闻中书政事,孟頫固辞,有旨令出入宫门无禁。每见,必从容语及治道,多所裨益。帝问:"汝赵太祖孙耶^①,太宗孙耶^②?"对曰:"臣太祖十一世孙。"帝曰:"太祖行事,汝知之乎?"孟頫谢不知,帝曰:"太祖行事,多可取者,朕皆知之。"孟頫自念,久在上侧,必为人所忌,力请补外。二十九年,出同知济南路总管府事。时总管阙,孟頫独署府事,官事清简。有元掀儿者,役于盐场,不胜艰苦,因逃去。其父求得他人尸,遂诬告同役者杀掀

翻译

皇帝想让赵孟頫参与中书省的政事,赵孟頫坚决推辞,皇帝有旨意命令侍卫不得禁止赵孟頫出入宫门。皇帝每次接见赵孟頫,他总是从容地向皇帝谈及治理国家的道理,皇帝从他那里得到很多的益处。皇帝问:"你是宋太祖的子孙呢,还是宋太宗的子孙?"赵孟頫回答说:"我是宋太祖的十一世孙。"皇帝说:"太祖做的事,你知道吗?"赵孟頫道歉说不知道,皇帝说:"太祖做的事情,有很多是可取的,我都知道。"赵孟頫自己考虑,长期在皇帝身边,必然被别人忌恨,竭力请求皇帝任命自己到外面做官。至元二十九年(1292),赵孟頫出任济南路总管府同知。当时总管的职位空缺,赵孟頫独自在府中处理政务,官府之事清明简洁。有一个叫元掀儿的人,在盐场服劳役,忍受不了艰苦,因而逃走了。元掀儿的父亲设法弄到

儿，既诬服。孟頫疑其冤，留弗决，逾月，掀儿自归，郡中称为神明。……

仁宗在东宫，素知其名，及即位，召除集贤侍讲学士③、中奉大夫④。……帝眷之甚厚，以字呼之而不名⑤。帝尝与侍臣论文学之士，以孟頫比唐李白、宋苏子瞻。又尝称孟頫操履纯正，博学多闻，书画绝伦，旁通佛老之旨，皆人所不及。……

初，孟頫以程钜夫荐，起家为郎⑥。及钜夫为翰林学士承旨，求致仕去，孟頫代之，先往拜其门，而后入院，时人以为衣冠盛事。六年，得请南归。帝遣使赐衣币趣之还朝，以疾，不果行。至治元年，英宗遣使即其家，俾书《孝经》。二年，赐上尊及衣二袭。是岁六月卒，年六十九。追封魏国公，谥文敏。

别人的尸首，于是诬告与其子同服劳役的人杀了元掀儿，同服劳役的人已经无辜服罪了。赵孟頫怀疑同服劳役的人是冤枉的，便留下其性命不让处决，一个月后，元掀儿自己回来了，郡中人称赵孟頫为神明。……

元仁宗做太子时，素来知道赵孟頫的名声，等到他继承了皇位，征召赵孟頫，任命他为集贤侍讲学士、中奉大夫。……皇帝极为器重他，称呼他的字而不称呼他的名。皇帝曾经与侍臣议论古代的文学名家，把赵孟頫比作唐朝的李白、宋朝的苏轼。皇帝又曾经称赵孟頫操行纯正，博学多闻，书法和绘画无与伦比，另外还旁通佛学、老庄思想的旨义，都是其他人所达不到的。……

当初，赵孟頫因程钜夫的推荐，离家担任郎中。等到程钜夫担任翰林学士承旨，请求退职回乡时，赵孟頫代替他的职务，先去程钜夫府上拜访，然后才进入翰林兼国史院，当时人认为这是士大夫中值得称颂的事。延祐六年（1319），赵孟頫得以申请返回南方。皇帝派使臣赐给他衣服、钱币，催促他返回朝廷，因为生病，赵孟頫没有能够上路。至治元年（1321），元英宗派遣使者到他家，让他书写《孝经》。至治二年（1322），赐给他

孟頫所著,有《尚书注》,有《琴原》《乐原》,得律吕不传之妙⑦。诗文清邃奇逸,读之,使人有飘飘出尘之想。篆、籀⑧、分⑨、隶、真⑩、行、草书,无不冠绝古今,遂以书名天下。天竺有僧⑪,数万里来求其书归,国中宝之。其画山水、木石、花竹、人马,尤精致。前史官杨载称孟頫之才颇为书画所掩⑫,知其书画者,不知其文章,知其文章者,不知其经济之学。人以为知言云。

皇帝使用的酒器和两套衣服。这年的六月,赵孟頫去世,享年六十九岁。朝廷追封他为魏国公,谥号为文敏。

赵孟頫的著作,有《尚书注》,有《琴原》《乐原》,在他的这两本书中有已经失传了的乐律的精妙论述。赵孟頫的诗文清新、深远、奇妙、飘逸,读他的诗文,使人有飘飘然离开尘世的想法。他的篆书、籀书、分书、隶书、楷书、行书、草书,无不冠绝古今,于是以书法之名闻于天下。天竺有一位僧人,不远万里来求得赵孟頫的书法作品,回去后,他的国家将赵孟頫的书法作品,奉为珍宝。赵孟頫画山水、树木、山石、花草、翠竹、人物、骏马,尤其精致。从前史官杨载说赵孟頫的才华在很大程度上被他的书画成就所掩盖,了解他的书画的人,不了解他的文章,了解他的文章的人,不了解他的经邦济世的学问。人们认为这是最了解赵孟頫的论断。

注释 ①赵太祖:宋太祖赵匡胤。 ②太宗:宋太宗赵匡义(后改名为赵光义)。 ③侍讲学士:集贤院的官员,职位次于大学士、学士和侍读学士。 ④中奉大夫:文散官名,从二品。 ⑤以字呼之而不名:古人称呼别人的字表示尊敬。 ⑥郎:郎中、员外郎通称为郎,又文散官亦称郎。 ⑦律吕:乐律。 ⑧籀(zhòu):籀文,古代的一种字体,即大篆。 ⑨分:分书,即八分书,字体似隶书而多波折。 ⑩真:真书,即楷书。 ⑪天竺:中国古代称印度为天竺。 ⑫杨载:元浦城人,后居杭州,以布衣召为翰林院编修官,后登进士第。

张养浩传

导读

张养浩(1270—1329),字希孟,号云庄,山东济南人。张养浩博通经史,先任御史台掾,复任堂邑县尹,在官十年,有政绩。元武宗时,任监察御史,因批评时政而为权贵所忌,免官。延祐初,以礼部侍郎知贡举,又升礼部尚书。元英宗时他参议中书省事,后辞职归隐,屡召不赴。天历二年(1329),陕西大旱,出任陕西行台中丞,出赈饥民,积劳病逝。张养浩是元代著名的散曲家,其散曲多写弃官后的归隐生活,有的流露出对官场的不满。他也能诗,有《云庄休居自适小乐府》《云庄类稿》。(选自卷一七五)

原文

张养浩,字希孟,济南人。幼有行义,尝出,遇人有遗楮币于途者①,其人已去,追而还之。年方十岁,读书不辍,父母忧其过勤而止之,养浩昼则默诵,夜则闭户,张灯窃读。山东按察使焦遂闻之,荐为东平学正②。游京师,献书于平章不忽木,大奇之,辟为礼部

翻译

张养浩,字希孟,济南人。张养浩从小就有德行和节义,他曾经出门时遇见有人将楮币遗失在路上,那个人已经走了,张养浩追上去把钱还给他。他年仅十岁,便不停地读书,父母担心他过于劳累,便制止他读书,张养浩白天便默默地记诵,夜里则关上房门,点上灯偷偷地读书。山东按察使焦遂听说张养浩好学的故事,举荐他为东平县学正。张养浩游学于京城,他向平章政事不忽木献上自己的著作,不忽木非常惊

令史③,仍荐入御史台。一日病,不忽木亲至其家问疾,四顾壁立,叹曰:"此真台掾也。"及为丞相掾,选授堂邑县尹④。人言官舍不利,居无免者,竟居之。首毁淫祠三十余所,罢旧盗之朔望参者,曰:"彼皆良民,饥寒所迫,不得已而为盗耳。既加之以刑,犹以盗目之,是绝其自新之路也。"众盗感泣,互相戒曰:"毋负张公。"有李虎者,尝杀人,其党暴戾为害,民不堪命,旧尹莫敢诘问。养浩至,尽置诸法,民甚快之。去官十年,犹为立碑颂德。……

奇,任命他为礼部令史,并因此推荐他进入御史台。一天,张养浩生病,不忽木亲自到他家中问候,不忽木见他家徒四壁,慨叹道:"这才是真正的御史台的属官。"后来他成为丞相的属官,被选拔任命为堂邑县尹。有人说堂邑县供官吏居住的馆舍对人不吉利,住在那里的人没有能免除灾难的,张养浩竟然住在了那里。他上任后首先拆毁了滥设的祠庙三十多所,免除曾经做过盗贼的人初一、十五参见县尹的规定,张养浩说:"他们都是老百姓,因为饥寒所逼迫,不得已而做了盗贼。既然已经施以刑罚,而依然把他们看作盗贼,这是断绝了他们悔过自新的道路。"盗贼们感动得哭了,他们互相告诫说:"不要对不起张公。"有一个叫李虎的人,曾经杀过人,他的党羽凶恶残暴,为害百姓,人民无法忍受这种痛苦,原先的县尹没有一个敢于追查的。张养浩来到之后,将李虎及其党羽都以法处置,老百姓非常高兴。张养浩调离堂邑十年之后,那里仍然为他立碑,歌颂他的恩德。……

注释 ①楮币:宋金元时发行的纸币,多用楮皮纸做成,故称"楮币"。 ②学正:学官名,为地方儒学官员。 ③令史:官名,掌文书案牍之事。 ④堂邑:县名,治所在今山东聊城西北。县尹:官名,为一县之长。

原文

初,议立尚书省,养浩言其不便;既立,又言变法乱政,将祸天下。台臣抑而不闻,乃扬言曰:"昔桑哥用事,台臣不言,后几不免。今御史既言①,又不以闻,台将安用!"时武宗将亲祀南郊,不豫,遣大臣代祀,风忽大起,人多冻死。养浩于祀所扬言曰:"代祀非人,故天示之变。"大违时相意。

时省臣奏用台臣,养浩叹曰:"尉专捕盗②,纵不称职,使盗自选可乎?"遂疏时政万余言:一曰赏赐太侈,二曰刑禁太疏,三曰名爵太轻,四曰台纲太弱,五曰土木太盛,六曰号令太浮,七曰幸门太多,八曰风俗太靡,九曰异端太横,十曰取相之术太宽。言皆切直,当国者不能容。遂除翰林待制,复构以罪罢之,戒省台勿复用。养浩恐及祸,乃变姓名遁去。……

翻译

当初,朝廷讨论设立尚书省,张养浩说尚书省不便于朝政;尚书省设立之后,他又说尚书省改变成法搞乱时政,将危害天下。谏官压制他,不将他的意见转奏皇帝,张养浩便对外宣扬说:"过去桑哥掌权,谏官不说话,后来几乎都不敢说话。今天监察御史既然发表了看法,又不让皇上得知,要御史台有什么用!"当时武宗将要亲自到南郊祭祀,身体不舒服,便派遣大臣代替自己祭祀,忽然刮起大风,许多人被冻死。张养浩在祭祀场所宣扬说:"代替皇上祭祀的人选不适合,所以天帝以气候变化来表示他的不满。"张养浩的话大大违反了当朝丞相的意见。

当时,中书省负责奏请皇帝任命御史台官员,张养浩慨叹道:"县尉专管捉拿盗贼,纵然不称职,让盗贼自己选县尉,行吗?"于是他上疏万言议论时政:一是赏赐太滥,二是刑罚禁令太松,三是名誉、爵位太轻,四是御史台的纲纪太弱,五是土木工程太多,六是号令太空虚不实,七是权贵亲幸之门太多,八是风俗太萎靡,九是异端邪说太猖獗,十是选拔人才的方法太宽大。张养浩的话都很实在、直率,掌握朝廷大权的

英宗即位,命参议中书省事。会元夕,帝欲于内庭张灯为鳌山③,即上疏于左丞相拜住。拜住袖其疏入谏,其略曰:"世祖临御三十余年,每值元夕,闾阎之间,灯火亦禁;况阙庭之严,宫掖之邃,尤当戒慎。今灯山之构,臣以为所玩者小,所系者大;所乐者浅,所患者深。伏愿以崇俭虑远为法,以喜奢乐近为戒。"帝大怒,既览而喜曰:"非张希孟不敢言。"即罢之。……

人不能容忍他。于是他们任命张养浩为翰林待制,又捏造罪行将他罢免,命令中书省和御史台不要再任用他。张养浩恐怕遇祸,便改变姓名逃走了。……

元英宗继承皇位后,命令张养浩参与中书省的工作。适逢元宵节,皇帝打算在宫禁之内张挂花灯做成鳌山,张养浩便上疏给左丞相拜住。拜住将张养浩的奏疏放在袖子里入宫谏阻,张养浩奏疏的大意是:"世祖皇帝在位三十多年,每到元宵节,民间连灯火都禁止;何况宫禁之森严,后宫之深邃,更应该戒备当心。如今建造灯山,我认为所赏玩的东西小,所关系的事情大;所带来的欢乐浅,所引起的祸患深。我愿陛下以崇尚节俭、考虑深远为原则,以喜欢奢华、享乐眼前为禁忌。"皇帝大怒,看过奏疏之后又高兴地说:"不是张希孟不敢这样说。"于是取消了燃点花灯的计划。……

注释 ① 御史:张养浩当时任监察御史。 ② 尉:武官名,朝廷设有太尉,郡有都尉,县有县尉。 ③ 鳌山:宋时于元宵节夜,放花灯庆祝,堆叠彩灯为山形,称为鳌山。

原文

天历二年,关中大旱①,

翻译

天历二年(1329),陕西大旱,饥饿

饥民相食,特拜陕西行台中丞②。既闻命,即散其家之所有与乡里贫乏者,登车就道,遇饿者则赈之,死者则葬之。道经华山,祷雨于岳祠,泣拜不能起,天忽阴翳,一雨二日。及到官,复祷于社坛,大雨如注,水三尺乃止,禾黍自生,秦人大喜。时斗米直十三缗,民持钞出籴,稍昏即不用,诣库换易,则豪猾党蔽,易十与五,累日不可得,民大困。乃检库中未毁昏钞文可验者,得一千八十五万五千余缗,悉以印记其背,又刻十贯、五贯为券,给散贫乏,命米商视印记出粜,诣库验数以易之,于是吏弊不敢行。又率富民出粟,因上章请行纳粟补官之令。闻民间有杀子以奉母者,为之大恸,出私钱以济之。

到官四月,未尝家居,止宿公署,夜则祷于天,昼

的老百姓人吃人,皇帝特地任命张养浩为陕西行御史台中丞。张养浩接到任命后,便将家中财产分给村中的穷人,登车上路,遇到饥饿的人便送粮给他们,遇到死人便加以埋葬。路经华山时,他在华山祠庙求雨,他哭泣着跪拜在那里,不能站起身来,天空忽然阴云密布,一场雨下了两天。等到张养浩到了任所,又在祭祀土地神的祭坛求雨,大雨如瓢泼一般,水深三尺雨才停息,庄稼自己便长了起来,陕西人民大喜。当时一斗米值十三贯钱,老百姓拿着钞票支付买粮的钱,钞票稍微有些不清便不能用,到府库去兑换,那些强豪狡猾的官吏偏心骗人,换十贯钱他们给五贯,许多天得不到,老百姓处境非常艰难。于是张养浩便检查府库中没有损毁和不清、文字清楚可以检验的钞票,共得到一千零八十五万五千多贯,在钞票的背后都加盖官印,又刻十贯、五贯的小钞,发给穷人,命令米商凭钞票背后的印记出售粮食,去府库验明数目以换取银两,于是官吏不敢再舞弊了。张养浩又带领富人拿出粮食,他因此上书朝廷请求颁行缴纳粮食可以得官的法令。张养浩听说民间有为了奉养母亲而杀死自己儿子的人,他为此大为悲

则出赈饥民,终日无少怠。每一念至,即抚膺痛哭,遂得疾不起,卒年六十。关中之人,哀之如失父母。至顺二年,赠摅诚宣惠功臣③、荣禄大夫、陕西等处行中书省平章政事、柱国,追封滨国公④,谥文忠。

痛,拿出自己个人的钱接济那个人。

张养浩到任四个月,没有在家里住过,只在衙门里歇宿,夜晚便向上天祷告,白天便出外赈济饥民,一天到晚没有稍微的懈怠。每想起一件牵挂的事情,他便按着胸口痛哭,于是卧病不起,去世时六十岁。陕西人悲哀得像失去了父母。至顺二年(1331),追赠他为摅诚宣惠功臣、荣禄大夫、陕西等处行中书省平章政事、柱国,追封他为滨国公,谥号为文忠。

注释 ① 关中:地名,相当于今陕西。 ② 中丞:即御史中丞,官名,御史台的佐贰长官。 ③ 摅诚宣惠:摅,散布、抒发;宣,显示,摅诚宣惠意为抒发自己的忠诚,显示朝廷的恩惠。 ④ 滨:滨州,故治在今山东滨州。

虞　集　传

导读

　　虞集（1272—1348），字伯生，人称邵庵先生，祖籍仁寿（今四川仁寿），生于湖南衡阳，后随其父迁崇仁（今江西崇仁）。元代著名学者。先后供职于国子学、翰林院、集贤院、奎章阁等。泰定帝时升任翰林直学士兼国子祭酒，建议以京东沿海土地听富民集众开垦，筑堤以捍海潮。事虽不成，但其后设立海口万户，便是在一定程度上采用了他的建议。文宗时参与编纂《经世大典》，对此书编成有很大贡献。晚年告病回江西，卒谥文靖。在延祐、至顺间，他是最负盛名的诗文作家，朝廷诏告典册，四方碑文，多出其手。他和范梈、揭傒斯、杨载，合称元代四大家。有《道园学古录》《道国遗稿》。（选自卷一八一）

原文

　　虞集，字伯生，宋丞相允文五世孙也。……父汲，黄冈尉。……娶杨氏，国子祭酒文仲女。……

　　集三岁即知读书，岁乙亥，汲挈家趋岭外[①]，干戈中无书册可携，杨氏口授《论语》《孟子》《左氏传》、欧、苏文，闻辄成诵。比还长沙，

翻译

　　虞集，字伯生，是宋朝丞相虞允文的五世孙。……虞集的父亲是虞汲，曾任黄冈县尉。……虞汲娶杨氏，杨氏是国子祭酒杨文仲的女儿。……

　　集三岁时便知道读书，至元十二年（1275）时，虞汲带着家眷奔向两广一带，战乱中没有什么书籍可携带，杨氏便口授《论语》《孟子》《左传》和欧阳修、苏轼的文章给虞集，他听了以后总能背诵下来。等回到长沙，向外面的教师请

就外傅,始得刻本,则已尽读诸经,通其大义矣。……

左丞董士选自江西除南行台中丞②,延集家塾。大德初,始至京师。以大臣荐,授大都路儒学教授③,虽以训迪为职,而益自充广,不少暇佚。除国子助教④,即以师道自任,诸生时其退,每挟策趋门下卒业,他馆生多相率诣集请益。丁内艰,服除⑤,再为助教,除博士⑥。监祭殿上,有刘生者,被酒失礼俎豆间,集言诸监,请削其籍。大臣有为刘生谢者,集持不可,曰:"国学,礼义之所出也,此而不治,何以为教!"仁宗在东宫,传旨谕集,勿竟其事,集以刘生失礼状上之,移詹事院⑦,竟黜刘生,仁宗更以集为贤。……

教,才开始得到刻本的图书,此时虞集已经读完了各种经书,了解了那些书的大意了。……

左丞董士选从江西调任南行台中丞,邀请虞集在自己家中教私塾。大德初年,虞集才初次来到京城。由于大臣的推荐,虞集被任命为大都路儒学教授,他虽然以教诲启迪他人为职业,而自己也更加自我充实,不敢有稍微的闲暇和安逸。虞集被任命为国子助教,便以师道为己任,各位学生回家之后,常常是带着策论到他的门下请教以完成学业,其他学馆的学生也多来向虞集登门请教。他母亲去世了,虞集守孝完毕之后,再次担任助教,又被任命为博士。他在殿上监督祭祀,有一位姓刘的学生,因醉酒在祭祀过程中失礼,虞集将这件事告诉诸位学监,请求开除刘生的学籍。大臣中有为刘生说情的,虞集坚持不同意宽恕,说:"国学,是礼义所产生的地方,这里不能治理,用什么来教育大众!"仁宗在东宫,传旨意告诉虞集,不要深究此事。虞集把刘生失礼的表现上奏,交由詹事院处理,詹事院终于开除了刘生,仁宗更认为虞集是贤人。……

注释 ① 岭外：即岭南，指五岭山脉以南的地区，包括广东、广西地区。 ② 南行台：江南诸道行御史台的简称。 ③ 教授：学官名，路儒学教授正九品。 ④ 国子助教：学官名，与教授分掌教诲学生，正八品。 ⑤ 服：旧时丧礼规定穿戴的丧服。 ⑥ 博士：学官，掌教授生徒等，正七品。 ⑦ 詹事院：官署名，掌辅翼皇太子之事。

原文

朝廷方以科举取士，说者谓治平可力致，集独以谓当治其源。迁集贤修撰，因会议学校，乃上议曰："师道立则善人多，学校者，士之所受教，以至于成德达材者也。……"六年，除翰林待制，兼国史院编修官①，仁宗尝对左右叹曰："儒者皆用矣，惟虞伯生未显擢尔。"会晏驾，不及用。……

文宗在潜邸，已知集名，既即位，命集仍兼经筵②。尝以先世坟墓在吴、越者，岁久湮没，乞一郡自便。帝曰："尔材何不堪，顾今未可去尔。"除奎章阁侍书学士③。时关中大饥，民枕籍而死，有方数百里无子

翻译

朝廷刚刚以科举取士，有人说可以用武力得到安定和太平，只有虞集认为应当治理事物的根源。虞集升任为集贤院修撰，因集众商议学校之事，虞集上奏说："师道确定则善人就会多起来，学校，是读书人接受教育以使之具有道德成为人才的地方。……"延祐六年（1319），虞集被任命为翰林待制，兼国史院编修官，仁宗曾经对左右的人慨叹道："儒家的学者都得到了任用，只有虞伯生没有明显地提拔重用。"恰逢仁宗去世，没有来得及任用虞集。……

文宗在未做太子时，已经知道了虞集的声名，即皇帝位后，任命虞集仍然兼任经筵。虞集曾经因先辈的坟墓在吴、越一带，年代久了已被埋没，请求在那个地区的某一郡做地方官以便自己解决这件事情。皇帝说："凭你的才能，有什么不能胜任的，但现在你还不可以离开朝廷。"任命他为奎章阁侍读学士。当时陕西一带闹大饥荒，老百姓纵横相

遗者,帝问集何以救关中,对曰:"承平日久,人情宴安,有志之士,急于近效,则怨讟兴焉。不幸大灾之余,正君子为治作新之机也,若遣一二有仁术④、知民事者,稍宽其禁令,使得有所为,随郡县择可用之人,因旧民所在,定城郭,修闾里,治沟洫,限畎亩,薄征敛……"帝称善。因进曰:"幸假臣一郡,试以此法行之,三五年间,必有以报朝廷者。"左右有曰:"虞伯生欲以此去尔。"遂罢其议。……

枕而死,有的地方方圆几百里没有一个幸存者,皇帝问虞集如何才能救关中,虞集回答说:"和平的日子久了,人情耽于安乐,有志之士,急于做立即见效的事情,因此人民便会痛恨而有怨言。在不幸的大灾害之后,正是君子治理图新的机会,如果派一两位有仁术、懂得民间之事的官员,稍微放宽对他们的禁令,使他们有所作为,根据郡县的具体情况选择可以任用的人,根据原来老百姓所居住的地方,选定城池地点,整修民间的房屋,治理沟渠,划定田亩的界限,少收租税……"皇帝认为很好。虞集借此进言说:"如果有幸给我一郡,尝试采用这种方法,三五年内,必会有成效向朝廷汇报。"皇帝左右的臣子有人说:"虞伯生想借此离开朝廷。"皇帝于是取消了对此事的商议。……

注释 ①编修官:翰林兼国史院属官,正八品。 ②经筵:古代帝王为研读经史而特设的御前讲席。 ③奎章阁:元殿阁名,文宗天历二年(1329)立奎章阁学士院,掌收藏、鉴赏文籍,兼备皇帝咨询。 ④仁术:孟子所宣扬的用来实现"仁政"的策略。

原文

有旨采辑本朝典故,仿唐、宋《会要》①,修《经世大

翻译

皇帝有命令,收集整理本朝的典制和掌故,仿照唐朝、宋朝《会要》,编纂

典》，命集与中书平章政事赵世延，同任总裁。……俄世延归，集专领其事，再阅岁，书乃成，凡八百帙。既上进，以目疾丐解职，不允，乃举治书侍御史马祖常自代②，不报。

御史中丞赵世安乘间为集请曰："虞伯生久居京师，甚贫，又病目，幸假一外任，便医。"帝怒曰："一虞伯生，汝辈不容耶！"帝方响用文学，以集弘才博识，无施不宜，一时大典册咸出其手，故重听其去。集每承诏有所述作，必以帝王之道、治忽之故，从容讽切，冀有感悟。承顾问及古今政治得失，尤委曲尽言，或随事规谏，出不语人。谏或不入，归家悒悒不乐。家人见其然，不敢问其故也。时世家子孙以才名进用者众，患其知遇日隆，每思有以间之。既不效，则相与摘集文

《经世大典》，命令虞集和中书省平章政事赵世延，同任总裁。……不久赵世延回乡，虞集独自领导这件事，又过了一年，书编纂完成，共八百函。将书呈献给皇帝。他以眼睛有病为理由请求辞职，皇帝不批准，于是虞集推荐治书御史马祖常代替自己，皇帝没有答复他。

御史中丞赵世安乘机为虞集向皇帝请求说："虞伯生长期居住在京城，非常贫穷，眼睛又有病，有幸得到一个到外省做官的机会，便于他治病。"皇帝发怒说："一个虞伯生，你们这些人都不能容吗！"皇帝正准备任用文章博学之士，因为虞集才高博学，做什么事情没有不合宜的，一时间记载典章制度等的重要的大部头的书籍，都出自虞集之手，所以皇帝不愿意听任他离去。虞集每逢按照皇帝的命令有所著述，必用帝王治国的方法、国家安定与荒乱的原因，来从容、委婉地劝告、批评皇帝，希望他有所觉悟。虞集接受皇帝顾视询问关于古今政治得失时，尤其曲折婉转地完全表达出自己的意见，或者是根据事物的具体情况规劝讽谏皇帝，出朝廷后不将这些情况告诉别人。虞集对皇帝的劝谏有时不被皇帝接受，他回家后闷闷不乐。家里人见他这样，不敢问是什么缘

辞,指为讥讪,赖天子察知有自,故不能中伤,然集遇其人,未尝少变。……

故。当时世家贵族的子孙因才华名声而被提拔任用者很多,怕虞集一天比一天受到皇帝的赏识,常常想有什么可以挑拨他和皇帝的关系。这些想法失灵后,他们便一起摘录虞集的文辞,指责他讥笑皇帝,幸亏皇帝察知事出有因,因此他们的诬陷不能得逞,可是虞集遇到那些人,未尝有一点变化。……

注释 ①《会要》:分门别类,记一代典章制度、文物、故实之书。 ② 治书侍御史:官名,御史台官员,当时为正三品。

原文

至正八年五月己未,以病卒,年七十有七。官自将仕郎①,十二转为通奉大夫②。赠江西行中书省参知政事、护军,封仁寿郡公。……

家素贫,归老后食指益众,登门之士相望于道,好事争起邸舍以待之。然碑板之文,未尝苟作。南昌富民有伍真父者,资产甲一方,娶诸王女为妻,充本位下郡总管。既卒,其子属丰

翻译

至正八年(1348)五月二十三日,他因病去世,享年七十七岁。他从将仕郎开始做官,升迁十二次成为通奉大夫。死后朝廷追赠他为江西行中书省参知政事、护军,封为仁寿郡公。……

虞集家中历来贫穷,告老还乡后家庭人口更多了,登门拜访的读书人络绎不绝,关心他的人争相建造府第以接待他。然而对于墓志铭文,虞集从来没有随便写过。南昌有个叫伍真父的富人,资财为当地之首,娶诸侯王的女儿为妻,担任品级较低的郡的总管。伍真父死后,他的儿子托丰城文人甘悫求虞集为其父撰写墓志铭,送给虞集价值大约

城士甘悫求集文铭父墓,奉中统钞五百锭准礼物,集不许,悫愧叹而去。……

平生为文万篇,稿存者十二三。早岁与弟槃同辟书舍为二室,左室书陶渊明诗于壁,题曰陶庵,右室书邵尧夫诗③,题曰邵庵,故世称邵庵先生。……

五百锭中统钞的礼物,虞集不答应,甘悫羞愧叹息地走了。……

虞集一生写文章万篇,手稿留下来的有十分之二三。早年他与弟弟虞槃同将书房开辟为两个房间,左边的房间在墙壁上书写陶渊明的诗,题名为陶庵,右边的房间书写邵雍的诗,题名为邵庵,所以人们称虞集为邵庵先生。……

注释 ① 将仕郎:文散官名,正八品。 ② 通奉大夫:文散官名,从二品。 ③ 邵尧夫:邵雍,字尧夫,北宋哲学家。

黄 滔 传

导读

　　黄滔(jìn)(1277—1357)，婺州义乌(今浙江义乌)人。字文晋、晋卿。延祐进士，曾任台州宁海县丞、诸暨州判官。他压制豪强，平反冤狱，颇有政绩，后调任应奉文字、同知制诰，兼国史院编修官，升翰林直学士、翰林侍讲学士。有《黄金华集》。(选自卷一八一)

原文

　　黄滔，字晋卿，婺州义乌人①。……滔生而俊异，比成童，授以《书》《诗》，不一月成诵。追长，以文名于四方。

　　中延祐二年进士第，授台州宁海丞②。县地濒盐场，亭户恃其不统于有司③，肆毒害民。编户隶漕司及财赋府者④，亦谓各有所凭，横暴尤甚。滔皆痛绳以法，吏以利害白，弗顾也。民有后母与僧通而酖杀其父者，反诬民所为。狱将成，滔变

翻译

　　黄滔，表字晋卿，婺州义乌人。……黄滔一出生便才智出众，不同凡响，幼年时，教给他《尚书》《诗经》，他不到一个月就能背诵了。长大之后，黄滔因善于作文而闻名四方。

　　黄滔考中延祐二年(1315)进士，被任命为台州宁海县丞。宁海县靠近盐场，盐户倚仗他们不属于官吏管辖，肆虐危害人民。隶属于漕司和财赋府的编户，亦自以为有所依靠，尤其横暴。黄滔把他们都严厉地依法惩治，吏卒们向他讲这样做可能会有严重后果，他丝毫不顾。百姓中有一个人的后母与和尚私通而用毒酒杀死了他的父亲，后母反而诬告是他干的。案件即将审理完

衣冠阴察之，具知其奸伪，卒直其冤。恶少年名在盗籍者，而谋为劫夺，未行，邑大姓执之，图中赏格，初无获财左验，事久不决。溍为之疏剔，以其狱上，论之如本条，免死者十余人。

毕，黄溍微服私访，完全查清了那位后母的奸险假伪，最终平反了那个人的冤狱。有一些名字被列在盗贼簿籍中的恶少年，预谋劫夺财物，还没去干，县中的世家大族把他们抓住，图谋得到赏钱，起初没有得到财物作为凭证，事情久拖不决。黄溍为之分析处理，将此案件奏上，依照他们应得惩处的律条来断案，免于处死的有十几个人。

注释 ① 婺(wù)州：州名，治所在今浙江金华。 ② 台州：州名，治所在今浙江临海。县丞：地方官名，协助县令主持政务，正八品。 ③ 亭户：盐户。古代煮盐的地方称亭场，故名。 ④ 编户：编入户籍的平民。漕司：官名，管催征税赋及漕运等。

原文

迁两浙都转运盐使司石堰西场盐运①，改诸暨州判官②。巡海官舸，例以三载一新，费出于官，而责足于民。有余，则总其事者私焉。溍搏节浮蠹，以余钱还民，欢呼而去。奸民以伪钞钩结党与，胁攘人财。官若吏听其谋，挟往新昌、天台、宁海、东阳诸县，株连所及

翻译

黄溍升任两浙都转运盐使司石堰西场的运判，又改任诸暨县判官。巡察航海的官府的船只，按规定这些船只三年更新一次，费用由官府支付，不足的部分责成平民补足。余下的费用，便由管理此事的人私吞了。黄溍节约开支，惩罚损公肥私的人，把结余的钱还给百姓，老百姓欢呼着离去。奸民用伪钞，勾结党羽，强迫侵夺别人钱财。官吏听任他们的阴谋得逞，他们倚仗着官吏的纵容，去新昌、天台、宁海、东阳等县，连

数百家,民受祸至惨。郡府下潜鞫治,潜一问,皆引伏,官吏除名,同谋者各杖遣之。有盗系于钱唐县狱③,游民赂狱吏私纵之,假署文牒,发其来为向导,逮捕二十余家。潜访得其情,以正盗宜傅重议,持伪文书来者又非州民,俱械还钱唐,诬者自明。

累几百户人家,百姓遭受的祸害很大。郡府命令黄潜审讯、处理此事,黄潜一审问,那些人都认罪了,官吏们被撤了职,同谋者分别被杖责后赶走。有强盗关押在钱唐县监狱里,游民买通了监狱的看守,秘密地把他释放了,狱吏签署了假公文,带着来者作为向导,逮捕了二十多家人。黄潜调查到真实的情况,那个强盗应该重新审判,拿着假公文的人又不是本州的百姓,因而把他们都上了枷锁押回钱唐县,受到诬陷的人自然得到了昭雪。

注释 ① 两浙:宋置两浙路,有今江苏长江以南及浙江全境。都转运盐使司:掌管盐税。盐运:应为运判,都转运盐使司官员,正六品。 ② 诸暨州:应为诸暨县,属浙江省。判官:官名,协助长官处理部分政务。 ③ 钱唐县:古县名,即今杭州。

原文

入为应奉翰林文字①、同知制诰,兼国史院编修官,转国子博士。视弟子如朋友,未始以师道自尊,轻纳人拜,而来学者滋益恭。业成而仕,皆有闻于世。……

阶自将仕郎七转至中奉大夫。洊上章求归,不俟

翻译

黄潜进入朝廷担任应奉翰林文字、同知制诰,兼国史院编修官,转任国子监博士。他对待学生像对待朋友一样,从来不以师道自尊,不愿意接受别人的跪拜,然而来向他求教的人对他却越发尊敬。这些学生学业完成后去做官,都很出名。……

黄潜从将仕郎开始做官,升迁七次为中奉大夫。他屡次上书请求回乡,没

报而行。帝闻之，遣使者追还京师，复为前官。久之，始得谢南还，优游田里间，凡七年，卒于绣湖之私第，年八十一。赠中奉大夫、江西等处行中书省参知政事、护军，追封江夏郡公②，谥曰文献。

潜天资介特，在州县唯以清白为治，月俸弗给，每鬻产以佐其费。及升朝行，挺立无所附，足不登巨公势人之门，君子称其清风高节，如冰壶玉尺，纤尘弗污。然刚中少容，触物或弦急霆震，若未易涯涘，一旋踵间，煦如阳春。潜之学，博极天下之书，而约之于至精，剖析经史疑难，及古今因革制度名物之属，旁引曲证，多先儒所未发。文辞布置谨严，援据精切，俯仰雍容，不大声色，譬之澄湖不波，一碧万顷，鱼鳖蛟龙，潜伏不动，而渊然之光，自不可犯。

有等到皇帝答复就启程了。皇帝听说之后，派使者将他追回京城，又担任了原来的官职。很久之后，他才得以辞职回到南方，悠闲自得地生活在乡间，一共七年，他在绣湖的私人宅第去世，享年八十一岁。朝廷追赠他为中奉大夫、江西等处行中书省参知政事、护军，追封他为江夏郡公，谥号为文献。

黄潜天性孤高，不随流俗，在州县时只以清白的精神处理政务，每月的俸禄不够用时，常常是卖家产以补贴支出。及至升为朝廷的官员，黄潜独立无所阿附，脚不踏入权豪势要之门，有修养的人称他清风高节，像冰壶玉尺一样，一尘不染。然而他刚强之中缺少宽容，遇到事情有时像急促的弦索和震耳的雷霆一样，似乎是不容易过去，但一转眼间，他的态度又像是春天三月里的阳光。黄潜的学问是博览天下之书，而又能精确地将其加以概括，他剖析经书史书的疑难问题，以及古今因袭变革、制度、事物的名称等，旁征博引，多方求证，大多是先前的读书人所未能指出的。黄潜的文章布局严谨，引文精当，从容不迫，不大动声色，像是澄静的湖面上没有一点波浪，一碧万顷，鱼、鳖、蛟龙都潜伏在水下不动，但他文章所放所著书,有《日损斋稿》三十三卷、《义乌志》七卷、《笔记》一卷。……

出的深邃光芒,自然不可侵犯。黄溍所著的书,有《日损斋稿》三十三卷、《义乌志》七卷、《笔记》一卷。……

注释 ① 应奉翰林文字:官名,翰林院属官,从七品。 ② 江夏:郡名,元为武昌路,即今湖北鄂州。

许 有 壬 传

导读

许有壬(1287—1364),字可用,汤阴(今河南汤阴)人,延祐进士,元统二年(1334)任中书参知政事,前后历官七朝,近五十年。官至集贤殿大学士,至正十七年(1357)辞职。许有壬是元代文学家,有《至正集》《圭塘小稿》。(选自卷一八二)

原文

许有壬,字可用,其先世居颍①,后徙汤阴。有壬幼颖悟,读书一目五行,尝阅衡州《净居院碑》②,文近千言,一览辄背诵无遗。年二十,畅师文荐入翰林③,不报,授开宁路学正④,升教授,未上,辟山北廉访司书吏⑤。擢延祐二年进士第,授同知辽州事⑥。会关中有警,邻州听民出避,弃孩婴满道上,有壬独率弓箭手,闭城门以守,卒获无虞。州有追逮,不许胥隶足迹至村

翻译

许有壬,字可用,祖上一直居住在颍州,后来迁居到汤阴县。许有壬从小就很聪明,读书一目五行,他曾经看衡州《净居院碑》,碑文近一千字,他看了一遍便能准确无误地背诵下来。许有壬二十岁的时候,畅师文推荐他入翰林院,但朝廷没有答复,许有壬被任命为开元路学正,升任教授,他没有到任便被任命为山北辽东道廉访司书吏。许有壬中延祐二年(1315)进士,被任命为辽州同知。正赶上陕西地区有战争警报,邻近州县的官吏听凭百姓逃避,道路上到处是被丢弃的幼婴儿,许有壬独自一人率领着弓箭手,关闭城门守卫,终于没有出什么问题。州里有追捕犯

瞳,唯给信牌,令执里役者呼之,民安而事集。右族贪虐者惩之,冤狱虽有成案,皆平翻而释其罪,州遂大治。

人的任务,许有壬不允许吏卒进入村庄,只给他们作为凭证的信牌,命令村里的小吏将犯人喊出,老百姓感到安全并且事情也得以完成。世家大族中贪婪酷虐的人都被许有壬惩治,冤狱虽然已经成案,许有壬都将其平反,免除当事人的罪过,辽州于是安定而有秩序。

注释　① 颍:州名,治所即今安徽阜阳。　② 衡州:治所在今湖南衡阳。　③ 畅师文:元南阳(今属河南)人,官至翰林学士、资德大夫。　④ 开宁路:应为开元路,元代最北部地方行政区,北界鄂霍茨克海。　⑤ 山北:即山北辽东道,即今华北北部和辽宁一带;书吏:低级小吏,掌衙门文书案牍。　⑥ 辽州:治所在辽山(今山西左权),辖境相当于今山西左权、和顺、榆社等地。

原文

　六年己未,除山北廉访司经历①。至治元年,迁吏部主事②。二年,转江南行台监察御史,行部广东③,以贪墨劾罢廉访副使哈只蔡衍。至江西,会廉访使苗好谦监焚昏钞,检视钞者日至百余人,好谦恐其有弊,痛鞭之。人畏罪,率剔真为伪,以迎其意。笞库吏而下④,榜掠无全肤,迄莫能

翻译

　延祐六年是己未年(1319),许有壬被任命为山北辽东道廉访司经历。至治元年(1321),升为吏部主事。至治二年(1322),调任江南行台监察御史,巡视广东,廉访副使哈只蔡衍因贪财好贿而被许有壬弹劾罢免。到江西后,正赶上廉访使苗好谦在监督焚烧昏暗不清的钞票,检查钞票的人每天达到一百多人,苗好谦恐怕有人作弊,便狠狠地鞭打检查钞票的人。人们怕犯罪,都挑出真钞票作为假钞票,以迎合苗好谦。管理府库的吏员以下的人,被鞭打得体无

偿。有壬覆视之，率真物也，遂释之。凡势官豪民，人畏之如虎狼者，有壬悉擒治以法，部内肃然。

召拜监察御史，三年八月，英宗暴崩于南坡，贼臣铁失遣使者自上京至⑤，封府库，收百官印。有壬知事急，即往告御史中丞董守庸，守庸谓宫禁事，非子所当问。有壬即疏守庸及经历朵尔只班、监察御史郭也先忽都，阿附铁失之罪以俟。十月，铁失伏诛。泰定帝发上都，御史大夫纽泽先还京师⑥，有壬即袖疏上之。……帝多从之。

完肤，也没有能将这些真钞票归库。许有壬反复查看那些钞票，都是真钞票，便将吏员们释放了。凡是有权势的官员、强豪不法的平民，老百姓怕之如虎狼的，许有壬将他们全部逮捕，依法惩治，他所管辖的区域内秩序井然。

朝廷征召许有壬为监察御史，至治三年（1323），元英宗在南坡暴亡，贼臣铁失派使者从上京来，查封了府库，没收了所有官员的印章。许有壬知道事情紧急，便去告诉御史中丞董守庸，董守庸说："皇宫中的事情，不是你应该过问的。"许有壬便逐条记录董守庸和经历朵尔只班、监察御史郭也先忽都阿谀奉承铁失的罪行，等待新皇帝进京。十月，铁失被诛杀。泰定帝从上都起驾，御史大夫纽泽先回到京城，许有壬便在袖子里装着奏疏呈交给纽泽。……皇帝大多听从了许有壬的意见。

注释　①经历：官名，掌管衙门案牍和管辖吏员，处理官府日常事务。　②主事：设于六部的官员，掌管案牍和管辖吏员等。　③行部：汉制，刺史常于八月巡视部属，考察刑政，称为行部。这里以此称外出巡视。　④笘：同"管"。　⑤铁失：元蒙古族人，权相铁木迭儿义子，妹为英宗妃。官至御史大夫，掌管禁卫军。英宗三年（1323）八月，他勾结知枢密院事也先帖木儿等十六人，在上都西二十里的南坡驻跸之地杀死英宗，迎立泰定帝于漠北。十月，被泰定帝处死。　⑥御史大夫：官名，御史台长官，从一品。

原文

泰定元年,初立詹事院,选为中议①,改中书左司员外郎②。京畿饥,有壬请赈之。同列让曰:"子言固善,其如亏国何?"有壬曰:"不然。民,本也,不亏民,顾岂亏国邪!"卒白于丞相,发粮四十万斛济之③,民赖以活者甚众。……

中书平章政事彻里帖木儿挟私憾,奏罢进士科,有壬廷争甚苦不能夺,遂称疾在告,带强起之,拜侍御史。……廷议欲行古劓法④,立行枢密院,禁汉人、南人勿学蒙古、畏吾儿字书,有壬皆争止之。

翻译

泰定元年(1324),刚开始建立詹事院,许有壬被任命为中议大夫,改任中书省左司员外郎。京城附近闹饥荒,许有壬请求朝廷赈济。同列朝班的官员们责备他说:"你的话固然好,但是使国家遭到损失怎么办呢?"许有壬说:"不对。百姓,国之根本,不使百姓遭到损失,岂能反而使国家遭到损失吗!"他最终还是向丞相表明了自己的意见,朝廷分发四十万斛粮食救济灾民,老百姓因此得以活下来的很多。……

中书平章政事彻里帖木儿因有私仇,奏请皇帝取消进士科,许有壬在朝廷上争辩,苦于不能改变这项决定,于是声称有病而休假,皇帝坚持要他上朝议事,任命他为侍御史。……朝廷上议论想要实行古代割鼻的刑罚,要设立行枢密院,禁止汉人、南人学习蒙文、维吾尔文的书籍,许有壬都争辩加以制止。

注释 ①中议:官名,即中议大夫,文散官,正四品。 ②员外郎:官名,侍郎不在时,代行侍郎职务。 ③斛:量器名,古时以十斗为斛,后来又以五斗为斛。 ④劓:割鼻的刑罚,古代五刑之一。

原文

重纪至元初^①，长芦韩公溥因家藏兵器^②，遂起大狱，株连台若省，多以赃败，独无有壬名，由是忌者益甚。有壬度不可留，遂归彰德^③，已而南游湘、汉间。至元六年，召入中书，仍为参知政事。明年改元至正^④，有壬极论帝当亲祠太庙^⑤，母后虚位^⑥，徽政院当罢^⑦，改元命相当合为一诏，冗职当沙汰，钱粮当裁节。如此之类，不一而足。人皆韪之。……

翻译

后至元初年，因为长芦的韩公溥家中藏有兵器，于是构成大案，株连到御史台和中书省，官员们大多因贪赃而身败名裂，只有许有壬不在其中，从此忌恨他的人一天比一天多了。许有壬考虑不能留在朝廷里，于是回到彰德路，不久向南游历于湘江、汉水之间。后至元六年（1340），许有壬被征召入中书省，仍旧担任参知政事。第二年，皇帝改年号为至正，许有壬极力论说皇帝应当亲自祭祀太庙，母后应该交权给皇帝，徽政院应该撤销，更改年号与任命丞相应当合用一次诏命，多余的官员应该淘汰，钱钞粮食的支出应该裁减。如此之类，不一而足。人们都赞成他的意见。……

注释 ① 重纪至元：元朝有两代皇帝采用至元这个年号，第一个是元世祖忽必烈，第二个是元惠宗妥懽帖睦儿；元惠宗时的至元即为重纪至元，也称后至元。② 长芦：地名，今河北沧州。 ③ 彰德：路名，治所在今河南安阳。 ④ 改元：新皇帝即位，于次年改用新年号纪年，称改元。其间一帝在位，多次更改年号，也称改元。 ⑤ 太庙：天子的祖庙。 ⑥ 母后：元惠宗的生母是元明宗裕徽圣皇后，名迈来迪。此处的母后是指元文宗卜答失里皇后，弘吉剌氏，当时尊为太皇太后。 ⑦ 徽政院：官署名，掌侍奉皇太后。

原文

先是，有壬之父熙载仕长沙日，设义学①，训诸生。既殁，而诸生思之，为立东冈书院，朝廷赐额设官，以为育才之地。南台监察御史木八剌沙②，缘睚眦怨，言书院不当立，并构浮辞，诬蔑有壬，并其二弟有仪、有孚，有壬遂称病归。四年，改江浙行省左丞，辞。六年，召为翰林学士，既上，又辞。监察御史累章辨其诬。……

十七年，以老病，力乞致其事，久之始得请，给俸赐以终其身。二十四年九月二十一日卒，年七十八。

有壬历事七朝，垂五十年，遇国家大事，无不尽言，皆一根至理，而曲尽人情。当权臣恣睢之时，稍忤意，辄诛窜随之，有壬绝不为巧避计，事有不便，明辨力净，不知有死生利害，君子多

翻译

先前，许有壬的父亲许熙载在长沙做官的时候，设立义学来教导诸生。许熙载去世后，学生们怀念他，以他的名义建立东冈书院，朝廷赐给书院名额设立官员，以此作为培育人才的地方。江南诸道行御史台监察御史木八剌沙，因为小怨小恨，便说书院不应当建立，并且捏造虚饰无根据的言辞诬蔑许有壬和他的两个弟弟许有仪和许有孚，许有壬于是声言有病回到故乡。至正四年（1344），改任许有壬为江浙行省左丞，他辞职。至正六年（1346），召许有壬为翰林学士，到任后，又辞职。监察御史屡次上奏章辨明木八剌沙对许有壬的诬蔑。……

至正十七年（1357），许有壬因年老有病，极力请求辞职，时间很久才得到批准，朝廷供给他终身俸禄。至正二十四年（1364）九月二十一日，许有壬去世，享年七十八岁。

许有壬历仕七朝，将近五十年，遇到国家大事，他没有不畅所欲言的，他的意见都是一下就抓住事物的根本的最正确的道理，而又能曲折委婉地表达人的情感。当权臣狂妄凶暴的时候，稍微违反了他们的意志，随之而来的总是

之。有壬善笔札，工辞章，欧阳玄序其文，谓其雄浑闳隽，涌如层澜，迫而求之，则渊靓深实③，盖深许之也。所著有《至正集》若干卷。谥曰文忠。……

诛杀和流放，许有壬绝不为自己想出巧妙地避祸的计策，事情有不利于国家的地方，他明确地辨明，极力照直表明自己的意见，不顾生死利害的后果，有道德的人都很推重他。许有壬善于撰写公文、书信，工于诗文，欧阳玄为他的文章作序，称他的文章雄浑、博大、才华过人，文章的气势奔涌如层层的波浪，近而求之，则渊深而平静、深刻而朴实，这表明欧阳玄对许有壬的文章非常赞许。许有壬的著作有《至正集》若干卷。死后谥号为文忠。……

注释 ①义学：即义塾，旧时免费的私塾。 ②南台：即江南诸道行御史台。 ③靓（jìng）：同“静”。

苏 天 爵 传

导读

　　苏天爵(1294—1352),字伯修,真定(今河北正定)人,出身国子学生,曾师从安熙、吴澄、虞集等。历任监察御史、肃政廉访使、集贤侍讲学士、江浙行省参知政事等职,长于吏事。至正十二年(1352)奉命镇压农民起义军,病死军中。曾先后参与纂修《武宗实录》《文宗实录》,编纂《国朝名臣事略》《国朝文类》,著有《滋溪文稿》。(选自卷一八三)

原文

　　苏天爵,字伯修,真定人也。……天爵由国子学生公试,名在第一,释褐^①,授从仕郎、大都路蓟州判官^②。丁内外艰,服除,调功德使司照磨^③。……至顺元年,预修《武宗实录》。二年,升修撰,擢江南行台监察御史。

翻译

　　苏天爵,字伯修,真定人。……苏天爵因在国子监的公开考试中名列第一,便做了官,被任命为从仕郎、大都路蓟州判官。这时他的父母都去世了,他守丧完毕后,调任功德使司任照磨。……至顺元年(1330),苏天爵参加编纂《武宗实录》。至顺二年(1331),他升为修撰,被提拔为江南行台监察御史。

注释　①释褐:脱去布衣,换上官服,即做官。　②大都:今北京。蓟州:辖地相当于今河北三河、玉田、丰润一带。　③功德使司:即功德司,官署名,掌管佛教事务。照磨:官名,掌衙门钱谷出纳、营缮等事,秩八品。

原文

明年，虑囚于湖北①。湖北地僻远，民獠所杂居，天爵冒瘴毒②，遍历其地。囚有言冤状者，天爵曰："宪司岁两至③，不言何也？"皆曰："前此虑囚者，应故事耳。今闻御史至，当受刑，故不得不言。"天爵为之太息。每事必究心，虽盛暑，犹夜篝灯，治文书无倦。沅陵民文甲无子④，育其甥雷乙，后乃生两子，而出乙。乙俟两子行卖茶，即舟中取斧，并斫杀之，沉斧水中，而血渍其衣，迹故在。事觉，乙具服，部使者乃以三年之疑狱释之。天爵曰："此事二年半耳，且不杀人，何以衣污血？又何以知斧在水中？又其居去杀人处甚近，何谓疑狱？"遂复置于理。常德民卢甲、莫乙、汪丙同出佣，而甲误堕水死，甲弟之为僧者，欲私甲妻不得，

翻译

第二年，苏天爵在湖北审察刑狱。湖北地处偏远，汉人与獠人杂居，苏天爵冒着有毒的瘴气，走遍了那个地区。犯人中有喊冤枉的，苏天爵说："按察司官员每年来两次，你们为什么不说？"犯人们都说："以前来审察刑狱的人，都是敷衍了事。今天我们听说御史来到，应当受刑，所以不得不说。"苏天爵为之叹息。他每件事都认真办理，虽然是盛夏酷暑，夜里依然点燃灯烛，阅读、撰写公文，不知疲倦。沅陵县平民文甲没有儿子，收养了外甥雷乙，后来文甲生了两个儿子，便将雷乙赶出家门。雷乙等那两个儿子离家去卖茶，便在船中取出斧子，将两人都砍杀了，将斧子沉入水中，但是鲜血染红了他的衣服，痕迹因而保留着。事情败露之后，雷乙都供认不讳，刑部巡视地方的官员竟然认为这是三年的悬案而将雷乙释放了。苏天爵说："这件事只有两年半，如果不杀人，为什么衣服被血染污？又怎么知道斧子在水中？另外雷乙居住的地方离杀人的地方很近，怎么能说是悬案呢？"于是重新审理此案。常德县平民卢甲、莫乙、汪丙一起出外做佣工，而卢甲误掉入水中淹死，卢甲有个当和尚的弟弟，

诉甲妻与乙通,而杀其夫。乙不能明,诬服击之死,断其首弃草间,尸与仗弃谭氏家沟中。吏往索,果得髑髅,然尸与仗皆无有,而谭诬证曾见一尸,水漂去。天爵曰:"尸与仗纵存,今已八年,未有不腐者。"召谭诘之,则甲未死时,目已瞽,其言曾见一尸水漂去,妄也。天爵语吏曰:"此乃疑狱,况不止三年。"俱释之。其明于详谳,大抵此类。

想要与卢甲的妻子私通而未能得逞,便告卢甲的妻子与莫乙私通,而杀了她的丈夫。莫乙无法辩明,便无辜服罪,说是将卢甲击打致死后,切下他的头颅丢弃在草丛里,死尸和兵器丢弃在谭家沟里。吏卒去那里寻找,果然找到人的头骨,但是尸身和兵器都没有,而姓谭的作伪证说曾看见一具尸体,顺水漂走了。苏天爵说:"尸体与兵器即使还在,如今已经八年,没有不腐朽的。"召姓谭的讯问,发现卢甲没死的时候,姓谭的就已经双目失明了,他说曾看见一具尸首顺水漂去,是荒诞不合情理的。苏天爵对吏卒们说:"这才是悬案,而且不止三年。"他将莫乙和姓谭的都释放了。苏天爵善于详细地审判定罪的做法,大都是这类情况。

注释 ① 虑囚:审讯、审察、记录囚犯的罪状。 ② 瘴:瘴气,旧指我国南部和西南部地区山林间湿热蒸发的致人疾病之气。 ③ 宪司:即按察司。 ④ 沅陵:今属湖南省。

原文

入为监察御史,道改奎章阁授经郎①。元统元年,复拜监察御史,在官四阅月,章疏凡四十五上。……

翻译

朝廷任命他入朝担任监察御史,他还在路上的时候,朝廷又改任他为奎章阁授经郎。元统元年(1333),朝廷又任命他为监察御史,在任四个多月,共上

所劾者五人,所荐举者百有九人。明年,预修《文宗实录》。……五年,出为淮东道肃政廉访使。……明年,改吏部尚书。……是时,朝廷更立宰相,庶务多所弛张,而天子图治之意甚切,天爵知无不言,言无顾忌,夙夜谋画,须发尽白。

至正二年,拜湖广行省参知政事,迁陕西行台侍御史。……其兴除者七百八十有三事,其纠劾者九百四十有九人,都人有包、韩之誉②,然以忤时相意,竟坐不称职罢归。七年,天子察其诬,乃复起为湖北道宣慰使③、浙东道廉访使,俱未行。拜江浙行省参知政事。江浙财赋,居天下十七,事务最烦剧,天爵条分目别,细巨不遗。……

奏疏四十五次。……他所弹劾的有五人,所荐举的有一百零九人。第二年,苏天爵参加编纂《文宗实录》。……后至元五年(1339),离开朝廷担任淮东道肃政廉访使。……第二年,改任吏部尚书。……当时,朝廷正在更换宰相,国家的政务多有兴废变化,而皇帝励精图治的想法非常迫切,苏天爵知无不言,表达意见时没有顾忌,他早晚为皇帝谋划,头发胡子都白了。

至正二年(1342),苏天爵被任命为湖广行省参知政事,调任陕西行台侍御史。……他所做的兴利除弊的事有七百八十三件,他所弹劾的人有九百四十九个,京城的人赞誉他像宋代名臣包拯、韩彦直一样,然而因为不合当朝宰相的意,苏天爵竟被指为不称职,被撤职后回到故乡。至正七年(1347),皇帝察觉到他的冤屈,便又任命他为湖北道宣慰使、浙东道廉访使,他都没有到任。皇帝任命他为江浙行省参知政事。江浙一带的钱财赋税,占全国的十分之七,事务最烦多,苏天爵分别条目,巨细无遗。……

注释 ① 授经郎:奎章阁属官。 ② 包、韩:包指宋代名臣包拯。韩指韩彦直,宋代抗金名将韩世忠长子,曾知临安府,任龙图阁学士。 ③ 宣慰使:官名,为宣徽院长官。宣徽院负责皇帝的饮食、宴享宾客及保卫诸侯王等。

原文

天爵为学，博而知要，长于纪载，尝著《国朝名臣事略》十五卷、《文类》七十卷。其为文，长于序事，平易温厚，成一家言，而诗尤得古法，有诗稿七卷，文稿三十卷。于是中原前辈，凋谢殆尽，天爵独身任一代文献之寄，讨论讲辩，虽老不倦。晚岁，复以释经为己任。学者因其所居，称之为滋溪先生。……

翻译

苏天爵治学，广博而能抓住关键，长于记叙文章，他曾经编撰《国朝名臣事略》十五卷、《文类》七十卷。苏天爵作文长于叙事，文风平易、温柔敦厚，自成一家之言，他作诗尤其学得古人的方法，有诗稿七卷，文稿三十卷。当时中原一带文化界的前辈，差不多都去世了，苏天爵一人独自担负着文坛首领的重任，他讨论学问、讲课、辩论，虽老而不知疲倦。晚年，苏天爵又以阐释经学为自己的任务，文人们因他所居住的地方，称他为滋溪先生。……